IM SPIEGEL DER ZEIT

IM SPIEGEL DER ZEIT

Erlebtes

Erfahrenes

Erforschtes

Reader's Digest

DEUTSCHLAND · SCHWEIZ · ÖSTERREICH

Die vier Kurzfassungen in diesem Band erscheinen mit Genehmigung der Autoren und Verleger. Dies gilt auch für Briefe, Zitate und Dokumente, die in leicht gekürzter Form wiedergegeben sein können.

652

Printed in Germany

3 87070 953 7

INHALT

CREDIT LYONNAIS
Giro
YAHOO!

Lance Armstrong

Sally Jenkins

TOUR DES LEBENS

Wie ich den Krebs besiegte und die Tour de France gewann

Die Lieblingsfrage der Leute ist: „Wie hat der Krebs Sie verändert?“ Die wirkliche Frage ist aber, inwiefern er mich nicht verändert hat. Am 2. Oktober 1996 verließ ich mein Haus, und als ich wiederkam, war ich ein anderer. Ich war ein Weltklassesportler gewesen, mit einer hübschen Villa am Flussufer, einem Porsche in der Garage und einem selbst verdienten Vermögen auf der Bank. Ich gehörte zur Weltspitze der Radrennfahrer, und meine Karriere bewegte sich steil nach oben. Als ich zurückkam, war ich ein total anderer Mensch.

Lance Armstrong

Davor und danach

Ich möchte sterben, 100 Jahre alt, mit der amerikanischen Flagge auf dem Rücken und dem Stern von Texas auf dem Sturzhelm, wenn ich gerade auf dem Rennrad mit 100 Sachen einen Alpenpass hinuntergerauscht bin. Ich möchte über die allerletzte Ziellinie rollen, während meine zehn Kinder und meine tapfere Frau Beifall klatschen, und dann möchte ich mich in eines dieser berühmten französischen Sonnenblumenfelder legen und würdevoll mein Leben aushauchen – das totale Gegenteil von dem bitteren frühen Ende, das scheinbar für mich vorgesehen war.

Langsam dahinzusiechen ist nichts für mich. Ich mache nichts langsam, nicht mal atmen. Bei mir muss alles schnell gehen: schnell essen, schnell schlafen. Es macht mich verrückt, mit meiner Frau Kristin Auto zu fahren, wenn sie am Steuer sitzt. Sie bremst bei jeder gelben Ampel, während ich genervt auf dem Beifahrersitz rumrutsche.

„Nun fahr schon, du schleichst rum wie ’ne lahme Tussi“, sage ich zu ihr.

„Lance“, gibt sie zurück, „heirate ’nen Mann.“

Mein ganzes Leben lang bin ich mit meinem Rennrad herumgerast, auf kleinen Sträßchen in Austin in Texas bis hin zu den Champs-Élysées, und ich habe immer gedacht, wenn ich früh sterben sollte, dann deshalb, weil mich irgendein Bauer mit seinem Geländewagen kopfüber in den Straßengraben befördert. Gut möglich. Radfahrer befinden sich im Dauerkrieg mit diesen Typen in den großen Wagen. Ich kann gar nicht mehr zählen, wie oft und in wie vielen Ländern ich schon angefahren worden bin.

Mit dem Krebs war es nicht anders. Er war wie ein LKW, der mich von der Straße geworfen hat, und ich trage noch die Narben, die das beweisen. Auf meiner Brust, knapp über dem Herzen, habe ich eine runzlige Narbe, wo der Venenkatheter gesessen hat. Von meiner rechten Leistenseite bis zum Oberschenkel hinunter zieht sich die Operationsnarbe, wo sie mir den Hoden rausgeschnitten haben. Aber die Glanzstücke sind zwei tiefe Halbmonde auf meinem Schädel, als hätte mich zweimal ein Pferd getreten. Das sind die Andenken an meine Gehirnoperation.

Als ich 25 war, bekam ich Hodenkrebs, und daran wäre ich fast gestorben. Ich hatte eine Überlebenschance von nicht mal 40 Prozent, und, ganz ehrlich, ein paar von meinen Ärzten haben auch das nur aus reiner Freundlichkeit gesagt. Ich weiß schon, der Tod ist nicht gerade ein Thema für Smalltalk. Krebs auch nicht oder Schädeloperationen oder das, was unterhalb der Gürtellinie liegt. Aber ich habe auch nicht vor, mich nett und unverbindlich mit Ihnen zu unterhalten. Ich will, dass Sie die Wahrheit erfahren. Ich bin sicher, es wäre Ihnen lieber, davon zu hören, wie Lance Armstrong ein großer Amerikaner wurde und alle begeisterte, wie er die Tour de France gewinnen konnte, dieses Straßenrennen von über 3800 Kilometern, von dem man sagt, es sei der härteste Sportwettkampf der Welt. Aber die Tour de France ist der kleinste Teil der Geschichte.

Manches davon ist nicht ganz leicht zu erzählen, und manches hört sich nicht besonders schön an. Ich bitte Sie gleich hier am Anfang, alles, was Sie über Helden und Wunder denken, zu vergessen. Ein Beispiel: Ich habe gelesen, dass ich die Hügel und Berge in Frankreich hinauf*geflogen* sei. Aber einen Berg fliegt man nicht hinauf. Man quält sich langsam und unter Schmerzen den Anstieg hoch, und wenn man sich ganz besonders anstrengt, kommt man vielleicht vor den anderen da oben an.

Mit dem Krebs ist das genauso. Auch starke Menschen bekommen Krebs, tun alles, was man tun muss, um ihn zu besiegen, und sterben trotzdem. Menschen sterben – das ist eine Grundwahrheit, die man akzeptieren muss. Wenn man das getan hat, wird einem alles andere ziemlich egal. Es kommt einem nicht mehr so wichtig vor.

Meine Krankheit hat mich vom hohen Ross runtergeholt, und mir ist eine Menge bewusst geworden. Der Krebs hat mich gezwungen, unbarmherzig über mein Leben nachzudenken. Ich habe mich gefragt: Was für ein Mensch willst du eigentlich sein – wenn du überhaupt am Leben bleibst? So langsam wurde mir klar, dass mir zum erwachsenen Mann noch einiges fehlte.

Ich will Ihnen nichts vormachen. Es gibt zwei Lance Armstrongs: den vor dem Krebs und den danach. Die Lieblingsfrage der Leute ist: „Wie hat der Krebs Sie verändert?" Die wirkliche Frage ist aber, inwiefern er mich *nicht* verändert hat. Am 2. Oktober 1996 verließ ich mein Haus, und als ich wiederkam, war ich ein anderer. Ich war ein Weltklassesportler gewesen, mit einer hübschen Villa am Flussufer, einem Porsche in der Garage und einem selbst verdienten Vermögen auf der Bank. Ich gehörte zur Weltspitze der Radrennfahrer, und meine Karriere bewegte sich steil nach oben. Als ich zurückkam, war ich ein völlig anderer

Mensch. Irgendwie ist mein altes Ich tatsächlich gestorben, und mir wurde ein zweites Leben geschenkt. Sogar mein Körper sieht anders aus, denn bei der Chemotherapie verschwanden alle Muskeln, die ich mir antrainiert hatte, und als ich gesund wurde, kamen sie nicht genauso wieder.

In Wahrheit war der Krebs das Beste, was mir passieren konnte. Ich weiß nicht, warum ich diese Krankheit bekommen habe. Aber sie hat bei mir Wunder gewirkt, und ich will gar nicht, dass es nicht so gekommen wäre. Warum sollte ich mir auch nur einen Tag lang etwas aus meinem Leben wegdenken, was das Wichtigste und Prägendste überhaupt war?

Menschen sterben. Manchmal macht mich diese Wahrheit so fertig, dass ich es nicht über mich bringen kann, sie auszusprechen. Wozu also weitermachen, fragt man sich dann. Warum lassen wir es nicht einfach gut sein und legen uns dorthin, wo wir gerade sind? Aber es gibt auch noch eine andere Wahrheit: Die Menschen leben, und sie leben auf die bemerkenswerteste Art und Weise.

Bis heute habe ich es noch nicht richtig begriffen.

Alles, was ich tun kann, ist, Ihnen die ganze Geschichte der Reihe nach zu erzählen.

ICH HÄTTE *natürlich* wissen müssen, dass mit mir etwas nicht stimmte. Aber bei Sportlern, und bei Radfahrern ganz besonders, gehört das Verdrängen zum Geschäft. Man verdrängt alle Beschwerden und Schmerzen, weil man das tun muss, sonst würde man das Rennen nicht durchstehen. Dieser Sport ist eine Art Selbstmissbrauch. Man sitzt den ganzen Tag im Sattel, sechs oder sieben Stunden ohne Pause, bei jedem Wetter und lässt sich vom Schmerz nicht unterkriegen.

Alles tut einem weh, der Rücken, die Füße, die Hände, der Nacken, die Beine und natürlich der Hintern.

Nein, es ist mir damals, 1996, nicht aufgefallen, dass ich mich nicht besonders gut fühlte. Als in diesem Winter mein rechter Hoden leicht anschwoll, sagte ich mir, damit musst du eben leben. Ich nahm an, ich hätte mir die Schwellung irgendwie beim Radfahren zugezogen. Ich fuhr gute Rennen, so gut wie früher auch, und zum Aufhören gab es keinen Grund.

Im Frühjahr 1996 gewann ich das „Flèche Wallonne“, eine mörderische Tour durch die Ardennen, die bis dahin noch kein Amerikaner geschafft hatte. Beim klassischen Rennen „Lüttich–Bastogne–Lüttich“ über 267 Kilometer an einem einzigen schweren Tag kam ich als Zweiter ins Ziel. Und bei der „Tour DuPont“, 1960 Kilometer in zwölf Tagen durch die Berge von Carolina, wurde ich Sieger. Ich war zum ersten Mal in meiner Karriere kurz davor, in die Spitze der fünf Weltbesten einzubrechen.

Nach meinem ausgezeichneten Frühjahr hätte ich eigentlich zuversichtlich und energiegeladen sein müssen. Stattdessen war ich müde. Ich dachte, ich sei einfach nur erschöpft. Reiß dich zusammen, sagte ich mir, du kannst dir keinen Durchhänger leisten. Die beiden wichtigsten Rennen der Saison lagen noch vor mir: die Tour de France und die Sommerolympiade in Atlanta. Nur dafür hatte ich trainiert und war Rennen gefahren.

Bei der Tour de France musste ich schon nach fünf Tagen aufgeben. Nachdem ich durch ein Gewitter gefahren war, bekam ich Halsschmerzen und eine Bronchitis. Ich hustete und hatte Schmerzen im Lendenbereich. Ich konnte einfach nicht wieder aufs Rad steigen. „Ich hab keine Luft mehr bekommen", erzählte ich den Journalisten. Rückblickend waren das schicksalhafte Worte.

In Atlanta ließ mich mein Körper wieder im Stich. Beim Zeitfahren wurde ich Sechster, und beim Straßenfahren kam ich auf den 12. Platz. Insgesamt ganz gut, aber ich hatte einfach mehr erwartet und war enttäuscht.

Als ich wieder in Austin war, schob ich alles auf eine Grippe. Ich schlief viel, ich hatte leichte Schmerzen, und mir war irgendwie schwindelig. Ich ignorierte es.

Am 18. September feierte ich meinen 25. Geburtstag. Ein paar Tage später lieh ich mir ein Gerät, um Margaritas zu mixen, feierte in meinem Haus mit Freunden eine große Party, und anschließend ging es noch zu einem Konzert von Jimmy Buffet. Während der Party an diesem Abend sagte ich zu meiner Mutter Linda, die aus Plano herübergekommen war: „Ich bin der glücklichste Mensch auf der Welt." Ich liebte mein Leben. Ich traf mich mit Lisa Sheils, einer hübschen Studentin an der University of Texas. Ich hatte gerade einen neuen Zweijahresvertrag über 2,5 Millionen Dollar mit dem angesehenen französischen Rennteam Cofidis unterschrieben. Ich hatte ein wunderschönes neues Haus, eine Villa im mediterranen Stil am Ufer des Lake Austin, mit hohen Glasfenstern, durch die man auf den Swimmingpool und eine Art italienischen Innenhof hinaussah, der sich bis zur Anlegestelle hinunterzog, wo mein eigener Jetski und mein Motorboot auf mich warteten.

Der Abend wurde nur durch eines getrübt: Mitten im Konzert bekam ich Kopfschmerzen. Es fing an mit einem dumpfen Pochen. Ich schluckte ein paar Aspirin, die halfen aber nicht. Die Kopfschmerzen wurden sogar schlimmer.

Ich sagte mir, das sei ein Fall von entschieden zu vielen Margaritas, und schwor mir, nie, nie wieder dieses Zeug zu trinken. Mein Freund, Agent und Anwalt Bill Stapleton schnorrte bei seiner Frau Laura ein paar Migränetabletten, die sie in der Handtasche hatte. Ich nahm drei. Auch das half nicht.

Inzwischen war es eine Art von Kopfschmerzen, die man sonst nur im Kino zu sehen bekommt: Die Knie werden weich, man hält sich den Kopf mit beiden Händen, und man meint, er platzt.

Schließlich gab ich auf und ging nach Hause. Ich knipste alle Lichter aus, legte mich auf die Couch und bewegte mich nicht. Der Schmerz ließ zwar nicht nach, aber im Verein mit meinem Tequila-Kater hatte er mich so ausgelaugt, dass ich schließlich doch einschlief.

Als ich am nächsten Morgen aufwachte, waren die Kopfschmerzen weg. In der Küche beim Kaffeekochen kam mir alles ein bisschen verschwommen vor. Die Dinge schienen keine festen Konturen zu haben. *Ich werde wohl langsam alt,* dachte ich. *Vielleicht brauche ich eine Brille.*

Ich hatte für alles eine Entschuldigung.

Ein paar Tage später war ich im Wohnzimmer, als ich plötzlich einen heftigen Hustenanfall bekam. Ich musste würgen und spürte einen metallischen und fauligen Geschmack im Mund. Ich rannte ins Bad und hustete ins Waschbecken. Es war mit Blut gesprenkelt. Ich starrte ins Becken. Ich musste noch mal husten, und dabei spuckte ich eine weitere rote Lache aus. Ich konnte nicht glauben, dass diese Menge Blut und schleimiges Zeug aus meinem eigenen Körper gekommen sein sollte.

Tief beunruhigt wählte ich die Telefonnummer von Dr. Rick Parker, einem guten Freund, der in Austin mein Hausarzt ist. Rick wohnt nur ein Stückchen die Straße hinunter.

„Kannst du mal rüberkommen?“, bat ich ihn. „Ich huste Blut.“

Während Rick noch unterwegs war, ging ich wieder ins Bad und betrachtete die blutige Bescherung im Becken. Plötzlich drehte ich den Hahn auf. Ich wollte alles wegspülen. Ich wollte nicht, dass Rick das sah. Es war mir unangenehm.

Als Rick kam, untersuchte er meine Nase und meinen Mund. Nachdem er mir in den Hals geguckt hatte, wollte er das Blut sehen. Ich zeigte ihm das bisschen, das noch im Becken hing. *O Gott,* dachte ich, *ich kann ihm doch nicht sagen, wie viel das gewesen ist, das ist einfach zu ekelig.*

Rick kannte meine Klagen über Stirnhöhlenbeschwerden und Allergien. In Austin gibt es viel Jakobskraut und Pollenflug, und wegen der strengen Dopingvorschriften im Radsport kann ich es mir nicht leisten, Medikamente dagegen zu nehmen, egal, wie schlimm es auch ist. Ich muss es über mich ergehen lassen.

„Die Blutung könnte aus deinen Stirnhöhlen gekommen sein“, meinte Rick.

„Wunderbar“, sagte ich. „Dann ist es also keine große Sache.“

Ich war so erleichtert, ich stürzte mich auf die erste Vermutung, dass es nichts Ernstes sei, und hakte es ab.

Ein paar Tage später war einer meiner Hoden Furcht erregend angeschwollen, er war fast so groß wie eine Apfelsine. Ich zog mich an, nahm mein Rad von seinem Halter in der Garage herunter und machte mich auf meine übliche Trainingsrunde. Aber ich konnte nicht auf dem Sattel sitzen. Ich musste die ganze Runde in den Pedalen stehen. Als ich am frühen Nachmittag nach Hause kam, rief ich zögernd wieder bei Rick Parker an.

„Rick, mit einem meiner Hoden stimmt was nicht“, sagte ich. „Er ist sehr angeschwollen, und ich musste die ganze Strecke im Stehen fahren.“

Rick war sehr ernst. „Das musst du sofort untersuchen lassen“, meinte er.

Er wollte unbedingt noch am selben Nachmittag einen Termin bei einem Spezialisten für mich ausmachen. Wir legten auf, und er rief Dr. Jim Reeves an, einen prominenten Urologen in Austin. Als Rick ihm meine Beschwerden geschildert hatte, sagte Dr. Reeves, ich solle sofort zu ihm kommen. Er werde mir einen Termin freihalten. Rick rief mich zurück und sagte, Dr. Reeves vermute bei mir zwar nur eine Torsion, eine Drehung des Hodens, aber ich sollte hinkommen und es untersuchen lassen. Wenn ich mich nicht darum kümmern würde, könnte ich den Hoden verlieren.

Ich duschte und zog mich an, nahm die Autoschlüssel und setzte mich in meinen Porsche, und merkwürdigerweise weiß ich noch genau, was ich anhatte: Khakihosen und ein grünes Hemd drüber. Die Praxis von Dr. Reeves lag in der Innenstadt von Austin in der Nähe der University of Texas in einem unauffälligen Klinikgebäude aus braunem Klinker.

Dr. Reeves war ein älterer Herr mit einer tiefen, angenehmen Stimme. In seiner ärztlich beflissenen Art wirkte bei ihm alles wie Routine – obwohl er von dem, was er bei der Untersuchung sah, ernsthaft alarmiert war.

Mein Hoden war auf das Dreifache der normalen Größe geschwollen, hart und äußerst berührungsempfindlich. Dr. Reeves machte ein paar Notizen. „Das sieht mir etwas verdächtig aus“, meinte er. „Zur Sicherheit schicke ich Sie zur Ultraschalluntersuchung, das ist gleich gegenüber auf der anderen Straßenseite.“

Ich zog mich wieder an und fuhr mit dem Auto hinüber. In der anderen Praxis legte ich mich wieder auf einen Untersuchungstisch.

Eine medizinisch-technische Assistentin kam herein und untersuchte mich mit dem stabförmigen Instrument des Ultraschallgeräts, das ein Bild in einen Monitor einspeist. Ich hatte geglaubt, ich wäre in ein paar Minuten wieder draußen. Nur eine Routineuntersuchung zur Beruhigung des Arztes.

Eine Stunde später lag ich immer noch auf dem Tisch.

Schließlich legte die Assistentin den Stab weg und ging, ohne ein Wort zu sagen, aus dem Zimmer.

„Moment mal!“, rief ich. „Hey!“

Nach einiger Zeit kam sie mit dem Chefradiologen zurück. Er nahm den Stab und fing nun seinerseits an, meine Geschlechtsteile zu untersuchen. Ich lag still da, und eine weitere Viertelstunde verging. *Warum dauert das so lange?*

„Gut, Sie können sich jetzt anziehen und wieder rauskommen“, sagte er.

Ich streifte hastig meine Sachen über und ging zu ihm auf den Flur.

„Wir müssen noch Ihren Oberkörper röntgen“, meinte er.

Ich starrte ihn an. „Wieso denn das?“

„Dr. Reeves hat darum gebeten“, war die Antwort.

Wieder ging es in ein Untersuchungszimmer, und ich zog mich aus. Eine andere medizinisch-technische Assistentin besorgte das Röntgen.

Ich wurde langsam wütend und bekam Angst. Wieder zog ich mich an und stelzte zum Praxisempfang zurück. Am Ende des Flurs sah ich den Chefradiologen stehen.

„Hey!“, rief ich. „Was passiert hier eigentlich?“

„Sie sollten mit Dr. Reeves sprechen.“

„Nein, ich will jetzt wissen, was los ist!“

„Nun ja, ich möchte Dr. Reeves nicht vorgreifen“, sagte er, „aber er scheint bei Ihnen möglicherweise einen krebsbezogenen Befund abklären zu wollen.“

Ich stand wie angewurzelt da.

„Sie müssen die Röntgenaufnahmen gleich zu Dr. Reeves mitnehmen. Er wartet auf Sie in seiner Praxis.“

In meiner Magengrube spürte ich einen kleinen Eisblock, der langsam größer wurde. Ich nahm mein Handy und wählte Ricks Nummer.

„Rick, hier stimmt was nicht, aber keiner will damit rausrücken."

„Lance, ich kann nicht viel dazu sagen", antwortete er, „aber ich möchte dabei sein, wenn du mit Dr. Reeves sprichst. Warte da auf mich."

„Okay", stimmte ich zu.

Das sieht nicht gut aus. Ich stieg in mein Auto und schaute auf den braunen Umschlag mit den Röntgenaufnahmen von meiner Brust. Bis zur Praxis von Dr. Reeves waren es nur knapp 200 Meter, aber es kam mir weiter vor. Wie zwei Kilometer. Oder zwanzig.

Ich fuhr die kurze Strecke und parkte den Wagen. Inzwischen war es schon dunkel, und die normalen Praxis-Öffnungszeiten waren längst vorbei. Wenn Dr. Reeves auf mich gewartet hat, diese ganze lange Zeit, dann muss es dafür einen guten Grund geben.

Als ich zur Praxis von Dr. Reeves ging, merkte ich, dass das Gebäude leer war. Alle waren schon gegangen.

Rick kam, er sah ziemlich ernst aus. Ich setzte mich auf einen Stuhl, Dr. Reeves machte den Umschlag auf und zog meine Röntgenaufnahmen heraus. Eine Röntgenaufnahme sieht aus wie das Negativ zu einem normalen Schwarz-Weiß-Foto. Alles, was nicht normal ist, zeichnet sich in weißen Abstufungen darauf ab. Ein schwarzes Bild ist in Wirklichkeit gut, weil es bedeutet, dass die Organe sauber sind. Schwarz ist gut. Weiß ist schlecht.

Dr. Reeves klemmte die Aufnahmen in den Lichtkasten an der Wand.

In meiner Brust sah es aus wie bei einem Schneesturm.

„Also, die Lage ist ernst", erklärte Dr. Reeves. „Sieht aus wie Hodenkrebs mit ausgedehnten Metastasen in der Lunge."

Ich habe Krebs.

„Sind Sie sicher?", fragte ich.

„Ziemlich sicher", antwortete Dr. Reeves.

Ich bin erst 25. Warum sollte ausgerechnet ich Krebs haben?

„Sollte ich nicht noch eine zweite Meinung einholen?", schlug ich vor.

„Natürlich", sagte Dr. Reeves. „Dazu haben Sie jedes Recht. Aber Sie sollten wissen, dass ich mir meiner Diagnose sicher bin. Ich habe Sie für morgen früh um sieben zur Operation angemeldet, um den Hoden zu entfernen."

Ich habe Krebs, und er steckt schon in meiner Lunge.

Dr. Reeves erläuterte seine Diagnose: Hodenkrebs sei eine seltene Erkrankung. In den Vereinigten Staaten träten jährlich nur etwa 7000 Fälle auf. Meistens seien junge Männer im Alter zwischen 18 und 25 Jahren betroffen. Dank der Fortschritte auf dem Gebiet der Chemotherapie gelte er als eine sehr gut therapierbare Krebsform, aber der entscheidende Faktor sei ein frühes Eingreifen. Dr. Reeves war sicher, dass ich Krebs hatte. Die Frage war, wie weit er sich schon ausgebreitet hatte. Er empfahl mir, zu Dr. Dudley Youman zu gehen, einem renommierten Onkologen in Austin. Rasches Handeln sei angesagt, jeder Tag zähle. Damit beendete Dr. Reeves seine Ausführungen.

Ich sagte gar nichts.

„Ich lass Sie beide mal für ein paar Minuten allein", sagte Dr. Reeves.

Als ich mit Rick allein war, sank mir der Kopf auf den Schreibtisch. „Ich kann es einfach nicht glauben", meinte ich.

„Lance, hör zu, bei der Behandlung von Krebs sind enorme Fortschritte gemacht worden. Krebs ist heilbar. Wir werden alle Hebel in Bewegung setzen. Wir schaffen das."

„Okay", sagte ich. „Okay."

Rick rief Dr. Reeves wieder herein.

„Was soll ich tun?", fragte ich. „Los geht's. Wir machen den Krebs fertig. Egal, was zu tun ist, wir machen das!"

Dr. Reeves erklärte mir geduldig das weitere Vorgehen, das mir am nächsten Morgen bevorstand: In der Frühe musste ich im Krankenhaus antreten zu einer ganzen Latte von Tests und Blutuntersuchungen, damit der Onkologe abschätzen konnte, wie weit der Krebs war, und dann würde der Hoden operativ entfernt.

Ich stand auf und ging. Ich hatte jede Menge Anrufe zu erledigen, einen davon bei meiner Mutter. Ich musste ihr irgendwie beibringen, dass ihr einziges Kind Krebs hatte.

Ich stieg in mein Auto und machte mich auf den kurvigen, baumbestandenen Straßen auf den Heimweg zu meinem Haus am Flussufer. Zum ersten Mal in meinem Leben fuhr ich langsam. Ich stand unter Schock. *Oh, Mann, ich werde nie wieder Rennen fahren können* – nicht etwa *Oh, Mann, ich werde sterben*, oder *Oh, Mann, ich werde nie eine Familie haben*. Diese Gedanken waren irgendwo in dem Durcheinander tief in mir begraben. Aber das Erste, was mir in den Sinn kam, war: *Oh, Mann, ich werde nie wieder Rennen fahren können*. Ich griff zum Autotelefon und wählte die Nummer von Bill Stapleton.

„Bill, es gibt böse Neuigkeiten", begann ich.

„Was ist los?", fragte er geistesabwesend.

„Ich bin krank. Mit meiner Karriere ist's aus."

„Was?"

„Es ist alles vorbei. Ich bin krank, ich werde nie wieder Rennen fahren können, und ich werde alles verlieren.“ Ich legte auf.

Im ersten Gang schlich ich durch die Straßen. Ich hatte nicht einmal die Kraft, Gas zu geben. Als ein 25-Jähriger, den nichts umwerfen oder kaputtmachen konnte, hatte ich mein Haus verlassen. Der Krebs würde alles über den Haufen werfen. Er würde nicht nur meine Karriere beenden, er würde überhaupt alles, worauf mein Selbstwertgefühl beruhte, zerstören. Was würde aus mir werden, wenn ich nicht mehr Lance Armstrong, der Weltklasseradfahrer, war?

Ein kranker Mensch.

Ich fuhr die Auffahrt zu meinem Haus hinauf. Drinnen klingelte das Telefon. Ich ging hinein und hob ab. Es war mein Freund Scott McEachern. Die Firma Nike hatte ihn als ihren Repräsentanten für die Zusammenarbeit mit mir abgestellt.

„Hey, Lance, was ist los?“

„Eine Menge“, knurrte ich. „Nicht zu knapp.“

„Was soll das heißen?“

„Ich, äh ...“, ich brach ab. Bis jetzt hatte ich das Wort noch nicht laut ausgesprochen. Ich öffnete den Mund, schloss ihn, öffnete ihn wieder. „Ich hab Krebs“, sagte ich.

Ich fing an zu weinen.

Und dann, in diesem Augenblick, dämmerte es mir: Ich würde vielleicht mein Leben verlieren. Nicht nur meinen Sport.

Ich kann sterben!

Die Startlinie

Die Vergangenheit prägt uns, ob uns das passt oder nicht. Jede Begegnung und jede Erfahrung wirken sich irgendwie aus, und wir werden dadurch geformt wie ein einsamer Mesquitebaum auf der Ebene durch den Wind.

Das Wichtigste, was Sie über meine Kindheit wissen müssen, ist, dass ich nie einen richtigen Vater hatte – aber ich habe auch nie rumgesessen und mich nach einem gesehnt. Meine Mutter war 17, als sie mich bekam, und von diesem Tag an versuchte alle Welt, ihr einzureden, wir würden es nicht weit bringen. Sie selbst sah das anders und hat mich in der felsenfesten Überzeugung aufgezogen: „Man kann aus jeder Schwierigkeit eine Chance machen.“ So haben wir’s dann gehalten.

Ich war ein ziemlicher Brocken von Baby, besonders für eine so kleine

Als meine Mutter mich zur Welt brachte, war sie 17 – und sah sogar noch jünger aus.

Frau. Der Mädchenname meiner Mutter war Linda Mooneyham. Sie ist 1,60 Meter groß und wiegt keine 50 Kilo. Ich weiß nicht, wie eine so zierliche Person es überhaupt geschafft hat, mich auf die Welt zu bringen, denn ich brachte knapp neun Pfund auf die Waage.

Meinen so genannten Vater habe ich nie kennen gelernt. Er hatte überhaupt keine Bedeutung – es sei denn, man hält seine Abwesenheit für bedeutsam. Nur weil er die DNS geliefert hat, aus der ich entstanden bin, ist er noch lange nicht mein Vater, und was mich betrifft, so gibt es nichts, was uns verbindet, absolut nichts.

Ich habe mich nie mit meiner Mutter über ihn unterhalten. Meine Mutter liebte mich ohne Wenn und Aber, und ich liebte sie genauso, und das war uns beiden genug.

Leider hat eine texanische Zeitung meinen leiblichen Vater 1999 aufgestöbert und einen Artikel über ihn gebracht. Das wurde über ihn berichtet: Er heißt Gunderson, ist Auslieferungsfahrer beim *Dallas Morning Star,* hat zwei Kinder und lebt in Cedar Creek Lake, Texas. Meine Mutter hat ihn während der Schwangerschaft geheiratet, und als sie sich wieder trennten, war ich noch nicht mal zwei. In der Zeitung wurde er mit der Behauptung zitiert, er sei ein stolzer Vater und seine Kinder würden mich als ihren Bruder betrachten. Aber ich halte ihn für einen Opportunisten und habe kein Interesse daran, ihn zu treffen.

Meine Mutter stand allein da. Ihre Eltern waren geschieden. Meine Großmutter Elizabeth hatte alle Hände voll zu tun, um ihre drei Kinder durchzubringen. Keiner in der Familie konnte meiner Mutter groß helfen – aber sie haben es nach Kräften versucht.

Ich war ein willkommenes Kind. Meine Mutter war entschlossen, mich zu bekommen. Wir wohnten in einem tristen Einzimmerapartment in Oak Cliff, einem Vorort von Dallas, während meine Mutter die Schule zu Ende machte und nebenher halbtags arbeitete. Es war eins dieser Viertel, wo die Wäsche an der Leine flattert und es an jeder Ecke einen Kentucky Fried Chicken gibt. Dort arbeitete meine Mutter. In ihrer rosa-weiß gestreiften Uniform nahm sie die Bestellungen auf. Außerdem saß sie oft in Kroger's Lebensmittelgeschäft auf der anderen Straßenseite an der Kasse.

Danach bekam meine Mutter einen Job als Sekretärin mit 12 000 Dollar Jahresgehalt. So konnten wir in eine schönere Wohnung ziehen, nach Richardson, einem Vorort im Norden von Dallas. Später arbeitete sie bei der Telekommunikationsfirma Ericsson, und dort hat sie sich die Leiter hinaufgearbeitet. Jetzt ist sie Sachbearbeiterin, und außerdem hat sie nebenher die Zulassung als Grundstücksmaklerin erworben. Damit dürfte alles gesagt sein, was man über diese Frau wissen muss. Sie hat etwas auf dem Kasten und arbeitet härter als irgendjemand sonst. Außerdem sieht sie immer noch so jung aus, dass sie meine Schwester sein könnte.

Nach Oak Cliff fühlte sie sich hier in der Vorstadt wie im Himmel. Norddallas zieht sich in einer ununterbrochenen Kette von Trabantenstädten praktisch bis an die Grenze von Oklahoma, und diese Siedlungen sehen alle gleich aus. Große Einfamilienhäuser und riesige Einkaufszentren bedecken kilometerweit die flache braune texanische Landschaft. Aber man findet dort auch gute Schulen und viele unbebaute Flächen, wo Kinder spielen können.

Gegenüber von unserer Wohnung, auf der anderen Straßenseite, war ein Fahrradladen, Richardson Bike Mart. Der kleine Laden am Rand eines Einkaufszentrums gehörte Jim Hoyt, einem gut gebauten Burschen mit ungewöhnlich hellen Augen. Jim sponserte mit seinem Laden Radrennen und bemühte sich immer darum, junge Leute für diesen Sport zu begeistern. Jim wusste, dass meine Mutter jeden Cent umdrehen musste, und machte ihr für mein erstes richtiges Fahrrad einen guten Preis. Es war ein Schwinn Mag Scrambler, und ich bekam es, als ich ungefähr sieben Jahre alt war. Es war in einem scheußlichen Braun lackiert und hatte gelbe Räder, aber ich war begeistert. Warum Kinder ein Fahrrad so toll finden? Es steht für Befreiung und Unabhängigkeit, und es ist unser erster fahrbarer Untersatz. Ein Fahrrad bedeutet die Freiheit, überall hinzufahren, ohne Aufsicht und ohne Erwachsene.

Meine Mutter hat mir noch etwas gegeben, worauf ich allerdings nicht besonders scharf war – einen Stiefvater. Als ich drei Jahre alt war, heiratete sie wieder, einen Mann namens Terry Armstrong. Terry war ein kleiner Mann mit einem riesigen Schnurrbart. Er belieferte Lebensmittelläden mit Ware und war ein typischer reisender Handelsvertreter. Aber er brachte eben auch ein zweites Gehalt nach Hause und half, die Rechnungen zu bezahlen. Inzwischen bekam meine Mutter ein paarmal

Gehaltserhöhung, und dann kaufte sie in Plano, einem der besseren Vororte, ein Haus für uns.

Ich war noch ein kleiner Junge, als Terry mich adoptierte, wodurch ich den Nachnamen Armstrong bekam. Ich habe es weder als einen glücklichen noch als einen unglücklichen Tag in Erinnerung, keins von beidem.

Terry Armstrong war ein bekennender Christ, und seine Familie machte meiner Mutter gern Vorschriften über meine Erziehung. Terry hatte trotz seiner frommen Sprüche ein jähzorniges Temperament, und wegen jeder Kleinigkeit haute er mich windelweich. Wegen Kinderkram, zum Beispiel, weil ich dreckig oder unordentlich war.

Das Paddel war seine bevorzugte Erziehungsmethode. Wenn ich zu spät nach Hause kam, trat das Paddel in Aktion: Klatsch. Für Widerworte gab's eins mit dem Paddel: Klatsch. Es tat nicht nur körperlich weh, sondern auch seelisch. Deshalb mochte ich Terry Armstrong nicht. Für mich war er ein mürrischer, geiler Spinner, und aus diesem Grund hatte für mich die organisierte Religionsausübung schon sehr früh den Beigeschmack der Heuchelei.

WENN man in Plano, Texas, kein Footballspieler war, existierte man überhaupt nicht, und wenn man nicht zur oberen Mittelschicht gehörte, erging es einem nicht besser. Meine Mutter war Sekretärin. Also versuchte ich es mit Football. Aber ich konnte meine Bewegungen nicht gut koordinieren. Bei allen Übungen, bei denen man sich von der einen Seite auf die andere drehen musste oder bei denen es auf das Zusammenspiel von Auge und Hand ankam, überhaupt bei jeglicher Art der Ballbehandlung war ich eine Niete.

Ich war wild entschlossen, etwas zu finden, in dem ich erfolgreich sein könnte. Als ich in der fünften Klasse war, veranstaltete meine Grundschule einen Langstreckenlauf. Am Abend vorher sagte ich zu meiner Mutter: „Ich werde oben auf dem Treppchen stehen." Sie sah mich kurz an, dann stöberte sie in ihren Sachen herum und förderte einen Silberdollar von 1972 zutage. „Das ist eine Glücksmünze", sagte sie. „Denk dran, der einzige Gegner, den du schlagen musst, ist die Uhr." Ich gewann den Wettlauf.

Ein paar Monate später wurde ich Mitglied im örtlichen Schwimmverein. Am Anfang war es nur ein weiterer Versuch, um von den anderen Kindern akzeptiert zu werden, die alle ihre Bahnen im Pool des Los Rios Country Clubs zogen, wo ihre Eltern Mitglieder waren. Am ersten Tag des Schwimmtrainings stellte ich mich so dämlich an, dass man mich zu den Siebenjährigen steckte. Es war eine Blamage. Ich hatte es vom schlechten Footballspieler zum unfähigen Schwimmer gebracht.

Aber ich versuchte es trotzdem. Wenn ich mit den Kleinen schwimmen musste, um die Technik zu lernen, dann musste ich da durch. Mein Gastspiel in der Anfängergruppe dauerte jedoch nicht lange.

Schwimmen ist für einen Zwölfjährigen kein gemütlicher Sport, und im Schwimmklub der Stadt Plano ging es besonders heftig zu. Ich schwamm für einen Mann namens Chris MacCurdy, der für mich heute noch einer der besten Trainer ist, die ich je hatte. Innerhalb eines Jahres hatte Chris etwas aus mir gemacht. In 1500 Meter Freistil war ich der Viertbeste im Staat Texas. Er trainierte uns ohne Wenn und Aber. Jeden Morgen von halb sechs bis sieben war Frühsport. Als ich ein bisschen älter geworden war, fuhr ich mit dem Rad zum Training, 16 Kilometer durch halbdunkle, frühmorgendliche Straßen. Vor dem Unterricht schwamm ich 4000 Meter, am Nachmittag fuhr ich noch einmal zwei Stunden zum Training und riss 6000 Meter herunter. Das waren pro Tag zehn Kilometer im Wasser und 32 Kilometer auf dem Fahrrad. Meine Mutter ließ mich gewähren, aus zwei Gründen: Erstens hatte sie nicht die Möglichkeit, mich hin- und herzufahren, weil sie arbeiten musste, und zweitens wusste sie, dass ich das brauchte, um mein Temperament zu zügeln.

Als ich 13 war, hing ich eines Nachmittags im Richardson Bike Mart herum und sah ein Plakat, auf dem ein Wettbewerb namens „Iron Kids“ ausgeschrieben wurde. Es war ein Triathlon für Junioren, eine Wettbewerbskombination aus Fahrradfahren, Schwimmen und Laufen. Ich hatte noch nie Triathlon gemacht – aber hier wurden lauter Dinge verlangt, die ich gut konnte, und deshalb meldete ich mich an. Meine Mutter ging mit mir in ein Geschäft und kaufte mir ein Triathlon-Outfit, das im Grunde nichts anderes war als Shorts für den Geländelauf und ein Trikot aus einem schnell trocknenden Mischgewebe – beides konnte man, ohne sich umzuziehen, während des ganzen Wettbewerbs anbehalten. Für den Triathlon kauften wir auch mein erstes richtiges Rennrad. Es war ein Mercier, ein schlankes, elegantes Straßenrad.

Ich gewann, sogar mit großem Abstand – dabei hatte ich noch nicht mal dafür trainiert. Kurz darauf fand in Houston wieder ein Triathlon statt. Das gewann ich auch. Als ich aus Houston zurückkam, war ich voller Selbstvertrauen. Im Triathlon war ich besser als jeder Junge in Plano und besser als alle Jungen in ganz Texas – und dieses Gefühl mochte ich.

Was einen großen Ausdauerathleten auszeichnet, ist die Fähigkeit, nichts als peinlich zu empfinden und leiden zu können, ohne zu jammern. Ich entdeckte allmählich, dass ich immer dann gewann, wenn es darum ging, die Zähne zusammenzubeißen, egal, wie es aussah, und länger durchzuhalten als alle anderen. Auf die Sportart selbst schien es gar nicht anzukommen – solange es ein reiner Langstreckenwettbewerb war, konnte ich jeden schlagen.

Wenn es eine fürstliche Quälerei war, hatte ich gute Karten.

ALS ICH 14 Jahre alt war, ging die Ehe meiner Mutter mit Terry in die Brüche. Eines Abends rief ich meine Mutter an, um ihr zu sagen, dass ich erst später zum Abendessen kommen würde. Aber sie sagte: „Junge, komm bitte nach Hause."

„Was ist denn los?", fragte ich.

„Ich muss mit dir reden."

Ich stieg aufs Fahrrad und fuhr heim. Als ich ankam, saß sie allein im Wohnzimmer.

„Ich habe Terry gesagt, er soll gehen", eröffnete sie mir. „Ich werde die Scheidung einreichen."

Ich war unendlich erleichtert und gab mir auch gar keine Mühe, das zu verbergen. Genau genommen war ich außer mir vor Freude. „Das ist ja toll." Ich strahlte sie an.

„Aber mach mir jetzt keine zusätzlichen Probleme, mein Lieber", bat sie. „Ich kann damit im Moment nicht umgehen. Bitte, mach mir jetzt keine Schwierigkeiten."

„Klar", sagte ich, „versprochen!"

Nach der Trennung kamen meine Mutter und ich uns viel näher. Ich glaube, sie war schon längere Zeit unglücklich gewesen, und ein unglücklicher Mensch ist nun mal nicht er selbst. Nachdem sie geschieden war, veränderte sie sich. Sie war viel entspannter, als sei eine Last von ihr gewichen. Nachdem Terry weg war und sie wieder für uns beide sorgen musste, hatte sie natürlich eine andere Art von Druck, aber das war für sie nichts Neues. Manchmal, wenn sie von der Arbeit nach Hause kam, merkte man ihr an, dass sie einen besonders schweren Tag gehabt hatte.

„Warum schmeißt du den Krempel nicht einfach hin?", schlug ich vor.

„Mein Sohn, man schmeißt niemals den Krempel hin", gab sie zurück. „Da beiße ich mich durch."

ALLMÄHLICH verdiente ich mein eigenes Geld. Als ich 15 war, trat ich beim „President's Triathlon" in Lake Lavon gegen ein Feld von hartgesottenen Sportlern an, die alle älter waren als ich. Ich kam auf Platz 32 und schockierte damit sowohl meine Mitstreiter als auch die Zuschauer, die nicht glauben konnten, dass ein Fünfzehnjähriger über die ganze Distanz mitgehalten hatte. Die Presse beschäftigte sich mit meiner Leistung, und ich sagte zu einem Reporter: „Ich glaub, in ein paar Jahren hab ich es nicht mehr weit zur Spitze, und in zehn Jahren bin ich der Beste." (Im Jahr darauf machte ich den 5. Platz.)

Die Triathlons brachten gutes Geld. Auf einmal hatte ich die Brieftasche voll solider Schecks. Ich trug mich für jeden Triathlon in die Startliste ein, von dem ich Wind bekam. Bei den meisten Wettbewerben gab es ein Mindestalter – nämlich 16 Jahre –, also fälschte ich mein Alter auf den Anmeldeformularen. Gewonnen habe ich solche Profiwettkämpfe nicht, aber ich kam unter die ersten fünf. Die anderen nannten mich „Junior".

Auch bei den Radrennen in Dallas machte ich mir nach und nach einen Namen. Jeden Dienstagabend wurde auf einem alten Rundkurs durch die unbebauten Felder von Richardson ein Rennen veranstaltet, das zu einer ganzen Serie gehörte. Diese „Tuesday Night Crits" waren bei den lokalen Klubfahrern heiß umkämpft und zogen ein großes Publikum an. Ich fuhr für Jim Hoyt, der mit seinem Richardson Bike Mart als Sponsor einer Klubmannschaft auftrat. Meine Mutter besorgte mir einen Werkzeugkasten für mein ganzes Fahrradzubehör. Sie sagt, sie habe immer noch vor Augen, wie ich auf dem Rundkurs wie ein Wilder in die Pedale trat, an den anderen Jungen vorbeiraste und das ganze Feld überrundete. Sie konnte nicht glauben, wie viel Kraft in mir steckte. Auch wenn es lediglich um 100 Dollar in bar ging – ich fuhr alles in Grund und Boden, nur um an das Preisgeld zu kommen.

Inzwischen war ich zur nationalen Sprint-Triathlon-Nachwuchshoffnung Nummer eins des Jahres avanciert. Meine Mutter und ich erkannten, dass ich als Sportler gute Zukunftsaussichten hatte. Ich verdiente 20000 Dollar pro Jahr und legte mir eine Kartei mit geschäftlichen Kontakten an. Ich brauchte Sponsoren und Förderer, die bereit waren, meine Flugtickets und Spesen für die verschiedenen Rennen und Triathlons vorzufinanzieren. Meine Mutter sagte zu mir: „Lance, sieh mal, wenn du auf einen grünen Zweig kommen willst, wirst du dich selbst um alles kümmern müssen, weil dir das nämlich kein anderer abnimmt."

Meine Mutter war mein bester Freund und mein treuester Bundesgenosse geworden. Sie war meine Organisatorin und motivierte mich, ein richtiger Dynamo. „Wenn du nicht 110 Prozent gibst, wirst du's nicht schaffen", meinte sie oft zu mir.

Wir fuhren überall gemeinsam hin, und ich meldete mich zu 10-Kilometer-Läufen und Triathlons an. Wir machten uns sogar Hoffnungen auf meine Aufnahme in die Olympiamannschaft. Ich hatte immer noch den Silberdollar als Talisman bei mir, und jetzt bekam ich von meiner Mutter noch einen Schlüsselanhänger, auf dem „1988" stand – das Jahr der nächsten Sommerolympiade.

Jeden Tag nach der Schule lief ich zehn Kilometer, und dann schwang ich mich aufs Rad und fuhr bis in den Abend hinein. Auf diesen Fahrten wuchs mir Texas ans Herz. Die Landschaft war auf eine verzweifelte Art schön. Manchmal kam ich an wogenden Feldern voller Wildblumen vorbei oder an frei stehenden Mesquitebäumen, denen der Wind die seltsamsten Formen gegeben hatte. Aber oft bestand die ganze Landschaft nur aus platter gelblich brauner, windiger Prärie. Dallas ist die drittwindigste Stadt im ganzen Land. Gut für mich, denn das förderte mein Stehvermögen.

Damals hatte ich noch keinen Kilometerzähler am Fahrrad, und wenn ich wissen wollte, wie lang eine Trainingsstrecke war, musste meine Mutter mit dem Auto hinter mir herfahren. Wenn ich zu ihr sagte, die Strecke müsse abgemessen werden, setzte sie sich sofort ins Auto und fuhr los, auch wenn es schon spät am Abend war. Nun ist eine 50-Kilometer-Tour für mich ein Klacks, aber für eine Frau, die gerade von der Arbeit gekommen ist, ist es oft genug ein Schlauch. Doch sie beschwerte sich nie.

Meine Mutter und ich gingen nach und nach immer unbefangener miteinander um. Sie vertraute mir vollkommen, und ich tat, was ich für richtig hielt. Das Interessante daran ist, dass ich ihr immer reinen Wein eingeschenkt habe, egal, was ich vorhatte. Ich habe ihr nie etwas vorgelogen. Wenn ich mich amüsieren wollte, hatte sie nichts dagegen. Die meisten Jugendlichen mussten sich abends heimlich davonstehlen, aber ich ging einfach zur Haustür hinaus.

Vielleicht ließ sie die Zügel ein bisschen zu locker. Ich war ein übermütiger Bursche und hätte mir leicht selbst schaden können. In Plano gab es viele breite Boulevards und viel unbebautes Brachland, für einen jungen Kerl, der ein Fahrrad oder ein Auto unter dem Hintern hat, geradezu eine Einladung, Blödsinn zu machen. Mit meinem Rad sauste ich die großen Straßen hinauf und hinunter, wich den Autos aus und zischte bei Rot über die Ampeln. Ich zog meine Kreise sogar bis in die

Innenstadt von Dallas. Ich genoss den Nervenkitzel, mich im dichten Verkehr zu bewegen.

Mein nagelneues Raleigh war absolute Spitze, wunderschön, aber ich hatte es nur kurze Zeit, bis ich es zu Schrott fuhr und mir dabei fast den Hals brach. Es passierte an einem Nachmittag, als ich die Ampelschaltung überlisten wollte. Ich versuchte, die grüne Welle einzuholen, und war bei einer ganzen Reihe von Ampeln noch durchgekommen. Fünf hatte ich schon geschafft. Dann kam ich an die sechste. Es war eine riesige sechsspurige Kreuzung, und ich trat in die Pedale.

Ich war schon über drei Querspuren hinweg, als das Signal auf Gelb umsprang. Ich fuhr weiter – wie immer. Auch heute noch.

Die Ampel sprang auf Rot. Aus dem Augenwinkel bemerkte ich eine Frau in einem Geländewagen. Sie hatte mich nicht gesehen, gab Gas und nahm mich voll auf die Hörner.

Ich flog kopfüber im Sturzflug über die Kreuzung. Von Helm keine Spur. Ich kam mit dem Kopf auf, überschlug mich ein paarmal und blieb am Bordstein liegen.

Ich war allein unterwegs. Nichts dabei, keinen Ausweis, kein gar nichts. Ich versuchte, mich aufzurappeln. Leute standen um mich herum. Jemand sagte: „Nein, nein, nicht aufstehen!" Ich ließ mich wieder auf den Boden sinken, wartete auf den Krankenwagen und hörte das hysterische Geschrei der Frau, die mich angefahren hatte. Der Krankenwagen kam und brachte mich in ein Krankenhaus, wo ich noch geistesgegenwärtig genug war, um unsere Telefonnummer zu nennen. Jemand vom Krankenhaus rief meine Mutter an, die nun ihrerseits einen ziemlich hysterischen Anfall bekam.

Ich hatte eine Gehirnerschütterung, mein Kopf musste mit ein paar Stichen genäht werden und mein Fuß, an dem eine breite Wunde klaffte, ebenfalls. Weil mich der Wagen genau von der Seite erwischt hatte, war mein Knie ausgerenkt und gezerrt und kam in eine schwere Schiene. Das Rennrad war Schrott.

Ich erklärte dem Arzt, der mich behandelte, dass ich momentan für einen Triathlon-Wettbewerb trainierte, der in nur sechs Tagen in Lewisville am Dallas Lake stattfinden sollte. „Völlig ausgeschlossen", sagte der Arzt. „Sie sind die nächsten drei Wochen außer Gefecht. Sie dürfen weder laufen noch gehen."

Am Tag danach verließ ich hinkend und unter Schmerzen das Krankenhaus und hatte mich damit abgefunden, dass ich schachmatt war. Aber nachdem ich ein paar Tage tatenlos zu Hause herumgesessen hatte, fiel mir die Decke auf den Kopf. Mit meinem geschienten Bein humpelte ich zu einem kleinen Golfplatz in der Nähe, um ein bisschen Golf zu spielen. Es war angenehm, wieder rauszukommen und sich zu bewegen. Ich nahm die Beinschiene ab. *Na ja,* dachte ich, *geht ja gar nicht so schlecht.*

Am vierten Tag sah ich nicht mehr so recht ein, was das Ganze noch sollte. Ich fühlte mich eigentlich prima und meldete mich zu dem Triathlon an.

„Ich zieh die Sache durch", eröffnete ich abends meiner Mutter. „Ich starte bei dem Wettkampf."

„Okay, prima", sagte sie.

Anschließend rief ich einen Freund an. „Du musst mir dein Rennrad leihen", bat ich ihn. Dann ging ich ins Badezimmer und zog mir die Fäden an meinem Fuß. Fäden ziehen ist einfach, man braucht sie nur mit einem Nagelknipser durchzuschneiden und kann sie dann rausziehen. Die Fäden am Kopf ließ ich drin, weil ich eine Badekappe aufhaben würde. Als Nächstes schnitt ich mir Löcher in den Laufschuh und den Fahrradschuh, damit nichts auf die Fußwunde drückte.

Am nächsten Morgen stand ich in aller Frühe mit den anderen am Start. Ich kam als Erster aus dem Wasser und sprang als Erster vom Rad, aber beim 10-Kilometer-Lauf holten mich ein paar Mann ein, und ich kam als Dritter ins Ziel. Am nächsten Tag stand in der Zeitung ein großer Artikel über den dritten Platz, den ich trotz meines Unfalls erreicht hatte. Eine Woche später bekamen meine Mutter und ich einen Brief von meinem Arzt. „Ich kann es einfach nicht glauben", schrieb er.

MIR GEHT es nie schnell genug, auf allen Gebieten. Als Teenager faszinierten mich schnelle Autos, und das Erste, was ich mir von den Preisgeldern meiner Triathlonkarriere kaufte, war ein gebrauchter kleiner roter Fiat, mit dem ich Plano unsicher machte – ohne einen Führerschein zu besitzen.

Ich fuhr mit dem Auto auch nachts herum, was ohne Begleitung eines Erwachsenen gesetzwidrig war. Einmal hatte ich in der Weihnachtszeit einen Halbtagsjob in einem großen Spielwarenladen. Mein Freund Steve Lewis bekam einen Job in einem Supermarkt. Wir hatten beide Nachtschicht, und unsere Eltern ließen uns mit dem Auto zur Arbeit fahren. Das war keine gute Idee. Steve und ich veranstalteten auf der Heimfahrt Privatrennen und rasten mit über 130 Sachen durch die Straßen.

Steve hatte einen Pontiac Trans Am und ich inzwischen einen Camaro IROC Z28, ein Wahnsinnsauto. Jim Hoyt verhalf mir zu dem Schlitten, indem er für die erforderliche Ratenfinanzierung den Strohmann spielte. Ich bezahlte die monatlichen Raten und versicherte den

Wagen auf meinen Namen. Er war ein Geschoss, ein richtiges Geschoss. An manchen Abenden fuhren wir zur Forest Lane, wo es eine lange Gerade gab, und droschen den Wagen mit 180 oder 190 über eine Straße, auf der noch nicht mal 75 Kilometer pro Stunde erlaubt waren.

Ich hatte zwei unterschiedliche Gruppen von Freunden, einmal einen Kreis aus beliebten und angesehenen Schülern meiner Highschool, mit denen ich durch die Lokale zog, und dann meine Sportkameraden, die Straßenrennfahrer, Läufer und Triathleten, von denen manche schon erwachsene Männer waren. Der Druck zur sozialen Anpassung in Plano war groß, aber meine Mutter und ich konnten noch nicht einmal ansatzweise mit diesen Leuten mithalten und gaben uns in dieser Beziehung auch gar keine Mühe. Andere Burschen gaben mit den heißen Öfen an, die sie von ihren Eltern geschenkt bekommen hatten, aber ich fuhr ein Auto, das ich mir von meinem selbst verdienten Geld gekauft hatte.

IM ZWEITEN Halbjahr meines letzten Schuljahrs wurde ich von der US-Cycling-Federation, dem amerikanischen Radsportverband, eingeladen, zum Training mit der amerikanischen Nationalmannschaft der Junioren nach Colorado Springs zu kommen. Anschließend sollte ich nach Moskau zu meinem ersten internationalen Rennen bei der Weltmeisterschaft der Junioren 1990 mitfliegen.

Aber die Schulverwaltung von Plano stellte sich quer. Es gab einen strikten Grundsatz: keine Beurlaubung ohne triftigen Grund. Man sollte meinen, eine Reise nach Moskau wäre vielleicht eine Ausnahme wert und eine Schule könnte stolz darauf sein, einen Olympia-Anwärter unter ihren Abgängern zu haben. Aber denen war das alles egal.

Ich fuhr trotzdem nach Colorado Springs und nach Moskau. Auf der Juniorenweltmeisterschaft hatte ich von Tuten und Blasen keine Ahnung. Ich setzte nur auf rohe Kraft, ohne Konzept und Einteilung, ohne jede taktische Überlegung. Dennoch lag ich ein paar Runden in Führung, bevor mir die Puste ausging und mein Tank leer war, weil ich zu früh aufgedreht hatte. Die amerikanischen Verbandsfunktionäre waren trotzdem beeindruckt, und der russische Trainer sagte jedem, der es hören wollte, ich sei der beste Nachwuchsradfahrer, den er seit Jahren gesehen habe.

Ich war sechs Wochen fort. Als ich im März wiederkam, hatte man meine Zensuren in allen Fächern auf die schlechteste Note gesetzt. Ein Kollegium von sechs Schulbeauftragten eröffnete meiner Mutter und mir, ich hätte innerhalb von ein paar Wochen in allen Fächern meinen Rückstand aufzuholen, sonst könnte ich nicht zusammen mit dem Rest der Klasse den Abschluss machen. Meine Mutter und ich waren sprachlos.

„Aber das ist überhaupt nicht zu schaffen", sagte ich dem Kollegium. Die Anzugfraktion starrte mich nur an. „Sie sind doch jemand, der nicht so schnell aufgibt, oder?", stichelte einer von ihnen.

Ich starrte zurück. Ich wusste nur zu gut, dass die Sache ganz anders ausgesehen hätte, wenn ich Football gespielt und Eltern gehabt hätte, die im Los Rios Country Club Mitglieder waren.

„Die Sitzung ist geschlossen", sagte ich.

Meine Mutter und ich standen auf und verließen den Raum. „Den Rest des Tages bleibst du noch in der Schule, und wenn du nach Hause kommst, habe ich die Sache geregelt", versprach sie.

Sie fuhr wieder ins Büro und rief jede Privatschule an, die sie im Telefonbuch von Dallas fand. Sie fragte, ob man bereit sei, mich aufzunehmen, und dann musste sie gestehen, dass sie kein Schulgeld bezahlen könne und ob man mich auch für Gottes Lohn aufnehmen würde? Sie setzte sich mit sämtlichen Schulen im Gebiet von Nord-Dallas in Verbindung und erklärte unsere Zwangslage. „Er ist kein übler Kerl", bettelte sie, „er hat nichts mit Drogen am Hut. Ich verspreche Ihnen, Sie werden es nicht bereuen."

Am Ende des Tages hatte sie eine Privatschule ausfindig gemacht, Bending Oaks, wo man bereit war, mich aufzunehmen, vorausgesetzt, ich belegte ein paar Aufholkurse. Der Leistungsstand meiner alten Schule wurde übernommen, und ich machte meinen Abschluss wie geplant.

Ich beschloss, trotzdem auf den Abschlussball von Plano East zu gehen. Wir hatten die Eintrittskarten schon bezahlt, und ich wollte mir das nicht entgehen lassen. Ich kaufte für meine Balldame ein Bukett, lieh mir einen Smoking und buchte eine Limousine. Als ich an jenem Abend den Smoking anzog und mir die Fliege umband, hatte ich eine Idee. Meine Mutter war noch nie in einer Limousine herumchauffiert worden.

Ich wollte, dass auch sie einmal in diesen Genuss kam. Wie soll man zum Ausdruck bringen, was man für die Eltern empfindet und wie viel man ihnen verdankt? Meine Mutter hatte mir mehr gegeben als irgendein Lehrer und jede Vaterfigur, und das über lange und schwere Jahre, die ihr manchmal so unausgefüllt und leer vorgekommen sein müssen wie die braunen Felder von Texas. Wenn es darum ging, niemals aufzugeben, sich nicht von Äußerlichkeiten beeindrucken zu lassen, die Zähne zusammenzubeißen und beharrlich auf das Ziel hinzuarbeiten, dann konnte ich nur hoffen, das Stehvermögen und die Standhaftigkeit meiner Mutter geerbt zu haben, einer allein stehenden Frau mit einem kleinen Sohn und einem kleinen Gehalt. Und am Ende des Tages wartete kein Lohn auf sie und kein Pokal und kein Scheck für den ersten Platz. Für sie gab es nur ihre Überzeugung, dass sich die Dinge durch ehrliches Bemühen zum Besseren wandeln ließen und dass die Kraft ihrer Liebe sich auszahlte. Und ich begriff – wenn sie sagte: „Betrachte ein Hindernis als Chance, mach aus dem Negativen etwas Positives", hatte sie jedes Mal mich gemeint – und ihren Entschluss, mich auf die Welt zu bringen und unverdrossen großzuziehen, wie sie es getan hatte.

„Mom, zieh dein Ballkleid an", sagte ich zu meiner Mutter.

Sie hatte ein wunderschönes Strandkleid, das sie ihr „Ballkleid" nannte. Sie machte sich zurecht, setzte sich mit meiner Tanzpartnerin und mir in den Wagen, und wir fuhren über eine Stunde durch die Stadt, lachten und stießen auf mein Examen an, bis es an der Zeit war, am Ballsaal auszusteigen.

Meine Mutter war wieder guter Dinge und hatte eine neue Beziehung begonnen. Als ich 17 war, lernte sie einen Mann namens John Walling kennen, einen feinen Kerl, den sie nach einiger Zeit heiratete. Ich konnte ihn gut leiden, und wir wurden Freunde. Ich habe es sehr bedauert, als es 1998 zur Trennung kam.

NACH meinem Schulabgang hing ich ein paar Monate in Plano herum, aber das Leben dort ging mir mehr und mehr auf die Nerven. Für eine heimische Radsportmannschaft, die von Subaru-Montgomery gesponsert wurde, startete ich im ganzen Land bei Rennen, aber ich wusste, dass im Radsport die Musik in Europa spielt. Ich hatte das Gefühl, dass ich dort mitmischen sollte. Außerdem hatte ich von Plano allmählich genug, nach allem, was sich hier im Zusammenhang mit meinem Schulabschluss abgespielt hatte.

Ich hing irgendwie in der Luft. Mittlerweile schlug ich regelmäßig alle erwachsenen Fahrer, gegen die ich antrat, beim Triathlon, beim 10-Kilometer-Fahren oder bei den „Tuesday Night Crits" auf dem Rundkurs in Plano. Um die Zeit totzuschlagen, trieb ich mich immer noch im Richardson Bike Mart herum, der, wie gesagt, Jim Hoyt gehörte.

Seit Jahren unterstützten Hoyt und seine Frau Rhonda junge Radsporttalente in und um Dallas, indem sie ihnen Räder und Zubehör zur Verfügung stellten und eine kleine Gage zahlten. Hoyt war überzeugt, dass Anreize die Leistung steigerten. In meinem letzten Jahr an der Highschool verdiente ich durch Starts für Jim Hoyt 500 Dollar im Monat.

Hinten in seinem Laden hatte Jim ein kleines Büro, wo ich oft mit ihm herumsaß und mich mit ihm unterhielt. „Ich arbeite zwar wie ein Pferd, aber etwas anderes möchte ich gar nicht machen", sagte er oft. „Wenn man die Leute nur nach ihrem Geld beurteilen würde, müsste man in seinem Leben oft umlernen. Ich hab Freunde, die sind Chef im eigenen Laden, und andere, die müssen bei feinen Leuten Rasen mähen." Jim Hoyt konnte ein harter Brocken sein und ließ sich nicht auf der Nase herumtanzen. Ich hatte einen gesunden Respekt vor seinem Temperament.

Bei den Dienstagsrennen hatte ich ein Sprintduell mit einem anderen Fahrer, der älter war als ich und den ich nicht leiden konnte. Als wir Kopf an Kopf die letzten Meter hinunterjagten, berührten sich unsere Fahrräder. Unter gegenseitigem Anrempeln überquerten wir die Ziellinie. Die Räder surrten noch, da flogen schon die Fäuste. Wir stürzten uns aufeinander und wälzten uns im Dreck. Hoyt und ein paar andere zogen uns auseinander, und alle lachten über mich, weil ich die Sache unbedingt auskämpfen wollte. Hoyt jedoch war wütend auf mich, er duldete so was nicht. Er ging zu meinem Rad, hob es auf und schob es fort. Es war ein Schwinn Paramount, eine fantastische Maschine, die ich bei den Weltmeisterschaften in Moskau gefahren hatte. Ich sah traurig hinterher.

Jim war außer sich vor Zorn, und ich hatte Angst, dass er nach mir schlagen würde. Außerdem war da noch etwas anderes, was mir Sorgen machte: Er wusste von meiner gewohnheitsmäßigen Raserei mit dem Camaro.

Ein paar Tage später nahm er mir dann auch den Wagen weg. Ich war außer mir vor Wut. Ich hatte sämtliche Raten für den Wagen abgestottert, alles in allem 5000 Dollar. Andererseits stammte ein Teil des Geldes aus den Gagen, mit denen er mich dafür bezahlt hatte, dass ich in seiner Mannschaft fuhr. Aber ich konnte nicht mehr klar denken. Ich war einfach zu wütend. Wenn jemand einem Siebzehnjährigen seinen Camaro IROC Z28 wegnimmt, dann kommt er auf die Abschussliste. Es dauerte Jahre, bis wir wieder miteinander redeten.

Ich kehrte der Stadt den Rücken. Nachdem ich in Colorado Springs und in Moskau in Erscheinung getreten war, wurde ich für die Nationalmannschaft der USA vorgeschlagen. Ich bekam einen Anruf von Chris Carmichael, dem neu ernannten Direktor der amerikanischen Mannschaft. Mein Ruf war bis zu ihm vorgedrungen: superstark, aber keine Ahnung von Renntaktik. Chris sagte, er wolle einen neuen Stall von jungen amerikanischen Radrennfahrern aufbauen; unser Sport trete in Amerika auf der Stelle, und er suche frisches, junges Blut. Ob ich Lust hätte, nach Europa zu gehen?

Es war Zeit, das Nest zu verlassen.

„Ich gebe meine Mutter doch nicht an der Garderobe ab!"

Das Leben eines Straßenradrennfahrers besteht darin, dass er, die Füße an die Pedale geschnallt, bei Tempo 35 bis 70 die Pedalkurbel dreht, Stunde um Stunde, tagaus, tagein, quer durch ganze Kontinente. Es bedeutet, im Sattel Wasser in sich hineinzuschütten und Energieriegel zu verschlingen, weil man bei einem solchen Tempo pro Tag zehn bis zwölf Liter Wasser verliert und mindestens 6000 Kilokalorien verbrennt. Eine Pause gibt es nicht, nicht einmal zum Pinkeln oder um einen Regenschutz überzuziehen. Nichts darf diese Schachpartie aufhalten, die mit Hochgeschwindigkeit abläuft und sich im „Peloton", dem dichten Schwarm von Fahrern, abspielt, während man durch den Regen zischt, sich in kalte Gebirgsregionen hinaufquält, in dem Wissen, dass man durch eine einzige falsche Reaktion in ein Bündel aus verbogenem Metall und geschundenem Fleisch verwandelt werden kann.

Ich hatte keine Ahnung, worauf ich mich eingelassen hatte. Als ich mit 18 von zu Hause fortging, bedeutete Rennen zu fahren für mich nichts weiter, als aufs Rad zu springen und loszulegen. In meiner Anfangszeit galt ich als Draufgänger, und diese Einschätzung hat mich seitdem verfolgt, vielleicht nicht mal zu Unrecht. Ich war noch sehr jung, musste noch lernen, wie man Rennen fährt, und das konnte nur im Sattel geschehen. In diesem ersten Jahr verbrachte ich 200 Tage in Übersee und trieb mich in ganz Europa herum, denn der eigentliche Test fand auf der Straße statt, wo es in einem 250-Kilometer-Rennen kein Verstecken gab. Am Ende der Strecke hatte es entweder geklappt – oder nicht.

Zu Hause in Amerika ließ ich mich in Austin nieder, im texanischen Hügelland, wo steinige dunkelgrüne Ufer die städtischen Seen und deren Zuflüsse säumten, die vom Wasser des breiten und unruhigen Colorado River gespeist werden. Die Stadt war für mein Training hervorragend geeignet, mit Tausenden von Fahrradwegen und Nebenstraßen. Ich mietete einen kleinen Bungalow in der Nähe des Universitätsgeländes, was gar nicht so unpassend war, da ich ja studierte, zwar nicht im Hörsaal, aber dafür auf dem Rennrad.

Radrennenfahren ist ein kniffeliger, hoch „politisierter" Sport und, wie ich entdeckte, in weit höherem Maß ein Mannschaftssport, als der Zuschauer merkt. Er hat eine eigene Sprache, ein Sammelsurium von europäischen Wörtern und Ausdrücken, und auch eine eigene Ethik. Jeder Fahrer hat in seinem Team eine besondere Aufgabe und ist für einen Abschnitt des ganzen Rennens verantwortlich. Die langsameren Fahrer nennt man „Domestiken“, weil sie die wenig spektakuläre Knochenarbeit leisten, den Führer der Mannschaft die Berge „hinaufzuziehen“ – ziehen bedeutet unter Rennfahrern, einen anderen in seinem Windschatten fahren zu lassen – und ihn während der vielen gefährlichen Phasen eines Etappenrennens abzuschirmen. Der Mannschaftsführer ist der wichtigste Fahrer, der Fahrer, der 250 Kilometer in den Beinen hat und kurz vor dem Ziel am besten von allen noch einen Endspurt hinlegen kann. Ich fing als Domestik an und wurde nach und nach zum Mannschaftsführer aufgebaut.

Ich lernte, was ein Peloton ist – das dichte Knäuel von Fahrern, aus dem das Hauptfeld eines Rennens besteht. Das Tempo des Peloton wechselt. Manchmal bewegt es sich gemächlich mit 30 Kilometern in der Stunde, während die Fahrer locker in die Pedale treten und miteinander quatschen. Dann wieder fegt das Feld weit auseinander gezogen mit 70 Sachen über die Straße. Im Peloton verhandeln die konkurrierenden Fahrer unentwegt miteinander: Wenn du mich heute ziehst, zieh ich dich morgen. Mach ein paar Zentimeter Platz, dann hast du einen neuen Freund. Auf Absprachen, die einen selbst oder das Team kompromittieren könnten, lässt sich keiner ein, aber man hilft sich gegenseitig, so gut man kann, denn man wird den anderen Fahrer gelegentlich selbst einmal brauchen.

Einem jungen Fahrer konnte dieses diplomatische Spiel schon sehr widerspruchsvoll und verwirrend vorkommen, und manchmal war es sogar sehr ärgerlich. Ich bekam meine Lektion Anfang 1991. Technisch gesehen gehörte ich damals zwei verschiedenen Mannschaften an: International fuhr ich für die amerikanische Nationalmannschaft unter Chris Carmichael, aber zu Hause ging ich für Subaru-Montgomery auf die Piste.

Als ich mit der Nationalmannschaft 1991 in Europa war, traten wir bei einem prestigeträchtigen Rennen in Italien an, der „Settima Bergamasca“. Es war eine Veranstaltung für Amateure und Profis, ein zehntägiges Etappenrennen durch Norditalien. Es war noch nie von einem Amerikaner gewonnen worden.

Es gab aber ein kleines Problem. Die Mannschaft von Subaru-Montgomery war ebenfalls am Start, und ich würde deshalb gegen mein anderes Team antreten müssen. Ich würde in meinem Stars-and-Stripes-Trikot fahren und sie in dem von Subaru-Montgomery. Bei der überwiegenden Zahl der Veranstaltungen waren wir Mannschaftskameraden, aber bei diesem Rennen würden wir Gegner sein.

In einer frühen Phase des Rennens übernahm der Subaru-Montgomery-Fahrer Nate Reese, ein Freund von mir, die Führung. Doch auch ich lag gut im Rennen. Ich arbeitete mich auf den 2. Platz vor. Ich glühte vor Begeisterung und dachte, etwas Besseres, als dass wir beide in Führungsposition waren, könnte gar nicht passieren. Aber der Leiter des Subaru-Montgomery-Teams sah die Sache anders. Zwischen zwei Etappen rief er mich zu sich. „Du wirst für Nate arbeiten", sagte er zu mir. Meinte er etwa, ich sollte mich zurückfallen lassen und für Nate den Domestiken spielen? Aber genau das wollte er. „Du wirst nicht angreifen!", verlangte er. Dann sagte er rundheraus, es sei meine Pflicht, Nate gewinnen zu lassen.

An meiner Loyalität zur amerikanischen Mannschaft war nicht zu rütteln. Verglichen mit dem Rest des Aufgebots, waren wir arme Teufel, ein zerlumpter Haufen, der mit drei Mann auf einem Zimmer in winzigen Hotels hauste und keinen Pfennig Geld hatte. Wenn ich die „Settima Bergamasca" gewann, wäre das ein riesiger Sieg für das US-Programm und den amerikanischen Radsport überhaupt.

Ich ging zu Chris und berichtete ihm, der Chef von Subaru-Montgomery habe von mir verlangt, das Rennen gebremst weiterzufahren. „Lance, das ist *dein* Rennen", sagte Chris. „Du darfst einfach nicht *nicht* angreifen. Es ist dein Rennen."

Am folgenden Tag fuhr ich auf Teufel komm raus. Man muss sich vorstellen, man fährt in einem Peloton von 100 Mann bergauf. Nach und nach können 50 Fahrer nicht mehr mithalten, dann scheiden 20 aus und dann noch einmal zehn. Die übrigen Fahrer, die jetzt nicht mehr mithalten können, fallen ebenfalls zurück. Das ist die Quintessenz eines Straßenrennens.

Aber ich sollte auf Nate warten. Je mehr ich darüber nachdachte, desto weniger Lust hatte ich dazu. *Wenn er stark genug ist mitzuhalten,* dachte ich mir, *soll's mir recht sein. Aber wenn er zurückfällt, werde ich nicht auf ihn warten.* Er fiel zurück, und ich wartete nicht auf ihn. Ich hielt mich in der Spitzengruppe, und am Ende des Tages trug ich das gelbe Trikot, während Nate etwa 20 Minuten verloren hatte. Der Chef von Subaru-Montgomery kochte und stellte Chris und mich anschließend wütend zur Rede. „Was denkst du dir eigentlich?", fragte er mich.

Chris kam mir zu Hilfe. „Also hören Sie mal", schaltete er sich ein, „das ist ein Radrennen. Da fährt man, um zu gewinnen."

Das war alles gewesen, aber die Sache ging mir gewaltig an die Nieren. Ich musste mit meiner Mutter reden. Ich wusste noch nicht einmal, wie die italienischen Münzfernsprecher funktionierten und wie man von hier aus in die Vereinigten Staaten telefonierte, aber endlich hatte ich meine Mutter am Apparat.

„Junge, was ist los?", fragte sie.

Ich erklärte ihr die Situation. Ich war so bedrückt, dass ich praktisch nur stottern konnte. „Mom, ich weiß nicht mehr, was ich machen soll", bekannte ich. „Ich liege in einer der aussichtsreichsten Positionen, aber der Subaru-Chef verlangt von mir, dass ich Nate Reese gewinnen lassen soll."

Meine Mutter hörte aufmerksam zu, dann sagte sie: „Lance, wenn du denkst, dass du das Rennen gewinnen kannst, dann tu's."

„Ich denke, das kann ich."

„Dann zur Hölle mit diesen Leuten", entschied sie. „Du wirst das Rennen gewinnen. Lass dir von niemandem auf der Nase herumtanzen – beiß die Zähne zusammen, und leg los!"

Ich biss die Zähne zusammen und legte los. Ich war ein unpopulärer Fahrer an der Spitze, nicht nur bei den Leuten von Subaru-Montgomery, sondern auch bei den italienischen Rennfans, die über die Führung eines Amerikaners erbost waren. Aber je länger das Rennen dauerte, desto freundlicher wurden die Italiener, und als ich über die Ziellinie fuhr, jubelten sie.

Ich war der Sieger. Ich hatte es geschafft, hatte für das US-amerikanische Team einen Sieg in Europa eingefahren. Unsere Mannschaft überschlug sich vor Freude und Chris ebenso. Als ich vom Siegertreppchen herunterkam, sagte Chris etwas zu mir, was ich nie vergessen habe.

„Eines Tages wirst du die Tour de France gewinnen."

BEIM Radrennsport ist Jugend eher ein Fluch als ein Segen. Unmittelbar nach den Spielen in Barcelona trat ich ins Profilager über – und kam prompt bei meinem ersten Profirennen als Allerletzter ins Ziel.

Schon bei den Spielen in Barcelona hatte ich enttäuschende Leistungen gezeigt und im Straßenrennen der Einzelfahrer den 14. Platz belegt, aber irgendwie war es mir gelungen, den einflussreichsten Mann des amerikanischen Radsports auf mich aufmerksam zu machen, einen Mann namens Jim Ochowicz, der das Risiko einging, mit mir einen Profivertrag abzuschließen. „Och", wie ihn alle nannten, war Direktor einer Mannschaft, die von der Firma Motorola gesponsert wurde und vorwiegend aus amerikanischen Fahrern bestand. Och war ein Pionier des Radrennsports: Im Jahr 1985 hatte er das erste fast rein amerikanisch besetzte Rennteam organisiert, das in Europa antrat, und bewiesen, dass amerikanische Fahrer bei der traditionell europäischen Sportart mithalten konnten. Ein Jahr darauf gewann Greg LeMond die Tour de France des Jahres 1986 und machte in Amerika auf dieses Sportereignis aufmerksam.

Och hielt beständig Ausschau nach aufsteigenden jungen Amerikanern, und Chris brachte mich in seine Nähe. Mitten in der Tour DuPont, dem größten Etappenrennen auf amerikanischem Boden, machte er uns eines Abends miteinander bekannt. Ich traf mich mit Och in seinem Hotel zu einem Anstellungsgespräch, wie sich hinterher herausstellte. Ich hatte, ohne es zu merken, meinen Ersatzvater getroffen.

Vor dem Krebs, im September 1995 mit J. T. Neal und Och – Jim Ochowicz –, der mir beigebracht hat, wie man auf dem Rad gewinnt

Mein erster Eindruck von ihm war der eines schlaksigen, umgänglichen Mannes Mitte vierzig, der gern lachte und beim Lächeln seine Zähne blitzen ließ. Wir saßen zwanglos beisammen, ich erzählte ihm, woher ich kam, und er verriet mir, dass er auf der Suche nach einem jungen Amerikaner war, der in Greg LeMonds Fußstapfen treten und die Tour de France gewinnen konnte. Fahrer aus Ochs Mannschaften hatten es ab und zu bis zum 4. Platz gebracht, aber keiner hatte je wieder das Rennen gewinnen können.

Och erkundigte sich nach meinem ehrgeizigsten Ziel.

„Ich will der beste Fahrer werden, den es gibt“, sagte ich. „Ich will nach Europa und Profi werden. Ich will mehr als einfach nur gut sein, ich will der Beste sein.“ Das schien Och zu überzeugen. Er drückte mir einen Vertrag in die Hand und verfrachtete mich nach Europa.

EIN AMERIKANER im Radsport war wie ein französisches Baseballteam in der amerikanischen „World Series“. Ich drängte mich also ungeladen in einen angesehenen, ehrwürdigen Sport, und ich hatte nur eine unklare oder gar keine Vorstellung von den geschriebenen und ungeschriebenen Regeln und Umgangsformen. Ich will es so formulieren: Meine Cowboymanieren kamen in Europa nicht besonders gut an.

Ich fuhr ohne jeden Respekt. Ich machte Mätzchen, riss das Maul auf, fuchtelte mit den Fäusten in der Luft herum. Nie machte ich einen Rückzieher. Die Journalisten waren von mir begeistert. Ich bot ihnen einmal etwas anderes, steigerte die Auflagen, war ein bunter Vogel. Aber ich machte mir auch Feinde.

Eine Straße ist nun mal nicht breiter, als sie ist. Die Fahrer sind in ständiger Bewegung, rangeln um Positionen, und zuweilen ist es klüger und diplomatischer, einem anderen Fahrer Platz zu machen. Bei einem langen Etappenrennen gibt man oft ein bisschen nach und hat jemanden als Freund gewonnen, den man irgendwann vielleicht mal braucht. Aber das war nichts für mich. Ich war unsicher und abweisend, mir meiner Stärke noch nicht voll bewusst. Ich war immer noch der streitlustige Junge aus Plano, der sich kopfüber ins Getümmel stürzte und aus Wut in die Pedale trat.

Ich lernte, dass die anderen Fahrer im Peloton einen vollkommen fertig machen konnten, nur damit man keinen Sieg einfuhr. In einem Peloton wird oft ein Fahrer in die Mangel genommen, und ihm wird das Leben schwer gemacht.

Manche Fahrer behinderten mich aus reinem Selbstzweck. Es ging ihnen nur darum, mich am Sieg zu hindern, weil sie mich nun mal nicht leiden konnten. Sie konnten mir den Weg verbauen. Sie konnten mich isolieren und mir ein langsameres Tempo aufzwingen, aber sie konnten auch vorpreschen und das Tempo anziehen und mich zwingen, härter zu arbeiten und mehr Kraft zu vergeuden, als mir lieb war. Zum Glück war ich von ein paar Mannschaftskollegen umgeben, die mich schützen konnten. Sie versuchten mir schonend beizubringen, dass ich mir mit meinem Verhalten selbst keinen Gefallen tat und ihnen auch nicht. Sie hatten offenbar gemerkt, dass ich noch reifer werden musste. Geduldig steuerten sie mich in die richtige Richtung.

Auf die Mannschaftskameraden kommt es im Radsport entscheidend an – im Motorola-Team hatte ich acht, und ich brauchte jeden Einzelnen von ihnen. Bei einer schweren Steigung konnte ich bis zu 30 Prozent meiner Kraft sparen, wenn ich hinter einem Kollegen herfahren, mich von ihm ziehen lassen, „auf seinem Rad sitzen" konnte. An windigen Tagen hielten sich meine acht Kameraden vor mir, gaben mir ihren Windschatten und ersparten mir bis zu 50 Prozent der Arbeit, die ich sonst hätte leisten müssen. In jedem Team braucht man gute

Sprinter, gute Kletterer und Leute fürs Grobe. Es ist sehr wichtig, den Einsatz jedes Einzelnen anzuerkennen – und nicht zu vergeuden. „Wer legt sich schon für einen Kameraden ins Zeug, der am Ende nicht gewinnt?", sagte Och immer – eine gute Frage.

Ein Straßenrennen kann man nicht im Alleingang gewinnen, man braucht die Teamkameraden – und auch den guten Willen und die Kooperation der Konkurrenten. Die Leute müssen für einen und mit einem fahren *wollen*. Aber in diesen ersten Monaten hätten mich einige meiner Mitstreiter wohl am liebsten in die Fresse gehauen.

MEINE Wertungen schwankten nach wie vor sehr stark, genauso unkalkulierbar, wie ich durch das Peloton tobte. Ich fuhr pausenlos auf Angriff. Ich legte einfach los. Es brauchte bloß jemand das Tempo anzuziehen, schon konterte ich, nicht weil irgendeine Strategie es verlangt hätte, sondern um auszudrücken: „Soll das schon alles gewesen sein?"

Ich konnte durchaus einige gute Resultate einfahren, weil ich ein starker Bursche war und mich an die Taktik und den Rockzipfel anderer Fahrer hängte, aber meistens fuhr ich zu aggressiv. Ich drängte mich an die Spitze und fuhr dort ganz allein, bis mir die Kräfte ausgingen. Manchmal kam ich noch nicht einmal unter die ersten zwanzig. Anschließend musste ich mich jedes Mal von den Teamkameraden fragen lassen: „Was zum Teufel war eigentlich mit dir los?"

„Aber ich hatte doch so ein gutes Gefühl", murmelte ich dann nur als lahme Entschuldigung vor mich hin.

Ich hatte aber das Glück, für zwei sehr kluge und einfühlsame Trainer zu fahren. Als Mitglied der Nationalmannschaft trainierte ich weiterhin mit Chris Carmichael, während sich Och und sein Teamchef Hennie Kuiper um das Tagesgeschäft meiner Renneinsätze für Motorola kümmerten. Sie telefonierten viel miteinander und verglichen meine Wertungen. Es gab einen wichtigen Punkt, in dem sie sich einig waren: Meine physische Stärke war von einer Art, die man niemandem beibringen oder antrainieren konnte. Man kann jemandem beibringen, mit seiner Stärke vernünftig umzugehen, aber die Stärke selbst kann man nicht vermitteln.

Och und Carmichael hielten mich für einen Fahrer, mit dem zu rechnen war, sofern es mir gelang, mein Temperament in den Griff zu bekommen. In der Zwischenzeit behandelten sie mich wie ein rohes Ei und sagten sich, laute Töne würden bei mir höchstwahrscheinlich nur zum Weghören oder zur Auflehnung führen. Sie verließen sich darauf, dass ihre Lektionen mit der Zeit von selbst einsickern würden.

Manches lernt man besser durch Erfahrung. Och und Chris gaben mir Gelegenheit, selbst auf bestimmte Dinge zu kommen. Anfangs machte ich mir nach einem Rennen nie Gedanken über mein Abschneiden. Ich dachte: *Der stärkste Fahrer war ich, die anderen konnten nicht mithalten.* Aber wenn ich ein paarmal hintereinander verloren hatte, war ich gezwungen, darüber nachzudenken, wie das passieren konnte. Eines Tages fiel mir auf: „Moment mal, ich bin doch der Stärkste – warum habe ich dann nicht gewonnen?“

Nach und nach bekam ich auch ein offenes Ohr für die anderen Fahrer und ließ mich von ihnen an die Zügel nehmen. Mit altgedienten Fahrern wie Sean Yates und Steve Bauer, die eine Menge Einfluss auf mich hatten, teilte ich das Hotelzimmer. Sie halfen mir, mit den Füßen auf dem Boden zu bleiben. Ich war der Mister Energie, der nicht wusste, wohin mit seiner Kraft, und der Dinge von sich gab wie: „Lasst uns auf die Piste gehen und die Sau rauslassen“, aber sie verdrehten nur die Augen.

Wenn ich mir rückblickend den ungeschliffenen Fahrer und Menschen ins Gedächtnis rufe, der ich damals war, empfinde ich Unwillen, aber auch ein bisschen Sympathie. Unter den harten Sprüchen, der Kampfeswut und der Besserwisserei lauerte meine Angst. Alles machte mir Angst, die Eisenbahnfahrpläne, die Flughäfen und die Straßen. Ich hatte Angst vor den Telefonen, weil ich nicht wusste, wie man sie bedient, und vor den Speisekarten, weil ich nicht lesen konnte, was draufstand.

Aber die europäische Lebensart färbte zwangsläufig auf mich ab. In Como am Comer See mietete ich mir ein Apartment. Der Zauber dieser in sanfte Nebelschleier und Dunst gehüllten Stadt in den oberitalienischen Alpen verfehlte nicht seine Wirkung auf mich. Och war Weinkenner, und ich profitierte von seinem Geschmack, lernte gutes Essen und gute Weine kennen und schätzen. Ich entdeckte mein Sprachtalent und konnte bald ein bisschen Spanisch, Italienisch und Französisch. Wenn es sein musste, bekam ich sogar ein paar Brocken Niederländisch auf die Reihe. Eines Nachmittags schlenderte ich bei einem Einkaufsbummel durch Mailand auch in den Dom, und von Stund an war es um meinen bisherigen Geschmack in Sachen Kunst geschehen. Ich war überwältigt von den Farben und den Proportionen, von der Ruhe in den im Halbdunkel liegenden Bogengängen, dem pergamentenen, warmen Schimmer der Kerzen, den hoch hinauf fliehenden Glasmalereien, der Beredsamkeit der Skulpturen.

Mit Anbruch des Sommers 1993 wurde ich allmählich erwachsen. Die Dinge bekamen nach und nach Hand und Fuß, und meine Leistungen stabilisierten sich. „Langsam passiert etwas“, meinte Och. Und er hatte Recht. Ein amerikanischer Sponsor, die Firma Thrift Drugs, setzte eine Million Dollar für den Fahrer aus, der die „Triple Crown of Cycling“ gewann, also für den Gesamtsieger von drei prestigeträchtigen amerikanischen Radrennveranstaltungen. Ich fasste die Sache ins Auge. Nur ein vollkommener Fahrer konnte diesen Preis gewinnen, man musste Sprinter, Kletterer und Etappenrennfahrer in einem sein, und vor allem musste man ein beständiges Leistungsniveau haben – wozu ich es bislang noch nicht gebracht hatte.

Als es Juni wurde, hatte ich die beiden ersten Rennen gewonnen. Die Presse überschlug sich, und die Veranstalter waren im Taumel. Jetzt blieb nur noch die amerikanische Profimeisterschaft in Philadelphia – aber da würde ich auf 119 Fahrer stoßen, die alle entschlossen waren, mir einen Strich durch die Rechnung zu machen. Die Spannung war gewaltig, und schätzungsweise eine halbe Million Zuschauer würden die Strecke säumen.

Am Tag vor dem Rennen rief ich meine Mutter an und bat sie, nach Philadelphia zu kommen. Bei einer so kurzfristigen Buchung kosteten Hin- und Rückflug zwar fast 1000 Dollar, aber sie betrachtete die Investition in das Ticket als eine Art Lotteriespiel – wenn sie nicht kam und ich gewann, würde es ihr ewig Leid tun, dass sie nicht dabei gewesen war.

Ich war entschlossen, ein kluges Rennen zu fahren und mich nicht kopfüber in unüberlegte Angriffsmanöver zu stürzen. *Du musst das ganze Rennen vorher im Kopf durchgehen,* beschwor ich mich selbst.

Beim Rennen hielt ich mich fast den ganzen Tag an mein Drehbuch. Als noch gut 35 Kilometer zu fahren waren, riss ich aus. In der vorletzten Runde war mein Vorsprung schon so groß, dass ich meiner Mutter eine Kusshand zuwerfen konnte. Ich überquerte die Ziellinie mit dem größten Vorsprung der Renngeschichte. Als ich abstieg, wurde ich sofort von Reportern umringt, aber ich schob mich durch den Pulk und ging schnurstracks zu meiner Mutter. Wir umarmten uns und heulten.

Das war der Anfang einer traumhaften Sommersaison. Als Nächstes wurde ich durch eine sehr späte Attacke Überraschungssieger bei einer Etappe der Tour de France. Mit meinen 21 Jahren war ich der Jüngste, der je einen solchen Sieg eingefahren hatte.

Damit Sie verstehen, wie viel Erfahrung die Tour einem Fahrer abverlangt, sei nicht verschwiegen, dass ich ein paar Tage später aus dem Rennen ausscheiden musste, weil ich einfach nicht mehr konnte. Zitternd vor Kälte, gab ich nach der 12. Etappe auf; ich lag auf dem 97. Platz. Die Alpen hatten mich geschafft. Sie waren „zu lang und zu kalt“, wie ich anschließend zu den Reportern sagte.

Och war überzeugt, dass ich die Weltmeisterschaften in Oslo gewinnen konnte – wenn ich ein intelligentes Rennen fuhr. „Du brauchst nichts anderes zu tun, als zu warten", sagte er. „Einfach *warten.* In der dritten oder zweiten Runde vor Schluss ist es noch früh genug. Alles, was früher ist, macht dir deine Chancen auf den Sieg kaputt. Da kannst du dann attackieren, so viel du willst."

Bei den Weltmeisterschaften traten keine gewöhnlichen Fahrer an. Ich würde mich gegen große Fahrer auf dem Gipfel ihrer Leistungsfähigkeit behaupten müssen, und der Favorit war Miguel Induráin, der gerade seinen dritten Sieg bei der Tour de France gefeiert hatte. Außerdem stand meinem Sieg ein historisch bedingtes schlechtes Omen entgegen: Noch nie hatte ein Einundzwanzigjähriger im Radfahren einen Weltmeistertitel gewonnen.

Meine Mutter nahm sich ein paar Tage Urlaub, kam zu mir herübergeflogen und wohnte mit mir in meinem Hotelzimmer. Sie kümmerte sich um mich, wie sie es immer getan hatte. Sie wusch meine Wäsche im Waschbecken, sorgte dafür, dass ich zu essen bekam, was ich mir wünschte, ging ans Telefon und achtete darauf, dass ich genug Ruhe hatte.

Schließlich kam der Tag des Rennens, aber als ich morgens aufwachte, regnete es. Es goss den ganzen Tag. Doch es gab jemanden, der unter dem Regen noch mehr litt als ich: meine Mutter. Sieben Stunden lang saß sie auf einer Tribüne im Regen, ohne ein einziges Mal aufzustehen. Vor der Tribüne hatte man einen großen Bildschirm aufgebaut, damit die Zuschauer die Fahrer auf dem gesamten 18,4 Kilometer langen Rundkurs beobachten konnten. Dort saß sie, völlig durchnässt, und schaute zu, wie die Fahrer auf der ganzen Strecke einen Sturz nach dem anderen bauten.

Die ganze Zeit wartete ich ab. Ich hielt mich zurück, wie Och es mir geraten hatte. Als noch 14 Runden zu fahren waren, fuhr ich in der Führungsgruppe. Bei der vorletzten Steigung zog ich dann meine Attacke durch. Ich jagte den Berg hinauf und kam oben mit einer Radlänge vor dem ganzen Feld an. Ich sauste auf der andern Seite hinunter und gleich wieder hinein in die nächste Steigung. Ich sagte mir: *Jetzt aber Vollgas wie noch nie.* Ich stellte mich in die Pedale und legte noch einmal zu. Diesmal bekam ich einen Vorsprung.

Ich schaute auf meinen Fahrradcomputer am Lenker. Es *war* die letzte Runde. Mein Sieg stand unmittelbar bevor.

Auf den letzten 700 Metern fing ich an zu feiern. Ich pumpte die Fäuste auf und ab, stieß die Arme in die Luft, warf Kusshände und

Als ich 1993 in Oslo Weltmeister wurde, war ich 21 – hitzig und jung. Ich stieß Kampfgeschrei aus, als ich meine Attacke anging, und machte dann voll auf Show, als ich über den Zielstrich fuhr.

verbeugte mich vor der Menge. Schließlich schoss ich über die Ziellinie, zog die Bremsen und stieg ab. Mitten in dem ganzen Gewimmel suchte ich als Erstes nach meiner Mutter. Ich fand sie, wir standen im Regen und umarmten uns. Ich rief: „Wir haben es geschafft! Wir haben es geschafft!“ Wieder flossen die Tränen.

Irgendwann in dem Durcheinander und dem Jubel der Siegerehrung nach dem Rennen tauchte ein Abgesandter des Königs auf und teilte mir mit, König Harald von Norwegen wünsche mir zu gratulieren. Ich nickte und sagte: „Alsdann, Mom, lass uns dem König Guten Tag sagen.“

„Okay, geh'n wir“, stimmte sie zu.

Wir wurden durch die Kontrollen geführt. Vor der Tür, hinter der mich der König zu seiner Privataudienz erwartete, hielt uns ein Sicherheitsbeamter auf. „Die Dame muss hier warten“, sagte er zu mir. „Der König wird Sie ohne Begleitung begrüßen.“

„Ich geb meine Mutter doch nicht an der Garderobe ab“, empörte ich mich, nahm ihren Arm und wandte mich zum Gehen. „Mom, komm, lass uns verschwinden“, sagte ich. Ich war nicht bereit, ohne sie weiterzugehen.

Der Beamte lenkte ein. „Also gut. Nehmen Sie die Dame mit.“ Wir wurden dem König vorgestellt, einem sehr netten Herrn. Die Audienz verlief sehr kurz und sehr höflich, dann ging es wieder zurück zum Feiern.

Für meine Mutter und mich war dieses Ereignis ein Abschluss, eine Ziellinie. Der harte Kampf war vorbei. Keine Quertreiber mehr, die meinten, wir würden es zu nichts bringen, keine Sorgen mehr wegen unbezahlter Rechnungen, kein Hickhack mehr über meine Ausrüstung und meine Flugtickets. Ich war am Ende einer langen, schweren Steigung angekommen – am Ende meiner Jugend.

NUR WENIGE Wochen nach meinem Sieg bei der Weltmeisterschaft machte ich die Bekanntschaft des legendären belgischen Radrennfahrers Eddy Merckx, des fünfmaligen Gewinners der Tour de France. Ich hatte die vielen Geschichten über Merckx gehört, was für ein tapferer und draufgängerischer Fahrer er war, und ich dachte, das ist ein Fahrer, wie ich einer werden will. Ich wollte nicht einfach nur gewinnen, ich wollte auf eine bestimmte Weise gewinnen. Eddy sagte zu mir, ich könne eines Tages die Tour de France gewinnen – aber ich müsse vorher abnehmen. Ich hatte eine bullige Figur wie ein Linienverteidiger im Football, und es war zu mühsam, dieses Gewicht drei Wochen lang die Berge rauf- und wieder runterzuschleppen. Wenn ich die Tour de France gewinnen wollte, musste ich Gewicht abbauen, ohne Kraft einzubüßen. Ich hörte also mit dem Kuchenessen auf, machte um Tex-Mex einen Bogen und begriff, dass ich mir eine neue Kraftquelle erschließen musste, jene innere Kraft, die Selbstdisziplin heißt.

Im Jahr 1995 hatte ich immer noch keine Tour de France bis zum Ende mitgefahren, immer nur Teile davon. Doch nun glaubte Och, dass ich die Tour de France endlich einmal bis zum Ende mitfahren musste. Es war an der Zeit, dass ich lernte, was es heißt, das größte Etappenrennen der Welt gewinnen zu wollen.

Ich hatte den Ruf, ein Fahrer von Tagesrennen zu sein: Zeig mir, wo der Start ist, und Adrenalin und Verbissenheit führten mich zum Sieg, indem ich meine Gegner einen nach dem anderen niederrang.

Aber die Tour war ein anderes Kaliber. Wenn man die Tour wie ein Tagesrennen fuhr, war man nach zwei Etappen erledigt. Bei der Tour kam es darauf an, im richtigen Moment die entsprechenden Reserven zu aktivieren, die Energien geduldig und beständig auf dem angemessenen

Niveau aufbringen zu können und jede Kraftvergeudung und falsche Bewegung zu vermeiden. Es kam darauf an, unbeirrt zu fahren und zu fahren, auch wenn kein Adrenalinstoß mehr kam, der einen vorantrieb.

Im Jahr 1995 begriff ich endlich den gnadenlosen Charakter dieses Rennens und seiner außerordentlichen Prüfungen und Gefahren. Ich brachte die Tour de France zu Ende, und ich brachte sie in starker Form zu Ende, indem ich in den letzten Tagen noch eine Etappe gewann. Ich hatte gelernt, was es bedeutet, die Tour de France zu fahren. Sie ist mehr als ein Radrennen. Sie ist ein Abbild des Lebens, nicht nur das längste, sondern auch das erhabenste, das erschütterndste und manchmal tragischste Radrennen der Welt. Sie stellt den Fahrer vor alle erdenklichen Probleme und Situationen: Kälte, Hitze, Berge, Ebenen, Holperstrecken, platt gefahrene Reifen, Gegenwind, unfassbares Pech, unglaubliche Schönheit, gähnende Langeweile. Vor allem aber zwingt die Tour de France jeden Fahrer zum umfassenden, tiefen Nachdenken über sich selbst. In unserem Leben stehen wir auch immer wieder vor elementaren Fragen, erleiden Rückschläge, hadern mit dem Schicksal und fallen manchmal im Regen auf die Nase, versuchen auf den Beinen zu bleiben und die Hoffnung nicht aufzugeben. Die Tour ist nicht nur ein großes Rennen, keineswegs. Sie ist eine Prüfung. Sie ist eine Feuerprobe für Körper und Geist und auch für die Moral.

Das hatte ich jetzt verstanden. Billiger war es nicht zu bekommen, das begriff ich. Es dauert Jahre, bis ein Fahrer geistig, körperlich und charakterlich weit genug ist, und dafür muss er Hunderte von Rennen und Tausende von Kilometern auf der Straße hinter sich gebracht haben. Ich würde die Tour de France erst dann gewinnen können, wenn ich genügend Stahl in meinen Beinen, meinen Lungen, meinem Hirn und meinem Herzen hatte – wenn ich ein Mann geworden war.

Schock

Ich dachte, ich wüsste, was Angst ist – bis ich den Satz hörte: „Sie haben Krebs." Die wirkliche Angst war begleitet von einem untrüglichen Gefühl: Es war, als ob mein ganzes Blut auf einmal in die falsche Richtung fließen würde. Meine früheren Ängste, die Befürchtung, nicht gemocht oder ausgelacht zu werden, die

Mit Kondition und eisernem Willen auf dem Weg zum Sieg bei der Tour 2000

Giro
VISA
TREK
TREK

Angst, mein Geld zu verlieren, all das kam mir auf einmal vor wie läppische Feigheit. Die Dinge hatten sich nun neu sortiert, die alltäglichen Ängste – ein platter Reifen, meine Karriere zu verbauen – ordneten sich nun unter dem Aspekt lebensentscheidend oder nur lästig, wirkliche Probleme im Gegensatz zu Unannehmlichkeiten.

Für das Wort „menschlich“ fand ich folgende Definition: „charakteristisch für Menschen im Gegensatz zu Gott, Tieren oder Maschinen, insbesondere die Anfälligkeit für Schwäche, und daher ein Merkmal des Menschen“. Hochleistungssportler neigen nicht dazu, sich unter einem Blickwinkel wie diesem zu betrachten. Sie sind viel zu sehr damit beschäftigt, eine Aura der Unbesiegbarkeit um sich herum aufzubauen, als dass sie sich eingestehen könnten, dass sie ängstlich, schwach, schutzlos und verletzlich sind oder Fehler machen. Aus eben diesem Grund sind sie auch nicht besonders rücksichtsvoll, umgänglich, gnädig, gütig, nachsichtig und versöhnlich sich selbst oder den Menschen in ihrer Umgebung gegenüber. Aber als ich in jener ersten Nacht allein in meinem Haus saß, ließ mich die Angst demütig werden, mehr noch, sie machte mich zum Menschen.

Ich brachte nicht die Kraft auf, meiner Mutter zu sagen, dass ich krank war. Kurz nachdem ich aus der Praxis von Dr. Reeves nach Hause zurückgekehrt war, kam Rick Parker. Ich gestand ihm, dass ich es einfach nicht fertig brachte, meine Mutter anzurufen und es ihr zu sagen. Rick erbot sich, das für mich zu übernehmen.

Meine Mutter war gerade von der Arbeit nach Hause gekommen, als der Anruf sie erreichte. Rick sagte: „Linda, Lance wird gleich selbst mit Ihnen darüber sprechen wollen, aber ich möchte Ihnen schon vorher sagen, was los ist. Bei Lance ist Hodenkrebs festgestellt worden, und morgen früh um sieben wird er operiert.“

Meine Mutter fing an zu weinen. Rick versuchte sie zu trösten, aber er drängte sie auch, so schnell wie möglich mit einem Shuttleflug nach Austin zu kommen. Tapfer besann sich meine Mutter aufs Praktische. „Okay“, stimmte sie zu, „ich bin schon so gut wie da.“ Sie legte auf, ohne dass wir überhaupt miteinander geredet hatten.

Nachdem Rick den Hörer aufgelegt hatte, brach ich wieder zusammen. Rick redete die ganze Zeit beruhigend auf mich ein. „Es ist doch ganz natürlich, dass du weinst“, versicherte er. „Es ist sogar gut. Lance, Krebs kann man heute heilen. Das ist nur ein Schlagloch. Wir müssen nur am Ball bleiben und die Sache entschieden angehen.“

Innerlich ein wenig aufgerichtet, ging ich in mein Arbeitszimmer. Es gab da ein paar Menschen, denen ich unbedingt alles sofort erzählen wollte. Zuerst rief ich Kevin Livingston an, meinen Freund und Motorola-Mannschaftskameraden, der gerade in Europa Rennen fuhr. Kevin war für mich wie ein jüngerer Bruder. Als ich ihn in Italien an der Strippe hatte, war ich immer noch ziemlich durcheinander. „Ich muss dir etwas sagen. Es ist was Schlimmes passiert."

„Was denn? Ist bei einem Rennen was schief gegangen?"

„Ich habe Krebs."

Ich hätte Kevin gern gesagt, wie mir zumute war und wie gern ich ihn gesehen hätte, aber er hielt sich gemeinsam mit drei anderen Mitgliedern der amerikanischen Nationalmannschaft irgendwo in einer Wohnung auf, und ich wollte nicht, dass die anderen den Inhalt des Gesprächs mitbekamen. Wir mussten deshalb in Kürzeln reden.

„Weißt du's sicher?", fragte Kevin.

„Ja", gab ich zurück, „ganz sicher."

Und das war's. Wir hängten ein. Am folgenden Tag saß er im Flugzeug – auf dem Weg nach Hause.

Als Nächsten erreichte ich Bart Knaggs, der vielleicht mein ältester und bester Freund in Austin ist. Er war früher Radrennfahrer und arbeitet jetzt für eine Computerfirma. Ich erreichte ihn in seinem Büro, wo er wieder einmal Nachtschicht schob. „Bart, ich habe Hodenkrebs", eröffnete ich ihm. Bart fing an zu stottern und wusste nicht, was er sagen sollte. Dann meinte er: „Lance, bei Krebs vollbringen sie heutzutage Wunder, und ich glaube, wenn du schon einen Krebs hast, dann hast du dir den besten ausgesucht."

„Ich weiß nicht", sagte ich. „Mensch, ich sitz hier allein zu Hause, und die Angst macht mich total fertig."

Bart, und das ist typisch für ihn, tippte ein paar Suchworte in seinen Computer und rief alles auf, was das Internet an Informationen über diese Krankheit hergab. Bis tief in die Nacht lud er alles, was er zum Thema Hodenkrebs finden konnte, herunter und druckte alles aus, bis er einen 30 Zentimeter hohen Stapel vor sich liegen hatte. Dann schnappte er sich den ganzen Packen und brachte ihn mir.

Nach und nach trafen meine Freunde und meine Angehörigen ein. Lisa kam, nachdem ich sie hatte ausrufen lassen. Sie hatte in der Bibliothek gesessen und gearbeitet. Sie hatte Tränen in den Augen, so schockiert war sie. Dann kamen Bill Stapleton und seine Frau Laura. Bill war ein junger Anwalt in einer Kanzlei in Austin. Ich hatte ihn mir als meinen Agenten ausgesucht, weil er unerschütterliche Loyalität ausstrahlte. Nach außen hin wirkte er eher ruhig, aber auch er war einmal Wettkämpfer gewesen, ein olympischer Schwimmer, und er sah auch immer noch wie ein Sportler aus. Kaum hatte er den Raum betreten, fing ich an, auf dem meiner Meinung nach sicheren Ende meiner Karriere herumzureiten.

„Mit der Rennfahrerei ist es aus", sagte ich. „Ich brauche keinen Agenten mehr."

„Lance, nun mal langsam und eins nach dem anderen", versuchte Bill mich zu beschwichtigen. „Du weißt doch noch gar nicht, was Sache ist und was jetzt passiert."

„Bill, du hast es nicht kapiert. Ich werde keinen Agenten mehr brauchen. Es gibt keine Verträge mehr abzuschließen!"

„Gut, aber ich bin nicht als dein Agent hier, sondern als dein Freund. Kann ich etwas tun?"

Es war einer jener Momente, in denen man plötzlich innehält. Ich hatte nur noch daran gedacht, dass meine Karriere im Eimer war, während es doch wichtige Dinge gab, die sofort erledigt werden mussten.

„Du kannst meine Mutter vom Flughafen abholen", fiel mir ein.

Bill und Laura sprangen vom Sofa auf und fuhren zum Flughafen, um meine Mutter in Empfang zu nehmen. Ich war nicht besonders unglücklich darüber, dass ich nicht mitgefahren war, denn sobald meine Mutter Bill sah, löste sie sich in Tränen auf. „Er ist doch mein Baby", sagte sie zu Bill und Laura. „Wie konnte das nur passieren? Was sollen wir denn jetzt tun?" Aber auf der Fahrt zu meinem Haus fasste sie sich wieder. Selbstmitleid passt nicht zu ihrem Wesen, und als das Auto in meine Auffahrt einbog, war sie wieder so stark wie eh und je. Sie eilte sofort ins Haus, und mitten im Wohnzimmer riss ich sie zur Begrüßung in meine Arme.

„Das kriegen wir wieder hin", flüsterte meine Mutter mir ins Ohr. „Davon lassen wir uns nicht unterkriegen. Wir haben schon so viel gemeinsam durchgestanden. Aufgeben kommt überhaupt nicht infrage. Nicht mit mir!"

Wir mussten beide ein bisschen weinen, aber das war bald vorbei. Es gab noch viel zu bereden. Ich setzte mich mit meiner Mutter und meinen Freunden zusammen, und wir sprachen über die Diagnose von Dr. Reeves. Es gab ein paar Punkte zu klären und einige Entscheidungen zu treffen – viel Zeit hatten wir nicht, denn meine Operation war ja für sieben Uhr früh angesetzt.

Mir war daran gelegen, dass die Öffentlichkeit nichts von meiner Krankheit erfuhr, bevor ich die Zeit gefunden hatte, alle mir wichtigen Menschen zu benachrichtigen. Während ich mich noch mit meiner Mutter besprach, rief Bill im Krankenhaus an und veranlasste, dass meine Diagnose vertraulich behandelt und ich unter einem anderen Namen aufgenommen wurde. Wir mussten auch meine Sponsoren Nike, Giro, Oakley und Milton-Bradley informieren und die Cofidis-Organisation. Es würde notwendig sein, eine Pressekonferenz abzuhalten, aber zuerst musste ich die Leute aus meinem engsten Freundeskreis wie Och, Chris und meine Teamkameraden anrufen, von denen die meisten irgendwo in Europa herumschwirrten und schwer zu erreichen waren.

Als ich Och erreichte, saß er zu Hause in Wisconsin beim Abendessen, und seine Reaktion war, wenn ich zurückschaue, reinster Och, wie er leibt und lebt.

„Sitzt du gerade?", fragte ich.

„Was ist los?"

„Ich hab Hodenkrebs und komme morgen früh um sieben unters Messer."

„Na gut, lass mich darüber nachdenken", meinte Och gelassen. „Ich seh dich morgen."

Am nächsten Morgen meldete ich mich um fünf Uhr früh im Krankenhaus. Ich fuhr im eigenen Wagen hin, mit meiner Mutter auf dem Beifahrersitz. In einem schlabberigen Trainingsanzug schritt ich durch den Eingang der Klinik, um das Dasein eines Krebspatienten anzutreten.

Ungefähr drei Stunden war ich im OP und im Aufwachraum. Meiner Mutter, die mit Bill Stapleton in meinem Zimmer saß und darauf wartete, dass ich zurückgebracht wurde, kam es wie eine Ewigkeit vor. Irgendwann erschien Dr. Reeves und sagte ihr, dass alles gut gegangen war und dass der Tumor problemlos hatte entfernt werden können. Dann tauchte Och auf. Er war mit einer Frühmaschine nach Austin gekommen. Während ich noch im Operationssaal war, informierte ihn meine Mutter über den neuesten Stand der Dinge. Sie sagte beschwörend, sie sei entschlossen, mich wieder auf die Beine zu bringen – als könnte sie mich allein mit ihrer Willenskraft wieder gesund machen.

Man behielt mich über Nacht in der Klinik. Meine Mutter blieb bei mir und legte sich auf ein kleines Sofa. Wir schliefen beide nicht besonders gut. Die Schmerzen infolge der Operation waren sehr heftig. Der Schnitt war lang und tief und saß an einer nicht gerade unempfindlichen Stelle. Jedes Mal, wenn meine Mutter mein Bettzeug rascheln hörte, sprang sie auf und kam zu mir ans Bett, um nach dem Rechten zu sehen.

Am nächsten Morgen erschien Dr. Youman und unterrichtete mich über die ersten Ergebnisse der pathologischen Tests und der Blutuntersuchung. Er sagte, der Krebs scheine sich rapide auszubreiten. Bei Hodenkrebs sei die Ausbreitung über die Blutbahn nach oben in die Lymphdrüsen typisch, und man habe im Bauchbereich Krebszellen entdeckt.

In den 24 Stunden, die seit meiner ersten Diagnose vergangen waren, hatte ich so viel Krebsliteratur gelesen wie nur möglich. Ich hatte inzwischen gelernt, dass die Onkologen den Hodenkrebs in drei Stadien einteilen. Im ersten Stadium beschränkt sich der Krebs auf den oder die Hoden, und die Prognose für den Patienten ist ausgezeichnet. Im zweiten Stadium hat sich der Krebs in die Lymphknoten im Unterleib ausgebreitet, und im dritten Stadium sind auch lebenswichtige Organe befallen, wie zum Beispiel die Lunge. Die Ergebnisse zeigten, dass der Krebs bei mir im dritten Stadium war, wobei ich drei verschiedene Krebsarten im Körper hatte, darunter das besonders bösartige Chorionkarzinom, eine sehr aggressive Art, die sich über die Blutbahn ausbreitet und schwer einzudämmen ist.

Meine Chemotherapie sollte in einer Woche anfangen und drei Monate dauern. Ich würde die Infusionen durch einen fest in meine Brust eingepflanzten Venenkatheter bekommen. Das Ding sah Furcht erregend aus und zeichnete sich als Beule unter meiner Haut ab, mit drei unnatürlichen Öffnungen auf meiner Brust, die wie Kiemen aussahen.

Ein weiterer Punkt musste besprochen werden: Ich würde zumindest zeitweilig unfruchtbar werden. Der erste Abschnitt der Chemotherapie war für die folgende Woche angesetzt, und Dr. Youman gab mir den Rat, vorher noch so viel Sperma wie möglich in einer Samenbank zu deponieren. Zum ersten Mal war das Thema Sterilität angesprochen worden, und es machte mir schwer zu schaffen. Youman sagte, dass viele Patienten nach einer Chemotherapie ihre Zeugungsfähigkeit wiedererlangen, manche aber nicht. In San Antonio, zwei Stunden mit dem Auto entfernt, befand sich eine Samenbank. Dr. Youman empfahl mir, dorthin zu fahren.

Bevor wir am Abend dieses Tages aus der Klinik nach Hause fuhren, ging meine Mutter zur Krebsstation und ließ sich sämtliche Utensilien für meinen Katheter und die Rezepte für die Medikamente gegen Übelkeit geben. Sie sah in Decken gewickelte Leute ohne Haare, die totenbleich und todkrank an einem Gewirr von Infusionsschläuchen hingen. Als sie in mein Zimmer zurückkehrte, sagte sie: „Lance, eins muss ich dir vorab sagen: Das wird kein schöner Anblick werden, wenn du dort drüben deine Therapie machst. Aber denk immer dran, die sitzen dort alle aus dem gleichen Grund wie du: Sie wollen gesund werden."

Dann brachte sie mich nach Hause.

AM SAMSTAG rief meine Mutter Dr. Youman an. Er sagte: „Ich bin inzwischen der Meinung, dass Lance mit der Chemotherapie schon früher anfangen sollte. Montagmorgen um neun ist sein erster Termin."

„Warum?", wollte meine Mutter wissen.

Ich übernahm den Hörer. Dr. Youman erklärte, er sei beunruhigt wegen der weiteren Berichte, die inzwischen von der Pathologie und der Blutuntersuchung eingetroffen seien. In nur 24 Stunden hatte sich der Krebs neuerlich ausgebreitet. Die Onkologen messen das Fortschreiten der Krankheit anhand von so genannten Tumormarkern. Der Spiegel von verschiedenen Stoffen im Blut wie dem Hormon HCG (Humanes Choriongonadotropin) und der Eiweißverbindung AFP (Alpha-Fetoprotein) zeigt die Menge der Krebszellen im Blut an. Die Zahl meiner weißen Blutkörperchen war an einem einzigen Tag hochgeschnellt. Der Krebs breitete sich nicht einfach nur aus, er galoppierte voran. Dr. Youman hielt es nicht mehr für vertretbar, bis zum Beginn der Chemotherapie eine Woche verstreichen zu lassen. Ich sollte sofort anfangen, denn der Krebs breitete sich so rapide aus, dass jeder Tag zählte.

Bedrückt legte ich auf. Aber ich hatte keine Zeit zum Brüten. Jetzt war die Gelegenheit, und ich hatte nur diese einzige, nach San Antonio zu der Samenbank zu fahren – an diesem Nachmittag. „Es ist zum Kotzen", sagte ich zu meiner Mutter.

In der medizinischen Einrichtung in San Antonio wurde ich in ein Zimmer mit einem bequemen Sessel, einer Art Liegesessel, und gedämpfter Beleuchtung gebracht – ein bemühter Versuch, Atmosphäre herzustellen, dachte ich. Auf einem Tischchen lag ein Stapel Magazine. Pornoheftchen natürlich. Ich humpelte zu dem Stuhl, seufzte abgrundtief und fing fast an zu heulen. Ich hatte grimmige Schmerzen; der tiefe Schnitt von der Operation lief von meiner Leiste bis zum Bauch. Ich war deprimiert, die Diagnose hatte mich an den Rand meines seelischen Fassungsvermögens gebracht. Ich lag in dem Sessel und dachte: *So war das bestimmt nicht gedacht.* Die Zeugung eines Kindes sollte etwas Hoffnungsfrohes sein, nicht diese trübselige, einsame, verzweiflungsvolle Prozedur.

Ich wollte gern Vater werden – unbedingt sogar –, aber ich hatte immer gedacht, dass es geschehen würde, wenn ich verliebt war. Doch ich hatte keine Wahl. Ich machte die Augen zu und tat, was getan werden musste.

Den Rest des Wochenendes verbrachte ich auf dem Sofa und versuchte, mit den Folgen der Operation fertig zu werden. Ich fühlte mich noch benommen von der Narkose, und die Operationswunde war eine Qual. Ich ruhte viel, schaute mir im Fernsehen ein bisschen Football an, meine Mutter kochte für mich. Wir vertieften uns ausgiebig in alles, was es über Krebs zu lesen gab. „Wir müssen jeden Stein einzeln umdrehen", sagte meine Mutter. „Wie werden wir diesen Krebs jetzt wieder los?", fragte ich sie. Wir verhielten uns, als könnten wir den Krebs durch gute Planung in den Griff bekommen, wie damals, als wir mein Training organisiert hatten.

In jener ersten Woche besorgte meine Mutter mir die Medikamente, stellte alle Untersuchungsberichte zusammen, durchkämmte die Buchläden nach Veröffentlichungen über Krebs und strukturierte meinen Tagesablauf. Sie achtete darauf, dass die Besuche meiner Freunde schön gleichmäßig verteilt waren, damit ich mir nie verlassen vorkam. Sie legte einen Dreimonatskalender an, aus dem die Behandlungstermine meiner Chemotherapie hervorgingen, und stellte eine Liste meiner Medikamente auf, samt der Zeiten, zu denen ich sie einzunehmen hatte. Sie verwaltete meine Krankheit wie eine Projektleiterin ihr Projekt. Organisation und Informiertheit konnten ihrer Meinung nach dem Behandlungserfolg nur förderlich sein.

Sie vereinbarte einen Termin mit einer Ernährungsberaterin. Ich quälte mich vom Sofa hoch, und wir fuhren hin. Die Beraterin gab uns Richtlinien für den Kampf gegen den Krebs und eine Liste von Nahrungsmitteln, die bei einer Chemotherapie gut verträglich waren: viel Fleisch von frei laufenden Hühnern, Brokkoli, kein Käse und andere fetthaltige Sachen, viel Vitamin C, um die Gifte der Chemo besser abzufangen. Postwendend fing meine Mutter an, in riesigen Kasserollen Brokkoli für mich zu dünsten.

Am Montagvormittag gab ich eine Pressekonferenz, um zu erklären, dass ich erkrankt war und bei keinen weiteren Rennen starten würde. Alle waren gekommen, Bill, Lisa, meine Mutter, einige Sponsoren, und über eine Konferenzschaltung waren auch Reporter aus Europa zugeschaltet. Außerdem gab es eine Standleitung zu den Repräsentanten von Cofidis, dem französischen Team, für das ich in der kommenden Saison fahren sollte. Als ich das Wort „Krebs" aussprach, gab es hörbares Gemurmel. Ich konnte das Erschrecken und die Fassungslosigkeit auf den Gesichtern der Reporter und der Kameraleute sehen. Ein Repräsentant von Cofidis meldete sich per Telefon zu Wort: Seine Organisation sichere mir ihre rückhaltlose Unterstützung zu bei der Überwindung der Krankheit und bei meinem Bemühen, wieder in den Rennsattel zu kommen.

„Ich werde diese Krankheit bekämpfen", schloss ich, „und ich habe vor, den Kampf zu gewinnen."

AN DIESEM Nachmittag betrat ich wieder einmal ein unauffälliges braunes Klinkergebäude und ging zu meiner ersten chemotherapeutischen Behandlung. Ich war völlig überrascht von dem zwanglosen Betrieb: ein schlichter Aufenthaltsraum, ein paar Sessel mit verstellbaren Rückenlehnen, ein paar Liegebetten und verschiedene Sitzgelegenheiten, ein Couchtisch und ein Fernseher. Es sah aus wie in einem Wohnzimmer voller Gäste, wo vielleicht gerade eine Party im Gange war – bis auf ein verräterisches Detail: Jeder der Anwesenden hing an einem Infusionstropf.

Dr. Youman erklärte, dass die Standardbehandlung bei Hodenkrebs mit BEP erfolgte, einem Cocktail aus drei verschiedenen Substanzen – Bleomycin, Etoposid und Cisplatin –, die so hochgiftig waren, dass die Schwestern Schutzkleidung wie gegen radioaktive Verseuchung trugen, wenn sie mit dem Zeug hantierten. Der wichtigste Bestandteil war das Cisplatin, nichts anderes als Platin, dessen Einsatz gegen Hodenkrebs von dem Krebspionier Dr. Lawrence Einhorn erforscht worden war, der in Indianapolis am Klinikum der Universität von Indiana praktizierte. Vor Einhorns Entdeckungen verlief Hodenkrebs beinahe immer tödlich – noch vor 25 Jahren war Brian Piccolo, ein Footballstar der Chicago Bears, daran gestorben. Aber der erste Patient, den Dr. Einhorn mit Platin behandelte, ein Lehrer aus Indianapolis, ist seit über zwei Jahrzehnten krebsfrei.

Na, dann los, dachte ich, *her mit dem Platin*. Dr. Youman machte mich darauf aufmerksam, dass die Behandlung große Übelkeit hervorrufen könne. Die drei krebshemmenden Toxine (Giftstoffe) würden mir jeweils fünf Tage hintereinander auf täglich fünf Stunden verteilt per Infusionstropf verabreicht. Sie hätten eine kumulative Wirkung, das heißt, sie wirkten durch kleine, aber fortgesetzt verabreichte Dosen. Gleichzeitig würde ich Antiemetika gegen die Übelkeit bekommen, aber vollkommen unterdrückt werden könnte das Unwohlsein nicht.

Die Chemotherapie belastet so sehr, dass man sie nicht jeden Tag verkraften kann. Deshalb würde ich eine Woche lang behandelt werden, dann würde eine Pause von zwei Wochen kommen, damit sich mein Körper erholen und neue rote Blutkörperchen bilden konnte.

Meine erste Behandlung verlief bemerkenswert undramatisch. Meine

Mutter gab mir ein Küsschen und ging ein paar Besorgungen machen. Ich war mit meinen Mitpatienten allein und setzte mich zu ihnen.

Sie hatte mich vorsorglich gewarnt, dass meine erste Begegnung mit anderen Krebspatienten schwer zu verkraften sein könnte, aber es war genau umgekehrt. Ich hatte nun das Gefühl, dass ich irgendwie dazugehörte. Es erleichterte mich, dass ich mit anderen Leuten reden und Erfahrungen austauschen konnte, die die gleiche Krankheit hatten wie ich. Als meine Mutter wiederkam, plauderte ich munter mit meinem Nachbarn. „Hey, Mom", verkündete ich aufgeräumt, „das ist Paul. Er hat Prostatakrebs."

Du musst dich bewegen, sagte ich mir. In der ersten Woche der Chemo stand ich jeden Morgen sehr früh auf, zog einen Trainingsanzug an, klemmte mir den Kopfhörer meines Walkmans auf die Ohren und marschierte los. Eine Stunde oder länger schritt ich die Straße hinauf kräftig aus, atmete tief durch und sah zu, dass ich ins Schwitzen kam. Abends fuhr ich eine Runde mit dem Rad.

Warum habe ich nicht aufgehört, Fahrrad zu fahren, als ich Krebs bekam? Ich wusste haargenau, weshalb ich auf dem Rad saß: Solange ich noch in die Pedale treten konnte, war ich noch nicht allzu krank.

Je länger ich darüber nachdachte, desto mehr kam mir der Krebs wie ein Rennen vor. Lediglich das Ziel war ein anderes. Krebs und Radrennen hatten erschreckende Gemeinsamkeiten: die gleiche Abhängigkeit von der Zeit, die gleiche dauernde Ansage von Zwischenergebnissen an Kontrollpunkten, eine sklavische Abhängigkeit von Zahlen und Blutuntersuchungen. Der einzige Unterschied lag darin, dass ich jetzt besser und schärfer aufpassen musste, als ich es auf dem Rennrad je getan hatte. Bei dieser Krankheit konnte ich mir keine Ungeduld und keine Konzentrationsschwäche erlauben. Ich musste mich in jedem einzelnen Augenblick auf das Leben, auf das schlichte Weiterleben konzentrieren. In diesem Gedanken lag etwas seltsam Tröstliches: Mein Leben zurückzugewinnen war der größte Sieg überhaupt.

Ein paar Tage nach dem Beginn meiner Chemotherapie kam ein Brief mit einer Benachrichtigung vom Krankenhaus: „Aus unseren Unterlagen geht hervor, dass Sie nicht krankenversichert sind."

Ich starrte den Brief an und traute meinen Augen nicht. Das war doch nicht möglich. Ich war über Motorola in einer Krankenversicherung, die alles abdeckte. Verärgert griff ich zum Telefon und las Bill Stapleton den Brief vor. Bill beruhigte mich. Er würde der Sache nachgehen.

Einige Stunden später rief er zurück. Es sei ein ganz vertracktes Timing, sagte er. Ich sei mitten in einem Wechsel meiner Arbeitgeber. Mein Vertrag mit Cofidis sei zwar schon rechtswirksam, aber der Krebs sei eine Vorerkrankung, bei der die neue Krankenversicherung über Cofidis nicht leistungspflichtig sei. Meine Versicherung bei Motorola hingegen sei beendet. Demnach müsse ich für meine Krankenhaus- und Behandlungskosten selbst aufkommen. Er wolle allerdings versuchen, eine Lösung zu finden.

Ich hatte Krebs und keine Krankenversicherung mehr.

Ich sah mich in meinem Haus um und fing an zu überlegen, was ich alles verkaufen könnte. Ich musste annehmen, dass ich finanziell am Ende war. Gerade hatte ich noch ein Jahreseinkommen von zwei Millionen Dollar gehabt, und jetzt stand ich vor dem Nichts. Ich hatte eine kleine Invalidenversicherung, aber das war schon alles. Ich würde kein Einkommen mehr haben, denn die Firmen, die meine Sponsoren waren oder mich sonst wie bezahlten, würden mir zweifellos den Stuhl vor die Tür setzen, da ich ja keine Rennen mehr fahren konnte. Den Porsche, einige Kunstgegenstände und noch ein paar andere Spielsachen würde ich zuerst zu Geld machen.

Der Porsche war innerhalb von ein paar Tagen weg. Ich tat es in erster Linie, weil ich dachte, dass ich jeden roten Heller für meine Behandlung brauchen würde und dass ich von dem, was allenfalls übrig blieb, für den Rest meines Lebens mein Auskommen würde bestreiten müssen. Heute glaube ich allerdings, dass bei mir allmählich ein Bedürfnis nach größerer Einfachheit aufkam.

ICH WURDE ein Student in Sachen Krebs. Ich ging in die größte Buchhandlung von Austin und kaufte alles, was zu diesem Thema zu bekommen war. Ich kam mit zehn dicken Wälzern nach Hause: Diätbücher, Bücher über den emotionalen Umgang mit der Krankheit, Ratgeber über Medikamente. Ich war bereit, mich mit jedem Behandlungskonzept zu beschäftigen, egal, wie abgehoben es war. Ich trennte Seiten aus der Zeitschrift *Discover* und sammelte Zeitungsausschnitte über entlegene Kliniken und abwegige Kuren.

Ich saß auf dem Sofa und blätterte in den Büchern. Je mehr Kenntnisse ich mir anlas, desto günstiger wären meine Aussichten, dachte ich – auch wenn das, was ich in den Büchern las, eher darauf hindeutete, dass meine Chancen nicht besonders gut waren. Aber Wissen war beruhigender als Nichtwissen, dann wusste ich wenigstens, wie es um mich stand – oder glaubte jedenfalls, es zu wissen.

Zwischen der Sprache des Krebses und der des Radsports gibt es seltsame Gemeinsamkeiten. Sie betreffen das Blut. Im Radsport kann man mogeln, indem man EPO (Epogen) nimmt, ein Mittel, das die Zahl der roten Blutkörperchen in die Höhe treibt. Das gleiche Medikament bekam ich von meinen Ärzten, wenn mein Hämoglobinspiegel beim Kampf gegen meinen Krebs unter einen gewissen Wert fiel. Es gab bestimmte Grenzwerte, die ich bei den Blutuntersuchungen erreichen musste, und die Ärzte machten ihre Messungen aus dem gleichen Grund wie beim Radfahren: zur Ermittlung meiner physischen Belastbarkeit.

Ich bekam Berge von Briefen und Postkarten mit Genesungswünschen und mit hanebüchenen Therapievorschlägen. Ich las alles.

An einem dieser Abende öffnete ich einen Brief mit dem geprägten Briefkopf vom Klinikum der Vanderbilt University. Der Absender war ein gewisser Dr. Steven Wolff, Chef der Abteilung für Knochenmarktransplantation. Dr. Wolff erklärte in seinem Schreiben, er sei Professor der Medizin und Krebsspezialist und außerdem ein glühender Radsportfan. Er würde mir gern auf jede mögliche Weise helfen. Er riet mir dringend, eine zweite Meinung unmittelbar bei Dr. Larry Einhorn von der Universität von Indiana einzuholen, der bedeutendsten Kapazität für meine Krankheit. Dr. Wolff fügte hinzu:

> Sie sollten wissen, dass es unterschiedliche chemotherapeutische Behandlungsformen von gleicher Wirksamkeit gibt, mit denen mögliche Nebenwirkungen auf ein Minimum reduziert werden können, um Ihrer Fähigkeit, wieder Rennen zu fahren, keinen Abbruch zu tun.

Ich griff zum Telefon und rief Dr. Wolff an. „Hallo, hier spricht Lance Armstrong", meldete ich mich und teilte ihm mit, dass ich die bei Hodenkrebs mit Metastasen in der Lunge übliche Standardtherapie mit BEP machte.

„Meine Prognose ist nicht besonders gut", erklärte ich.

Von diesem Moment an wurde meine Behandlung zu einem medizinischen Gemeinschaftsprojekt. Dr. Reeves war mein Urologe, Dr. Youman mein Onkologe, und Dr. Wolff wurde jetzt der Advokat meiner Behandlung und mein Freund, ein drittes medizinisches Auge, jemand, an den ich mich mit meinen Fragen wenden konnte. Jeder der beteiligten Ärzte spielte eine entscheidende Rolle. Keiner konnte allein die Verantwortung für meinen Gesundheitszustand übernehmen, und was noch wichtiger war, ich fing an, die Verantwortung mit ihnen zu teilen.

„Wie hoch ist Ihr HCG-Wert?“, wollte Dr. Wolff wissen.

HCG ist ein Hormon, das, wie ich gelernt hatte, bei Frauen in der Schwangerschaft gebildet wird. Außerdem ist es ein aussagekräftiger Tumormarker im Blut, weil es beim gesunden Mann nicht vorkommt. Ich kramte in meinen Papieren und ließ die Augen über die entsprechenden Zahlenkolonnen gleiten. „Hier steht: 109“, sagte ich.

„Oh, das ist hoch“, meinte Dr. Wolff, „aber nicht außergewöhnlich.“

Ich betrachtete das Blatt. Hinter der Zahl stand noch etwas. „Was bedeutet dieses K hinter der Zahl?“

Er verstummte einen Augenblick und ich ebenfalls.

„Das bedeutet, es sind 109 000“, erwiderte Dr. Wolff.

Wenn ein Wert von 109 hoch war, was war dann ein Wert von 109 000?

Wolff erklärte mir, dass zu viel HCG in meinem Körper sei, selbst in Anbetracht der Lungentumore. Woher konnte es stammen? Er ließ vorsichtig anklingen, dass ich vielleicht andere und aggressivere Therapien in Betracht ziehen sollte. Dann legte er die Karten auf den Tisch: Bei diesem HCG-Wert rutschte ich automatisch in die Kategorie mit der schlechtesten Prognose.

Noch etwas anderes beunruhigte ihn. Bleomycin wirke auf Leber und Lunge extrem toxisch, sagte er. Für einen Radsportler ist eine gute Lungenkapazität nicht weniger wichtig als die Beine, und eine längere Behandlung mit Bleomycin würde fast automatisch das Ende meiner Karriere bedeuten. Es seien auch andere Medikamente denkbar, meinte Dr. Wolff. Es gebe Alternativen.

„Es gibt ein paar Leute, die sind die absoluten Weltbesten in dieser Therapie“, sagte Wolff. Er ließ mich wissen, dass er mit Dr. Einhorn und anderen Onkologen des Klinikums der Universität von Indiana in Indianapolis befreundet sei. Darüber hinaus empfahl er mir zwei weitere Krebszentren – eines in Houston und eines in New York. Zu allem Überfluss erbot er sich, Konsultationstermine für mich zu vereinbaren. Unendlich erleichtert ging ich auf sein Angebot ein.

Wieder einmal trat meine Mutter in Aktion. Am nächsten Morgen hatte sie bereits meine gesamten medizinischen Befunde zusammengestellt und per Fax an die zu konsultierenden Ärzte an den Einrichtungen in Houston und Indianapolis geschickt. Als vormittags um zehn aus dem Krebszentrum in Houston ein Anruf kam, war ich noch mit dem Fahrrad unterwegs. Zwei Ärzte, beide waren Onkologen, riefen in einer Konferenzschaltung an. Meine Mutter hörte zwei körperlosen Stimmen zu, die meinen Fall mit ihr besprachen.

„Wir haben Ihre Informationen durchgesehen", sagte eine der Stimmen. „Warum ist noch keine MT des Gehirns gemacht worden?"

„Eine Magnetresonanz-Tomographie? Ist das denn nötig?", wunderte sich meine Mutter.

„Die Werte sind so hoch, dass wir annehmen müssen, Ihr Sohn hat auch einen Gehirntumor", sagte der Arzt.

„Das ist doch nicht Ihr Ernst!", rief meine Mutter aus.

„Sehen Sie", sagte einer der beiden, „wir glauben nicht, dass Ihr Sohn es bei diesen Werten schaffen wird."

„Bitte, erzählen Sie mir nicht so was!", verlangte meine Mutter. „Ich habe für dieses Kind mein Leben lang gekämpft."

„Wir sind der Meinung, Sie sollten mit Ihrem Sohn unverzüglich herkommen und bei uns eine Therapie anfangen."

„Lance wird bald zurück sein", sagte meine Mutter mit zitternden Knien. „Ich werde mit ihm reden. Wir rufen Sie zurück."

Kurz darauf kam ich zur Tür herein. Meine Mutter sagte: „Lance, ich muss dir was sagen." Ich konnte sehen, dass sie vollkommen erledigt war, und in meinem Magen stellte sich das vertraute flaue Gefühl ein. Ich schwieg, während meine Mutter mit bebender Stimme zusammenfasste, was die Ärzte ihr mitgeteilt hatten. Ich saß nur stumm da. Nach einer Minute sagte ich ganz ruhig, ich würde gern selbst mit den Ärzten reden.

Ich rief die Ärzte zurück und hörte mir an, was sie zuvor schon meiner Mutter gesagt hatten. Ziemlich matt willigte ich ein, nach Houston zu kommen, um so bald wie möglich persönlich mit ihnen zu reden. Als ich aufgelegt hatte, ließ ich Dr. Youman ans Telefon holen. Ich gab ihm einen knappen Bericht meines Gesprächs mit den Ärzten in Houston. „Dr. Youman, diese Ärzte meinen, ich hätte den Krebs schon im Gehirn. Sie sagen, es müsse eine MT des Gehirns gemacht werden."

„Nun, das wollte ich morgen ohnehin tun", sagte Dr. Youman. „Sie sind für Mittag vorgesehen." Auch er vermutete, dass der Krebs möglicherweise schon bis in mein Gehirn vorgedrungen sei.

Ich rief Steve Wolff an und berichtete ihm von dem Gespräch mit den Ärzten in Houston. Ich sagte, ich hätte vor, am nächsten Tag dorthin zu fahren. Steve war ebenfalls der Meinung, dass ich hinfahren sollte, aber er wiederholte seine Empfehlung, auch mit den Leuten von der Universität von Indiana zu reden, denn das sei der Ausgangspunkt jeglicher Hodenkrebstherapie. Steve sagte, Dr. Einhorn sei zwar zurzeit in Australien unterwegs, doch er erbot sich, mich bei Dr. Einhorns ranghöchstem Mitarbeiter, Dr. Craig Nichols, anzumelden. Ich war einverstanden.

Am nächsten Morgen meldete ich mich in der Klinik zur Magnetresonanz-Tomographie. Lisa, meine Mutter und Bill Stapleton waren zur moralischen Unterstützung mitgekommen, und meine Großmutter kam aus Dallas angeflogen.

Das Ergebnis der Tomographie lag fast augenblicklich vor. Meine Mutter, meine Großmutter und Bill warteten im Vorraum, aber Lisa wollte ich in Dr. Youmans Zimmer bei mir haben. Ich klammerte mich an ihre Hand. Nach einem Blick auf die Darstellung sagte Dr. Youman zögernd: „Auf Ihrem Gehirn zeichnen sich zwei Schatten ab."

Lisa schlug die Hände vors Gesicht. Ich war darauf gefasst gewesen, sie aber nicht und auch meine Mutter nicht. Ich ging hinaus und sagte nur: „Wir müssen nach Houston." Mehr brauchte ich nicht zu sagen, den Rest konnte sie sich denken.

Dr. Youman folgte mir. „Reden Sie mit den Leuten in Houston. Ich halte das für eine ausgezeichnete Idee." Ich kannte ihn bereits als einen ausgezeichneten Arzt, doch jetzt lernte ich seinen völligen Mangel an Eitelkeit schätzen. Er war nach wie vor mein Onkologe vor Ort, doch durch seine Bereitschaft, mit anderen bei meiner Behandlung zusammenzuarbeiten, wurde er mir zum Freund.

Wir fuhren nach Hause. Meine Mutter fasste sich wieder, setzte sich ans Faxgerät und fütterte es mit weiteren Unterlagen für die Ärzte in Houston. Lisa saß verloren im Wohnzimmer. Ich rief Bart Knaggs an und erzählte ihm, was ich vorhatte. Er fragte, ob es mir Recht sei, wenn er uns am nächsten Morgen auf der Fahrt begleiten würde. Ich sagte, ja, gern, wir würden früh um sechs losfahren.

In dieser Woche ist eine Menge passiert, dachte ich bei mir. Meine Diagnose hatte ich am Mittwoch erhalten, am Donnerstag war ich operiert, am Freitagabend entlassen worden, am Samstag folgte der Gang zur Samenbank, am Montagmorgen war die Pressekonferenz, auf der ich vor aller Welt bekannt gab, dass ich Hodenkrebs hatte, und am Nachmittag hatte ich mit der Chemotherapie angefangen. Jetzt war Dienstag, und der Krebs saß in meinem Gehirn.

Aber ob man es mir glaubt oder nicht, es war für mich sogar eine gewisse Erleichterung, diese schlechteste aller bisherigen Neuigkeiten zu hören. Ich dachte: *Schlimmer kann es nun nicht mehr werden.* Jetzt, wo ich das Schlimmste schon wusste, konnte mir auch kein Arzt mehr mit noch Schlimmerem kommen.

Jedes Mal, wenn meine Diagnose wieder umfangreicher geworden war, bedrängte ich meine Ärzte mit Fragen. „Wie groß sind meine Chancen?" Ich wollte eine Zahl hören. Der Prozentsatz schrumpfte mit jedem Tag. Dr. Reeves hatte 50 Prozent genannt, „... aber in Wirklichkeit dachte ich, vielleicht 20“, gestand er mir später.

Natürlich wollte ich leben, aber ob ich es schaffen würde oder nicht, war ein Geheimnis, und mich beschlich eine Ahnung, dass der Blick in das Auge eines so Furcht erregenden Mysteriums vielleicht gar nicht das Allerschlechteste war. Wer je Angst in einem solchen Ausmaß erlebt hat, kennt seine Hinfälligkeit besser als die meisten Menschen, und ich glaube, dass man sich durch diese Erfahrung verändert. Ich musste mich sehr tief beugen, und es blieb mir nur die Zuflucht ins Philosophische. Die Krankheit zwang mich, mir mehr abzuverlangen als je zuvor, und forderte von mir ein neues Wertesystem.

Ein paar Tage vorher hatte ich eine E-Mail von einem Soldaten bekommen, der in Asien stationiert war. Er war ein Leidensgenosse, ebenfalls Krebspatient, und wollte mir etwas mitteilen. „Du weißt es noch nicht“, schrieb er, „aber *wir* sind die Glückspilze.“

„Der hat ja nicht mehr alle Tassen im Schrank“, sagte ich laut.

Was konnte er bloß damit meinen?

Gespräche mit dem Krebs

Die Vorstellung, dass in meinem Kopf etwas Unwillkommenes lebte, hatte etwas beunruhigend Intimes. Wenn einem irgendwas schnurstracks bis ins Hirn klettert, kann es persönlicher wohl kaum noch werden. Also reagierte ich genauso persönlich darauf und fing an, mit diesem Etwas zu reden. Ich verwickelte den Krebs in einen inneren Dialog. „Hör zu, du hast den Falschen erwischt“, sagte ich zu ihm. „Dass du dir ausgerechnet meinen Körper ausgesucht hast, um dich darin breit zu machen, war ein großer Fehler.“

Ich verlegte mich aufs Feilschen: *Wenn ich als Preis dafür, dass ich leben darf, nie mehr auf dem Rennrad sitze, auch gut,* dachte ich. *Zeig mir die gepunktete Linie, auf der ich unterschreiben soll, ich mach meine drei Kreuzchen. Ich mach was anderes, geh wieder zur Schule oder werde Müllmann, ich tu alles, aber lass mich leben.*

Noch vor Sonnenaufgang machten wir uns auf die dreistündige Fahrt nach Houston. Meine Mutter steuerte ihren Volvo, und ich saß mit Lisa auf dem Rücksitz, was gar nicht meine Art war. Ich, der sonst keinen anderen ans Steuer ließ, auf dem Rücksitz – allein das zeigt schon, wie es um mich stand. Meine Mutter trat aufs Gaspedal, als wollte sie die Sache möglichst schnell zu Ende bringen.

Houston ist eine riesige Metropole, und die Stadtautobahnen sind ein einziger Stau. Da durchzukommen ist schon eine Nervenprobe für sich. Um neun hatten wir endlich die Klinik gefunden und trotteten in den Wartebereich der Lobby. Da waren wir genau richtig – wir warteten volle zwei Stunden. Wir waren zu früh gekommen.

Endlich erschien der Arzt, mit dem ich gesprochen hatte. Er war das Musterbild eines smarten jungen Mediziners, ein gepflegter Typ mit zackigen Manieren und dem drahtigen Körper eines Leichtathleten unter seinem Arztkittel.

„Sie sind mir kein Unbekannter“, sagte er. „Ich freue mich, dass Sie gekommen sind.“

Doch nach dem Austausch der Höflichkeiten legte er ein kaltes und geschäftsmäßiges ärztliches Verhalten an den Tag. Wir saßen noch nicht richtig, als er schon seinen Behandlungsplan erklärte. Er werde mich weiterhin mit Bleomycin behandeln, sagte er, aber seine Kur würde wesentlich radikaler sein als die von Dr. Youman.

„Wenn Sie hier wieder rauskommen, werden Sie nur noch kriechen können“, verkündete er.

Ich riss die Augen auf und meine Mutter auch. Ich war sprachlos. „Ich werde Sie umbringen“, fuhr er fort, „und das jeden Tag, und dann werde ich Sie wieder zum Leben erwecken. Wir werden Sie mit der Chemo prügeln, prügeln und wieder prügeln. Sie werden anschließend nicht mehr gehen können.“

Je länger er sprach, desto mehr verlor ich durch seine drastische Schilderung meines körperlichen Verfalls den Mut. Ich fragte, ob die Therapie wirklich so hart angegangen werden müsse.

„Ihr Fall gehört zu den extrem schlimmen“, gab er zu bedenken, „und ich glaube, Sie haben nur diese eine Chance, hier in unserer Klinik.“

Meine Mutter zitterte während seiner Schilderung am ganzen Körper, und Lisa saß da wie erstarrt. Bart war wütend geworden. Er hatte immer wieder Zwischenfragen nach alternativen Behandlungsmöglichkeiten gestellt. Doch der Arzt hatte ihm jedes Mal das Wort abgeschnitten.

Ich fragte ihn, was er von der Behandlungsmethode von Dr. Einhorn in Indianapolis halte. „Sie können gerne nach Indiana gehen“, meinte er herablassend, „aber Sie dürften bald wieder hier bei uns auf der Matte stehen. Wenn der Krebs so weit fortgeschritten ist wie bei Ihnen, nützt deren Therapie nichts mehr.“

Dann kam er zum Ende seiner Ausführungen. Er wollte, dass ich mich auf der Stelle zu ihm in die Chemotherapie begab.

Ich sagte ihm, dass ich mir die Sache über Mittag überlegen wolle und mich am Nachmittag mit der Antwort bei ihm melden würde.

Wir waren alle wie vor den Kopf gestoßen. Ziellos fuhren wir in Houston herum und setzten uns schließlich in einen Schnellimbiss, aber mit dieser niederschmetternden Zusammenfassung meines Falles im Ohr hatte keiner von uns große Lust, etwas zu essen. Ich musste eine Entscheidung treffen: Heute war Freitag, und der Arzt wollte am Montag mit der Behandlung anfangen.

Ich beschloss, Dr. Wolff anzurufen und um seine Meinung zu bitten. „Eine zweite Meinung einzuholen kann nichts schaden", meinte er. Er schlug vor, ich solle mich wenigstens noch an das Klinikum in Indianapolis wenden. Warum sollte ich nicht nach Indiana gehen, zu den Leuten, die das maßgebliche Buch über Hodenkrebs geschrieben und das Behandlungskonzept entwickelt hatten, auf das sich alle anderen Ärzte stützten?

Mit dem Autotelefon rief ich Dr. Craig Nichols an, den Mitarbeiter von Dr. Einhorn. Ich erklärte ihm, ich hätte ein Problem, ich bräuchte eine zweite Meinung, und zwar so schnell wie möglich. „Kann ich zu Ihnen kommen?", fragte ich.

Nichols antwortete, er habe meinen Anruf schon erwartet. „Sie können sofort herkommen", sagte er. Ob ich schnell genug dort sein könne, um gleich am nächsten Morgen zu ihm zu kommen? Das sei zwar ein Samstag, aber sie würden eine Ausnahme machen. Später erfuhr ich, dass sie nicht nur bei mir eine Ausnahme machten. Die Mediziner von der Universität von Indiana weisen niemanden ab, egal, wie schwer der Fall ist. Täglich telefonieren sie mit Patienten und Ärzten auf der ganzen Welt.

Es war inzwischen 15 Uhr, und wir fuhren zum Krankenhaus in Houston zurück, um meine Unterlagen zurückzuverlangen. Der Arzt dort war offensichtlich sehr darauf erpicht, mich zu behandeln, aber er hatte mich verschreckt. Als ich ihm sagte, ich wolle noch einen Tag oder zwei warten, bis ich mich entschied, war er nicht unfreundlich und wünschte mir viel Glück. „Aber warten Sie nicht zu lang", meinte er.

Wir schwangen uns in den Wagen und rasten zum Flughafen, um noch einen Flug nach Indianapolis zu erwischen.

Als wir in Indianapolis landeten, übernahm meine Mutter die Führung und mietete für uns einen Wagen. In Indianapolis war es kalt, aber meine Mutter entdeckte ein Hotel, von dem aus man durch eine überdachte Passage in die angrenzende Klinik gelangen konnte. Sie erledigte unsere Hotelanmeldung, wir krochen auf unsere Zimmer und fielen ins Bett. Es würde wieder eine kurze Nacht werden: Wir waren in aller Frühe bei Dr. Nichols angemeldet.

DAS MEDICAL CENTER der Universität von Indiana befindet sich in einem schlichten Gebäude und ist ein ganz normales Universitätskrankenhaus. Wir fuhren mit dem Aufzug in die onkologische Abteilung, wo man uns in einen großzügig verglasten Konferenzraum führte.

Als wir eintraten, ging gerade die Sonne auf und durchflutete den Raum mit ihrem Licht. Während der nächsten Stunde stieg ihr Strahlenkranz vor dem Fenster langsam höher, was vielleicht zu dem Wohlgefühl beitrug, das mich überkam.

Ich begrüßte die Ärzte, mit denen ich mich beraten wollte. Dr. Craig Nichols war ein distinguiert aussehender Herr mit kurz gestutztem Bart und ruhigem Gebaren. Nichols wurde von Dr. Scott Shapiro begleitet, einem Gehirnchirurgen. Shapiro war groß, mit hängenden Schultern und sah mit seinen tief liegenden Augen und buschigen Brauen dem Schauspieler Abe Vigoda verblüffend ähnlich. Nichols gab Shapiro eine Zusammenfassung meines Falles: Diagnose Hodenkrebs mit Metastasierungen. „Die Diagnoseverfahren haben Metastasen in der Lunge und zwei im Gehirn erbracht", sagte Nichols zu Shapiro.

Wir setzten uns und begannen miteinander zu sprechen. Im Krankenhaus war es sehr ruhig, und die gelassene und offene Art von Dr. Nichols verstärkte die friedliche Stimmung, die mich überkommen hatte. Er war sehr ungezwungen, kippte oft bequemlichkeitshalber den Stuhl zurück, lehnte sich gegen die Wand, verschränkte die Hände hinter dem Kopf und räusperte sich immer wieder. Bei aller Umgänglichkeit strahlte er aber auch unverkennbar Selbstvertrauen aus. Er wurde mir immer sympathischer.

„Wir, ähem", sagte er und räusperte sich, „wir meinen, Ihre Chancen, ähem, sind nicht schlecht." Er griff nach meinen Unterlagen und sah sich die Befunde an. Dann klemmte er meine Röntgenbilder in einen Lichtkasten, und während er die Anomalitäten in meiner Brust nacheinander im Einzelnen betrachtete und insgesamt zwölf Tumore zählte – „multiple Noduli beidseitig", sagte er –, schaute ich ihm über die Schulter. Einige Tumore waren nur winzige Knötchen, andere maßen bis zu 27 Millimeter im Durchmesser. Dann befasste er sich mit meinem Gehirntomogramm und wies auf zwei taubeneigroße weiße Flecken, die beiden Regionen mit den Anomalien direkt unter dem Schädelknochen.

„Sie befinden sich im fortgeschrittenen Stadium, und der Befund im

Gehirn macht die Sache nicht einfacher“, bekannte er. Er erklärte, dass Metastasen im Gehirn wegen der Blut-Hirn-Schranke chemotherapeutisch nicht behandelbar seien. Das Gehirn sei nämlich durch so etwas wie einen physiologischen Schutzwall vor Giften geschützt, wodurch auch das Eindringen solcher Medikamente verhindert werde, wie sie in der Chemotherapie typischerweise zum Einsatz kämen. Alternative Behandlungsmöglichkeiten seien Bestrahlung und/oder Operation. Nichols war für eine Operation.

Wie immer wollte ich klare, präzise Informationen. „Wie stehen meine Chancen?“

„Nun, Sie haben eine ungünstige Ausgangslage“, überlegte Dr. Nichols, womit er den späten Zeitpunkt der Diagnose meinte. „Die Prozentzahlen sind nicht berauschend, aber heilbar ist das durchaus. Ich denke, Ihre Chancen stehen fast fifty-fifty.“

Nichols war nüchtern und realistisch, aber er strahlte auch Optimismus aus. Durch den Einsatz von Platin bestehe heutzutage bei Hodenkrebs fast immer Aussicht auf Heilung. „Wir bekommen hier vor allem die besonders schlimmen Fälle“, sagte er. „Sie sind zwar in einer Kategorie mit schlechter Prognose, aber wir haben schon Patienten mit einer wesentlich schlechteren Prognose geheilt.“

Dann sagte Dr. Nichols etwas, das mich erstaunt aufhorchen ließ. Er meinte, er würde mir gern durch eine maßgeschneiderte Behandlung dazu verhelfen, wieder Radsport betreiben zu können. Außer Stephen Wolff hatte das noch kein Arzt zu mir gesagt – kein einziger. Ich war so überrascht, dass ich ihm das erst nicht abnehmen wollte. „Helfen Sie mir einfach zu leben“, bat ich.

Aber Dr. Nichols war nicht nur zuversichtlich, dass ich überleben würde, er sah offenbar auch eine Chance, dass ich wieder Rennen fahren konnte. Er wolle keinesfalls meine Überlebenschancen gefährden, aber er würde gern das Behandlungsprotokoll so abändern, dass meine Lunge keinen Schaden nahm. Für die auf Platin basierende Chemotherapie gab es ein weiteres Behandlungsprotokoll, VIP, das aus Vinblastin, Etoposid, Ifosfamid, Cisplatin bestand. Es war zwar kurzfristig erheblich aggressiver, schädigte aber langfristig die Lungen bei weitem weniger als das Bleomycin. Wenn ich zusätzlich zu dem bereits verabreichten BEP-Zyklus noch drei Zyklen VIP durchstehen könnte, wäre ich den Krebs vermutlich los und könnte wieder so gut zu Kräften kommen, dass ich in der Lage sein würde, Wettkämpfe zu fahren.

„Sie glauben, das geht? Ohne das, was alle anderen nehmen?“, rief meine Mutter überrascht. „Kein Bleomycin?“

„Wir wollen eine Schädigung seiner Lunge vermeiden“, bekräftigte Dr. Nichols.

Jetzt war Shapiro an der Reihe. Ich schaute ihn mir an: Er trug einen Adidas-Trainingsanzug und darüber den üblichen Arztmantel. Über dem Kragen wellten sich die Haare. *Dieser Typ soll Neurochirurg sein?,* fragte ich mich verwundert. Für einen Mediziner sah er mir entschieden zu locker aus.

„Dann wollen wir uns mal die MTs und Computertomographien ansehen“, sagte er leichthin.

Nichols gab sie ihm. Shapiro steckte die Tomogramme in den Lichtkasten und studierte sie, wobei er ab und zu bedächtig nickte. „Hm, klar“, meinte er schließlich. „Ich denke, das bekomme ich hin. Kein Problem.“

„Kein Problem?“, fragte ich verblüfft.

Während Shapiro auf die Tumore deutete, sagte er, sie säßen offenbar nur oberflächlich auf dem Gehirn auf und deshalb würde man relativ leicht an sie rankommen.

„Was sind die Risiken?“

„Bei einem jungen Patienten wie Ihnen ist das Narkoserisiko minimal, das Risiko von Infektionen oder Blutungen ebenfalls, und auch das Risiko von Krampfanfällen ist gering. Es ist keine komplizierte Sache, und Sie scheinen ziemlich hart im Nehmen zu sein. Es müsste eigentlich alles glatt gehen.“

Aber ich war müde und skeptisch. „Sie müssen mich erst noch davon überzeugen, dass Sie wissen, was Sie tun“, verlangte ich brüsk.

„Sehen Sie“, antwortete Shapiro, „ich mache das nicht zum ersten Mal. Mir ist noch nie ein Patient gestorben, und bis heute hat sich noch kein Fall durch mein Eingreifen verschlechtert.“

„Na gut, aber warum sollte ich ausgerechnet Sie in meinem Kopf herumoperieren lassen?“

„Weil … Sie sind bestimmt ein guter Radrennfahrer.“ Er machte eine Pause. „Aber als Gehirnchirurg bin ich besser.“

Ich musste lachen, und auf einmal gefiel er mir. Ich stand auf und sagte, ich wolle mir die Sache beim Mittagessen überlegen und würde mich im weiteren Verlauf des Tages entscheiden.

Wir verließen das Krankenhaus und gingen auf die andere Straßenseite in eine Fußgängerzone, wo wir ein Wirtshaus fanden. Die Gäste saßen beim Mittagessen. Es war ruhig. Viel zu ruhig. Meine Mutter, Lisa und Bart wollten mich nicht beeinflussen. Sie sagten, ich solle selbst entscheiden, wo ich mich behandeln lassen wolle. Ich hätte gern ihre

Meinungen gehört, aber es gelang mir nicht, sie in meine Entscheidung hineinzuziehen.

Während ich aß, ließ ich mir die Sache durch den Kopf gehen. Ich war am Nullpunkt angekommen, war bereit, meine Karriere abzuschreiben. Aber Dr. Nichols und Dr. Shapiro gingen offenbar nicht davon aus, dass ein so weit reichender Schritt nötig war. Ich sagte mir, dass ich zu diesen Ärzten mit ihrer ausgesprochen ruhigen und schlichten Art und ihrer Weigerung, sich von mir aus der Reserve locken zu lassen, Vertrauen haben konnte.

„Die zwei scheinen wirklich zu wissen, wo's langgeht", platzte es auf einmal aus mir heraus. „Ich finde sie gut, und hier gefällt's mir auch. Und wenn ich schon operiert werden muss – Dr. Shapiro scheint das ja überhaupt nicht aufzuregen. Ich glaube, hier geh ich hin."

Es gab lauter erfreute Gesichter. „Ich bin ganz deiner Meinung", bekannte Bart.

„Ich denke, du hast dich richtig entschieden", meinte auch meine Mutter.

Wir gingen in die Klinik zurück, und ich traf mich erneut mit Dr. Nichols. „Ich möchte bei Ihnen behandelt werden", sagte ich.

„Okay, gut", meinte Dr. Nichols. „Kommen Sie am Montag zu uns. Wir werden einige Messungen vornehmen, und am Dienstag werden wir Sie am Gehirn operieren."

Nichols sagte mir, dass ich unmittelbar nach der Gehirnoperation bei ihm mit der neuen Chemotherapie-Behandlung anfangen würde. Außerdem stellte er mich der Oberschwester der onkologischen Abteilung, LaTrice Haney, vor. Wir setzten uns zusammen, um einen Ablaufplan der Behandlung auszuarbeiten.

„Mich kann nichts umbringen", meinte ich. „Hauen Sie mit allem drauf, was Sie haben, schütten Sie das Zeug einfach in mich rein. Geben Sie mir doppelt so viel wie den anderen Leuten, ich will sichergehen, dass wir restlos alles erwischen. Lassen Sie uns den verdammten Krebs fertig machen."

Nichols und LaTrice wollten mir diesen Zahn von Anfang an ziehen. „Täuschen Sie sich nicht, ich *kann* Sie umbringen", versicherte Dr. Nichols, „das geht durchaus."

LaTrice Haney führte das Gespräch weiter. Sie war eine sehr korrekte und kompetente Krankenschwester – ich sollte allerdings noch merken, dass ihr der Schalk im Nacken saß. Sie besprach mit mir sämtliche Einzelheiten des Behandlungsablaufs der Chemotherapie, und ihre Kenntnisse auf diesem Gebiet schienen denen von Dr. Nichols in nichts nachzustehen. Ich bemühte mich, alle Informationen in mich aufzunehmen – ich war fest entschlossen, meine Gesundung zu meiner eigenen Sache zu machen.

„Wird ihm sehr übel werden?“, fragte meine Mutter.

„Er wird mit Übelkeitsphasen rechnen müssen, vielleicht auch mit Erbrechen“, erwiderte LaTrice. „Aber es sind neue Medikamente auf dem Markt, Neuentwicklungen, die den Brechreiz auf ein Minimum reduzieren, wenn nicht gar ausschalten können.“

LaTrice erklärte mir, jeder verabreichte Tropfen Chemo würde sorgfältig abgemessen und ebenso alles, was aus meinem Körper wieder herauskam. Ihre Einführung war so ruhig und einprägsam gewesen, dass alle meine Fragen geklärt waren. Auch meine Mutter schien beruhigt.

ALS WIR uns wieder im Klinikum der Universität von Indiana einfanden, mussten wir erneut eine aufwändige Aufnahmeprozedur über uns ergehen lassen, bei der meine Mutter einen Bericht nach dem anderen aus ihrer Tasche zog.

„Was möchten Sie essen?“, wollte die Dame in der Aufnahme zum Schluss wissen.

„Ich vertrage keinen Zucker. Ich vertrage kein Rindfleisch. Ich vertrage keine Milchprodukte“, zählte ich auf. „Ich brauche Fleisch von frei laufenden Hühnern.“

Die Dame starrte mich an und fragte: „Und was *können* Sie essen?“

Mir wurde klar: Wir waren in einer Universitätsklinik und nicht bei einem Partyservice. Aber meine Mutter wurde trotzdem wütend. Mit ihren ganzen 1,60 Metern baute sie sich auf und sagte: „Wir haben morgen eine Gehirnoperation vor uns, also bitte nicht diesen Ton! Wir haben von einer Ernährungsberaterin bestimmte Empfehlungen bekommen. Wenn Sie die nicht erfüllen können, in Ordnung. Dann besorgen wir uns das Essen eben selbst.“ Von da an ging meine Mutter vor jedem ihrer Besuche im Krankenhaus für mich einkaufen.

Anschließend wurde uns mein Zimmer gezeigt. Es lag direkt neben dem Schwesternzimmer. Meine Mutter fand, dort sei es zu laut und es werde mich stören, wenn ich die Schwestern vor meiner Tür reden hörte. Sie bestand darauf, dass ich ein anderes Zimmer bekam, und so wurde ich an das Ende des Flurs verlegt, wo es ruhiger war.

Ich hatte mir sehr fest vorgenommen, positiv und unerschrocken zu sein, aber eins wusste ich: Wer einen Gehirntumor bekommt, lebt nicht mehr lange. Alles andere, was ich hatte, mochte heilbar sein, meine anderen Organe und das ganze Zubehör waren mir nicht so wichtig.

Aber beim Gehirn hörte der Spaß auf. Ein Spruch fiel mir ein, den ich irgendwann mal gehört hatte: „Gehirn operiert – Persönlichkeit zerstört."

Auch die Menschen in meiner Umgebung hatten Angst, vielleicht noch mehr als ich. Jeder, den ich kannte, schien sich ins Flugzeug gesetzt zu haben, um in meiner Nähe zu sein: Och, Chris Carmichael, Bill, Kevin. Ich war froh, dass sie da waren, und ich wusste, dass es ihnen nicht anders ging, weil sie so das Gefühl hatten, sie könnten mir irgendwie helfen. Aber die Angst in ihren Gesichtern entging mir nicht.

Ich versuchte, mich zusammenzureißen und meine eigene Unsicherheit zu verbergen. „Jetzt geht's endlich zur Sache!", verkündete ich. „Diese Operation mache ich mit links. Glaubt bloß nicht, ich würde hier sitzen und vor Angst schlottern, dass sie mich abholen."

Wenn man krank ist, merkt man auf einmal, dass man nicht der Einzige ist, der Trost braucht – manchmal muss man auch die anderen trösten. Meine Freunde konnten nicht immer diejenigen sein, die sagten: „Du wirst es schaffen." Manchmal war es auch an mir, ihnen Mut zu machen und zu sagen: „Macht euch keine Sorgen, ich schaff das schon!"

VIELES, was ich an dem Morgen vor meiner Gehirnoperation gedacht und gefühlt habe, habe ich verdrängt, aber an das Datum – es war der 25. Oktober – erinnere ich mich noch genau, weil ich so unendlich erleichtert war, als ich es lebend überstanden hatte.

Um sechs Uhr morgens kamen meine Mutter, Och und Bill Stapleton in mein Zimmer, um mich zu wecken. Dann erschien eine Reihe von Schwestern, die mich auf die Operation vorbereiteten. Vor einer Gehirnoperation muss man einen Gedächtnistest machen.

„Wir sagen Ihnen jetzt drei einfache Wörter", wandte sich ein Arzt an mich. „Versuchen Sie, so lange, wie Sie können, an diese Wörter zu denken." Manche Hirntumorpatienten haben Gedächtnisausfälle und können sich nicht mehr an Dinge erinnern, die man ihnen zehn Minuten vorher gesagt hat. Wenn der Tumor Schaden angerichtet hat, sind vor allem die kleinen Dinge aus dem Gedächtnis verschwunden.

„Ball, Nadel, Einfahrt", sagte eine Schwester. „Wir werden Sie zu gegebener Zeit bitten, diese Wörter zu wiederholen."

Das konnte in 30 Minuten sein oder in drei Stunden, aber irgendwann würde man mich die drei Wörter abfragen, und falls ich sie vergessen hatte, bedeutete das große Probleme. Ich wollte aber nicht, dass jemand dachte, ich hätte Probleme – ich versuchte immer noch zu beweisen, dass ich nicht so krank war, wie die Spezialisten annahmen.

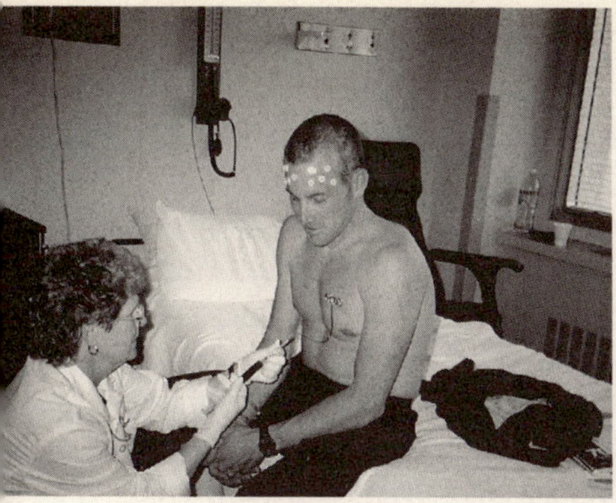

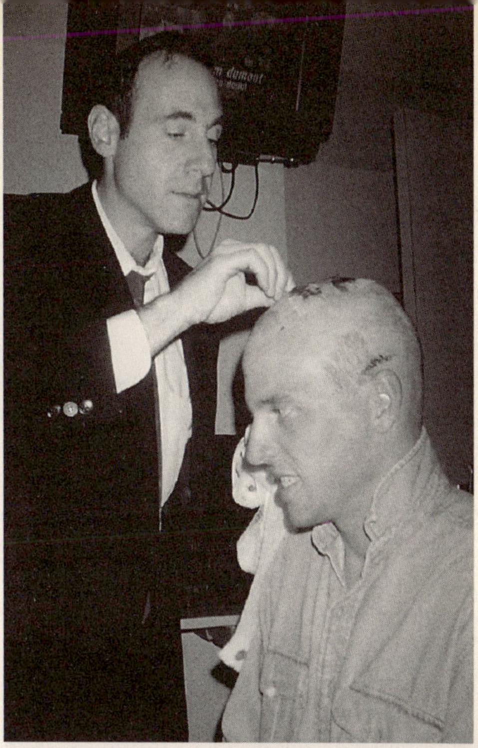

Oben: **Vorbereitungen für die Gehirnoperation: Die Punkte auf meinem Schädel zeigen dem Chirurgen, wo die Krebstumore sitzen. Eine Schwester zapft mir Blut ab durch den Port, der in meiner Brust eingepflanzt ist.**
Rechts: **Mein Neurochirurg, Dr. Scott Shapiro, nimmt die Verbände ab.**

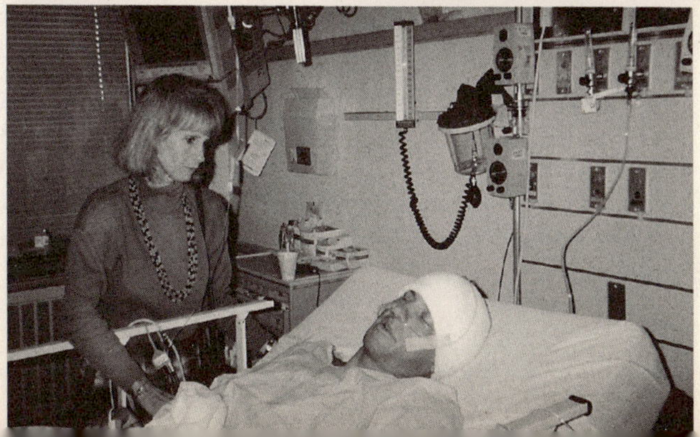

Oben: **LaTrice Haney, Krankenschwester in der onkologischen Abteilung in Indiana**
Rechts oben: **Zu Beginn der Chemotherapie konnte ich noch lachen, hier mit meinem Onkologen Dr. Craig Nichols.**
Rechts: **Nach der Gehirnoperation fragte ich als erstes nach meiner Mutter.**

Ich war eisern entschlossen, die drei Wörter im Gedächtnis zu behalten. Ein paar Minuten lang dachte ich an nichts anderes: *Ball, Nadel, Einfahrt. Ball, Nadel, Einfahrt.*

Eine halbe Stunde später kam ein Arzt und fragte mich nach den Wörtern.

„Ball, Nadel, Einfahrt“, sagte ich mit Nachdruck.

Die Stunde der Operation war gekommen. Ich wurde den Flur hinuntergerollt, meine Mutter ging ein Stückchen neben mir her, bis wir in den Operationssaal abbogen, wo ein Team von steril vermummten Schwestern und Ärzten mich schon erwartete. Ich wurde aufrecht auf den Operationstisch gesetzt, und der Anästhesist fing an, die Narkose vorzubereiten. Die Narkose war wie ein Blackout: Eben noch war ich bei Bewusstsein gewesen, im nächsten Augenblick existierte ich nicht mehr.

Alles, was ich über die Operation weiß, hat mir natürlich Dr. Shapiro anschließend erzählt. Ich lag ungefähr sechs Stunden lang auf dem Operationstisch. Nach der Öffnung des Schädels entfernte Dr. Shapiro die Tumore. Er übergab das abgeschabte Gewebe sofort dem Pathologen, der es augenblicklich unter das Mikroskop legte.

Durch die unverzügliche Untersuchung kann man die Art des Krebses erkennen und das Metastasierungsrisiko abschätzen. Wenn es sich um eine vitale und aggressive Form handelt, ist die Wahrscheinlichkeit groß, dass noch mehr davon zu finden ist.

Aber der Pathologe schaute überrascht vom Mikroskop auf und verkündete: „Es ist nekrotisches Gewebe.“

„Die Dinger sind tot?“, fragte Dr. Shapiro.

„Jawohl, tot“, bestätigte der Pathologe.

Es ist natürlich nicht möglich, mit Bestimmtheit zu sagen, ob wirklich jede einzelne Zelle abgestorben ist. Aber die Tumore machten einen leblosen und nicht mehr bedrohlichen Eindruck. Eine bessere Nachricht konnte es nicht geben, denn das hieß, dass sie sich nicht mehr ausgebreitet hatten. Was hatte sie gekillt? Ich weiß es nicht, und die Ärzte wussten es auch nicht. Nekrotisches Gewebe ist nichts Außergewöhnliches.

Shapiro ging sofort nach der Operation zu meiner Mutter. „Ihr Sohn ist im Aufwachraum. Es geht ihm gut.“ Er erklärte ihr, dass es nekrotisches Gewebe gewesen sei und dass kaum mit weiteren Tumoren zu rechnen wäre und man vermutlich restlos alles erwischt habe.

„Der Befund war wesentlich besser, als wir erwartet hatten“, meinte Shapiro.

Ich wachte auf …, langsam …, es war sehr hell …, und jemand sprach mit mir.

Ich lebe noch!

Ich öffnete die Augen. Ich befand mich im Aufwachraum. Scott Shapiro beugte sich über mich. „Wissen Sie noch, wer ich bin?“, fragte er.

„Sie sind mein Arzt“, antwortete ich.

„Wie heiße ich?“

„Scott Shapiro.“

„Und wie heißen Sie?“

„Lance Armstrong“, erwiderte ich, „und auf dem Fahrrad mache ich jederzeit Hackfleisch aus Ihnen.“

Ich glitt langsam in den Schlaf zurück, doch als mir die Augen zufielen, sah ich schon wieder den Arzt, der vorhin mein Gedächtnis getestet hatte.

„Ball, Nadel, Einfahrt“, nuschelte ich.

Ich sackte wieder in einen dunklen, abgrundtiefen narkotischen Schlaf.

Als ich aufwachte, befand ich mich in einem schummrigen, ruhigen Zimmer auf der Intensivstation. Einen Moment lang lag ich still und kämpfte mich durch die Narkoseschleier. Als ich meine Sinne wieder einigermaßen beisammen hatte, merkte ich, dass mein Kopf völlig in Verbandmull und Bandagen eingewickelt war. Auch meine Sinne selbst kamen mir eingewickelt vor, was möglicherweise auf die Narkosenachwirkungen und die Infusionsschläuche zurückzuführen war, die wie Schlingpflanzen überall aus mir hochrankten. Ich hatte Schläuche in der Nase, und in meinem Penis verschwand ein Katheterschlauch, der an meinem Bein hochlief. Ich war erschöpft und ausgelaugt bis auf die Knochen.

Aber ich hatte einen Bärenhunger. Ich war, meiner Mutter sei Dank, drei reichliche Mahlzeiten pro Tag gewohnt. Teller, auf denen dampfendes Essen aufgehäuft war, schwebten mir vor, mit reichlich Soße.

Eine Schwester verfütterte einen Teller Rührei an mich.

„Kann ich meine Mutter sehen?“, fragte ich.

Nach einer Weile trat meine Mutter leise ins Zimmer und hielt meine Hand. Ich verstand, wie ihr zumute war und wie schmerzlich es für ihr mütterliches Gefühl sein musste, mich in diesem Zustand zu sehen. Ich war aus dem gleichen Fleisch gemacht wie sie, jede Faser in mir, jedes Teil in mir bis hinunter zum letzten Proton im Fingernagel meines kleinen Fingers kam von ihr, und schließlich hatte sie schon nachts meinen Atemzügen gelauscht, als ich noch ein Baby war.

Sie hatte geglaubt, die harten Zeiten mit mir wären überstanden – und jetzt das.

„Ich liebe dich", sagte ich. „Ich liebe das Leben, das du mir geschenkt hast, und dafür stehe ich tief in deiner Schuld."

ICH BLIEB über Nacht auf der Intensivstation. Irgendwann kam eine Schwester, gab mir einen Schlauch und sagte, ich solle hineinblasen. Der Schlauch war an eine Messapparatur mit einem kleinen roten Ball angeschlossen, und das Ganze diente der Messung meiner Lungenkapazität. Man wollte sichergehen, dass die Narkose meine Lunge nicht geschädigt hatte.

„Blasen Sie da hinein", wies die Schwester mich an. „Sie brauchen nicht besorgt zu sein, wenn der Ball nur ein oder zwei Teilstriche nach oben steigt."

„Wollen Sie mich veralbern?", brauste ich auf. „So was mache ich beruflich!" Ich packte den Schlauch und blies hinein. Der Ball schoss bis ans Ende der Skala. Wenn ein Glöckchen dran gewesen wäre, hätte es laut geklingelt.

Ich drückte ihr den Schlauch wieder in die Hand. „Bleiben Sie mir in Zukunft gefälligst mit dem Ding vom Leib!", blaffte ich sie an. „Meine Lunge ist in Ordnung!"

Die Schwester zog wortlos ab. Ich schaute zu meiner Mutter hinüber. Sie grinste, als hätte ich wieder die „Triple Crown" gewonnen. Meine Mutter wusste: So schlecht konnte es mir nicht mehr gehen. Ich war wieder ganz der Alte.

„Das ist mein Sohn." Sie seufzte. „Junge, du kommst wieder auf die Beine."

AM NÄCHSTEN Vormittag kam ich in mein normales Zimmer zurück, um mit der Chemotherapie anzufangen. Ich sollte noch sechs Tage in der Klinik behandelt werden, und von dem Ergebnis hing alles ab.

Ich las nach wie vor viel Fachliteratur über Krebs, und ich wusste, wenn die Chemo den Krebs nicht zum Stillstand brachte, würde ich es nicht schaffen, so erfolgreich die Gehirnoperation auch gewesen war.

Ich las mich quer durch einen wissenschaftlichen Untersuchungsbericht über Hodenkrebs. „Sofern bei erstmaligem Einsatz von Chemotherapie die Symptome nicht vollkommen abklingen, sind die Überlebenschancen als gering anzusetzen", las ich dort. In Kurzform hieß das: Die Chemo funktionierte – oder sonst gar nichts.

Für mich gab es nichts zu tun, als im Bett zu sitzen, die Chemogifte in meinen Körper einsickern zu lassen – und mich der Misshandlung durch die Schwestern mit ihren Nadeln auszusetzen. Man erfährt vorher ja nie, wie sie im Krankenhaus über einen herfallen. Es ist, als würde einem der eigene Körper nicht mehr gehören, als wäre er das Eigentum der Krankenschwestern und Ärzte, die einem nach Herzenslust alles Mögliche in die Adern und in sämtliche Körperöffnungen hineinbohren dürfen. Der Katheter war schlimmer als alles andere. Er führte an meinem Bein aufwärts bis in meinen Penis, und das Einsetzen und Herausnehmen war eine Tortur. Der schlimmste Teil der Krankheit waren eigentlich die kleinen und alltäglichen Prozeduren.

Shapiro kam vorbei und berichtete, die Operation sei ein voller Erfolg gewesen, die Tumore seien rückstandslos entfernt und es gebe keinerlei Hinweise auf weitere. Ich hatte keine intellektuellen oder kognitiven Störungen, meine Koordination war bestens. „Jetzt können wir nur noch hoffen, dass nichts wiederkommt“, meinte er.

VIERUNDZWANZIG Stunden nach der Gehirnoperation ging ich in ein Restaurant essen.

Wie Shapiro versprochen hatte, erholte ich mich sehr schnell von der Operation. An diesem Abend halfen mir meine Mutter, Lisa, Och und Bill aus dem Bett und nahmen mich mit zum „Rock Bottom Restaurant and Brewery“ auf der anderen Straßenseite. Shapiro hatte nichts davon gesagt, dass wir irgendwas tun oder unterlassen sollten – ich wollte mich allerdings an meinen Ernährungsplan halten. Um meine Verbände zu verstecken, zog ich mir eine Art Pudelmütze über, dann verließen wir das Krankenhaus. Fast während des gesamten Abendessens ging es mir ganz gut, aber als wir beim Dessert angelangt waren, fühlte ich mich nicht mehr so besonders, deshalb ging ich wieder zurück in mein Krankenbett.

Tags darauf erschien Shapiro in meinem Zimmer, um den Verband von meiner Kopfwunde abzunehmen. Während er die Bandagen abwickelte, spürte ich, wie der Mull sich ruckweise von der Klammerung löste, als ob etwas heftig an mir zupfen würde. Ein letzter Ruck noch. Ich schaute in den Spiegel. Wie geschwungene Reißverschlüsse zogen sich Klammern in zwei engen Bögen über meine Kopfhaut. „Mein Teil ist getan“, sagte Shapiro.

Ich wusste, dass Shapiro meinen Schädelknochen unter der Kopfhaut mit Titanschrauben wieder zusammengeschraubt hatte. Titan wird auch bei einigen Rennrädern in Leichtbauweise verwendet. „Vielleicht kann ich jetzt besser die Berge hochklettern“, witzelte ich.

Shapiro wurde ein guter Freund. Auch während der nächsten Behandlungsmonate schaute er immer mal wieder vorbei und erkundigte sich, wie es mir ging. Dr. Larry Einhorn kam aus Australien zurück und besuchte mich ebenfalls. Er hatte enorm viel am Hals, nahm sich aber dennoch in regelmäßigen Abständen die Zeit, an meiner Behandlung mitzuwirken. Wie Dr. Nichols und Dr. Shapiro gehörte auch er zu den Ärzten, bei denen einem klar wird, was mit der Bezeichnung „Heiler" gemeint ist. Ich dachte mir, dass sie mehr vom Leben und vom Sterben wussten als die meisten Menschen, weil sie den Überblick über eine riesige emotionale Landschaft hatten. Sie sahen das Menschliche von einer Warte, die anderen nicht zugänglich war. Sie sahen nicht nur, wie die Menschen lebten und starben, sie wurden auch täglich Zeugen, wie die Menschen mit diesen beiden Gegebenheiten fertig wurden, ohne Maske, mit all ihren irrationalen Hoffnungen und Befürchtungen und mit einer unglaublichen Kraft.

„Ich habe wunderbare, positiv denkende Menschen erlebt, die es am Ende doch nicht geschafft haben", sagte Dr. Einhorn, „und ich habe gesehen, wie jämmerliche und abstoßende Gestalten überleben und ihr jämmerliches Leben weiterführen wie bisher."

ERFREULICHES war zu vermelden. Keiner meiner Sponsoren ließ mich fallen. Bill und ich hatten uns innerlich auf die entsprechenden Anrufe vorbereitet, aber sie kamen nicht. Die Tage vergingen, und wenn wir von den Firmen Nike, Giro, Oakley und Milton-Bradley etwas hörten, waren es aufmunternde Worte.

Nicht nur, dass sie mich nicht fallen ließen. Es passierte etwas noch viel Bemerkenswerteres. Bill legte sich verzweifelt ins Zeug, um für mich einen Anspruch auf Krankenversicherung zu konstruieren, aber die Sache sah hoffnungslos aus. Er hängte sich ans Telefon, rief Mike Parnell an, den Hauptgeschäftsführer von Oakley, und erklärte ihm meine Lage. Zögernd erkundigte er sich, ob Mike etwas für mich tun könne.

Mike versprach, er werde dafür sorgen, dass ich einen Versicherungsschutz bekäme, und rief den Versicherer an. Er teilte der Gesellschaft mit, wenn meine Behandlungskosten nicht übernommen würden, werde seine Firma ihr gesamtes Versicherungsvolumen anderswo abwickeln. „Sie würden gut daran tun, die Kosten zu übernehmen", sagte er.

Aber die Krankenversicherung stellte sich quer. Es handele sich um eine Vorerkrankung, die vor Vertragsabschluss bereits bestanden habe, und deshalb bestehe seitens der Versicherung für meine Krebsbehandlung keine Leistungspflicht.

„Ich glaube, wir haben uns nicht richtig verstanden", beharrte Mike. Die Kosten *wurden* übernommen.

Solange ich lebe, werde ich nicht in der Lage sein, angemessen zu beschreiben, was das für mich bedeutet hat. Ich werde immer für Oakley, Nike und Giro im Sattel sitzen. Sie zahlten meine Werbeverträge ohne jede Einschränkung voll aus, und keine einzige Firma – wobei alle das Recht gehabt hätten, aus dem Vertrag auszusteigen – fragte auch nur ein einziges Mal an, wann ich wieder auf dem Fahrrad sitzen würde. Mit Sprüchen über die Kälte des Geschäftslebens braucht mir also keiner zu kommen. Der Krebs war täglich mein Lehrmeister, der mich daran erinnerte, bei meinen Mitmenschen genauer hinzusehen und meine Vorurteile und Allerweltsweisheiten über Bord zu werfen.

Die erfreulichen Neuigkeiten hielten während dieser ganzen Woche in der Klinik an. Nach ein paar Tagen Chemotherapie verbesserte sich der Blutbefund. Die Werte der Tumormarker fielen, was bedeutete, dass der Krebs auf die Medikamente ansprach. Aber mir stand noch ein langer und harter Weg bevor, und ich bekam einen Vorgeschmack auf die Nebenwirkungen, vor denen Dr. Nichols mich gewarnt hatte. Gegen Ende der Woche drängte sich die vom Ifosfamid ausgelöste Übelkeit in den Vordergrund. Ich fühlte mich andauernd wie vergiftet und wurde so schwach, dass ich nur noch an die Decke starren oder schlafen wollte. Und das war erst der Anfang. Zwei weitere Runden Chemotherapie standen mir noch bevor.

Sieben Tage nach der Gehirnoperation flog ich nach Hause. Schon bald würde ich wieder nach Indianapolis kommen müssen. Aber die Sache bekam wenigstens allmählich klare Konturen.

Chemo

Die Frage war, wen würde die Chemo eher umbringen: den Krebs oder mich? Mein Leben hing buchstäblich an einem Tropf, es wurde zur quälenden Routine: Wenn ich keine Schmerzen hatte, war mir schlecht, und wenn mir nicht kotzübel war, musste ich daran denken, was ich hatte. Und wenn ich nicht daran dachte, überlegte ich mir, wann es endlich vorbei sein würde.

Eine Chemotherapie hat, wie schon gesagt, eine kumulative Wirkung, das heißt, sie arbeitet mit kleinen, aber fortgesetzt verabreichten Dosen.

Innerhalb von drei Monaten musste ich vier Chemozyklen über mich ergehen lassen. In jeder Phase bauten sich die Giftstoffe in meinem Körper auf. Zuerst war es gar nicht so schlimm. Am Ende des zweiten Behandlungszyklus war mir nur immer ein bisschen schlecht, und ich war ständig müde. Ich ging montags in die Klinik in Indianapolis und bekam bis Freitag täglich fünf Stunden lang eine Chemo. Wenn ich keine Chemo bekam, hing ich 24 Stunden lang an einem Tropf mit einer physiologischen Kochsalzlösung und einem chemischen Präparat, das mein Immunsystem vor den schlimmsten Wirkungen des Ifosfamids schützen sollte, das vor allem die Nieren und das Knochenmark angriff.

Nach dem dritten Zyklus war ich völlig am Ende und kämpfte mit letzter Kraft gegen die Übelkeit an. Sie überkam mich immer wie eine Welle, und ich hatte das Gefühl, als wären alle meine inneren Organe zerstört. Nach dem vierten Zyklus – mehr gibt es nicht bei Krebspatienten, und so weit geht man auch nur bei den schlimmsten Fällen – lag ich zusammengekrümmt auf meinem Bett und übergab mich in einem fort.

Auf den ersten Blick sieht eine Chemo nach nichts aus. Man kann es gar nicht glauben, dass ein solches Teufelszeug einen derart harmlosen Eindruck machen kann. Das Präparat war in drei durchsichtigen Plastikbeuteln zu je 50 Millilitern verpackt. Die silbrige, klare Flüssigkeit schwappte völlig unschuldig in den Plastikbehältern. Verräterisch waren allerdings die dicken Gummihandschuhe, die die Schwester trug, wenn sie sich mit den Plastikbeuteln beschäftigte. Außerdem gab es noch einen Stempel GEFÄHRLICHES MATERIAL.

Diese Flüssigkeiten hatten eine so zerstörerische Wirkung, dass sie mein ganzes Blut zum Verdampfen bringen konnten. Die Chemo schwächt das Blut. Während des dritten Zyklus fiel mein Hämatokritwert – das ist der Prozentsatz des Blutes, der aus reifen, gesunden roten Blutkörperchen besteht – auf unter 25, normal sind 46. Ironie des Schicksals: Ich bekam wieder EPO. Unter normalen Umständen hätte ich mir damit Schwierigkeiten mit dem Internationalen Radsportverband und dem Internationalen Olympischen Komitee eingehandelt, denn EPO gilt als leistungssteigerndes Medikament, also als Dopingmittel. In meinem Fall konnte davon nun wirklich keine Rede sein. Das EPO hielt mich gerade mal am Leben.

Aber die Chemo tötet nicht nur den Krebs – sie tötet auch gesunde Zellen. Sie griff mein Knochenmark, meine Muskeln, meine Zähne, meine Speiseröhre und meinen Magen an und schwächte mein Immunsystem so sehr, dass ich anfällig für alle möglichen Infektionen wurde. Mein

Zahnfleisch blutete, in meinem Mund bildeten sich Geschwüre. Und natürlich verlor ich den Appetit, und das war wirklich ein ernstes Problem. Denn ohne ausreichende Proteinzufuhr war mein Körper nicht in der Lage, neues Gewebe aufzubauen, nachdem die Chemo schon meine Haut, mein Haar und meine Fingernägel weggefressen hatte.

Es gab nur eins, das ich vertrug: Apfelkrapfen aus der Krankenhauskantine. Es war seltsam, aber der knusprige Teig, der Zuckerguss und die marmeladenähnliche Apfelfüllung taten meiner wunden Zunge und meinem Magen gut.

Jeden Morgen kam Jim Ochowicz vorbei und brachte mir eine ganze Schachtel davon mit. Er setzte sich auf mein Bett, und wir aßen sie gemeinsam. Och brachte mir diese Krapfen jeden Tag, auch noch, als ich längst nicht mehr in der Lage war, sie tatsächlich zu essen.

Die Chemotherapie war eine einsame Angelegenheit. Meine Mutter fuhr nach der Gehirnoperation wieder nach Plano zurück; sie hatte ihre freien Tage aufgebraucht und konnte es sich nicht leisten, unbezahlten Urlaub zu nehmen. Sie fuhr nicht gern, weil sie das Gefühl hatte, sie könne mir helfen, indem sie einfach nur da war.

Als ich noch zur Highschool ging, glaubte sie, dass mir nichts passieren könne, solange sie auf mich aufpasste. Wenn der kalte Nordwind über Plano hinwegpfiff und die Straßen vereist waren, ging ich mit meinen Freunden auf einen großen Parkplatz. Dort banden wir eine Schneedisk an ein Auto und zogen uns gegenseitig über das Eis. Meine Mutter kam vorbei, blieb im Auto sitzen und passte auf. „Ich habe das Gefühl, wenn ich hier bin, passiert dir nichts“, sagte sie. Und genauso sah sie das mit der Chemo, aber es ging nicht anders.

Och übernahm ihre Rolle, er war mein Ersatzvater und mein treuester Besucher. Bei jeder Chemo nahm er die lange Reise von Wisconsin auf sich und saß tagtäglich an meinem Bett. Er wusste genau, welch schleichend zermürbenden Effekt die Chemotherapie auf die Stimmung eines Patienten hatte, denn sein eigener Vater war an Krebs gestorben. Er wusste, wie demoralisierend die Behandlung war, wie strapaziös, und er versuchte unermüdlich, mich abzulenken. Er las mir die Zeitung und meine Post vor, wenn ich zu elend war, um selbst lesen zu können. Er brachte mir Kartenspiele bei, saß neben mir und teilte stundenlang immer wieder die Karten aus. Mit Bill und Lisa waren wir zu viert.

Auch Bill und Lisa waren bei jedem Zyklus bei mir. Ebenso besuchten mich andere Leute. Treue Sponsoren und alte Freunde wechselten sich mit ihren Besuchen ab. Och, Bill und Lisa waren aber der harte Kern, meine treuen Kumpel. Jeden Abend brachten mir die drei etwas zum Abendessen, aber eigentlich hatte ich nie richtigen Appetit. Hinterher sahen wir ein bisschen fern, bis ich wieder einschlief. Dann, so gegen sieben, gingen sie wieder, und ich war die ganze Nacht allein.

Gemeinsam zu Abend zu essen wurde für die drei allmählich zum Ritual. Manchmal nahmen sie auch andere Leute mit, die ab und zu vorbeischauten. Sie aßen im „Palomino Euro Bistro“ oder in dem wunderbaren alten Steakhaus „St. Elmo“. Beschlossen wurde der Abend im „Canterbury Hotel“, wo sie in der Bar Zigarren rauchten. Das alles hätte mir auch sehr gefallen, wenn ich nicht krank gewesen wäre. Abends, kurz bevor sie loszogen, sagte ich vorwurfsvoll: „Und ihr sauft euch jetzt natürlich wieder die Hucke voll, oder?“

WENN LaTrice kam, um mir meine Chemo zu verpassen, setzte ich mich im Bett auf und achtete genau darauf, was sie machte, ganz egal, wie elend ich mich fühlte.

„Was lassen Sie da in mich reinlaufen?“, fragte ich. „Was ist das für eine Mischung?“

Ich war kein besonders fügsamer Krebspatient. Ich war aggressiv und quengelig, und ich machte meine Krankheit zu einer Person. Ich beschimpfte den Krebs, nannte ihn „Scheißkerl“. Er war mein Feind, meine Herausforderung.

Ich stellte LaTrice ständig Fragen, so als sei ich ihr Chef. Sie war für die Koordination der Chemotherapie und den Dienstplan der Stationsschwestern zuständig: Sie stellte meinen Behandlungsplan und das antiemetische Programm zusammen und verfolgte die Symptome. Ich registrierte alles. Ich wusste genau, welche Symptome ich wann entwickeln sollte, und verfolgte jede noch so kleine Abweichung.

Nach einer gewissen Zeit hatten LaTrice und ich eine gute Beziehung zueinander entwickelt. Trotz der ernsten Situation rissen wir ständig unsere Witze. Ich warf ihr vor, sie halte absichtlich die Antiemetika zurück, weil sie eine grausame Person sei. Diese Medikamente waren das Einzige, was mich davor schützen konnte, mich vor Übelkeit krümmen zu müssen, die durch die Chemotherapie verursacht wurde. Aber ich durfte nur alle vier Stunden eine Dosis davon bekommen. Also versuchte ich LaTrice herumzukriegen, mir mehr zu geben.

„Ich kann Ihnen nicht mehr geben“, weigerte sie sich dann. „Sie haben die letzte Dosis vor drei Stunden bekommen. Sie müssen noch eine Stunde warten.“

„Nun kommen Sie schon, LaTrice. Sie sind doch hier der Chef. Sie wissen genau, dass Sie das könnten, Sie wollen es nur nicht.“

Hin und wieder gab ich dem Würgeimpuls nach und übergab mich so heftig, dass ich dachte, ich würde ohnmächtig. Wenn ich das hinter mir hatte, sagte ich zu LaTrice: „Jetzt geht es mir schon viel besser", wobei der Sarkasmus in meiner Stimme nicht zu überhören war.

LaTrice konnte nicht nur gut einstecken, sondern auch gut austeilen. „Liegt es an mir, Lance?", fragte sie dann gewöhnlich in einem übertrieben freundlichen Ton. „Mache ich Sie so krank?"

Ich grinste dann nur, ohne ein Wort zu sagen, und übergab mich sofort wieder. Wir waren Freunde geworden, Genossen im Leid der Chemotherapie. Zwischen den Zyklen fuhr ich für zwei Wochen nach Austin, um Kräfte zu sammeln. LaTrice rief mich dann regelmäßig an, um mich zu kontrollieren und um daran zu erinnern, dass ich meine Säfte trinken musste. Die Chemo konnte meine Harnwege angreifen, deshalb war LaTrice immer hinter mir her, damit ich auch nicht vergaß, genug zu trinken. Eines Abends rief sie mich an, als ich gerade in der Garage mit einem Geschenk von Oakley herumspielte. Es war ein kleines ferngesteuertes Auto aus Titan, das mit 110 Sachen herumflitzen konnte.

„Was ist das für ein Geräusch?", fragte sie.

„Ich bin in der Garage", erwiderte ich.

„Was machen Sie denn da?", erkundigte sie sich.

„Ich spiele mit meinem Spielzeugauto", antwortete ich.

„Na klar", gab sie zurück. „Was sollten Sie auch sonst tun?"

EINES Tages entdeckte ich seltsame Flecken auf meiner Haut, so bräunliche Verfärbungen. Das waren Chemo-Verbrennungen.

Das Medikament verbrannte meine Haut von innen nach außen und hinterließ dabei diese Verfärbungen. Aber ich war inzwischen schon mitten im dritten Zyklus angekommen und sah mir sowieso kaum noch ähnlich. Mein Körper war völlig am Ende und nicht mehr der, mit dem ich ursprünglich ins Krankenhaus gekommen war. Ich humpelte über die Flure, um wenigstens ein bisschen Bewegung zu bekommen, und schob dabei meinen Infusionsständer vor mir her. Ich kann mich noch genau daran erinnern, wie ich an mir – nur im Nachthemd – hinunterschaute. Es kam mir vor, als würde ich allmählich immer weniger. Meine Muskeln waren dünn und schlaff geworden. Ich dachte bei mir: *So ist das also, wenn man richtig krank ist.*

Sehr bald konnte ich mich nur noch unter größten Anstrengungen bewegen. Am fünften Tag in meinem dritten Chemozyklus war ich nicht mal mehr in der Lage, meine gewohnten Spaziergänge auf der Station zu machen. Und ich musste anschließend einen vollen Tag im Bett liegen, bis ich wieder genug Kraft gesammelt hatte, um nach Hause fahren zu können. Am Sonntagmorgen kam ein Pfleger mit einem Rollstuhl und wollte mich zum Empfang bringen, damit ich mich abmelden konnte. Aber ich reagierte total sauer.

„Kommt nicht infrage", weigerte ich mich. „Ich geh auf meinen eigenen zwei Beinen hier raus."

ALAIN BONDUE, der Direktor des französischen Cofidis-Rennstalls, war gekommen, um mir einen Höflichkeitsbesuch abzustatten. Aber ich war nicht in Form für höfliche Konversation; ich befand mich in der Endphase meines dritten Chemozyklus. Ich war bleich, hatte dunkle Ringe unter den Augen und weder Haare noch Augenbrauen. Bondue blieb nur ein paar Minuten, um mir zu versichern, dass das ganze Team mich unterstütze, dann ging er wieder.

„Lance, wir lieben Sie", beteuerte er. „Wir werden uns um Sie kümmern, das verspreche ich Ihnen."

Dann verabschiedete er sich, und ich schüttelte ihm die Hand. Als er von meinem Bett aufstand, sah ich, wie er Bill Stapleton mit einer Handbewegung bat, mit ihm hinauszugehen, weil er mit ihm reden wollte. Bill folgte ihm auf den Flur, wo Bondue ihm abrupt erklärte, dass man über ein paar geschäftliche Dinge sprechen müsse und aus diesem Grund irgendwo hingehen sollte, wo man in Ruhe reden könne.

Bill, Bondue und Paul Sherwan, der Französisch sprach und sich als Dolmetscher angeboten hatte, trafen sich in einem kleinen Konferenzzimmer des Hotels, das dem Krankenhaus gegenüberlag. Bondue erklärte Bill auf Französisch, dass sich Cofidis leider gezwungen sehe, meinen Vertrag wegen meiner Krankheit neu zu verhandeln. Ich hatte eine Zusage über 2,5 Millionen Dollar innerhalb von zwei Jahren – aber die könne jetzt nicht mehr eingehalten werden.

Bill schüttelte verwirrt den Kopf. „Wie bitte?", fragte er und wies darauf hin, dass Cofidis öffentlich erklärt habe, mich nicht im Stich zu lassen, solange ich gegen die Krankheit kämpfte.

„Wir lieben Lance, wir wollen uns um ihn kümmern", behauptete Bondue auf Französisch. „Aber Sie müssen verstehen, dies ist eine delikate Angelegenheit. Die Leute in Frankreich hätten kein Verständnis dafür, dass wir so viel Geld für jemanden ausgeben, der nicht arbeitet."

Bill war wie betäubt. „Ich kann das einfach nicht glauben."

Bondue wies darauf hin, dass es in meinem Vertrag eine Klausel gebe, nach der ich verpflichtet sei, mich einer ärztlichen Untersuchung zu unterziehen, die im Moment natürlich nur ein negatives Ergebnis haben könne. Cofidis habe also aus diesem Grund das Recht, den Vertrag für ungültig zu erklären. Sie boten an, den Vertrag neu zu verhandeln, was sie unter diesen Umständen als großzügig betrachteten. Sie wollten zwar einen Teil der Bedingungen erfüllen, aber nicht alle. Wenn ich nicht bereit wäre, die neuen Bedingungen zu akzeptieren, würden sie mich zu der Untersuchung zwingen und dann den Vertrag vollständig lösen.

Bill stand auf, sah Bondue über den Tisch hinweg an und sagte: „Ich kann einfach nicht glauben, dass Sie in dieser Situation aus Europa kommen und von mir verlangen, dass ich zu ihm gehe und ihm das sage."

Bondue ließ sich aber dadurch nicht beeindrucken. Juristisch hätten wir überhaupt keine Chance, das müsse Bill doch einsehen. Cofidis habe das Recht, den Vertrag noch am selben Tag zu lösen.

„Verstehen Sie, alles hängt von der ärztlichen Untersuchung ab", wiederholte Bondue.

„Wollen Sie einen Arzt aus Frankreich kommen lassen?", hakte Bill nach. „Wollen Sie tatsächlich einen Arzt kommen lassen, der ihn hier untersucht?"

„Wenn es nötig ist", beharrte Bondue.

„Großartig", sagte Bill. „Dann laden wir alle Fernsehstationen ein, und dann seid ihr erledigt."

Bondue erklärte noch einmal, dass Cofidis bereit sei, mich weiterhin unter Vertrag zu halten – Voraussetzung sei jedoch, dass die Bedingungen geändert würden. Bill versuchte, Bondue davon zu überzeugen, dass es mir trotz meines Aussehens besser ginge. Man würde sich doch sicher einigen, oder? Aber Bondue blieb hart, und nach zwei weiteren Stunden waren sie keinen Schritt weitergekommen. Schließlich stand Bill auf und wollte gehen. Wenn Cofidis mich unbedingt im Stich lassen wolle, während ich im Krankenhaus lag, gut, sagte er. „Aber ich werde der ganzen Welt sagen, wie Sie ihn im Stich gelassen haben." Abrupt beendete Bill das Gespräch. „Tun Sie, was Sie nicht lassen können."

Ziemlich aufgeregt kam Bill in mein Zimmer zurück. Er war drei Stunden lang weg gewesen, also wusste ich, dass irgendwas nicht stimmte. Schon als er die Tür aufmachte, fragte ich ihn: „Na, und?"

„Nichts", wich Bill aus. „Mach dir keine Gedanken."

Aber an seinem Gesichtsausdruck erkannte ich, dass er sich sehr aufgeregt hatte. Und ich ahnte, weshalb.

„Was ist los?"

„Ich weiß nicht, was ich sagen soll", begann Bill. „Sie wollen noch einmal über die ganze Sache verhandeln, und sie sind entschlossen, dich möglicherweise zu einer ärztlichen Untersuchung zu zwingen."

„Wir sollten es vielleicht einfach sausen lassen", sagte ich müde. Ich wurde den Gedanken nicht los, dass Bondue in Wirklichkeit nur gekommen war, um festzustellen, wie es mir ging. Ich dachte damals, und das glaube ich auch heute noch, dass er ins Krankenhaus gekommen war, um die beiden Möglichkeiten zu überprüfen: Hätte ich einen gesunden Eindruck gemacht, wäre der Vertrag nicht angetastet worden, aber da ich sehr krank war, wollte er auf die harte Tour vorgehen und den Vertrag entweder neu verhandeln oder ganz lösen. Wir hatten das Gefühl, dass Bondue nur als Spion gekommen war. Er sollte nachsehen, ob Armstrong bereits im Sterben lag. Offenbar hatte er genau diesen Eindruck gewonnen.

Innerhalb der nächsten drei, vier Wochen machten die Leute von Cofidis Druck und überzeugten uns davon, dass sie nicht blufften. Sie würden mich, ohne mit der Wimper zu zucken, zu einer ärztlichen Untersuchung zwingen. Sie wollten ihren eigenen Arzt aus Frankreich einfliegen lassen und anschließend den gesamten Vertrag für nichtig erklären.

Ich weigerte mich, mit Bill darüber zu reden, aber eines Tages kam Bill in mein Zimmer und sagte: „Lance, die meinen es ernst. Wir haben keine andere Wahl, wir müssen ihre Bedingungen akzeptieren, ganz egal, wie sie aussehen."

Am Ende zahlte Cofidis weniger als ein Drittel der ursprünglich vereinbarten Summe für den Zweijahresvertrag und verlangte eine Ausstiegsklausel für das Jahr 1998.

Das war sozusagen ein absolutes Misstrauensvotum. Ich hatte das Gefühl, dass sie glaubten, ich läge schon im Sterben. Ich hatte die Botschaft von Cofidis verstanden: Ich war ein toter Mann.

DAS VERRÜCKTE war, je schlechter ich mich fühlte, desto besser ging es mir, rein medizinisch gesehen. So ist das nun einmal mit der Chemotherapie.

Inzwischen fühlte ich mich so elend, dass es mir manchmal schwer fiel zu sprechen. Mir war so schlecht, dass ich weder essen noch fernsehen konnte. Ich konnte meine Post nicht lesen und nicht mit meiner Mutter telefonieren.

Die Chemo machte mich so benommen, dass ich nur bruchstückhafte Erinnerungen an diese Zeit habe, aber eins weiß ich noch gut: Als es mir wirklich extrem schlecht ging, bekam ich den Krebs in den Griff. Die Ärzte kamen jeden Morgen mit den neuesten Ergebnissen der Blutuntersuchungen, und die Werte verbesserten sich. Das Einmalige an dieser Krankheit ist, dass die Höhe der Tumormarker eine große Aussagekraft hat. Wir verfolgten jede noch so kleine Veränderung der Blutwerte. Ein kleiner Anstieg oder Abfall der HCG- oder AFP-Marker war ein Anlass zur Sorge oder zum Feiern.

Mit der Zeit fingen die Werte der Tumormarker an zu fallen. Und dann stürzten sie regelrecht ab, sie befanden sich wie durch ein Wunder sehr bald im freien Fall. Die Werte sanken so schnell, dass die Ärzte ein bisschen beunruhigt waren. In nur drei Wochen im November waren sie von 92000 auf etwa 9000 gesunken.

„Sie reagieren extrem schnell", erklärte mir Nichols.

Ich hatte eine Möglichkeit zum Durchbruch gefunden. Ich wusste genau, wenn ich geheilt würde, dann würde es so aussehen: ein schwerer Anstieg, so wie ein Endspurt beim Rennen. Nichols sagte: „Sie haben bereits einen Vorsprung." Die Zahlen spornten mich an, sie waren mein gelbes Trikot. Das gelbe Trikot wird vom jeweils besten Fahrer der Tour de France getragen.

Ich hatte das Gefühl, den Kampf gegen die Krankheit zu gewinnen, und das belebte meine Rennfahrerinstinkte wieder. Ich wollte dem Krebs die „Beine ausreißen", so, wie ich den anderen Tourfahrern am Berg die Beine ausgerissen hatte.

Eines Nachmittags kam Dr. Nichols in mein Zimmer und brachte mir ein neues Untersuchungsergebnis mit. Mein HCG betrug nur noch 96. Das war ein Knüller. Jetzt musste ich nur noch den letzten und in höchstem Maße toxischen Teil der Behandlung hinter mich bringen. Ich war fast gesund.

Aber ich fühlte mich überhaupt nicht dementsprechend. So ist das nun mal mit der Chemo.

WENN ich zwischen den einzelnen Chemozyklen zu Hause in Texas war, kam ich allmählich zu Kräften und konnte mich wieder etwas besser bewegen. Ich sehnte mich nach frischer Luft und Bewegung.

Meine Freunde ließen sich nicht anmerken, wie erschrocken sie darüber waren, dass ich so schwach geworden war. Die Leute, die von weit her anreisten, um mich zu besuchen, müssen entsetzt gewesen sein, wie bleich und elend ich aussah, ohne Haare, aber sie zeigten es nicht. Chris Carmichael, Eric Heiden, der berühmte Eisschnellläufer, der dann später Arzt geworden ist, und Eddy Merckx. Sie kochten für mich und machten mit mir kurze Spaziergänge oder Radtouren.

Wir fuhren von meinem Haus aus über eine kurvige, asphaltierte

Landstraße, die zum Mount Bonnell führte, einem zerklüfteten Berg oberhalb des Lake Austin. Normalerweise mussten sich meine Freunde beeilen, wenn sie mit mir Schritt halten wollten, aber jetzt bewegten wir uns im Schneckentempo, und mir blieb die Luft schon auf einer völlig ebenen Strecke weg.

Ich glaube, ich wollte mir selbst nicht eingestehen, wie sich die Chemotherapie auf meinen Körper ausgewirkt hatte. Ich hatte keine Vorstellung davon gehabt, wie schlimm die Wirkung tatsächlich sein würde. Bis ich eines Tages fast zusammenbrach.

Wenn ich mich einigermaßen gut fühlte, sagte ich zu Kevin oder zu Bart: „Lass uns ein bisschen Rad fahren." Zuerst fuhren wir so etwa 50 bis 80 Kilometer, und ich wollte mich selbst als den unermüdlichen Kämpfer, der dem Wind trotzte, sehen. Aber in Wirklichkeit waren diese Touren überhaupt nicht so. Es waren pure Verzweiflungsakte.

Am Ende meiner Behandlungen fuhren wir nur noch eine halbe Stunde, eine einfache Runde durch die nächste Umgebung, und ich sagte mir, solange ich dazu noch in der Lage wäre, würde ich auch noch einigermaßen in Form bleiben. Aber dann zeigten mir zwei Vorfälle, wie schwach ich wirklich war. Eines Nachmittags machten wir, das heißt Kevin, Bart und Barbara, Barts Verlobte, eine der üblichen Touren. Nach etwa der Hälfte der Zeit kam ein kurzer, steiler Anstieg. Ich dachte zunächst, ich könnte mit den anderen mithalten, in Wirklichkeit waren meine Freunde aber nur nett zu mir. Sie fuhren so langsam, dass sie beinahe vom Rad fielen. Manchmal fuhren sie aus Versehen schneller, sodass ich hinter ihnen herhecheln musste. Dann schrie ich: „Ihr bringt mich um!" Sie achteten normalerweise immer darauf, mich nicht zu überfordern, weshalb ich kaum eine Vorstellung davon hatte, wie schnell oder wie langsam wir wirklich fuhren. An der Steigung glaubte ich tatsächlich, dass ich mit ihnen mithalten konnte.

Dann wurde ich plötzlich links von jemandem überholt. Es war eine Frau in den Fünfzigern auf einem Mountainbike – sie zog einfach an mir vorbei.

Und sie atmete nicht einmal schwer, während ich mich auf meinem Hochleistungsrad abstrampelte und kaum noch Luft bekam. Sie zog einfach an mir vorbei. Unter Rennfahrern sagt man auch, sie ließ mich einfach stehen. Sosehr ich mich auch anstrengte, ich konnte ihr Tempo nicht halten.

Man macht sich etwas vor. Man redet sich ein, man fahre schneller und es gehe einem besser, als es in Wirklichkeit der Fall ist. Dann überholt einen eine Frau in den mittleren Jahren auf einem Mountainbike, und dann weiß man plötzlich, woran man ist. Ich musste mir eingestehen, dass ich überhaupt nicht in Form war.

Es wurde immer schwerer, zwischen den einzelnen Chemotherapie-Sitzungen Rad zu fahren, und ich musste zugeben, dass es nicht mehr darum ging, in Form zu bleiben. Es ging mir jetzt nur noch darum, einfach zu fahren – und das war für mich etwas völlig Neues. Nur eine halbe Stunde fahren! Ich hatte noch nie zuvor eine so kurze Zeit auf dem Rad verbracht.

Bevor ich krank wurde, liebte ich das Fahrrad nicht. Es war einfach nur mein Job, ein Job, in dem ich Erfolg hatte. Es war ein Mittel zum Zweck, eine Möglichkeit, aus Plano rauszukommen, eine mögliche Quelle für Wohlstand und Anerkennung. Aber es war nichts, das ich zu meinem Vergnügen tat, erst recht hatte es nichts mit Romantik zu tun. Es war mein Beruf, mein Leben, mein Lebensinhalt – aber ich hätte nie behauptet, dass es irgendwas mit Liebe zu tun hatte.

Ich bin immer nur gefahren, wenn es um etwas Bestimmtes, ein Rennen oder ein Trainingsprogramm, ging. Aber jetzt hatte ich Gründe, warum ich Rad fahren wollte: Jeder sollte sehen, dass es mir gut ging, dass ich immer noch fahren konnte – vielleicht wollte ich es ja auch mir selbst beweisen.

Wenn die Leute fragten: „Wie geht es Lance?“, dann sollten meine Freunde sagen können: „Eigentlich ganz gut. Er fährt jedenfalls Rad.“

Möglicherweise musste ich mir selbst einreden, dass ich immer noch ein Rennfahrer war, nicht nur ein Krebspatient, auch wenn ich sehr schwach geworden war.

Dann kamen eines Tages Kevin und Jim Woodman, ein einheimischer Radrennfahrer, zu mir, und wir machten unsere übliche kleine Tour. Ich hatte immer noch die Narben von der Operation und trug deshalb einen Sturzhelm. Wir fuhren ganz langsam, glitten nur so dahin.

Wir kamen an eine kleine Steigung, nicht besonders steil, die Straße stieg nur so an, dass man sich für ein, zwei Tritte auf die Pedale stellen musste, so wie ich es schon Millionen Mal getan hatte. Auf, ab und dann wieder sitzen, Linkskurve, und weiter geht's.

Ich schaffte es nicht. Ich kam bis auf halbe Höhe der Steigung, und dann blieb mir die Luft weg. Das Rad wackelte unter mir hin und her, ich musste anhalten und mich mit den Füßen auf dem Pflaster abstützen. Ich war total erschöpft. Ich setzte mich auf die Bordsteinkante vor einem Haus und senkte den Kopf zwischen die Knie.

Kevin war sofort bei mir. „Alles in Ordnung?“, fragte er.

„Lass mich einen Augenblick verschnaufen“, bat ich außer Atem.

„Wir sollten einen Krankenwagen rufen“, meinte Jim.

„Nein“, widersprach ich ärgerlich. „Ich muss mich nur ausruhen.“

„Okay, okay“, sagte er, um uns beide zu beruhigen.

Nach ein paar Minuten konnte ich wieder durchatmen. Ich richtete mich auf und versuchte, mich zusammenzureißen. Ich stand auf. Vorsichtig stieg ich wieder aufs Rad. Ich hatte weiche Knie, aber bergab konnte ich fahren. Kevin und Jim fuhren an meiner Seite und ließen mich nicht mehr aus den Augen.

Zwischen zwei tiefen Atemzügen erklärte ich ihnen, was passiert war. Die Chemotherapie hatte mir meine gesunden roten Blutkörperchen geraubt und mein Hämoglobin vernichtet. Und das transportiert nun einmal den notwendigen Sauerstoff zu den lebenswichtigen Organen. Der normale Hämoglobinwert eines gesunden Menschen liegt bei 13 bis 15. Meiner lag bei 7. Ich war total anämisch. Alle zwei Wochen, von montags bis freitags, hatte die Chemo mein Blut gnadenlos angegriffen. Und ich hatte das Radfahren übertrieben.

An diesem Tag musste ich dafür bezahlen.

Trotzdem hörte ich nicht auf zu fahren.

AUF DIESER Welt gibt es Engel in den verschiedensten und subtilsten Formen. Für mich war LaTrice ein solcher Engel. Äußerlich war sie eine ganz normale, tüchtige Krankenschwester mit Klemmbrett, Spritze und gestärktem Häubchen. Sie hatte eine extrem lange Arbeitszeit, egal, ob Tag- oder Nachtschicht, und verbrachte ihre freie Zeit zu Hause. Randy, ihr Mann, war Lastwagenfahrer, und ihre beiden Kinder, Taylor und Morgan, waren sieben beziehungsweise vier Jahre alt. LaTrice war wahrscheinlich oft müde, aber sie ließ es sich nie anmerken.

Spätnachmittags und abends war ich oft mit ihr allein, und wenn ich die Kraft hatte, unterhielten wir uns ernsthaft miteinander. Den meisten Leuten gegenüber war ich scheu und gehemmt, aber bei LaTrice konnte ich reden, wahrscheinlich weil sie selbst so freundlich und mitteilsam war. Sie war eine hübsche Frau Ende zwanzig, hatte milchkaffeebraune Haut und war, was ihr Selbstbewusstsein und ihre Weltsicht anbetraf, ihrem Alter weit voraus. Während andere in unserem Alter noch in die Disko gingen, war sie bereits Oberschwester der Forschungsabteilung für Onkologie. Ich habe mich oft gefragt, warum sie sich wohl dafür entschieden hatte. „Es befriedigt mich, wenn ich den Leuten das Leben ein bisschen leichter machen kann“, sagte sie selbst zu diesem Thema.

Sie fragte mich über das Radfahren aus, und es überraschte mich selbst, dass ich ihr mit großem Vergnügen davon erzählte. Ich erzählte ihr, wie es war, wenn man draußen an der frischen Luft war. Ich erzählte ihr von den rasenden Bergabfahrten auf zwei Reifen, die jeweils nur zweieinhalb Zentimeter breit waren.

„Man ist dort einfach frei", beschrieb ich ihr mein Gefühl.

„Das ist Ihre große Liebe, nicht wahr?"

„Ja, glauben Sie?"

„Ich kann es in Ihren Augen sehen."

Eines Abends gegen Ende der letzten Phase meines Chemozyklus wurde mir klar, dass LaTrice wirklich ein Engel war. Ich lag auf der Seite und dämmerte vor mich hin, beobachtete das ständige Tropfen der Chemo, die in meine Venen floss. LaTrice saß bei mir, leistete mir Gesellschaft, obwohl ich kaum sprechen konnte.

„Was glauben Sie, LaTrice?", fragte ich sie flüsternd. „Glauben Sie, dass ich es schaffe?"

„Ja", sagte sie. „Ja, Sie schaffen es."

Sie beugte sich über mich. „Lance", sagte sie leise, „ich hoffe, dass ich eines Tages nur noch ein Teil Ihrer Fantasien sein werde. Wenn Sie hier raus sind, möchte ich Ihr Bild in der Zeitung sehen, ich möchte Sie im Fernsehen sehen, aber keinesfalls hier. Ich bin froh, wenn ich Ihnen helfen kann, solange Sie Hilfe brauchen, aber dann hoffe ich, dass Sie gehen. Eines Tages werden Sie sagen: ‚Wer war diese Krankenschwester damals in Indiana? Habe ich die bloß geträumt?'"

Das war das Schönste, was jemals ein Mensch zu mir gesagt hat. Und ich werde kein einziges Wort davon je vergessen.

AM 13. DEZEMBER 1996 bekam ich meine letzte Chemo. Es war fast Zeit, nach Hause zu fahren. Kurz bevor man mir meine letzte Dosis VIP verabreichte, kam Dr. Craig Nichols zu mir. Er wollte sich mit mir über die weiteren Folgen der Krankheit und die „Verpflichtungen der Geheilten" unterhalten.

Das war ein Thema, das mich tief berührte. In den vergangenen drei Monaten hatte ich sowohl zu LaTrice als auch zu Nichols immer wieder gesagt: „Die Leute sollen es wissen."

Ich war zum Beispiel sehr erstaunt, als ich las, dass acht Millionen Amerikaner mit der einen oder anderen Krebsart lebten. Und ich hatte gedacht, ausgerechnet mein Problem sei einzigartig. „Können Sie sich vorstellen, dass so viele Menschen so was haben?", fragte ich LaTrice.

„Sie haben sich verändert", bemerkte sie beifällig. „Sie denken schon in größeren Dimensionen."

Dr. Nichols teilte mir mit, alles weise darauf hin, dass ich mich zu den

Glücklichen zählen könne, die die Krankheit in den Griff bekommen hätten. Er erklärte mir, dass mein Gesundheitszustand sich gebessert habe. Ich merkte jetzt wahrscheinlich, dass mein Leben auch noch einen anderen Sinn und Zweck habe als nur mich selbst. Krebs könne sowohl eine Chance sein, bringe aber auch eine Verantwortung mit sich. Er fügte hinzu, dass er viele Leute erlebt habe, die sich nach ihrer eigenen Heilung für andere Krebskranke eingesetzt hätten, und er hoffe, dass ich auch zu ihnen gehören werde.

Ich hoffte das auch. Mit der Zeit war mir klar geworden, dass ich Krebs bekommen hatte, damit ich lernte, Gutes für andere Menschen zu tun. Ich wollte eine Stiftung gründen und bat Dr. Nichols, mir zu sagen, was man auf diese Weise erreichen könne. Mir war noch nicht klar, welchen Zweck eine solche Organisation im Einzelnen haben könnte, ich wusste nur, dass ich unbedingt etwas für andere Menschen tun wollte. Solche Gedanken hatte ich früher nie gehabt. Und ich nahm dieses Projekt ernster als alles andere auf der Welt.

Gegen Ende meines dritten Chemozyklus hatte ich Bill Stapleton angerufen und gesagt: „Kannst du dich einmal schlau machen, was man alles braucht, um eine Wohltätigkeitsorganisation zu gründen?“ Bill, Bart und John Korioth, ein weiterer enger Freund und Amateurrennfahrer, trafen sich mit mir in einem Restaurant in Austin, um über die Sache zu reden. Wir hatten keine Ahnung, wie man eine solche Stiftung ins Leben ruft oder wie man das nötige Geld dafür auftreibt. Aber nach dem Essen hatten wir die Idee, wir könnten ein Wohltätigkeitsrennen rund um Austin organisieren. Wir nannten es „Ride for the Roses“.

Aber mir war immer noch nicht ganz klar, welchen Zweck die Stiftung haben sollte. Ich wusste, dass die Leute mir zuhören würden, weil mein Fall in der Öffentlichkeit ziemlich bekannt war, aber ich wollte andererseits nicht, dass es so aussah, als ob ich die Stiftung als persönliche Plattform missbrauchte. Ich hielt mich selbst nicht für etwas Besonderes – und ich würde auch nie erfahren, wie viel von meiner Heilung ich mir selbst zuschreiben konnte. Die Bedeutung des Ganzen war mir überhaupt noch nicht klar. Ich wollte den Leuten einfach nur sagen: „Kämpft wie die Teufel, so, wie ich es getan habe.“

NACH der letzten Chemotherapie-Behandlung blieb ich noch ein paar Tage in der Klinik, sammelte Kräfte und versuchte, alle offenen Punkte zum Abschluss zu bringen. Einer davon war mein Venenkatheter. Der Tag, an dem er entfernt wurde, war für mich ein großer Tag, denn ich hatte fast vier Monate mit ihm gelebt.

„Sagen Sie mal, können wir das Ding jetzt endlich rausnehmen?“, fragte ich Nichols.

„Na klar“, willigte er ein.

Mich überkam ein Gefühl großer Erleichterung – da er zugestimmt hatte, musste er sicher sein, dass ich den Katheter nicht mehr brauchen würde. Also keine Chemo mehr, hoffentlich.

Nichols gab mir eine letzte Beurteilung meines Gesundheitszustands: Obwohl er mich als gesund betrachte, müsse ich noch eine gewisse Zeit der Unsicherheit überstehen. Sehr häufig beseitige die letzte Chemo-Behandlung nicht alle Spuren des Krebses. Ich müsse daher jeden Monat eine Blutuntersuchung machen lassen, um zu kontrollieren, ob der Krebs sich wirklich zurückgezogen hatte. Er warnte mich, dass die Blutwerte noch nicht wieder ganz normal seien und dass die Röntgenaufnahmen meines Brustkorbs immer noch Narbengewebe der Tumore erkennen ließen. Das erste Jahr sei entscheidend. Wenn die Krankheit zurückkehren sollte, würde sich das in diesem Zeitraum zeigen.

Ich fuhr nach Hause und versuchte, mein Leben wieder auf die Reihe zu kriegen. Ich ging es zunächst ganz langsam an, spielte ein bisschen Golf und arbeitete an den Plänen für die Stiftung.

Ich verbrachte immer noch viel Zeit in den Arztpraxen. Jede Woche nahm Dr. Youman mir Blut ab, damit die Ärzte in Indianapolis weiterhin meine Entwicklung kontrollieren konnten.

Als ich schon ein paar Wochen wieder in Austin war, rief LaTrice Dr. Youman an und bat ihn um die Werte. Nachdem sie alles notiert hatte, ging sie zu Dr. Nichols. Er sah sich das Blatt an, das sie ihm gegeben hatte, lächelte und gab es ihr zurück. „Wollen *Sie* ihn diesmal anrufen?“, fragte er.

LaTrice rief mich zu Hause an. Für mich waren die Werte das Allerwichtigste, und ich wartete jedes Mal schon ganz nervös auf den Anruf. Als es klingelte, nahm ich sofort den Hörer ab.

„Wir haben die Blutwerte“, meldete sich LaTrice.

„Ja, und?“, fragte ich nervös.

„Sie sind normal, Lance“, sagte sie.

Ich wusste nicht, was ich sagen sollte. Ich hatte Angst, wenn ich den Mund öffnete, käme nur ein einziger unartikulierter Schrei der Erleichterung heraus.

„Ich freue mich so, dass ich Ihnen diese gute Nachricht mitteilen durfte“, sagte LaTrice.

Ich seufzte tief.

Kik

Liebe und Krebs passen eigentlich nicht zusammen, aber bei mir kam beides zur gleichen Zeit. Es war wohl kaum die ideale Situation, um meine zukünftige Frau kennen zu lernen – aber genau so kam es.

Die Chemotherapie war am 13. Dezember 1996 beendet. Einen Monat später lernte ich Kristin Richard auf einer Pressekonferenz kennen, auf der die Gründung meiner Krebsstiftung bekannt gegeben wurde. Außerdem kündigten wir den ersten „Ride for the Roses" an. Wir sprachen nur kurz miteinander. Sie war eine blonde, schlanke Frau, die von allen nur „Kik" (ausgesprochen: Kiek) genannt wurde. Sie arbeitete als Kundenbetreuerin bei einer Werbefirma, die den Auftrag hatte, das Rennen entsprechend publik zu machen. Ich weiß, dass ich jetzt eigentlich sagen müsste, dass es sofort bei mir gefunkt hätte, als ich sie zum ersten Mal sah, aber so war es nicht. Es wurde Frühling, bevor wir beide tiefere Gefühle füreinander entwickelten. Und erst im Sommer zogen wir daraus die Konsequenzen. Das lag wohl daran, dass wir damals beide mit anderen Partnern liiert waren. Außerdem gerieten wir bei unserem ersten längeren Gespräch sofort in Streit.

Es fing am Telefon an. Sie vertrat einen Kunden, eine Firma, die einer der wichtigen Sponsoren für „Ride for the Roses" sein sollte. Sie hatte das Gefühl, ich würde mich nicht genug um diese Leute kümmern. Ungefähr zehn Minuten lang stritten wir uns.

„Dieses Gespräch führt offenbar zu nichts", giftete sie mich an.

„Da haben Sie verdammt Recht", schnauzte ich zurück.

„Wissen Sie was?", fragte sie. „Wir sollten noch mal bei einem Bier über die ganze Sache reden. Mehr kann ich dazu nicht sagen."

Ich war platt. „Hm, äh, na ja, okay. Trinken wir ein Bier zusammen."

Ich lud sie ein, sich mit mir und ein paar Freunden in einer nahe gelegenen Bar zu treffen. Ich glaube, wir hatten damals beide nicht damit gerechnet, dass wir uns so voneinander angezogen fühlen würden. Ich war immer noch bleich, erschöpft und von meiner Krankheit ausgezehrt, aber ihr schien das egal zu sein. Sie war viel humorvoller und entspannter, als ich erwartet hatte, und sie war sehr intelligent. Ich bat sie, an den wöchentlichen Besprechungen der Stiftung teilzunehmen, die bei mir zu Hause stattfanden. Sie war einverstanden.

In diesem Winter und Frühling gab es noch ein einschneidendes

Ereignis: Ich lernte Jeff Garvey kennen, einen prominenten Unternehmer aus Austin, der bald ein guter Freund werden sollte. Zunächst erwartete ich von ihm jedoch nur, dass er mich bei der Leitung der Stiftung unterstützte. Jeffs Eltern waren beide an Krebs gestorben, und er suchte nach einer Möglichkeit, einen Beitrag zum Kampf gegen diese Krankheit zu leisten. Ein paar Wochen später lud ich Jeff zum Mittagessen ein und fragte ihn bei dieser Gelegenheit, ob er bereit sei, die Leitung der Stiftung zu übernehmen. Er war einverstanden und wurde unser Geschäftsführer.

In den folgenden zwei Monaten arbeiteten Kik und ich gemeinsam an der Stiftung. Zuerst war sie für mich nur ein schickes Mädchen, das nie um eine Antwort verlegen war. Mit der Zeit bemerkte ich jedoch, wie schön ihr blondes Haar war und wie sie es immer wieder schaffte, auch den schlichtesten Kleidern einen bestimmten Schick zu geben. Und dann war da noch ihr Lächeln – wie aus einem Colgate-Werbespot. Es war schwer, sich nicht in dieses Lächeln zu vergucken. Darüber hinaus gefiel mir ihre kesse Art. Kik las in ihrer Freizeit viel über mich, angeblich aus geschäftlichen Gründen. Aber noch war keiner von uns beiden bereit zuzugeben, was wir füreinander empfanden.

Im März fand der erste „Ride for the Roses" statt – mit großem Erfolg. Wir nahmen über 200000 Dollar ein, die Wallflowers gaben ein Konzert, und Freunde und Kollegen kamen aus aller Welt, um an dem Rennen teilzunehmen – darunter auch Miguel Induráin, Eddy Merckx und Eric Heiden.

Eine bestimmte Spende aber werde ich nie vergessen. Ich saß an einem Tisch und gab Autogramme. Plötzlich erschien ein Scheckbuch vor meinen Augen und wurde dann auf den Tisch geknallt.

„Wie viel willst du?", fragte eine Stimme.

Ohne aufzublicken, sagte ich: „Verdammt." Ich musste lachen und schüttelte den Kopf. Ich kannte die Stimme. Es war Jim Hoyt, mein alter Kumpel aus Plano. Der Mann, der mich als Erster auf ein Rad gesetzt und mir dann später meinen geliebten Camaro weggenommen hatte. Er stand direkt vor mir, neben ihm Rhonda, seine Frau. Seit unserem heftigen Streit vor fast zehn Jahren hatte ich die beiden nicht mehr gesehen.

Ich blickte Jim in die Augen. „Es tut mir Leid", sagte ich und dachte, dass ich ihm das wohl schuldig war.

„Angenommen", antwortete er. „Also, wie wär's mit fünf Riesen? Würde dir das gefallen?"

Ich musste lachen. Fünftausend Dollar waren genau die Summe, die ich damals in den Camaro gesteckt hatte.

„Das wäre schön“, meinte ich.

Er schrieb den Scheck aus, und wir schüttelten uns die Hand.

Ein wenig später trat noch eine bemerkenswerte Person an meinen Tisch: ein kleines Mädchen mit einem halb kahlen Kopf, genau wie ich. Während ich ihr das Autogramm gab, zitierte sie alle Stationen meiner sportlichen Laufbahn, sie wusste alles über mich. Ihr Name war Kelly Davidson, und sie war eine Krebspatientin. Tagelang wurde ich ihr Bild nicht mehr los. Ich machte ausfindig, wo sie lebte, rief sie an, und wir wurden gute Freunde.

IM FRÜHLING 1997 wollte ich unbedingt wieder auf mein Rad, war aber trotzdem unsicher und wusste nicht, wie viel ich meinem Körper schon zumuten konnte. Ich überprüfte immer wieder meine finanzielle Situation und schaffte es so gerade, die monatlichen Hypothekenzahlungen zu leisten. Und ich fragte mich, ob ich wohl jemals wieder ein paar Dollar mit Radfahren verdienen würde. Dann entschloss ich mich, es mit dem Radrennfahren wenigstens zu versuchen. Ich konnte mich bei Cofidis immer noch auf das zweite Jahr meines Vertrags berufen. Wenn ich an vier Rennen teilnähme, wäre ich meine finanziellen Probleme los. Ich sagte zu Bill: „Lass uns mal versuchen, ein paar Rennen zu finden.“

Ich fing an, ernsthaft zu trainieren, fuhr vier Stunden täglich. Aber es gefiel mir gar nicht, wie ich mich fühlte. Manchmal fuhr ich nur etwa eine Stunde und war anschließend so erschöpft, dass ich einen langen Mittagsschlaf machen musste. Ich fuhr nicht sehr schnell, ungefähr 130 Herzschläge pro Minute, aber ich fühlte mich an einem Tag stark, am nächsten wieder schwach.

Ich hatte dieses unbestimmte Gefühl der Erschöpfung, das ich nur zu gut aus der Zeit vor der Diagnose kannte. Mein Magen krampfte sich zusammen, als mir das klar wurde. Dann bekam ich zu allem Übel auch noch eine Erkältung. Ich war vor Angst wie gelähmt und konnte eine ganze Nacht lang nicht schlafen. Ich war sicher, dass der Krebs zurückgekehrt war. Früher war ich nie besonders anfällig für Erkältungen gewesen. Wenn ich jetzt krank war, konnte das nur der Krebs sein.

Am nächsten Morgen fuhr ich, so schnell ich konnte, zu Dr. Youman und ließ mich untersuchen. Er würde mir bestimmt sagen, dass ich wieder krank sei. Aber es war nur eine ganz gewöhnliche Infektion, die mein geschwächter Körper noch nicht abwehren konnte. Mein Immunsystem war praktisch kaputt, und das bedeutete, dass mich jeder kleinste Erreger umwerfen konnte.

Auch meine Röntgenbilder sahen noch nicht wirklich gut aus. In meinem Bauchraum gab es noch einen Fleck. Die Ärzte konnten nicht genau sagen, was es war, und meinten, sie wollten es weiterhin sorgfältig beobachten. Ich war mit den Nerven völlig am Ende.

Das war's dann. Dr. Nichols empfahl mir, den Rest des Jahres nicht mehr Rad zu fahren, und ich willigte ein. Kein ernsthaftes Radfahren mehr im Jahre 1997. Nichols erklärte mir, ich sei schließlich immer noch ein Rekonvaleszent und mein Immunsystem habe sich noch nicht von der Chemotherapie erholt, die eine viel größere Belastung darstellte, als ich mir vorstellen könnte. Meine schlechte Form hänge ausschließlich damit zusammen, wie viel Kraft mich die Krankheit gekostet hatte.

Ich musste es endlich einsehen. Ich würde vielleicht nie wieder an der Spitze mitmischen können. Mein Körper war einfach zu schwach für ein volles Trainingsprogramm.

Ich kämpfte immer noch mit dem Gedanken, dass ich beinahe gestorben wäre, und es fiel mir schwer, einen Neuanfang zu finden. Darüber, ob ich wieder Rennen fahren könnte oder wie ich mit Cofidis umgehen sollte, konnte ich im Moment nicht nachdenken. Ich wusste nicht, was ich wirklich wollte, nicht einmal, was wirklich möglich war, und außerdem hatte ich inzwischen das Gefühl, dass das Radfahren eine ziemlich triviale Sache war.

Was mein Privatleben anbelangte, hatten Lisa und ich uns getrennt. Krebs kann sich auf zwei Arten auf eine Beziehung auswirken: Entweder er bringt die Menschen einander näher, oder er bringt sie auseinander. Lisa und mich hat er getrennt. Als ich mich langsam wieder erholte, stellten wir fest, dass wir uns immer weniger zu sagen hatten. Vielleicht hatte das ja auch mit unserer Erschöpfung zu tun. Der Kampf gegen die Krankheit hatte all unsere Kraft aufgebraucht. Wir hatten die wirklich schweren Zeiten gemeinsam überstanden, aber zum Schluss waren wir dann wie betäubt und konnten kaum noch etwas empfinden. Eines Tages im März sagte sie: „Wir sollten uns andere Partner suchen."

„Okay", pflichtete ich ihr bei.

EINE Zeit lang rief Kik mich nicht mehr an. Und ich konnte sie nicht erreichen, sosehr ich mich auch bemühte. Ich hinterließ eine Nachricht auf ihrem Anrufbeantworter: „Willst du mich eigentlich nie mehr zurückrufen?"

Endlich hatte Kik ein Einsehen. Was ich nicht wissen konnte, war, dass auch sie sich von dem Partner getrennt hatte, mit dem sie zusammen gewesen war, und sie hatte ihren Job gewechselt – alles innerhalb von wenigen Wochen. Als ich sie dann eines Nachmittags anrief, ging sie endlich ans Telefon.

„Na, was gibt's Neues?", fragte ich.

„Eine Menge. Ich habe gerade an meiner neuen Arbeitsstelle angefangen und habe viel zu tun."

„Aha", sagte ich und holte tief Luft. „Schade, und ich hab gedacht, du wolltest mir sagen, dass du jetzt Single bist."

„Na ja, wenn du es schon so sagst. Es stimmt. Vor zwei Tagen habe ich Schluss gemacht."

„Tatsächlich?" Ich versuchte, möglichst beiläufig zu klingen. „Du bist also allein?"

„Ja."

„Und was machst du heute Abend?"

„Irgendwas mit dir", erwiderte sie.

Und seitdem sind wir zusammen.

Ich wusste sofort, dass ich in ihr meinen Meister gefunden hatte. Sie war zäh, unabhängig, vernünftig und überhaupt nicht verwöhnt. Obwohl ihre Eltern gut situiert waren – ihr Vater war leitender Angestellter in einem bekannten Unternehmen –, war sie es gewöhnt, für sich selbst zu sorgen, und erwartete nicht, dass ihr irgendwas geschenkt wurde.

Bei ihr fühlte ich mich sicher. Sie liebte mich, wie ich war, kahlköpfig und ohne Augenbrauen. Und sie akzeptierte mich mit meinen Minderwertigkeitsgefühlen, die ich wegen meines Haars, meiner Narben und meines restlichen Körpers hatte. Es machte ihr einfach nichts aus. Kik wurde meine Haarstylistin. Sie nahm meinen Kopf in die Hand und schnitt die Haare ganz vorsichtig mit einer Haarschneidemaschine, bis ich am Ende aussah wie ein Astronaut aus den Sechzigerjahren.

In meinen früheren Beziehungen hatte immer ich das Sagen gehabt. Bei Kik lief das nicht. Manchmal bestimmte ich, manchmal ordnete ich mich ihr unter. Meistens passierte allerdings das, was sie wollte, und ich ging mit ihr dahin, wo sie hinwollte. Das ist auch heute noch so. In jenem Sommer wollte Kik nach Europa. Sie war noch nie dort gewesen, und eine Freundin, die sie im College kennen gelernt hatte, eine Austauschstudentin aus Spanien, hatte sie eingeladen. „Warum willst du ausgerechnet nach Spanien?", fragte ich sie. „Spanien ist ein einziges Staubloch."

„Halt den Mund", sagte Kik. „Verdirb mir nicht den Spaß. Ich spare schon seit Jahren für diese Reise."

Sie würde über einen Monat weg sein. Das ging einfach nicht, sagte ich mir. Mir blieb nur eins übrig: mit ihr zu fahren. Es wäre eine gute

Geste meinen Sponsoren gegenüber, wenn ich mich einmal bei der Tour de France blicken lassen würde, um zu zeigen, dass ich immer noch ein potenzieller Wettbewerber war. Also beschloss ich, das mit Kiks Reise zu verbinden. Ich wollte vor allen Dingen die Tour auch einmal mit den Augen eines Zuschauers erleben und hoffte, es würde meine Lust, wieder selbst zu fahren, neu beleben. Ich fragte sie, ob ich mitfahren könnte, und sie sagte Ja.

Es war wie ein Erwachen. Ich hatte das Gefühl, Europa zum ersten Mal in meinem Leben zu sehen, und vielleicht stimmte das sogar. Ich kannte es nur vom Rennrad aus bei 60 Kilometern pro Stunde, hatte es aber noch nie als Tourist gesehen und vor allem noch nie als Verliebter.

Die Zeit zwischen 20 und 30 hatte ich zum größten Teil verpasst. Von meinem 15. Lebensjahr an war ich nur damit beschäftigt gewesen, Profisportler zu werden und meinen Lebensunterhalt zu verdienen, sodass ich keine Zeit hatte, die Dinge zu tun, die junge Leute in diesem Alter normalerweise machen, mich zum Beispiel so zu amüsieren, wie Kik und ihre Freunde auf dem College es getan hatten. Aber jetzt bekam ich die Chance, all das nachzuholen. *Carpe diem,* sagte ich mir, nutze den Tag. Ich machte mir immer noch Sorgen um meine Gesundheit. Aber ganz egal, wie viel Zeit mir noch blieb, ich würde sie genießen. Und so fanden wir uns, Kik und ich.

Ich hatte was aus meinem Leben gemacht und gekämpft, aber ich hatte es nie wirklich genossen. Kik sagte: „Du hast eine große Begabung. Du kannst mir zeigen, wie man das Leben wirklich lieben kann, denn du hast an der Schwelle gestanden und die andere Seite gesehen. Deshalb kannst du es mir beibringen."

Aber in Wirklichkeit lernte ich von ihr. Sie wollte alles sehen, und während ich ihr alles zeigte, sah ich es selbst auch. In Italien saßen wir in Straßencafés und aßen Schinken mit frisch geriebenem Parmesan. Kik machte Witze: „Bevor wir uns kannten, gab es Parmesan für mich nur in einer grünen Streubüchse."

Wir fuhren nach San Sebastian, wo es damals so heftig geregnet hatte, dass es mir im Gesicht wehtat. Hier hatten mich die Leute bei meinem ersten professionellen Rennen ausgelacht, weil ich als Letzter im Ziel angekommen war. Diesmal sah ich mir die roten Ziegeldächer und die Treppen entlang der Biscaya an. Und ganz im Gegensatz zu meiner ersten Bemerkung über das Staubloch musste ich zugeben, dass es nirgendwo auf der Welt so viel schöne, alte Sachen gibt wie in Spanien.

In Pamplona sahen wir das Rennen der jungen Stiere. „Lass uns die ganze Nacht aufbleiben", schlug Kik vor.

„Warum?“, fragte ich.

„Nur so zum Spaß. Willst du mir etwa erzählen, dass du noch nie die ganze Nacht aufgeblieben und erst bei Sonnenaufgang nach Hause gekommen bist?“

„Nein“, bekannte ich.

„Meinst du damit, du bist noch nie die ganze Nacht aufgeblieben?“, hakte sie nach. „Das ist ja irre. Was ist denn los mit dir?“

Kik und ich machen die Nacht in Pamplona durch.

Also blieben wir die ganze Nacht auf. Wir gingen in jedes Nachtlokal und jede Tanzbar in Pamplona. Erst als die Sonne schon aufging, schlenderten wir zu unserem Hotel zurück. Vor unseren Augen verwandelten sich die grau gepflasterten Straßen in Gold. Kik meinte, ich sei romantisch und empfindsam – was nur wenige meiner Freunde glauben würden. Für Chris Carmichael war ich „eine Art Eisberg. Es gibt eine Spitze, aber noch eine ganze Menge unter der Oberfläche.“ Aber Kik war sich da ganz sicher.

In Monaco sagte ich ihr, dass ich sie liebe.

Wir waren in unserem Hotelzimmer und zogen uns gerade zum Essen um. Plötzlich waren wir beide ganz still. Bis zu diesem Augenblick hatte sich alles sozusagen nur unter der Oberfläche abgespielt. Aber als ich sie jetzt betrachtete, wusste ich genau, was ich empfand. Nur über Kik war ich mir völlig klar. Ansonsten lebte ich im Zustand absoluter Verwirrung. Ich wusste nicht, ob ich leben oder sterben würde. Und wenn ich leben sollte, wusste ich nicht, was ich mit meinem Leben anfangen sollte. Ich wusste nicht einmal mehr, ob ich wirklich mit dem Radfahren aufhören wollte. Ich wusste nicht, ob ich fahren wollte, in Pension oder aufs College gehen oder Börsenmakler werden sollte. Aber ich liebte Kik.

„Ich glaub, ich hab mich in dich verliebt“, sagte ich zu ihr.

Kik saß vor dem Spiegel und fragte: „Glaubst du es, oder weißt du es? Ich muss das nämlich wissen, verstehst du?“

„Ich weiß es.“

„Ich weiß es auch.“

Von dem Augenblick an waren wir beide für den Rest der Reise im siebten Himmel. Wenn man sich jemals wünscht, sich zu verlieben, dann sollte es so sein wie bei uns, es war einfach perfekt. Unsere Beziehung brauchte keine Worte, wir blickten uns nur immer wieder tief in die Augen und erlebten intensive Gefühle. Seltsamerweise sprachen wir nur ein einziges Mal über meinen Krebs, und das war, als wir darüber redeten, ob wir Kinder haben wollten. Ich erklärte Kik, dass ich welche haben wollte, und ich erzählte ihr von der Reise nach San Antonio.

Trotzdem machte es uns beiden auch Angst. Kik sagte immer: „Ich würde nie alles für einen Mann tun. Ich würde nie mein Leben nur für einen Mann ändern.“ Sie war genau wie ich. Sie musste ihre Beziehungen und ihre Gefühle immer im Griff haben. Sie wollte unabhängig sein, sie wollte nicht verletzt werden, sie wollte nichts geschenkt haben, dafür war sie einfach zu stark. Aber jetzt waren ihre Schutzmechanismen völlig ausgeschaltet. Eines Abends gab sie es mir gegenüber zu. „Wenn du mich vernichten willst, kannst du es“, sagte sie. „Da ist nichts mehr, was dich aufhalten könnte, also pass auf, was du tust.“

Wir fuhren zur Tour de France. Ich versuchte, ihr das Rennen zu erklären. Das Schachspiel zwischen den Fahrern, die zehn Millionen Fans, die an der Strecke standen. Als sie dann aber die Fahrer selbst sah, diese Palette bunter Jerseys, die vor dem Hintergrund der hoch aufragenden Pyrenäen an uns vorbeispurteten, da jubelte sie vor Freude.

Ich selbst hatte bei der Tour Geschäfte zu erledigen, musste mit Sponsoren und Reportern reden. Kik war erstaunt, wie die Presseleute um mich herumschwärmten. Sie hatte nicht gewusst, dass der Radsport in Europa so populär ist. Aber ich war so mit Kik beschäftigt und genoss mein zweites Leben so sehr, dass ich nicht sehr überzeugend war, als ich darüber redete, ob ich noch einmal Rennen fahren würde.

„Ich bin einfach nicht mehr so angriffslustig wie früher“, erklärte ich den Reportern. „Vielleicht setze ich mich nur noch zum Spaß und zur Erholung aufs Rad.“ Dabei fuhr ich schon wieder, das sagte ich ihnen auch. „Aber ich werde einfach nur mitfahren, ich mische nicht mehr an der Spitze mit. Und eine Teilnahme an der Tour ist für mich mit großer Wahrscheinlichkeit nicht mehr möglich. Sehen Sie“, sagte ich, „für mich war Radfahren ein Beruf. Ich bin gut damit zurechtgekommen.

Ich habe ihn fünf, sechs Jahre lang ausgeübt. Ich war überall in Europa, bin eine Menge herumgereist. Jetzt hab ich Zeit für meine Freunde und meine Familie und kann endlich das tun, was ich seit meiner Kindheit immer schon tun wollte."

ALS DER Sommer zu Ende ging, sah ich wieder wie ein gesunder Mensch aus. Meine Haare waren vollständig nachgewachsen. Trotzdem hatte ich noch immer große Angst vor einem Rückfall und ständig Phantomschmerzen in der Brust.

Dr. Nichols versuchte, mich zu beruhigen: „Manche Leute haben hinterher größere Schwierigkeiten als während der Behandlung. Das kommt immer wieder vor. Es ist schwerer, auf einen Rückfall zu warten, als den Krebs aktiv anzugehen."

Die monatlichen Kontrolluntersuchungen waren das Schlimmste. Kik und ich flogen gemeinsam nach Indianapolis und quartierten uns in dem Hotel neben der Klinik ein. Am nächsten Morgen musste ich dann schon um fünf Uhr aufstehen, um Kontrastmittel für die verschiedenen MRs, Scans und Röntgenuntersuchungen zu schlucken. Ein widerliches Zeug, das wie eine Mischung aus Tang und flüssigem Metall schmeckte.

Dann gingen wir gemeinsam in die Klinik, um uns die Ergebnisse der Bluttests und das MR anzusehen. Die Ärzte schoben die Röntgenaufnahmen vor den Lichtkasten und schalteten das Licht ein. Ich zog unwillkürlich den Kopf ein, weil ich Angst hatte, wieder die ominösen weißen Flecke zu sehen. Aber alle Röntgenaufnahmen und auch die Bluttests waren immer noch ohne Befund. Mit jedem Monat wurde die Wahrscheinlichkeit eines Rückfalls geringer.

Als das kritische Jahr fast um war, drängte mich Chris Carmichael, doch wieder Rennen zu fahren. Er kam schließlich sogar nach Austin geflogen, um mich von Angesicht zu Angesicht zu überreden.

„Keiner deiner Ärzte wird dir sagen, dass du wieder Rennen fahren kannst", versicherte mir Chris, „aber genauso wird dir auch keiner sagen, dass du es nicht kannst. Meiner Meinung nach solltest du es einfach versuchen."

DANN traf ich endlich meine Entscheidung: Ich würde versuchen, wieder Rennen zu fahren. Ich setzte mich auf mein Rad, und diesmal fühlte ich mich wohl dabei. Ich sagte zu Bill und Kik: „Ich glaube, ich kann das schaffen." Ich bat Carmichael, mir ein Trainingsprogramm zusammenzustellen, und fing an, wieder ernsthaft zu fahren. Seltsamerweise konnte ich mein altes Gewicht nicht wieder erreichen. Ich hatte etwa 80 Kilo gewogen. Jetzt wog ich nur noch etwa 72. Mein Gesicht war schmal geworden, und an meinen Beinen zeichnete sich jede einzelne Sehne ab.

Bill rief bei Cofidis an und teilte mit, dass ich wieder auf den Beinen sei und trainiere. „Ich möchte mit Ihnen über sein Rennprogramm reden. Er ist so weit, dass er sein Comeback versuchen kann", sagte Bill. Die Cofidis-Leute schlugen vor, Bill solle zu einer Besprechung nach Paris kommen.

Bill nahm einen Nachtflug nach Paris und fuhr dann noch vier Stunden über Land zur Hauptverwaltung von Cofidis. Er kam pünktlich zum Essen, das in einem vornehmen Restaurant stattfand. Am Tisch saßen unter anderem Alain Bondue und François Migraine, der Geschäftsführer des Unternehmens.

Migraine hielt eine fünf Minuten lange Einführungsrede und hieß Bill in Frankreich willkommen. „Wir sind Ihnen dankbar, dass Sie gekommen sind", sagte er dann. „Aber wir müssen Sie leider darüber informieren, dass wir von unserem Recht Gebrauch machen werden, seinen Vertrag zu beenden. Wir müssen uns etwas anderes überlegen."

„Bin ich nur hierher geflogen, damit er mir das sagt?", fragte Bill.

„Wir hielten es für wichtig, Ihnen das persönlich mitzuteilen", erwiderte Bondue.

„Sehen Sie, Sie brauchen ihm ja nur ein Minimum zu zahlen, wenn er wieder fährt", schlug Bill vor. „Geben Sie ihm doch eine Chance. Er ist wirklich heiß auf ein Comeback. Er meint es ernst. Wir glauben nicht nur, dass er wieder fahren wird, wir wissen es."

Doch die Leute von Cofidis glaubten nicht, dass ich je wieder meine alte Form erreichen würde.

Bill war verzweifelt. „Machen Sie uns doch wenigstens ein Angebot!" Schließlich versprachen die Cofidis-Leute, sich das Ganze noch einmal zu überlegen.

Bill stand auf, obwohl das Essen noch nicht zu Ende war, stieg ins Auto und machte sich auf den langen Weg nach Paris. Er brachte es nicht übers Herz, mir das Ergebnis der Besprechung direkt mitzuteilen. In Paris setzte er sich in ein kleines Café in der Nähe des Eiffelturms, nahm sein Handy aus der Tasche und wählte meine Nummer.

„Ja?", meldete ich mich.

„Sie haben den Vertrag gelöst."

Eine Zeit lang sagte ich nichts. „Warum haben sie dich dann den langen Flug machen lassen?"

Ein paar Tage lang hoffte ich immer noch, Cofidis würde sich das

Ganze noch einmal überlegen. Dann riefen sie mich an und boten mir ungefähr 180000 Dollar. Der Vertrag enthielt eine Klausel, die ihn mir schmackhafter machen sollte: Man würde mir mehr zahlen, wenn ich Bonuspunkte des internationalen Radsportverbands UCI (Union Cycliste International) für besondere Leistungen bei verschiedenen Rennen gewann. Das Grundgehalt, das sie mir anboten, entsprach gerade mal dem Minimum, aber wir hatten keine Wahl.

Am 4. September 1997 fuhr ich mit Bill zur Interbike nach Kalifornien und erklärte öffentlich, dass ich in der Saison 1998 wieder ins Renngeschäft zurückkehren würde. Ich gab eine Pressekonferenz, zu der zahlreiche Journalisten und Radrennexperten kamen, und teilte ihnen meine Pläne mit. Ich sprach auch über die Situation mit Cofidis und ließ durchblicken, dass ich das Gefühl hätte, man habe mich über den Tisch gezogen. Der Krebs habe mich ein ganzes Kalenderjahr gekostet, und Cofidis zweifele an meinen Fähigkeiten, obwohl ich gesund sei und mich stark genug fühle, es mit der Konkurrenz aufzunehmen. Jetzt wusste die gesamte Fachwelt, dass ich wieder auf dem Markt war. Ich lehnte mich entspannt zurück und wartete auf Angebote.

Aber es kam keins. Kein einziges europäisches Team war bereit, mich unter Vertrag zu nehmen. Von 20 Leuten, die Bill anrief, riefen nur drei zurück.

Die Tage vergingen, und wir warteten vergeblich auf ein seriöses Angebot. Ich wurde immer wütender. Bill bekam den größten Teil meines Ärgers ab. Für unsere Freundschaft war das eine große Belastungsprobe. Anderthalb Jahre lang war er der Mann gewesen, der ständig schlechte Nachrichten für mich gehabt hatte. Er hatte mir erklären müssen, dass ich keine Krankenversicherung besaß und dass Cofidis meinen Vertrag gelöst hatte. Und jetzt musste er mir klar machen, dass mich niemand haben wollte.

Ich rief meine Mutter an, erzählte ihr von Cofidis und sagte ihr, dass mir offenbar kein Team ein Angebot machen wollte. Nicht eins. Ich konnte förmlich spüren, wie sie sich am anderen Ende der Leitung anspannte.

Der alte Trotz kehrte in ihre Stimme zurück. „Weißt du, was?“, fragte sie. „Die haben doch alle keine Ahnung. Du wirst es ihnen schon zeigen. Die machen einen riesigen Fehler.“

BILL suchte weiter nach einem Team für mich. Er kam sich vor wie ein Agent, der versuchte, einen zweitklassigen Schwimmer unterzubringen, mit dem niemand reden wollte. Einer hatte gesagt: „Kommen Sie, der

Typ wird nie wieder in einem Team fahren. Das ist doch ein Witz, dass der jemals wieder diese Geschwindigkeit erreichen kann."

Dann fand Bill eine Möglichkeit, die vielversprechend aussah. Es war das U. S. Postal Service Team, eine neue Organisation, die von Amerikanern finanziert und gesponsert wurde. Hauptinvestor war mein alter Freund Thomas Weisel aus San Francisco, der vorher Besitzer von Subaru-Montgomery gewesen war. Die einzige Hürde war das Geld. Auch Postal bot mir nur ein bescheidenes Grundhonorar an. Bill flog nach San Francisco und verhandelte tagelang mit Mark Gorski, dem Chef des Teams, ohne etwas zu erreichen.

Ich war kurz davor aufzugeben. Wir hatten immer noch das Angebot von Cofidis, aber mein Zorn war inzwischen so groß, dass ich lieber gar nicht mehr an einem Rennen teilgenommen hätte, als für Cofidis zu fahren. Meine Berufsunfähigkeitsversicherung zahlte mir monatlich 20 000 Dollar, und das fünf Jahre lang. Das machte insgesamt etwa anderthalb Millionen Dollar, steuerfrei. Lloyds, die Versicherungsgesellschaft, hatte Bill mitgeteilt, dass sie nicht zahlen würde, wenn ich wieder Rennen fuhr. Ich kam zu dem Schluss, dass ich nur dann das Risiko eines Comebacks auf mich nehmen sollte, wenn ich auch wirklich mit Leib und Seele dahinter stand. Sonst hatte es keinen Sinn, meine Versicherung aufs Spiel zu setzen.

Wir vereinbarten, dass Bill vor seinem Abflug aus San Francisco in Thom Weisels Büro vorbeischauen sollte, um sich zu verabschieden und alles noch einmal persönlich mit ihm zu besprechen.

Bill setzte sich mit Thom und Mark Gorski an einen Tisch, und Thom fragte unvermittelt: „Was will Lance denn, Bill?"

„Er möchte ein Grundhonorar von 215 000 Dollar", sagte Bill. „Und eine Klausel über eine leistungsabhängige Zulage."

Der Radsportverband UCI vergab Bonuspunkte auf der Basis der Leistungen bei großen Rennen. Wenn ich genügend gute Ergebnisse brachte, konnte ich mir über diese Punkte das holen, was mir am Grundhonorar fehlte. Bill erklärte ihnen, dass ich 500 Dollar für jeden Bonuspunkt bis 150 haben wollte und für jeden Punkt darüber 1000.

„Wären Sie einverstanden, wenn wir für die UCI-Punkte eine Obergrenze festsetzen würden?", fragte Thom.

In gewisser Weise war das ja ein Kompliment: Offenbar machten sie sich Sorgen, ich könnte so viele Punkte machen, dass es für sie zu teuer wurde.

„Kommt nicht infrage", lehnte Bill ab.

Thom sah Bill schweigend mit dem kühlen Blick eines routinierten

Verhandlungspartners an. Seit Wochen hatten wir am Verhandlungstisch nichts erreichen können, aber Thom Weisel kannte mich, und er glaubte wohl an mich.

„Ich stehe dafür gerade", willigte Thom ein. „Betrachten Sie's als erledigt."

Bill seufzte beinahe erleichtert. Was für ein Geschäft! Ich war wieder im Rennen. Im November und Dezember wollte ich in den USA trainieren und dann im Januar nach Europa fliegen, um zum ersten Mal seit 18 langen Monaten wieder an einem Rennen teilzunehmen. Das bedeutete, dass ich auch meine alten Lebensgewohnheiten wieder aufnehmen musste, aus dem Koffer leben und überall auf dem Kontinent Rennen fahren würde.

Aber jetzt gab es eine neue Komplikation: Kik. Ich fuhr nach Plano und besuchte meine Mutter. An einem Samstagmorgen beim Kaffee sagte ich zu ihr: „Wir wollen uns heute ein paar Brillanten anschauen." Meine Mutter strahlte. Sie wusste sofort, was ich meinte. Und wir gingen zu den besten Juwelieren in Dallas.

Ich flog nach Austin zurück und plante ein gemütliches Abendessen zu Hause, nur für Kik und mich. Wir saßen im Garten an dem Deich hinter meinem Haus und sahen zu, wie die Sonne über dem Lake Austin unterging.

„Ich muss wieder nach Europa", erzählte ich Kik, „und ich möchte nicht ohne dich gehen. Ich möchte, dass du mitkommst." Ich stand auf. „Heute ist etwas gekommen, was ich dir gern zeigen möchte." Ich griff in die Tasche und holte ein kleines gefüttertes Etui heraus, das ich öffnete. Die Brillanten glitzerten im Licht.

„Heirate mich", sagte ich.

Kik sagte Ja.

Wir hatten noch nie über meine medizinische Prognose gesprochen. Kik hatte mich zu meinen monatlichen Kontrolluntersuchungen begleitet, hatte mit mir vor den Röntgenaufnahmen gesessen, aber wir beide hatten nie das Gefühl gehabt, über das Gesamtbild reden zu müssen. Als wir uns dann verlobt hatten, sagte eine Freundin ihrer Mutter zu ihr: „Wie konntest du es nur zulassen, dass deine Tochter einen Krebspatienten heiratet?" Erst in diesem Augenblick sahen wir uns gezwungen, darüber nachzudenken. Kik sagte einfach nur: „Weißt du, ich hab lieber ein wirklich wunderbares Jahr als 70 mittelmäßige. So seh ich das. Das Leben besteht nun mal aus Ungewissheiten. Du weißt es nicht. Niemand weiß es."

Gemeinsam mit Kik packte ich alles ein, und wir fuhren quer durchs

Land nach Santa Barbara, Kalifornien, wo ich zwei Monate lang an einem Intensivtraining teilnehmen würde. Wir mieteten uns ein kleines Haus am Strand und fühlten uns dort so wohl, dass wir beschlossen, dort auch zu heiraten. Wir planten den Hochzeitstermin für Mai. Vorher mussten wir jedoch im Januar nach Europa übersiedeln, wo wir den Winter 1998 und die Rennsaison im Frühling verbrachten.

Ich war jetzt auch offiziell eine Person, die den Krebs überlebt hatte. Am 2. Oktober hatte ich den ersten Jahrestag der Krebsdiagnose gefeiert, was bedeutete, dass ich die so genannte Remissionsphase hinter mir hatte. Aber was macht man, wenn man den Krebs überlebt hat? Was bedeutet das? Wenn die Behandlung abgeschlossen ist, sagen die Ärzte: „Sie sind geheilt, gehen Sie nach Hause, und leben Sie. Viel Glück." Aber es gibt keine Unterstützung, niemand, der einem dabei hilft, mit den emotionalen Folgen fertig zu werden, mit der Rückkehr in die Welt, nachdem man um sein Leben gekämpft hat.

Ich war körperlich geheilt, aber meine Seele musste sich noch erholen. Ich trat gerade in eine Phase ein, die man Überleben nennt. Wie würde mein zukünftiges Leben aussehen? Wie würde es weitergehen?

Zurück ins Leben

Wie konnte ich so schnell wie möglich wieder normal leben? Das war mein Hauptproblem nach dem Krebs. Es gibt den Spruch, dass man jeden Tag so leben soll, als wäre es der letzte. Aber das half mir auch nicht weiter. Es ist bestimmt gut gemeint, aber in der Praxis funktioniert es nicht.

Die Leute denken, das Comeback von Lance Armstrong sei ein großer Triumph gewesen, aber am Anfang war es die reine Katastrophe. Wenn man ein ganzes Jahr lang Angst vor dem Tod gehabt hat, meint man, für den Rest des Lebens Anspruch auf Dauerurlaub zu haben. Das geht natürlich nicht. Man muss wieder zu seiner Familie zurück, zu seinen Freunden und seinem Beruf. Aber ein Teil von mir wollte mein altes Leben nicht zurückhaben.

Im Januar zogen wir mit dem US-Postal-Tross nach Europa. Kik kündigte ihren Job, gab ihren Hund weg, vermietete ihr Haus und packte alles zusammen, was sie besaß In Cap Ferrat, auf halbem Weg zwischen Nizza und Monaco, mieteten Kik und ich uns eine Wohnung. Dann ließ ich sie eine Weile allein und ging mit dem Team auf die Straße.

Kristin war auf sich allein angewiesen in einem fremden Land, ohne

Freunde oder Familie, und sie konnte die Sprache nicht. Aber sie reagierte typisch: Sie meldete sich sofort zu einem Französisch-Intensivkurs an, richtete die Wohnung ein und stürzte sich in die ganze Sache wie in ein großes Abenteuer, ohne das kleinste bisschen Angst. Nicht ein einziges Mal jammerte sie herum. Ich war stolz auf sie.

Mein erstes Profirennen nach 18 Monaten war die „Ruta del Sol“, ein Fünftagerennen durch Spanien. Ich kam auf den 14. Platz, und das war eine Sensation. Trotzdem war ich deprimiert und unzufrieden. Ich war daran gewöhnt, vorn zu liegen und nicht auf dem 14. Platz zu enden.

Zwei Wochen später startete ich im „Paris–Nizza“. Es ist eins der schwierigsten Etappenrennen überhaupt, abgesehen von der Tour de France. Eine achttägige Strapaze, die berüchtigt ist wegen der winterlich rauen Wetterbedingungen. Vor dem eigentlichen Rennen fand der so genannte Prolog statt, ein Einzelzeitfahren. Das ist eine Art Ausleseverfahren, nach dem bestimmt wird, welcher Fahrer an der Spitze des Feldes fährt. Ich machte den 19. Platz, nicht schlecht für einen, der gerade vom Krebs geheilt war. Aber ich sah das nicht so. Ich war daran gewöhnt zu gewinnen.

Als ich am nächsten Morgen aufwachte, war der Himmel grau, es wehte ein scharfer Wind, und die Temperatur lag bei null. Als ich die Augen aufmachte, wusste ich sofort, dass ich bei diesem Wetter nicht fahren wollte.

Wir brachen zu einer langen, ebenen Etappe auf. Der Regen peitschte von der Seite, und durch den scharfen Wind kam es einem noch kälter vor. Der Seitenwind schnitt durch meine Kleidung, und ich konnte das Rad fast nicht mehr halten, als ich am Straßenrand entlangschlingerte. Plötzlich legte ich meine Hände oben auf den Lenker, richtete mich im Sattel auf und fuhr auf den Seitenstreifen.

Ich gab auf. Ich verließ das Rennen. Ich zog mir die Nummer vom Trikot und dachte: *So habe ich mir mein Leben nicht vorgestellt, frierend und nass bis auf die Knochen und in der Gosse.*

Die Entscheidung aufzuhören hatte nichts damit zu tun, wie ich mich körperlich fühlte. Ich war stark, aber ich wollte nicht mehr mitmachen. Ich wusste einfach nicht, ob ich mich für den Rest meines Lebens auf dem Rad durch Kälte und Schmerzen strampeln wollte.

Kik war gerade nach der Sprachschule etwas einkaufen, als ich sie auf ihrem Handy anrief. „Ich komm heute Abend nach Hause“, kündigte ich an. Sie verstand mich nicht, weil der Empfang nicht besonders gut war, und fragte: „Was? Was ist los?“

„Das erzähl ich dir später“, vertröstete ich sie. „Bis heute Abend.“

Ein paar Stunden später holte Kik mich am Flughafen ab. Wir sprachen nicht viel, bis wir im Auto saßen und auf dem Weg nach Hause waren. Schließlich sagte ich: „Weißt du, es macht mir einfach keinen Spaß mehr."

„Warum?", wollte sie wissen.

„Ich weiß nicht, wie viel Zeit ich noch habe, aber die möchte ich nicht auf dem Rad verbringen. Ich hasse es. Ich hasse die Strapazen. Ich hasse es, von dir getrennt zu sein. Ich hasse das ganze Leben hier. Ich will nicht in Europa bleiben. Bei der ‚Ruta del Sol' hab ich es mir bewiesen, ich hab gezeigt, dass ich zurückkommen und es schaffen kann. Jetzt brauch ich mir selber nichts mehr zu beweisen und den anderen Krebskranken auch nicht. Das war's."

Ich erwartete, dass sie mir Vorwürfe machen würde: „Und was ist mit meinem Kurs und was mit meinem Job? Warum bin ich dann überhaupt mitgegangen?" Aber das sagte Kik nicht. Ruhig antwortete sie: „Also gut."

DER NÄCHSTE Abend war der Anfang eines Packmarathons. Kik machte sich mit der gleichen Energie daran wie ans Auspacken. Es war ein Albtraum. Meine einzige gute Erinnerung an diese Zeit ist die an Kik und wie sie in dem ganzen Chaos, das ich anstiftete, die Ruhe behielt. Ich hätte es ihr nicht verübelt, wenn sie zusammengebrochen wäre. Sie hatte ihre Arbeitsstelle gekündigt, war nach Frankreich gezogen, hatte alles aufgegeben, und quasi über Nacht wollte ich nach Austin zurück und meine Karriere an den Nagel hängen. Aber sie hielt zu mir. Sie war verständnisvoll, unendlich geduldig und unterstützte mich in allem.

Zu Hause in Amerika wunderten sich alle, wo ich abgeblieben war. Bei Carmichael klingelte morgens um acht das Telefon. Ein französischer Journalist fragte ihn: „Wo ist Lance Armstrong?" Chris antwortete: „Er ist beim Paris–Nizza-Rennen." Der Journalist widersprach in gebrochenem Englisch: „Nein, er ist ausgestiegen."

Chris legte auf und rief Bill Stapleton an, aber der hatte nichts von mir gehört. Auch Och wusste nichts. Chris versuchte es über meine Handynummer und in meiner Wohnung in Frankreich. Keine Antwort. Er hinterließ mir Nachrichten, auf die ich nicht reagierte, und das war ungewöhnlich.

Irgendwann rief ich Chris vom Flughafen aus an und sagte: „Wir fliegen nach Hause. Ich mach das nicht mehr mit. Ich brauch die schäbigen Hotels, dieses Wetter und das miese Essen nicht. Was soll mir das bringen?"

„Lance, tu, was du willst. Aber nicht Hals über Kopf", sagte Chris. Ruhig sprach er weiter und versuchte, ein bisschen Zeit herauszuschinden. „Kein Wort zur Presse, keine Verlautbarungen, kein Wort, dass du aufhören willst", warnte er mich.

Nachdem ich mit Chris gesprochen hatte, erreichte ich Stapleton. „Ich bin so was von fertig", erzählte ich ihm. „Ich hab ihnen bewiesen, dass ich ein Comeback schaffe, und jetzt bin ich fertig."

Bill blieb ganz cool. „Okay", sagte er, schlug aber vor, mit einer Presseerklärung noch zu warten. „Eine Woche oder so, Lance. Das ist einfach zu verrückt im Moment."

„Du verstehst mich nicht. Ich will jetzt Schluss machen, jetzt sofort."

„Lance", sagte Bill, „ich hab es kapiert, du willst aufhören. Okay, aber vorher müssen wir noch über ein paar Dinge reden. Warte einfach noch ein paar Tage."

Kik und ich flogen nach Austin und hatten einen fürchterlichen Jetlag. Als wir nach Hause kamen, klingelte das Telefon ununterbrochen. Man wollte wissen, wo ich war und warum ich verschwunden war. Als es endlich ruhiger wurde, schliefen wir uns aus und trafen uns am nächsten Tag mit Bill in seiner Kanzlei in der Stadt.

„Ich bin nicht hier, um über meinen Ausstieg zu diskutieren", stellte ich klar. „Das ist entschieden. Ich bin fertig damit, und es ist mir egal, was du darüber denkst."

Bill schwieg vielleicht 20 Sekunden lang. Dann sagte er: „Also, wir müssen wenigstens eine Pressekonferenz geben, ganz offiziell. Dieses ‚Ruta del Sowieso' und ‚Paris–Dingsbums', davon hat in Amerika kein Mensch irgendwas gehört. Kein Mensch weiß, dass du wieder gefahren bist. Du musst eine Pressekonferenz abhalten und der Welt mitteilen, dass du den Radsport aufgibst. Ich weiß, du hast dein fabelhaftes Comeback gehabt. Das ist schon richtig. Ein Wunder, was du geleistet hast. Allein der Sieg über den Krebs ist ein Comeback. Aber das weiß kein Mensch."

„Bei der ‚Ruta del Sol' bin ich Vierzehnter geworden", verteidigte ich mich.

„Lance", prophezeite mir Bill, „du wirst der Kerl sein, der Krebs bekommen hat und nie mehr gefahren ist. Das ist es, was sich die Leute merken."

Kik stiegen Tränen in die Augen.

„Also", stimmte ich zögernd zu, „so geht das natürlich nicht."

„Ich weiß, du willst dich zurückziehen", fuhr Bill fort. „Hast du dir aber mal überlegt, *wie* du dich zurückziehen willst? Wie wäre es mit einem Abschiedsrennen?" Ich könne unmöglich aus dem Aktivsport ausscheiden, ohne in den USA noch einmal angetreten zu sein, fand er. „Wie wär's mit den ‚National Championships' im Juni, die würden sich als Abschiedsrennen doch anbieten?", schlug er vor. „Du hättest gute Gewinnchancen, das weißt du. Das wäre ein Comeback, an das sich die Leute lange erinnern."

„Also, ich weiß nicht", zierte ich mich. „Eigentlich will ich überhaupt nicht mehr aufs Rad."

Geduldig brachte Bill mich dazu, die Mitteilung über mein Ausscheiden noch aufzuschieben. Frühestens konnte ich nach dem „Ride for the Roses" ausscheiden, also erst im Mai.

Schließlich hatte Bill mich so weit. Ich versprach ihm, bis auf weiteres nichts zu sagen. Und inzwischen wollte ich erst mal ein paar Tage freimachen.

Das Postal Team hatte Geduld mit mir. Thom Weisel war bereit zu warten. Doch aus den paar Tagen wurde eine Woche, aus der Woche wurde ein Monat. Mein Rad rührte ich in dieser Zeit nicht an. Es stand unausgepackt in der Garage.

Ich lungerte herum, spielte jeden Tag Golf, fuhr Wasserski, trank Bier, aß Tex-Mex, lag auf dem Sofa und zappte durch die Fernsehprogramme.

Aber Spaß machte mir das alles nicht. Ich war weder fröhlich noch frei und glücklich. Es hatte etwas Gezwungenes. Die Wahrheit war, dass ich mich schämte. Mein Verhalten passte überhaupt nicht mehr zu meinem Charakter, und das nur, weil ich überlebt hatte. Es war ein klassischer Fall von „Was nun?". Ich hatte einen Job gehabt und ein individuelles Leben, und dann war ich krank geworden, und das hatte mein Leben völlig umgekrempelt. Als ich versuchte, in mein altes Leben zurückzukehren, verlor ich völlig die Orientierung, nichts war mehr so wie früher – und damit konnte ich einfach nicht umgehen. Ich wollte nur noch abhauen, und das tat ich auch. Ich drückte mich vor jeder Verantwortung.

Nachdem ich einige Wochen mit Golfspielen, Biertrinken und mexikanischem Essen verbracht hatte, hatte Kik die Nase voll.

„Du musst endlich eine Entscheidung treffen", erinnerte sie mich. „Du musst dich entscheiden, ob du dich richtig zur Ruhe setzen und ein Golf spielender, Bier trinkender, mexikanisches Essen mampfender Schlappi werden willst. Wenn du das willst, okay. Ich liebe dich und werde dich sowieso heiraten. Aber ich muss wissen, woran ich bin, damit ich planen, mir einen Job suchen und dein Golfspielen finanzieren kann. Sag mir endlich, woran ich bin. Aber wenn du dich nicht zur Ruhe setzen willst, dann musst du mit dem Essen und Trinken aufhören und darfst nicht so herumhängen. Das musst du dir wirklich klar machen. Du drückst dich vor jeder Entscheidung."

Sie sagte das nicht unfreundlich. Und sie hatte natürlich Recht. Ich wusste wirklich nicht, was ich wollte, ich hing nur so rum. Plötzlich sah ich mich durch ihre Augen, als einen Ruheständler, und was ich sah, gefiel mir überhaupt nicht. Sie wollte kein untätiges Leben führen, und das konnte ich ihr nicht verdenken.

„Okay", sagte ich. „Ich denk darüber nach."

KIK, BILL, Carmichael und Och hatten sich gegen mich verschworen. Hinter meinem Rücken redeten sie dauernd darüber, wie sie mich wieder aufs Rad bringen könnten. Ich verkündete zwar immer noch, dass ich aufhören wolle, aber mit der Zeit fing ich an zu schwanken. Bill überredete mich zu einem letzten Rennen, den „U.S. Pro Championships", das im Mai in Philadelphia stattfinden sollte.

Chris Carmichael kam nach Austin. Er warf einen Blick in die Garage, sah das immer noch verpackte Rad und schüttelte den Kopf. Wie Kik meinte auch er, ich müsse mich bewusst für oder gegen das Rad entscheiden. „Du hast überlebt, und jetzt musst du wieder ins Leben zurück", sagte er immer wieder. Der zweite „Ride for the Roses" stand vor der Tür. Das Rennen war ein so genanntes Kriterium durch die Innenstadt von Austin, ein Rundstreckenrennen mit Punktewertung. Dafür brauchte ich wenigstens ein Minimum an Kondition. „So kann das nicht weitergehen", fand Chris und zeigte auf meinen Körper. „Mit so einer Figur kannst du dich da nicht sehen lassen. Das wäre zu peinlich für deine Krebsstiftung."

Chris bestand auf einem acht- bis zehntägigen Intensivtraining, damit ich wieder in Form kam, unabhängig von irgendwelchen Rückzugsplänen. Aber nicht in Austin. „Irgendwo außerhalb", meinte er. „Hier kannst du dich nicht konzentrieren – zu viel Ablenkung."

Wir überlegten, wohin wir gehen könnten. Arizona? Zu heiß. Colorado? Zu hoch. Dann fiel mir etwas ein: „Was ist mit Boone? Diese kleine Hippiegemeinde in North Carolina?"

Boone lag hoch oben in den Appalachen, auf der alten Strecke der „Tour DuPont". Ich hatte schöne Erinnerungen an diesen Ort. Zweimal hatte ich dort die „Tour DuPont" gewonnen und viele Nachmittage damit verbracht, mich über den höchsten Gipfel zu quälen, den Beech

Mountain, die entscheidende Bergetappe des Rennens. Die Gegend war äußerst anstrengend, aber wunderschön, und in dem Collegestädtchen Boone wimmelte es von Studenten und Professoren der nahe gelegenen Appalachian State University. Praktischerweise gab es an der Uni auch ein Trainingszentrum, und in den umliegenden Wäldern gab es jede Menge Hütten.

Per Internet mietete ich eine einsam gelegene Hütte. Dann fragte ich meinen alten Freund Bob Roll, ob er mein Trainingspartner sein wollte. Bob war 38 und ein hoch motivierter ehemaliger Straßenfahrer, der zum Mountainbiking gewechselt hatte. Ich freute mich darauf, die zehn Tage mit ihm zu trainieren.

Wir flogen nach Charlotte in North Carolina und fuhren dann drei Stunden in die Berge. Zuerst steuerten wir die Universität an. Mit dem Trainingszentrum am Sportinstitut hatte Chris ein paar Tests auf einem stationären Fahrrad vereinbart, um festzustellen, wie fit ich war. Er fand bestätigt, was er schon wusste: Ich war fett und in einer lausigen Verfassung. Aber Chris wusste auch, dass mein Körper schon nach kürzester Zeit auf neue Belastungsspitzen reagierte, und ging davon aus, dass ich in wenigen Tagen wieder in Topform sein konnte.

Von da an gab es nur noch Essen, Schlafen und Fahren. In den höheren Bergregionen hatte gerade der Frühling begonnen und hüllte die Kiefernwälder in Nebel und Nieselregen. Tagtäglich fuhren wir im Regen. Die Kälte stach mir in die Lungen, und bei jedem Atemzug blies ich weiße Eiswolken aus. Aber diesmal machte mir das nichts aus, ich fühlte mich davon wie gereinigt.

Zum Abschluss des Trainings wollten wir den Beech Mountain nehmen. Chris wusste genau, warum er mir das vorschlug: Es hatte einmal eine Zeit gegeben, in der das „mein" Berg gewesen war. Die mörderische Steigung bis zum schneebedeckten Gipfel war 1500 Meter lang, und bei meinen zwei „Tour-DuPont"-Siegen war das die entscheidende Etappe gewesen. Ich erinnerte mich noch daran, wie ich mich den Berg hinaufgearbeitet hatte, angefeuert von Massen von Zuschauern, die meinen Namen auf die Straße geschrieben hatten: GO, ARMSTRONG!

Wir starteten an einem kalten, regnerischen Nebeltag und wollten erst eine Schleife von 160 Kilometern fahren, bevor wir uns zum Schluss an den Aufstieg zum Beech Mountain machten. Chris sollte im Auto folgen, damit wir oben die Räder aufladen und zum Abendessen zur Hütte zurückfahren konnten.

Wir fuhren und fuhren, es regnete unaufhörlich, vier Stunden, dann fünf. Als wir am Fuß des Beech Mountain ankamen, war ich seit sechs

Stunden im Sattel und durch und durch nass. Aber ich stellte mich in die Pedale und kurbelte die Maschine bergauf.

Das Klettern löste etwas in mir aus. Während ich mich den Berg hinaufschraubte, dachte ich über mein Leben nach. Ich dachte zurück an alle wichtigen Stationen, von meiner Kindheit an über die ersten Rennen bis hin zu meiner Krankheit und wie sie mich verändert hatte. Vielleicht lag es an dem sturen Kraftakt des Kletterns, dass ich mich endlich den Fragen stellte, um die ich mich seit Wochen herumdrückte. Ich merkte, dass die Zeit der Ausflüchte vorbei war. *Beweg dich,* sagte ich zu mir, *beweg dich, denn solange du dich noch bewegen kannst, bist du nicht krank.*

Ich schaute auf den Boden, der unter meinen Füßen wegraste, auf das Wasser, das von den Reifen spritzte, und auf die wirbelnden Speichen. Ich sah blasse Buchstaben auf die Straße geschrieben, ich sah meinen verwaschenen Namen: GO, ARMSTRONG!

Auf meinem Weg nach oben sah ich mein Leben als Ganzes vor mir. Ich sah die Muster, seine Vorzüge und auch seinen Sinn. Und der bestand schlicht darin, dass mir ein langer, mühsamer Aufstieg bestimmt war.

Ich war fast auf dem Gipfel angekommen. Hinter mir konnte Chris an meiner Körperhaltung auf dem Fahrrad sehen, dass sich in mir ein innerer Wandel vollzog. Er spürte, dass eine Last von mir abgefallen war.

Spielend erreichte ich den Gipfel und ließ das Rad auslaufen. Chris parkte das Auto und stieg aus. Wir sprachen nicht darüber, was gerade geschehen war. Chris sah mich nur an. „Ich lade jetzt dein Rad auf den Wagen“, meinte er.

„Nein“, widersprach ich, „gib mir die Regenjacke. Ich fahr zurück.“

Ich war wiederhergestellt. Ich war wieder ein Radrennfahrer. Chris lächelte und stieg ins Auto.

Den Rückweg verbrachte ich in einem Zustand fast ehrfürchtigen Staunens über diese schönen, friedlichen, seelenvollen Berge. Die Fahrt war anstrengend, aber ruhig. Beim Fahren empfand ich die reinste Liebe für das Rad.

Ein oder zwei Tage später sagte ich abends beim Essen beiläufig zu Chris: „Ich überlege, ob ich bei diesem Rennen in Atlanta mitmachen kann.“

„Klar, machen wir“, antwortete Chris.

An diesem Abend planten wir mein Comeback. Chris telefonierte mit Bill Stapleton und berichtete ihm: „Es geht los. Er ist wieder ein anderer Kerl geworden. Der, den wir von früher kennen.“

Unsere Hochzeit in Santa Barbara. Anschließend gab's eine große Party, bei der Braut und Bräutigam Zigarren pafften.

ES WAR nicht so, dass ich einfach zurück aufs Rad sprang und gewann. Es gab viele Höhen und Tiefen, gute Ergebnisse und schlechte, aber die schlechten machten mich diesmal nicht mehr fertig. Nach Boone genoss ich wieder jeden Tag auf dem Rad. Jeden einzelnen Tag.

Das Rad musste sogar mit zur Hochzeit. Im April 1998 war ich in Boone gewesen, und im Mai heirateten Kik und ich in Santa Barbara. Wir luden ungefähr hundert Leute ein und gaben uns bei einer kleinen katholischen Feier – Kik ist katholisch – das Jawort.

Wir blieben noch ein paar Tage in einem Haus am Strand. Es waren nicht gerade die idealen Flitterwochen, weil ich nach meinen Erlebnissen in Boone ganz wild darauf war zu trainieren. Ich fuhr jeden Tag. Dann kehrten wir wieder nach Hause zurück, weil ich in Austin am „Ride for the Roses" teilnehmen wollte, das sich zu einem spektakulären Sportereignis gemausert hatte. Ich gewann das Kriterium vor einem ziemlich guten Feld. Als ich aufs Podium stieg, kreischte Kik und hüpfte herum, als hätte ich die Tour de France gewonnen. Mir fiel ein, dass sie noch nie erlebt hatte, wie ich ein Rennen gewann. „Das war doch nichts Besonderes", behauptete ich achselzuckend, aber insgeheim freute ich mich doch.

Es war schön, wieder ein bisschen Wettkampfluft zu schnuppern. Mein nächstes Rennen, die „U.S. Pro Championships“ im Juni, war mein offizielles Comeback in den Rennzirkus. Ich wurde Vierter.

Eines Morgens sagte ich zu Kik: „Hör mal, vielleicht sollten wir es noch mal mit Europa probieren.“ Sie nickte vergnügt und fing an zu packen.

Kik und ich probierten es erst mal mit einer kleinen Mietwohnung in Nizza. Kik meldete sich wieder zu einem Französischkurs an, und ich startete bei verschiedenen Rennen. Ich nahm an der „Tour de Luxembourg“ teil – und gewann sie. Als Nächstes fuhr ich die „Tour von Holland“, die eine Woche dauert, und wurde Vierter. Die Tour de France im Juli ließ ich aus – der mörderischen Dauerbelastung in diesem dreiwöchigen Etappenrennen war ich noch nicht gewachsen. Aber ich kommentierte die Tour ein paarmal im Fernsehen und sah vom Straßenrand aus zu. Es wurde das umstrittenste, traumatischste Rennen in der Geschichte des Radsports. Bei gezielten Razzien in verschiedenen Mannschaftswagen stöberte die französische Polizei ganze Wagenladungen voll EPO, Wachstumshormonen und Steroiden auf. Teammitglieder und Funktionäre wurden ins Gefängnis geworfen, jeder war verdächtig, und die Radrennfahrer platzten vor Wut über das Vorgehen der Behörden. Von den ursprünglich 21 Teams beendeten nur 14 das Rennen. Ein Team wurde ausgeschlossen, und sechs weitere schieden unter Protest aus.

In diesem Sommer machte ich auf dem Rad große Fortschritte, und im August waren Kik und ich uns meiner Zukunft als Rennfahrer so sicher, dass wir uns in Nizza ein Haus kauften. Während Kik sich mit ihren frisch erworbenen Französischkenntnissen mit Bankangestellten und Möbelverkäufern herumschlug, fuhr ich mit dem Team zur „Vuelta a España“, der dreiwöchigen Tour von Spanien, die zu den anstrengendsten Radrennen der Welt gehört. Es gibt drei wirklich große Touren im Radrennsport: Italien, Spanien und Frankreich.

Am 1. Oktober 1998, fast zwei Jahre nach meiner Krebsdiagnose, fuhr ich bei der „Vuelta“ durchs Ziel und wurde Vierter. Für mich einer der wichtigsten Erfolge meiner Karriere. In 23 Tagen fuhr ich 3757 Kilometer und verpasste das Treppchen nur um sechs Sekunden.

Der 4. Platz in der „Vuelta“, das war mehr als ein Comeback. In meinem früheren Leben war ich bei Eintagesrennen immer sehr stark gewesen, aber bei den dreiwöchigen Etappenrennen hatte ich nie eine große Chance. Die „Vuelta“ bedeutete nicht nur, dass ich wieder da war, ich war sogar besser geworden. Jetzt konnte ich jedes Rennen der Welt gewinnen.

Als ich nach Hause kam, überreichte mir Kik die neuen Schlüssel. Irgendwie hatte ich dabei ein verrücktes Glücksgefühl. Das Haus kam mir vor wie der Höhepunkt dieses Jahres. Wir hatten es geschafft, wir hatten uns in Europa eingerichtet, und meine Karriere war neu gestartet. Kik konnte ein bisschen Französisch, wir hatten ein neues Zuhause und waren zusammen, und das war uns das Wichtigste. „Mein Gott", sagte sie, „wir haben es geschafft. Wir haben neu angefangen."

Dann flogen wir nach Austin und verbrachten dort den Herbst und die Winterferien. Wir waren noch nicht lange zurück, da bekam ich eine E-Mail von Johan Bruyneel, dem Sportdirektor des U. S. Postal Teams. Er gratulierte mir zur „Vuelta". „Ich denke, der 4. Platz war mehr, als Sie erwartet haben", schrieb er. Dann machte er eine interessante, geheimnisvolle Andeutung. „Auf dem Siegerpodest der Tour de France nächstes Jahr werden Sie eine gute Figur machen."

Es lohnte sich, darüber nachzudenken. Nach einem Jahr der Verwirrung und der Selbstzweifel wusste ich endlich genau, was ich wollte.

Ich wollte die Tour de France gewinnen.

Es gibt etwas, das man beim Überleben lernen muss: Nach all der Aufregung, nachdem Verzweiflung und Krise überstanden sind, wenn man seine Krankheit angenommen und schließlich die Heilung gefeiert hat, sind es die alten Routinesachen und Gewohnheiten, die das Leben zusammenhalten. Zum Beispiel, dass man sich morgens rasiert, weil man einen Job hat, der einen erwartet, eine Frau, die man liebt, und ein Kind, das man großzieht. Das alles gibt dem Dasein ein Muster, das den Begriff „Leben" erst ausmacht.

Ich wollte ein Kind haben. Während meiner Krankheit war die Vaterschaft aus meinem Blickfeld gerückt, vielleicht sogar unmöglich, eine verlorene Chance. Jetzt wollte ich die Frage der Vaterschaft nicht länger aufschieben. Zum Glück ging es Kik genauso.

Ironischerweise wurde das medizinisch fast genauso kompliziert wie eine Krebsbehandlung: Es gab ebenso viele Untersuchungen und Vorkehrungen, jede Menge Spritzen, Medikamente und zwei Operationen. Ich war unfruchtbar. Um schwanger zu werden, musste Kik eine künstliche Befruchtung (In-vitro-Fertilisation, kurz IVF) vornehmen lassen, mit dem Sperma, das in San Antonio eingefroren war.

Am 28. Dezember 1998 hatten wir den ersten Termin bei dem IVF-Spezialisten Dr. Thomas Vaughn in Austin.

Als wir das Sprechzimmer verließen, hatten wir einen groben Zeitplan in der Tasche und waren überrascht, dass es so schnell gehen könnte – wenn alles klappte, konnte Kik schon im Februar schwanger sein. Das Timing war wichtig, weil wir die Geburt des Babys mit meinen Trainingsphasen abstimmen mussten, wenn ich wirklich die Tour de France gewinnen wollte.

Silvester war der letzte Abend, an dem Kik Alkohol trinken durfte. Kein Alkohol und kein Koffein mehr im neuen Jahr. Am nächsten Morgen hatte meine Königin von Java einen furchtbaren Kater und lechzte nach einem Kaffee, aber sie trank von da an keinen Tropfen mehr. Wir wollten, dass unser Baby gesund war.

Ein paar Tage später gingen wir in die IVF-Sprechstunde wegen der Blutuntersuchungen. Kik wurde leichenblass bei der Blutabnahme. Ich sagte ihr, sie sei eine Zicke, aber eigentlich hatte ich Mitleid mit ihr. Sie hat Angst vor Spritzen, und die nächsten Wochen würden sehr schwer für sie werden.

An diesem Abend bekam sie ihre erste Lupronspritze. Lupron ist ein Medikament, das den Eisprung verhindert. Alle 24 Stunden musste Kik zehn Einheiten spritzen – also eine Spritze pro Abend, bis die Ärzte ihr sagten, dass es genug war. Für jemanden, der eine Aversion gegen Nadeln hat, war das natürlich ein Horror. Um die Sache noch schlimmer zu machen, musste sie sich die Spritzen sogar selbst setzen.

Jeden Abend Punkt halb neun ging Kik ins Bad und gab sich eine Spritze in den Oberschenkel. Beim ersten Mal zitterten ihr so die Hände, dass sie es nicht schaffte, die Luftbläschen aus dem Kolben zu drücken. Schließlich kniff sie sich fest in den Oberschenkel, fluchte laut und stach zu.

Zwischenzeitlich war ein Trainingscamp in Kalifornien angesetzt worden. Natürlich musste ich mitgehen, aber das hieß, dass ich Kik bei der Schwangerschaftsvorbereitung mehrere Tage allein lassen musste. Während ich weg war, machte sie eine große Wallfahrt zur Klinik in San Antonio, wo mein tiefgefrorenes Sperma aufbewahrt wurde.

Auf meinen Wunsch ließ Kik kurz den Behälter öffnen und warf einen Blick auf die auf dem Fläschchen eingravierten Initialen LA. „Ich hab im Stillen gebetet, dass das Gläschen nicht irgendeinem Larry Anderson gehört“, erzählte sie mir später. Auf dem Rückweg fuhr sie besonders vorsichtig. Ich rief sie unterwegs ein paarmal an, weil ich wissen wollte, wie weit sie war. Ich fühlte mich erst sicher, als sie den Behälter in Austin abgegeben hatte. Es war nicht ganz das romantische, kerzenbeleuchtete Liebeserlebnis, das wir im Kopf hatten, aber jetzt waren wir bereit, ein Kind zu empfangen.

Kik setzte sich eine Spritze nach der anderen. Einmal waren ein paar

Freundinnen zum Abendessen da, und als es halb neun war, wollte keine von ihnen glauben, dass sie sich tatsächlich selbst mit einer Nadel piekste. Sie gingen mit ihr ins große Bad hinauf und wollten zugucken. War es Lampenfieber, waren es glitschige Finger – jedenfalls fiel die letzte Ampulle Lupron auf die Fliesen und zersprang. Ungläubig und entsetzt starrte Kik auf die Scherben. Sie wusste sehr wohl, dass sie im nächsten Monat wieder ganz von vorn anfangen musste, wenn sie diese letzte Dosis im Zyklus ausließ. Ihr traten die Tränen in die Augen. Während die Freundinnen die Scherben zusammenfegten, suchte Kik hektisch nach der Nummer der Dienst habenden Schwester und rief sie an. Es war Samstagabend, Viertel vor neun. Schluchzend erklärte Kik, was geschehen war. Die Schwester sagte: „Ach, du liebe Zeit." Und dann telefonierten beide in der Stadt herum, um eine offene Apotheke zu finden. Endlich erreichte Kik eine und raste über die Schnellstraße in die Stadt.

Einige Tage später hatte Kik einen Ultraschalltermin, bei dem ihre Eizellen vermessen werden sollten. Nun begann Dr. Vaughn mit der Gonal-F-Therapie. Dieses Medikament stimuliert das Follikelhormon und fördert die Produktion von Eizellen. Ab jetzt würde Kik zwei Spritzen täglich brauchen: fünf Einheiten Lupron und drei Ampullen Gonal F. Sie sagte mir, ihr Körper, der einmal ein Tempel war, sei jetzt eher „eine Kreuzung aus einem Nadelkissen und einem Hühnerhaus".

Am 22. Januar hatte Kik eine weitere Ultraschalluntersuchung bei Dr. Vaughn. Er registrierte zwölf Eizellen, die sich alle nach Plan entwickelten.

Kik war nun fast bereit für die „Empfängnis", die Operation zur Entnahme der Eizellen. Sie musste noch einmal eine Runde von Bluttests und Ultraschalluntersuchungen und eine weitere Injektion über sich ergehen lassen: eine Dosis HCG, der Tumormarker, der mich während der Chemo verfolgt hatte. In diesem Fall aber hatte das HCG etwas Gutes, es würde die Eizellen in Kiks Körper reifen lassen.

Sie bekam die Spritze genau um halb acht abends in einer örtlichen Praxis, 36 Stunden vor dem Eingriff. Diesmal war die Nadel noch länger als sonst.

In dieser Nacht träumte Kik von Messern und Hühnerhäusern.

Am Morgen des Eingriffs standen wir um sechs Uhr auf und gingen zum ambulanten OP-Zentrum, wo Kik erst mal Krankenhauskleidung bekam, darunter eine blaue Duschhaube und einen Bademantel. Der Anästhesist erklärte uns das Verfahren und gab uns einen Stapel Einverständniserklärungen, die wir unterzeichnen sollten. Nervös kritzelten wir unsere Namen darunter. Dann schritt Kik in den OP.

Als Kik im Aufwachzimmer zu sich kam, beugte ich mich über sie. „Kommst du zu mir ins Bett?“, fragte sie. Ich kuschelte mich neben sie und blieb bei ihr, bis sie eine Stunde später richtig wach war und aus dem Krankenhaus entlassen wurde. In einem Rollstuhl schob ich sie zum Auto und fuhr zum zweiten Mal in meinem Leben im Tempolimit nach Hause.

Am Wochenende ruhte Kik sich aus, schlief viel und sah sich Filme an. Ich pflegte sie und kochte für uns. Barbara, die Frau von Bart Knaggs, kam mit Blumen und überreichte uns einen Karton mit Eiern. „Weil Sie ja selbst keine mehr haben“, sagte sie. Das Lachen tat Kik weh, aber die Progesteronspritze, die ich ihr später gab, tat noch mehr weh. Die neueste Anweisung der Ärzte war eine tägliche Dosis Progesteron, und das mit der bisher längsten und ekelhaftesten Spritze. Diesmal musste ich das übernehmen.

Am 1. Februar rief Dr. Vaughn an und berichtete vom Fortschritt der Befruchtung. Das tiefgefrorene Sperma war aufgetaut und Kiks Eizellen durch eine so genannte ICSI (intrazytoplasmatische Spermieninjektion) befruchtet worden. Dabei wurde in jede Eizelle eine Samenzelle gespritzt. Neun Eizellen seien lebensfähig gewesen, sagte Dr. Vaughn. Von diesen neun seien sechs perfekt, zwei fraglich und eine zerstört. Wir beschlossen, drei der sechs perfekten Eizellen in Kiks Gebärmutter einpflanzen und die anderen drei einfrieren zu lassen. Merkwürdige Vorstellung, seine zukünftigen Kinder einzufrieren.

Drei Tage nach der Befruchtung fuhren wir ins Krankenhaus, um den Embryonentransfer durchführen zu lassen. Wir gingen in den abgedunkelten OP. Das gedämpfte Licht sollte eine möglichst entspannte Atmosphäre schaffen. Dann gab der Arzt dem Embryologenteam das Zeichen, und sie kamen mit unseren drei Embryonen in einer Spritze. Ich saß neben Kik auf einem Stuhl und hielt ihr unter dem Tuch beide Hände. Nach fünf Minuten war alles vorbei. Wir hatten nicht eine Sekunde die Blicke voneinander gelassen.

Zwei Wochen später, am 15. Februar, begab sich Kik frühmorgens zum Schwangerschaftstest ins Krankenhaus. Sie war so nervös, dass sie das Radio ausmachte und auf dem Hin- und Rückweg vor sich hin betete. Das Ergebnis sollte um halb zwei da sein. Um die Zeit rumzukriegen, frühstückten wir ausgiebig, duschten und packten für Europa.

Gerade als Kik mit dem Hund rauswollte, klingelte das Telefon. Ich nahm ab und sagte: „Uff.“ Während ich zuhörte, stiegen mir die Tränen in die Augen. Ich legte auf und umarmte sie stürmisch. „Baby, du bist schwanger." Kik warf ihre Arme um mich und fragte: „Bist du sicher?" Ich lachte, und dann mussten wir beide weinen.

Jetzt, wo wir wussten, dass Kik schwanger war, war die große Frage, wie viele Babys es waren. Vergnügt verkündete ich, ich wollte am liebsten drei Jungen. „Je mehr, desto besser", sagte ich.

Kik verdrehte die Augen. „Mein Mann hat eine lebhafte Fantasie. Entweder das, oder es macht ihm Spaß, mich zu quälen."

Dann musste ich zum U. S. Postal Team nach Europa. Kik blieb noch für ein paar weitere Untersuchungen da, wollte aber so bald wie möglich nachkommen. Am 5. März fand eine Ultraschalluntersuchung statt, um die Anzahl der Babys festzustellen. Ich hatte Kik schon fast davon überzeugt, dass sie Drillinge bekommen würde – doch es stellte sich heraus, dass wir ein einziges gesundes Baby erwarteten. Dr. Vaughn sagte: „Das ist ein ziemlich kräftiger Herzschlag, den wir hier haben."

Er zeigte auf eine kleine, glitzernde Bohne auf dem Bildschirm. Das ganze Ding zuckte hin und her. Kik lachte. „Das sind bestimmt nicht meine Gene, die so einen Herzschlag machen. Das sind die von Lance." Dr. Vaughn druckte ein verschwommenes Bild von der kleinen Bohne aus, das Kik mir nach Europa mitbringen wollte.

Zwei Tage später kam sie in Nizza an. Sie gab mir das Bild. Ehrfürchtig und gebannt starrte ich es an. Diese Bohne mit ihrem zuckenden Herzschlag gab mir mehr als alles, was ich bisher erlebt hatte, das Gefühl, lebendig zu sein. Ich fühlte mich so gereinigt und ehrfürchtig wie in Boone. Das Gefühl, überlebt zu haben, endlich.

„Fahr wie der Wind", sagte Kik. „Der große Daddy Armstrong hat eine Familie zu ernähren."

Die Tour

Das Leben ist lang – hoffentlich. Aber „lang" ist ein relativer Begriff: Wenn man einen Berg hinauffährt, kann einem eine Minute wie ein Monat vorkommen. Deshalb gibt es auch nur wenige Sachen, die einem länger erscheinen als die Tour de France. Wie lang ist sie? 200 Fahrer, die drei Wochen lang in der Sommerhitze ganz Frankreich, einschließlich der Gebirge, mit dem Rad umrunden. Es gibt keinen Grund, warum man bei einem solchen Blödsinn mitmachen sollte, außer dass manche Leute, das heißt solche wie ich, das Bedürfnis haben, sich dabei selbst zu finden und ihr Durchhaltevermögen zu testen. Es ist ein Wettbewerb in sinnlosem Leiden.

Aber aus ganz persönlichen Gründen glaube ich, dass die Tour die vielleicht heldenhafteste Sportveranstaltung der Welt ist. Für mich geht es hier natürlich ums Leben.

Die erste Tour fand 1903 statt. Sie ging aus einem Konkurrenzkampf unter den französischen Sportzeitungen hervor und wurde von der Zeitschrift *L'Auto* veranstaltet. Von den 60 Radrennfahrern, die an den Start gingen, kamen nur 21 ans Ziel. Das Ereignis zog sofort die gesamte Nation in seinen Bann. Ungefähr 100000 Zuschauer säumten die Straßen von Paris, und von Anfang an wurde getrickst: Getränke wurden mit Alkohol aufgepeppt, und die führenden Fahrer warfen Nägel und Glasscherben auf die Straße, um ihre Verfolger abzuhängen. Die frühen Radrennfahrer mussten ihre Verpflegung und Ausrüstung selbst mitschleppen, ihre Räder hatten nur zwei Gänge, und gebremst wurde mit den Füßen. Die ersten Bergetappen wurden 1910 eingeführt (ebenso die Bremsen), als das Peloton erstmals über die Alpen fuhr, trotz der Gefahr durch wilde Tiere. Im Jahr 1914 begann die Tour am Tag des Attentats auf Erzherzog Franz Ferdinand. Fünf Tage nach dem Ende des Rennens rollte der Erste Weltkrieg über dieselben Alpenpässe hinweg, die die Rennfahrer genommen hatten.

Heute ist das Rennen ein Wunder der Technik. Die Rennmaschinen sind so leicht, dass man sie mit einer Hand hochstemmen kann. Die Fahrer sind mit Computern, Herzfrequenzmessern und sogar Gegensprechgeräten ausgerüstet. Aber an der entscheidenden Herausforderung des Rennens hat sich nichts geändert: Wer kann die Strapazen am besten überstehen und hat die Kraft weiterzumachen? Nach meiner persönlichen Leidensgeschichte kam es mir so vor, als ob ich für dieses Rennen wie geschaffen war.

Bevor die Saison 1999 anfing, fuhr ich zu einem Essen der Krebsstiftung nach Indianapolis. Ich schaute auch im Krankenhaus vorbei und besuchte die alten Freunde aus den Tagen meiner Krankheit. Scott Shapiro erkundigte sich: „Sie wollen also wieder Etappenrennen fahren?"

Ich nickte, und dann fragte ich ihn: „Glauben Sie, ich kann die Tour de France gewinnen?"

„Das glaube ich nicht nur. Das erwarte ich von Ihnen."

DER BEGINN der Saison 1999 war ein totaler Reinfall. Schon beim zweiten Rennen des Jahres, der „Tour von Valencia", stürzte ich und brach mir fast die Schulter. Auch bei den folgenden Rennen fiel ich vom Rad. Ich fuhr nach Hause. Das Problem bestand schlicht darin, dass ich eingerostet war. Volle zwei Wochen arbeitete ich an meiner Technik. Nach meiner Rückkehr warf mich nichts mehr aus dem Sattel, und meine Ergebnisse wurden besser.

Aber seltsamerweise war ich bei den Eintagesrennen nicht mehr so gut. Ich war nicht mehr der verrückte, unbeständige junge Fahrer. Meine Art zu fahren war immer noch sehr kraftvoll, aber ich hatte meinen Stil verfeinert und fuhr nicht mehr so aggressiv. Etwas anderes gab mir jetzt Energie – seelisch, körperlich und emotional: die Tour de France.

Ich war bereit, die ganze Saison zu opfern, um mich auf die Tour vorzubereiten. Ich setzte alles auf diese eine Karte. Ich trat bei keinem der Frühjahrsklassiker an, die das Rückgrat des internationalen Radsports bilden. Stattdessen pickte ich mir eine Hand voll Rennen heraus, die mir dabei helfen würden, im Juli in Höchstform zu sein. Niemand konnte verstehen, was ich da machte. In der Vergangenheit hatte ich von den Klassikern gelebt. Warum startete ich nun nicht bei den Rennen, die ich schon mal gewonnen hatte? Schließlich kam ein Journalist zu mir und fragte mich, ob ich an irgendeinem der Frühjahrsklassiker teilnehmen würde.

„Nein“, sagte ich.

„Und warum nicht?“

„Ich konzentriere mich ganz auf die Tour.“

Er grinste mich irgendwie überheblich an. „Ach, dann sind Sie jetzt also ein Tour-Fahrer.“ Als sei das ein Witz.

Ich sah ihn nur an und dachte: *Wie auch immer, du Lackaffe. Wir werden sehen.*

Kurze Zeit später traf ich Miguel Induráin in einem Hotelaufzug. Auch er fragte mich, was ich so machte.

„Ich verbringe viel Zeit in den Pyrenäen zum Trainieren.“

„*¿Porque?* – Warum?“, fragte er.

„Wegen der Tour.“

Überrascht zog er die Augenbrauen hoch, sparte sich aber jeden Kommentar.

Alle Mitglieder des U. S. Postal Teams hatten sich genauso wie ich der Tour verschrieben. Die Stallordnung der Postals sah so aus: Frankie Andreu, ein großartiger, kraftvoller Sprinter, war unser Kapitän. Er war ein richtiger alter Kämpfer, der mich schon seit meiner Jugend kannte. Kevin Livingston und Tyler Hamilton waren unsere talentierten, jungen Kletterspezialisten. George Hincapie war der Sieger der „U. S. Pro Championships“ und wie Frankie ein Spitzensprinter, Christian Vandevelde war ein hoch begabtes Nachwuchstalent. Pascal Derame, Jonathan Vaughters und Peter Meiert-Nielsen waren die treuen Domestiken, die stundenlang Spitzengeschwindigkeiten halten konnten, ohne sich zu beklagen.

Der Mann, der uns zu einem Team zusammenschweißte, war unser Sportdirektor Johan Bruyneel, ein belgisches Pokergesicht und ehemaliger Tourfahrer. Johan wusste genau, was nötig war, um die Tour zu gewinnen. In seiner Laufbahn hatte er selbst schon zweimal eine Etappe gewonnen. Er war ein kluger und einfallsreicher Fahrer, der wusste, wie man stärkere Gegner schlug, und dieses sichere Gefühl für Strategie brachte er in unser Team ein.

Johan war es auch, der uns die Trainingscamps verordnete. Wir verbrachten je eine Woche in den Alpen und in den Pyrenäen. Wir fuhren die Bergstrecken der Tour ab, übten die Steigungen und fuhren einer hinter dem anderen sieben Stunden täglich bei jedem Wetter.

Wenn wir nicht in den Alpen oder Pyrenäen waren, trainierte ich allein. Alles, was ich tat, hatte ein Ziel. Kik und ich lebten tagaus, tagein nur noch für zwei Dinge: die Tour de France und ein gesundes Baby. Alles andere war zweitrangig, eine überflüssige Ablenkung.

Einen unvorhergesehenen Vorteil hatte der Krebs gehabt: Meine Figur hatte sich stark verändert. Ich war viel schmaler geworden. Auf alten Bildern sah ich aus wie ein Footballspieler, mit kräftigem Hals und breitem Oberkörper, was zu meiner Bulligkeit auf dem Rad beigetragen hatte. Paradoxerweise hatte mich meine Kraft in den Bergen aber eher behindert, weil es so viel Energie kostete, mein Gewicht bergauf zu schleppen. Jetzt sah ich fast ausgemergelt aus. Das Ergebnis war eine Leichtigkeit, wie ich sie noch nie auf dem Rad gespürt hatte. Mein Körper war schlanker und mein Geist ausgeglichener geworden. Ich hatte 15 Pfund abgenommen. Mehr war nicht nötig. Ich wurde sehr gut in den Bergen.

Unsere gegenseitige Verantwortung war Kik und mir sehr ernst. Radfahren war sehr, sehr harte Arbeit, und Kik respektierte es auch als solche. „Ich wünsche dir einen guten Arbeitstag“, sagte sie jeden Morgen, wenn ich ging. Wenn wir uns nicht beide gleichermaßen diesem Lebensstil angepasst hätten, wäre es schief gegangen. Hätte sie sich gelangweilt oder betrogen gefühlt oder wäre unzufrieden gewesen, dann wären diese Monate nicht so friedlich über die Bühne gegangen. Sie hätte genauso gut ein Domestik im Team sein können, so unentbehrlich war sie für mein Training geworden.

Es gab Tage, an denen ich mir in der Wildnis einen Reifen platt fuhr und zu Hause anrief. Dann kam Kik und kümmerte sich um mich. Oder sie kam nachmittags in die Berge, nur um mir etwas zu trinken und zu essen zu bringen. Sie lernte alles über den Radrennsport, damit sie mich unterstützen konnte. Sie wusste, was ich wann brauchte, welche Tage die schlimmsten waren, wann es gut war zu reden und wann sie mich besser allein ließ.

Ich fuhr, wie ich noch nie gefahren war, und quälte meinen Körper jeden Hügel hinauf und hinunter, den ich finden konnte. Rund um Nizza gibt es ungefähr 50 gute, richtig anstrengende Steigungen, manche sind 15 Kilometer lang oder noch länger. Der Trick war, nicht ab und zu mal einen Berg hinaufzufahren, sondern regelmäßig zu klettern. Auf einer sechs- oder siebenstündigen Fahrt bewältigte ich oft drei verschiedene Kletterpartien. Eine Steigung von 20 Kilometern dauerte ungefähr eine Stunde, das macht deutlich, wie meine Tage damals aussahen.

Ich fuhr, wenn kein anderer mehr fuhr. An einen Tag erinnere ich mich besonders gut, den 3. Mai. Es war ein rauer, beißend kalter Frühlingstag. Ich fuhr in die Alpen, und Johan folgte mit dem Auto. Es graupelte, und die Temperatur lag um null Grad. Johan schlug vor, das Training ausfallen zu lassen, aber ich sagte: „Nein. Wir ziehen es durch." Ich fuhr geschlagene sieben Stunden, allein. Wenn ich die Tour gewinnen wollte, musste ich fahren, auch wenn niemand sonst mehr fuhr.

NACH der Ankunft des Teams in Paris brachten wir zunächst die Vorbereitungen hinter uns. Dazu gehörten ein medizinischer Check, eine Dopingkontrolle und die obligatorischen Vorträge der Organisatoren der Tour. Jeder Fahrer bekam eine „Tour-Bibel", ein Handbuch, in dem jede Etappe beschrieben war, einschließlich der Streckenprofile und der Verpflegungsstationen. Wir bastelten an unseren Rennrädern herum, tauschten Lenker aus und überprüften, ob unsere Schuhplatten genau in die Pedale passten. Manche Fahrer waren bei der Vorbereitung ihrer Rennräder ziemlich nachlässig, aber ich achtete sehr genau darauf. Das Team nannte mich „Mister Millimeter".

Im Medienrummel vor der Tour galt der Rennstall von U. S. Postal als Außenseiter. Niemand diskutierte darüber, ob wir eine Chance hätten zu gewinnen. Ich wurde höchstens am Rande erwähnt, als der bedauernswerte Amerikaner, der den Krebs überlebt hatte. Nur einer schien zu glauben, dass ich es schaffen könnte. Kurz vor dem Start wurde Miguel Induráin gefragt, wer seiner Meinung nach gute Chancen auf den Sieg habe. Vielleicht erinnerte er sich an unser Gespräch im Lift und wusste, wie ich trainiert hatte. Jedenfalls antwortete er: „Armstrong."

Die erste Etappe der Tour bestand aus dem kurzen Prolog, einem Zeitfahren über acht Kilometer in Le Puy du Fou, einer Stadt mit einem sandfarbenen Schloss und einem Mittelalter-Freizeitpark. Der Prolog diente nebenbei auch als eine Art Platzierungssystem, sodass man die schnellen von den langsameren Fahrern unterscheiden und besser vorhersagen konnte, wer an der Spitze des Peloton fahren würde. Obwohl die Etappe nur acht Kilometer lang war, stellte sie doch eine schwierige Prüfung dar, bei der man sich nicht den kleinsten Fehler erlauben durfte. Man musste sofort lossprinten und zu seiner optimalen Leistung finden, sonst lag man schon zurück, bevor das Rennen richtig begonnen hatte.

Die Etappe begann mit einem Sprint über fünf Kilometer und führte dann einen großen Hügel hinauf, einen 700 Meter langen Anstieg, auf dem man sein Letztes geben musste. Nach einer lang gezogenen Kurve kam ein Spurt auf flacher Strecke bis zum Ziel. Eine solche Etappe war günstig für kräftige Fahrer wie mich, und sie war auch für den großen Induráin geradezu perfekt gewesen, der die Strecke einmal in der Rekordzeit von 8:12 heruntergespult hatte.

Die Fahrer gingen in Abständen von drei Minuten an den Start. Abraham Olano, der amtierende Weltmeister, brach mit einer Zeit von 8:11 den Etappenrekord. Dann wurde er von Alexander Zülle aus der Schweiz mit 8:07 geschlagen.

Jetzt war ich an der Reihe. Wenn ich in guter Form bin, bewegt sich mein Körper fast nicht auf dem Rad, meine Beine ausgenommen, die wie automatische Kolbenstangen rauf und runter stampfen. Vom Teamwagen aus beobachtete Johan, dass sich meine Schultern kaum bewegten. Das bedeutete, dass ich keine Energien verschwendete, dass ich meine ganze Kraft in das Rad pumpte und es über die Strecke jagte.

Über den Ohrknopf gab mir Johan während der Fahrt Zwischenzeiten und Anweisungen durch. „Du bist aus dem Sattel“, sagte Johan. „Setz dich hin.“

Ich fuhr zu scharf, ohne es zu merken. Also setzte ich mich wieder und konzentrierte mich nur noch auf meine Fahrtechnik, die eine Wissenschaft für sich war.

Dann fuhr ich über die Ziellinie. Ich schaute auf die offizielle Uhr.

Dort stand: 8:02.

Das kann ja wohl nicht stimmen, dachte ich.

Ich schaute noch einmal rüber: 8:02.

Ich hatte die Führung der Tour de France übernommen. Zum ersten Mal in meiner Karriere sollte ich nun das gelbe Trikot tragen, *le maillot jaune,* das mich von allen anderen Fahrern unterscheiden würde.

Sieg auf der 9. Etappe (Le Grand Bornand–Sestriere) der Tour de France 1999

EDIT LYO
OFFICIEL
LANCIA
2
France Télévision
3
599 BAJ 9

Als ich zu unseren Wohnmobilen zurückkam, fielen meine Teamkollegen über mich her und umarmten mich, und Johan drückte mich besonders herzlich. Ein Kamerateam des amerikanischen Sportsenders ESPN wollte ein Interview mit mir, aber ich konnte mich nicht richtig konzentrieren. Mein Mund war wie ausgetrocknet, und ich hatte Angst, dass ich während der Sendung zusammenbrechen würde. Ich konnte nicht mehr reden. Ich brachte einfach kein Wort mehr heraus. „Ich habe einen Schock", sagte ich heiser. „Ich habe einen Schock."

Über die Menge hinweg sah ich Induráin. Er drängte sich zu mir durch, drückte mir die Hand und umarmte mich.

Bei der Tour findet man keine Zeit, die einzelnen Etappensiege zu feiern. Zuerst wird man in aller Eile zum Dopingtest geführt, und danach übernimmt das Protokoll. Ich wurde rasch zu einem Wohnmobil gebracht, wo ich mich für die Siegerehrung frisch machen und das gelbe Trikot anziehen sollte. So intensiv ich mich auch auf die Tour vorbereitet hatte, für diesen Augenblick hatte ich nicht geprobt. Ich war überhaupt nicht auf die Gefühle vorbereitet, die mich überkamen, als ich das gelbe Trikot überstreifte.

Zu Hause in Nizza verfolgte Kik die Ereignisse im Fernsehen. Als ich im gelben Trikot auf das Podium kam, hüpfte sie im Haus herum, schrie und schüttelte das Baby durch. Schließlich konnte ich das Podium wieder verlassen und sie anrufen.

Alles, was ich am anderen Ende hörte, war: „Oh, mein Gott, oh, mein Gott, oh, mein Gott!" Dann fing sie an zu weinen und sagte: „Verdammt, Lance, du hast es geschafft."

Es gab noch einen zweiten, besonders köstlichen Moment des Sieges. Auf dem Weg zurück kam ich am Cofidis-Team vorbei. Verschiedene Mitglieder des Rennstalls standen herum. Es waren vermutlich genau die Männer, die mich, weil sie mich im Krankenzimmer schon fast für tot hielten, abgeschrieben hatten.

„Das war für euch", sagte ich, als ich an ihnen vorbeiging.

WIR BRACHEN auf zu den Ebenen Nordfrankreichs. Ich war der erste Amerikaner, der für ein amerikanisches Team auf einem amerikanischen Rennrad fuhr und die Führung der Tour de France übernommen hatte. An diesem Morgen sah ich auf die Datumsanzeige: Es war der 4. Juli, der amerikanische Nationalfeiertag.

Plötzlich wurde ich nervös. Das gelbe Trikot brachte auch Verantwortung mit sich. Jetzt war ich nicht mehr der Angreifer, sondern musste damit rechnen, ständig selbst attackiert zu werden. Ich war noch nie in der Situation gewesen, dieses Trikot verteidigen zu müssen.

Die Eröffnungsetappen der Tour gehörten den Sprintfahrern. Wir rasten auf eintönigen Straßen über die Ebenen und spielten eine Art Schnellschach auf Rädern. Die Nerven waren zum Zerreißen gespannt, die Fahrer manövrierten und änderten im Feld ständig ihre Position. Es gab mehrere Beinah-Zusammenstöße und ein paar klassische Tour-Stürze.

Johan dirigierte die Renntaktik vom Begleitwagen aus. Er gab die Zwischenzeiten, Positionsberichte und Angriffsversuche durch, wobei er ein ausgeklügeltes Zweikanal-Funkgerät benutzte. Jeder Fahrer des Postal-Rennstalls hatte einen Knopf im Ohr, ein kleines schwarzes Funkgerät um den Hals und war mit einem Herzfrequenz-Messgerät verbunden, sodass Johan jederzeit unsere Leistung unter Belastung überprüfen konnte.

Den ganzen Tag lang und an allen Tagen der Tour fuhren meine Teamkameraden vor mir her, schützten mich vor Wind, Zusammenstößen, attackierenden Fahrern und anderen Gefahren. Ständig mussten wir übereifrigen Zuschauern und Fotografen und ihren verschiedenen Utensilien ausweichen: Kinderwagen, Kühlboxen und weiß Gott was allem.

Während der ersten zehn Tage hatten wir nur ein einziges Ziel: an der Spitze mitzufahren und allen Problemen aus dem Weg zu gehen. Ich versuchte, den goldenen Mittelweg zu finden. Einerseits wollte ich meine Position verteidigen, andererseits musste ich frisch genug bleiben, damit ich die noch wichtigere Etappe bewältigen konnte, die vor uns lag: das Zeitfahren in Metz. Das gelbe Trikot musste ich für eine Weile abgeben.

Das waren einige der längsten Tage der Tour, und die Straßen und die Landschaft sahen immer gleich aus. Wir fuhren von Nantes nach Laval und von dort nach Amiens, aber es kam uns so vor, als führen wir immer weiter, ohne irgendwo anzukommen. Der Italiener Mario Cippolini gewann hintereinander vier Etappen, ein Tour-Rekord, und wir gaben diese Etappen kampflos verloren. Cippolini war ein großartiger Fahrer, aber kein Bergspezialist. Wir wussten, dass er keine Chance auf den Gesamtsieg hatte.

MAN NENNT es das Rennen der Wahrheit. Auf den früheren Etappen hatten sich die starken von den schwachen Fahrern abgesetzt. Nun würden die Schwachen allesamt ausscheiden.

Wir kamen nach Metz, wo das Zeitfahren stattfinden sollte. Bei dieser Prüfung konnten die Fahrer – im Gegensatz zum kurzen Prolog – viel Zeit herausfahren, aber auch stark zurückfallen. Die Strecke war 56 Kilometer lang, und das bedeutete, dass man fast eine Stunde lang mit vollem Einsatz fahren musste. Fahrer, die das gesetzte Zeitlimit nicht schafften, schieden aus dem Rennen aus. Daher die Bezeichnung „Rennen der Wahrheit".

Kik kam aus Nizza. Fast die gesamte erste Woche über hatte sie das Rennen zu Hause im Fernsehen verfolgt, aber jetzt wollte sie während des Rests der Tour mit ihren Eltern in Europa herumreisen, um die Langeweile oder die Aufregung in Grenzen zu halten und um ab und zu nach mir zu sehen. Die Tour war nicht gerade die beste Situation für einen Besuch des Ehepartners, weil ich mit dem Team zusammenwohnte, aber Kik tagsüber mal zu sehen war besser als gar nichts. Außerdem bekam ich so auch mit, wie sich ihre Schwangerschaft entwickelte. Dass sie hier in Metz bei mir war, erinnerte mich auch daran, wie hart ich mich auf diese Gelegenheit vorbereitet hatte.

Die Fahrer starteten in Abständen von zwei Minuten. Alex Zülle, der Schweizer Favorit, setzte sich mit einer Zeit von etwas mehr als einer Stunde und neun Minuten an die Spitze.

Abraham Olano, der vor dem Rennen ebenfalls als Favorit gegolten hatte, ging direkt vor mir an den Start. Während ich an der Startlinie wartete, hörten wir, dass Olano in einer leichten Kurve gestürzt war und dadurch ungefähr 30 Sekunden verloren hatte. Er war zwar wieder in den Sattel gestiegen, hatte aber seinen Rhythmus nicht mehr gefunden.

Jetzt war ich an der Reihe. Ich stieg sofort stark in die Pedale, vielleicht zu stark. Johan gab mir über den Ohrknopf ständig Ratschläge und Informationen. Bei den beiden ersten Zwischenzeiten war ich der Schnellste.

Dritte Zwischenzeit: Ich lag 1 Minute und 40 Sekunden vor Zülle.

Vor mir sah ich Olano. Ich hatte ihn eingeholt, und dann überholte ich ihn. Er verschwand hinter meinem Hinterrad.

Johan meldete sich wieder. Meine Trittfrequenz war auf 100 Umdrehungen pro Minute gestiegen. „Das ist ziemlich hoch", warnte Johan. Ich war zu schnell und nahm das Tempo etwas raus.

Vor mir sah ich wieder einen Fahrer. Es war der Belgier Thom Steels. Er war ein herausragender Sprintfahrer, der zwei der Flachetappen am Anfang der Tour gewonnen hatte und als Anwärter auf den Gesamtsieg galt.

Aber Steels war sechs Minuten vor mir gestartet. War ich so schnell gefahren?

Johan, der normalerweise beherrscht und nüchtern klang, checkte die Zwischenzeit. „Du nimmst die ganze Tour de France auseinander!", schrie er in das Funkgerät. „Du nimmst die ganze Tour de France auseinander!"

Ich überholte Steels.

Endlich fuhr ich über die Ziellinie.

Ich schaute auf die Uhr: 1:08:36. Ich hatte gewonnen. Ich hatte Zülle mit einem Vorsprung von 58 Sekunden geschlagen.

Dann fiel ich vom Rad. Ich war so erschöpft, dass ich schielte. So fertig wie noch nie. Aber ich hatte wieder die Führung im Gesamtklassement übernommen. Als ich das gelbe Trikot überstreifte und wieder spürte, wie der weiche Stoff über meine Schultern glitt, beschloss ich, dass es von jetzt an dort bleiben müsse.

Ich stieg vom Podium, schenkte Kik die Blumen und umarmte und küsste sie. An diesem Abend sagte ich zu ihr: „Ich glaub, ich werde dieses Ding gewinnen."

WIR KAMEN in die Berge.

Von jetzt an ging es nur noch aufwärts, bis zum Zielstrich. Die erste Alpenetappe führte über 132,7 Kilometer bis nach Sestriere, einem mit Chalets übersäten Ort an der französisch-italienischen Grenze. Ich wusste, was man im Peloton dachte: Jetzt würde ich einbrechen. Sie hatten keinen Respekt vor dem gelben Trikot auf meinem Rücken.

Ich hatte einen Vorsprung von 2 Minuten und 20 Sekunden, aber in den Bergen kann man an einem einzigen Tag hoffnungslos zurückfallen. Ich hatte nie einen besonderen Ruf als Kletterer gehabt und war mir sicher, dass meine Gegner mich hart attackieren würden. Aber sie wussten nicht, wie präzise und hart ich für diesen Teil des Rennens trainiert hatte. Es war Zeit, es ihnen zu zeigen.

Es würde sowohl ein taktischer wie auch ein körperlicher Wettkampf werden, in dem ich mich voll auf unsere beiden Bergspezialisten, Kevin Livingston und Tyler Hamilton, verlassen musste. Das Ziehen ist in den Bergen enorm wichtig: Kevin und Tyler mussten den größten Teil der mörderischen Arbeit übernehmen, bergauf vor mir herzufahren, damit ich meine Energie für den letzten großen Anstieg nach Sestriere aufsparen konnte. Dort würden die anderen Fahrer mit Sicherheit versuchen, mir das gelbe Trikot abzunehmen.

Eine „Attacke" lief so ab: Bestimmte Fahrer waren gefährlicher als andere, Alex Zülle aus der Schweiz zum Beispiel und der Spanier Fernando Escartin, die beiden Männer, die mir im ganzen Rennen dicht auf den Fersen geblieben waren. Wenn einer von ihnen, sagen wir Zülle, auszubrechen versuchte, musste einer aus meinem Postal-Rennstall, zum Beispiel Kevin, sofort hinter ihm herjagen. Ein Fahrer wie Zülle konnte loszischen und zwei Minuten Vorsprung herausholen, bevor wir das überhaupt mitbekamen, und meine Gesamtführung gefährden. Kevins Job war es dann, zu Zülle aufzuschließen und sich an sein Hinterrad zu hängen, was den Anstieg für Zülle schwerer machte. Man nennt das „auf ihm sitzen". Während Kevin an Zülles Hinterrad hing und ihn bremste, musste der Rest des U. S. Postal Teams vor mir herfahren und mich ziehen, damit ich aufschließen konnte. Wenn wir durch den Tag kamen, ohne bei einer größeren Attacke zurückgefallen zu sein, sagten wir, dass wir „das Peloton gemanagt" oder „kontrolliert" hatten.

Auf der Strecke nach Sestriere gab es drei große Pässe bzw. Gipfel. Der erste war der Col du Télégraphe, danach kam der riesige Col du Galibier, der höchste Berg der Tour, dann der Col de Montgenèvre. Am Ende kam der Schlussanstieg bis zum Etappenziel in Sestriere.

Über die meisten der 240 Kilometer an diesem Tag funktionierte Postal wie eine Maschine; die Übergänge klappten reibungslos, und wir hatten die Situation unter Kontrolle.

Die Spanier attackierten uns vom Start an. Escartin ließ am Télégraphe einen Ausbruch vom Stapel und wollte uns für dumm verkaufen, aber wir reagierten gelassen, weil wir nicht so früh schon so viel Energie verschwenden wollten. Am Galibier machte Kevin Livingston seinen Job hervorragend: Durch Schneeregen und Hagel zog er mich ruhig und beständig zum Gipfel.

Die Strecke vom Galibier hinunter war kurvenreich und führte durch Pinienwälder. Lassen Sie mich Ihnen diese Abfahrt beschreiben: Ich kauerte über dem Lenker und raste mit 110 Sachen auf zwei schmalen, zitternden Reifen dahin, die nur zwei Zentimeter breit sind. Kehren, S-Kurven, Haarnadelkurven und – Nebel. Das Wasser strömte vom Berg herab und unter meinen Rädern durch, und irgendwo hinter mir stürzte Kevin.

Danach kam der Montgenèvre, der dritte Berganstieg innerhalb von sechs Stunden, und die Strecke führte wieder durch eiskalten Regen und Nebel. Auf der Abfahrt fing es an zu hageln. Vom Rest des Teams war ich jetzt bereits getrennt, aber die Attacken gingen weiter. Die anderen Fahrer dachten wohl, ich würde jeden Moment zusammenbrechen, und das machte mich wütend. Ich fand mich plötzlich an der Spitze wieder, zwischen den besten Bergspezialisten der Welt, und ich musste allein arbeiten. Ich wollte sie leiden lassen, bis sie nicht mehr atmen konnten.

Die einzige Gesellschaft, die ich hatte, war Johans Stimme in meinem Ohr. Er fuhr im Teamwagen, zusammen mit unserem Etappenbetreuer Thom Weisel, dem Hauptsponsor des Teams.

Bei der Abfahrt vom Montgenèvre setzten Ivan Gotti und Fernando Escartin auf die Haarnadelkurven im Nebel, und tatsächlich entstand da eine Lücke von 25 Sekunden. Ich verfolgte sie mit einer zweiten Gruppe von fünf Fahrern.

Endlich kamen wir zu der letzten Steigung, dem 30 Kilometer langen und harten Anstieg nach Sestriere. Seit fünfeinhalb Stunden saßen wir auf den Rädern, und wir alle hatten zu kämpfen. Von jetzt an ging es nur noch darum, wer einbrach und wer nicht.

Acht Kilometer vor dem Ziel lag ich 32 Sekunden hinter den Führenden und war in der zweiten Gruppe von fünf Fahrern eingeschlossen. Wir alle kämpften uns den Berg hinauf.

Es war Zeit für einen Ausbruch.

In einer kleinen Kurve schwang ich in der Gruppe nach innen, trat stark an und beschleunigte. Mein Rad machte einen Satz nach vorn. Ich fuhr um ein Haar auf die Begleitmotorräder auf.

Im Teamwagen sagte ein überraschter Johan: „Lance, du hast einen kleinen Vorsprung.“ Er fügte hinzu: „Drei Meter.“

Ich riss die Lücke weiter auf.

In einem einzigen Kilometer machte ich 21 Sekunden auf die Spitzengruppe gut. Jetzt lag ich nur noch elf Sekunden zurück. Seltsamerweise spürte ich nichts. Alles schien ... *mühelos.*

Die beiden Fahrer an der Spitze, Escartin und Gotti, blickten über die Schultern zurück. Ich holte noch immer schnell auf.

Ich fuhr bis zu Escartins Hinterrad. Ungläubig schaute er hinter sich. Gotti versuchte, Schritt zu halten. Ich beschleunigte an ihm vorbei und zog mit Escartin gleich.

Ich preschte wieder vor und schraubte dadurch das Tempo ein bisschen höher. Ich wollte herausfinden, wie fit sie waren, was sie vorhatten, wie sie reagieren würden.

Eine kleine Lücke tat sich auf. Ich war gespannt. Waren sie erschöpft?

Keine Reaktion.

„Eine Radlänge“, sagte Johan.

Ich beschleunigte.

„Drei Längen, vier Längen, fünf Längen.“

Johan schwieg. Dann sagte er, fast beiläufig: „Warum legst du nicht noch ein bisschen zu?"

Ich fuhr noch schneller.

„Zwölf Meter", sagte er.

Wir waren noch über sechs Kilometer vom Ziel entfernt. Ich hämmerte meine Beine in die Pedale.

„Du hast 30 Sekunden!", brüllte Johan, schon ein bisschen aufgeregt.

In meinem Ohr gab mir Johan ständig durch, wie sich mein Vorsprung vergrößerte. Dann sagte er, dass Zülle aufzuholen versuchte. Zülle, immer wieder Zülle.

„Weißt du was, ich hau einfach ab!", schrie ich in mein Mikrofon. „Ich bring das Ding hier jetzt zu Ende."

IN EINEM Hotelzimmer in Italien saß Kik wie gebannt vor dem Fernseher. Als ich aus dem Sattel hochfuhr und angriff, sprang sie aus dem Sessel.

„Hol sie dir!", schrie sie.

In Plano, Texas, sah sich meine Mutter später am Tag die Aufzeichnung von diesem Streckenabschnitt an. Wegen der Zeitverschiebung wusste sie noch nicht, wer die Etappe gewonnen hatte.

„Passt auf!", rief sie. „Jetzt zieht er ab! Er schafft es!"

DAS RAD schwankte unter mir hin und her, während ich in die Pedale trat, und meine Schultern sackten vor Ermüdung immer mehr nach vorn. Ich spürte, wie sich die Erschöpfung in meinem ganzen Körper ausbreitete, und beugte mich weit über den Lenker. Ich riss Mund und Nase auf und rang nach Atem. Eigentlich kämpfte ich darum, überhaupt noch Luft zu bekommen. Mein Gesicht war eine einzige Grimasse.

Ich riskierte einen Blick über die Schulter. Ich rechnete schon fast damit, dass Zülle an meinem Hinterreifen hing.

Aber da war niemand.

Ich schaute wieder nach vorn. Jetzt konnte ich das Ziel sehen – es ging nur noch bergauf. Ich war auf dem Weg zum Gipfel.

Dachte ich auf diesen letzten paar hundert Metern an Krebs? Nein. Ich würde lügen, wenn ich das behauptete. Aber ich glaube, dass – direkt oder indirekt – all das bei mir war, was in den vergangenen zwei Jahren mit mir geschehen war. Alles, was ich mitgemacht hatte, war nun zusammengeschnürt und gut verstaut – der ganze Kampf gegen den Krebs und all das mangelnde Vertrauen in meinem Sport, dass ich den Weg zurück schaffen würde. Entweder bin ich dadurch schneller geworden, oder die anderen wurden langsamer. Ich weiß nicht, was stimmt.

Mit hochgereckten Armen und den Blick zum Himmel gerichtet, rollte ich über die Ziellinie. Und dann schlug ich ungläubig die Hände vors Gesicht.

In ihrem Hotelzimmer in Italien saß meine Frau vor dem Fernseher und schluchzte.

Später an diesem Tag unterbrachen LaTrice Haney und das Personal des Krankenhauses ihre Arbeit und sahen sich zusammen mit den Patienten die Aufzeichnung des Rennens an. Gebannt starrten alle auf den Bildschirm, als ich auf den Berg hinaufkletterte und mein Vorsprung immer größer wurde. „Er hat's geschafft", jubelte LaTrice. „Er hat diesen Berg bezwungen. Er hat ihn bezwungen."

Nach der Etappe von Sestriere führte ich in der Tour de France mit sechs Minuten, drei Sekunden.

AM MORGEN nach Sestriere stand ich zeitig auf und frühstückte mit dem Team. Wir machten jede Woche 25 Packungen Getreidenahrung nieder und außerdem zig Dutzend Eier. Zuerst verdrückte ich eine Portion Müsli, dann drei oder vier Spiegeleier, und zum Schluss schaufelte ich noch einen Teller Nudeln in mich rein. Ich hatte einen weiteren langen, harten Tag in den Bergen vor mir, und ich brauchte jedes Gramm Kraftnahrung, das ich auftreiben konnte. Heute ging es nach L'Alpe d'Huez, eine Etappe, um die sich mehr Mythen ranken als um jeden anderen Abschnitt der Tour – ein Anstieg um 1000 Meter auf einer Strecke von 14 Kilometern mit neunprozentiger Steigung. Auf der Strecke gab es 21 mörderische Haarnadelkurven und eine schier endlose Kette von S-Kurven, die zum Gipfel führten. Beim Aufstieg würde es heiß sein, beim Abstieg kalt, und an manchen Stellen war die Straße nur wenig breiter als mein Lenker.

Auf der L'Alpe-d'Huez-Etappe wollte ich jedes größere Drama vermeiden. Ich brauchte nicht anzugreifen wie vor Sestriere, ich musste nur einfach meine wichtigsten Gegner in Schach halten: Abraham Olano lag 6 Minuten und 3 Sekunden hinter mir, und Alex Zülle lag mit einem Abstand von 7 Minuten und 47 Sekunden auf dem 4. Platz. Fernando Escartin war auf dem 8. Platz, mit einem Abstand von 9 Minuten. Mein Tagesziel war, gleichmäßig weiterzufahren und nichts von der Zeit abzugeben, die ich vor Sestriere herausgeholt hatte. Solange ich bei den Angreifern blieb, konnte mir keiner besonders viel Zeit abnehmen. Ich beendete die Etappe auf dem 5. Platz. In der Gesamtwertung führte ich nun mit 7:32 vor Olano.

Rechts: **Rad an Rad mit Fernando Escartin, meinem schärfsten Konkurrenten bei der Tour de France 1999**

Unten: **Nach drei Wochen und 3800 Kilometern fahre ich mit meinen Mannschaftskameraden vom U. S. Postal Team eine Ehrenrunde über die Champs-Élysées.**

Links: **Am 25. Juli 1999 feiere ich meinen Triumph als Sieger der Tour de France.**

Unten: **Glücklich wieder vereint in Paris mit Kik und Mom**

Oben: **Präsident Bill Clinton empfängt Kik und mich im August 1999 im Weißen Haus.**

Links: **Stolz präsentiere ich mich im gelben Trikot neben meinem Freund und Trainer Chris Carmichael.**

In den Alpen machte ich mir viele Feinde. Meine neu erworbene Stärke am Berg weckte das Misstrauen der französischen Presse, die nach dem Skandal des vergangenen Sommers immer noch nach Blut lechzte. Eine Verleumdungskampagne fing an: „Armstrong muss irgendetwas eingenommen haben." In ihren Artikeln unterstellten *L'Équipe* und *Le Monde* indirekt, dass mein Comeback ein bisschen zu sehr an ein Wunder grenze, um wahr zu sein.

Ich war schockiert über diese Äußerungen, die völlig an den Haaren herbeigezogen waren. Ein paar Journalisten behaupteten allen Ernstes, dass sich die Chemotherapie positiv auf meine Leistung ausgewirkt habe: Vielleicht hätte ich während der Behandlung irgendein mysteriöses Medikament bekommen, das die Leistung steigerte.

Ich verstand das alles nicht. Wie konnte jemand auch nur eine Sekunde lang denken, dass mir die Krebsbehandlung irgendwie geholfen hätte? Drei ganze Monate lang hatte ich ein paar der giftigsten Stoffe bekommen, die der Mensch kennt, Gifte, die meinen Körper täglich zerstört hatten. Ich fühlte mich noch immer wie vergiftet – und selbst jetzt, drei Jahre danach, spüre ich, dass mein Körper noch nicht alles los ist.

Ich hatte absolut nichts zu verbergen, und die Dopingkontrollen bewiesen das auch. Es war kein Zufall, dass es immer mich traf, wenn einer aus unserem Team für die „Stichproben" herausgepickt wurde. Aber ich freundete mich mit den Dopingkontrollen an: Sie zeigten ja, dass ich clean war. Ich war getestet und durchgecheckt und noch mal getestet worden.

Zu den Presseleuten sagte ich: „Mein Leben, meine Krankheit und meine Karriere sind ein offenes Geheimnis." Was mich betraf, sollte die ganze Geschichte damit abgehakt sein. An meinem Rennen in Sestriere war nichts Geheimnisvolles: Ich hatte mich schlicht und einfach gut darauf vorbereitet. Wenn an meiner Leistung an diesem Tag etwas Ungewöhnliches war, dann das Gefühl, mit einer Art körperloser Unbeschwertheit zu fahren – und dieses Gefühl kam aus meiner bloßen Begeisterung darüber, dass ich noch am Leben war und diesen Anstieg schaffen konnte. Aber die Presseleute ließen nicht locker.

Das U. S. Postal Team war inzwischen ein blauer Schnellzug. Wir erreichten nun die Übergangsetappen zwischen den Alpen und den Pyrenäen und fuhren durch das Zentralmassiv. Es war eine seltsame Gegend, nicht gebirgig, aber auch nicht flach, einfach nur wellig, sodass die Beine nie ausruhen konnten. Die Straßen waren von endlosen Feldern mit wogenden Sonnenblumen gesäumt, als wir nun nach Süden fuhren, auf die Pyrenäen zu.

Es war eine brutale Fahrt, ununterbrochen ging es die Hügel rauf und runter, und eine Attacke folgte auf die andere. Nie gab es eine Möglichkeit, einfach nur dahinzurollen und sich zu erholen. Die anderen Fahrer griffen uns dauernd an. Irgendwie hielten wir sie in Schach und kontrollierten das Peloton, aber in diesen Tagen wurden wir gegrillt, und es herrschte eine gewaltige Spannung. Es war so heiß, dass der Teer an manchen Stellen unter unseren Rädern wegschmolz.

Während ich auf dem Rad saß, zündete Kik überall in Europa Kerzen an. Egal, in welcher Stadt oder welchem Dorf sie war, sie ging immer in eine Kirche und zündete eine Kerze an. In Rom zündete sie eine im Vatikan an.

ENDLICH erreichten wir die Pyrenäen.

Im Schatten der Berge fuhren wir durch eine van-Gogh-artige Landschaft nach Saint-Gaudens. Für die Bergspezialisten waren die Pyrenäen die letzte Chance, mich vom Spitzenplatz zu verdrängen. Ein einziger schlechter Tag in diesen Bergen, und das Rennen konnte verloren sein. Ich war mir nicht sicher, ob ich die Tour de France gewinnen konnte, bevor wir nicht wieder von diesen Bergen runter waren.

Der Druck nahm allmählich zu. Ich musste lernen, dass man jede Menge Wind aushalten muss, wenn man das gelbe Trikot trägt. Jeden Tag stellten mich die anderen Fahrer auf die Probe. Selbst wenn ich nicht im Sattel saß, wurde ich getestet, denn die Nachforschungen der Presse über mich wurden immer intensiver.

Ich beschloss, mich den Vorwürfen direkt zu stellen, und hielt in Saint-Gaudens eine Pressekonferenz ab. „Ich bin fast tot gewesen, und ich bin nicht blöd“, sagte ich. „Jeder weiß, dass EPO und Steroide schon bei gesunden Menschen Blutkrankheiten und Schlaganfälle verursachen können. Außerdem ist es gar keine so große Überraschung, dass ich in Sestriere gewonnen habe, ich war schließlich schon mal Weltmeister. Ich kann nur ausdrücklich sagen, dass ich nicht gedopt bin“, fuhr ich fort. „Ich dachte, ein Fahrer mit meiner Geschichte und meiner gesundheitlichen Situation wäre keine große Überraschung. Ich bin kein neuer Fahrer. Ich weiß, dass jeder rumsucht und spioniert und bohrt, aber Sie werden nichts finden. Es gibt nichts zu finden.“

Alles, was ich tun konnte, war, weiterzufahren, die Dopingkontrollen über mich ergehen zu lassen und meine Unschuld zu beteuern. Wir brachen auf zur ersten Pyrenäen-Etappe, die von Saint-Gaudens nach Piau-Engaly führte und sieben Berge umfasste.

Das Etappenziel lag kurz vor der spanischen Grenze. Das bedeutete, dass alle spanischen Fahrer entschlossen waren, diese Etappe zu gewinnen – und keiner mehr als Escartin, der drahtige Fahrer mit dem Habichtsgesicht, der immer hinter mir war. Das Rennen war hektisch, und unser U. S. Postal Team wurde auseinander gerissen; ganz allein fuhr ich hinter Escartin her. Er trat in die Pedale wie ein Wilder. Ich konnte nur versuchen zu verhindern, dass er mir zu viel Zeit abnahm.

Als sich auf dem vorletzten Anstieg der Etappe die Berge vor mir öffneten, schaffte ich es, Zülle von meinem Hinterrad abzuschütteln und mich auf Platz 2 vorzuschieben. Aber ich hatte keine Chance, Escartin einzuholen, der einen Vorsprung von 2 Minuten herausgefahren hatte. Bei der letzten Steigung war ich müde und geschafft. Die Spitzengruppe überholte mich, und ich wurde Vierter. Escartin gewann die Etappe und sprang in der Gesamtwertung auf den 2. Platz, mit einem Rückstand von 6:19 auf mich. Zülle lag 7:26 zurück.

Kurz nachdem ich die Ziellinie überfahren hatte, sagte mir ein französischer Fernsehjournalist, es gebe Gerüchte, dass in meinen Dopingproben eine verbotene Substanz gefunden worden sei. Natürlich waren die Berichte falsch.

Der ständige Beschuss durch die Presse verletzte mich und nahm mir meine Motivation. Ich hatte mich so sehr angestrengt und einen so hohen Preis gezahlt, um wieder fahren zu können, und das wurde nun alles abgewertet. Ich versuchte, mit den Berichten ehrlich und geradeheraus umzugehen, aber es sah nicht so aus, als ob das etwas brachte.

Doch eins wurde mir langsam klar: Die Leute, die jetzt die Gerüchteküche anheizten und schrieben, dass ich Drogen benutzen würde, waren genau dieselben, die schon während meiner Krankheit behauptet hatten: „Der ist erledigt. Er wird nie mehr fahren." Es waren dieselben, die am Anfang meines Comebacks sagten: „Nein, wir geben ihm keine Chance. Aus dem wird nie wieder was."

Aber jetzt fuhr ich im gelben Trikot an der Spitze der Tour de France, und es sah immer mehr danach aus, dass ich sie auch gewinnen könnte. Doch diese Leute blieben bei ihrer alten Leier: „Das kann nicht sein. Das geht nicht. Das schafft er nicht. Was ist hier los? Da muss doch noch etwas anderes dahinter stecken, irgendwas Verdächtiges." Sie ließen nicht locker, diese Miesmacher.

Wie gut, dass ich ihnen nicht zugehört hatte, als ich krank war.

Am nächsten Tag waren wir auf dem Weg zum vielleicht berühmtesten Berg der Tour, dem Col du Tourmalet. Die Straße zum Gipfel führt mehr als 16 Kilometer himmelwärts. Es war unser letzter großer Anstieg und Test, und auch diesmal wussten wir, dass man uns unbarmherzig attackieren würde. Aber wenn wir in den Bergen nur noch einen Tag an der Spitze blieben, konnte man uns den obersten Platz auf dem Siegerpodest in Paris nur noch schwer streitig machen.

Es lagen jetzt drei Fahrer vorn, die um den Etappensieg kämpften. Danach kam mit einer Minute Abstand eine Gruppe von neun Fahrern, die ebenfalls noch Chancen auf den Etappensieg hatten, unter ihnen Escartin, Zülle und ich. Aber der Etappensieg war mir egal. Als wir noch vier Kilometer vor uns hatten, entschloss ich mich, auf Sicherheit zu fahren. Die anderen konnten sich von mir aus Sprintduelle mit Zusammenstößen liefern, aber ohne mich. Ich hatte nur ein einziges Ziel: mein gelbes Trikot zu verteidigen.

Ich fuhr durch das Etappenziel und stieg aus dem Sattel, total erschöpft, aber froh, dass ich meine Führung verteidigt hatte.

An diesem Tag veröffentlichte der Radsportverband UCI alle meine Dopingtests, und tatsächlich waren alle sauber. Außerdem sprach mir Jean-Marie Leblanc, der Organisator des Rennens, sein volles Vertrauen aus. „Dass Armstrong seine Krankheit besiegt hat, ist ein Zeichen dafür, dass auch die Tour ihre eigene Krankheit besiegen kann“, sagte er.

Irgendwie hatten wir es geschafft, alle Attacken abzuwehren, auf dem Rad und am Rand des Rennens, und das gelbe Trikot zu verteidigen. Wir hatten es geschafft, wir hatten das Rennen in den Bergen kontrolliert, und nach drei Wochen und 3520 Kilometern führte ich die Tour mit einer Gesamtzeit von 86:46:20 an. Escartin lag 6 Minuten und 15 Sekunden zurück an zweiter Stelle, und Dritter war Alex Zülle mit einem Rückstand von 7 Minuten und 28 Sekunden.

Und ich trug noch immer das gelbe Trikot.

EIGENARTIGERWEISE wurde ich immer nervöser, je näher wir Paris kamen. Es gab eine sehr reale Gefahr, die mich noch immer um den Sieg bringen konnte: ein Sturz. Ein letztes großes Hindernis lag noch vor mir, ein Einzelzeitfahren über 57 Kilometer im Freizeitpark „Futuroscope“. Bei einem Zeitfahren konnten die übelsten Sachen passieren. Ich konnte stürzen und mir das Schlüsselbein oder ein Bein brechen.

Aber ich wollte das Zeitfahren gewinnen. Ich wollte der Presse und den Rad fahrenden Gerüchtekrämern ein für alle Mal zeigen, dass es mir egal war, was sie über mich erzählten.

Am Abend vor der Etappe besuchte mich Bill Stapleton im Hotelzimmer. „Lance, ich bin kein Trainer, aber ich glaube, du solltest die Sache locker angehen“, riet er mir. „Du hast eine Menge zu verlieren. Zieh es einfach durch. Mach keine Dummheiten.“

Links: **Straßenrennen der Herren am 27. September bei den Olympischen Spielen 2000 in Sydney**

Oben: **Beim Einzelzeitfahren der Herren bei den Olympischen Spielen 2000 erreichte ich Platz 3.**

Rechts: **Die Anstrengung steht mir ins Gesicht geschrieben – Zeitfahren bei den Olympischen Spielen in Sydney**

Klug wäre gewesen, sich darauf zu konzentrieren, keine Fehler zu machen, nicht zu fallen, sich nicht zu verletzen und nicht zehn Minuten durch einen Sturz zu verlieren.

Aber mir war das alles egal.

„Bill, ich werd heute die Sau rauslassen. Ich häng mich da total rein. Ich will dieser Tour meinen Namen aufstempeln."

„Okay", sagte Bill resigniert. „Ich schätze, da gibt es nichts mehr zu diskutieren."

Meine Mutter kam mit dem Flugzeug, um bei der Futuroscope-Etappe dabei zu sein. Ich sorgte dafür, dass sie in einem der Teamwagen mitfahren durfte. Sie wollte das Zeitfahren sehen, weil sich ihr alter Schutzinstinkt wieder regte: Wenn sie bei mir war, konnte mir nichts passieren. Aber vor einem Zeitfahren hatte sie mehr Angst als vor irgendwas anderem. Sie kannte eben den Radsport gut genug, um zu wissen, wie leicht ich dabei stürzen konnte. Und sie wusste auch, dass dieser Tag für mich entscheidend war, ein für alle Mal. Deshalb musste sie einfach dabei sein.

Ein Zeitfahren ist eine simple Sache – man fährt gegen die Uhr. Der Kurs war eine große Schleife im westlichen Zentralfrankreich. Man brauchte ungefähr eineinviertel Stunden, wobei man auf flacher Strecke 57 Kilometer zurückzulegen hatte. Man fuhr vorbei an Häusern mit ziegelroten Dächern und Feldern mit braunem und goldfarbenem Gras, auf denen es sich die Zuschauer mit Sofas und Sesseln bequem gemacht hatten. Von der Landschaft würde ich allerdings nicht viel sehen, denn die meiste Zeit musste ich mich tief über den Lenker beugen, um die Aerodynamik zu verbessern.

Die Fahrer starteten in umgekehrter Reihenfolge, ich kam also als Letzter dran. Als ich dran war, schoss ich aus dem Startbereich hinaus und jagte über die kurvenreiche Strecke. Escartin, der drei Minuten vorher gestartet war, fuhr vor mir.

Zwischen Bäumen und hohem Gras schwirrte ich an ihm vorbei; mein Kopf war so tief gesenkt, und ich war so vertieft ins Rennen, dass ich ihn nicht einmal ansah.

Als ich noch sechs Kilometer vor mir hatte, lag ich 20 Sekunden vor Zülle. Aber jetzt wurde mir die Rechnung präsentiert. Ich fing an, Zeit zu verlieren, ich spürte es. Wenn ich Zülle schlagen konnte, dann höchstens um ein paar Sekunden. Ich raste auf die Zielgerade und ging in den Endspurt. Meine Lippen waren weit über die Zähne zurückgezogen, ich zählte, ich trieb mich vorwärts. Dann war ich über der Linie. Ich checkte die Zeit: 1:08:17.

Ich hatte mit 9 Sekunden Vorsprung gewonnen. Ich rollte hinter die Absperrung, bremste und fiel zusammengekrümmt vom Rad.

Ich hatte die Etappe gewonnen, und ich hatte die Tour de France gewonnen. Jetzt endlich konnte ich mich sicher fühlen. Mein wichtigster Rivale war Zülle, der in der Gesamtwertung um 7 Minuten und 37 Sekunden zurücklag, ein Abstand, den er unmöglich auf der letzten Etappe nach Paris aufholen konnte.

Als ich auf dem Siegerpodest stand, klatschte meine Mutter, winkte mit einem Fähnchen und wischte sich die Tränen aus den Augen. Ich hatte sie vor dem Rennen nicht gesehen, aber gleich danach nahm ich sie in die Arme. Als wir gemeinsam zu Mittag aßen, erzählte sie: „Du wirst nicht glauben, was zu Hause los ist. Ich weiß, dass du das im Moment kaum begreifen oder darüber nachdenken kannst, aber die Leute in den USA sind absolut verrückt wegen dir. Ich hab so was noch nie gesehen."

AN DIESEM Abend bekam ich einen Vorgeschmack auf die Reaktion zu Hause in den USA. Ein Journalist vom Magazin *People* bat mich um ein Interview. Sponsoren strömten in unser Teamhotel, um Hände zu schütteln und uns kennen zu lernen. Auch Freunde kamen an; sie waren kurz entschlossen ins Flugzeug gestiegen. Bill Stapleton ging mit mir essen und erklärte, dass mich alle Morning Shows und Late Night Talk Shows in ihren Sendungen haben wollten. Er meinte, ich solle nach der Tour für einen Tag in die USA fliegen und im Fernsehen ein paar Interviews geben.

Doch etwas sprach dagegen: Traditionell nimmt der Sieger der Tour de France an einer Reihe von Rennen in ganz Europa teil, um das gelbe Trikot vorzuführen. An diese Tradition wollte ich mich halten. „Das kommt überhaupt nicht infrage", sagte ich. „Ich bleib hier und mach diese Rennen."

„Okay, in Ordnung", sagte Bill. „Wie du willst."

„Und was meinst du?"

„Ich meine, dass das ziemlich dumm wäre."

„Warum?"

„Weil du keine Ahnung hast, was zu Hause los ist und wie wichtig das alles ist. Aber das wirst du schon noch rausfinden. Sobald das hier vorbei ist, wirst du dich nicht mehr verstecken können. In Amerika kennt dich inzwischen jeder."

Nike wollte, dass ich in ihrem Mega-Store in New York eine Pressekonferenz abhielt. Die Leute in Austin wollten eine Parade veranstalten. Ich war total erstaunt. Seit Jahren hatte ich Rennen gewonnen, und niemand in den USA hatte sich um mich gekümmert.

Und jetzt das!

Die letzte Etappe von Arpajon nach Paris ist eine weitgehend zeremonielle Fahrt über 142 Kilometer. Wie es Tradition war, sollte das Peloton in mäßigem Tempo dahinrollen, bis wir den Eiffelturm sahen und den Arc de Triomphe erreichten. Von dort sollte das U. S. Postal Team an der Spitze des ganzen Feldes die Champs-Élysées hinunterfahren. Dann würde es einen Sprint geben, und wir sollten auf einem Rundkurs im Stadtzentrum zehn Runden lang ein Rennen fahren. Ganz am Schluss gab es dann noch die Prozession nach dem Rennen und die Ehrenrunde des Siegers.

Während wir auf Paris zu fuhren, gab ich vom Sattel aus Interviews und redete mit meinen Teamkameraden und mit Freunden im Peloton. Ich genehmigte mir sogar ein Eis. Das U. S. Postal Team fuhr wie üblich in perfekter Ordnung. „Ich muss überhaupt nichts tun", erklärte ich einem Fernsehteam. „Das machen alles meine Jungs."

Nach einer Weile näherte sich ein anderes Aufnahmeteam. „Ich grüße Kelly Davidson in Fort Worth, Texas", sagte ich. „Das ist für dich." Kelly ist eine der jungen Kämpferinnen gegen den Krebs, die ich beim „Ride for the Roses" kennen gelernt hatte. Sie und ihre Familie gehören seitdem zu meinen engsten Freunden.

Dann erreichten wir die Stadt. Ich wurde von meinen Gefühlen überwältigt, als wir zum ersten Mal in die Champs-Élysées einbogen. Die breite Straße war abgesperrt, und es sah einfach fantastisch aus – hunderttausende von Zuschauern standen am Rand. Es gab ein lautes Hupkonzert, überall war Konfetti, und an jedem Haus baumelten Fähnchen. Ich war verblüfft, wie viele amerikanische Fähnchen uns entgegengeschwenkt wurden.

Der Endspurt über zehn Runden bis zum Ziel ging merkwürdig ruhig und eigentlich recht enttäuschend über die Bühne, eine reine Formsache, bei der ich nur einen ungeschickten Sturz vermeiden musste. Dann fuhr ich über die Ziellinie. Jetzt endlich wurde es greifbar und wirklich: Ich war der Sieger.

Ich stieg vom Rad, und um mich herum brach die Hölle los. Überall waren Fotografen, Sicherheitsbeamte, Ordner und Freunde, die mir auf die Schultern klopften. Auch ungefähr 50 Leute aus Austin waren dabei.

Ich wurde zur Siegerehrung auf das Podium geführt. Dort überreichte man mir die Trophäe, und ich hielt sie hoch. Jetzt konnte ich mich nicht mehr beherrschen: Ich sprang hinunter und rannte zur Tribüne hinüber, um meine Frau zu umarmen. Die Fotografen umringten mich, und ich fragte: „Wo ist meine Mutter?" Die Menge teilte sich,

Oben: **Vor dem Start zur 21. Etappe der Tour de France**

Unten: **Der zweitplatzierte Jan Ullrich gratuliert mir zu meinem Sieg bei der Tour 2000.**

Rechts: **Zehn Etappen im gelben Trikot und mein zweiter Gesamtsieg bei der Tour – gleich zwei gute Gründe, um am 23. Juli 2000 vor dem Arc de Triomphe zu feiern**

Links: **Das Peloton zieht hinauf in die Berge, aber die Fahrer haben wenig Gelegenheit, sich an der Landschaft zu erfreuen.**

Unten: **Luke und Kik teilen meine Freude am Gesamtsieg der Tour de France 2000.**

Oben: **Nach meinem zweiten Tour-de-France-Sieg gebe ich eine Pressekonferenz in New York. Fanbriefe schmücken die Wand.**

Links: **Das U. S. Postal Team beim 70-Kilometer-Mannschaftszeitfahren der 4. Etappe der Tour 2000. Der erste Fahrer bin ich.**

sodass ich sie sehen konnte, und ich ging zu ihr und drückte sie heftig. Um sie herum standen Presseleute. Jemand fragte sie, ob mein Sieg für sie nicht gegen jede Wahrscheinlichkeit spräche.

„Das ganze Leben von Lance hat nichts mit Wahrscheinlichkeit zu tun“, erklärte meine Mutter.

Und dann kam der beste Teil: die Ehrenrunde des Siegers. Ein letztes Mal fuhr ich mit meinem Team. Ganz allein rollten wir über die Champs-Elysées. Drei Wochen lang waren wir zusammen gewesen, und jetzt fuhren wir sehr, sehr langsam, um jeden Augenblick auszukosten. Ein Fremder rannte plötzlich auf die Straße und hielt mir eine riesige amerikanische Flagge an einer Stange hin. Als ich sie hoch in die Luft hielt, hatte ich einen Kloß im Hals.

Dann waren wir wieder an der Ziellinie, wo ich mich an die Presse wandte. Ich musste meine Tränen zurückhalten. „Ich habe einen richtigen Schock, es ist wie ein Traum“, sagte ich. „Ich möchte Ihnen nur eins sagen: Wenn man jemals eine zweite Chance im Leben bekommt, dann muss man sie auch voll nutzen.“

Dann wurden wir als Team weggeführt, damit wir uns auf das Festbankett am Abend vorbereiten konnten. Es war eine aufwendige Sache mit 250 Menschen im Musée d'Orsay, mitten zwischen einigen der kostbarsten Kunstgegenständen der Welt. Wir waren alle todmüde und nach dieser dreiwöchigen Höllenqual völlig erschöpft, aber wir freuten uns auch darauf, endlich mal wieder ein Glas trinken zu können.

Im Museum standen wir vor einem wunderschön gedeckten Tisch. Wir tranken das erste Glas Champagner seit Metz, und ich stand auf, um einen Toast auf meine Teamkameraden auszusprechen. „Ich trage zwar das gelbe Trikot“, sagte ich, „aber ich glaube, das Einzige, was mir daran wirklich gehört, ist der Reißverschluss. Nur dieses kleine Teil. Alles andere gehört eigentlich meinen Teamkameraden – die Ärmel, die Vorderseite und der Rücken.“

Luke

Wenn mich jemand fragen würde, was mir wichtiger ist, der Sieg über den Krebs oder der Sieg bei der Tour de France, dann würde ich sagen, der Sieg über den Krebs. Das hat mich als Menschen, als Mann, als Ehemann, als Sohn und als Vater verändert.

Nachdem ich in Paris durchs Ziel gefahren war, schwamm ich in den ersten Tagen auf einer Welle von Interesse. Ich musste mich anstrengen, damit ich nicht die Bodenhaftung verlor, und ich fragte mich, warum mein Sieg eine so starke Wirkung auf die Leute hatte. Vielleicht, weil die Krankheit zum Leben gehört – jeder ist irgendwann mal krank, keiner ist immun. Mein Tour-Sieg ist deshalb ein Symbol, ein Beweis dafür, dass man Krebs nicht nur überleben, sondern danach auch erfolgreich sein kann. Vielleicht bin ich, wie mein Freund Phil Knight sagt, ein Symbol der Hoffnung.

Bill Stapleton überzeugte mich schließlich, dass ich für einen Tag nach New York fliegen musste. Nike stellte einen Privatjet zur Verfügung, und Kik kam mit mir. In New York wurde uns endlich die volle Wirkung und Bedeutung des Sieges klar. Ich hatte eine Pressekonferenz in Niketown, und der Bürgermeister erschien und auch Donald Trump. Ich war in der „Today Show" und bei David Letterman. Ich ging in die Wall Street und läutete die Eröffnungsglocke. Als ich in die Börsenhalle kam, applaudierten die Devisenhändler spontan und anhaltend, was mich sehr überraschte. Und als wir wieder rauskamen, hatte sich auf dem Bürgersteig eine riesige Menschenmenge versammelt. „Was machen die Leute hier?", fragte ich Bill.

„Das ist wegen dir, Lance", sagte Bill. „Kapierst du's jetzt endlich?"

Danach gingen Kik und ich in ein großes Geschäft für Babyausstattung. Dort stürzten die Leute in den Gängen auf uns zu, um mir die Hand zu schütteln und mich um ein Autogramm zu bitten. Ich war total erstaunt, aber Kik blieb gelassen. Völlig ungerührt meinte sie: „Ich glaub, wir brauchen Höschenwindeln und einen Windeleimer."

Uns stand ein eher normaler Akt des Überlebens bevor: Eltern zu werden.

AM ANFANG machte ich mir große Sorgen, dass ich kein guter Vater sein würde, weil ich keine Beziehung zu meinem eigenen Vater hatte.

Ich versuchte, für meine Rolle als Vater zu üben. Ich kaufte ein Baby-Tragetuch und trug es im Haus herum, leer natürlich. Auch im Garten spazierte ich damit herum und stellte mir vor, dass sich da eine kleine Gestalt hineinkuschelte.

Anfang Oktober, ungefähr zwei Wochen bevor das Baby fällig war, flogen Bill Stapleton und ich nach Las Vegas, wo ich eine Rede halten und an ein paar geschäftlichen Besprechungen teilnehmen sollte. Als ich zu Hause anrief, sagte mir Kik, dass sie schwitze und sich nicht gut fühle, aber zuerst dachte ich nicht weiter darüber nach. Ich erledigte meine Sachen, und als wir damit fertig waren, stürzten Bill und ich los, um die Nachmittagsmaschine nach Dallas zu kriegen. Am Abend ging es dann weiter nach Austin.

Von einer privaten Lounge in Dallas rief ich Kik wieder an. Sie sagte, sie schwitze noch immer, und nun hatte sie auch Wehen.

„Okay, okay“, sagte ich. „Ich bin schon unterwegs.“

Wir stiegen in das Flugzeug nach Austin, und als wir auf unseren Plätzen saßen, sagte Stapleton: „Lass dir von einem erfahrenen Ehemann einen Rat geben. Ich weiß nicht, ob deine Frau heute das Baby bekommt, aber es ist besser, wenn wir sie noch mal anrufen, sobald wir in der Luft sind.“

Das Flugzeug war auf dem Weg zur Startbahn, aber ich war zu ungeduldig, um zu warten, bis wir endlich oben waren. Deshalb rief ich sie über mein Mobiltelefon an.

„Wie geht's?“, fragte ich.

„Meine Wehen dauern eine Minute und kommen alle fünf Minuten, und sie werden immer länger“, sagte sie.

„Kik, glaubst du, dass wir heute Nacht das Baby bekommen?“

„Ja, ich glaube, dass wir heute Nacht das Baby bekommen.“

„Ich ruf dich wieder an, sobald wir gelandet sind.“

Ich legte auf und bestellte bei der Stewardess zwei Flaschen Bier. Bill und ich stießen mit den Flaschen an und tranken auf das Baby. Der Flug nach Austin dauerte nur 40 Minuten, aber die ganze Zeit kribbelte es mir in den Beinen. Kaum waren wir gelandet, rief ich Kik wieder an.

„Wie fühlst du dich, Liebling?“, fragte ich und versuchte, ruhig zu klingen.

„Nicht gut.“

„Hast du schon den Arzt angerufen?“, erkundigte ich mich.

„Ja.“

„Und? Was hat er gesagt?“

„Er hat gesagt, dass wir, wenn du da bist, sofort ins Krankenhaus kommen sollen.“

„Okay“, sagte ich. „Ich bin gleich da.“

Ich trat das Gaspedal durch und raste mit 180 Sachen über die Straße, wo nur 60 erlaubt waren. Mit quietschenden Reifen bretterte ich in die Einfahrt, half Kik ins Auto und fuhr dann – sehr viel vorsichtiger – zum St. David's Hospital, dem Krankenhaus, in dem ich auch meine Krebsbehandlung gehabt hatte.

Vergessen Sie alles, was man Ihnen über das Wunder der Geburt erzählt hat, dass es das Wunderbarste sei, das man jemals erleben dürfe. Es war furchtbar, grauenhaft, eine der schlimmsten Nächte in meinem

Leben, weil ich solche Angst um Kik hatte und um das Baby, um uns alle.

Wie sich herausstellte, hatte Kik seit drei Stunden Wehen. Der Arzt untersuchte sie und stellte fest, dass sie schon sehr weit war. „Du bist ja wirklich super“, versicherte ich ihr.

Das Baby kam mit dem Po zuerst, und Kik hatte Schwierigkeiten bei der Geburt. „Wir müssen die Saugglocke nehmen“, entschied der Arzt. Sie nahmen ein Instrument, das so ähnlich aussah wie das Ding, mit dem man im Bad den Abfluss frei pumpt – und sofort flutschte das Baby raus. Ein Junge. Luke David Armstrong war geboren.

Als sie ihn rauszogen, war er klein und blau und schleimig. Sie legten ihn auf Kiks Brust, und wir schmiegten uns aneinander. Aber er schrie nicht. Er gab nur ein paar leise miau-artige Töne von sich. Das Entbindungsteam machte sich offenbar Sorgen, weil er nicht laut weinte. *Schrei!,* dachte ich. Ein weiterer Moment verging, und Luke schrie immer noch nicht. *Komm schon,* dachte ich, *schrei endlich!* Ich konnte fühlen, wie die Anspannung im Raum immer größer wurde.

„Er braucht ein bisschen Hilfe“, sagte jemand.

Eine Krankenschwester schnappte ihn sich aus Kiks Armen und trug ihn in ein anderes Zimmer, in dem sich viele komplizierte Apparate befanden.

Plötzlich rannten alle hin und her.

„Stimmt was nicht?“, fragte Kik. „Was passiert denn da?“

„Ich weiß nicht“, gab ich zu.

Das Personal rannte rein und raus, als wäre es ein Notfall. Ich hielt Kiks Hand und renkte mir den Hals aus, um zu erkennen, was in dem anderen Zimmer los war. Aber ich konnte unser Baby nicht sehen. Dann ließ ich ihre Hand doch einen Moment los, stand auf und schaute um die Ecke.

Sie gaben ihm Sauerstoff. Über seinem Gesicht lag eine winzige Sauerstoffmaske.

Schrei doch! Bitte, bitte, schrei endlich!

Ich war wie gelähmt. In diesem Augenblick hätte ich alles getan, um ihn schreien zu hören, absolut alles. Wenn ich jemals geglaubt hatte zu wissen, was Angst war, dann erinnerte ich mich in diesem kleinen Zimmer nicht im Mindesten daran. Ich hatte Angst gehabt, als man mir sagte, dass ich Krebs hatte, und während der Behandlung war ich vor Angst fast gestorben. Aber das war nichts im Vergleich zu der entsetzlichen Angst, als sie uns unser Baby wegnahmen. Ich fühlte mich völlig hilflos, denn diesmal war nicht ich krank, sondern jemand anderes: Es war mein Sohn.

Dann nahmen sie ihm die Sauerstoffmaske ab. Er riss den Mund auf,

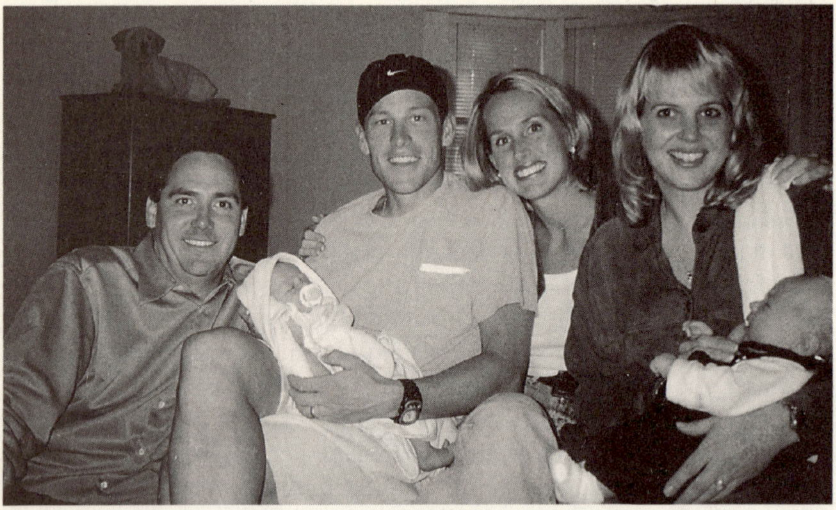

Kik und ich mit unseren Freunden Bill und Laura Stapleton samt Nachwuchs. Alex Stapleton wurde nur ein paar Wochen später als Luke geboren.

verzog das Gesicht, und dann plötzlich brach es aus ihm heraus, ein kräftiges und lautes „Whäääääää!!!". Er schrie wie ein Weltmeister, und sofort änderte sich auch seine Farbe. Alle entspannten sich, und sie brachten ihn uns zurück. Ich hielt ihn, und ich küsste ihn.

Dann badete ich ihn, und die Schwester zeigte mir, wie ich ihn wickeln musste. Kik, Luke und ich siedelten in ein großes Zimmer um, das fast wie ein Hotelzimmer aussah. Da stand zwar ein normales Krankenhausbett, aber es gab auch ein Sofa und einen kleinen Tisch. Wir schliefen ein paar Stunden, und dann ging's los mit den Besuchen: meine Mutter, Kiks Eltern und Bill Stapleton und seine Frau Laura.

Meine Mutter und ich schlenderten durch die langen Flure, und ich musste daran denken, was ich gerade mit Luke durchgemacht hatte. Erst jetzt konnte ich richtig begreifen, was sie bei meiner Krankheit gefühlt haben musste. Eine Weile hatte es so ausgesehen, als ob sie ihr eigenes Kind überleben würde.

Wir kamen an meinem alten Krankenzimmer vorbei. „Erinnerst du dich?", fragte ich.

Wir lächelten uns an.

MANCHMAL frage ich mich immer noch, wie viel ich selbst zu meinem Überleben beigetragen habe. Wie viel war Wissenschaft, und wie viel war Wunder?

Ich habe darauf keine Antwort. Andere Menschen erwarten von mir eine Antwort, ich weiß. Wenn ich die Antwort kennen würde, dann hätten wir die Heilmethode für Krebs, und, was noch wichtiger ist, wir würden den tieferen Sinn unseres Lebens verstehen. Ich kann Motivation, Inspiration, Hoffnung, Mut und Rat geben, aber ich kann nicht das Unbegreifliche erklären. Ich will das auch gar nicht versuchen. Ich bin damit zufrieden, dass ich einfach am Leben bin und das Geheimnis genieße.

Jeder von uns schlägt sich auf seine Weise mit dem Gespenst seines Todes herum. Manche Leute tun so, als ob es ihn nicht gäbe. Manche beten. Manche schütten sich mit Tequila zu. Ich habe ein bisschen von allem versucht. Aber ich glaube, dass wir uns dem Schicksal einfach stellen müssen, und unsere einzige Waffe ist der Mut. Mut ist die Eigenschaft des Geistes, durch die wir der Gefahr fest und ohne jede Furcht begegnen können.

Es ist eine Tatsache, dass Kinder bei Krebs bessere Heilungschancen haben als Erwachsene, und ich frage mich, ob das an ihrem natürlichen Draufgängertum liegt, daran, dass sie nicht weiter nachdenken. Es sind sehr zielstrebige kleine Persönlichkeiten, die man nicht erst groß aufmuntern muss. Erwachsene wissen zu viel über Niederlagen, sie sind skeptischer, geben schneller auf oder haben einfach Angst. Kinder sagen: „Ich möchte spielen. Beeil dich, und mach mich gesund." Das ist alles, was sie wollen.

Nach der Tour de France beschlossen die Leute der Firma Wheaties, mich vorne auf ihren Weizenflockenpackungen abzubilden. Ich fragte, ob die Pressekonferenz nicht in dem Krankenhaus, in dem mein Sohn geboren worden war, stattfinden könnte, und zwar in der Abteilung für krebskranke Kinder. Als ich die Kinder besuchte und ein paar Autogramme gab, schnappte sich ein kleiner Junge eine der Wheaties-Packungen. Er stand vor mir, drückte sie fest an sich und fragte: „Kann ich die haben?"

„Ja, kannst du", sagte ich. „Sie gehört dir."

Er stand einfach da, schaute die Packung an und dann mich. Ich dachte, er sei ziemlich beeindruckt.

„Was haben die für eine Form?", wollte er plötzlich wissen.

„Was?", fragte ich.

„Was haben die für eine *Form*?"

„Das ist so was wie Cornflakes", meinte ich, „die sehen alle ganz verschieden aus."

„Oh", gab er zurück, „okay."

Für ihn ging es nicht um Krebs. Für ihn ging es einfach um Cornflakes.

Kinder setzen sich einfach über Erwartungen und statistische Wahrscheinlichkeiten hinweg, und vielleicht können wir alle von ihnen lernen. Denken Sie mal darüber nach: Können wir etwas anderes tun, als zu hoffen? Wir haben zwei Möglichkeiten, medizinisch und emotional: aufzugeben oder wie wild zu kämpfen.

Als ich wieder ganz gesund war, fragte ich Dr. Nichols, wie meine Chancen damals wirklich gestanden hatten. „Sie waren ziemlich schlecht", räumte er ein, „einer der schlimmsten Fälle, die ich je gesehen habe." „Wie schlimm?", fragte ich weiter. „War meine Chance 50 Prozent?" Er schüttelte den Kopf. „20 Prozent?" Er schüttelte wieder den Kopf. „Zehn Prozent?" Noch immer schüttelte er den Kopf.

Als ich bei drei Prozent angekommen war, fing er an zu nicken.

Luke David Armstrong mit seinen Eltern

Alles ist möglich. Wenn man Ihnen sagt, dass Sie eine Überlebenschance von 90, 50 oder einem Prozent haben, dann müssen Sie an sich selbst glauben, und Sie müssen kämpfen. Mit Kämpfen meine ich, sich mit allen verfügbaren Informationen zu bewaffnen, eine zweite Meinung, vielleicht sogar eine dritte oder vierte einzuholen. Sie müssen genau darüber Bescheid wissen, was in Ihren Körper eingedrungen ist und welche Heilungsmöglichkeiten es gibt. Eine weitere Tatsache im Zusammenhang mit Krebs ist, dass besser informierte und selbstständig handelnde Patienten auch bessere Chancen haben, langfristig zu überleben.

Was wäre gewesen, wenn ich verloren hätte? Wenn ich einen Rückfall bekommen hätte und der Krebs wieder aufgetreten wäre? Ich würde trotzdem glauben, dass ich in dem Kampf etwas dazugewonnen hätte. Denn in der verbleibenden Zeit wäre ich ein anderer Mensch gewesen: vollständiger, intelligenter und mitfühlender und deshalb auch lebendiger. Von einem hat mich die Krankheit völlig überzeugt –

mehr als jede Erfahrung im Sport: Wir sind viel besser, als wir glauben. Wir haben ungenutzte Fähigkeiten, die manchmal erst in Krisen auftauchen.

Wenn dieses ganze Leiden, das der Krebs mit sich bringt, einen Sinn hat, dann, glaube ich, diesen: Es kann uns besser machen.

Ich bin absolut überzeugt, dass Krebs nicht eine Form des Todes ist. Ich definiere ihn lieber neu: Er ist ein Teil des Lebens.

„Du weißt es noch nicht, aber *wir* sind die Glückspilze", hatte mir dieser Soldat damals geschrieben.

Ich werde die Lektion, die mir der Krebs erteilt hat, nie vergessen, und ich spüre, dass ich zur Krebs-Gemeinschaft gehöre. Ich glaube, dass ich die Pflicht habe, etwas Besseres aus meinem Leben zu machen als vorher und allen zu helfen, die mit der Krankheit kämpfen. Es ist eine Gemeinschaft mit gemeinsamen Erfahrungen. Jeder, der einmal gesagt bekam: „Sie haben Krebs", und der dann dachte: O Gott, ich muss sterben, gehört zu dieser Gemeinschaft. Sein Leben lang.

Wenn ich die ganze Welt mal wieder überhabe, denke ich an LaTrice Haney, Scott Shapiro, Craig Nichols und Lawrence Einhorn – und an den kleinen Jungen, der Cornflakes mochte, weil sie so unterschiedlich aussehen. Ich denke an meinen Sohn, der für mein zweites Leben steht. Er zeigt mir, wofür ich lebe, unabhängig von mir selbst.

Manchmal werde ich nachts wach und vermisse ihn. Dann hole ich ihn zu mir ins Bett und lege ihn mir auf den Bauch. Jeder Schrei von ihm ist für mich die reinste Freude. Er wirft seinen kleinen Kopf nach hinten, sein Kinn zittert, seine Hände zappeln in der Luft, und er fängt an zu quengeln. Aber in meinen Ohren klingt das wie der Ruf des Lebens. „Ja, so ist's gut", sage ich aufmunternd. „Mach weiter."

Er schreit immer lauter, und ich lächele dazu.

Die TOTE HABEN
Die
Dunkelziffer
der
vertuschten
Morde

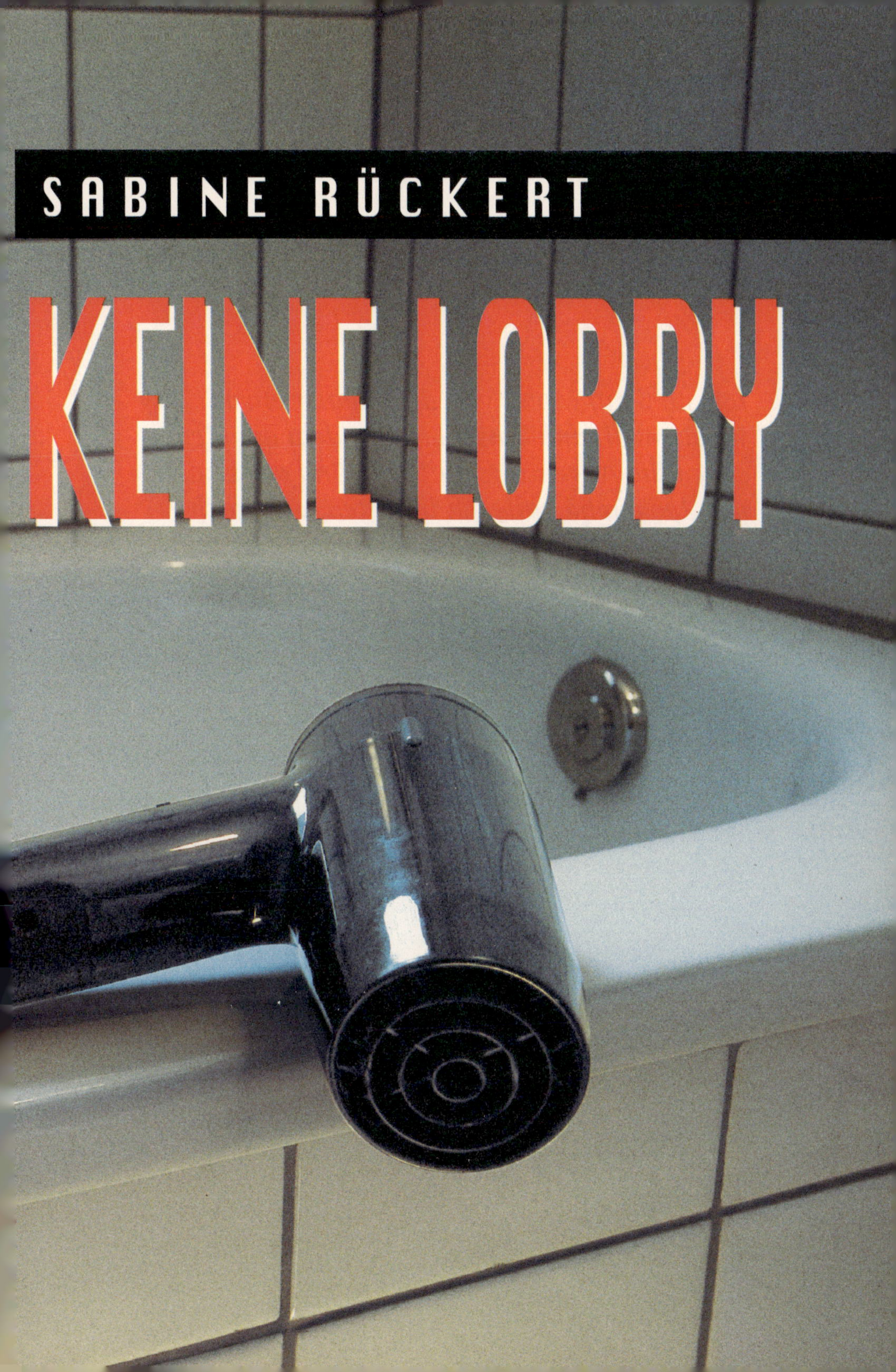
SABINE RÜCKERT
KEINE LOBBY

Ich stieß auf Mord, von dem keiner etwas wissen will, und Totschlag, vor dem die Menschen die Augen verschließen. Und am Ende der Recherche habe ich begriffen, was Fachleute und Ermittler meinen, wenn sie sagen: Tote haben keine Lobby.

Sabine Rückert

Vorwort

Im Sommer des Jahres 1998 setzte ich mich in ein Taxi vor dem Bahnhof einer deutschen Großstadt. Die Taxifahrerin, eine mitteilungsbedürftige Frau Ende vierzig, begann mit mir zu plaudern und offenbarte mir, die sie nie zuvor gesehen hatte, auf dem Weg zum Reiseziel ihr ganzes Leben in Kurzfassung. Es war ein sehr kummervolles Leben, dessen Tragödie im Verlust der einzigen Tochter gipfelte. Das Mädchen, knapp über zwanzig, sei Mitte der Neunzigerjahre in der Vorweihnachtszeit spurlos verschwunden, erzählte sie mir. Über zwei Jahre sei sie vermisst gewesen. Dann habe die Polizei ein Skelett aus dem Fluss gezogen und behauptet, es handle sich um die Gebeine ihrer Tochter. Die Todesursache sei nicht mehr festzustellen. Sie, die Mutter, habe nun der Polizei zu Protokoll gegeben, sie verdächtige den Liebhaber der Tochter, diese umgebracht zu haben. Die Beziehung sei eine Katastrophe gewesen, das Mädchen habe sich gefürchtet. Doch niemand habe sich für ihre Anklage interessiert oder ernsthafte Nachforschungen angestellt. Es sei zum Verzweifeln gewesen. Als ich ausstieg, wusste ich: Sie wird ihr Leid dem nächsten Fahrgast wieder erzählen.

Ich habe noch oft an die Taxifahrerin und ihre tote Tochter gedacht, aber ich hielt ihre Geschichte für übertrieben oder für einen gruseligen Ausnahmefall. Heute weiß ich es besser.

Wenige Wochen später las ich eine Meldung in der Zeitung: JEDER ZWEITE MORD BLEIBT UNENTDECKT. Ein kleiner Fünfzeiler unter der Rubrik „Vermischtes".

Eine Nachrichtenagentur hatte diese Information auf einer Tagung der Deutschen Gesellschaft für Rechtsmedizin aufgeschnappt und an die Medien weitergegeben. Mir fiel die Geschichte der Taxifahrerin wieder ein, und ich ging der Sache nach.

Die Recherche führte mich in die Leichenkeller dieser Republik und in die Abgründe der staatlichen Todesermittlung. Der geplante Zeitungsartikel wuchs sich zum vorliegenden Buch aus, welches das Dunkelfeld der Tötungsdelikte in Deutschland auszuleuchten versucht. Unzählige Berichte fanden den Weg zu mir. Einige, die sich beweisen ließen, nahm ich in das Buch auf, zwei von jenen, die sich nicht beweisen ließen, seien hier kurz erwähnt:

Da ist die Geschichte des Trunksüchtigen, der in der Garage heimliche Alkoholvorräte angelegt hat. Eines Tages befindet sich in dem zur Schnapsflasche umfunktionierten Terpentinbehälter tödliches Gift. Wie es in ihn hineinkam, hat die Polizei nie geklärt. Da ist die Geschichte des jungen Mädchens, das seiner Mutter gesteht, vom Vater jahrelang missbraucht worden zu sein. Am nächsten Tag fällt der Vater von der Leiter und bricht sich das Genick. Der Sturz fand seinen Platz in der amtlichen Unfallstatistik. Solche Fälle passieren täglich in Deutschland.

Ich recherchierte bei Hausärzten und Notärzten, bei Rechtsanwälten und Staatsanwälten, bei Richtern und Rechtsmedizinern, bei Kriminalisten und Kriminologen, bei Hinterbliebenen und bei Tätern. Ich stieß auf Mord, von dem keiner etwas wissen will, und Totschlag, vor dem die Menschen die Augen verschließen. Und am Ende der Recherche habe ich begriffen, was Fachleute und Ermittler meinen, wenn sie sagen: Tote haben keine Lobby.

Ich habe dieses Buch geschrieben, damit sich das ändert. „Die Würde des Menschen ist unantastbar“, formuliert Artikel 1 des Grundgesetzes. Und doch gilt das nur für Lebende. Die Würde des Menschen hört mit seinem Tod häufig auf. Tote interessieren nicht. Ich werde zeigen, wie und warum die verschiedenen Instanzen der Todesursachenforschung sich viel zu oft nicht die Mühe machen, lückenlos aufzuklären, woran ein Mensch gestorben ist. Doch ungesühnter Mord lastet auf der Gesellschaft. Wer die Toten nicht achtet, gerät auch in Gefahr, das Leben nicht zu achten.

1. Die Dunkelziffer

Viele Tötungsdelikte in Deutschland kommen nie ans Licht

Am 12. März 1998 beginnen um 9.32 Uhr im westfälischen Lüdinghausen Ermittlungen in einem Todesfall. Zu klären ist die Frage: Wie starb Nithrsan Emmanuel?

Ihr verkohlter Babykörper wird an jenem Morgen aus einem verbrannten Kinderreisebett geborgen. Fünfzehn Monate alt ist sie geworden. Mit den Eltern und zwei Geschwistern (zweieinhalb Jahre und vier Monate) lebte sie in einer Asylunterkunft am Stadtstannenweg. Ein Notarzt bestätigt den Flammentod des Kindes. Die Geschwister werden mit Rauchvergiftung ins Krankenhaus geflogen.

Der Brandsachverständige diagnostiziert Brandstiftung. Die Kriminalpolizei schließt aus der Situation (drei Kinder eingesperrt in einem Raum), dass der zweieinhalbjährige Bruder der Toten gezündelt haben muss. Das leuchtet der Staatsanwaltschaft Münster ein: Sie gibt die Leiche zwei Tage später zur Bestattung frei. Eine Woche nach dem Tod, am 19. März 1998 um 14.35 Uhr, werden die sterblichen Überreste der Nithrsan Emmanuel eingeäschert – auf Wunsch der Eltern.

Der Fall Emmanuel hätte damals als abgeschlossen gelten können, wären nicht ein paar Milliliter Blut der kleinen Nithrsan auf der Welt zurückgeblieben. Auf Drängen des misstrauischen Brandsachverständigen war der Leiche noch am Todestag eine Blutprobe entnommen worden. Zwei Tage nach der Einäscherung trifft das Ergebnis der Blutuntersuchung bei der Staatsanwaltschaft in Münster ein: Im Blut ist kein Kohlenmonoxid. Das Kind hat bei Ausbruch des Feuers nicht mehr geatmet. Es muss bereits tot gewesen sein.

Führt ein Arzt die Leichenschau bei einem Verbrannten durch, kann er nur selten genau feststellen, ob der Mensch durch Feuer oder schon zuvor durch ein Gewaltverbrechen umgekommen ist. Eine Brandstiftung, die kaschieren soll, dass jemand ums Leben gebracht worden ist, gehört schon zu den Klassikern der Kriminalistik. Damit solche Tötungen nicht unerkannt bleiben, werden Brandleichen geöffnet.

Den Ermittlern im Fall Emmanuel war davon wohl nichts bekannt. Die Staatsanwaltschaft hielt eine Obduktion des Kindes für überflüssig, obwohl sie in solchen Fällen zum Standard gehört und der Brandsachverständige mehrfach darauf gedrängt hatte. Auch hörten die Ermittler erst nach der Kremation davon, dass die Familie Emmanuel dem Jugendamt schon längere Zeit wegen „emotionaler Kälte“ gegenüber den Kindern aufgefallen war. Die Mutter des toten Kindes sagte bei der Polizei aus, ihre Tochter sei noch am Leben gewesen, als sie den Raum verlassen und die Tür hinter sich verschlossen habe. Nachbarn zweifelten daran. Sie berichteten, sie hätten Frau Emmanuel darauf hingewiesen, dass es im Zimmer ihrer Kinder brenne und dass Türen und Fenster verriegelt seien. Als die Frau nicht reagierte, hätten sie selbst die Rollläden von außen hochgeschoben und die Fenster gewaltsam geöffnet.

Das alles sind Indizien, aber keine Beweise. Das einzige Beweismittel ist mit staatlichem Stempel zu Asche geworden. Fragt man die Staatsanwälte in Münster heute, woran das Flüchtlingskind gestorben sei, zucken sie bedauernd die Achseln: „Die Todesursache ist unklar.“ Der Fall wird in keiner Tötungsstatistik auftauchen. Wie so viele andere auch.

1998 starben in Deutschland 852 382 Menschen, 1622 davon wurden getötet – aus Berechnung, im Affekt. Die Aufklärungsrate bei den so genannten Kapitaldelikten gegen das Leben liegt bei 95 Prozent. So jedenfalls steht es in den offiziellen Zahlenkolonnen des Bundeskriminalamtes in Wiesbaden.

Doch es gibt noch andere Listen. Sie werden in den Leichenkellern der rechtsmedizinischen Institute geführt, von denen es in jeder größeren deutschen Stadt eines gibt. Dorthin werden die Toten gebracht, bei denen der Staatsanwalt eine gerichtliche Autopsie angeordnet hat. Dort werden sie seziert, dort wird die Todesursache für Polizei und Staatsanwälte festgestellt – meistens eindeutig und definitiv. In diesen Instituten geraten nun durch Zufall auch Verstorbene auf den Seziertisch, denen im Totenschein ein natürliches Ende bescheinigt worden ist. Das kann der Fall sein, wenn an den Instituten gerade wissenschaftliche Reihenuntersuchungen laufen, bei denen über einen gewissen Zeitraum, zum Beispiel für ein „Forschungsprojekt plötzlicher Kindstod", alle Säuglinge, die in der Region sterben, einer Autopsie unterzogen werden. Das kann der Fall sein bei privat finanzierten Obduktionen, wenn die Verwandten beispielsweise die Todesursache des Onkels zweifelsfrei erfahren wollen. Das kann der Fall sein, wenn nachträglich ein Mordverdacht aufkeimt, der zur Exhumierung einer Leiche führt. Und natürlich dann, wenn jemand auf der Polizeiwache überraschend einen Mord gesteht, den ihm niemand vorgeworfen hat. Bei nicht wenigen all dieser Opfer fördert erst die Sektion das gewaltsame Sterben zutage.

Zufallsentdeckungen dieser Art sind in Deutschland häufiger, als der Bürger glauben mag. Wie oft sie vorkommen, hat 1997 erstmals eine Studie der Gesellschaft für Rechtsmedizin zu erfassen versucht. Sie trägt den Titel „Fehlleistungen bei der Leichenschau in der Bundesrepublik Deutschland" und dokumentierte die Überraschungsfunde aus den Leichenkellern von 23 der 38 deutschen rechtsmedizinischen Institute über einen Zeitraum von einem knappen Jahr. Das Ergebnis zeigt: Zu den 13000 sezierten Toten in diesem knappen Jahr gehörten rund 350, denen der Totenschein ein *natürliches* Ableben bescheinigte. Von diesen „natürlich" Verstorbenen hatten jedoch 92 Tote, also etwa ein Viertel, ein sehr unnatürliches Ende genommen, wie sich bei der Obduktion herausstellte. Neben 49 Unfällen, 19 „medizinischen Maßnahmen" („Kunstfehler"), 9 Suiziden und 5 Drogentoten waren unter 350 – laut Totenschein – „natürlich" Verstorbenen auch zehn nicht erkannte Tötungsdelikte verborgen. Eine Kurzbeschreibung einiger dieser zehn Überraschungsfälle:

Fall 1 (Tötung, Dresden): Ein weiblicher Säugling wird tot im umgekippten Stubenwagen unter der Bettdecke aufgefunden. In der Todesbescheinigung steht: natürlicher Tod, Verdacht auf plötzlichen Kindstod. Die Polizei erhält zufällig einen Hinweis und veranlasst eine Sektion. Ergebnis: Das Kind wurde unter einer weichen Bettdecke erstickt.

Fall 2 (Tötung, Frankfurt am Main): Ein polizeibekannter 59-jähriger Mann, der oft auf dem Flughafengelände nächtigt, wird auf einer Bank im Flughafenbahnhof halb sitzend tot aufgefunden. Im Totenschein steht: natürlicher Tod, medizinisch nicht aufgeklärt. Der Tote wird zu wissenschaftlichen Zwecken in die Rechtsmedizin gebracht. Die Sektion ergibt: Schädelverletzungen, Schädel-Hirn-Trauma.

Fall 3 (Körperverletzung mit Todesfolge, Jena): Ein 34-jähriger Dialysepatient hat eine Schlägerei mit seinem Bruder, bei der er einen Faustschlag ins Gesicht erhält. Fünf Stunden später ist er tot. Der Totenschein weist einen natürlichen Tod aus. Die Schwester des Verstorbenen erstattet Anzeige. Die Sektion ergibt: Hirnblutung.

Fall 4 (Tötung, Kiel): Ein 28-jähriger Mann wird im Streit erschossen. Im Totenschein steht: natürlicher Tod. Plötzlich meldet sich der Täter und gesteht. Die Sektion ergibt: Verblutung durch Steckschuss in der Brust.

Fall 5 (Körperverletzung mit Todesfolge, Leipzig): Einer 82-jährigen Frau wird der natürliche Tod bescheinigt. Durch einen nicht näher ermittelten Zufall gelangt ihr Körper in die Gerichtsmedizin. Die Sektion ergibt: Beckenbruch nach gewaltsam herbeigeführtem Sturz.

Fall 6 (Tötung, Potsdam): Ein 60-jähriger Mann wird auf einem Gehweg liegend tot aufgefunden. Der Totenschein gibt an: plötzlicher Herztod. Der Tote soll eingeäschert werden. Erst bei der zweiten Leichenschau, die ein Rechtsmediziner zehn Tage später vor der Kremation vornimmt, fallen die Stichverletzungen in der Brust auf. Die Sektion ergibt: Herzstich.

Zu den zehn Toten, denen Ärzte offenkundig fälschlich ein natürliches Ende bescheinigt hatten, kommen in der Untersuchung von 1997 noch weitere 35 mit unklarer Todesursache eingelieferte Personen, die durch fremde Hand um ihr Leben gebracht worden waren. „Diese Gruppe“, schreiben die Rechtsmediziner in ihrer Erläuterung der Studie, „umfasst ebenfalls Beispiele gravierender ärztlicher Fehlleistungen bei der Leichenschau.“ Die Fehler seien allein dadurch zustande gekommen, dass offenkundige Zeichen für Mord und Totschlag von den Ärzten am Leichenfundort aus Ahnungslosigkeit oder Desinteresse nicht zur Kenntnis genommen worden seien.

Auch diese Gruppe der Zufallsentdeckungen mit „ungeklärter Todesursache“ soll hier durch zwei Beispiele veranschaulicht werden.

Fall 1 (Münster): Eine 33-jährige Frau liegt, wie ihre halb erwachsenen Kinder feststellen, morgens tot im Bett. Der Hausarzt kreuzt auf dem Totenschein zwar den ungeklärten Tod an, sagt aber der Polizei, er vermute, dass es sich um einen Herztod handle. Da die Tote noch jung ist, ordnet die Staatsanwaltschaft eine Sektion an. Sie ergibt: versteckte Würgemale und Erstickungsblutungen. Die Frau war von ihrem Lebensgefährten beseitigt worden.

Fall 2 (Hannover): Ein 53-Jähriger ist tot. Der Wohnungsmitinhaber berichtet dem Arzt, der Mann sei direkt vor seinen Augen gestorben. Der Arzt beschreibt im Totenschein „pockenartige, rötliche Anhaftungen" und kreuzt „Todesursache ungeklärt" an. Erst drei Tage später findet die Sektion statt, bei der eigentlich nur festgestellt werden soll, ob der Mann an einer Epidemie erkrankt war. Sie ergibt: Er ist nach Stichen und Schnitten in die Brust verblutet.

SOLCHE und ähnliche Entdeckungen sind es, die die deutschen Rechtsmediziner ein großes Dunkelfeld bei Mord und Totschlag fürchten lassen. Schon immer waren sie – im Gegensatz zu vielen (nicht allen!) Staatsanwälten – davon überzeugt, dass ungezählte Tötungsdelikte nie zur Kenntnis der Ermittlungsorgane gelangen. Und gerade die erfahrensten Kriminalisten teilen diese Ansicht. Beunruhigend wird die Studie der rechtsmedizinischen Institute darum auch im Besonderen, wo sie die Zufallsentdeckungen hochrechnet auf die Todesfälle in der gesamten Bevölkerung (knapp 900 000 Tote pro Jahr). Die Wissenschaftler legten großen Wert darauf, dass ihre Hochrechnung „vorsichtig und konservativ" sei. Dennoch kommen sie bei ihrer Dunkelfeldschätzung zu dem Schluss, „dass jährlich in der Bundesrepublik mit insgesamt 11 000 bis 22 000 nicht natürlichen Todesfällen zu rechnen ist, die bei der Leichenschau als natürlich klassifiziert werden. Darunter 1200 bis 2400 Tötungsdelikte." Ruft man sich nun die offiziellen Zahlen der Kriminalpolizei ins Gedächtnis zurück (also etwa 1500 bis 2000 Fälle von Tötungen und tödlichen Körperverletzungen pro Jahr), bedeutet das Ergebnis: *Mindestens jede zweite Tötung* in Deutschland bleibt unerkannt. Oder mit anderen Worten: Jedes Jahr geht in Deutschland die *Titanic* mit Mann und Maus unter, ohne dass es einer merkt.

Das Dunkelfeld bei Tötungsdelikten war und ist ein Feld der Spekulationen. Eine wissenschaftlich fundierte kriminologische, soziologische oder polizeiliche Dunkelfeldforschung wurde – nach Angaben des Bundeskriminalamtes (BKA) – im ganzen deutschsprachigen Raum definitiv nie angestellt. Das liegt zum Teil in der Natur der Sache: Die klassische Methode der Dunkelfeldforschung bei anderen Delikten, die *Opferbefragung,* lässt sich hier nicht anwenden. Tötungsopfer können naturgemäß keine Auskunft mehr geben. Auch die zweite Methode der Dunkelfeldforschung, die *Täterbefragung,* funktioniert bei Tötungen nicht. Viele Täter, auch die abgebrühtesten, geben die ihnen vorgeworfenen Tötungsdelikte bis zum Ende ihres Lebens nicht zu – mag die Polizei ihnen auch noch so viele Morde zweifelsfrei nachgewiesen haben, mögen sie auch vom Gericht deswegen zu mehrfach lebenslänglicher Haft verurteilt worden sein. Alle Polizeiermittler kennen diese Regel der menschlichen Seele: Je „qualifizierter", je schwerer ein Verstoß gegen das Gesetz ist, desto eiserner wird darüber geschwiegen.

Auch die dritte (und am wenigsten zuverlässige) Methode, Licht ins Dunkelfeld zu tragen, greift bei Tötungsdelikten ins Leere. Es ist die Frage an *Mitwisser:* Haben Sie von einer nicht entdeckten Straftat erfahren? Sie funktioniert nicht, weil auch auf den Zeugen, die ein solches Delikt ja verschweigen und sich dadurch mitschuldig machen, ein schlechtes Gewissen lastet. Oft sind Mitwisser einer Tat – wenn es sie denn überhaupt gibt – dem Täter sehr nahe und ebenso wie er starken Verdrängungsmechanismen unterworfen.

So marginal die wissenschaftlichen Erkenntnisse sein mögen – Spekulationen über das Ausmaß des Dunkelfelds bei so kapitalen Verbrechen wie Tötungsdelikten wurden und werden immer wieder angestellt. 1957 ging der damalige Leiter der Düsseldorfer Kriminalpolizei, Kriminalrat Dr. Bernd Wehner, in seinem Buch *Die Latenz der Straftaten* dem Phänomen nach. Er fächert den Begriff Latenz (Verborgenheit) in „drei Dunkelzahlen" auf:

- die unentdeckten Verbrechen (also diejenigen, von denen niemand etwas erfährt und mit denen sich dieses Buch beschäftigt),
- die ungeklärten Verbrechen (also diejenigen, bei denen zwar der Strafbestand bekannt, also beispielsweise eine Leiche vorhanden ist, aber kein Täter ermittelt wird)
- und die ungesühnten Verbrechen (also diejenigen, die bekannt geworden sind und deren auch jemand verdächtigt wird – nur lässt sich diesem Verdächtigen die Tat nicht nachweisen, sodass er nicht vor Gericht gestellt werden kann beziehungsweise freigesprochen werden muss).

Die erste der drei Dunkelzahlen, also die der unentdeckten Verbrechen, sei, schreibt Wehner, für die Kripo am problematischsten, weil sie sich allein im Feld der Vermutung bewege. Er geht aber – belehrt von eigener Berufserfahrung – davon aus, dass sie weitaus die größte sei:

„Der Wirklichkeit am nächsten dürfte eine Schätzung der unentdeckten Tötungsdelikte in Höhe von 1 : 3 bis 1 : 6 kommen."

Das Einzige, woran sich hin und wieder die Dunkelziffer bei Tötungsdelikten erahnen lässt, ist die Zufallsentdeckung. Um seine These zu belegen, schildert Wehner haarsträubende Mordserien aus der deutschen Kriminalgeschichte, die vor Augen führen, wie lang berüchtigte Mehrfachtäter wie Haarmann, Denke oder Seefeld im Schutz des Dunkelfelds ihr Unwesen treiben konnten.

Der Fall Seefeld soll hier kurz erzählt werden. Obwohl er schon fast siebzig Jahre zurückliegt und die polizeilichen und rechtsmedizinischen Techniken sich in der Zwischenzeit um ein Vielfaches verbessert haben, lässt sich auf diesem Ausflug in die Vergangenheit nach wie vor sehr eindrücklich illustrieren, wie leicht ein Mord ad acta gelegt werden kann, wie sehr es auf die Aufmerksamkeit des einzelnen Arztes beziehungsweise Polizisten am Leichenfundort ankommt und welch entsetzliche Folgen Schlampereien oder Irrtümer haben können.

Der Uhrmacher Adolf Seefeld wurde am 23. Mai 1936 in Schwerin hingerichtet. Ihm war bei seiner Verurteilung zur Last gelegt worden, zwölf Jungen ermordet zu haben. Die Fälle ereigneten sich wie folgt:

Opfer 1: Am 16. April 1933 wird in Wittenberg ein Zwölfjähriger mit Namen Gnirk vermisst. Zwei Tage später wird die Leiche in einer Kiefernschonung gefunden. Die untersuchenden Ärzte stellen keine Gewalteinwirkung fest. Man hat den Eindruck, der Junge sei im Schlaf erfroren. Es gibt keine Obduktion und keine kriminalpolizeilichen Nachforschungen.

Opfer 2: Am 8. Juni 1933 wird ein Achtjähriger namens Metsdorf aus Potsdam vermisst. Sieben Wochen später wird seine Leiche bei Mäharbeiten in einem Roggenfeld gefunden. Die Ärzte stellen keine äußeren Verletzungen fest. Ernsthafte Nachforschungen finden nicht statt.

Opfer 3: Am 2. November 1933 verschwindet in Ludwigslust der zehnjährige Tesdorf. Zwei Wochen später wird seine Leiche während einer Treibjagd in einer Kiefernschonung gefunden. Sie ist unverletzt. Die Ärzte nehmen an, der Junge sei an Kälte gestorben. Die Kriminalpolizei vermutet nach Ermittlungen, das Kind sei aus Angst vor Strafe nicht nach Hause gegangen, habe sich wohl in die Schonung gelegt und sei dort im Schlaf erfroren.

Opfer 4: Am 22. November 1933 verschwindet der zehnjährige Prätorius aus Rostock. Die Leiche wird erst sieben Wochen später im Schilfdickicht außerhalb der Stadt entdeckt. Die Obduktion ergibt: Ein feiner Knochenriss im Schädel ist die Todesursache – andere Faktoren allerdings sprechen für einen Erfrierungstod. Erneute Schädeluntersuchungen ergeben: Der Sprung ist wahrscheinlich beim Öffnen des Schädeldaches durch die Obduzenten entstanden. Die Kripo stellt die Ermittlungen ein.

Opfer 5: Am 16. Januar 1934 fehlt plötzlich der neunjährige Korn aus Lübeck. Eine Schulklasse findet seine Leiche beim Ausflug einen Monat später in einer Tannenschonung. Bei der Leiche liegen Zigaretten und Streichhölzer. Gewalteinwirkung ist nicht erkennbar. Die Obduktion ergibt: Tod durch Herzschwäche bei überfülltem Magen, wobei die Herzschwäche noch durch reichliches Zigarettenrauchen begünstigt worden sei. Ermittlungen bleiben ohne Ergebnis.

Opfer 6: Am 2. Oktober 1934 wird ein siebenjähriger Junge aus Oranienburg vermisst. Vier Wochen später findet sich die Leiche in einem Wäldchen. Ein Berliner Gerichtsarzt kann wegen fortgeschrittener Verwesung keine Todesursache mehr feststellen. Polizeiliche Ermittlungen verlaufen ergebnislos.

Opfer 7 und 8: Am 16. Oktober 1934 verschwinden der vierjährige Dill und der fünfjährige Eipel aus Neuruppin. Am nächsten Morgen werden die Kinderleichen eng umschlungen in einer Schonung gefunden. Der Kleinere hat Reste von Fliegenpilz zwischen den Lippen. Die Obduzenten halten eine Pilzvergiftung für wahrscheinlich, für Fremdverschulden liegen keine Anhaltspunkte vor.

Opfer 9: Am 8. Oktober 1934 wird ein elfjähriger Schüler aus Brandenburg vermisst. Fünf Wochen später wird die Leiche in einer Schonung entdeckt. Wegen der starken Verwesung ist keine Todesursache mehr erkennbar. Nachforschungen finden nicht statt.

Opfer 10: Am 16. Februar 1935 wird der zehnjährige Neumann aus Wismar von Bekannten seiner Eltern mit nach Schwerin genommen und verschwindet hier spurlos.

Opfer 11: Am 23. Februar 1935 wird der ebenfalls zehnjährige Zimmermann aus Schwerin als vermisst gemeldet. Erst jetzt beginnt die Staatsanwaltschaft Schwerin, Zusammenhänge zu ahnen. Endlich setzen Ermittlungen ein.

Opfer 12: Am 22. März 1935 verschwindet ein zwölfjähriger Junge namens Thomas aus Wittenberge. Seine Leiche wird am nächsten Tag ausfindig gemacht.

Der Tod dieses letzten Opfers führt die Beamten schließlich auf die Spur des Serienmörders Seefeld, der am 3. April 1935 festgenommen wird. Er streitet alle Taten ab. Erst über ein Jahr später, kurz vor seiner Hinrichtung, legt er ein umfassendes Geständnis ab. Außer den zwölf

Morden, derentwegen er verurteilt worden ist, gesteht er nun noch weitere sieben. Wie und warum er die Kinder getötet hat, wurde nie vollständig geklärt. Er behauptete, er habe mit selbst gebrautem Gift gemordet, dessen Herstellung jedoch „ein Amtsgeheimnis" sei. Er habe den Jungen das Gift auf Pfefferminzbonbons angeboten, woraufhin sie schläfrig geworden seien. Dann habe er sich an den willenlosen Kindern vergangen und sie sterbend zurückgelassen.

Armin Mätzler, langjähriger Leiter der Abteilung Kriminalpolizei in Düsseldorf und Köln, schreibt 1997 in seinem Buch *Todesermittlungen:* „Die Frage, ob ein Fall Seefeld auch heute noch möglich sein könnte, muss sicherlich mit Ja beantwortet werden. Diese Knabenmorde waren ja vor allem deshalb nicht aufgefallen, weil niemand, weder Ärzte noch Kriminalpolizei, ernsthaft an ein Kapitalverbrechen geglaubt hatte."

Mit Serientätern beschäftigt sich seit Jahren mit Leidenschaft ein Herr vom Polizeipräsidium Düsseldorf. Der Kriminaloberkommissar Stephan Harbort hat penibel über die Serienmörder Buch geführt, die in Deutschland seit dem Zweiten Weltkrieg ihr Unwesen trieben. Er hat massenhaft Daten über ihr Leben und ihre Taten gesammelt und statistisch aufbereitet. Aufgrund von Hochrechnungen, die er auf der Basis seines Datenmaterials angestellt hat, kommt Harbort zu der These, dass „mindestens zwölf Mordserien (= 73 Tötungsdelikte) seit Ende des Zweiten Weltkriegs unerkannt geblieben sind".

Auch der Latenzforscher Bernd Wehner weigerte sich, Fälle wie Seefeld als Ausnahmeerscheinungen abzutun, und stellt die provokante Frage: „Wer will wissen, ob er nicht täglich an einem Haarmann vorübergeht oder von einem Denke gegrüßt wird? Oder ob seine Söhne nicht mit denen eines Massenmörders spielen?"

Das alles klingt nach Paranoia. Und doch waren und sind die Menschen, die von einem beträchtlichen Dunkelfeld bei Tötungsdelikten überzeugt sind, keineswegs wahnsinnig. Im Gegenteil – es handelt sich um nüchterne Wissenschaftler, trockene und akribische Ermittler, die ihr eigener Berufsalltag das Fürchten gelehrt hat. In einem hoch zivilisierten Staat wie dem deutschen ist es offenbar möglich, jemanden in aller Stille ins Jenseits zu befördern.

Kriminalkommissar Armin Mätzler, der nach vierzig Jahren Polizeidienst im Rheinland als unerbittlicher Spürhund zur Legende geworden ist, schreibt in seinem Standardwerk „Todesermittlungen": „Untersucht man Zufallsentdeckungen, so muss man feststellen, dass der Täter in der Regel nichts getan hatte, um das Verbrechen zu verschleiern. Dass die Tötungen dennoch nicht erkannt werden, liegt aber nicht nur an der oft mangelnden Erfahrung und häufig wenig qualifizierten Leichenschau der den Tod feststellenden Ärzte, sondern auch darin begründet, dass Tatbestände durch die Polizei falsch beurteilt werden, dass Tötungsdelikte als Unglücksfälle oder Selbstmorde gedeutet werden oder aber dass Morde als Vermisstenfälle in den Karteien verschwinden, obwohl die Menschen nie wieder auftauchen ... Solche Zufallsentdeckungen erhellen immer wieder einmal schlagartig die unentdeckte Tötungskriminalität. In solchen Augenblicken wird erschreckend klar, dass auch in einem so geordneten Staatswesen wie dem unseren Menschen unerkannt morden können, dass andere Opfer solcher Verbrechen werden können, ohne dass ihr Verschwinden – wird es überhaupt registriert – ernsthafte Sorgen bereitet.“

Auch Bernd Wehner, der in den Fünfziger- und Sechzigerjahren Verbrecher jagte, führt Gründe dafür an, dass es bei der Todesermittlung immer wieder zu gravierenden Fehlern kommt; sie gelten heute, über vierzig Jahre später, noch genauso wie zu seiner Zeit:

- Es mangelt den Ärzten an Kompetenz bei der Leichenschau.
- Es wird zu wenig obduziert.

ZURÜCK zur Gegenwart: Von 1990 bis 1995 wurden im Rechtsmedizinischen Institut der Universität Münster 274 Todesfälle von Säuglingen und Kleinkindern untersucht, bei denen im Vorfeld *kein* konkreter Verdacht auf ein Tötungsdelikt bestand. 167-mal wurde die Obduktion gerichtlich angeordnet, 107-mal fand eine wissenschaftliche Sektion zur Erforschung von Ursachen für Kindstod statt. Die Sektionen förderten Erschütterndes zutage: Von den 274 kleinen Toten waren acht umgebracht worden. Fünf Tötungsdelikte wurden durch gerichtliche Sektionen entdeckt, die drei übrigen verbargen sich im wissenschaftlichen Sektionsgut.

Drei Fälle sollen in Kurzfassung vorgestellt werden:

Fall 1: Ein fünf Wochen alter männlicher Säugling wird von der Mutter tot im Bett gefunden. Bei der Leichenschau wird plötzlicher Kindstod bescheinigt. Die Staatsanwaltschaft gibt die Leiche frei. Die Eltern stimmen auf Anfrage einer wissenschaftlichen Sektion zu. Bei der Untersuchung entdecken die Mediziner Blutergüsse an den Hoden, Rippenbrüche und blaue Flecken an den Armen und Beinen; sie stellen fest, dass das Baby an Austrocknung und Unterernährung gelitten hat. Wahrscheinliche Todesursache: Verdursten bei Vernachlässigung und Misshandlung.

Fall 2: Ein zehn Wochen alter männlicher Säugling liegt tot im Bett.

Der Leichen schauende Arzt vermutet plötzlichen Kindstod. Die mit dem Einverständnis der Eltern durchgeführte wissenschaftliche Sektion ergibt, dass der Säugling an einer beidseitigen Nierenvenenthrombose mit Niereninfarkt starb. Im Blut wird Kokain nachgewiesen. Die Mutter gibt an, dem Kind gegen Husten ein weißes Pulver verabreicht zu haben, das ihr von ihrem Lebensgefährten in die Hand gedrückt worden sei. Später nimmt sie diese Aussage zurück. Wie das Rauschgift in den Körper des Kindes gelangte, wird nicht geklärt.

Fall 3: Ein vierjähriger Junge soll angeblich in der Küche unter Aufsicht des Freundes der Mutter gestürzt sein. Er hat eine große Platzwunde am Kinn. Die Wiederbelebungsversuche des Notarztes bleiben erfolglos. Erst zwei Tage zuvor war das Kind aus dem Krankenhaus entlassen worden, wo es drei Wochen lang wegen einer Kopfverletzung nach einem angeblichen Sturz im Schwimmbad behandelt worden war. Bei der Sektion stellt sich heraus, dass im Bauchraum fast ein Liter Blut schwimmt; die Leber ist gerissen. Im Gesicht finden sich Erstickungszeichen, am Hals Griffspuren. Todesursache: Gewalt gegen den Bauch.

Das alarmierende Ergebnis der Studie aus Münster lautet, dass sowohl die gerichtlichen Routinesektionen als auch die wissenschaftlichen Sektionen jeweils etwa drei Prozent Tötungen ans Licht brachten, die sonst unerkannt geblieben wären. „Die praktisch gleiche Häufigkeit von Tötungsdelikten in beiden Gruppen", schreiben die Verfasser Professor Bernd Brinkmann, Privatdozent Alfred Du Chesne und Dr. Thomas Bajanowski, „lässt Ineffektivität der staatsanwaltschaftlichen Auswahlkriterien bei Kindertodesfällen vermuten." Was auf Deutsch heißt: Welches Kind seziert wird und welches nicht, bleibt mehr oder weniger dem Zufall überlassen.

Auch an den Leichen schauenden Ärzten üben die Rechtsmediziner aus Münster harte Kritik. Bei mindestens vier der acht Tötungen seien äußere Anzeichen von Gewaltanwendung offenkundig und hätten den Doktoren auffallen müssen. Dass sich in dieser Gruppe weitere Tötungsdelikte verbargen, steht zu befürchten.

Die Sektionsrate bei Kindern liegt jedoch insgesamt fünfmal höher als bei Erwachsenen. Würden Erwachsene ebenso häufig seziert, würde wohl auch bei ihnen eine Vielzahl spurenarmer Tötungsdelikte ans Licht kommen, schätzen die Rechtsmediziner.

Vergrößert wird das Dunkelfeld nämlich obendrein, weil in Deutschland nur sehr wenige Sektionen vorgenommen werden. Lediglich 1 bis 2 Prozent der Leichen kommen in die Gerichtsmedizin. Weitere 6 Prozent werden von Pathologen in den Kliniken untersucht, die aber über wenig kriminalistische Kompetenz verfügen und vor allem auf Krankheitsbefunde und deren Ursachen fixiert sind. Dagegen ist zum Beispiel in Finnland die Sektionsrate sehr viel höher als bei uns: 35 Prozent – und 15 Prozent davon erledigen die Gerichtsmediziner. In Finnland ist auch die Tötungsrate erheblich höher: Während in Deutschland in den Jahren 1994 bis 1998 auf 10000 Verstorbene durchschnittlich zwanzig Getötete kamen, waren es in Finnland 33. Dort werden viele der Mordfälle erst während der Autopsie entdeckt. Bleibt die Frage: Sind die Vergleichszahlen aus Skandinavien ein Indiz für die Ausmaße des Dunkelfelds? Besteht also ein Zusammenhang zwischen der Anzahl der statistisch erfassten Tötungen und der Häufigkeit von Sektionen? Es scheint so.

Dafür spricht jedenfalls das Ergebnis einer Studie aus dem Rechtsmedizinischen Institut München: Dort registrierte man zwischen 1911 und 1975 nur sechs Fälle von zu Tode misshandelten Kindern – also etwa *alle zehn Jahre (!)* einen. Als man anfing, gezielt und im größeren Rahmen Kinderleichen zu sezieren, konnte man zwischen 1990 und 1995 etwa zwanzig Fälle nachweisen – also etwa *alle drei Monate (!)* einen.

Drastisches lässt auch die Untersuchung ahnen, die der Rechtsmediziner Professor Reinhard Vock in Leipzig angestellt hat. Er verglich die Zahlen der tödlichen Kindesmisshandlung und -vernachlässigung in der DDR von 1985 bis 1989 mit denen in der BRD. Das Ergebnis: In der DDR wurden im Verhältnis doppelt so viele Kinder zu Tode gequält wie im Westen. Der einzige Grund für dieses Resultat ist in der hohen Obduktionsrate zu suchen, die in der DDR üblich war – im Vergleich zur Bundesrepublik ein präzises Überwachungssystem: Im Zuge so genannter Verwaltungssektionen wurden 30 bis 40 Prozent der Leichen geöffnet. Bei Kindern unter 16 Jahren war sogar eine Obduktionsrate von 100 Prozent üblich. Dabei fanden sich eben auch reichlich maskierte Tötungen.

Jene Verwaltungssektionen waren nicht gerichtlich angeordnet, sondern fanden zum Wohle der Volksgesundheit statt. In der DDR wurde – neben der gerichtlichen Sektion bei Tötungsverdacht – auch jeder andere auf nicht natürliche Weise Gestorbene automatisch obduziert – egal, ob es sich offenkundig um einen Selbstmörder oder um das Opfer eines Unfalls handelte. Außerdem wurden alle unbekannten Toten aufgeschnitten, alle Verstorbenen mit unklarer Todesursache, alle gestorbenen Schwangeren, Kreißenden und Wöchnerinnen, alle tot Geborenen. In der Regel wurden auch Tote, die an einer Infektion, an einer Berufs- oder Geschwulstkrankheit gelitten hatten, wie auch Menschen, die nach einer Organtransplantation oder Schutzimpfung gestorben waren, einer Autopsie unterzogen.

Uta Romanowski vom Institut für Gerichtliche Medizin Halle hat einmal alle Tötungsdelikte von 1981 bis 1990 zusammengestellt, die an ihrem Institut zufällig durch Verwaltungssektionen aufgedeckt worden sind: Es waren 19 Fälle. Das sind 8,7 Prozent der Tötungsdelikte, die in diesem Zeitraum in Halle insgesamt obduziert wurden.

In den Jahren 1982 und 1986 wurde etwa jede zehnte Tötung durch Verwaltungssektion entlarvt, 1990 war es sogar jede vierte bis fünfte.

Vor diesem Hintergrund erscheint es befremdlich, dass sich die Bundesrepublik Deutschland (die im Verhältnis zum früheren Polizeistaat DDR eine weit höhere Kriminalitätsrate hat) an den so viel akribischeren Ermittlungsgepflogenheiten der DDR kein Beispiel nahm. Im Gegenteil: Die staatliche Einrichtung der Verwaltungssektion wurde nach der Wende nicht nur im Westen nicht eingeführt, sondern obendrein auch noch im Osten abgeschafft.

DIE PFLEGERIN

Ein Fall aus Köln, der zeigt,
wie leicht in Deutschland gemordet werden kann

Am Nachmittag des 5. Juli 1990 betrat die selbstständige Altenpflegerin Marianne N. mit einem Körbchen frischer Kirschen die Wohnung der betagten Martha Vogel*. Frau N. war seit zehn Jahren in Köln-Kalk unterwegs, um älteren Leuten, die auf ein bisschen Unterstützung angewiesen waren, zur Hand zu gehen. Sie gehörte in diesem Viertel zu den bekannten Erscheinungen: eine grauhaarige verheiratete Frau in den Fünfzigern, immer mit einer großen Tasche ausgerüstet, immer in Eile.

Frau N. versorgte gewöhnlich eine ganze Reihe alter Leute an einem Arbeitstag. Sie besuchte sie einmal täglich oder morgens und abends, half ihnen beim Waschen und Eincremen, kaufte für sie ein, räumte ihre Wohnungen auf, ging mit ihnen spazieren, gab ihnen Spritzen und zählte ihre Pillen ab. Sie war eine beliebte Pflegekraft, galt als freundlich, kompetent und engagiert. Ihre Dienste rechnete sie mit der Krankenkasse ab, Extras wurden privat bezahlt.

An diesem Tag erschien sie zum zweiten Mal bei der 88-jährigen

*Die bei Erstnennung mit einem Sternchen (*) versehenen Namen sind zum Schutz der Persönlichkeitsrechte der Betroffenen geändert worden.

Martha Vogel, um ihr die Kirschen zu bringen. Frau Vogel fühlte sich wohlauf, und just am Mittag war auch noch der Doktor bei ihr gewesen und hatte gesagt, dass er sehr zufrieden mit ihr sei. Sie hoffte, hundert Jahre alt zu werden. Der Wunsch sollte nicht in Erfüllung gehen. Nachdem die Pflegerin etwa um halb vier gegangen war, fiel die alte Frau in ein Koma, aus dem sie nicht mehr erwachte.

Als Marianne N. am nächsten Morgen wieder nach ihrer Patientin sah, lag diese bewusstlos auf dem Bett vor dem laufenden Fernseher. Sie hatte sich eingenässt. Die Pflegerin rief den Hausarzt und die Kinder der alten Dame an, dann wusch sie die Besinnungslose und zog ihr ein Nachthemd über. Der Krankenwagen brachte die Patientin rasch in die Klinik. Dort fragte ein Arzt ihre beiden Töchter, ob sich die Mutter vergiftet haben könnte – ihre Pupillen seien eng, die Muskeln schlaff, die Atmung flach. Die Töchter schüttelten den Kopf.

Als sich die Töchter in der Wohnung der Mutter umschauten, bemerkten sie, dass die blaue Mappe, in der die alte Frau ihre Ersparnisse aufbewahrt hatte, leer war. Ebenso ihre Haushaltsgeldbörse. Da außer den Töchtern nur noch die Pflegerin N. zur Wohnung Zutritt hatte, fiel ihnen die Vermutung des Arztes wieder ein, es könnte sich um eine Vergiftung handeln. Sie wandten sich an einen Staatsanwalt in der Nachbarschaft. Der zog Erkundigungen über die Pflegerin ein und stieß auf ein beachtliches Vorstrafenregister: Bereits in 14 Verfahren war gegen Marianne N. ermittelt worden. Immer wieder hatte sie wegen Diebstahl, Betrug, Urkundenfälschung und Unterschlagung im Gefängnis gesessen. Immer wieder war sie in den Ruch geraten, beim Tod von Patienten die Hand im Spiel gehabt zu haben, doch hatte man ihr nie etwas nachweisen können.

Wenige Tage später trat bei der alten Frau Vogel der Exitus ein. Unverzüglich erstatteten die Töchter Strafanzeige gegen die Pflegerin. Sie habe, so lautete ihr Vorwurf, über 2300 Mark aus der Wohnung des Opfers entwendet. Die Staatsanwaltschaft ordnete nun die Obduktion an. Sie ergab als Todesursache vordergründig eine Lungenentzündung. Die anschließenden toxikologischen und feingeweblichen Untersuchungen zeigten: Die alte Frau war zum Todeszeitpunkt voll gepumpt mit einem starken Beruhigungsmittel, an dessen Vergiftungsfolgen sie schließlich gestorben war.

Am 22. Mai 1991 wurde die Altenpflegerin Marianne N. festgenommen. Fast zwei Jahre später verurteilte das Landgericht Köln sie in einem aufwändigen Indizien- und Sachverständigenprozess zu zweimal lebenslanger Haft wegen sechsfachen Mordes. In vielen weiteren Todesfällen lagen massive Verdachtsmomente gegen die Frau vor. Die Kriminalpolizei ging von 17 vollbrachten und 18 versuchten Tötungsdelikten aus. Nur durch die Häufung der tödlichen Vergiftungen in ihrer Klientel waren der Pflegerin die Morde überhaupt nachzuweisen: Eine Reihe ihrer verstorbenen Patienten hatte die Staatsanwaltschaft exhumieren und auf Gift hin untersuchen lassen.

In einem kriminalistischen Kraftakt hatten die Kölner Polizeibeamten über Monate hin Indizien und Aussagen zusammengetragen. Es war nicht leicht, die Angeklagte ihrer Verbrechen zu überführen, sie legte nie ein Geständnis ab. Vielmehr suchte sie sich durch geschickte Lügen und Halbwahrheiten aus der Schlinge zu ziehen. Bei der Urteilsverkündung erlitt sie einen Zusammenbruch.

Doch die Erkenntnisse der Kölner Rechtsmediziner waren unwiderlegbar: Sämtliche Opfer der Marianne N. waren mit Truxal vergiftet worden, einem Mittel, das in der Psychiatrie aggressiven und unruhigen Schizophrenen oder Psychotikern verabreicht wird. Truxal – als Saft eine milchig-süßliche Flüssigkeit mit kratzigem Nachgeschmack – enthält den Wirkstoff Chlorprothixen, der stark dämpfend auf das vegetative Nervensystem wirkt. Bei einer Überdosis verwandelt sich Truxal in tödliches Gift. Die Vergifteten erschlaffen und fallen ins Koma, ihre Pupillen verengen sich, der Mund trocknet aus, das Herz rast und bleibt schließlich stehen. Wirkt das Medikament nicht sofort letal und zieht sich der Todeskampf über mehrere Tage hin, so kommt es häufig zu einer tödlich verlaufenden Lungenentzündung. Marianne N. hatte Truxal in Altersheimen bisweilen in kleinen Dosen bei verwirrten und unruhigen Menschen eingesetzt. Sie wusste auch, dass das Medikament tödlich wirken kann. 1990 hatte sie selbst versucht, sich mit Truxal das Leben zu nehmen.

Der erste Mord, der Marianne N. nachgewiesen werden konnte, hatte sich 1986 ereignet. Opfer war die 81-jährige Witwe Magdalena Stern*. Sie lebte sehr zurückgezogen und in bescheidenen Verhältnissen im ersten Stock eines Mietshauses. Abgesehen von ihrer 15 Jahre jüngeren Schwester, die von Sozialhilfe lebte, und deren Sohn, hatte sie kaum Kontakte. Alles, was Frau Stern besaß, versteckte sie bar in einer schwarzen Mappe im Wohnzimmerschrank. Es waren etwa 35000 Mark, die ihre Schwester dereinst erben sollte. Abends, wenn Frau Stern zu Bett ging, nahm sie die schwarze Mappe mit. Ein gutes Jahr vor ihrem Tod hatte sie ihrer Schwester 10000 Mark übergeben, damit diese nicht gänzlich mittellos dastünde, falls ihr – der Älteren – etwas widerfahren sollte.

Mit zunehmendem Alter wurde Frau Stern immer ängstlicher, hinfälliger und depressiver. Sie klagte über Schlafstörungen und konnte ohne Schlaftabletten keine Ruhe mehr finden. Nach Auffassung ihres Hausarztes war sie inzwischen regelrecht tablettenabhängig. Im Juli 1984 verordnete er deshalb häusliche Pflege für Frau Stern. Der Pflegeauftrag lautete: Sicherung der ärztlichen Behandlung und Medikamentenüberwachung. So trat die Pflegerin Marianne N. in das Leben der alten Witwe.

Frau N. kam nun an jedem Wochentag, rieb Frau Stern die Beine ein, brachte ihr Mittagessen und begleitete sie zum Arzt. Oft holte sie auch Rezepte aus der Praxis ab und löste sie für die alte Dame ein. Diese gewann ihre Pflegerin mit der Zeit so lieb, dass sie Angst und Misstrauen überwand und ihr sogar eine Vollmacht über ihr Girokonto ausstellte. Nun durfte die Pflegerin Frau Sterns Bankgeschäfte erledigen und die Rente abheben; außerdem bekam sie einen Wohnungsschlüssel.

Ende des Jahres 1985 verschlechterte sich der Gesundheitszustand der Witwe Stern rapide. Sie war immer müde und aß schlecht. Am 18. November rief die Pflegerin N. den Arzt: Frau Stern sei hingefallen, habe sich den Kopf gestoßen und sei ohnmächtig geworden. Im Krankenhaus fand sich weder eine Beule noch ein blauer Fleck an der Gestürzten, dafür waren die Pupillen eng gestellt und keine Reflexe vorhanden. Die Kranke war stark ausgetrocknet. Unklare Bewusstlosigkeit, lautete die Diagnose. Es war bekannt, dass die Patientin Missbrauch mit Tabletten trieb.

Drei Tage blieb Frau Stern bewusstseinsgetrübt, am vierten Tag war sie bei klarem Verstand und voll ansprechbar. Kurz darauf saß die Pflegerin N. am Krankenbett ihrer Patientin und riet ihr, die 10000 Mark von der Verwandtschaft zurückzufordern. Sie selbst erklärte sich bereit, die Summe während des Klinikaufenthalts für Frau Stern zu verwahren. Die Witwe ließ sich beschwatzen und forderte ihre Schwester auf, ihr den Betrag beim nächsten Krankenbesuch bar mitzubringen. Als der Sohn der Schwester ihr das Geld brachte, steckte sie es sofort unter die Bettdecke und gab es später, als der Neffe fort war, an Frau N. weiter.

Am 12. Dezember 1985 wurde Frau Stern aus dem Krankenhaus entlassen. Doch ihr Geld sah sie nie wieder. Alle Versuche, die 10000 Mark zurückzubekommen, schlugen fehl. Als ihr Neffe Frau Stern am 4. Januar 1986 wieder auf die Summe ansprach, brach sie in Tränen aus und sagte, sie traue sich nicht, das Geld zurückzuverlangen, sonst besorge die Pflegerin ihr keine Schlaftabletten mehr. Da erwiderte der Neffe wütend: „Sag der Frau N., wenn das Geld bis nächste Woche nicht da ist, zeige ich sie an." Das richtete Frau Stern aus.

Zwei Tage später, am 6. Januar 1986, machte eine Nachbarin der Magdalena Stern eine merkwürdige Beobachtung. Sie stieg auf dem Weg zu ihrer Wohnung gerade die Treppe hinauf, als sie an der leicht geöffneten Tür der alten Frau vorbeikam. Magdalena Stern lag völlig hilflos auf dem Sofa, während die Pflegerin schimpfte, Frau Stern habe in die Hose gemacht und sie müsse sie nun säubern. Die Nachbarin dagegen hatte den Eindruck, die alte Frau sei schon fast tot. Sie vermochte nur mit größter Mühe zu sprechen und sagte, sie habe keine Kraft mehr. Doch einen Arzt holte die Pflegerin nicht.

Am nächsten Morgen klingelte Marianne N. bei den Nachbarn der Witwe Stern und gab an, ihre Patientin mache nicht auf. Dann rief sie den Neffen, der sofort kam. Er wunderte sich, als er den Schlüsseldienst am Werk sah – die Pflegerin hatte doch einen Schlüssel zur Wohnung der Tante. Drinnen lag Magdalena Stern angezogen auf der Couch in der Küche. Sie war tot. Die Pflegerin rief den Arzt, der den Exitus feststellte. Todesursache: Herzversagen.

Die Verwandten sahen sich nun in der Wohnung um. Die Handtasche der Verstorbenen enthielt noch 200 Mark, die schwarze Mappe mit dem Ersparten war leer.

In der Wohnung der Nachbarn trafen die Verwandten auf die Pflegerin und fragten sie, wo denn das ganze Geld geblieben sei. „Woher soll ich das wissen?", entgegnete Marianne N. Der Neffe forderte die Pflegerin auf, die 10000 Mark zurückzugeben. Frau N. bestritt, je Geld von der alten Frau bekommen zu haben, und beschuldigte die Verwandten nun ihrerseits, sie hätten die Tote bestohlen. Man stritt noch eine Weile, dann holte der Bestatter die Leiche ab. Irgendwelche Ermittlungen zum Todesfall Stern gab es nicht.

Marianne N. kam auf unterschiedliche Weise an ihre Kundschaft. Manchmal wurde sie von begeisterten Patienten an andere weiterempfohlen, manchmal von den Kindern älterer Leute angesprochen, ob sie sich nicht bereit finden könne, Mutter oder Vater zu pflegen. In der Regel aber nannten die ansässigen Hausärzte den Namen N., wenn sie ihren älteren Patienten Pflege verordneten. Denn Frau N. genoss bei manchen Ärzten ihrer Gegend hohes Ansehen.

Es kam allerdings auch vor, dass sie sich ihre Patienten selbst aussuchte, beispielsweise die 86-jährige Sophia Walter*, die das zweite Opfer der Pflegerin wurde. Frau Walter traf ihre Mörderin ein halbes Jahr nach dem Tod der Frau Stern zufällig auf der Straße. Marianne N. versuchte immer wieder aufs Eifrigste, Kontakt zu der scheuen und überängstlichen alten Frau zu finden, erbot sich, ihr Vitaminspritzen zu setzen, brachte ihr unaufgefordert die Tageszeitung und begleitete sie zum Arzt.

Diese Anhänglichkeit hatte ihren Grund: Sophia Walter mangelte es nicht an Geld. Im Jahr 1984 waren es 140000 Mark, dazu kamen Halsketten, Kolliers, Ringe und Armbänder. Jeden Monat hob Sophia Walter ihre Rente ab und versteckte das Geld bei sich zu Hause in Plastiktüten und Blechdosen, im Backofen und unter einem Sessel.

Daher war Frau Walter auch außerordentlich misstrauisch. Sie lebte sehr zurückgezogen. Besuch ließ sie allenfalls nach telefonischer Anmeldung herein, mit ihren spärlichen Bekannten hatte sie Klingelzeichen vereinbart. Die Eingangstür hatte sie mit zwei zusätzlichen Schlössern sichern lassen.

Dennoch muss es Marianne N. mindestens einmal vor der Mordtat gelungen sein, die Wohnung der Sophia Walter zu betreten und sich von den Barschaften im Haushalt ein Bild zu machen. Die alte Frau Walter sagte jedenfalls später zu Bekannten, „diese Frau" lasse sie nicht mehr in die Wohnung. Und auch gegenüber dem Hausarzt bemerkte sie, Frau N. trage ihr zwar dauernd ihre Dienste an, aber sie, Sophia Walter, wünsche das nicht, denn „die N. schnüffelt mir viel zu viel herum".

Am Freitag, dem 12. September 1986, klingelte Sophia Walter am frühen Nachmittag überraschend bei einer Nachbarin und sagte, sie habe einen Brief bekommen, aus dem sie nicht schlau werde – ob sie wohl einen Blick darauf werfen könne? Die Nachbarin, die gerade ausgehen wollte, fragte, ob es sehr dringend sei. Frau Walter verneinte, bat sie aber, nach ihrer Rückkehr bei ihr vorbeizuschauen. Dann kehrte sie in ihre Wohnung zurück. Die Nachbarin hatte sie als Letzte lebend gesehen.

Als eine zweite Nachbarin knapp zwei Stunden später in ihre Wohnung ging, sah sie eine grauhaarige Fünfzigerin aus der Wohnung von Sophia Walter kommen und die Tür hinter sich ins Schloss ziehen. Das übliche typische Geräusch, mit dem die drei Türschlösser verriegelt wurden, wenn jemand die Walter'sche Wohnung verließ, blieb diesmal aus. „Komisch", dachte die Hausbewohnerin. Als nach einiger Zeit die erste Nachbarin bei ihr klingelte und erklärte, Frau Walter öffne nicht, obwohl sie sich mit ihr wegen eines rätselhaften Briefes verabredet habe, wurde sie unruhig. Die beiden Frauen riefen den Hauseigentümer an und forderten ihn auf, die Wohnung aufbrechen zu lassen. Der entgegnete, das sei keinesfalls vor dem nächsten Tag möglich.

Als sich Frau Walter anderntags immer noch nicht rührte, riefen alle drei die Polizei, die den Schlüsseldienst verständigte. Die Tür ließ sich mit einer Plastikkarte mühelos öffnen. Frau Walter lag ordentlich zugedeckt. Sie war tot. Niemand ahnte oder bemerkte, dass sie vergiftet worden war.

Die Verwandten von Frau Walter fanden bei der Wohnungsräumung keinen Schmuck mehr vor, und auch einen Brief konnten sie nirgends entdecken. Der größte Teil des Bargelds war ebenfalls verschwunden. Die Verwandten gingen verwundert zur Bank, wo man ihnen mitteilte, eine blonde Dame habe sich eingehend nach dem Guthaben der Verstorbenen erkundigt. Es sei aber außer einer längst festgelegten Schenkung nichts mehr da. Die Verwandten wunderten sich noch mehr und gingen zur Polizei. Dort zählten sie alles auf, was im Zusammenhang mit dem Tod von Frau Walter eigenartig gewesen war. Der Beamte erklärte ihnen, es habe keinen Zweck, Anzeige gegen unbekannt zu erstatten. Damit war der Fall für ihn erledigt.

Die nächsten beiden Opfer waren die 88-jährige Ernestine Merz* und der 87-jährige Eduard Kirch*. Frau Merz wurde am 23. März 1988, Eduard Kirch am 8. Mai 1989 von Marianne N. ermordet. Was den beiden Fällen einen zusätzlichen Schreckensfaktor verleiht, ist die Tatsache, dass Frau N. und ihr Mann mit den Kindern der Opfer eng befreundet waren.

Die alte Ernestine Merz ging den Weg ihrer Vorgängerinnen: Sie wurde bewusstlos in ihrer Wohnung aufgefunden und starb Tage darauf an einer (wie sich viel später ergab: durch akute Vergiftung hervorgerufenen) Lungenentzündung im Krankenhaus. Niemand sah einen Anlass zu Ermittlungen. Für Marianne N. brachte die Tat diesmal keinen Vorteil. Das Sparbuch, das sie der Sterbenden entwendet hatte, gab sie unter dem Vorwand, es in der Wohnung zwischen den Platten eines Ausziehtisches gefunden zu haben, zurück, nachdem sie hatte feststellen müssen, dass es durch ein Kennwort gesichert war. Daraufhin ließ sie die Freundschaft zu den jungen Merzens allmählich absterben, ohne dass diese ahnten, was sie dazu bewegte.

Im Fall Eduard Kirch ging Marianne N. noch abgefeimter vor. Dabei ließ sie sich nicht einmal durch die Tatsache abhalten, dass der einzige Sohn des Opfers Staatsanwalt war. Der alte Herr Kirch war ein reicher Mann; er besaß ein Mietshaus und hatte mehrere hunderttausend Mark auf der Bank. Seine Pflegerin liebte er fast überschwänglich und nannte sie liebevoll „mein Mariannchen". Mit der Zeit entwickelte sich zwischen den Ehepaaren N. und Kirch junior ein herzliches Verhältnis, das auch keine Trübung erlitt, als im Sommer 1988 dem alten Vater 10000 Mark abhanden kamen. Der Alte verdächtigte sogar den eigenen Sohn, der wiederum der Putzfrau nicht traute. Gegen die Pflegerin N. jedenfalls hegte niemand auch nur den leisesten Argwohn.

Anfang Mai 1989 hob der alte Herr Kirch wiederum eine hohe Summe ab. Diesmal waren es 20000 Mark. Einige Tage später lud man die Eheleute N. zum Geburtstag der Schwiegertochter ein. Der Staatsanwalt holte seinen Vater und die N.s ab. Man aß zu Mittag, man trank Kaffee. Am nächsten Morgen rief der Sohn den Vater an und erfuhr, dass es ihm gut gehe. Mittags rief Marianne N. den Sohn an, und er erfuhr, dass sein Vater tot sei. Eine halbe Stunde später traf die Schwiegertochter ein und fand die weinende Pflegerin vor. Obwohl Frau Kirch tief betroffen war, fielen ihr einige Umstände auf. Die Couch, auf der der tote Schwiegervater lag, hatte er zu Lebzeiten immer gemieden. Es war die Couch seiner verstorbenen Ehefrau gewesen. Auch wunderte sie sich, dass die Hausschuhe so ordentlich nebeneinander auf dem Boden standen, wo er sie doch sonst immer achtlos hatte liegen lassen.

Als Todesursache stellte die herbeigerufene Ärztin Herzversagen fest, eine Diagnose, an die die Schwiegertochter nicht glauben mochte. Doch der Sohn, der wenig später eintraf, hegte keinerlei Zweifel am natürlichen Tod des Vaters.

Tage später durchsuchte das Ehepaar Kirch die Wohnung des alten Herrn nach den 20000 Mark. Sie fanden nichts. Auch die Schmuckstücke, die früher der Mutter des Staatsanwalts gehört hatten, waren verschwunden. Die beiden wunderten sich darüber, doch stellten sie keine weiteren Nachforschungen an. In der folgenden Zeit kühlte die Freundschaft zwischen den zwei Paaren ab und versickerte schließlich ganz.

Rote Warnlampen hätten vor den Augen des Herrn Staatsanwalts aufgeblinkt, wäre er auf die Idee gekommen, sich die Vorstrafenliste der Pflegerin kommen zu lassen, wie es dann ein Jahr später sein Kollege tat. Doch er kam nicht auf die Idee. Wenige Monate nach ihrem unerkannten Mord an Eduard Kirch verurteilte ein Gericht sie obendrein in ihrem 15. Verfahren zu einer Gefängnisstrafe, die auf vier Jahre Bewährung ausgesetzt wurde. Sie hatte mit gefälschten Unterschriften die Konten verstorbener Patienten geplündert.

Erst im Mordprozess setzte sich in den vielen Verhandlungstagen der wahre Charakter der Marianne N. aus Hunderten von Mosaiksteinchen zusammen. Es war fast die schaurige Regel, dass es mit ihren Patienten bergab ging und Wertgegenstände verschwanden, sobald Frau N. im Haus war. Immer wieder war aufmerksamen Angehörigen oder Freundinnen der ihr anvertrauten Alten aufgefallen, dass sie versuchte, diese zu isolieren, bis nur noch sie, N., übrig war. Und was lag näher für einen völlig vereinsamten Greis, als die einzige Person seines Vertrauens, die aufopfernde Pflegerin, zur Alleinerbin zu erklären?

Solches widerfuhr auch der 85-jährigen Henriette Petersen*, der die Pflegerin Marianne N. noch am 1. Februar 1991 – während bereits gegen sie ermittelt wurde – eine Überdosis Truxal verabreichte. Frau Petersen war eine wohlhabende Dame ohne Kinder. Obwohl sie eine Eigentumswohnung besaß, wohnte sie zur Miete. Zu ihrer Vermieterin hatte sie ein so vertrauensvolles Verhältnis, dass diese sogar Bankgeschäfte für sie erledigte. Außerdem hatte Frau Petersen noch drei beste Freundinnen; die alten Damen trafen sich zum Mittagessen und besuchten einander regelmäßig. Sonst hatte Frau Petersen wenig Kontakt zu anderen, sie hörte schlecht und sah noch schlechter, sie galt als schwierig und misstrauisch.

Im Hochsommer 1990 trat Marianne N. ins Leben der Henriette Petersen. Sie kümmerte sich rührend um die alte Witwe, ja suchte sie sogar an den Wochenenden auf, um ihr Insulin zu spritzen oder Augentropfen zu verabreichen. Gleichzeitig begann Frau Petersen mehr und mehr zu vereinsamen. Die Freundinnen bat sie, nicht mehr zu ihr zu kommen – die Pflegerin N. wünsche keine Besuche.

Was die Beziehung zu den Freundinnen zusätzlich trübte, war die Tatsache, dass Frau Petersen jetzt regelmäßig Schmuck wie auch größere Summen Bargeld vermisste und argwöhnte, ihre Besucherinnen hätten sie bestohlen. Dies führte so weit, dass manche Bekannte es nicht mehr wagte, die Wohnung der Frau Petersen zu betreten, aus Angst, ein übler Verdacht könnte auf sie fallen.

Mit der Vermieterin, die früher zu ihren Vertrauenspersonen gehört hatte, begann Henriette Petersen, unterstützt von Frau N., einen regelrechten Krieg. Noch im August 1990 entzog sie der Frau unerwartet die Vollmacht über ihre Konten und forderte von ihr die Schlüssel zu ihrer Wohnung zurück. Dann weigerte sie sich plötzlich, die Nebenkosten für die Treppenhausreinigung zu zahlen. Schließlich tauschten nur noch die Rechtsanwälte der beiden Damen Briefe aus.

Je mehr ihr Verhältnis zur Umwelt zerstört wurde, desto inniger fühlte sich Frau Petersen mit ihrer Pflegerin verbunden. Sie sagte immer wieder, sie wolle ihr Geld demjenigen vermachen, der lieb zu ihr sei und sie bis zum Tod in der eigenen Wohnung pflege – und das sei eben Frau N. Am 19. Dezember 1990 war es dann so weit: Die Witwe Petersen ging mit Marianne N. zum Notar und ließ sie zur Alleinerbin einsetzen. Am nächsten Tag veranlasste die Pflegerin, dass in die Wohnungstür ihres Schützlings ein neues Schloss eingebaut wurde.

Am 1. Februar 1991 traf Frau Petersen vormittags ihre Freundin Frau Clauss* auf der Straße. Weil beide erkältet waren, verabredeten sie sich für den Abend auf ein Glas Grog in Frau Petersens Wohnung. Als Frau Clauss, die gegenüber wohnte, abends bei der Witwe klopfte, öffnete niemand, und sie ging wieder heim. Am nächsten Morgen versuchte sie erneut, Frau Petersen zu erreichen – per Telefon, doch niemand hob ab. Jetzt begann Frau Clauss sich Sorgen zu machen und rief die Pflegerin an, sie solle sich rasch um ihre Patientin kümmern. Nach einer halben Stunde sah sie Frau N. eintreffen und begab sich ebenfalls hinüber zu Frau Petersen. Diese lag im Nachthemd auf dem Bett und reagierte nicht auf ihren Gruß. Die alte Dame sei völlig betrunken, erklärte Frau N. und zeigte auf eine halb leere Flasche Rum. Frau Clauss wunderte sich sehr, denn ihre Freundin Henriette trank gewöhnlich keinen Alkohol. Als sie vorschlug, einen Arzt zu rufen, log die Pflegerin, das sei bereits geschehen. Frau N. wachte den ganzen Tag am Bett der bewusstlosen Witwe. Als sie am späten Abend nach Hause fuhr, hatte sie noch keinen Arzt verständigt.

Dies tat sie erst am folgenden Sonntagmorgen um 10.02 Uhr. Frau Petersen sei erkältet, erklärte sie, wolle aber keinen Doktor sehen. Von Alkohol oder Vergiftung sagte sie nichts. Der Arzt antwortete, sie solle sich wieder bei ihm melden, falls sich der Zustand der alten Dame verschlechtere. Wenig später rief Frau Clauss über die Straße, warum denn noch immer kein Arzt bei Henriette sei, und wieder behauptete die Pflegerin, sie habe einen gerufen, nur sei der bislang noch nicht erschienen.

Erst am späten Nachmittag verständigte Marianne N. einen Notarzt. Der fand die vergiftete Frau Petersen gegen 18 Uhr in tiefer Bewusstlosigkeit vor. Er schrieb eine Überweisung in die Klinik und wies die Pflegerin an, sofort einen Krankenwagen zu rufen, woraufhin er sich hastig verabschiedete. Marianne N. rief keinen Krankenwagen.

Gegen 20 Uhr wählte die Pflegerin die Notarztnummer 112. Dem zweiten herbeigeeilten Notarzt zeigte sie die nun fast leere Rumflasche und behauptete, die habe Frau Petersen allein ausgetrunken, sie trinke überhaupt gern und liege seit 15 Uhr im Koma. Auf die Frage, warum sie so lange gezögert habe, Hilfe zu holen, fand sie keine Antwort. Nachdem sie den Notarzt darauf hingewiesen hatte, dass die alte Dame an Diabetes leide, diagnostizierte er einen Zuckerschock und ordnete die sofortige Einlieferung in die Klink an. Frau N. wollte die Kranke nicht begleiten, obwohl der Arzt sie darum bat.

Als Henriette Petersen gegen 22 Uhr ins Krankenhaus kam, befand sie sich in einem äußerst kritischen Zustand. In der Nacht vom 5. auf den 6. Februar 1991 starb sie an den Folgen der Vergiftung. Die behandelnden Ärzte diagnostizierten den natürlichen Tod durch Herzversagen.

Noch während Frau Petersen im Krankenhaus starb, begann Marianne N. die Wohnung auszuräumen. Nach dem Tod ihrer Patientin veranlasste die Alleinerbin N. umgehend die Feuerbestattung der Verstorbenen. So wurden die sterblichen Überreste der Henriette Petersen verbrannt und am 5. März 1991 in einer Urne beigesetzt. Elf Wochen später endlich verhaftete die Polizei Marianne N., weil sie unter dem Verdacht stand, die 1990 verstorbene Martha Vogel ermordet zu haben.

2. Der Arzt und der Tod

Warum Hausärzte,
Notärzte und Mediziner in den Kliniken Morde übersehen

Ein Bauernhof im Westfälischen. An einem kalten Wintertag des Jahres 1987 bittet ein alter Bauer seinen Sohn, die Autobatterie aus dem Kühler des Traktors zu heben. Als der junge Mann sich bückt, schlägt der Vater mit einer Eisenstange zu. Er zielt auf den Kopf seines Sohnes, trifft aber nur die Schulter.

Der Sohn flieht, begibt sich ins Krankenhaus und zeigt danach den Vater an. Bei der Vernehmung erwähnt er, dass zwei Jahre zuvor ein Freund auf dem elterlichen Hof unter merkwürdigen Umständen zu Tode gekommen sei. Die alten Unterlagen werden herbeigeschafft. Im Totenschein ist als Todesursache vermerkt: Schädelbruch durch Sturz.

Die Leichenschau hatten damals ein Arzt und ein Polizist durchgeführt. Der Tote war vor einem Stall aufgefunden worden. Außer einer großen Schwellung am rechten Auge und einem dicken Hämatom hatte er keine Verletzungen aufgewiesen. Die beiden Leichenbeschauer waren zu dem Schluss gekommen, der junge Mann sei an jenem kalten Wintertag auf einer Eisplatte ausgerutscht, habe sich den Kopf zertrümmert und sei seinen tödlichen Verletzungen erlegen.

Nun, nach dem Anschlag des Alten auf den Sohn, sieht der Todesfall nicht mehr so eindeutig aus. Der alte Bauer wird befragt, er verwickelt sich in Widersprüche. Am 23. Dezember 1987 wird auf Anordnung der Staatsanwaltschaft die Leiche des jungen Mannes ausgegraben und seziert.

Auf den ersten Blick bestätigt sich den zuständigen Rechtsmedizinern in Münster, was die Leichenbeschauer diagnostiziert hatten: offenbar ein Schädelbruch. Das Schädeldach wird geöffnet, und als die Rechtsmediziner das Gehirn in seiner harten Haut herausheben, ertönt ein leises Klimpern. Auf dem metallenen Sektionstisch liegt ein verformtes kleinkalibriges Bleiprojektil. Das Geschoss hatte den Kopf nicht durchschlagen. Es war durch das Auge eingedrungen und an der

Schädelhinterwand abgeprallt. Durch die Schwellung des Auges war das Einschussloch unentdeckt geblieben.

Die Nachforschungen der Polizei ergeben nun, dass der Vater zwei Jahre zuvor einen Mörder gedungen hatte, der den Sohn gegen Zahlung von 5000 Mark beseitigen sollte. Der hatte sich auf die Lauer gelegt und im Zwielicht den nächstbesten jungen Mann erschossen.

Der Fall zeigt, wie schwierig, ja unmöglich es für den Leichen schauenden Arzt oft ist, die Todesursache bei einem Verstorbenen korrekt festzustellen, selbst wenn er sich alle erdenkliche Mühe gibt. Aber oft fehlt es den deutschen Leichenbeschauern auch an fundamentalen Voraussetzungen.

An dem Arzt, der den Leichenschein ausstellt, bleibt bei einem Todesfall alle Verantwortung hängen. Drei Aufgaben hat er bei der Leichenschau zu erfüllen:

- Er muss feststellen, ob der Mensch *tatsächlich* tot ist. Dafür gibt es sichere Zeichen: Totenflecke, Totenstarre, Fäulnis.
- Er muss die *Todesursache* feststellen. Das ist so gut wie unmöglich, denn ohne einen Blick auf die inneren Organe lässt sich praktisch niemals hundertprozentig sicher sagen, woran jemand gestorben ist. Also wird er eine mehr oder weniger zutreffende Vermutungsdiagnose in den Leichenschauschein eintragen.
- Er muss die *Todesart* klären, also sagen, ob der Mensch, der da vor ihm liegt, auf natürliche oder unnatürliche Weise gestorben ist: ob Alter oder Krankheit oder aber Unfall, Selbstmord oder Mord zu seinem Tod geführt hat. Das Kreuzchen des Arztes im Totenschein entscheidet nun, ob die Leiche ohne weitere Umstände ins Grab gesenkt oder ob die Kriminalpolizei eingeschaltet wird.

Kreuzt der Arzt den *natürlichen* Tod an (was er – mit regionalen Schwankungen – in 90 bis 97 Prozent aller Fälle tut), ist die „Leichensache“ abgeschlossen. Die Todesbescheinigung gelangt über den Bestattungsunternehmer zum Standesamt, wo der Tod beurkundet wird. Daraufhin folgt ohne weitere Untersuchungen das Begräbnis. Einzige Voraussetzung für die Diagnose „natürlicher Tod“ wäre streng genommen eine Krankheit und dazu ein Arzt, der diese Krankheit kennt, sie behandelt hat und weiß, dass sie zum Tod führen kann. Wird in einem weniger eindeutigen Fall der natürliche Tod dokumentiert, so ist das Vorgehen des Arztes unkorrekt, vielleicht sogar fahrlässig.

Kreuzt er den *nicht natürlichen* Tod an – wenn er keine Ursache für einen natürlichen Tod finden kann oder Spuren von Gewalt bemerkt –, so nimmt in jedem Fall die Kriminalpolizei den Leichenfundort in

Augenschein und beginnt mit den Nachforschungen. Der Fall geht dann in die Verantwortung der staatlichen Ermittler über.

Kann der Arzt hingegen keinen gewaltsamen Tod feststellen, aber auch keinen eindeutig natürlichen, ist er verpflichtet, den *nicht geklärten* Tod zu dokumentieren. Nun muss in vielen Bundesländern ebenfalls die Polizei gerufen und die Staatsanwaltschaft informiert werden.

Doch nur bei jeder zehnten bis zwanzigsten Leiche der Kategorien „nicht natürlich" und „ungeklärt" wird von den Ermittlungsbehörden eine Obduktion angeordnet. Zigtausende von Toten werden jedes Jahr zur letzten Ruhe gebettet, ohne dass endgültig festgestellt wäre, woran sie denn nun eigentlich gestorben sind.

Manchmal ruhen sie nicht lange. Ungefähr alle drei Tage wird irgendwo in der Bundesrepublik ein Leichnam exhumiert, damit die Todesursache nachträglich ergründet werden kann – so häufig wie in keinem Nachbarland. Bei einem ausgegrabenen Körper lässt sich allerdings leider sehr oft nicht mehr diagnostizieren, was ihn einst das Leben gekostet hat.

DIE LEICHENSCHAU wird in Deutschland von jedem beliebigen Arzt vorgenommen, egal, wie gut (oder schlecht) er mit den Phänomenen des Todes vertraut ist. Im Allgemeinen ist es der Hausarzt oder der Notarzt, doch auch Augen- und HNO-Ärzte, Gynäkologen, Laborärzte und Psychiater – Mediziner, die seit dem Studium keine Leiche mehr gesehen haben und von dieser Aufgabe völlig überfordert sind – beugen sich über die Hingeschiedenen. Sie sollen dann darüber befinden, ob es Anhaltspunkte für einen unnatürlichen Tod gibt.

Und das ist selbst für den Experten nicht einfach. Ein Leichenfundort sieht fast immer harmlos aus. Verdacht keimt oft erst bei sorgfältiger Inspektion des Körpers und seiner Umgebung auf. Die Bestattungsgesetze der Bundesländer schreiben deshalb als Mindestanforderung vor:

- Die Leiche soll entkleidet und bei heller Beleuchtung von allen Seiten begutachtet werden.
- Die Körperöffnungen sollen untersucht werden, ebenso die Bindehäute und der Hals, denn hier lassen sich Stauungsblutungen und Strangulationsmerkmale erkennen, die beim Würgen und Drosseln entstehen.
- Verbände müssen entfernt werden, sie könnten Schuss-, Stich- oder Schnittverletzungen verdecken.

Die Wirklichkeit sieht leider ganz anders aus. Viele Ärzte grausen sich vor den Toten und halten Abstand. Sie haben den Beruf des Mediziners ergriffen, weil sie am lebendigen Körper wirken wollen, und betrachten den Umgang mit Leichen als unangenehme Begleiterscheinung ihrer Arbeit.

Dieser Abneigung entspricht die Sorgfalt, mit der Ärzte in der Regel vorgehen. Bei unappetitlichen Exemplaren wird die Leichenschau gern mit einem Blick von der Tür aus erledigt. Nur im Ausnahmefall wird eine Leiche umgedreht – von der Inspektion der Körperöffnungen ganz zu schweigen. „Leichenscheu statt Leichenschau", spotten die Gerichtsmediziner. Nach Untersuchungen von Rechtsmedizinern in Münster wird ein Toter nur in etwa 20 Prozent der Fälle entkleidet. Und so wundert es keinen forensischen Mediziner, wenn einer Toten mit elf Messerstichen im Leib, die vom aufgeregten Bestatter ins Institut gebracht wird, im Totenschein jäher Herztod bescheinigt wird – so geschehen in Hannover und in vielen ähnlichen Fällen, die Armin Mätzler in seinem Standardwerk „Todesermittlungen" verewigt hat. Eine Strafe müssen fahrlässige Leichenschauer nicht fürchten, Ordnungsgelder sind kaum jemals verhängt worden.

EIN WEITERER Faktor verhindert die korrekte Leichenschau: Die Ärzte, die den Totenschein ausstellen sollen, kennen die vor ihnen liegenden Verstorbenen oft zu gut oder zu schlecht, um misstrauisch zu werden.

Ist der Arzt der Hausarzt des Verstorbenen, verletzt er durch gründliches Vorgehen die Hinterbliebenen und verprellt seine Patientenschaft. Er wird immerhin in ein Trauerhaus gerufen, und es kostet den Mediziner enorme Überwindung und oft auch die Sympathie der Trauerfamilie, wenn er in dieser Situation die Leiche vollkommen entkleidet und inspiziert. Und die Katastrophe ist vollendet, wenn er – weil ihm irgendetwas komisch vorkommt – obendrein die Polizei ruft. Das Vertrauensverhältnis zwischen dem Arzt und den Angehörigen ist dann für immer zerstört.

„Ich werde den Teufel tun und den ungeklärten Tod ankreuzen", gestand ein Internist, der in einem Vorort Essens seine Praxis hat, einem befreundeten Rechtsmediziner. „Ich mache erst Meldung, wenn ein Messer im Rücken steckt. Wenn ich die Polizei zu einem toten Patienten rufe, verliere ich nicht nur diese Familie, sondern auch noch zehn Nachbarn dazu."

Auch Notärzte stecken bei der Leichenschau in der Zwickmühle – wenn auch in einer anderen als die Hausärzte. Da ihnen der Tote und seine Vorgeschichte gänzlich unbekannt sind, versuchen sie am Leichenfundort den Hausarzt des Verstorbenen telefonisch zu erreichen. Gelingt das nicht oder gibt es gar keinen Hausarzt, holen sie Auskünfte bei der Verwandtschaft ein oder durchwühlen das Arzneischränkchen in der Hoffnung, dort auf Medikamente zu stoßen, die ihnen Aufschluss darüber geben, an welcher Krankheit der Aufgefundene gestorben sein könnte. Aufgrund dieser dürren Informationen sollen sie dann im Totenschein dokumentieren, ob alles mit rechten Dingen zugegangen ist.

In der Regel wird nach oberflächlicher Besichtigung der sterblichen Hülle ein Tod durch Herzversagen angenommen – eine weit verbreitete Verlegenheitsdiagnose ratloser Mediziner, die sich verheerend auf die deutsche Statistik der Todesursachen auswirkt.

Wie gering die Güte der Leichenschau ist, hat noch zu DDR-Zeiten eine einzigartige Studie nachgewiesen. Zu Forschungszwecken wurden im Bezirkskrankenhaus Görlitz ein Jahr lang (vom 1. Dezember 1986 bis zum 30. November 1987) *alle* verstorbenen Bewohner obduziert. Das Städtchen an der polnischen Grenze erreichte also vorübergehend eine Obduktionsrate von fast 100 Prozent. Die so entstandene „Görlitzer Studie“ wies nach, dass die Ärzte bei 60 Prozent der Totenscheine eine völlig (40 Prozent) oder teilweise (20 Prozent) falsche Todesursache eingetragen hatten. Ein Drittel der „Herztoten“ war an völlig anderen Leiden verstorben. Über die Hälfte der Todesfälle durch Verletzung und Vergiftung war nicht erkannt worden. Diese alarmierenden Zahlen sind sicherlich auf die alten Bundesländer übertragbar und dürften sich auch seit der Wende nicht verbessert haben.

Schon 1983 wiesen die deutschen Generalstaatsanwälte und der Generalbundesanwalt „mit Besorgnis“ darauf hin, „dass die Leichenschau … die sichere Feststellung nicht natürlicher Todesfälle nicht gewährleistet“. Sie sind der Auffassung, dass hierdurch „die Erkennung und Verfolgung von Straftaten gegen das Leben und damit ein gravierendes rechtsstaatliches Interesse gefährdet“ sind. Die Spitzenstaatsanwälte plädieren daher für neue Gesetze, die nur speziell *ausgebildeten Ärzten* die Leichenschau gestatten. Diese amtlichen Leichenbeschauer – es gibt sie in anderen Ländern – wären nicht nur Experten, spezialisiert auf die Zeichen und Spuren am Verstorbenen, sie wären in ihrem Urteil auch frei von Zwängen. Doch so eindringlich das Plädoyer der Generalstaatsanwälte auch klingen mag – getan hat sich seither nichts.

Ein Fall, der sich in den Achtzigerjahren in Bayern zutrug, macht die Unzulänglichkeiten des Leichenschauwesens in Deutschland aufs Eindringlichste klar.

Am 22. Juni 1984 beschließt die Bauersfrau Margit G., ihren Mann zu töten. Er liegt wie jeden Tag im Ehebett, aus dem sie sich schon lange zurückgezogen hat, und ist sinnlos betrunken. Die Frau stellt ihm inzwischen Bierkästen und Schnapsflaschen gleich ans Bett.

Sie versorgt den Einödhof im Oberbayrischen schon seit Jahr und Tag allein, bringt die Ernte ein, füttert das Vieh, kümmert sich um die zwei kleinen Kinder. Das Geld ist den beiden längst ausgegangen. Der Mann, der wegen der Trinkerei seinen Job bei einem Sägewerk verloren hat, versäuft sein Arbeitslosengeld und obendrein noch das bisschen, was die zwölf Milchkühe hereinwirtschaften.

An diesem Frühsommertag muss das Heu eingefahren werden. Margit G. fordert ihren Mann Josef auf, ihr dabei zu helfen. Er lallt, das werde sie schon allein schaffen, und die junge Bäuerin muss – wie so oft – mitleidige Nachbarn bitten, sie zu unterstützen. An diesem Tag hat sie endgültig genug von ihrer Ehe. Scheidung kommt für sie nicht infrage, sie ist völlig mittellos und muss für ihre beiden kleinen Söhne sorgen. Wohin sollte sie gehen? *Er* ist es, der gehen muss.

Sie weiß, dass er in seiner Trunksucht sogar nachts geöffnete Bierflaschen an seinem Bett platziert, um im Halbschlaf weiterzechen zu können. So ist in ihr der Plan gereift, ihn auf diesem Weg mit Rohrreiniger zu vergiften. Abends, als der Mann schläft, nimmt sie die offene, noch zu einem Drittel gefüllte Bierflasche vom Nachttisch, schüttet eine Portion hochgiftiges „Rohrfrei"-Pulver hinein, stellt den präparierten Schlummertrunk auf den Nachttisch zurück und legt sich auf dem Küchensofa zum Schlafen nieder. Am nächsten Morgen ist die Flasche leer und ihr Mann tot. Sie stellt die Bierflasche in den Träger zurück und benachrichtigt den Notarzt. Der kommt und stellt den Tod fest, weigert sich aber, den Leichenschein auszufüllen, da er den – erst 36 Jahre alten – Toten nicht kennt. Margit G. ruft einen Allgemeinmediziner an, der den „akuten Herztod" bescheinigt. Josef wird begraben.

Etwa vier Jahre später, am 20. Mai 1988, hat Margit G. wieder eine Leiche im Haus. Diesmal handelt es sich um den 78-jährigen Schwiegervater. Wieder ist der herbeigerufene Notarzt nicht bereit, den Totenschein auszustellen, wieder muss ein niedergelassener Hausarzt herbeibemüht werden. Er kann nichts Ungewöhnliches an dem alten Herrn entdecken und kreuzt die Rubrik „natürlicher Tod" an. Nichts steht nun der Bestattung des Leichnams mehr im Weg.

Schließlich kommt heraus, dass Margit G. ihren Schwiegervater umgebracht hat, aber das ist keineswegs dem Leichen schauenden Arzt zu verdanken. Vielmehr kommt einer aufmerksamen Bankangestellten eine kürzlich getätigte Unterschrift des Toten sonderbar vor, und sie erzählt der Polizei von ihrer Beobachtung. Nun wird die Leiche des

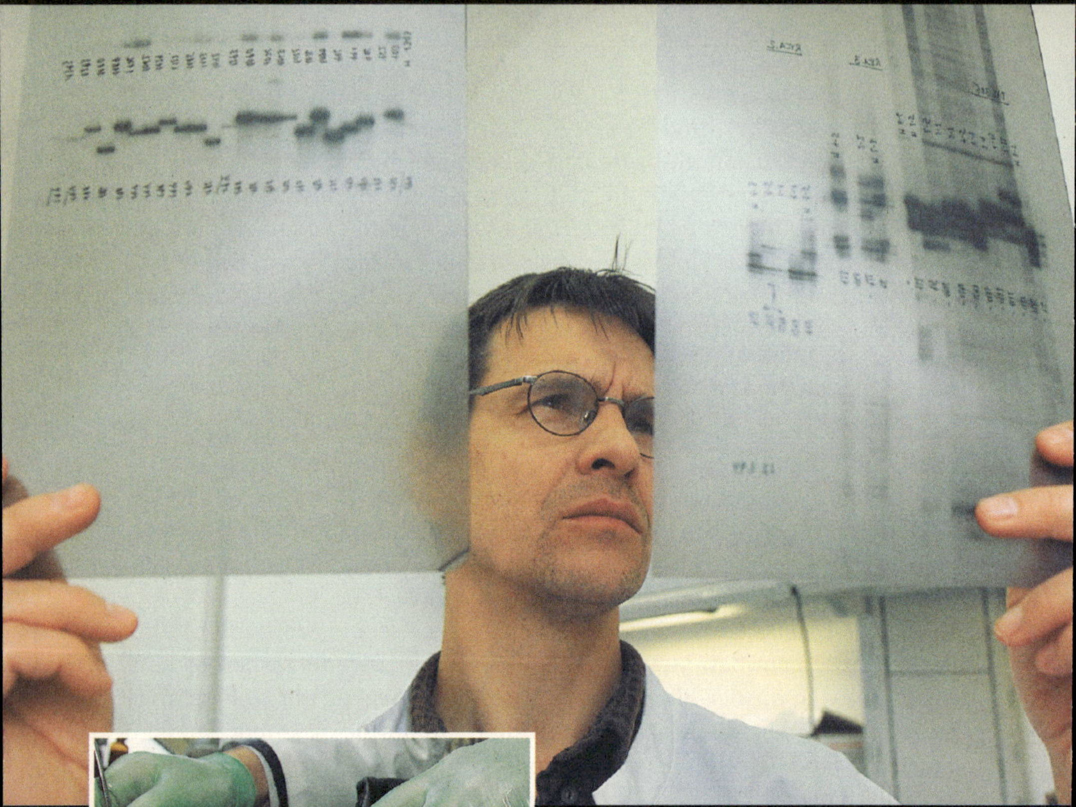

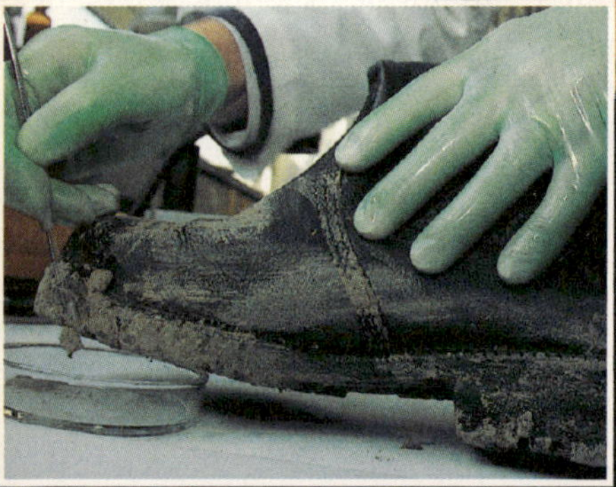

Mitarbeiter des BKA Wiesbaden untersuchen mögliche Spuren. Bereits kleinste Partikel wie Hautfetzen und Haare genügen, um „genetische Fingerabdrücke“ zu erstellen und Straftäter zu überführen. Doch oft geht wichtiges Beweismaterial verloren (z. B. durch Feuerbestattung), bevor die Spurensicherung greift.

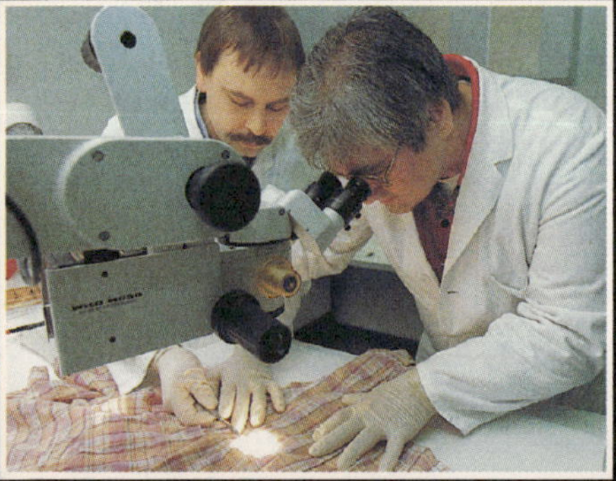

Greises beschlagnahmt und doch noch obduziert. Dabei ergibt sich, dass der Alte erwürgt worden ist.

Margit G. gesteht schließlich den Mord an ihrem Schwiegervater. Nach dem Ableben des Ehemanns sei ihr Leben nicht besser geworden. Um über die Runden zu kommen, habe sie ständig Kredite aufnehmen müssen, da der Schwiegervater (der mit ihr auf dem Hof wohnte) mit einer Verpachtung nicht einverstanden gewesen sei.

Am 12. Mai entdeckte sie ein Sparbuch des Schwiegervaters, das ein Guthaben von 15000 Mark aufwies. Sie beschloss, es ohne sein Wissen auf das eigene Konto überschreiben zu lassen, und fälschte ebenjene Unterschrift des Alten, die am 19. Mai die Bankangestellte so misstrauisch werden ließ, dass sie noch am selben Tag auf den Einödhof fuhr, um sich vom Schwiegervater die Rechtmäßigkeit des Vorgangs bestätigen zu lassen. Dort wurde sie jedoch von Margit G. abgefangen, die ihr vorlog, der Schwiegervater liege seit drei Tagen im Krankenhaus. Die Bankangestellte erwiderte, dann werde sie eben morgen zum Unterschriftenvergleich in die Klinik fahren, und machte sich auf den Rückweg.

Margit G. geriet in Panik. Sie musste unbedingt verhindern, dass die Bankangestellte den Schwindel aufdeckte. Noch am selben Abend rief sie deshalb die Frau unter ihrer Privatnummer an und erklärte, es tue ihr Leid, der Schwiegervater sei unerwartet verstorben. Nun musste sie die eigene Lüge wahr machen: Wieder schüttete sie Rohrreiniger in eine Bierflasche. Der Alte trank, spuckte jedoch das vergiftete Bier sofort wieder aus. Das schmecke ja scheußlich, rief er. Jetzt musste Margit G. handeln. Sie kniete sich auf seinen Brustkorb und drückte ihm minutenlang die Kehle zu. Endlich starb er.

Dies alles gesteht Margit G. der Polizei bei der Vernehmung, danach beschuldigt sie sich obendrein, vor vier Jahren ihren Mann Josef vergiftet zu haben. Der Körper des Herrn G. wird aus dem Grab geholt. Eine Todesursache lässt sich nicht mehr feststellen. Zugunsten der Angeklagten wird angenommen, dass der Alkoholiker zufällig in jener Nacht, in der sie einen Mordanschlag auf ihn ausübte, eines natürlichen Todes gestorben sei. 1990 wird die nun 37-jährige Frau wegen Mordes und versuchten Mordes zu zwölf Jahren Freiheitsstrafe verurteilt.

WER ÜBRIGENS hofft, die Exhumierung eines Verwandten vereiteln zu können, indem er die Leiche im Krematorium restlos verschwinden lässt, dem wird sein Vorhaben immerhin durch die deutschen Feuerbestattungsgesetze schwer gemacht. Sie fordern, da die Verbrennung eines Toten gleichzeitig auch die Vernichtung aller Beweismittel bedeutet, eine zweite Leichenschau. Diese wird in der Regel von einem Amtsarzt, in manchen Kommunen auch von Rechtsmedizinern vorgenommen.

Bei ungeklärter Todesart oder nicht natürlichem Tod braucht der Bestatter, um einen Leichnam kremieren zu lassen, eine Unbedenklichkeitsbescheinung der Polizei. Die Kripobeamten suchen deshalb im Polizeicomputer nach Hinweisen, ob der Verstorbene schon einmal auffällig geworden oder in dubiose Geschichten verwickelt war. Erst wenn der zweite Leichenbeschauer (bei natürlicher Todesart) oder die Polizei (bei ungeklärter oder nicht natürlicher Todesart) ihr Plazet gegeben hat, darf der Leichnam eingeäschert werden.

Um sich dieser Mühsal zu entziehen, machen sich Hinterbliebene und Bestatter im Raum westliches Nordrhein-Westfalen eine Gesetzeslücke zunutze, die inzwischen zu regelrechtem Leichentourismus geführt hat. Sie lassen die sterblichen Überreste ihres Verwandten vom Bestatter in die Niederlande transportieren und dort verfeuern. In den Niederlanden müssen nur Sterbeurkunde und Leichenpass vorgelegt werden, die man vom Standesamt problemlos bekommt. Eine Erklärung des *Leichen schauenden Arztes,* dass er keine Bedenken gegen die Kremation hegt, reicht in Holland aus. Derselbe Doktor, der also – womöglich ohne genaueres Hinsehen – den natürlichen Tod festgestellt hat, unterschreibt auch noch die Unbedenklichkeitsbescheinigung für die Feuerbestattung. Die drei, vier Pfund Knochenasche, die von dem Verwandten übrig bleiben, kann der Kunde gleich an Ort und Stelle anonym in die Erde senken. Gibt es eine sicherere und praktischere Methode, sich eines Mordopfers zu entledigen? Leichen aus Gladbach oder Viersen oder Krefeld werden inzwischen tausendfach in der Superverbrennungsanlage von Venlo zu Asche. Gute Nachricht für schlaue Mörder!

NOCH etwas kann den Blick des Leichenbeschauers beim letzten Dienst am Patienten trüben: Was, wenn er selbst als behandelnder Arzt am Tod Schuld trägt? Wenn er dem Kranken die falschen Medikamente verschrieben oder bei einer Operation danebengeschnitten hat?

Niemand muss sich der Justiz freiwillig ausliefern – dieses Selbstbegünstigungsprinzip gilt auch für Ärzte. Doch ihrem Berufsstand ist quasi die gesetzliche Erlaubnis erteilt, über die Qualität der eigenen Arbeit zu befinden und eigene tödliche Fehler mit einem schlichten Kreuzchen im Schein zu begraben. Ärzte werden deshalb von Juristen gern als „privilegierte Tätergruppe“ bezeichnet.

Um Kunstfehlerprozesse zu umgehen, manipulieren sie Krankenakten, schüchtern Mitarbeiter auf der Station ein und lassen Behandlungsunterlagen verschwinden. Dichthalten ist oberstes Gebot. Ein Arzt erzählte der Wochenzeitung *Die Zeit* anonym von seinen Anfängerjahren im Krankenhaus: Er habe neben dem Chefchirurgen gestanden, als der „eine Operation versaute. Wir haben alle die Luft angehalten, als der da hektisch im Bauch rumwühlte. Die Frau ist gestorben, die Sache ist nie rausgekommen. Keiner hat was gesagt." Gerade junge, noch subalterne Assistenz- und Stationsärzte können ein Lied davon singen, welchem Druck von oben sie ausgesetzt sind, wenn sie, ihrem Gewissen folgend, in der Klinik den nicht natürlichen oder ungeklärten Tod diagnostizieren.

Für Behandlungsfehler ist ein Arzt strafrechtlich so gut wie nie zu belangen. Grundsätzlich gilt natürlich auch für den Mediziner: *in dubio pro reo.* Darüber hinaus muss ihm *sicher* nachgewiesen werden, dass der Patient bei medizinisch korrekter Behandlung überlebt hätte, was meist unmöglich ist. Der Arzt wird freigesprochen; in über 90 Prozent der Fälle wird das Verfahren bereits nach den Ermittlungen eingestellt.

Folgendes Lehrbeispiel soll das verdeutlichen: Ein junger Mann aus Bayern ist nach einem schweren Schädel-Hirn-Trauma überempfindlich gegen Alkohol: Er bekommt nach dem Genuss von Bier und Wein epileptische Anfälle. Dennoch trinkt er unverdrossen weiter, was dazu führt, dass er regelmäßig umfällt. Eines Tages liegt er bewusstlos auf dem Bahnsteig seiner Kleinstadt. Er wird ins örtliche Krankenhaus gebracht, wo sich eine junge Ärztin seiner annimmt. Er lallt, und sie kann riechen, dass er schwer alkoholisiert ist. Während der Untersuchung kommt die Mutter herbeigeeilt und erzählt unter Tränen die Krankheitsgeschichte ihres Sohnes. Dann bittet sie die Ärztin, ihren Jungen mitnehmen zu dürfen, was diese ihr erlaubt. Am nächsten Morgen liegt der junge Mann tot im Bett.

Es stellt sich heraus: Todesursache ist ein Bluterguss zwischen der Hirnhaut und dem Schädelknochen, der irgendwann solche Ausmaße angenommen hatte, dass sich ein tödlicher Druck auf das Gehirn entwickelte. Der junge Mann musste wohl gestürzt sein und sich den Kopf schwer verletzt haben. Nun geht es gegen die Ärztin: Warum hat sie nicht geröntgt? Warum hat sie ihn nicht die ganze Nacht überwachen lassen? Warum hat sie ihn der Mutter mitgegeben?

Das juristische Nachspiel zeigt: Ihr Verhalten war verantwortungslos, aber strafrechtlich nicht zu belangen. Die Anklage hätte den Nachweis erbringen müssen, dass gerade dieser junge Patient nach einer Operation hundertprozentig überlebt hätte. Es ist aber statistisch erwiesen, dass 4 Prozent der Patienten einen Bluterguss dieser Art trotz Kopfoperation nicht überstehen. Damit war die behandelnde Ärztin aus dem Schneider.

Eigentlich könnte die Ärzteschaft aufgrund der Gesetzeslage also ganz beruhigt sein. Umso unverständlicher scheint es, dass sie immer wieder versucht, rätselhafte Todesfälle zu vertuschen. Für dieses Verhalten dürfte es mehrere Gründe geben:

- Der Leichen schauende Arzt erkennt die Zusammenhänge schlicht nicht. Er übersieht das Grundleiden, das letztlich zum Tod führt.
- Der Arzt will einen Kollegen, der fehlerhaft gehandelt hat, schützen.
- Der Arzt handelt im Bewusstsein, sich optimal bemüht zu haben, und sieht seinen Fehler subjektiv nicht ein.
- Der Arzt vertuscht den Todesfall aus Ehrgeiz: Solange ein Strafverfahren gegen ihn im Schwange ist, kann er sich nicht bewerben und hat somit keine Chance, beruflich weiterzukommen. Kein Krankenhaus, kein Institut stellt einen Mediziner ein, gegen den gerade ermittelt und der womöglich wegen fahrlässiger Tötung verurteilt wird. Zum Prestigeverlust können sich obendrein finanzielle Verluste gesellen. In Zivilverfahren muss die Beweissicherheit nicht so hoch sein wie im Strafverfahren, um einen Arzt zu Schmerzensgeld zu verurteilen. Bei grober Fahrlässigkeit, unzureichender Patientenaufklärung oder mangelhafter Dokumentation kann es zur so genannten Umkehr der Beweislast kommen. Das heißt: Nicht dem Arzt muss fehlerhaftes Handeln nachgewiesen werden, sondern dieser muss seinerseits nachweisen, dass er korrekt gehandelt hat, was seine Ausgangslage entschieden verschlechtert. Die Haftpflichtversicherung, die den Schaden am Patienten dann bezahlen muss, schraubt möglicherweise ihre Beiträge für einen Arzt, dem Pfusch nachgewiesen wurde, in unbezahlbare Höhen. Die Versicherungen von Gynäkologen oder Chirurgen, die bei ihrer Heiltätigkeit so genannte Großschäden verursachen können, müssen oft Entschädigungssummen zahlen, die die Millionengrenze überschreiten.

Der Blutbeutelskandal, der sich 1994 in der Düsseldorfer Universitätsklinik zutrug, demonstriert, wie schwer eine Katastrophe im geschlossenen System Krankenhaus an die Öffentlichkeit oder die ermittelnden Organe gelangt und wie mühsam sich polizeiliche Nachforschungen im Krankenhausmilieu gestalten.

Der Anfang des Skandals wird datiert auf den Morgen des 25. August 1994, als dem 57-jährigen Ernst S. in der Orthopädischen Klinik des Universitätskrankenhauses ein neues Schultergelenk implantiert wurde. Da er während der Operation sehr viel Blut verlor, erhielt er eine Blutkonserve. Kaum hatte S. das fremde Blut im Leib, sackte sein Blutdruck ab, die Herzfrequenz stieg an, er rang nach Luft. Die Operationswunde blutete heftig und unstillbar.

Am Nachmittag brach der Kreislauf zusammen. Anderntags blutete der Patient am gesamten Rücken, im Magen- und Rachenraum. Dann versagten die Nieren. Trotz heftiger intensivmedizinischer Bemühungen starb Herr S. am 27. August 1994 an einer Sepsis (Blutvergiftung), die in Multiorganversagen mündete. Der schriftliche Befund des Mikrobiologischen Instituts stellte im Blut des Patienten den Wasserkeim *Rahnella aquatilis* fest. Eine Meldung an die Behörden unterblieb. Dem Verstorbenen wurde ein natürlicher Tod bescheinigt, womit sichergestellt war, dass keine Anzeige erstattet werden musste.

Fünf Tage später wurde dem Patienten Dr. H. auf der Dialysestation der Uniklinik eine Blutkonserve verabreicht. Bereits etwa zehn Minuten nach Beginn der Transfusion traten bei ihm Schüttelfrost, Atemnot und Lungenkrämpfe auf. Er musste erbrechen und bekam über vierzig Grad Fieber. Die zuständige Ärztin schickte die angebrochene Blutkonserve mit dem schriftlichen Vermerk, dass hier etwas nicht stimme, an die Blutbank zurück. Noch am selben Tag wurde dem Patienten Blut abgenommen, in dem Mikrobiologen den Keim *Rahnella aquatilis* fanden. Der Patient starb am 23. September an den Folgen einer Sepsis: Kreislaufschock, schwere Blutungen, insbesondere in der Luftröhre und den Bronchien. Die nahe liegende mikrobiologische Untersuchung der an die Blutbank zurückgegebenen Konserve wurde nicht veranlasst. Eine Meldung an die Behörden unterblieb. Dem Verstorbenen wurde ein natürlicher Tod bescheinigt.

Im Laufe des September starben vier weitere Patienten, nachdem ihnen bei Operationen in der Uniklinik Düsseldorf Blutkonserven verabreicht worden waren, unter ähnlich dramatischen Umständen. In allen Fällen wurde der Erreger *Rahnella aquatilis* festgestellt, und jedes Mal wurde dem Patienten der natürliche Tod bescheinigt, ohne dass eine Meldung an die Behörden erfolgt wäre.

Erst am 18. Oktober 1994 betrat ein Pfarrer die Staatsanwaltschaft Düsseldorf. Er trug einen anonymen Brief bei sich. Darin zeigte jemand, der nie identifiziert worden ist, 15 Todesfälle auf verschiedenen Stationen der Düsseldorfer Unikliniken an, die auf verseuchte Blutkonserven zurückzuführen seien. Die Mikrobiologen und die Ärzte, sowohl auf den Stationen als auch im Institut für Blutgerinnungswesen und Transfusionsmedizin, wüssten um die üblen Dinge, doch man vertusche sie – auch gegenüber den Angehörigen der Opfer.

Auf diesen Brief hin begannen Ermittlungen der Polizei und der

Staatsanwaltschaft, die sich so aufwändig und komplex gestalteten, wie dies sonst nur bei der Bekämpfung von Wirtschaftskriminalität oder organisiertem Verbrechen der Fall ist.

222 Todesfälle wurden polizeilich überprüft, Krankenakten gleich zentnerweise beschlagnahmt. Erst nach mühsamer Kleinarbeit von Ermittlern und Fachleuten wurde geklärt, auf welchem Weg das Bakterium *Rahnella aquatilis* in die Blutkonserven geraten war: Mitarbeiter der Blutbank hatten bereits verplombte Blutbeutel entgegen jeder hygienischen Vorschrift geöffnet und dann nach Entnahme von Blutproben für neue Teströhrchen wieder verplombt. Weiterhin stellte sich heraus, dass dies in aller Stille schon jahrelang gang und gäbe gewesen war und eine Menge Angestellter – bis hinein in die Führungsspitze des Instituts für Blutgerinnungswesen und Transfusionsmedizin – von der „Schweinerei" gewusst hatten, ohne dagegen vorzugehen oder Anzeige zu erstatten.

Wie viele Düsseldorfer Patienten dem unverantwortlichen Treiben in der Blutbank wirklich zum Opfer gefallen sind, wird wohl nie geklärt werden. Es wäre auch nicht angeraten gewesen, sie zu exhumieren, da es sinnlos ist, in einem verwesenden Körper auf Bakteriensuche zu gehen. Doch das Ausmaß der Fahrlässigkeit lässt auf weitere Opfer schließen: Allein in den vier Monaten des Überprüfungszeitraums seien, so der Chefermittler Niederschelp, über 1600 verplombte Blutbeutel verbotenermaßen geöffnet worden, etliche zweimal, zehn Blutkonserven sogar mehr als fünfmal! Gewissermaßen als Nebenprodukt der Ermittlungen kam außerdem heraus, dass die Blutbank Konserven, die aufgrund eines technischen Defekts ungekühlt geblieben und zur Vernichtung an sie zurückgegeben worden waren, wieder in Umlauf gebracht hatte.

Die Blutbank der Uniklinik Düsseldorf wurde auf diese Enthüllungen hin vorübergehend geschlossen. Der langjährige Leiter der Blutbank, Professor Herbert B., wurde im Dezember 1998 wegen fahrlässiger Tötung und fahrlässiger Körperverletzung zu einer Geldstrafe verurteilt. Das Verfahren gegen seine mitangeklagte Stellvertreterin war bei Druckbeginn dieses Buches noch nicht abgeschlossen. Die verschwiegene Ärzteschaft kam ungeschoren davon.

WELCH planvolle Mechanismen im System Krankenhaus am Werke sind, die eine Aufdeckung nicht nur von fahrlässigen, sondern auch von gezielten Tötungen verhindern, hat der klinische Psychologe Herbert Maisch in seinem exzellenten Buch *Patiententötungen* beschrieben.

Maisch begutachtete als Wissenschaftler und Sachverständiger in vielen Strafprozessen Krankenschwestern und Pfleger, die sich der Ermordung von Patienten schuldig gemacht hatten und deren Treiben zum Teil über Jahre niemandem aufgefallen war (oder auffallen wollte). Er recherchierte detailgetreu die Umstände, unter denen die Tötungen stattgefunden hatten. In der Einleitung zu seinem Buch schreibt er: „Tatsächlich erschienen diese Tötungen so unwahrscheinlich, dass sie lange Zeit unentdeckt blieben. Und das, obgleich es zum Teil erdrückende Verdachtsmomente gab. Doch wenn ein solcher Verdacht aufkam – häufig auch, bevor er aufkeimen konnte –, wurde er in gemeinschaftlichen Verleugnungsritualen zwischen Täterinnen und Tätern und ihren ‚unbeteiligten' Kollegen ‚gründlich' aus der Welt geschafft."

Ein Beispiel aus Maischs Buch: Im März 1986 wird eine 29-jährige Intensivschwester in Wuppertal festgenommen. Drei Jahre später findet der Prozess statt. Die Staatsanwaltschaft wirft ihr vor, 17 Patienten zwischen 69 und 82 Jahren durch tödliche Injektionen aus blutdrucksenkenden Medikamenten und Kaliumchlorid beseitigt zu haben. Im September 1989 verurteilt das Wuppertaler Schwurgericht die Angeklagte wegen vollendeter Tötung in sieben Fällen und eines Tötungsversuchs zu elf Jahren Freiheitsstrafe. Es zeigt sich: Ihr Motiv war keineswegs nur reines Mitleid mit den Schwerkranken gewesen; ebenso handelte sie aus Hass gegen einen Arzt der chirurgischen Abteilung, dessen Patienten dann ihre bevorzugten Opfer wurden.

Der Modus Operandi der Schwester war perfekt gewesen. Kaliumchloridinjektionen führen zu einem so genannten elektrischen Herztod. Die Ursache des plötzlichen Herz-Kreislauf-Versagens bleibt dem Stationsarzt unklar, und auch der Pathologe kann nichts Beunruhigendes finden, da der Kaliumwert in einer Leiche durch den Zellzerfall immer dramatisch ansteigt.

Die Schwester war zudem auf ihrer Station sehr angesehen gewesen, was die Aufdeckung zusätzlich erschwerte. Es war wohl aufgefallen, dass sich Todesfälle in ihrer Anwesenheit gehäuft hatten, was ihr den Spitznamen „Todesengel" eingetragen hatte – aber zu weiteren Nachforschungen war es nicht gekommen. Bis zwei junge, noch nicht betriebsblinde Pfleger Verdacht schöpften, die Schwester belauerten, Mülleimer nach weggeworfenen Medikamentenpackungen durchwühlten und ihre Beobachtungen endlich den Vorgesetzten meldeten.

Doch anstatt den Verdacht ernst zu nehmen, unterzog die zuständige Chefärztin die beiden aufmerksamen Pfleger einem strengen Verhör und unterstellte ihnen, sie wollten eine ehrgeizige Kollegin anschwärzen, weil sie es auf deren Posten abgesehen oder bei ihr als Männer keine Chancen hätten. Die Schwester durfte noch wochenlang weiterhin ihren tödlichen Dienst verrichten. Auch als die Kriminalpolizei den Fall endlich aufgeklärt hatte, ist niemand aus der Krankenhaushierarchie zu den beiden Männern gekommen, um sich zu bedanken oder sich zu entschuldigen.

Maisch schreibt dazu: „Die beiden Krankenpfleger mussten die bittere Erfahrung machen, dass es riskant ist, einen so ‚ungeheuerlichen' Verdacht den Verantwortlichen einer Station oder Klinik zu melden, mag dieser Verdacht noch so begründet und durch Sachbeweise gestützt sein."

Es sind immer wieder dieselben Phänomene, die die Aufdeckung von Patiententötungen verhindern:
- In der Regel werden die Patienten absolut unauffällig beseitigt (Medikamentenüberdosis, Luftinjektionen, „Ertränken" durch Einfüllen von Leitungswasser in einen Beatmungstubus), sodass auch einem geschulten Auge bei der Leichenschau nichts auffällt.
- Das Pflegepersonal hat den Nimbus des Aufopferungsvollen und Guten. Mord auf der Station liegt für die meisten Schwestern und Ärzte jenseits ihrer Vorstellungskraft.
- Keimt dann doch ein Verdacht, lässt die Angst vor einem Skandal oder dem persönlichen Ruin das Klinikpersonal schweigen und zusammenrücken.
- Stets ist es der pure Zufall, der die Entdeckung von Serientötungen möglich macht. Meistens sind es junge, noch nicht vom System Krankenhaus korrumpierte Schwesternschülerinnen oder Anfänger, die misstrauisch werden.

Nach den Ergebnissen von Dunkelfeldstudien, die 1993 und 1994 an australischem und 1996 an amerikanischem Pflegepersonal durchgeführt wurden, ist die latente Tötung auf der Station keine Seltenheit. Maisch berichtet über anonyme postalische Befragungen von Schwestern und Pflegern, die auf Stationen arbeiten, in denen Moribunde oder Schwerkranke versorgt werden. Dabei gaben 20 Prozent der Pflegekräfte an, *mindestens einmal* in ihrer beruflichen Laufbahn aktive verbotene Sterbehilfe geleistet zu haben, mit oder ohne Zustimmung des Kranken.

Von 827 Intensivschwestern, die sich 1996 anonym an der amerikanischen Umfrage beteiligten, hatten allein 10 Prozent der Befragten zwischen einer und drei Tötungen begangen, und 1 Prozent hatte jeweils über zwanzigmal unerkannt getötet.

Wie die Spitze des Eisbergs, meint Herbert Maisch, ragten die bekannt gewordenen Patiententötungen aus dem Dunkelfeld. „Eine realistische Kriminalpolitik lässt sich ohne Kenntnis von Dunkelfeld und Dunkelziffer kaum betreiben“, schreibt er in *Patiententötungen.* „Orientiere man sich bei den Patiententötungen lediglich an der niedrigen Verurteiltenstatistik von Pflegekräften, so könnte man die Auffassung vertreten, dieses spezifische Tötungsdelikt spiele kriminalpolitisch keine Rolle.“

DIE WITWE

Ein Fall aus Kempen, der zeigt,
wie leicht Ärzte sich täuschen lassen

Am 26. April 1983 klingelt bei der Kriminalpolizei in Kempen, einer Kleinstadt zwischen Krefeld und der holländischen Grenze, das Telefon. Der Anrufer ist ein örtlicher Rechtsanwalt. Vor ihm, sagt er, sitze eine Dame, die ihm soeben von einer Straftat berichtet habe. Es solle doch bitte jemand von der Kripo vorbeischauen.

Der herbeigeeilte Kriminalhauptmeister trifft eine Frau Ende vierzig an, die den Anwalt aufgesucht hat, um eine Scheidung in die Wege zu leiten. Ihr Ehemann sei gewalttätig und unberechenbar. Sie fürchte inzwischen um ihr Leben, denn ihr Mann habe ihr im Suff angedroht, sollte sie ihn verlassen, würde es ihr ergehen wie den Männern seiner Mutter. Ihre Schwiegermutter Maria V., so die Frau weiter, habe nämlich mehrere Männer gehabt, die alle jäh verstorben seien. Offiziell an Herzinfarkt, das stimme aber nicht. Sie vermute, dass die Schwiegermutter sie vergiftet habe, denn das habe sie ihr, der Schwiegertochter, selbst angedeutet.

Beunruhigt von solcherlei Vorwürfen, erkundigten sich die Kriminalbeamten beim Hausarzt des zuletzt verstorbenen Bernhard V. Der Arzt erklärt, der Patient, der wegen Bluthochdruck und Asthma in Behandlung gewesen sei, habe am 29. November 1982 tot in der Wohnung gelegen. Er, der Arzt, habe keine Zeichen von Fremdverschulden entdecken können und daher den natürlichen Tod durch Herzversagen bescheinigt.

Auch der Vorgänger des Herrn V., Marias Lebensgefährte Heinrich Ückerseifer, sei sein Patient gewesen. Als er ihn am 30. März 1980 im Sessel sitzend vorgefunden habe, seien ihm ebenfalls nicht die leisesten Zweifel am natürlichen Tod gekommen.

Auch der Ehemann davor, Herr Peter Eulenpesch, wurde von diesem bewährten Hausarzt medizinisch betreut. Er habe oft über Herz- und Magenbeschwerden geklagt, meint der Arzt. Außerdem habe ihm eine alte Kriegsverletzung Kopfschmerzen bereitet. Einen Tag vor dem Tod des Patienten im Jahr 1976 habe er ihn zu Hause besucht und ihn mit massiven Herzbeschwerden ins Kempener Hospital zum Heiligen Geist eingewiesen. Im Krankenhaus sei er am 21. März 1976 verstorben. Todesursache: Herzversagen.

Erst drei Monate später, im Juli 1983, werden die Leichen der drei Männer exhumiert, mit denen Maria V. in den letzten Jahren gelebt hat. Einer hat sieben Jahre, einer drei Jahre und einer ein Dreivierteljahr im Erdgrab gewartet. Die toxikologischen Befunde der Rechtsmediziner legen nun Zeugnis ab von dem, was Frau V. zwischenzeitlich gestanden hat: Die Männer waren sämtlich mit dem Pflanzenschutzmittel E 605 vergiftet worden. Maria V. gibt außerdem im Polizeiverhör zu, 1963 auch ihren Vater und 1970 eine Tante durch Gift ins Jenseits befördert zu haben. Doch diese Morde sind bei der Exhumierung der beiden Leichen chemisch nicht mehr nachzuweisen. Der Zersetzungsprozess der Körper ist zu weit fortgeschritten.

Am 20. September 1984 wird die sechsfache Mutter und achtfache Großmutter Maria V., 68 Jahre alt, vom Schwurgericht Krefeld wegen dreifachen Mordes und zweifachen Mordversuchs zu dreimal „lebenslänglich" plus 15 Jahren Haft verurteilt.

Maria V. hat in zwanzig Jahren fünf Menschen ums Leben gebracht, ohne auch nur den geringsten Verdacht aufkommen zu lassen. Sie war eine der ungerührtesten Giftmischerinnen in der deutschen Kriminalgeschichte. Und es ist bezeichnend, dass weder polizeiliche Ermittler noch versierte Klinikärzte die Mordserie aufdeckten, sondern dass die sonst so kühle und gerissene Täterin die Entlarvung selbst herbeiführte, indem sie einer abtrünnigen Schwiegertochter gegenüber nicht die gebotene Vorsicht walten ließ.

Ihren letzten Mann Bernhard vergiftete Maria V. aus Habgier und um zu verhindern, dass er ihr auf die Schliche kam. Denn sie hatte seine Unterschrift gefälscht, um sich einen Kredit über 8000 Mark zu verschaffen. Sie, die ihren vielen Kindern ständig Geld zusteckte, war total verschuldet und wollte nicht mehr auf die 30 000 Mark warten, die sie – Gott weiß, wann – von V. erben würde.

Also muss ihr Bernhard sterben. Am 29. November 1982 ist es so weit. Die kleine Blechflasche mit dem Gift hat Maria in einer Drogerie gekauft. Es ist ihr fünfter Mord, und sie weiß inzwischen, welche Mengen sie nehmen muss und in welcher Speise sie das Gift unbemerkt unterbringen kann. Weil E 605 eine kräftige blaue Warnfarbe hat und außerdem streng schmeckt und riecht, verabreicht sie die Todesdosis als Nachspeise in einem dunkelblauen Waldbeerenkompott, das sie stark zuckert und über den Pudding kippt.

V. verzehrt arglos den Blaubeerpudding. Kurz nach dem Mittagessen bekommt er starke Kopfschmerzen. Er legt sich auf das Küchensofa. Maria V. spült inzwischen ab, die Desserttellerchen reinigt sie mit besonderer Akribie. Das Giftfläschchen wirft sie gleich in die große Mülltonne.

Nach einigen Minuten stöhnt der Mann laut und beginnt stark zu schwitzen. Er kann nichts mehr sagen. Maria V. setzt sich ins Wohnzimmer und wartet. Als sie sicher ist, dass der Mann die ewige Ruhe gefunden hat, wischt sie ihm den Schweiß ab, macht ihn ein bisschen zurecht und ruft den Doktor. Eine Stunde später trifft der Hausarzt ein. Er sieht sich den Toten an. Für ihn besteht kein Zweifel am natürlichen Ende des Bernhard V. Der Mann war schließlich schon 86 Jahre alt.

Ebenso problemlos hatte sich zweieinhalb Jahre zuvor Marias Lebensgefährte Heinrich Ückerseifer, der von 1978 bis zu seinem jähen Tod im Frühling 1980 bei ihr wohnte, beseitigen lassen. Sie träufelt ihm zwanzig bis fünfundzwanzig Tropfen E 605 in seinen Waldbeerenpudding und stellt das Schälchen neben den Teller. Nach dem Essen setzt der ältere Herr sich in den Sessel, um seinen Mittagsschlaf zu halten. Maria V. fährt in die Stadt zum Einkaufen.

Als sie zurückkommt, sitzt Ückerseifer im Sessel und ist offenkundig tot. Der bekannte Hausarzt eilt herbei und bestätigt Maria V.s Diagnose: *Exitus letalis.* Wird wohl ein Herzinfarkt gewesen sein, auch Ückerseifer war nicht mehr der Jüngste, Jahrgang 1904. Zu diesem Zeitpunkt 75 Jahre alt.

1978 hatte Maria V. ihn auf eine Zeitungsannonce hin kennen gelernt. Er ist weltgewandt, gebildet und charmant. Man geht zusammen essen und findet sich sympathisch, und es dauert nicht lange, da beschließen die beiden zusammenzuleben. Da Ückerseifer verheiratet ist, kommt eine Ehe nicht infrage. Warum Maria V. ihren Lebensgefährten umgebracht hat, wird nicht ganz klar. Sie gibt im Polizeiverhör an, sie habe ihre Enkelinnen schützen müssen, die von Ückerseifer betatscht und sexuell belästigt worden seien. (Die Enkelinnen streiten solche Vorkommnisse gegenüber den Beamten ab.) Überdies habe sie in seinen Unterlagen ein Gerichtsschreiben gefunden, demzufolge er wegen unsittlicher Berührung von zwei Jungen verurteilt worden sei.

Die wahre Motivlage ist aber wahrscheinlich auf einem ganz anderen

Gebiet zu suchen. Maria V. hatte mit ihrem Lebensgefährten häufig Streit ums Geld. Da sie immer wieder ihren Kindern und Enkeln kleinere oder auch größere Summen schenkte, war sie in chronischer Geldnot und verlangte pausenlos finanzielle Zuwendungen von Ückerseifer, was diesen allmählich erboste. Außerdem schätzte er Marias Kinder nicht in dem Maße, wie sie es erwartet hatte. Sie sagt in der Vernehmung: „Da sich nun das Problem stellte, entweder Ückerseifer oder meine Kinder, war für mich die Entscheidung nicht schwer, sie fiel gegen Ückerseifer. Und da nun mal diese Entscheidung gefallen war, war sein Ende vorgezeichnet." Mit ihrer Erfahrung – schließlich war dies nicht ihr erster Mord – war die Beseitigung des Herrn Ückerseifer für sie eher eine Routineangelegenheit.

Der Mord an Peter Eulenpesch im Jahr 1976 hatte seiner Ehefrau Maria sehr viel stärkere Nerven abverlangt. Ihn vergiftete sie nicht wegen Geld, der Grund war schlicht der Wunsch Marias gewesen, endlich ihre Ruhe vor ihm zu haben. Da der Mann Granatsplitter im Kopf gehabt habe – eine alte Kriegsverletzung –, habe er regelmäßig an erheblichen Beschwerden gelitten. Im Laufe der Zeit sei er dann richtig unerträglich geworden. Er habe Streit mit ihr gesucht, an den Möbeln gerückt, einen Putzfimmel entwickelt und kleinste Flusen vom Boden aufgeklaubt, um sie zur Toilette zu tragen.

Auch als sie Eulenpesch 1961 heiratete – sie hatte ihn ebenfalls durch eine Zeitungsannonce kennen gelernt –, tat sie es nicht aus Liebe: „Ich wollte versorgt sein." Als sie diese Ehe zehn Jahre später nicht mehr erträgt, entschließt sie sich gleich zum Mord. Eine Scheidung ist ausgeschlossen, sie wäre „zu umständlich" gewesen, außerdem hätte sie dann „als unversorgte Frau" dagestanden. Sie hat zwar zu diesem Zeitpunkt schon ihren Vater und ihre Tante auf dem Gewissen, doch die waren alt und bettlägerig gewesen und hatten darum keine große Portion des Insektizids gebraucht, um abzutreten. Eulenpesch stellt in dieser Hinsicht eine ganz andere Herausforderung dar. Er ist zwar kriegsverletzt, aber äußerst zäh. Über mehr als vier Jahre hinweg entbrennt ein stummer Kampf auf Leben und Tod. Mindestens fünfmal muss Maria ihm Gift untermischen. In dieser Zeit steigert sie die Dosierung von zehn auf zwanzig Tropfen pro Nachtisch. Nach jedem misslungenen Anschlag ruft Maria den Hausarzt, um sich nicht verdächtig zu machen. Immer wieder wird ihr Mann ins Krankenhaus eingeliefert, doch niemand beschleicht Argwohn.

Der 21. März 1976 ist sein Todestag. Tags zuvor gibt es wieder Waldbeeren als Henkersmahlzeit. Nach dem Essen klagt Eulenpesch über entsetzliche Kopfschmerzen und legt sich hin. Seine Frau wartet ein bisschen und ruft dann wie immer den Hausarzt. Dieser tritt eine halbe Stunde später ans Krankenlager, Eulenpesch ist nicht mehr ansprechbar. Der Arzt vermutet Herzschwäche und ruft wie immer den Krankenwagen, der den Patienten und seine Frau ins Kempener Hospital fährt. Er kommt gegen 16 Uhr dort an, ist stark verwirrt und zittert. Es wird eine Minderdurchblutung des Gehirns durch Herzleistungsschwäche vermutet und entsprechend behandelt. Der Vergiftete stirbt am folgenden Morgen um vier Uhr. Er ist 67 Jahre alt. Seine Ehefrau sitzt am Bett, weniger aus Anteilnahme, als um im Blick zu behalten, ob jemand Verdacht schöpft. Jetzt hat sie ihre Ruhe. Im Totenschein wird dem Ermordeten „akutes Herz-Kreislauf-Versagen" attestiert.

Sieben Jahre und zwei Leichen später wird Maria V. am 25. Juli 1983 um zwölf Uhr mittags festgenommen. Das geschieht in der Wohnung eines älteren Herrn, bei dem Frau V. seit drei Wochen Gesellschafterin ist. Er ist 85 und etwas wacklig auf den Beinen. Die beiden haben bereits einen gemeinsamen Urlaub in der Eifel geplant. Als Polizeibeamte den Verdacht äußern, die wieder völlig überschuldete Maria V. habe sich hier gerade ein neues Opfer erkoren, weist sie diese Unterstellung vehement zurück: „Er wäre mit Sicherheit nicht durch meine Hand gestorben."

3. Die Ermittler

Wie Polizei und Staatsanwaltschaft
die Entdeckung von Tötungsdelikten verhindern

Zu Beginn dieses Kapitels sollen zwei wahre Kriminalgeschichten erzählt werden, die Armin Mätzler, ehemaliger Leiter der Todesermittlung in Köln und Düsseldorf, ohne Orts- und Zeitangabe in seinem Buch „Todesermittlungen" dokumentiert hat. Beide Tötungen wurden von der Polizei entdeckt und aufgeklärt, doch demonstrieren sie, wie haarscharf für die staatlichen Todesermittler oft der Grat zwischen dem natürlichen Tod und dem Tötungsdelikt verläuft, wie viel Sorgfalt und Aufmerksamkeit ein Kommissar an einem Leichenfundort walten lassen muss und welche Rolle die Geistesgegenwart einer einzelnen Person bei „Leichensachen" spielt.

Fall 1: Ort des Geschehens ist eine luxuriöse Eigentumsmaisonette in bester Wohnlage. Hier residiert die gehobene Gesellschaft der Stadt. An einem Mittwochabend klingelt die Hausfrau Margret H. bei einem

Nachbarn und bittet um Hilfe, ihrem Mann gehe es schlecht. Unverzüglich folgen die Nachbarn der Frau in ihre Wohnung, wo sie Herrn H., komplett angezogen auf dem Ehebett liegend, vorfinden. Er hat offenbar aus der Nase geblutet, denn auf dem Kopfkissen sind ein paar Blutflecken. Nun bemühen sich mehrere Personen um Herrn H. Der Nachbar ruft die Notarztzentrale an.

Kurz darauf kommt der Notarzt, Dr. S. Er kann an Günter H. keine Lebenszeichen mehr feststellen, beginnt aber sicherheitshalber mit einer Herzmassage. Er spritzt ein Herzmittel und fordert einen Rettungswagen an. Herr H. wird auf den Fußboden gelegt und beatmet. Nach etwa zehn Minuten trifft noch ein weiterer Notarzt, Dr. R., mit seinem Team ein. Auch Dr. R. sucht vergeblich nach einem Lebenszeichen. Ein EKG-Gerät wird dem Leblosen angelegt, es zeigt die Nulllinie. Die Ärzte sehen an dem Verstorbenen keinerlei Verletzungen, die auf die Ursache eines plötzlichen Todes hindeuten könnten. Die Ehefrau erzählt von Herzbeschwerden ihres Mannes. Obwohl der Tote erst vierzig Jahre alt ist, schickt sich Dr. S. an, ihm einen natürlichen Tod durch Herzversagen zu bescheinigen. Der zweite Arzt spricht sich dagegen aus. Also einigen sie sich auf „Todesursache nicht geklärt".

Jetzt muss die Polizei eingeschaltet werden. Die herbeigerufenen Beamten von der Kriminalwache (eine Notfallbesetzung) haben in Sachen Todesermittlung wenig Erfahrung. Außer winzigen Punktblutungen im Gesicht, am Hals und in den Bindehäuten der Augen fällt ihnen an dem Toten nichts auf.

Die Ehefrau wird befragt. Sie erzählt, ihr Mann sei seit Jahren Trinker gewesen. In den letzten drei Wochen habe er keinen Alkohol mehr angerührt, jedoch stark unter dem Entzug gelitten. Heute sei er kurz nach 19 Uhr heimgekommen und nach einem Telefonat urplötzlich auf der Treppe zusammengebrochen. Sie habe ihn aufs Bett geschleppt. Dann sei ihm Blut aus der Nase gelaufen. Sie habe vergeblich versucht, Mediziner aus dem Bekanntenkreis zu erreichen, und dann schließlich die Nachbarn alarmiert. Die Beamten der Kriminalwache können nichts Beunruhigendes feststellen. Allein wegen der winzigen Blutpunkte im Gesicht ordnet die zuständige Polizeidienststelle am nächsten Tag sicherheitshalber eine Obduktion an. Eine weise Entscheidung: Sie bringt ein Tötungsdelikt ans Licht. Im Gutachten schreiben die Rechtsmediziner: „Die Gesamtheit der Befunde spricht für mechanische, das heißt gewaltsame äußere Erstickung durch Strangulation." Der Tote war schwer alkoholisiert.

Die Witwe legt schließlich ein Geständnis ab: Sie habe ihren Mann im Schlafzimmer mit dem Gürtel ihres Bademantels erdrosselt. Er sei wieder einmal betrunken gewesen, gibt sie als Motiv an. Da der Mann zur Tatzeit einen Rollkragenpullover getragen hatte, waren keine Würgemale zu erkennen gewesen. Es hätte nicht viel gefehlt, und Günter H. wäre in der Dunkelziffer unerkannt Getöteter verschwunden.

Fall 2: Nicht der Arzt, sondern ein Beerdigungsunternehmer ruft diesmal die Kriminalpolizei zu einem Sterbefall. Der Grund ist zufällig: Der Leichen schauende Arzt hatte den „natürlichen" Tod dokumentiert, aber verwirrenderweise dazugeschrieben, es liege ein Unglücksfall vor. In der Wohnung treffen die Beamten an diesem Samstagabend auf die 71 Jahre alte Wohnungsinhaberin und zwei Angestellte des Beerdigungsinstituts.

Der Tote, ein achtzig Jahre alter Rentner, liegt im Wohnzimmer auf dem Fußboden. Die Frau erzählt, ihr Mann sei seit Jahren „total verkalkt" gewesen. Ständig sei er gestürzt und aus dem Bett gefallen. Seit Tagen habe er nun schon auf dem Fußboden geschlafen, eben an jener Stelle, wo sie ihn heute zur Mittagszeit tot aufgefunden habe. Die Beamten untersuchen die Leiche und stellen Zeichen massiver Gewalteinwirkung fest. Sie beschlagnahmen den toten Körper und beantragen bei der Staatsanwaltschaft eine Obduktion.

Bei der Autopsie finden die Rechtsmediziner eine Menge alter und frischer Hautunterblutungen. Es sind klare Zeichen grober Gewalt jüngeren und älteren Datums. Im Gutachten heißt es: „Alle Verletzungen sind Folgen mehrfacher schwerer Gewalteinwirkungen auf den Körper dieses Mannes, die dafür sprechen, dass mehrfach auf diesen Mann getreten wurde, auch ein Beknien kann infrage kommen beziehungsweise ein ‚Sich-auf-den-Mann-Stellen'." Die Verletzungen seien so erheblich, dass sie zu starkem Blutverlust ins Gewebe geführt hätten. Der Tod sei die Folge von Gewalt.

Nun wird die Ehefrau des Getöteten vernommen. Nach einer Weile gibt sie Folgendes zu: Sie sei am Freitagmorgen von einem plätschernden Geräusch aufgewacht und habe mit Entsetzen gesehen, wie ihr Ehemann auf den Teppich vor dem Bett uriniert habe. An diesem Teppich aber hänge sie sehr, er sei ein Erbstück. Voller Wut habe sie auf den Mann eingedroschen und schließlich, als er zu Boden geglitten sei, mehrfach auf ihn eingetreten. Sie habe ihn liegen lassen und jedes Mal, wenn sie frisches Wasser zum Reinigen des Teppichs holen gegangen sei, auf ihn getreten. Schließlich habe er sich nicht mehr geregt. Nach vierundzwanzig Stunden sei sie unruhig geworden, habe ihn angezogen und den nächsten Angehörigen Bescheid gesagt. Diese hätten dann schließlich den Arzt gerufen. Die Ehefrau wird verhaftet.

Nun wird auch jener Arzt befragt, der den natürlichen Tod bescheinigt hat. Er gibt zu, einige Zeichen von Gewalt durchaus bemerkt zu haben. Auf die Frage, wie er unter diesen Umständen den „natürlichen Tod“ feststellen konnte, antwortet er: „Wer kommt schon darauf, dass ein so alter Mann erschlagen wird?“

Wo der Arzt beinahe regelmäßig versagt, muss sich eigentlich der Polizist angesprochen fühlen, seine ganze Kompetenz unter Beweis zu stellen. Denn es gehört für einen Kriminalkommissar zu den größten Herausforderungen, einen dubiosen Todesfall richtig zu beurteilen. *„Die Probleme liegen nicht dort, wo es darum geht, einen Mord zu bearbeiten, sondern dort, wo es darum geht, ihn zu erkennen.“* So lautet die Lektion, die der Kriminalist Armin Mätzler seinen Polizeischülern jahrzehntelang hinter die Ohren geschrieben hat.

Wird die Polizei zu einem Leichenfundort gerufen, rückt im Regelfall erst einmal ein Streifenwagen mit zwei Schutzpolizisten an. Sie sichern den Ort des Geschehens, das heißt, sie sperren das Waldstück, den Straßenabschnitt oder die Wohnung ab, wo die Leiche entdeckt wurde, sodass niemand mehr etwas verändern kann. Dann kommen Beamte der Kriminalpolizei und inspizieren den Ort und den Toten.

Zuerst nehmen sie die Rahmenbedingungen auf: Wer hat die Polizei gerufen? Wer hat sie eingelassen? Wie riecht es? Ist der Briefkasten voll? Steht das Fenster offen? Ist die Wohnung zerwühlt? Ist die Tür aufgebrochen? Gibt es einen Abschiedsbrief? Welche Medikamente stehen herum? Dann der Tote: Wie liegt er da? Ist er verletzt? Wie lange ist er schon tot? Was sagen die Nachbarn und Verwandten? Gibt es Ungereimtheiten? Gibt es Spuren? Ist es doch ein natürlicher Tod? Ist es ein Suizid? Könnte es ein Unfall sein? Gibt es einen Mordverdacht?

Jeder Leichenfundort sieht anders aus. Traumatisch kann es werden, wenn die Leiche lange Zeit gelegen hat, was in den Großstädten, wo viele allein Lebende wohnen, nicht selten der Fall ist. Da wandern die Maden unter der Haut. Bei manchen Leichen führt die Fäulnis dazu, dass sie sich bewegen und Geräusche von sich geben. Der Gestank lässt den Atem stocken.

Andererseits stoßen die Beamten auch auf Leichenfundorte, die völlig undramatisch wirken. Da liegt ein toter älterer Herr friedlich in seinem Bett, neben ihm die Herztabletten, und er sieht aus, als wäre er sanft entschlafen. Die Gattin sitzt daneben und weint und erzählt von langer, schwerer Krankheit.

In beiden Fällen darf sich ein umsichtiger Kriminalkommissar vom ersten Eindruck nicht täuschen lassen. Für solche Fälle hat er auf der Polizeihochschule Verdachtschöpfungsstrategien und das kriminalistische Denken gelernt: Er muss die alltäglichen Lebensprozesse der Menschen im Kopf haben und die Spurenrelevanz dieser Prozesse. Das heißt: Alles, was der Mensch tut, ob er Kaffee trinkt, Geschlechtsverkehr hat oder einen Brief schreibt und aufgibt, hinterlässt typische Spuren. Der Todesermittler muss nun in der Lage sein, die vorhandenen Spurenbilder mit seiner Spurenerwartung zu vergleichen. Wenn etwas nicht übereinstimmt (zum Beispiel: Auf dem Wasserglas neben dem Bett des Toten sind keine Fingerabdrücke; die Frau ist höchstens 24 Stunden tot, aber alle Blumen in ihrer Wohnung sind vertrocknet; die Füße des Erhängten baumeln *über* dem darunter stehenden Hocker), dann muss er seinen Zweifeln nachgehen.

Holger Roll, Dozent an der Fachhochschule der Polizei in Güstrow, hat die Faktoren analysiert, die dem Kriminalbeamten am Fundort das kriminalistische Denken verschlagen und die Wahrnehmung verzerren können. Schlechtes Wetter oder fehlende Beleuchtung sind *äußere* Faktoren, die ihn bei der Arbeit behindern, ebenso herumschnüffelnde Boulevardreporter oder Schutzpolizisten (vielleicht auch Zeugen oder Verwandte des Toten, die ihre Vermutungen zum Geschehensablauf unaufgefordert zum Besten geben und den Kripobeamten dadurch zu beeinflussen suchen). Besonders dramatisch werden jedoch die Ermittlungsfehler, so Roll, wenn die Wahrnehmung des Polizisten von *inneren* Faktoren blockiert wird, wenn er sich von Vorurteilen leiten lässt und die „Leichensache" vorschnell als Routinefall abtut. Er neigt dann leicht dazu, jene kleinen Spuren, die auf Gewalt hinweisen, zu übersehen oder falsch zu interpretieren.

Problematisch ist auch die vorgefasste Meinung am Leichenfundort. Einen Erhängten halten viele Todesermittler reflexhaft für einen Selbstmörder, ein Fallschirmabsturz wird ohne Hinsehen als Unfall eingestuft, und klebt irgendwo ein Auto am Baum, kommt kaum ein Zweifel daran auf, dass der Fahrer am Steuer eingeschlafen ist. Auf diese Weise werden wichtige Umstände nicht erkannt.

Wenn der Beamte den Einsatz nicht ernst nimmt, sich darüber vielleicht sogar ärgert, wird er blind für die Wahrheit. Das Besondere und Schwierige am „kriminalistisch relevanten Ereignis", so Roll, sei doch erstens, dass *jedes für sich einmalig* sei, und zweitens, dass *es immer in der Vergangenheit* liege, der Ermittler also ausschließlich auf Spuren oder Aussagen von Zeugen angewiesen sei.

Deshalb können menschliche Defizite wie Müdigkeit, Desinteresse, Vorurteile gegen das soziale Milieu des Toten, Überheblichkeit oder Prestigedenken gerade bei der ersten Inspektion eines Tatorts fatale Fehler nach sich ziehen. Erkenntnisse, die in dieser Phase übersehen, vergessen oder nicht berücksichtigt werden, sind unwiederbringlich verloren.

Kriminalbeamte erzählen von solchen (menschlich verständlichen) Defiziten mancher Kollegen am Leichenfundort, allerdings nur anonym: Verwesende Leichen würden eben – entgegen den Vorschriften – oft nicht einmal oberflächlich untersucht. Auch rissen viele wegen des Gestanks gleich die Fenster auf, obwohl das verboten sei. Wenn eine Leiche morgens um vier entdeckt würde, hätten die herbeigerufenen Beamten bereits zehn Stunden Dienst hinter sich. Der Ausgang einer Ermittlung hänge dann davon ab, welches Interesse der einzelne Polizist jetzt noch aufbringe.

Der folgende Fall zeigt, wie rasch ein raffiniertes Tötungsdelikt ins Dunkelfeld gerät, weil die Kriminalisten sich vom ersten Anschein blenden lassen.

In der Nacht vom 18. auf den 19. Juni 1988, kurz vor halb drei, ruft der 36-jährige Arzt Dr. Kabul N. die Polizei und den Rettungsdienst. Seine junge Frau habe in der gemeinsamen Wohnung (in einer ostfriesischen Kleinstadt) Selbstmord begangen. Die Kripobeamten finden Frau N., mit einem Nachthemd bekleidet, auf dem Fußboden des Schlafzimmers zwischen dem Ehebett und der gegenüberliegenden Wand vor. Um ihre Handgelenke sind die abisolierten Drähte eines Verlängerungskabels geschlungen und durch Verdrehen fixiert. Die Hände sind zu Fäusten geballt und liegen auf den Brüsten auf. Der Stecker des Kabels ist herausgezogen und liegt unter einer Steckdose in Kopfnähe der Leiche.

Der Ehemann macht auf die Kriminalbeamten und Rettungssanitäter einen aufgelösten Eindruck. Er erzählt, er habe abends gegen zehn die Wohnung verlassen, um einen Kollegen zu besuchen. Bei seiner Rückkehr habe er die Frau so, wie sie nun dort liege, auf dem Fußboden entdeckt, habe den Stecker aus der Dose gezogen und sie untersucht. Sie sei bereits tot gewesen. Seine Frau, fährt er fort, habe schon mehrere Selbstmordversuche unternommen, sie sei wegen Depressionen in psychiatrischer Behandlung gewesen. Ihre Asylanträge seien immer wieder abgelehnt worden, das habe ihr den Lebensmut geraubt.

Die Leiche der Perserin wird von Ärzten und Polizeibeamten beschaut. Sie hat sehr ausgeprägte Verkohlungen an beiden Handgelenken, an den Innenseiten der Finger und an den Brüsten, wo die Hände auflagen. Der polizeiliche Abschlussbericht stellt fest, dass es sich „nach objektiver und subjektiver Einschätzung zweifelsfrei um einen Suizid durch Stromeinwirkung handelt". Der Fall ist abgeschlossen.

Zwei Tage später erscheint eine Freundin der Verstorbenen bei der Kriminalpolizei. Sie zweifle an der Selbstmordtheorie, sagt sie. Die Ehe der Frau N. sei sehr schlecht gewesen, der Mann habe sie geschlagen. In letzter Zeit allerdings seien die beiden auffallend harmonisch miteinander umgegangen. An ihrem Todestag sei Frau N. sogar in Hochstimmung gewesen, da sie gerade erfahren gehabt habe, dass ihr Asylantrag endlich bewilligt worden sei.

Obwohl die Ermittler weiterhin von einem Suizid überzeugt sind, wird nun eine Obduktion angeordnet, damit es in der Kleinstadt kein Gerede gibt. Schon bei der äußeren Besichtigung fällt den Obduzenten eine knapp erbsengroße, bläulich-rote Schwellung über der Lendenwirbelsäule auf: ein Stichkanal zwischen zwei Wirbeln. Die Obduzenten beantragen eine giftchemische Analyse.

Die feingeweblichen Untersuchungen zeigen, dass der Einstich ungefähr zum Todeszeitpunkt vorgenommen worden sein muss. Der Ehemann vermutet, seine Frau habe sich – ohne sein Wissen – wegen eines Rückenleidens in Behandlung befunden und werde die Spritze wohl von einem Orthopäden bekommen haben. Die Kripo befragt alle Fachärzte im Umkreis, keiner kennt Frau N. Jetzt wird der Ehemann unter Mordverdacht festgenommen. Er bestreitet alle Vorwürfe.

Die Ermittler rekonstruieren den Fall. Nachträglich wird klar, wie unstimmig die gesamte Auffindesituation der Toten gewesen ist: Es wäre zwar möglich gewesen, dass sich Frau N. die abisolierten Kabelenden selbst um die Handgelenke schlang, aber wie sollte sie aus eigener Kraft wieder in die geordnete Rückenlage (mit den geballten Fäusten über der Brust) zurückgelangt sein, nachdem sie den Stecker in die Dose gesteckt hatte? Vom Netzstrom durchflossen, hätte sie die koordinierten Bewegungen, die dazu notwendig gewesen wären, wohl kaum ausführen können. Ein aufmerksamer Todesermittler hätte das auf den ersten Blick erkennen müssen.

Die Ergebnisse der chemisch-toxikologischen Untersuchung der Leiche beweisen, dass Frau N. getötet wurde. Ihr war eine Überdosis Anästhetikum in den Rücken injiziert worden, was zu Herz- und Atemlähmung geführt hatte.

Der Ehemann, übrigens Facharzt für Anästhesie, gibt nun zu, seiner Frau die tödliche Betäubung gespritzt und die Tote anschließend an den Stromkreis angeschlossen zu haben, um einen Selbstmord vorzutäuschen. Allerdings behauptet er, er habe dies auf Wunsch seiner lebensmüden Frau getan. Die Staatsanwaltschaft klagt Kabul N. wegen Mordes an. Das Schwurgericht verurteilt den Arzt am 17. Mai 1989 wegen Totschlags zu einer Freiheitsstrafe von neun Jahren.

DIE DEUTSCHEN Rechtsmediziner halten übersehene oder falsch gedeutete Tötungsdelikte inzwischen keineswegs mehr für Ausnahmefälle. Sie erkennen ein regelrechtes System im Versagen der polizeilichen Todesermittlung, werfen also nicht nur den Ärzten Inkompetenz im Umgang mit Leichen vor, sondern auch vielen Kriminalbeamten. Als Signal für diesen Missstand mag gelten, dass sich immer wieder Haus- und Notärzte bei den rechtsmedizinischen Instituten über die Polizei beklagen. Unverhohlene Ignoranz am Ereignisort ist noch die mildeste Beschwerde. Viele Doktoren fühlen sich außerdem von den Beamten unter massiven Druck gesetzt: Sie sollen wider besseres Wissen und gegen ihr Gewissen den „natürlichen Tod“ feststellen.

Widersetzen sich die Ärzte dieser Aufforderung, schlägt ihnen oft blanke Aggression bis hin zur Strafandrohung entgegen. Es ist kein Problem, Ärzte zu finden, die über einer Leiche schon in heftigen Streit mit dem Kriminalbeamten geraten sind. Man braucht nur ins nächste Krankenhaus zu gehen. Ich habe Ärzte aus verschiedenen Regionen Deutschlands gebeten, derartige Erfahrungen am Leichenfundort aufzuschreiben. Zwei Beispiele:

Bericht einer niedergelassenen Ärztin aus Erlangen, Bayern: An einem Dezembertag des Jahres 1992 wurde ich gegen 20 Uhr als im kassenärztlichen Notdienst tätige Ärztin zu Frau Z. in die Innenstadt Erlangens gerufen, Verdacht auf Exitus letalis. Als ich am genannten Ort eintraf, wurde mir von einer Frau mittleren Alters die Tür geöffnet. Ich wurde ohne Hast hereingebeten und in den ersten Stock geführt. Die Frau stellte sich als die Tochter der Patientin vor, sie lebe mit dieser zusammen in der Wohnung, die Mutter sei vor etwa acht Wochen an der Hüfte operiert worden und sei seit drei bis vier Wochen wieder zu Hause. Auf meine drängende Frage, was denn nun passiert sei, wurde mir geantwortet, sie, die Tochter, glaube, die Mutter sei tot, und ich könne sie ja mal anschauen. Mich begann zu diesem Zeitpunkt das Verhalten der Tochter zu erstaunen, sie wirkte überhaupt nicht aufgeregt, verstört oder bekümmert.

Als ich das angewiesene Zimmer betrat, fiel mir als Erstes ein in der Mitte des Raumes stehendes Krankenbett mit Bettgiebel auf, in dem eine kleine Gestalt leblos lag. Ich trat näher und erblickte eine Frau mit kaum ergrautem Haar zwischen siebzig und achtzig Jahren, die keinerlei Lebenszeichen von sich gab. Bei der Untersuchung konnte nur der Exitus festgestellt werden, der schon vor geraumer Zeit eingetreten sein musste. Äußere Verletzungen waren nicht zu erkennen.

Ich verließ das Krankenzimmer und traf in der Küche wieder auf die Tochter, die sich am Küchentisch niedergelassen hatte. Ich setzte mich dazu, um weitere Informationen und last not least die Personalien wegen der Ausstellung des Leichenscheins zu erfragen. Die Mutter sei eigentlich immer ziemlich gesund gewesen, sie habe an schwerwiegenden Krankheiten in letzter Zeit lediglich die Hüftoperation (mit Hüftgelenkersatz) hinter sich. Seit sie wieder zu Hause sei, sei täglich die Krankengymnastin gekommen, auch an diesem Tag – so um die Mittagszeit herum –, und habe mit der Mutter geübt. Nach dem Essen habe die Mutter dann nach ihrer Tochter zu schreien angefangen und habe mehrere Stunden lang weitergeschrien und geschimpft. Als sie, die Tochter, dann gegen 19.30 Uhr nach der Mutter gesehen habe, habe diese leblos auf dem Bett gelegen, woraufhin sie die Rettungsleitstelle verständigt habe. Auch jetzt wirkte die Tochter in keinster Weise bestürzt oder bekümmert. Die Frage, warum sie denn nicht nach der schimpfenden beziehungsweise schreienden Mutter gesehen habe, beantwortete sie nur mit einem Achselzucken.

Der Verdacht auf eine letal verlaufene Lungenembolie bei der Frau Z. lag nach dem Einsatz der Hüftprothese relativ nahe. Das könnte dann ein nicht natürlicher Tod gewesen sein. Deshalb und weil andere Vorerkrankungen nicht vorlagen, besonders aber weil mich das eigentümliche Verhalten der Tochter ziemlich beunruhigte, kreuzte ich im Leichenschein „Todesursache ungeklärt“ an.

Am folgenden Montag wurde ich früh von einem Herrn der Kripo Erlangen angerufen. Ich wurde in barschem Ton gefragt, ob ich denn einen begründeten Verdacht auf eine gewaltsame beziehungsweise nicht natürliche Todesursache der Frau Z. habe. Meiner etwas eingeschüchterten Antwort, dass ich keinen direkten Beweis dafür habe, dass aber die Todesursache unklar sei, wurde eindringlich entgegengehalten, ob ich denn wisse, welche Lawine ich mit so einem Leichenschein lostreten würde:

a) eine polizeiliche Untersuchung
b) eine Sektion und
c) nicht zuletzt die psychische Belastung der Angehörigen.

Ich wies auf das befremdende Verhalten der Tochter hin („Kein Beweis", schmetterte der Herr mir entgegen), auf die unklare Todesursache („Die Frau war doch schon alt", war das Gegenargument) und auf die unklaren Todesumstände („Nicht objektivierbar", bügelte er mich ab). Anschließend wurde ich streng befragt, ob ich bereit sei, den Leichenschein neu auszustellen und eine *natürliche Todesursache* zu bescheinigen. Meinen erneuten Einwänden wurde durch die Frage begegnet, ob ich es denn wirklich verantworten könne, die Tochter der Toten quasi des Mordes anzuklagen.

Als das alles über mich hereinbrach, war ich noch relativ unerfahren mit diesen Aspekten ärztlichen Handelns, und ich gab letztlich nach. Ich erklärte mich bereit, einen neuen Leichenschein auszustellen, welcher dann von dem Kripobeamten höchstpersönlich abgeholt wurde.

Erfahrungen eines Notarztes, der als Internist am Krankenhaus einer niedersächsischen Kleinstadt arbeitet: Die beiden Landkreise, in denen ich jetzt seit insgesamt sechs Jahren Notarztwagen fahre, sind in ihrer Struktur sehr unterschiedlich. Der eine Kreis liegt im ehemaligen Zonenrandgebiet, ein für Westdeutschland extrem dünn besiedeltes Gebiet, der andere in unmittelbarer Nachbarschaft zu einer norddeutschen Großstadt mit hoher Bevölkerungsdichte. In beiden Kreisen jedoch macht man dieselben Erfahrungen, wenn man als Arzt den nicht natürlichen Tod feststellt.

Meine Irritationen im Umgang mit der Polizei begannen gleich in den ersten Wochen meiner Tätigkeit als Notarzt. Wir (ein Rettungswagen und das Notarzteinsatzfahrzeug) waren in den frühen Morgenstunden zu einem alten Herrn gerufen worden. Die Meldung lautete: Person nach Treppensturz nicht ansprechbar. Bei unserer Ankunft fanden wir einen ca. achtzigjährigen toten Mann vor. Er lag in einem kühlen Kellerraum (bei 0 Grad Außentemperatur) und war gewiss deutlich länger tot, als wir zur Anfahrt gebraucht hatten. Die Angehörigen hatten ihn angeblich kurz vor unserer Benachrichtigung noch auf der Treppe gehört, als er dann aber nicht wieder heraufgekommen sei, hätten sie nach ihm geschaut. Wegen der Diskrepanz zwischen dieser Vorgeschichte und dem von mir vermuteten Todeszeitpunkt sowie unklaren Verletzungen am Vorder- und Hinterhaupt konnte ich auf keinen Fall den „natürlichen Tod" bescheinigen, sondern schaltete die Polizei ein.

Den Beamten der eintreffenden Schutzpolizei teilte ich meinen Verdacht mit, wies auf die Notwendigkeit einer Obduktion hin und hinterließ einen entsprechend ausgefüllten Totenschein für die Kripo. In der unmittelbaren Folgezeit hörte ich nichts mehr von diesem Fall. Nach einem zweiwöchigen Urlaub wurde ich dann in der Klinik von der Kriminalpolizei angerufen: Was ich mir eigentlich vorstellen würde? Wenn jeder der *Herren Doktoren* so einen Blödsinn verzapfte – die Kripo käme ja gar nicht mehr zu ihrer eigentlichen Arbeit. Man fordere mich hiermit auf, eine „Korrektur" des Totenscheins vorzunehmen. Dies lehnte ich ab.

Am Folgetag rief mich mein Chef zu sich und erkundigte sich nach dem Fall. Die Kriminalpolizei hatte sich an ihn gewandt und versucht, über meinen Vorgesetzten Druck auf mich auszuüben. Doch er bestärkte mich in meiner Haltung. Was mir bis dahin gar nicht bewusst war: Es waren mehr als drei Wochen vergangen, und die Obduktion hatte immer noch nicht stattgefunden. Dementsprechend war auch die Bestattung des Toten verzögert worden. Wie ich später erfuhr, fand die Obduktion des alten Mannes dann doch noch statt. Danach galt sein *gewaltsamer Tod durch Fremdeinwirkung* als erwiesen. Die nun einsetzende polizeiliche Untersuchung führte zur Verhaftung der mit im Haus wohnenden Angehörigen.

In einem anderen Fall wurde ich als Notarzt von der Polizei zu einer Leiche gerufen, die in einem Wasserkanal (Fleet) trieb. Als der Notarztwagen eintraf, waren die Bergungsarbeiten schon in vollem Gange. Da das Fleet teilweise vereist und der Tote mit seiner Kleidung an die Eismassen angefroren war, wurde das Eis aufgehackt. Mehrere Feuerwehrleute zogen den Leichnam mit Spieren und Haken aus dem Wasser. Erwartungsgemäß war der Körper steif wie ein Brett. Wegen umstehender Passanten wollte ich den Toten zur Leichenschau in das Rettungsfahrzeug tragen lassen. An dieser Stelle schaltete sich ein Beamter der Kripo ein: Es sei durchaus nicht notwendig, so viel Aufhebens um den ihm bekannten Toten zu machen. Ich solle meinen Schein ruhig ausfüllen, eine unnatürliche Todesursache sei nicht anzunehmen (!). Die paradoxe Begründung lautete, der Tote sei depressiv gewesen und werde bestimmt schon seit längerer Zeit vermisst. Auf meine Entgegnung, ich würde es vorziehen, den Toten ordnungsgemäß zu untersuchen, wurde ich gefragt, ob ich nichts Dringenderes zu tun hätte bei dieser Eiseskälte. Verärgert bestand ich darauf, den Toten zu untersuchen. Der Beamte reagierte cholerisch und schrie mich, den 15 Jahre Jüngeren, an, was mir einfalle. Ich entgegnete darauf, dass er sich nun den Amtsarzt für die Totenschau, oder besser: Nichtschau, besorgen könne, da ich unter solchen Bedingungen nicht weiter bereit sei, die Untersuchung vorzunehmen. An diesem Punkt wurden wir durch eine Anfrage aus der Rettungsleitstelle unterbrochen. Diese benötigte uns bei einem schweren Verkehrsunfall. Wir brachen unverzüglich auf, denn ein Notarzt muss Leichenschauen abbrechen, wenn er zum Einsatz an Verletzten gerufen wird.

Ich ärgerte mich derart über das Verhalten des Kripobeamten, dass ich mich bei seiner Dienststelle über sein Auftreten beschwerte. Sein Vorgesetzter erteilte mir den Rat, ich solle solche Sachen nicht überbewerten und ruhig einem erfahrenen Beamten glauben.

Es erstaunt mich heute auch nicht mehr, dass es im letzten Todesfall, den ich hier schildern möchte, keinerlei Untersuchungen und Konsequenzen gab.

Wir wurden alarmiert, weil eine alte Dame ein akutes Kreislaufproblem habe. Der Notarztwagen fuhr zu einer Trauergesellschaft. In einem Restaurant saßen die Damen und Herren versammelt an einer hufeisenförmigen Tafel. Am Ende des Tisches fanden wir unsere Patientin. Es handelte sich um eine 89 Jahre alte Frau, die vornübergesunken an der Tafel saß – das Gesicht in einem tiefen Suppenteller, der randvoll mit Suppe gefüllt war. Die alte Frau habe sich über den Todesfall ihrer besten Freundin zu sehr aufgeregt, sagte man uns. Während wir dies hörten, hoben wir den Kopf der Dame aus der Suppe, entfernten Speisereste aus Mund-, Nasen- und Rachenraum, legten die Bewusstlose auf den Fußboden und leiteten ein EKG ab. Es zeigte ein Herzkammerflimmern an, sodass ein elektrischer Stromstoß gegeben werden musste. Das Herz sprang wieder an, doch der Kreislauf baute sich nicht mehr auf. Obwohl von uns sofort eine Herzdruckmassage und eine künstliche Beatmung vorgenommen wurde, starb die Frau uns unter den Händen.

Wir hatten innerstädtisch sechs Minuten gebraucht, um zum Einsatzort zu gelangen. Nach Angaben von Trauergästen war die Frau sofort nach ihrem Kollaps in die Suppe gefallen, das heißt, sie hatte sich etwa acht bis zehn Minuten in dieser Position befunden. Das war wahrscheinlich die Todesursache gewesen, und die war sicher nicht natürlich. Ich vermerkte die besonderen Umstände dieser Reanimation, insbesondere, dass niemand es für nötig erachtet hatte, den Kopf der Frau aus dem Suppenteller zu bergen oder anderweitig erste Hilfe zu leisten. Im Gegenteil: Alle hatten ruhig am Tisch gesessen und ihre Suppe gelöffelt – während die alte Dame in ihrem Teller ertrank.

Ich stellte den „nicht natürlichen" Tod fest und zog die Kripo hinzu. Ich schilderte die Situation und fragte ganz konkret nach dem Umstand der unterlassenen Hilfeleistung. Der Beamte äußerte sich zur Sache nicht, nahm alles zu Protokoll. Bei einer späteren Nachfrage sagte man mir, dass die Verstorbene nachträglich – ganz unbürokratisch – den natürlichen Tod bescheinigt bekommen hatte, und die Trauergäste waren von jeder Verantwortung für ihren Tod freigesprochen worden. Nicht mit Worten, sondern – viel gewichtiger – durch das Vorgehen.

In Zeiten ständiger Kürzungen bei Polizei, Staatsanwaltschaft und Gerichtsmedizin liegt es nahe, dass in steigendem Umfang der nicht natürliche Tod als solcher nicht mehr erkannt wird. Man erkennt nur, was man sieht. Je jünger man im Arztberuf ist, umso größer ist die Angst, Fehler zu machen. Je unsicherer man wirkt, desto ungehemmter und frecher die Einflussnahme durch die Polizei. Und ich fürchte auch: desto erfolgreicher. An dieser Stelle will ich allen Kollegen, denen es ähnlich geht, einen Satz meines allerersten Chefarztes ans Herz legen: „Sie werden oft allein stehen, und andere wollen Sie hinters Licht führen."

UNGEKLÄRTE Todesfälle sind bei Kriminalbeamten höchst unbeliebt, denn sie ziehen einen Rattenschwanz von Ermittlungen nach sich. Sie sind für jeden Polizisten ein ärgerliches und Zeit raubendes Geschäft, bei dem oft genug nichts rauskommt. Nicht immer, weil nichts dahinter steckt: Was sich in Kliniken oder im Dunstkreis einer Familie abspielt, kann die Polizei kaum in Erfahrung bringen. Wenn das traute Heim oder eine ganze Gemeinde zusammenhält und schweigt, wenn die soziale Kontrolle versagt, weil der Tote komplett vereinsamt oder in die Anonymität untergetaucht war, wenn Personen selbst Mordgeständnisse nicht an die Polizei melden, weil nicht sein kann, was nicht sein darf, dann hat der Ermittler einen wenig beneidenswerten Stand.

Der Kriminalbeamte muss nicht nur am Ereignisort jedes Detail registrieren und die Leiche abtransportieren lassen, er muss anschließend Zeugen befragen, ins soziale Umfeld des Toten hineinleuchten, dessen Krankengeschichte abklopfen, nach Motiven für eine Straftat forschen, die gesammelten Erkenntnisse in einer Akte zusammenfassen und diese dann an die Staatsanwaltschaft schicken.

Um die Mühsal abzukürzen, halten sich Ermittler deshalb gern an die Faustregel: Sind die Fenster am Leichenfundort geschlossen, ist die Tür von innen verriegelt, ist der Verblichene nicht mehr jung und zudem auf den ersten Blick keine Gewalteinwirkung erkennbar, lässt man die Sache auf sich beruhen. Auch aus Kostengründen. Denn einem einzigen unklaren Todesfall auch nur oberflächlich nachzugehen nimmt – im Durchschnitt – einen Kripobeamten bis zu vier Stunden lang in Anspruch.

Um die Vielzahl ins Harmlose mündender Recherchen von den Mordkommissionen fern zu halten, haben einige Großstädte wie Hamburg, Berlin oder München spezielle Dienststellen eingerichtet, die sich *ausschließlich mit dem ungeklärten Tod* befassen. In München beispielsweise nimmt das Kommissariat 112 diese Filterfunktion wahr. Wird vom Arzt ein ungeklärter oder nicht natürlicher Tod bescheinigt oder regt sich im Umfeld einer – auf den ersten Blick – natürlich verstorbenen Person ein Mordverdacht, treten die 16 Kriminalbeamten des K 112 auf den Plan. Sie sind erfahrene Kommissare mit dem Auge für Ungereimtheiten am Leichenfundort und der Nase fürs Verbrechen. Sie gehen den geringsten Hinweisen von Zeugen nach und veranlassen in 40 Prozent der Fälle eine Autopsie. Auch deshalb ist die Obduktionsrate am Rechtsmedizinischen Institut München mit fast 2000 Sektionen im Jahr außergewöhnlich hoch.

Problematischer wird es in den Städten abends, nachts und an den Wochenenden. Außerhalb der Hauptgeschäftszeiten sind Notmannschaften aus Allround-Kriminalbeamten der verschiedensten Dezernate (Rauschgift, Sitte, Betrug etc.) im Einsatz, die oft über zu wenig Kenntnis und Erfahrung verfügen, um eine Leichensachbearbeitung kompetent durchzuführen. Doch Mörder und Selbstmörder nehmen auf die Dienstpläne leider keine Rücksicht. So kommt es, dass ausgerechnet in den Krisenzeiten, wenn die tödlichen Konflikte hinter der Wohnungstür ausbrechen und die Depressiven sich gehäuft zum letzten Schritt entschließen, überdurchschnittlich viele Todesermittler zweiter Klasse anrücken.

Ganz besonders fehlerträchtig geht es auf dem Land zu. Gerade an Wochenenden ist die Polizei in ländlichen Gebieten stark ausgedünnt. Einige Kripo-Dienststellen haben einen so weitflächigen Einsatzbereich abzudecken, dass sie bei einem ominösen Leichenfund stundenlange Anfahrtszeiten benötigen. Am Wochenende, klagen Notärzte, seien die „Kriminaler" auf dem Land deshalb besonders schwer in Gang zu bringen. Mediziner kommen zu dem beklemmenden Schluss: „Zwischen Freitagabend und Sonntagabend darf gemordet werden, was das Zeug hält." Ein Scherz – doch mit einem wahren Kern.

Was die „Leichensache" außerhalb der Städte überdies erschwert, ist die Tatsache, dass in den ländlichen Kommissariaten Todesermittlungsspezialisten die Ausnahme sind. Hier bearbeitet ein Wald-und-Wiesen-Kriminalist alle Delikte, vom Fahrraddiebstahl bis zum Mord. Dementsprechend dilettantisch laufen viele dieser Ermittlungen ab.

WANN der Staatsanwalt tätig werden und ein Ermittlungsverfahren einleiten muss, ist gesetzlich in Paragraph 159 der Strafprozessordnung (StPO) geregelt: dann nämlich, wenn „Anhaltspunkte" für einen nicht natürlichen Tod bestehen. Diese Definition lässt dem Staatsanwalt enormen Spielraum. Denn was ist ein „Anhaltspunkt"? Die Schlinge um den Hals? Die Kugel im Kopf? Die aufgebrochene und durchwühlte Wohnung? Nicht nur. Auch das Kreuz des Leichenschauers bei „Todesart ungeklärt" ist bereits ein solcher Anhaltspunkt, möchte man meinen. Selbst wenn der Arzt vielleicht aus Ahnungslosigkeit und Überforderung handelte. Viele Dinge lassen sich dann schnell klären, manchmal durch polizeiliche Vorrecherchen – am sichersten durch eine Obduktion.

Und hier liegt ein Dissens zwischen Rechtsmedizin und Staatsanwaltschaft vor, ein Dissens mit langer Tradition. In der Rechtsmedizin laufen reichlich Fälle ein, die äußerlich keine Spuren von Gewalt erkennen lassen. Die Staatsanwälte verschanzen sich häufig hinter einer unerträglich *altmodischen* Auslegung der Paragraphen („Es ist doch von Fremdverschulden nichts zu sehen"), die von den modernen Methoden, latente Gewalt nachzuweisen, längst überholt ist. Der Paragraph 159 setzt jedoch ein Fremdverschulden nicht voraus, ja der Anhaltspunkt für den nicht natürlichen Tod muss nicht einmal *zureichend* sein. Der Paragraph 159 regelt sozusagen die Vorermittlung. *Er manifestiert den selbstverständlichen Anspruch eines jeden Menschen auf einen natürlichen Tod.* Um diesen Paragraphen geltend zu machen, genügen vage Vermutungen, beunruhigende Rückschlüsse. Das jugendliche Alter eines Toten, ein dubioses Gefühl, das den Arzt am Leichenfundort befällt: Das sind die Anhaltspunkte, auf die sich der Paragraph 159 stützt.

Hundertfünfzig so genannte Ablebensverfahren gehen im Monat beispielsweise über den Schreibtisch eines Staatsanwalts für Kapitaldelikte in München, etwa sieben pro Arbeitstag. Es sind sechs bis zehn Seiten starke Akten, die von der Polizei oft innerhalb von 24 Stunden angefertigt wurden. Darin werden der Todesfall und der Erkenntnisstand der Kripo dargestellt. Nun muss der Staatsanwalt nach bestem Wissen und Gewissen entscheiden, ob eine Sektion angeordnet wird oder ob man es bei den polizeilichen Vorermittlungen belassen kann. Und genau in dieser Grauzone des Entweder-oder toben die Scharmützel zwischen Staatsanwaltschaft und Rechtsmedizin.

Wie weit sich der Paragraph 159 der Strafprozessordnung dehnen lässt, ist leicht an den immensen Schwankungen der Obduktionsfrequenz zu erkennen.

In der Rechtsmedizin Düsseldorf zum Beispiel wurden 1999 ziemlich genau 500 Obduktionen gerichtlich angeordnet. In der Rechtsmedizin Köln waren es (trotz des weit größeren Zuständigkeitsbereichs der Staatsanwaltschaft) gerade 120. In Düsseldorf wird jeder Säuglingstod, jede Brandleiche, jeder Arbeitsunfall, jeder Drogentod seziert. In Köln nicht einmal jedes tote Baby. In einer Untersuchung über die Sektionsgepflogenheiten der deutschen Staatsanwaltschaften für die Jahre 1980, 1981 und 1982 stellen Mediziner „beachtliche Unterschiede" fest (die unverändert gültig sind): Im Raum München wurde in fast 5 Prozent aller Todesfälle eine gerichtliche Sektion angeordnet, in Berlin (damals nur West) waren es immerhin gut 3 Prozent. In Gießen dagegen wurde gerade ein halbes Prozent der Verstorbenen gerichtlich seziert, in Stuttgart nur 0,3 Prozent.

Bezogen auf hundert „Polizeileichen", entscheidet sich der Staatsanwalt in München demnach in jedem zweiten, der in Stuttgart nur in jedem 30. Fall für eine Obduktion. Der Stuttgarter Staatsanwalt sortiert also – nach Aktenlage oder am Telefon – 29 Fälle aus, bevor er sich zu einer Sektion entschließt. Nimmt man einmal an, dass von hundert Polizeileichen nicht alle gleichermaßen verdächtig wirken, sondern dass es hoch verdächtige und weniger verdächtige gibt, dann widerspricht die Quote von drei zu hundert jeder Wahrscheinlichkeit, damit alle Tötungen ausgefiltert zu haben.

Der Paragraph 159 StPO bietet also weiten Raum für Ermessen und Gewissen. Kommt ein Staatsanwalt seinen Pflichten nicht nach, hat er nicht viel zu befürchten. Der Bürger kann sich zwar beim Leitenden Oberstaatsanwalt, ja sogar beim Generalstaatsanwalt über die mangelhafte Arbeitsmoral eines staatlichen Ermittlers beklagen, doch sollte er sich davon nicht allzu viel versprechen. Jeder Staatsanwalt hat das Recht, sich zu irren oder eine Sache falsch einzuschätzen – darauf wird es im Zweifelsfall hinauslaufen. Verfahren gegen faule oder nachlässige Staatsanwälte kommen so gut wie nie vor. Die einzige manchmal tatsächlich funktionierende Beschwerdestelle für den frustrierten Bürger ist die Presse oder das Fernsehen.

Überzeugende Erklärungen dafür, warum der eine Staatsanwalt gewisse Hinweise für nicht zureichend hält und der nächste, fünfzig Kilometer weiter, dagegen sehr wohl, bekommt man bei Recherchen in den Staatsanwaltschaften nicht. Doch hat die Vorgehensweise sicher mit alten Traditionen in den Justizbehörden zu tun – es gibt Staatsanwaltschaften, die von jeher Obduktionen ablehnten – und noch viel mehr mit Geld (siehe Kapitel 4). Sie hängt aber auch vom Pflichtbewusstsein jedes einzelnen ermittelnden Kripobeamten ab. Drängt der Polizist in einer Todesermittlung auf die Obduktion oder äußert er seinen persönlichen Verdacht auf Fremdverschulden, wird sich der Staatsanwalt den Argumenten nicht verschließen und der Sache auf den Grund gehen. Wiegelt der Kommissar hingegen ab, wird auch der Staatsanwalt – zumal der unerfahrene – nach Lektüre der Akte den Verstorbenen ruhigen Gewissens zur Bestattung freigeben, auch ohne die Todesursache zu kennen.

Kurzum, der Staatsanwalt, gesetzlich verantwortlich und Herr des Verfahrens, ist in der Ermittlungsrealität völlig abhängig von seinem Hilfsorgan Polizei und damit von der Wahrnehmung des Todesermittlers vor Ort. Was der nicht sieht oder nicht sehen will, wird der Staatsanwalt nie erfahren. Deshalb wird die Staatsanwaltschaft von Fachleuten „Kopf ohne Hände“ genannt: Sie muss allein aufgrund der Aktenlage oder mündlich übermittelter Angaben über das Vorgehen entscheiden.

Als *Definitionsmacht der Polizei* bezeichnen Kriminologen diesen Einfluss, und sie haben immer wieder erforscht, wie leicht es Kripobeamten gelingt, über ihre Durchgangszuständigkeit in Kriminalfällen hinauszuwachsen und die Staatsanwaltschaft regelrecht zu manipulieren. Die Kriminologen Jürgen Stock und Arthur Kreuzer befinden in ihrem 1996 erschienenen Buch über polizeiliche Rechtsanwendung, dass von einer staatsanwaltschaftlichen Leitung des Verfahrens keine Rede sein könne: „Der Staatsanwalt stellt sich vielmehr als Instanz dar, welche polizeilich ‚durchermittelte‘ Vorgänge bürokratisch nacharbeitet, rechtlich prüft und dann entscheidet. Die dem Gesetzgeber vorschwebende Idealvorstellung eines Staatsanwalts, der kriminalistisch wie rechtlich ausgerichtete, individualisierte Strafverfolgung betreibt, erweist sich angesichts zu bewältigender Massenkriminalität als unrealistisch.“

Kriminalisten wissen: Mit der richtigen Formulierung erwirken sie für fast jede Leiche die Freigabe. „Herr Staatsanwalt, wir haben wieder einen Hängemann“, heißt es dann, was klar Suizid durch Erhängen suggerieren soll. Oder das Ergebnis der Ermittlung wird vom Polizisten gleich mündlich vorweggenommen: „Wir haben hier einen Badewannensuizid.“ Und wer sich bei der Polizei in den Augen der Kollegen übereifrig gibt und allerlei Verdachtsmomente aufspürt, muss mit Gegenwind rechnen. Solche „Streber“ sind in der Regel nicht allzu beliebt in ihrem Dezernat, und sollten sie einmal zu Unrecht einen Verdachtsfall melden, bekommen sie von der Staatsanwaltschaft einen Dämpfer verpasst. Nach drei, vier Zurechtweisungen ist so ein „Überengagierter“ von seinem Enthusiasmus geheilt.

Der ehemalige Leitende Oberstaatsanwalt von Wuppertal, Friedhelm Gabriel, hat in der eigenen Behörde erlebt, dass manche Kripobeamte – wenn sie sich von einer „Leichensache“ überfordert oder belästigt fühlen – wirksame Methoden entwickeln, um sie abzuwimmeln und Arbeit zu vermeiden. Ihnen werde mit der Zeit klar: Je schlüssiger sie einen Vorgang, in der Akte oder am Telefon, formulieren, desto beruhigter zeige sich der Staatsanwalt, für den die Schilderung bestimmt sei. Also nähmen Polizisten endlose Telefonate ins soziale Umfeld des Toten vor – nur um die Bestätigung zu erzwingen, dass wieder einmal ein natürliches Ableben oder ein Suizid vorliege.

„Nach unseren Erfahrungen nehmen diese Ermittlungen mindestens ebenso viel Arbeitskapazität in Anspruch wie eine Leichenöffnung, ohne indessen den gleichen Sicherheitsstandard zu erreichen“, stellt Gabriel fest. „Bedauerlicherweise sind solche Ermittlungen geeignet, den Staatsanwalt zur Erteilung der Beerdigungserlaubnis zu veranlassen, weil die in sich schlüssigen Aktenvorgänge selten Anlass geben, der polizeilichen Anregung nicht zu folgen.“ Der subjektive Sachbeweis gilt also letztlich mehr als der objektive.

Für etliche engagierte Staatsanwälte ist die Obduktion das wirksamste Instrument der Wahrheitsfindung. Eine Autopsie erspart aufwändige Nachforschungen und vertreibt das mulmige Gefühl, das bei manchen Ermittlungsverfahren auch nach der Einstellung hartnäckig zurückbleibt.

Doch je weiter ein Leichenfundort vom nächsten rechtsmedizinischen Institut entfernt liegt, desto eher wird auf eine Autopsie verzichtet und das mulmige Gefühl in Kauf genommen. Das ist eine alte Erfahrung in der Todesermittlung und auch bei Rechtsmedizinern: Im Institut Münster zum Beispiel stellte man 1995 fest, dass die Sektionsrate der „Polizeileichen“ in der Stadt Münster selbst bei 10 Prozent liegt, im Kreis Steinfurt dagegen – der Anfahrtsweg beträgt etwa dreißig Kilometer – nur noch bei 2 Prozent.

Dieser Missstand hat mehrere Ursachen. Zum einen besteht zwischen den Rechtsmedizinern und den an der Peripherie ihres Zuständigkeitsbereichs arbeitenden Polizisten keine persönliche Verbindung mehr, sodass die Kripoleute sich scheuen, in Zweifelsfällen das Institut einzuschalten. Ein anderer Grund ist das Geld: Die Beamten wollen die Kosten für den Leichentransport (bis zu 500 Mark) vermeiden. Obendrein ist eine Obduktion auch zeitintensiv, denn die zuständigen

Kriminalisten und/oder Staatsanwälte *sollten* ihr beiwohnen, was eine Dienstreise in die nächste Großstadt, zwei Stunden im Sektionssaal der Rechtsmedizin und die Rückfahrt nach Hause bedeutet. In der Regel kostet ihn das einen ganzen Arbeitstag. Dazu gesellt sich der Ekel: Niemand geht gern zur Obduktion. Aus diesem Konglomerat banaler Faktoren setzt sich das Motiv zusammen, das Kriminalkommissare dazu bewegt, lieber stundenlang am Telefon zu sitzen und im persönlichen Umfeld des Toten zu stochern, als für eine Leichenöffnung zu plädieren – obwohl diese ihrer Ermittlung die bestmögliche Klärung brächte.

Wird die staatliche Ermittlungsmaschinerie dann tatsächlich einmal angeworfen, arbeitet sie in der Regel präzise, mit hohem Aufwand und großem Erfolg. Aber wann kommt es schon dazu? Hundertköpfige Sonderkommissionen ermitteln wochenlang in spektakulären Mordfällen. Für die Ergreifung des Mörders der elfjährigen Christina Nytsch aus dem Raum Cloppenburg mussten 19000 Männer 1998 zum Speicheltest antreten. 600000 Mark ließ sich der Staat allein die DNA-Analyse der Spuckeproben kosten. Wenn der Druck in der Öffentlichkeit groß genug ist, spielen Millionen keine Rolle – und das ist gut so. Doch dieselben Staatsanwälte, die bei herausragenden Mordfällen ein gigantisches Massenscreening veranstalten, lassen andere Leichen unter den Tisch fallen. Hier drängt sich die Frage nach der Verhältnismäßigkeit auf.

In diesem Kapitel sind Motivations- und Informationslücken im System der staatlichen Todesermittlung zutage getreten, und die Beamten in den Kommissariaten und Staatsanwaltschaften sehen sich mit ernsten Vorwürfen konfrontiert. Nur diese Seite zu zeigen wäre nicht gerecht: Es sind keineswegs immer Desinteresse und Bequemlichkeit, die Kripobeamte von der Ermittlung abhalten. Die Polizei ist in vielen Regionen überanstrengt, die langen Überstundenlisten der Kriminalisten zeugen davon. In fast allen Bundesländern muss sie Stellen einsparen. Die Polizei ist mit einem Haufen Problemen allein gelassen und oft der Büttel für alles, was in Deutschland sozial nicht funktioniert.

Gerade die Arbeit in der Todesermittlung ist ein knochenharter und düsterer Dienst, und es ist umso anerkennenswerter, wie viele Kripobeamten ihn dennoch mit Akribie und Leidenschaft verrichten. Die schrecklichen Bilder aus dem Alltag drängen sich in ihre Träume, sie haben schreckliche Gerüche in der Nase und entsetzliche Geräusche im Ohr und gehen ihrer Arbeit dennoch unverdrossen nach. Viele haben ihren Beruf aus dem Bedürfnis heraus ergriffen, für Gerechtigkeit zu sorgen und anderen zu helfen. Es gibt nach wie vor gut funktionierende Todesermittlungen – vor allem in Großstädten. Und es gibt bei der deutschen Kriminalpolizei sehr wohl ein ausgeprägtes Bewusstsein dafür, dass – besonders beim ersten Zugriff auf den Leichenfundort – vieles im Argen liegt.

Stellvertretend schildert Kriminaldirektor Rolf Jaeger, Chef der Polizeiabteilung Siegen und Vorstandsmitglied im Bund Deutscher Kriminalbeamter, seine Ansichten zur Lage der Todesermittlung in Deutschland:

„Ich sehe schwarz für die deutsche Kriminalpolizei. Sie ist in den letzten Jahren politisch in die Defensive geraten und verliert dadurch dramatisch an Qualität. Bald wird das auch der Bürger zu spüren bekommen.

Durch die Neuorganisation der Polizei wurden in den meisten Bundesländern Kriminalpolizei und Schutzpolizei angeglichen, was zu Entprofessionalisierung und Demotivierung unserer Kollegen führt. Den klassischen Kommissar der Todesermittlung wird es bald nicht mehr geben, er ist vom Aussterben bedroht. Früher wurde er speziell für seine Funktionen in der Kripo ausgebildet. Heute wird er zum Universaldilettanten gemacht.

Das hat zwei Gründe.

Erstens: Fast alle Polizisten (außer den Berlinern) werden seit einigen Jahren gemeinsam und inhaltsgleich ausgebildet. Das heißt: Im Stundenplan dominieren jetzt die Studieninhalte der zahlenmäßig weit überlegenen Schutzpolizei (zum Beispiel Verhalten bei Großkundgebungen oder Geiselnahmen, Einsatzlehre oder Verkehrsrecht). Spezielle Aufgaben der zahlenmäßig kleinen Kriminalpolizei dagegen fallen unter den Tisch. Für das Thema ‚Bearbeitung von Tötungsdelikten' sind in einem dreijährigen Studium an der Polizeifachhochschule in Nordrhein-Westfalen gerade sechs Stunden geblieben, plus vierzehn Stunden Gerichtsmedizin.

Die Folgen machen sich jetzt schon im Alltag bemerkbar. Der junge Kripobeamte kennt viele der verdachtsbegründenden Momente nicht mehr, er unterliegt Wahrnehmungsfehlern am Tatort. In seinem Bericht wagt er Zweifel womöglich nicht zu formulieren und wird stattdessen einen problematischen Bericht mit vielen nicht formulierten Fragen abgeben, die sich dann auch der Staatsanwalt nicht stellt. Der Staatsanwalt wird keine Obduktion anordnen, sondern den Toten zur Beerdigung freigeben.

Was junge Todesermittler heute lernen, erfahren sie nur noch von älteren Kollegen aus Mythen und Mordgeschichten – persönlichen Erfahrungen, die mündlich von Generation zu Generation weitergegeben werden. Die Ausbildung eines Kriminalbeamten ist in Deutschland Glückssache geworden. Junge Beamte ‚lernen', indem sie die Sachbearbeiter ein paarmal zu Leichenfundorten begleiten. Wegen solcher Missstände brachte der Bund der Deutschen Kriminalbeamten (BDK) das kleine Büchlein ‚Pockettips Todesermittlungen' heraus, das jeder unerfahrenere Kollege an Leichenfundorten als ‚Hilfe zur Selbsthilfe' aufschlagen kann.

Auch die Täter muss man durchschauen können. Man muss wissen, bei welcher Verhaltensweise man argwöhnisch werden sollte. Ist er nervös? Ist er ganz ruhig? Widerspricht er sich bei Fangfragen? Dazu muss man natürlich Fangfragen stellen können. Das ist eine Kunst. Die Auseinandersetzung mit dem Tatverdächtigen, dieses ‚Spiel' mit Gut und Böse ist es, was unseren Beruf so spannend macht. Aber der Ermittler muss sich auf psychologische Gesprächsführung einlassen können. Dazu gehören ein gutes Erinnerungsvermögen, Merkfähigkeit, Kombinationsgabe, logisches Denkvermögen, gute Nerven, Intelligenz und eine Menge Ahnung von Vernehmungspsychologie.

Gerade in der Todesermittlung ist so ziemlich das Intelligenteste und Routinierteste gefragt, was der Arbeitsmarkt zu bieten hat. Der Mörder weiß, dass ihn lebenslange Freiheitsstrafe erwartet. Er kämpft mit allen Mitteln. Deshalb muss der Todesermittler ein Meister im kriminalistischen Denken sein. Doch leider interessieren sich helle, engagierte Köpfe immer weniger für die Kripo, denn die Ausbildung ist – bei gestiegenen Anforderungen – miserabel, die Selbstbestimmung wird zusammengestutzt, und die Aufstiegschancen stehen schlecht. Welcher ehrgeizige und kluge junge Mensch nimmt das in Kauf? Hier werden gute Leute regelrecht in die Flucht geschlagen.

Zweitens: Wer Karriere machen möchte, muss neuerdings die so genannte Verwendungsbreite nachweisen. Das heißt, zukünftige Führungskräfte und Beamte, die hohe Ämter anstreben, sollten in möglichst vielen Dezernaten Dienst getan haben. Wer weiterkommen will, sollte nach drei bis fünf Jahren wechseln. Es gibt Dienststellen, da ist der erfahrenste Kripo-Sachbearbeiter gerade drei Jahre da. Das ist nicht nur für Mordkommissionen eine Katastrophe. Qualität hängt gerade in der Todesermittlung entscheidend von der Erfahrung ab. Um die Fallen eines Tatorts zu erkennen, muss man viele Jahre auf diesem Gebiet gearbeitet haben. Die Welt wird immer komplizierter und spezialisierter. Wir dagegen machen es uns einfach und bilden Generalisten aus. Kein

Wirtschaftsunternehmen könnte sich erlauben, was sich der Staat mit seiner Polizei erlaubt. Und mit dieser Polizei ist auch kein ‚Staat' mehr zu machen.

Es wäre ein Leichtes, die Fehlerquote bei der Todesermittlung zu minimieren, indem man unsere jungen Kollegen ordentlich schult und den Beruf des Kriminalisten auch langfristig attraktiv macht, doch das ist politisch nicht gewollt. Todesermittlungen verursachen nur Kosten, besonders die langwierigen. Tote interessieren keinen Politiker, sie haben keine Lobby. Die Innenminister freuen sich über die fünfundneunzigprozentige Aufklärungsrate bei Tötungsdelikten. Wie groß das Dunkelfeld ist, scheint egal. Viele Mordfälle und andere Tötungsdelikte werden so leider unentdeckt bleiben (auch wenn ich bei aller Selbstkritik hier doch noch einmal feststellen will, dass die allermeisten Tötungen deshalb durchrutschen, weil die Ärzte am Leichenfundort den natürlichen Tod bescheinigen und die Kriminalpolizei erst gar nicht gerufen wird).

Es ist traurig, aber wir Kriminalisten zehren immer mehr vom verblassenden Ruhm vieler berühmter Vorgänger, oft legendärer Todesermittler. Die Bevölkerung und auch die Täter glauben zwar immer noch, dass sie es mit Profis zu tun haben. Aber Profis werden selten. Großartige Todesermittler wird dieses System kaum mehr hervorbringen."

DER ANSTREICHER

Ein Fall aus Regensburg, der zeigt,
wie oberflächlich Todesermittler oft arbeiten

Es war am Nachmittag des 11. Januar 1992, als die Sorge in Helmut Thoss übermächtig wurde. Mit einem Universalschlüssel drang er in die Wohnung seiner Mutter ein. Heute war Sonntag, und er hatte sie schon seit dem Donnerstag nicht mehr gesehen, obwohl sie im selben Haus lebten. In den vergangenen Tagen hatte sie weder auf sein Klopfen geöffnet noch das Telefon abgenommen.

Kunigunda Thoss lag in der Küche unter einer Zeitung. Es sah aus, als hätte sie beim Lesen der Schlag getroffen. Sie war 84 Jahre alt geworden. Der Notarzt stellte fest, dass sie schon seit mindestens 24 Stunden tot sein musste. Bei der Todesart kreuzte er „natürlich" an, Todesursache: Herzversagen.

Die ganze Nacht grübelte Helmut Thoss über den Tod seiner Mutter nach. Jetzt fiel ihm ein, dass am Vortag ein ehemaliger Mieter in ihrem mehrstöckigen Wohnhaus in Regensburg gesehen worden war: Horst D., ein arbeitsloser Anstreicher in den Fünfzigern, der die Mutter dauernd um Geld angebettelt hatte. Und nun hatte sie plötzlich tot dagelegen. Merkwürdig.

Am nächsten Morgen teilte Thoss der Polizei seinen Verdacht mit, worauf der Staatsanwalt die Leiche der Kunigunda Thoss beschlagnahmte. Doch zwei Tage später wurde die Tote zur Bestattung freigegeben. Obwohl keine Obduktion durchgeführt worden war, versicherte der Herr von der Kripo dem besorgten Sohn, seine Mutter sei zweifelsfrei eines natürlichen Todes gestorben.

Froh, dass nun anscheinend alles in Ordnung war, begrub Helmut Thoss seine Mutter Kunigunda ruhigen Herzens. Obendrein fand er in seinem Briefkasten eine Kondolenzkarte, auf der der verdächtige Exmieter Horst D. dem Sohn sein „herzliches Beileid" aussprach.

Gut anderthalb Jahre später, am 9. September 1993, brachen Polizei, Notarzt und Feuerwehr eine Wohnungstür im Regensburger Kirschgässchen auf. Dahinter wurde die 85-jährige Mathilde S. tot aufgefunden. Sie war offenbar einem Sexualverbrecher zum Opfer gefallen. In Verdacht geriet ein Mann, der im Stockwerk über Frau S. wohnte, der gelernte Maler Horst D. Seltsam, dachte Helmut Thoss, als er davon erfuhr. Wo der wohnt, sterben d'Leut.

D. kam – wegen des Todesfalls S. – zweimal in Untersuchungshaft, doch die Beweise reichten nie aus. Allerdings wanderten seine Fingerabdrücke routinegemäß in den Zentralcomputer des Bundeskriminalamtes und wurden dort mit anderen gespeicherten Fingerabdrücken verglichen. Jetzt wurde die Kripo fündig. Die Fingerabdrücke des Horst D. waren identisch mit jenen, die 18 Jahre zuvor auf einem Glas in der Wohnung einer ermordeten Münchner Prostituierten sichergestellt worden waren. D. wurde ein drittes Mal festgenommen.

Im Juni 1994 gestand der Anstreicher den Raubmord an Mathilde S., den er als Sexualdelikt kaschiert hatte. Und obendrein sechs weitere Morde an älteren Damen, deren Leichen Horst D. so raffiniert drapiert hatte, dass keinem Arzt, keinem Polizisten auch nur der geringste Verdacht gekommen war, sie könnten ein gewaltsames Ende gefunden haben. Eines der drei unerkannten Opfer hieß Kunigunda Thoss. Nun wurde ihre Leiche exhumiert und doch noch obduziert. Ihr Zungenbein und ihr Kehlkopf waren gebrochen – Zeichen für den Tod durch Erwürgen.

Nach der Trennung von seiner Ehefrau hatte sich Horst D. 1984 im Regensburger Mehrfamilienhaus der Frau Thoss eingemietet. Kunigunda

Thoss war eine gutmütige, ein bisschen neugierige alte Dame, die ihre Mieter wie ihre Kinder behandelte. Wer die Miete nicht zahlen konnte, durfte trotzdem bleiben, bis der Engpass überwunden war. Horst D. hatte, um seine dauernden Mietrückstände zu begleichen, schließlich allerhand Arbeiten im Haus übernommen. Dennoch zog er seiner Vermieterin durch Bitten und plumpe Schmeicheleien regelmäßig Geld aus der Tasche. Im Laufe der Jahre häufte sich so ein beachtlicher Schuldenberg an.

Nach dem Umzug des Mieters D. ins Kirschgässchen begann Kunigunda Thoss auf die Rückzahlung der Schulden zu pochen. Um Gläubigerin und Schulden auf einen Schlag loszuwerden, besuchte D. Frau Thoss am 10. Januar 1992 in ihrer Wohnung im zweiten Stock ihres Mietshauses.

Sie ließ ihn – im Glauben, er wolle jetzt das Geld zurückbringen – arglos ein. Als sie ihm den Rücken zuwandte, legte er ihr den Arm zum Würgegriff um den Hals und schnürte ihr minutenlang die Luft ab, bis der Tod eintrat. Dann durchsuchte er rasch die Wohnung. Bevor er entkam, drückte er der Ermordeten noch die Zeitung in die Hand, um einen natürlichen Tod vorzutäuschen. Die List gelang.

Auch die vorangegangene Tötung der 70-jährigen Maria Bergmann, die allein in einer Fünfzimmerwohnung neben dem Regensburger Dom lebte, hatte er perfekt inszeniert. Irgendwann im Oktober 1984 hatte sie Horst D. zufällig in der Stadt getroffen und ihn gebeten, für sie Bad und Toilette zu weißeln. D. war zwar arbeitslos, aber er hatte einen guten Ruf als Maler und Tapezierer. So kam er immer wieder an private Schwarzarbeit.

Am 26. Oktober 1984 tauchte D. gegen Abend bei Frau Bergmann auf und gab vor, er wolle sich schon mal mit den Örtlichkeiten vertraut machen. Nach ein paar Minuten offenbarte er den wahren Grund seines Besuchs: Ob sie ihm nicht hundert Mark borgen könne? Frau Bergmann lehnte ab. Das war ihr Todesurteil. „Geld bedeutete ihm in gewissen Situationen offenbar weitaus mehr, als vordergründig anzunehmen [war]. Vielleicht wären einige von D.s Opfern am Leben geblieben, hätten sie ihm zwanzig Mark in die Hand gedrückt", vermutete Gisela Friedrichsen, die für den *Spiegel* Jahre später den Prozess gegen D. beobachtete. „Vielleicht hätte er sich dann nicht zurückgewiesen und enttäuscht gefühlt."

Als D. Frau Bergmann angriff, war sie völlig überrumpelt. Er legte ihr die Hand auf den Mund und hielt ihr die Nase zu, dann drückte er ihr ein Sofakissen aufs Gesicht, bis sie erstickte.

Nun, da die Frau tot war, zerrte D. ihren Leichnam ins Schlafzimmer und zog ihn bis auf Strumpfhose und Unterwäsche aus. Dann legte er den leblosen Körper ins Bett, zog die Decke bis zur Brust hoch und faltete der Toten die Hände auf dem Bauch. Zum Abschied drückte er ihr die Augen zu. Nachdem er noch dezent die Wohnung durchsucht und drei Heiligenfiguren entwendet hatte, verließ er unerkannt das Haus.

Schon am nächsten Tag rief der Bruder der Ermordeten die Polizei; er machte sich Sorgen, weil seine Schwester nicht ans Telefon ging. Die Feuerwehr öffnete die Wohnung. Den Beamten bot sich ein friedliches Bild. Da lag Frau Bergmann, sanft entschlafen. Spuren von Gewalt waren nicht zu erkennen.

Nur der Notarzt stutzte. Er entdeckte eine unerklärliche Blutung aus der Vagina der Toten und kreuzte deshalb im Leichenschein an: Todesursache „nicht aufgeklärt". Ein Herr von der Kripo sah sich den toten Körper daraufhin sehr genau an, konnte aber keinerlei Verletzung feststellen. Weil auf dem Regensburger Friedhof zufällig am selben Tag eine Sektion stattfand, bat man den anwesenden Obduzenten, doch auch gleich die Leiche der Frau Bergmann äußerlich zu besichtigen. Der Rechtsmediziner konnte ebenfalls nichts Verdächtiges finden. Die Leiche wurde daraufhin von der Staatsanwaltschaft freigegeben.

Im Juni 1994 – fast zehn Jahre nach Frau Bergmanns Tod – wurden ihre Überreste auf das Geständnis des Täters hin exhumiert und im Rechtsmedizinischen Institut in München untersucht. Eine Todesursache war nicht mehr festzustellen.

Dass er ein Mörder war, konnte man Horst D. nicht ansehen. Als ruhiger, in sich gekehrter und freundlicher Mann galt er in Regensburg, als korrekter und solider Handwerker, als charmanter Tänzer. Auch auf die Pressevertreter, die im Dezember 1995 ausgiebig über den Strafprozess vor der 1. Strafkammer am Landgericht München I berichteten, wirkte er harmlos und bescheiden, höflich und weit entfernt von jeder Brutalität. Und dennoch zählt D. zu den rücksichtslosesten Serienmördern der deutschen Nachkriegsgeschichte.

Die psychiatrischen Gutachten spüren hinter D.s gleichmütiger Miene ein „hohes Aggressionspotenzial" und einen mühsam in Schach gehaltenen Frauenhass auf. Man erklärte sich diesen Hass mit einer schrecklichen Kindheitserfahrung: Die Mutter hatte den Fünfjährigen mitten in den Kriegswirren einfach auf einem Bahnsteig stehen lassen. D. war in Waisenhäusern aufgewachsen. Die Seelenspezialisten vermuteten daher hinter seinen Angriffen auf ältere Frauen „chiffrierte Muttermorde".

Bereits 1983 hatte sich D. einmal nach dem Mord an einer älteren Frau, der 67 Jahre alten Rentnerin Martha Lorenz, im Zugriff der Polizei befunden. Bei diesem – seinem vierten – Tötungsdelikt war es ihm nicht gelungen, die Spuren der Gewalt zu kaschieren. Er hatte Frau Lorenz bei Malerarbeiten kennen gelernt. Sie fand ihn sympathisch, und als sich die beiden am 25. Januar 1983 in der Regensburger Altstadt zufällig über den Weg liefen, lud sie ihn für den nächsten Tag zum Kaffee ein. Das Kaffeetrinken verlief äußerst beschwingt und mündete in einem Geschlechtsverkehr. Die Stimmung schlug allerdings jäh um, als der chronisch bedürftige Maler seine Bettgenossin nach dem Schäferstündchen um ein paar hundert Mark anbettelte. Jetzt wurde sie knapp und bat ihn zu gehen.

Mit aller Wucht schlug D. der Martha Lorenz eine metallene Suppenkelle auf den Hinterkopf, als die Ahnungslose ihm in der Küche den Rücken zuwandte, riss sie zu Boden und würgte sie, bis der Tod eintrat. Dann wischte er das Blut aus der Kopfwunde des Opfers auf und gab der Toten ein Küchentuch in die Hand, um den Anschein zu erwecken, Frau Lorenz habe bei der Hausarbeit einen tödlichen Unfall erlitten. Sehr vorsichtig durchsuchte Horst D. dann die Wohnung nach Geld. Tausend Mark entnahm er einem Umschlag, die 160 Mark dagegen, die offen auf dem Küchentisch lagen, ließ er unberührt.

Am übernächsten Tag um die Mittagszeit riefen Nachbarn die Polizei zum Leichenfundort. Als die Beamten eintrafen, war schon eine Ärztin da. Sie hielt einen natürlichen Tod der Frau Lorenz für durchaus denkbar, den Herren von der Kripo dagegen kamen Zweifel: Die Leiche lag so komisch da, und die Spuren am Hals schienen Druckmarken zu sein. Die Tote wurde obduziert. Das Ergebnis bestätigte den Verdacht der Polizisten: Die Tote war gewürgt worden und hatte einen Schlag auf den Kopf erhalten. Der Tod war als Folge von Gewalt durch Herz-Kreislauf-Versagen eingetreten.

Bei den Ermittlungen geriet auch Horst D., da er wenige Monate zuvor die Wohnung von Frau Lorenz tapeziert hatte, mit vielen anderen in den Kreis der Verdächtigen und wurde verhört. Er erzählte, er sei am betreffenden Tag zwar in Regensburg gewesen, doch habe ihn gegen 17 Uhr ein Bekannter in das Dorf mitgenommen, in dem er damals noch mit Frau und Kindern lebte.

Sein angebliches Alibi wurde nicht gründlich überprüft, und so schied D. als Verdächtiger aus. „Dass Horst D. so lange sein Unwesen treiben konnte, liegt auch an der Schlamperei von Gutachtern“, ebenso an den „Pannen“ und „massiven Fehlern“ der Regensburger Polizei, warf die *Mittelbayerische Zeitung* den zuständigen Ärzten und Ermittlern vor. Wie ein roter Faden habe sich ihre Inkompetenz durch alle Mordfälle des Horst D. gezogen.

Auch der vorangegangene Mord an der Witwe Barbara Ernst war in Regensburg geschehen, als Tötungsdelikt aber wieder einmal unerkannt geblieben. D. hatte die kultivierte Dame ebenfalls durch seinen Beruf kennen gelernt: Die 59-Jährige war als städtische Angestellte im Rathaus Regensburg tätig gewesen, und D. hatte im Februar 1981 ihr Büro gestrichen. Im April bat sie ihn, bei ihr zu Hause eine Wand im Schlafzimmer neu zu tapezieren.

Am Morgen des 10. April 1981 tauchte Horst D. bei Frau Ernst auf. Sie lud D. ein, mit ihr zu frühstücken, da er vor der verabredeten Zeit gekommen war. Danach half er der Witwe, das Geschirr in die Küche zu tragen. Ins Wohnzimmer zurückgekehrt, packte D. die völlig überraschte Frau am Hals und drückte ihr mit dem Daumen den Kehlkopf ein. Frau Ernst brach zusammen. Nun legte D. sie mit dem Rücken auf den Boden und presste ihr ein Sofakissen aufs Gesicht. Nach etwa fünf Minuten war sie erstickt.

D. legte das Sofakissen an seinen Platz zurück und durchsuchte die Wohnung, wie immer darauf bedacht, keine Spuren zu hinterlassen. Er nahm Geld und eine Münzsammlung an sich, ließ den Schmuck aber liegen, um keine Zweifel am natürlichen Ableben der Frau Ernst zu säen. Der tot Daliegenden drückte er einen gelben Lappen in die Hand, um zu suggerieren, ein jäher Herzschlag habe sie beim Staubwischen ereilt. Zwei Tage später wurde die Witwe tot in ihrer Wohnung aufgefunden.

Der Leichen schauende Arzt nahm „Herzversagen" an. Die Leiche wurde zur Bestattung freigegeben. Allein durch das Geständnis, das D. 14 Jahre später abgelegt hat, ist dieser Mord ans Licht gekommen.

Als Horst D. 1994 nach dem vorgetäuschten Sexualmord an der Rentnerin Mathilde S. aus dem Kirschgässchen festgenommen wurde, konnte die Polizei ihm nun dank seiner Fingerabdrücke auch noch zwei ungeklärte Morde in München nachweisen. Zwei junge Prostituierte hatten dort am 22. und 24. August des Jahres 1975 ihr Leben lassen müssen. Sie waren beide von Horst D., der als Freier zu ihnen kam, an einem einzigen Wochenende mit Wäschestücken erdrosselt worden.

Am 14. Dezember 1995 verurteilte das Münchner Landgericht den 57 Jahre alten Horst D. wegen Mordes in sieben Fällen zu zweimal lebenslanger Freiheitsstrafe.

4. Die Freunde der Toten

Die Grenzen der Rechtsmedizin
und ihre Stellung in der politischen Defensive

Jenseits von Hausarzt und Strafverfolgungsorganen gibt es noch eine weitere Instanz, die versagen und damit die Aufdeckung eines Verbrechens verhindern kann: die Rechtsmedizin. Vor Schlamperei, vorschnellen Urteilen und Betriebsblindheit sind auch die Ärzte in den Sektionssälen nicht gefeit. Im Folgenden soll ein Fall geschildert werden, in dem der Täter entkam, weil der Rechtsmediziner oberflächlich und fehlerhaft zu Werke ging.

Es geschah in der Nacht zum 11. November 1979. Erika und Werner H., ein Ehepaar aus Isselburg am Niederrhein, hatten den Abend mit Freunden in einem Lokal verbracht und kehrten erst spät nach Hause zurück. Ihre beiden kleinen Töchter, die zehnjährige Nicole und die siebenjährige Sandra, schliefen. Plötzlich wurde Nicole von lautem Gebrüll im Haus geweckt. Offenbar waren die heimgekehrten Eltern in einen schrecklichen Streit geraten. Nicole wagte vor Angst nicht, die Treppe hinunterzugehen.

In den frühen Morgenstunden kroch Sandra aus dem Bett und lief ins Bad. Dort sah sie ihre Mutter bekleidet regungslos in der mit Wasser gefüllten Badewanne liegen. Plötzlich stand der Vater hinter dem Kind. Er wirkte sehr nervös. „Geh sofort ins Bett, Sandra“, sagte er. Die Siebenjährige lief die Treppe hinauf. „Ich glaube, die Mama ist tot“, flüsterte sie ihrer Schwester zu, schlüpfte unter die Decke und weinte.

Ein paar Stunden später rief der Vater den Notarzt: „Meine Frau hat sich umgebracht.“ Der Doktor untersuchte die Leiche, trug „Selbstmord“ in den Leichenschauschein ein, verständigte die Kripo und mahnte sie, die Todesumstände besonders sorgfältig zu recherchieren. Die Sache kam ihm nicht geheuer vor.

Zu Recht. Die Leiche der angeblichen Selbstmörderin gab kein überzeugendes Bild ab. Um den Hals war ihr ein Strick geschlungen, und auf dem Grund der Wanne lag lose die Handbrause, an deren Schlauch die Kordel verknotet war. Wie hier eine Selbsterhängung stattgefunden haben sollte, war nicht nachzuvollziehen.

Die Leiche der 28 Jahre alten Frau wurde in die Rechtsmedizin Münster gebracht und dort seziert. Der Obduzent, ein alter, kurz vor der Pensionierung stehender Mediziner, der für seine Blitzdiagnosen bekannt war, stellte den Tod infolge von Herzversagen durch Erhängen und Ertrinken fest. Hier liege zweifelsfrei ein Suizid vor. Das fehlerhafte Urteil des Obduzenten bewog die Kripo, den Fall ohne größere Nachforschungen abzuschließen. Die Staatsanwaltschaft stellte das Verfahren ein.

Die polizeilichen Ermittlungen waren folgendermaßen abgelaufen. Der Ehemann der Toten – 33 Jahre alt, Kaufmann in einer Gießerei – war nur informell gehört worden. Er gab an, er habe nach der Rückkehr von dem Kneipenbummel Herzbeschwerden bekommen, einige Schlaftabletten eingenommen und sich zu Bett begeben. Am frühen Morgen habe er seine Frau wie beschrieben aufgefunden. Die Polizei gab sich mit seiner Aussage zufrieden.

Eine Nachbarin, die in der besagten Nacht lautes Schreien im Haus H. gehört hatte, wurde nicht vernommen. Die Freundin der Toten dagegen wohl, die angab, die junge Frau habe Probleme in der Familie gehabt und schon einmal gedroht, sich umzubringen. Probleme gab es, denn die ausgesprochen attraktive Erika H. hatte einen Liebhaber. Davon erfuhr zwar die Polizei, verzichtete aber darauf, den Mann zu befragen. Auch die beiden kleinen Halbwaisen, die die Tote zurückließ, wurden nicht gehört.

Die Geschwister der Verstorbenen jedoch wurden den Verdacht nie los, irgendetwas stimme nicht mit dem Tod ihrer Schwester: Erika hatte am Tag vor ihrem jähen Ende ein neues Auto bekommen, war voller Pläne gewesen, sich beruflich selbstständig zu machen, und hatte ihre beiden kleinen Mädchen von Herzen geliebt. Sie sah blendend aus, ging gern auf Feste, war voller Lebenslust und hatte gerade beschlossen, ihre Ehe hinter sich zu lassen – gab es da einen Grund, sich das Leben zu nehmen? All dies interessierte die Behörden nicht. Der Bruder der Toten versuchte in den nächsten Jahren immer wieder, Akteneinsicht zu erhalten. Er wollte wissen, was die Untersuchungen der Strafverfolgungsorgane ergeben hatten. Doch man wimmelte ihn ab. Er erinnerte sich später, wie er am Morgen nach jener Unglücksnacht die Wohnung seiner toten Schwester betreten hatte, als die Leiche gerade eingesargt wurde. Sein Schwager Werner habe ihn sehr merkwürdig angesehen und gefragt: „Jetzt glaubst du wohl, ich war's?"

Er war's. Zwanzig Jahre später, am 4. November 1999, wurde der schmächtige, eher zurückhaltende Werner H. von der Kripo Borken vorgeladen und endlich mit der angemessenen Intensität befragt. Einen Tag hielt er durch, dann gestand er, seine schöne Frau ermordet zu haben. Er habe gekocht vor Eifersucht. Seine Ehe sei zerstört und seine Frau untreu gewesen. In jener Nacht sei es zu einem heftigen Streit und einem Handgemenge gekommen. Er habe aus Verzweiflung die Frau gewürgt, dann mit einem Strick gedrosselt und schließlich in die Badewanne versenkt.

Herausgekommen war die Tat, weil die beiden Töchter der Toten als erwachsene Frauen 1996 endlich ihren ganzen Mut zusammengenommen und die Beobachtungen aus jener Nacht einer Tante anvertraut hatten. Die Geschwister der Toten hatten daraufhin einen Anwalt eingeschaltet und die Wiederaufnahme der Ermittlungen erzwungen. Im Spätsommer 1999 forderte schließlich die Staatsanwaltschaft Münster vom örtlichen Institut für Rechtsmedizin ein zweites Gutachten zum Fall H. an. Die Wahrheit ließ sich per Blickdiagnose ermitteln: Die Ansicht der Fotos vom Leichenfund reichte vollkommen aus, um zweifelsfrci zu demonstrieren, dass Erika H. ermordet worden war. Die Spuren am Hals der Toten stünden im Widerspruch zu der Sclbstmordtheorie, diagnostizierten die Rechtsmediziner in ihrem neuen Gutachten. Es sei „vom Vorliegen eines Tötungsdelikts“ auszugehen.

Bei weitem nicht jeder Fall ist so offenkundig wie der eben erzählte. Es gibt Methoden des Tötens, die so diskret sind, dass auch der Fachmann sehr genau hinschauen muss. Sie werden *spurenarme Tötungsdelikte* genannt. Der Erstickungstod des Säuglings, der tödliche Treppensturz der Greisin, der finale Badewannenunfall des Herrn in den besten Jahren – jeder dieser Todesfälle könnte ein unerkanntes Verbrechen sein. Bei Todesumständen dieser Art passiert es deshalb immer wieder, dass selbst Experten an die Grenze dessen stoßen, was sich beweisen lässt.

Auch die forensische Medizin vermag es nicht, jede Untat an den Tag zu bringen: Bei einem Drittel aller sezierten Toten ist auch nach der Obduktion die Todesursache nicht eindeutig aufgeklärt. Nach der feingeweblichen und mikroskopischen Untersuchung und einer giftchemischen Analyse des Gewebematerials bleiben immer noch 3 bis 5 Prozent der untersuchten Leichen ein Rätsel (dieser Anteil umfasst allerdings Leichen in weit fortgeschrittener Verwesung oder solche, die teilweise beziehungsweise vollständig skelettiert sind). Wie viele Tötungsdelikte mögen darunter sein?

Wie intensiv eine Leiche forensisch untersucht wird, liegt im Ermessen des zuständigen Staatsanwalts. Doch es gibt einen rechtsmedizinischen Standard, der besagt: Wenn die Obduktion nicht zur eindeutigen Aufhellung der Todesursache geführt hat, sind weitere feingewebliche (histologische) und giftkundliche (toxikologische) Untersuchungen bis zur „Klärung der Todesursache“ erforderlich. Leider wird dieser Standard nicht in allen rechtsmedizinischen Instituten gleichermaßen anerkannt; man redet sich also darauf hinaus, dass der zuständige Staatsanwalt zu geizig, zu faul oder zu ignorant sei, weiter gehende Untersuchungen anzuordnen, und bricht die Todesursachenforschung ab. Auf der anderen Seite neigen Staatsanwälte tatsächlich dazu, keinen Suchauftrag zu erteilen, da ihnen der unspezifizierte Verdacht auf ein Tötungsdelikt oft nicht drängend genug erscheint.

Zu den schwer erkennbaren Morden zählt beispielsweise der durch *Vergiftung* herbeigeführte Tod. Man sieht den Dahingeschiedenen die Ursache ihres qualvollen Ablebens in der Regel äußerlich nicht an – nur manchmal sind Zeichen von Intoxikationen an Finger- und Fußnägeln, Pupillen oder Zahnfleisch zu erkennen. Wird der Vergiftete durch einen Zufall (seinem harmlosen Erscheinungsbild zum Trotz) dennoch obduziert, sind viele Substanzen auch bei der chemischen Analyse nur mühsam auszumachen, manche gar nicht. Die Suche nach dem Leben zerstörenden Stoff im Leichnam kann ungeheuer aufwändig sein: Der Chemiker im Institut fahndet manchmal nach vier- bis sechstausend Wirkstoffen. Aus zwei, drei Organen und aus Körperflüssigkeiten wie Blut und Urin müssen Extrakte hergestellt werden. Dann schließen sich Testreihen an.

Im großen Rechtsmedizinischen Institut Hamburg, wo jährlich über tausend Sektionen stattfinden, wurde in den vergangenen 35 Jahren *kein einziger* klassischer Giftmord festgestellt. Sollte wirklich in einem so langen Zeitraum im Stadtstaat Hamburg mit seinen 1,8 Millionen Einwohnern niemand einem Giftanschlag zum Opfer gefallen sein? Und findet sich doch eine tödliche Substanz im Leichnam, dann muss erst noch nachgewiesen werden, dass sie unfreiwillig in den Leib gelangt ist, was bei einer Überdosis an Medikamenten oder Rauschgift oft nicht gelingen kann.

Auch ein in der Badewanne aufgefundener Toter lässt beim Rechtsmediziner die Alarmglocken schrillen. Ein Badender ist immer in einer exponiert unterlegenen Position und eventuellen Angriffen so hilflos ausgeliefert, dass es oft nicht einmal Spuren eines Kampfes gibt.

Der berühmte Föhn, der, ans Stromnetz angeschlossen, neben der Leiche auf dem Grund der Wanne ruht, gibt ebenfalls nach wie vor Rätsel auf: Handelt es sich um Unfall, Suizid oder Mord? (Allerdings wird es wegen der neuen Sicherheitsstandards in den Bauordnungen der Bundesländer heute immer umständlicher, sich selbst oder anderen im Bad mit Elektrogeräten das Leben zu nehmen. Gerät in einem Neubau ein angeschlossener Föhn ins Badewasser, springt dank einer Schutzeinrichtung, die bereits auf minimale Fehlerströme reagiert, automatisch die Sicherung heraus.)

Im Hamburger Institut für Rechtsmedizin wurden 1991 die Daten zu allen 245 Badewannentoten ausgewertet, die im Zeitraum von 17 Jahren eingeliefert und seziert worden waren. Dreizehn (5 Prozent) waren getötet worden, und bei immerhin *51 Personen (das sind 21 Prozent aller Fälle!)* war die Klassifikation der Todesart auch nach der gerichtsmedizinischen Untersuchung *nicht mehr möglich.* Die 245 untersuchten Fälle machten aber noch nicht einmal die Hälfte aller im genannten Zeitraum entdeckten Badewannentoten aus. Während in München 92 Prozent der Badewannenleichen seziert werden, um die Todesart sicher festzustellen, begnügt sich die Staatsanwaltschaft in Hamburg damit, bei nur 43 Prozent der Wannentoten mithilfe der Rechtsmedizin Klarheit zu schaffen.

Etwa 4,5 Prozent aller Menschen sterben in Deutschland *(offiziell!)* eines nicht natürlichen Todes, die meisten davon durch Unfall, ärztliche Kunstfehler oder Suizid. Doch bei weitem nicht alle nicht natürlichen Todesfälle werden als solche erkannt und die erkannten bei weitem nicht alle seziert. Stürzt ein Arbeiter vom Gerüst und stirbt, gibt es für das, was passiert ist, mehrere Erklärungsmöglichkeiten. Er hat daneben getreten. Er hatte einen Herzanfall. Er war betrunken. Er wurde gestoßen. Im Zentrum des Geschehens liegt immer die Leiche. Deshalb ist eine Obduktion die sicherste Methode zur Aufklärung.

Trotzdem wird – die Zahlen stammen aus dem nördlichen Westfalen, dürften aber für weite Teile der Bundesrepublik repräsentativ sein – bei nur etwa 20 Prozent der Unfalltoten vom Staatsanwalt eine innere Leichenschau angeordnet. Bei Verkehrstoten sind es sogar nur 10 Prozent, obwohl Obduzenten gerade bei Opfern von Autounfällen immer wieder zu völlig unerwarteten Diagnosen gelangen: Lastwagenfahrer liegen, voll gepumpt mit Heroin, tot im Führerhäuschen; Porschefahrer kleben an einem Brückenpfeiler – mit Kopfschuss; Menschen, die ein friedliches Leben geführt haben, stürzen plötzlich mit ihrem Fahrzeug von der Autobahnbrücke in die Tiefe – die Blutanalyse weist Schlafmittel und Alkohol in hoher Konzentration nach. Wie kann so etwas geschehen?

Unter den 13000 Toten, die 1997 in der multizentrischen Studie der rechtsmedizinischen Institute analysiert wurden (siehe Kapitel 1), war etwa ein Drittel laut Totenschein auf nicht natürliche Weise ums Leben gekommen. Bei 240 dieser rund 4000 Leichen ergab sich jedoch während der Obduktion eine überraschende Wendung: Das heißt, sie waren zwar in der Tat eines nicht natürlichen Todes gestorben, aber eines gänzlich anderen als vermutet.

Die folgenden beiden Fallgeschichten sollen illustrieren, wie sich hinter angeblichen Suiziden und Autounfällen raffinierte Tötungsdelikte verbergen können. Der Fall eines als *Suizid* getarnten Mordes wurde 1989 in Köln bei einer rechtsmedizinischen Jahrestagung vorgetragen. Ein Mann gab an, er habe seine Ehefrau tot auf dem Wohnzimmersofa aufgefunden. In der rechten Hand habe sie einen Revolver gehalten, den er ihr zwei Tage zuvor beschafft habe, da sie von einem anonymen Anrufer bedroht worden sei. Die Obduktion ergab einen aufgesetzten Nahschuss vier Zentimeter links neben dem Brustbein. Die Schmauchanhaftungen an der Bluse und die Tatsache, dass die Mündung offenkundig aufgesetzt worden war, wirkten auf die Ermittler so überzeugend, dass auf weitere kriminaltechnische Untersuchungen verzichtet wurde. Kein Zweifel, hier lag ein Suizid vor.

Der Mann heiratete erneut. Neun Jahre nach dem Tod seiner ersten Ehefrau tötet er die zweite durch einen Kopfschuss. Die Kripo überführte ihn dieser Tat. Jetzt wurde auch der erste Todesfall wieder aufgerollt. Es kam heraus, dass der Verdächtige zwei Monate vor dem angeblichen Selbstmord seiner Gattin eine Lebensversicherung auf sie abgeschlossen und eine Liebschaft mit einer anderen Frau angefangen hatte. Nun wurden die Fotos von Tatort und Opfer den Schussexperten vorgelegt, die feststellten, dass sich eine Rechtshänderin nur mit „gänzlich unnatürlichen Verrenkungen“ den tödlichen Herzschuss selbst hätte beibringen können. Der Ehemann gestand nicht, wurde aber in einem Indizienprozess wegen zweifachen Mordes verurteilt.

Der zweite Fall, ein als *Verkehrsunfall* kaschiertes Tötungsdelikt, stammt aus der *Zeitschrift für Unfall- und Sicherheitsforschung im Straßenverkehr 1986*. In einer Sackgasse wurde die – quer zur Fahrbahn liegende – Leiche eines 34-jährigen Mannes gefunden. Auf der Straße lagen in einer Blutspur eine abgerissene Halskette und eine Armbanduhr sowie das Kühleremblem eines Renault. In der näheren Umgebung entdeckten die Beamten zwar auch eine Geschosshülse, brachten sie aber nicht mit dem Toten in Verbindung, da sich nicht weit vom Leichenfundort ein Schießübungsplatz befand. Nachdem Notarzt und Polizei die Leiche besichtigt hatten, lag das Szenario auf der Hand: Unfall mit Fahrerflucht.

Bei der Obduktion wurden Kopf- und Oberkörperverletzungen festgestellt, die nahe legten, dass der Tote von einem Wagen überrollt worden war. Die Öffnung des Schädels führte dann allerdings zu einer überraschenden Wende in der Einschätzung des Geschehens: Der Mann hatte einen sauberen Kopfdurchschuss. Der Tod war durch die Hirnverletzung und eine anschließende Thoraxkompression herbeigeführt worden. Mit anderen Worten: Der Schuss hatte den Mann nicht sofort getötet, sondern schwer verletzt zu Boden gehen lassen; er war dann bei noch lebendigem Leib überfahren worden.

Ermittlungen ergaben später, dass der Geschäftspartner des toten Mannes – beide waren hoch verschuldet und hatten gegenseitige Lebensversicherungen aufeinander abgeschlossen – einen Mörder gedungen hatte, der nach dem Schuss einen Verkehrsunfall vortäuschen sollte. Der Auftraggeber wurde wegen Mordes zu lebenslanger Haft verurteilt.

Fallbeispiele dieser Art ließen sich ins Endlose fortsetzen – Mörder finden tausend Wege, von ihrer Tat abzulenken und die Polizei in die Irre zu führen.

Wenn auf den Gräbern aller Ermordeten ein Lichtlein stünde, wären die Friedhöfe hell erleuchtet. – Diese alte Sentenz von Todesermittlern aus allen Disziplinen bleibt wahr, ja scheint sogar an Berechtigung zu gewinnen, und das nicht zuletzt deshalb, weil die Zahl der von Gericht oder Staatsanwaltschaft angeordneten Obduktionen in Deutschland mit bundesweit 1 bis 2 Prozent aller Toten, die im Vergleich zu der der Nachbarländer ohnehin außerordentlich niedrig ist, in den letzten Jahren auch noch abgenommen hat.

In Deutschland ist die Sektionsrate seit jeher sehr gering. Das hat Tradition. Es gibt in der Bundesrepublik überdies keine klaren gesetzlichen Regelungen, welcher Tote seziert werden *muss.* Ob obduziert wird oder nicht – das Thema wurde ja im zweiten und dritten Kapitel bereits erörtert –, bleibt hierzulande der Entscheidung Einzelner überlassen:

- der Entscheidung des Arztes, der durch das Kreuz im Totenschein eine Obduktion anregt oder nicht,
- der Entscheidung des Polizisten, der sie beantragt oder es unterlässt,
- der Entscheidung des Staatsanwalts, der sie anordnet oder darauf verzichtet.

Ist irgendeine Person in dieser Entscheidungskette angesichts eines Todesfalls der subjektiven, womöglich auf Ahnungslosigkeit oder Bequemlichkeit gegründeten Meinung, eine Leichenöffnung sei nicht angebracht, wird sie *nicht stattfinden.* Darin zeigt sich ein oft kritisierter und nie behobener Missstand in Deutschland.

Die Argumente, die aus Kreisen der deutschen Justiz oder Politik gegen die Obduktion ins Feld geführt werden, sind immer die gleichen.

- Die *Pietät* werde verletzt und die Leichenruhe gestört, heißt es.
- Die *Würde* des toten Menschen werde angetastet.
- Die *Öffentlichkeit* beziehungsweise die *Angehörigen* lehnten Sektionen grundsätzlich als etwas Grausames ab.

Dies alles hat bei nüchterner Betrachtung keinen Bestand:

Religiöse Bedenken der beiden christlichen Konfessionen gegen die Obduktion bestehen nicht. Die Pietät leidet keinen Schaden, denn der Leichnam wird nicht zerstört, sondern nur geöffnet und kunstvoll wieder vernäht. Man sieht ihm – wenn er später angezogen im Sarg liegt – den Eingriff nicht mehr an. Alle Beisetzungszeremonien können ohne Einschränkung stattfinden.

Auch die durch das Grundgesetz geschützte Würde des Menschen wird in einer nach den Regeln der ärztlichen Kunst durchgeführten Autopsie nicht im Geringsten verletzt. Darin stimmen Ärzte und Juristen überein. Vielmehr ist das Gegenteil der Fall: Es verstößt gegen den Anspruch, die Würde eines Menschen zu wahren, wenn den unklaren Umständen seines Todes nicht mit dem entsprechenden Ernst nachgegangen wird. Man kann es auch so formulieren: *Die Würde des Menschen beinhaltet auch das Recht auf die Aufklärung seiner Todesumstände.*

Und was den Abscheu der Öffentlichkeit vor der Obduktion betrifft, so wissen klinische Pathologen, die ja – im Gegensatz zu Rechtsmedizinern – meist auf die Einwilligung der Angehörigen angewiesen sind, dass deren Zustimmung von der Überzeugungskraft des Fragers und von der Plausibilität der vorgetragenen Argumente abhängt.

Dass eine Obduktion den Hinterbliebenen auch dann nützlich sein kann, wenn kein Verdacht auf ein Delikt vorliegt, zeigt folgender Fall, der sich in Köln zutrug: Ein Mann mittleren Alters saß im Stadtverkehr am Steuer, als sein Wagen aus der Spur ausbrach und sehr langsam (mit zwanzig bis dreißig Kilometern pro Stunde) frontal auf ein anderes Fahrzeug prallte. Der Fahrer des ausgescherten Autos starb.

Den zuständigen Arzt in der Rechtsmedizin überzeugte die Infarktdiagnose nicht. Er rief die Witwe des Verunglückten an und bat sie um die Einwilligung zur Obduktion. Sie sagte: „Lassen Sie meinen Mann wenigstens jetzt in Ruhe. Davon wird er doch nicht wieder lebendig." Nach einiger Zeit rief der Arzt nochmals an. Vielleicht, führte er an, sei ihr Mann entgegen dem Augenschein doch an den Folgen der Kollision gestorben. Wenn er versichert wäre, gälte sein Tod dann als Wegeunfall, und sie, die Witwe, käme in den Genuss der Versicherungssumme. Doch die Trauernde blieb hart.

Der Tote wurde dann doch obduziert, denn – und das kommt nicht selten vor – die Berufsgenossenschaft des Toten ließ die Sektion anordnen, weil der Fahrer in der Tat versichert gewesen war und mit dem Abschluss des Vertrages automatisch einer Obduktion zugestimmt hatte. Die Sektion ergab: Todesursache war kein Herzinfarkt, sondern ein durch den Lenkradaufprall hervorgerufener Einriss der Brustschlagader. Der Mann war tatsächlich am Unfall gestorben, und seine Witwe, die mittellos war, bekam die Entschädigungssumme von der Versicherung.

Ein weiteres Beispiel für die Nützlichkeit von Obduktionen jenseits vom Tatverdacht, das sich – mit Abweichungen vom Grundmuster – ständig wiederholt: Ein etwa dreißigjähriger Mann liegt tot in seinem Bett. Auf dem Nachttisch steht ein Glas mit Tablettenanhaftungen. Polizeiliche Befragungen fördern erhebliche Eheprobleme zutage. Es ist bekannt, dass der Tote alkoholabhängig gewesen war, an Depressionen gelitten und immer wieder mit Selbstmord gedroht hatte. Die Polizei geht daher von Suizid durch Tablettenüberdosierung aus. Doch die Witwe gerät in Not. Die Verwandtschaft beschuldigt sie, ihren Mann vergiftet oder mindestens zum Selbstmord getrieben zu haben. Sie muss für zwei kleine Kinder sorgen. Die Rechtsmediziner raten ihr zur Sektion, um Klarheit in die Todesumstände des Verstorbenen zu bringen. Die Untersuchung führt zu einem überraschenden Ergebnis. Die Diagnose lautet: Herzinfarkt. Der Mann ist auf natürliche Weise aus dem Leben geschieden. Für die Hinterbliebenen ist das eine enorme Befreiung.

Der wahre Beweggrund für die nachlassende Obduktionsfreudigkeit der Staatsanwälte dürfte in Wahrheit auch sehr viel weniger in der Achtung vor Menschenwürde und Pietät zu suchen sein als in der Sorge um die finanziellen Ressourcen der jeweiligen Justizbehörde. Jede Sektion, die kein Tötungsdelikt ans Licht bringt, bedeutet in den Augen vieler Strafverfolger reine Geldverschwendung. Deshalb nehmen etliche von ihnen lieber in Kauf, dass der eine oder andere Mordfall durchrutscht. Um auf der absolut sicheren Seite zu stehen, lassen die Staatsanwälte mancher Städte fast ausschließlich Tote sezieren, denen auch der Laie schon ansieht, dass sie ermordet worden sind.

Kriminalbeamte erzählen sogar, dass bei der Überführung von Serienmördern manchmal gar nicht sämtliche vermuteten Opfer exhumiert und gerichtlich obduziert werden, sondern – aus Sparsamkeit –

nur die Mindestanzahl, die der Staatsanwalt benötigt, um den Täter mit hoher Wahrscheinlichkeit hinter Schloss und Riegel zu bringen. Ob ein Mörder also sieben oder 17 Menschen auf dem Gewissen hat, scheint die Justiz und den Staat letztlich nicht zu interessieren.

Mammutmordprozesse – gegen Serientäter zum Beispiel – sind auch in anderer Hinsicht gute Beispiele. Betrachtet man sie einmal näher, zeigt sich, dass die ungerührte Kosten-Nutzen-Kalkulation der Staatsanwaltschaften letztlich nicht aufgeht. Sie wird paradoxerweise auf Kosten der Bevölkerung aufgestellt, genauer: zuungunsten der Rechtssicherheit des Bürgers und außerdem zulasten des Steuerzahlers.

Diese Mordprozesse demonstrieren zum einen (wie man es in allen Zwischengeschichten dieses Buches nachlesen kann), dass bei großen Verbrechen, die viel zu spät ans Licht kommen, fast immer im Vorfeld geschlampt wurde. Anstatt kleinen Hinweisen auf der Stelle nachzugehen und durch Obduktion einem unklaren Tod zur Klarheit zu verhelfen, scheint der Apparat abzuwarten, bis weitere Taten den Verdächtigen verraten. Eine gegenüber den Opfern regelrecht zynische Einstellung.

Große Schwurgerichtsprozesse führen zum anderen vor Augen, dass durch Knauserigkeit und Abwimmelei zu Beginn der Ermittlungen finanziell keine Mark gewonnen ist. Ein einziger „versiebter" Fall kostet später Millionen. Da werden Hunderte von Zeugen angekarrt, Gutachten und Gegengutachten erstellt, dann gehen die Rechtsanwälte in Revision, dann gehen die Staatsanwälte in Revision, oder der Fall wird ganz neu aufgerollt – und all diese aufwändigen und teuren Bemühungen um die Wahrheitsfindung zahlt der Bürger. Von dem, was ein einziger solcher Prozess – wie sie fortwährend in Deutschland stattfinden – kostet, könnte man tausende von Ermittlungen anstellen und tausende von Toten rechtsmedizinisch untersuchen lassen. Insofern hat das Leichenwesen durchaus Ähnlichkeit mit dem Gesundheitswesen: Wird eine Krankheit im Anfangsstadium erkannt, kann sie oft mit relativ simplen Mitteln geheilt werden, wird sie nicht erkannt, breitet sie sich aus und muss zu guter Letzt mit enormem Aufwand niedergerungen werden.

Der Leichenkeller eines rechtsmedizinischen Instituts wirkt auf den ersten Blick wie eine Großküche. Kacheln, Neonlicht, deckenhohe Metallschränke. In Kühlfächern übereinander gestapelt, liegen die Toten. Sie wurden bei ihrer Ankunft vermessen und gewogen, ihre Daten – soweit vorhanden – festgehalten. Nun warten sie darauf, dass ein Rechtsmediziner sie in Augenschein nimmt oder aufschneidet.

Eine gerichtliche Obduktion wird nach dem Gesetz von zwei Ärzten durchgeführt. Einer muss ausgebildeter Rechtsmediziner sein, der andere lediglich Arzt. In der Realität sind meist zwei Rechtsmediziner am Werk. Die Obduktion wird mit einer gründlichen äußeren Besichtigung der Leiche und einer möglichst genauen Erkundigung über die Auffindesituation eröffnet. Soweit vorhanden, werden auch die getragenen Kleidungsstücke sorgfältig untersucht. Sind sie beschädigt? Wenn ja, wie und wo? Haften ihnen irgendwelche verdächtigen Spuren an? Dann beginnt die Sektion selbst, die etwa zwei bis drei Stunden dauert und nach strengen Richtlinien abläuft. Durch einen Längsschnitt in der Körpermitte – vom Hals bis zum Schambein – werden Brust- und Bauchhöhle geöffnet und inspiziert. Die Rippen werden mit einer stabilen Schere durchtrennt. Die inneren Organe wie Herz, Lunge, Leber, Nieren werden entnommen, gewogen und untersucht. Danach werden sie präpariert. So erkennt man Herzinfarkte, Lungenödeme, Lungenembolien – aber auch Wege von Kugeln oder Messern durch die Organe. Für das Aufschneiden der Därme gelten bestimmte Regeln, ebenso für das Öffnen der Harnblase, des Magens, der Blutgefäße. Sind die Schleimhäute des Rachens gerötet? (Verätzte Schleimhäute sprechen für Vergiftung.) Finden sich in Speiseröhre, Magen oder Darm Spuren von Tabletten?

Zum Schluss der Obduktion wird der Schädelknochen durch einen halbkreisförmigen Schnitt in die Kopfhaut des Hinterhaupts freigelegt und mithilfe einer elektrischen Säge das Schädeldach geöffnet. Das Gehirn des Toten wird herausgenommen, gewogen und untersucht. Dieses Grundmuster der Obduktion wiederholt sich auf den Sektionstischen der rechtsmedizinischen Institute in zahllosen Variationen, je nachdem, welche Art von gewaltsamem Tod in Betracht kommt.

Aus den entnommenen Organen einschließlich des Gehirns werden Teile herausgeschnitten und feingeweblich-mikroskopisch sowie toxikologisch analysiert. Ebenso werden der Leiche Blut und Urin abgenommen. Zuletzt legt der Obduzent die Organe in den Körper zurück, woraufhin die Leiche zugenäht und gereinigt wird. Dieses Vorgehen hat der Europarat 1999 in einem umfangreichen Dokument, das viele Details berücksichtigt, für verbindlich erklärt.

Die Autopsie einer Leiche kostet 600 bis 700 Mark. Sind die Überreste stark zersetzt, wird es teurer. Dazu kommen noch etwa 500 Mark für die feingewebliche Untersuchung und – wenn verlangt – 1000 bis 1500 Mark für die giftchemische Analyse. Gerichtliche Autopsien werden von den Justizministerien der Länder bezahlt und von den

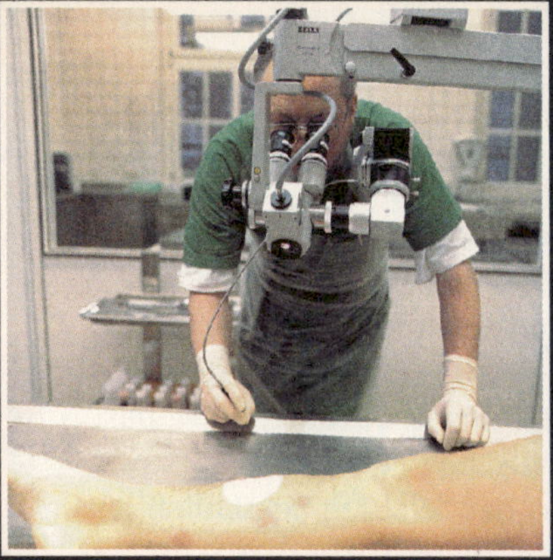

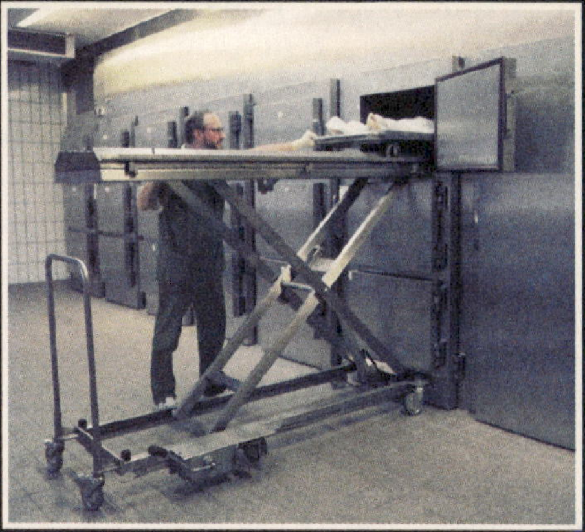

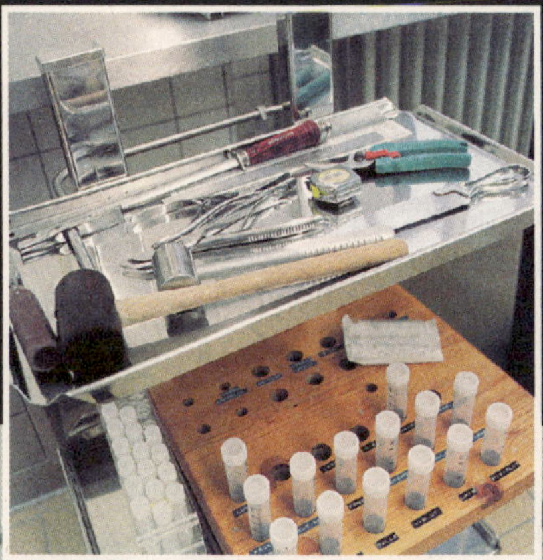

Fachleute gehen in Deutschland von einer hohen Dunkelziffer ungesühnter Morde aus. Denn nur in den wenigsten Fällen mit nicht natürlicher oder ungeklärter Todesursache wird eine aufwendige Obduktion durch den Rechtsmediziner anberaumt, der über Wissen und Techniken verfügt, die letzte Klarheit schaffen können.

rechtsmedizinischen Instituten bewerkstelligt, die den Universitäten unterstehen.

Die Rechtsmedizin ist hierzulande in den letzten Jahren ins Abseits geraten – ganz sicher zum Schaden der Republik und ihrer Rechtssicherheit. Die beiden wichtigsten Gründe, warum die Rechtsmedizin Kraft, Bedeutung und politischen Einfluss verloren hat, sind die Positionierung des Faches zwischen Medizin und Recht, die dazu führt, dass die Rechtsmedizin für alle Seiten ein chronischer Störfaktor ist, sowie die Patientenschaft der Rechtsmedizin – es handelt sich ausschließlich um Opfer.

Die rechtsmedizinische Disziplin gehört mit bundesweit maximal 400 Wissenschaftlern zu den kleinen Nebenfächern, ist aber Pflicht- und Prüfungsfach für jeden Medizinstudenten. Forensisches Wissen wird derzeit noch an 29 Lehrstühlen in Deutschland an den Nachwuchs weitergegeben.

Gleichzeitig ist die Rechtsmedizin außerordentlich praxisorientiert. Sie stellt ihr Wissen und Können in den Dienst von Exekutive und Judikative, also von Polizei und Gericht. Ohne die Sicherheit eines rechtsmedizinischen Gutachtens ist die Verurteilung eines Mörders, Gewalttäters oder Vergewaltigers so gut wie unmöglich.

Die Zwitterstellung der Rechtsmedizin zwischen Medizin und Justiz ist problematisch für das Fach selbst. In den Augen von Kardiologen, Neurophysiologen oder Biochemikern sind Rechtsmediziner oft nicht viel mehr als Handlanger der Polizei: Inspektoren des Todes, Spezialisten für Sperma und Speichel. Und darin steckt ja auch ein Quäntchen Wahrheit. Die Rechtsmedizin ist, wie erwähnt, in der Tat der praktischen Anwendung verhaftet, die meisten Rechtsmediziner sind daher Handwerker geworden, die zwar einen toten Körper fachgerecht präparieren und seine Spuren interpretieren können, aber im Allgemeinen nicht viel zum Fortschritt in der Medizin beigetragen haben. So mancher Doktor und Professor der Rechtsmedizin findet zum einen keine Zeit mehr, sich aufwändigen Forschungen zu widmen, weil er pausenlos im Sektionssaal steht oder zu Tatorten ausrücken muss; andererseits findet er sich im Laufe der Jahre damit ab, dass in seiner Disziplin sowieso kein Nobelpreis zu gewinnen ist, und stellt die Bemühungen um wissenschaftlichen Glanz weitgehend ein.

Deshalb muss sich die Rechtsmedizin die Frage, ob sie denn überhaupt eine „richtige“ oder nicht vielmehr bloß eine angewandte Wissenschaft sei, immer wieder gefallen lassen. Sie ist von ihren Werten her bedarfs- und anforderungsabhängig, ihre Leitfrage lautet: Was braucht die Justiz, vor allem die Strafjustiz? Ein solcher Auftrag schmälert natürlich das Ansehen der mit ihm befassten Wissenschaftler an der Universität. Sollen wir dafür eine Professur einrichten, nur weil die Justiz Gutachten von uns haben will?, fragen sich Bedenkenträger in den medizinischen Fakultäten. Dennoch ist es sinnvoll und zweckmäßig, die Rechtsmedizin im Schutz der Universitäten zu belassen. Dafür sprechen vier gute Gründe: Erstens gibt es bei aller Praxisorientierung ein – wenn auch begrenztes – Feld für echte Wissenschaft in der Rechtsmedizin, und der Staat legt Wert auf Experten auf diesem Gebiet. Zweitens ist es unverzichtbar, dass Medizinstudenten die Erkenntnisse der Rechtsmedizin vermittelt werden. Drittens dürfen die Fragen der Rechtsmedizin im wissenschaftlichen Gespräch an den medizinischen Fakultäten nicht fehlen. Und viertens muss die Rechtsmedizin von der Justiz unabhängig sein. Wissenschaft, die sich der Justiz bedient, wird mit der Zeit auf eine Legitimationsfunktion herabgewürdigt. Der Gutachter wird sich letztlich den Vorgaben der Justiz fügen. Wo Dinge ausgewählt, festgelegt und gedeutet werden müssen, gibt es immer auch Entscheidungsspielräume, in denen Einflussnahme und Steuerung möglich sind. Welche Indizien werden für wichtig erachtet? Welcher Messinstrumente bedient man sich bei der Untersuchung? Überall da, wo die Einschätzung des Rechtsmediziners gefragt ist, sind auch seiner Manipulation Tür und Tor geöffnet: Wie schuldfähig ist jemand, der mit 2,5 Promille Alkohol im Blut getötet hat? Hat sich die Tote in der Badewanne selbst das Leben genommen, oder war jemand anders am Werk?

Ein Gericht neigt prinzipiell dazu, die eigene Einschätzung oder die der Polizei bestätigt sehen zu wollen. Außerdem soll es – gerade bei Alltagsverhandlungen – schnell gehen. Und schon wenn der Gutachter in vorauseilendem Gehorsam den „kurzen Prozess" unterstützt, handelt er fremdbestimmt. Wo es um Definition und Interpretation geht, ist die Gefahr, „gewünschte Ergebnisse" zu erzielen, auch für den Rechtsmediziner sehr groß, besonders wenn er der Objektivität nicht im selben Maße verpflichtet ist wie ein Wissenschaftler an der Universität. Deshalb ist die Rechtsmedizin dort gut aufgehoben.

Ein weiterer Grund, warum sie bei Vertretern anderer medizinischer Disziplinen nicht übermäßig hoch im Kurs steht, ist ihre sehr beharrliche Eigenart, die Grabesruhe an den Kliniken zu stören. Rechtsmediziner sind die Anwälte der Patienten, vor allem der verstorbenen. Die Rechtsmedizin bildet – weit mehr noch als die Pathologie – eine ungeliebte Kontrollinstanz für die Qualität ärztlichen Handelns. Rechtsmediziner sind häufig Gewährsleute bei Kunstfehlerprozessen oder anderem ärztlichen Fehlverhalten. Wo der Rechtsmediziner auftaucht, wird es nicht selten ungemütlich für den behandelnden Doktor.

Postmortale Qualitätskontrolle stößt im Krankenhaus auf wachsende Missbilligung, wie Rechtsmediziner und Pathologen gleichermaßen feststellen. Die Doktoren haben dank ihrer immer ausgefeilteren diagnostischen Gerätschaften das Gefühl, sie wüssten bereits definitiv über alles Bescheid, was in ihren Patienten vorgeht. Ganz so sicher sollten sich die klinischen Mediziner ihrer eigenen Fähigkeiten allerdings nicht sein. Untersuchungen an der Harvard Medical School in Boston und an der I. Medizinischen Universitätsklinik in Kiel zeigen, dass die in den letzten zwanzig Jahren entwickelten und freudig genutzten technischen Introspektionsmöglichkeiten in der Gerätemedizin keineswegs zwangsläufig die Diagnosesicherheit erhöhen. So konstatiert Wilhelm Kirch, Professor für innere Medizin an der Technischen Universität Dresden, dass „im Laufe der Jahre und Jahrzehnte die Zahl der Fehldiagnosen trotz verbesserter diagnostischer Möglichkeiten nicht abgenommen hat“.

Die Ursache für Fehldiagnosen sieht der Internist in der rückläufigen Zahl von Obduktionen. Allein dadurch seien die Qualitätskontrolle ärztlichen Handelns und der damit verbundene Lerneffekt verloren gegangen. Denn nichts habe eine durchschlagendere Wirkung als die Konfrontation des Mediziners mit der eigenen Unzulänglichkeit. Da diese Konfrontation immer seltener vorkommt, nimmt auch die Fähigkeit der Klinikärzte ab, Selbstkritik zu üben.

Auch die Beziehung der Rechtsmediziner zu den Beamten von *Polizei und Staatsanwaltschaft* ist eher frostig, denn für die Ermittler sind sie ebenfalls oft unbequeme Zeitgenossen. Wenn Kripobeamte schlampig recherchieren, wenn Staatsanwälte den Todesfällen nicht mit der erwartbaren Hartnäckigkeit nachspüren, sind es oft die Rechtsmediziner, die den mangelnden Aufklärungswillen der Behörden anprangern. Die nachlassende Obduktionsfreude der Staatsanwaltschaften ist eine chronische Ursache für die Dauerspannung mit der Rechtsmedizin. Dadurch ist in manchen Kommunen das Verhältnis zwischen ihr und der Justiz dermaßen abgekühlt, dass Staatsanwaltschaften jetzt nur noch die allernötigsten Sektionen anordnen und rechtsmedizinischen Belangen mehr und mehr die kalte Schulter zeigen. Ein kurzsichtiges und wenig segensreiches Handeln – eine Staatsanwaltschaft, die das örtliche Institut für Rechtsmedizin aushebelt, tut sich damit langfristig selbst keinen Gefallen und schadet lediglich der Rechtssicherheit in der eigenen Gemeinde.

Solche Verhältnisse zeigen jedoch, dass den Rechtsmedizinern auch aus Richtung Justiz immer wieder kalte Böen ins Gesicht blasen. Beklagen sie sich – zu Recht – über schwindende Rechtssicherheit, die nachlassende Akribie der Polizei und die sinkende Obduktionsmoral der Strafverfolgungsbehörden, werden den Vorwürfen in Staatsanwaltschaften und Justizbehörden gern eigennützige Motive zugeschrieben: Es gehe ihnen um nichts anderes als die eigenen Obduktionszahlen, die Bedeutung des eigenen Instituts, den eigenen Geldbeutel. Dass darüber hinaus vielleicht ein ernster und berechtigter Grund zur Klage über den Zustand der Todesermittlung bestehen könnte, wird auf der Ebene von Justiz und Politik vielfach ignoriert. Wohl auch deshalb, weil das Lamento der Rechtsmedizin der herrschenden politischen Richtung entgegensteht.

Und die heißt: *Sparen.* Die Verschuldung von Bund, Ländern und Gemeinden ist immens. Der Staat steht mit 1,5 Billionen Mark in der Kreide, 1998 zahlte er allein 56,2 Milliarden Mark Zinsen. Und da jede Gruppe in der Bevölkerung sofort auf die Barrikaden geht, wenn sie merkt, dass an ihren Interessen gespart werden soll, schränkt der Staat die Ausgaben gern bei jenen ein, die naturgemäß keinen allzu heftigen Widerstand erwarten lassen: den Toten, den Opfern.

Nach diesem Prinzip verfährt derzeit zum Beispiel auch das Ministerium für Bildung und Wissenschaft in Nordrhein-Westfalen: Weil Schulen ein Massenpolitikum sind, spart man an den Universitäten; weil es zu viele Mediziner gibt, spart man an den medizinischen Fakultäten, und weil man nicht einfach ganze Fakultäten schließen kann (das würde auf der Ebene der Lokalpolitik scheitern), müssen Nebenfächer verschwinden. Die Augenheilkunde zum Beispiel. Die Zahnmedizin. Die Neurochirurgie. Oder eben die Rechtsmedizin.

Deshalb diskutiert das Land Nordrhein-Westfalen derzeit, in den nächsten Jahren *vier der sechs* Universitätslehrstühle für Rechtsmedizin abzuschaffen, obwohl die 17 Millionen Menschen (!) in diesem Bundesland ohnehin rechtsmedizinisch unterversorgt sind. Das Institut in Aachen wurde zum 1. August 2000 „ersatzlos abgeschafft". Die Institute Essen, Bonn und Düsseldorf stehen auf der Abschussliste. Länder wie Hessen oder Schleswig-Holstein sind im Begriff, dem nordrhein-westfälischen Beispiel zu folgen.

Die Schließung rechtsmedizinischer Institute wird eine Katastrophe nach sich ziehen, die in aller Stille vor sich gehen wird. Zuerst wird die forensische Ausbildung der Medizinstudenten schlechter. Rechtsmedizin ist das Fach, welches die Kenntnisse von der Leichenschau vermittelt, von der Pathologie der nicht natürlichen Todesursachen und der Pathologie der überlebten Traumatisierungen wie Kindesmisshandlungen oder Vergewaltigungen. Der werdende Arzt, egal, ob er später in der Ambulanz, im Krankenhaus oder in einer eigenen Praxis tätig sein wird, muss lernen, bei einer Verletzung, beispielsweise am Körper eines Kindes, zwischen Fremdeinwirken und Unfall zu unterscheiden oder bei einer Leiche die Merkmale zu erkennen, die auf einen nicht natürlichen Tod hindeuten. Er ist später der entscheidende Weichensteller im deutschen Leichenschausystem – er wird den Totenschein ausstellen oder die Polizei rufen. Daher sieht die medizinische Ausbildung bisher vor, dass die Studenten nicht nur eine Vorlesung in forensischer Medizin hören, sondern auch an einem praktischen Kurs teilnehmen müssen. Am Ende des Studiums werden alle Mediziner im Fach Rechtsmedizin geprüft.

Wird nun einer der Lehrstühle geschlossen, muss die nächstgelegene Universität die Lehrtätigkeit mit übernehmen. Ein praktischer Kurs wird jetzt aber nicht mehr möglich sein, denn der Professor aus (beispielsweise) Köln wird für die Studenten in (beispielsweise) Aachen kaum eine Leiche mitbringen können, an der sich die sicheren Zeichen des Todes studieren ließen. Also werden die Studenten stattdessen in einem Buch lesen, wie sie die Leichenschau durchzuführen haben. Ihre Fähigkeit, die Sprache der Toten, ihre stummen Zeichen zu verstehen, wird mehr und mehr verkümmern, was dazu führen wird, dass sie später allenthalben den „natürlichen" Tod feststellen werden, schlicht deswegen, weil sie von den Spuren nicht natürlichen Ablebens keine Ahnung haben.

Bald danach werden die Einwohner jener Stadt, in der das Institut für forensische Medizin abgeschafft wurde, die Folgen dieser Maßnahme zu spüren bekommen, denn die Versorgung der Bevölkerung ist neben der Lehre die zweite große Aufgabe der Rechtsmedizin. Da werden nicht nur Tote untersucht, sondern auch klinische Fälle: misshandelte Kinder, vergewaltigte Frauen, zusammengeschlagene Männer, vernachlässigte Alte und Kranke. Gerade in ihrer Klientel unterscheidet sich die Rechtsmedizin wohl am gravierendsten von allen anderen Zweigen der Medizin: Ihre Patienten sind ausschließlich Opfer. Schließt man nun das Institut für Rechtsmedizin, werden die Toten oder Zerschlagenen nicht mehr von Experten untersucht, sondern von Laien – wenn überhaupt. Da sich die Entfernung zum nächsten rechtsmedizinischen Institut vergrößert, werden nur noch die offenkundigsten und allernotwendigsten Todesfälle zur Sektion transportiert werden. Das Dunkelfeld der Tötungsdelikte wird rund um das geschlossene Institut wachsen, und auch die Diagnosefehler werden zunehmen: Je weiter eine Leiche transportiert werden muss und je später sie untersucht wird, desto vager sind die Aussagen, die sich über sie machen lassen.

Aber auch die lebendige Patientenschaft trifft die Schließung der Institute am Nerv. Es sind die Wehrlosesten dieser Gesellschaft, die den Kundenkreis der Rechtsmedizin ausmachen: kleine Kinder, an denen entmenschte Erwachsene ihre Wut auslassen. Alte und pflegebedürftige Leute, die von ihren Verwandten hilflos liegen gelassen werden. Frauen, von ihren alkoholisierten Männern vergewaltigt und halb totgeschlagen. Niemand wird auf die Idee kommen, derart Malträtierte zur Untersuchung in die nächste Großstadt zu schicken, und aus eigenem Antrieb werden sie sich nicht dorthin aufmachen. Ihre Verletzungen wird folglich kein Experte mehr zu Gesicht bekommen. Die Beurteilung der Gewalt- oder Vernachlässigungsspuren wird nun von Gynäkologen, Internisten oder Kinderärzten vorgenommen werden, die von forensischer Medizin – und hier schließt sich der Teufelskreis – immer weniger verstehen.

Bei einem Vergewaltigungsopfer zum Beispiel sieht man der Vagina oft gar nichts an. Die sicheren Zeichen für den „nicht einvernehmlichen Geschlechtsverkehr", auf die vor Gericht so viel Wert gelegt wird, finden sich außerhalb des Zuständigkeitsbereichs von Gynäkologen. Es sind bestimmte Entkleidungsspuren, typische Griffspuren an den Armen, Blutergüsse am Rücken, Hämatome an den Innenseiten der Schenkel. Die Anzeige der vergewaltigten Frau muss jedoch glaubhaft belegt und objektiviert werden, sonst steht vor Gericht Aussage gegen Aussage, und das Opfer verliert zur Ehre auch noch den Prozess.

Auch der Kinder wird sich dann niemand mehr annehmen, der Spuren von Misshandlungen professionell lesen könnte. Viele Ärzte in den Kinderkliniken glauben beim Anblick von Blutergüssen den immer gleichen Geschichten vom Sturz aus dem Hochstuhl, und bei Verbrennungsverletzungen schlucken sie die stereotype Mär vom Unfall mit dem heißen Kochtopf, weil sie die Sprache der Verletzungsmuster nicht begreifen. Nierenversagen oder Knochenbrüche müssen als Misshandlungsfolgen gedeutet werden können. Doch anstatt den Fall einem Rechtsmediziner zu überlassen, der anschließend Polizei und Jugend-amt einschaltet und das Opfer in Sicherheit bringen lässt, päppeln sie das geschundene Kleinkind auf und schicken es ahnungslos in die Familienhölle zurück, bis es irgendwann von einem einfältigen Hausarzt den plötzlichen Säuglings- oder Unfalltod bescheinigt bekommt.

Die Ergebnisse rechtsmedizinischer Untersuchungen haben für das Leben des einzelnen Menschen häufig unvorstellbare Folgen. Für Schwache und Verlierer, für Alte, Kranke, Kleine, Verletzte, Obdachlose und Drogenabhängige ist der Rechtsmediziner oft der letzte Anwalt. Der Blick, den er auf die Menschheit wirft, fällt auf ihre düsterste Seite. Sein Fachgebiet sind die sichtbaren und die fast unsichtbaren Folgen äußerster Abscheulichkeiten, Niederträchtigkeiten, Abartigkeiten, erschreckendster und elendster Taten, zu denen Menschen fähig sind. Rechtsmediziner dienen – das ist ihr Selbstverständnis, und darauf legen sie Wert – der Wahrung der Menschenrechte. Deshalb rückten nach Beendigung des Kosovo-Krieges noch im Juli 1999 Ärzte aus allen rechtsmedizinischen Instituten Deutschlands freiwillig aus, um die Menschenrechtsverletzungen im Süden Jugoslawiens zu untersuchen und zu dokumentieren. Doch nicht nur in Afrika, auf dem Balkan oder im Nahen Osten wird die Würde des Menschen mit Füßen getreten. Auch in Deutschland, im Einfamilienhaus in München-Laim, in der Trabantenstadt in Hamburg-Mümmelmannsberg und in der Villa in Berlin-Dahlem, finden Menschenrechtsverletzungen statt – mehr oder weniger subtil.

Die Rechtsmedizin dient den Interessen von Personen, die durch eine Straftat geschädigt und in ihren elementaren Rechten angegriffen wurden. Sie diagnostiziert diese Schädigungen (schwere, zum Teil tödliche Erkrankungen) und verhilft verstorbenen Opfern auch noch posthum zu ihrem Recht. Deswegen sind die *schwerstgeschädigten Opfer, die Toten,* ihre wichtigste Klientel. Wer kann schon erahnen, was ein Mensch erleiden muss, bevor er getötet wird? Nur manchmal, wenn jemand einen Mordanschlag überlebt hat, kann man in der Gerichtsverhandlung eine Ahnung von dem Entsetzlichen bekommen, das sich da abgespielt hat.

Ein krebskrankes Kind, das durch eine Operation vor dem drohenden Tod gerettet werden kann, ist kein Jota wichtiger als ein misshandeltes Kind, das die Chance hat, durch rechtzeitiges Eingreifen der Rechtsmedizin von der tödlichen Bedrohung befreit zu werden. Und doch: Ist in einem Krankenhaus die Abteilung Kinderonkologie von der Schließung bedroht, laufen Eltern und Elternhilfevereinigungen Sturm. Wird dagegen das rechtsmedizinische Institut geschlossen, geht niemand auf die Straße oder auf die Barrikaden. Das Heilen und Helfen der klinischen Ärzte wird in Deutschland eben sehr viel höher bewertet als der Dienst, den die Rechtsmediziner dem Opfer erweisen. Zumal wenn es der letzte ist.

DER ELEKTRIKER

Ein Fall aus Hannover, der zeigt,
wie viel von exakter Arbeit in der Rechtsmedizin abhängt

Als der junge Rechtsmediziner Joachim Eidam an diesem Dienstagmorgen die Leichenhalle des Instituts Hannover betritt, warten schon 13 kalte Klienten auf ihn. Es ist der 2. Mai 1989. Der Maifeiertag ist auf den Montag gefallen, das Wochenende also lang gewesen, was die große Zahl der Neuankömmlinge erklärt. Eidam muss nun als Assistenzarzt die äußere Leichenschau an den Toten vornehmen.

Eidam greift zum Diktafon und beginnt mit der Routinearbeit. Auf Band hält er jeweils die äußeren Befunde fest und seine Einschätzung, ob es angeraten sei, eine Obduktion bei der Staatsanwaltschaft zu beantragen.

Bei Leiche Nummer vier wird Eidam stutzig. Es ist eine relativ junge Frau, 168 Zentimeter groß, 72 Kilo schwer, mit merkwürdigen Hauterscheinungen am linken Oberarm und am rechten Unterschenkel, knapp unterhalb des Kniegelenks. Eidam beugt sich hinab und sieht sich die warzenförmigen Gebilde genauer an. Es sind rotgrau gesäumte, verfestigte Krater mit weißlichem, aschigem Inhalt. Manche haben die Größe von Stecknadelköpfen, manche die von Pfennigstücken. Die Frau hat außerdem deutliche punktförmige Unterblutungen in den Bindehäuten der Augen und auf den Lidern bis in die Kopfhaut hinein, wie sie Menschen zeigen, die erstickt sind oder vor dem Tod einen Blutstau im Kopf hatten.

„Extrem suspekt", denkt Eidam beim Anblick der Hautkrater. Als wäre da Strom in enormer Dosis in die Haut geflossen, vom linken Oberarm zum rechten Unterschenkel – mitten durchs Herz. Das würde auch die Stauungsblutungen an den Augen erklären, denn Stromstöße von etwa 200 Milliampere können eine heftige Kontraktion des Herzens und der Muskeln hervorrufen, was zu einem kurzen, aber massiven Blutdruckanstieg führt, der kleinere Gefäße zum Platzen bringt.

Der junge Arzt ruft einen wissenschaftlichen Mitarbeiter am Institut zu Hilfe, der sich als Ingenieur mit Strom gut auskennt. „Das sind Strommarken", bestätigt der. Jetzt wird Eidam nervös. Er ruft bei der Kripo an: „Es muss dringend obduziert werden."

Die Obduktion am Nachmittag verläuft denkbar unerfreulich. Der erste Obduzent, ein Privatdozent, ist kein Anhänger der Stromtodtheorie.

Eidam und der Vorgesetzte geraten sich deshalb über der Leiche heftig in die Haare. Nur dem Gezeter und dem verbissenen Kampf des Assistenzarztes ist es schließlich zu verdanken, dass im vorläufigen Obduktionsbericht Stromtod doch noch als „mögliche Ursache" wenigstens in Betracht gezogen wird. Die feingeweblichen Untersuchungen bestätigten jedoch später genau den Befund des jungen Mediziners Eidam. Die Frau war an einem Stromschlag gestorben.

Eine seltsame Todesursache. Doch etwas ist noch seltsamer: der Name der Toten. Eine Polizeibeamtin, die sich wegen einer anderen Angelegenheit zufällig im rechtsmedizinischen Institut aufhält, wirft – zweiter Zufall – einen Blick ins Leichenbuch und entdeckt die Personalien der Verstorbenen: Janja P., 39 Jahre alt, Todestag: 28. April. Das trifft sie wie ein Keulenschlag. „Schon wieder eine tote Frau mit diesem Nachnamen", sagt die Polizistin zu den Rechtsmedizinern. Plötzlich gehen bei allen die Alarmlampen an: Janja ist nicht die erste Frau P., die im Raum Hannover auf mysteriöse Weise ums Leben gekommen ist.

Am 28. Juni 1989, zwei Monate nach dem unerwarteten Tod seiner vierten Ehefrau Janja, wird der 57-jährige Elektriker Otto P. in Hannover unter Mordverdacht festgenommen. Die Staatsanwaltschaft ist davon überzeugt, dass er nicht nur Janja P., sondern auch ihre drei überraschend verstorbenen Vorgängerinnen mit tödlichen Stromstößen umgebracht hat. Sie ordnet die Exhumierung aller Gattinnen an.

Die erste Frau, Maria P., hatte ihr Mann am 17. Dezember 1972 in der Gartenlaube, die sie mit ihm bewohnte, tot aufgefunden. Sie war 47 Jahre alt geworden. Otto P. war erschüttert und gab gegenüber der Kripo an, es sei am Vorabend zu einem kleinen Streit über verschütteten Wein gekommen. Er habe deshalb das Wohnzimmer verlassen und sei allein zu Bett gegangen. Um 3.45 Uhr habe er zur Toilette gemusst und sei über seine am Boden liegende Frau gefallen. Da habe er die Hausärztin gerufen. Diese erklärte sich außerstande, den natürlichen Tod zu bescheinigen, und plädierte für eine Obduktion.

Am 22. Dezember 1972 wurde die Leiche der Maria P. geöffnet. Da zu dieser Zeit noch kein rechtsmedizinisches Institut in Hannover existierte, nahm ein Krankenhauspathologe die Obduktion vor. Er fand an der Streckseite des rechten Unterarms eine fünfzehn mal sechs Zentimeter große Hautvertrocknung, an der Außenseite eine ein Zentimeter große rötliche Verfärbung der Haut. Am seitlichen Fußrücken und an der Fußaußenseite des linken Beins bemerkte er drei Hauteintrocknungen von etwa einem Zentimeter Durchmesser. Da er kein Rechtsmediziner war, beschrieb er die Befunde nur, konnte sie aber nicht deuten.

Dass Strommarken oft wie Hautabschürfungen aussehen, wusste er nicht. Er machte keine Fotos. Als Todesursache trug er Herzversagen ein.

Als Maria P. am 14. September 1989 exhumiert wird, ist von ihr nicht mehr viel übrig. Hautveränderungen sind natürlich nicht mehr zu erkennen. Der Pathologe selbst kann sich an die Obduktion nicht mehr erinnern, sie liegt immerhin 17 Jahre zurück.

Die zweite Frau des Elektrikers, die 44-jährige Gerda P., wurde von ihrem Mann am 1. April 1975 gegen 7.30 Uhr als verstorben gemeldet. Als die Kripo kam, fand sie den Leichnam in Rückenlage und mit geschlossenen Augen auf der Bettcouch im Wohnzimmer vor. Die Tote trug ein Nachthemd, die Bettdecke war bis zur Brust hochgezogen. Der Ehemann war völlig aufgelöst und erzählte, er habe sich am Abend zuvor allein ins Bett begeben. Am Morgen um sieben habe er sie wecken wollen, doch sie sei leblos gewesen. Gerda P. war eine starke Raucherin gewesen und hatte unter Bluthochdruck gelitten, also diagnostizierte der Hausarzt als Todesursache Schlaganfall. Da es keine Anhaltspunkte für Fremdverschulden gab, wurde die Ermittlung eingestellt und die Tote beerdigt. Als man sie am 6. September 1989 wieder ausgräbt, besteht sie nur noch aus Knochen.

Am Morgen des 13. September 1979 wurde Bärbel P., die dritte Ehefrau des Elektrikers, von ihrer Tochter tot im Wohnmobil vor dem Eigenheim entdeckt. Sie war 33 Jahre alt geworden. Der Ehemann gab an, die Nacht allein im Ehebett verbracht zu haben. Seine Frau habe im Wohnmobil übernachtet. Die Tote lag auf dem Rücken, die Hände zu Fäusten geballt. An der Innenseite der Arme bemerkte die Tochter rote, punktförmige Flecken. Die Leichen schauende Ärztin hielt sie für Totenflecke. Da Bärbel P. sehr dick war und an Diabetes und Asthma litt, machte sich niemand Gedanken. „Herz-Kreislauf-Versagen bei Asthmaleiden" wurde im Totenschein eingetragen. Eine Obduktion, wie die Kinder sie wünschten, scheiterte am heftigen Widerstand P.s. Als man die Leiche exakt an Bärbel P.s zehntem Todestag wieder ans Licht der Welt holt, ist nichts mehr zu erkennen.

Jetzt beginnen die juristischen Ermittlungen zu den vier Todesfällen. Zeugen werden befragt, alte Unterlagen herausgekramt. Eine Zeugin berichtet, Maria, die erste Frau, habe den Verdacht geäußert, ihr Otto „manipuliere an den Steckdosen". Maria soll wenige Tage vor ihrem Tod verschiedene Menschen gebeten haben, auf jeden Fall die Polizei zu rufen, sollte sie tot aufgefunden werden. Sie habe, heißt es, panische Angst vor P. gehabt und die Scheidung angestrebt. Eine andere Zeugin sagt aus, die Mutter von Otto P. habe ihr vor Jahren erzählt, ihr Sohn habe Maria mit Strom in der Badewanne ermordet. Sie habe der alten Frau geglaubt und sich vor Otto sehr gefürchtet. Siebzehn Jahre zu spät wird plötzlich klar, wie klassisch das Muster war, nach dem Maria ihr Leben ließ. Doch gemerkt hatte kaum einer etwas. Und diejenigen, denen etwas aufgefallen war, hatten geschwiegen.

Jetzt geben die drei Töchter der dritten Frau, Bärbel, zu Protokoll, das Verhältnis der Eltern sei sehr schlecht gewesen. Otto P. habe mit ihrer Mutter geheime elektrische Experimente durchgeführt, die in abgelegenen Räumen hinter zugezogenen Vorhängen stattgefunden hätten. Sie habe, obwohl ihr das vom Arzt streng verboten worden sei, Alkohol trinken müssen, dann habe er sie an Kabel angeschlossen. Andere Zeugen berichten, Otto P. habe beim Begräbnis der Bärbel gesagt: „Ich bin schuldig an ihrem Tod."

Im Dezember 1989 wird Otto P. des heimtückischen Mordes an drei seiner Ehefrauen angeklagt. (Im Todesfall der zweiten Gattin Gerda reichen die Indizien für eine Anklage nicht mehr aus.) Da dem Angeklagten jedoch nach so vielen Jahren nicht mehr nachgewiesen werden kann, dass er die erste und die dritte Ehefrau umgebracht hat, um sie zu beerben, bleibt nur noch der Fall Janja, durch den die ganze Serie ans Licht gekommen ist: Am 10. Juli 1990 wird Otto P. zu einer lebenslangen Freiheitsstrafe wegen Mordes an seiner vierten Ehefrau verurteilt. Ein Geständnis hat er nie abgelegt.

Doch der Elektriker Otto P. geht in Revision und wird am 24. März 1993 vom Landgericht Hannover zum zweiten Mal wegen Mordes zu lebenslanger Haft verurteilt. P. wechselt den Verteidiger und erwirkt eine zweite Revision. Am 8. März 1995 spricht das Landgericht Göttingen ihn frei. Begründung: Es bestehe zwar kein Zweifel, dass Janja P. den Stromtod gestorben sei, doch könne es nicht als unstrittig gelten, welche Umstände zu diesem Tod geführt hätten. Auf Deutsch: Es hätte auch ein Unfall sein können.

Im Sommer 1995 darf Otto P. das Gefängnis verlassen. Die Staatsanwältin am Landgericht Göttingen findet die Unfallthese nicht akzeptabel und beantragt nun ihrerseits eine Revision. Im Sommer 1996 wird Otto P. erneut festgenommen. Dann beginnt die letzte Runde. Ein Jahr dauert der Kampf am Landgericht Göttingen. Sechzig Zeugen werden befragt, um die Wahrheit zu ergründen, und 21 Sachverständige um Gutachten gebeten. Es hat den Anschein, als zöge der Rechtsstaat jetzt alle Register, um diesen Mann, den er so oft hat davonkommen lassen, endlich festzunageln. Am 9. Februar 1998 wird Otto P., inzwischen

65 Jahre alt, wegen Mordes an seiner Frau Janja zu einer Freiheitsstrafe von zehn Jahren verurteilt.

Wie es zur Tötung der vierten Frau P. gekommen ist, rekonstruiert das Gericht folgendermaßen: Am frühen Morgen des 28. April 1989 fordert der arbeitslose Elektriker Otto P. einen Notarztwagen an. Um 6.21 Uhr treffen der Notarzt und die Rettungssanitäter bei der Wohnung der Familie P. ein. Sie finden Janja im Ehebett vor. Sie ist seit mindestens einer Stunde tot. Der Notarzt hält das Ganze für einen Routinefall. Genauere Untersuchungen führt er nicht durch. Da er die Frau nicht gekannt hat, diagnostiziert er „ungeklärte Todesursache" und ruft die Polizei an. Dann eilt er zum nächsten Einsatz.

Die Streifenbeamten versiegeln das Zimmer, in dem die Leiche liegt. Kurz nach sieben erscheinen die Kripobeamten. Auch sie nehmen den Fall auf die leichte Schulter. Sie untersuchen die Tote kurz, stellen verschorfte Hautabnormitäten in der Beuge des linken Arms und am rechten Unterschenkel fest, konstatieren einen Urinfleck auf dem Laken.

Otto P. macht einen sehr mitgenommenen Eindruck. Er gibt an, die Ehefrau gegen zehn Uhr abends zum letzten Mal gesehen zu haben. Er sei allein zu Bett gegangen. Am Morgen sei er gegen sechs aufgestanden, habe Kaffee gemacht, dann sei er zu seiner Frau gegangen, um sie zu wecken. Beim Anfassen habe er gemerkt, dass sie vollkommen steif gewesen sei. Den Kriminalern scheint der Fall nicht sonderlich dringend, dennoch lassen sie die Leiche in die Rechtsmedizin transportieren, da die Todesursache nicht feststeht. Dort entdeckt der Assistenzarzt dann Tage später den Mord.

Otto P. und seine vierte Frau Janja waren seit dem 18. März 1982 verheiratet. Er hatte sie aus Jugoslawien mitgebracht, wo sie in ärmlichen Verhältnissen aufgewachsen war. Sie hatte nur die Grundschule besucht, war aber eine hübsche und angenehme Frau – 18 Jahre jünger als er selbst. Zu den beiden Kindern, die sie schon in Jugoslawien zur Welt gebracht hatte, bekam Janja von ihrem Mann noch drei weitere. Außerdem lebten noch Kinder aus den früheren Ehen des Elektrikers im Haus, sodass man von kinderreichen Verhältnissen sprechen kann.

Otto P. war wegen Versicherungsbetrugs vorbestraft. Er hatte sein Haus angezündet, um die Versicherungssumme zu kassieren. Nun lebte er von der Sozialhilfe, obwohl er von seinen Ehefrauen einiges geerbt hatte und unter dem Bett einen großen Koffer voller Geld aufbewahrte. Er tyrannisierte die Familie und hielt Frau und Kinder finanziell kurz. Kein Wunder, dass die Eheleute P. sich oft stritten und Janja hin und wieder erwog, ihren Mann zu verlassen. Sie traute sich dann aber doch nicht.

Wie schon seiner dritten Frau, Bärbel, so gaukelte P. auch Janja vor, ein großes Genie zu sein. Er habe ein Messgerät erfunden, machte er ihr weiß, welches mithilfe von kleinen Strommengen den Alkoholgehalt des Blutes bestimmen könne. Auch als Lügendetektor sei es geeignet. Außerdem log er, er erhalte Forschungsgelder, die Patentierung des Geräts stehe unmittelbar bevor, die Firma Siemens sei interessiert. Bald werde er reich sein, und dann könnten sie alle sorgenfrei in Jugoslawien leben. Wie Bärbel glaubte auch die schlichte Janja den Lügen ihres Mannes und stellte sich als Versuchsperson in den Dienst der Wissenschaft. Wie Bärbel trank sie kleine Mengen Alkohol und ließ es zu, dass P. ihr Manschetten um Arme und Beine legte und sie an Strom anschloss.

Was der Elektriker als große Erfindung pries, war in Wirklichkeit ein kleines Mordinstrument. Im Wesentlichen handelte es sich um einen Elektrokasten, in den P. mehrere Kohleschichtwiderstände eingebaut hatte. Wenn er Strom aus dem Netz über die Widerstände leitete, war die Elektrizität für einen menschlichen Körper ungefährlich. Allerdings befand sich in dem selbst gebastelten Kasten ein roter Kippschalter, mit dem P. die Widerstände ausschalten konnte. Tat er dies, fuhr der Haushaltsstrom direkt aus der Steckdose in den Leib der angeschlossenen Versuchsperson.

Am Freitag, dem 28. April, dem Todestag Janjas, sollte eine Hochzeit in der Nachbarschaft stattfinden. Die P.s waren eingeladen, und Janja freute sich schon mächtig. Als eine Nachbarin am Donnerstagabend gegen neun vorbeischaute, war Janja völlig deprimiert. P. hatte ihr verboten, an der Hochzeit teilzunehmen. Sie hatte am Freitagmorgen noch zum Friseur gehen wollen – doch dafür wollte er ihr kein Geld geben.

Gegen zehn ging P. allein ins Schlafzimmer. Janja unterhielt sich in der Küche noch über eine Stunde mit ihrem großen Sohn aus erster Ehe. Sie klagte, sie habe so viele Jahre hier in Deutschland an ihren Mann verschwendet, sie werde ihm das Geld für den Friseur jetzt stehlen und die Hochzeit gegen seinen Willen besuchen. Dann ging Janja P. duschen. Ihre Stimmung war wieder gut, als sie sich gegen halb zwölf zu ihrem Mann ins Schlafzimmer begab. Im Laufe dieser Nacht schloss der sie mithilfe seines Mordkastens ans Stromnetz an. Janja erlitt daraufhin ein so genanntes Herzkammerflimmern, das zum Tod führte. Die Prozedur hinterließ jene kleinen Strommarken auf der Haut, die Tage später den Weg zum Ehemann weisen sollten.

Ob P. Janja im Schlaf tötete oder sie zu einem letzten Experiment überreden konnte, ob er sie beim Diebstahl überraschte und sie zu einem Verhör mit seinem „Lügendetektor" zwang, als sie die Tat abstritt – all das wird das Gericht nie gänzlich klären können. Janja jedenfalls muss völlig arg- und wehrlos gewesen sein. Ebenso wenig lässt sich das Motiv bis ins Letzte nachvollziehen. Vielleicht war Janja nun endgültig entschlossen, ihren Mann zu verlassen, und hat ihm dies bei einem weiteren Streit im Schlafzimmer mitgeteilt; vielleicht hat er es nicht ertragen, dass sie sich von ihm nichts mehr vorschreiben lassen wollte; vielleicht aber hatte Janja auch alles so satt, dass sie P. drohte, zur Polizei zu gehen und ihn wegen Kindesmissbrauchs anzuzeigen. P. hatte sich nämlich an ihrer damals elfjährigen Tochter vergriffen, als Janja auf Urlaub in Jugoslawien gewesen war. Als sie davon erfahren hatte, war sie mit dem Messer auf ihren Mann losgegangen. Später hatten sich die Wogen scheinbar geglättet. Dennoch ist denkbar, dass Janja dieses Druckmittel in jener Nacht anwandte und dann als unliebsame Zeugin aus der Welt geschafft wurde.

P. streitet auch in seinem vierten Strafprozess bis zuletzt ab, beim Tod seiner Frau die Hand im Spiel gehabt zu haben. Als im Februar 1998 das Urteil „Schuldig wegen Mordes" verkündet wird, legt P. erneut Revision ein. Am 23. November erleidet er im Gefängnis einen Schlaganfall, am Morgen des 25. November 1998 stirbt er. Die Obduktion ergibt einen natürlichen Tod. Da der Bundesgerichtshof zu diesem Zeitpunkt über die Revision noch nicht entschieden hat, ist das Urteil nicht rechtsgültig in Kraft getreten. Juristisch gesehen heißt das: Der Elektriker Otto P. stirbt als unschuldiger Mann.

5. Der ermattete Staat

Warum der Staat wegsieht

In Deutschland herrscht das so genannte Legalitätsprinzip. Das heißt, nach der Strafprozessordnung *müssen* die Ermittlungsbehörden alle Straftaten verfolgen, von denen der Staat in irgendeiner Form Kenntnis erhält. Er muss somit von Amts wegen auch ohne eine Anzeige einschreiten, wenn ihm Verstöße zu Ohren kommen. Das gilt natürlich auch und ganz besonders für Straftaten gegen das Leben, denn einem anderen das Leben zu nehmen ist das größte Verbrechen, das ein Mensch begehen kann.

Was ist das also für ein Staat, der zwar das Legalitätsprinzip anwendet, aber gleichzeitig sehenden Auges Mörder entwischen lässt? Wie die Antwort lautet, könnte schon das folgende politische Verhalten ahnen lassen: Am 21. Juli 1970 änderte das Bundesland Baden-Württemberg sein Totenscheinformular dergestalt, dass der Leichen schauende Arzt den *unklaren* Tod nicht mehr diagnostizieren kann. Diese Option wurde schlicht gestrichen. Zur Auswahl geblieben sind lediglich das natürliche und das nicht natürliche Ableben.

Diesem Vorbild folgten die Bundesländer Rheinland-Pfalz und Schleswig-Holstein, und auch Nordrhein-Westfalen spielt regelmäßig mit dem Gedanken, den ungeklärten Tod vom letzten Dokument zu verbannen. In weiteren Regionen Deutschlands tritt der unklare Tod somit nicht mehr ein. So leicht lässt sich ein ungeliebtes Phänomen aus der Welt schaffen. Denn: Was ich nicht weiß, muss ich nicht verfolgen. Dubiose Tote machen dem Staat und seinen Ermittlungsorganen Arbeit, also schafft er sie ab – es kostet ihn einen Federstrich.

Pech für den Arzt, der bei Nacht und Nebel zu einer Waldlichtung gerufen wird, wo ein Toter auf ihn wartet. Er hat am Leichenfundort (sollte dieser in den entsprechenden Bundesländern liegen) nun die Auswahl zwischen dem natürlichen und dem nicht natürlichen Tod und damit den schwarzen Peter. Auf ihm, dem in Leichensachen schlecht ausgebildeten und mit der Situation überforderten Mediziner, lastet die ganze Verantwortung für die Aufklärung der Todesumstände.

Die zentrale Aufgabe der Leichenschau besteht darin, die Todesart festzustellen und zu beurkunden – also die Frage zu beantworten, ob ein natürlicher oder ein nicht natürlicher Todesfall vorliegt oder ob er undurchsichtig ist, sodass Nachforschungen angestellt werden müssen. Das Erkennen der Todesart und die entsprechende Reaktion der Behörden sind nicht nur für den Toten und seine Familie von immenser Bedeutung, sondern auch für die Sicherheit der Bevölkerung.

Doch das ist der Anspruch; die Wirklichkeit sieht anders aus. „Wir müssen feststellen, dass auf dem Weg über die Leichenschau und die Todesermittlung in einem erheblichen Umfang Todesfälle mit rechtlicher und sozialer Relevanz nicht erkannt und nicht aufgeklärt werden", konstatierte Werner Janssen, über viele Jahre Direktor der Hamburger Rechtsmedizin, 1993 in seiner Abschiedsrede. Er schloss mit einem Fazit, zu dem er nach vierzig Berufsjahren gelangt war: *„Insgesamt erweist sich das ganze System, das den Umgang mit dem Tode und seine Kontrolle regelt, als passiv reagierendes, das mehr eine Alibifunktion erfüllt und seine eigentliche Aufgabe verfehlt.* Es umfasst Schädigungen und Straftaten mit Todesfolge nur dann, wenn entsprechende Verletzungsbefunde am Leichnam, verdächtige Vorgeschichten und Todesumstände oder Anzeigen und spontane Tätergeständnisse Anlass zu weiter gehenden Untersuchungen geben. Leichenschau und Todesermittlung haben also nur Erfolg, wenn sich die rechtlich bedeutsamen

Todesfälle gewissermaßen von selber darstellen oder, wie es in der Polizeisprache heißt, der *Kommissar Zufall* hilft."

Was ist das für ein Staat, der nicht aktiv wird, der es nicht wissen will, der sich selbst belügt? Jeden Abend werden im deutschen Fernsehkrimi Mörder von nicht abzuschüttelnden Ermittlern und Ermittlerinnen gejagt und schließlich ihrer gerechten Strafe zugeführt. Der Bürger sitzt mit wohligem Grausen vor dem Bildschirm und ergötzt sich an der Scheinwelt, die ihm vorgaukelt, dass alles in Ordnung sei und dass sich ein jeder sicher wähnen dürfe.

Was ist das für ein Staat, der schon durch die Art, zur Kenntnis zu nehmen (beziehungsweise nicht zur Kenntnis zu nehmen), dafür sorgt, dass diese Scheinwelt nicht angetastet wird? Die Abschaffung der unklaren Todesart, dieses Nicht-wissen-Wollen, folgt der gleichen Plausibilität wie die Überlegung, dass es kein Verbrechen mehr gäbe, schaffte man nur die Polizei ab. Was ist das für ein Staat, der seine Ärzte in der Disziplin „Leichensachen" ungenügend ausbildet und sie dann in unüberschaubaren Situationen allein lässt? Der offenbar nicht daran interessiert ist zu erfahren, woran seine Bürger sterben? Der anscheinend nicht einmal wissen will, ob sie gerade ermordet worden sind? Was sind das für Behörden, die sich selbst genug sind und sich nur noch mit Mühe mobilisieren lassen?

Dies alles fragen sich auch manche Mitarbeiter in den staatlichen Gesundheitsämtern, wo jeder Totenschein für die Todesursachenstatistik ausgewertet wird. Dort sitzen Ärzte, denen nicht wohl zumute ist, wenn sie an den einen oder anderen Exitus denken. Sie reden aber nur zögerlich und inkognito darüber, als wäre der Umgang mit dem Tod ein heißes Eisen: Ihnen kommen Todesbescheinigungen vor Augen, auf denen zum Beispiel steht, jemand habe sich in selbstmörderischer Absicht in den *Hinterkopf* geschossen. „Haben Sie so was schon mal gehört?", fragt ein bei der Gesundheitsbehörde tätiger Arzt, dessen Name nicht genannt werden darf. „Ich gebe die Sache sofort an die Polizei – und nichts passiert! Die Gleichgültigkeit wird zelebriert in Deutschland, und die ganze Verwaltung macht mit."

Auch andere Kollegen dieses Arztes in anderen Behörden haben Fälle zusammengestellt, in denen junge oder gesunde Menschen urplötzlich tot dalagen und kein Arzt, kein Polizist es für nötig befand, der Angelegenheit nachzugehen. Es gibt keine empirischen Untersuchungen über die Sorgfalt, mit der in Deutschland Todesfälle untersucht werden, aber bei vielen Menschen, die durch ihren Beruf mit dem Tod in Berührung kommen, stellt sich eine Ahnung vom Dunkelfeld bei Tötungsdelikten ein; sie spüren eine Ermattung des Verfolgungssystems, eine chronische Übermüdung des Staates und seiner Diener.

Nicht entdeckte Tötungsdelikte scheinen kein hochgradig drängendes Problem für die Allgemeinheit zu sein. Wie kommt das? Ein Grund liegt auf der Hand: Das Tötungsdelikt an sich ist ein zu seltenes Phänomen, als dass der Missstand seiner systematischen Nichtentdeckung die Bevölkerung aufzurütteln vermöchte. Also können die Strafverfolgungsbehörden die übersehenen Tötungsdelikte weiterhin als „Einzelfälle“ abtun und durch eine niedrige Obduktionsrate dafür sorgen, dass die vermeintlichen Einzelfälle Einzelfälle bleiben.

Taucht zufällig hin und wieder die Spitze des Eisbergs aus dem Meer der Ahnungslosigkeit, hält sich die staatliche Betroffenheit ebenfalls in Grenzen. Erschüttert ist vielleicht der einzelne Kriminalbeamte, der in die Zufallsentdeckung eines Mordes verwickelt ist, außer sich sind vielleicht die Angehörigen, aber das Entsetzen breitet sich in der Regel nur innerhalb der Grenzen eines gewissen privaten Rahmens aus. Der Staat als solcher sieht sich durch Tötungsdelikte nicht bedroht – es sei denn, es handelt sich um Mord aus politischen Gründen. Die Relevanz, die dem Missstand daher öffentlich zugestanden wird, steht in keinem Verhältnis zu der Furcht vor den Kosten, die drohten, wenn der Staat die Unvollkommenheit seines Ermittlungssystems zur Kenntnis nähme. *Kaum jemand in diesem Land ist deshalb daran interessiert, aus einem natürlichen Todesfall einen Mord zu machen.*

Eine andere Ursache für das Ausbleiben eines Skandals könnte darin liegen, dass das Dunkelfeld in den Randgruppen der Gesellschaft besonders ausgedehnt und undurchdringlich ist und dass diejenigen, deren Ermordung ungesühnt bleibt, in der Mehrzahl zu den Schwachen und Unproduktiven gehören. Es sind Menschen, von denen die Allgemeinheit in der Regel nicht profitiert und deren Gruppe daher keine politische Durchsetzungskraft hat: Alte, Kranke, Arme, Randständige, Abhängige, Babys, Multiproblemfälle. Hinzu kommen noch jene Leute, die unter dubiosen Umständen leben und keinen Hahn zum Krähen bringen, wenn sie unter dubiosen Umständen sterben. Der Ehrgeiz des Staates scheint sich darin zu erschöpfen, den Missstand so weit einzugrenzen, dass er selbst und seine Strafverfolgungsbehörden nicht mehr in der Kritik stehen.

In der Soziologie ist dieses informationsabweisende Verhalten des Staates bekannt. Der berühmteste deutschsprachige Beitrag zu diesem Thema stammt von Heinrich Popitz. Der Freiburger Soziologieprofessor ging von der These aus, der Staat schließe die Augen vor den an ihn herangetragenen Missetaten, um sich zu entlasten, denn wenn er sie einmal zur Kenntnis genommen hat (so will es das *Legalitätsprinzip!*), muss er sie bis zum bitteren Ende verfolgen. Zwar verzichte der Staat dadurch auch auf die Bestrafung eben jener Täter, die er ignoriert, aber er fährt besser, wenn er dies gleich konsequent von Anfang an tut: „Jeder spätere Rückzug, wie der Verzicht auf Verfolgung, Anklageerhebung und Verurteilung, ist als Verzicht viel eindeutiger artikuliert."

Popitz kommt, zusammengefasst, zu folgendem Schluss: Auf der einen Seite *muss* das öffentlich gewordene und bestrafte Verbrechen ein *Minderheitenphänomen* bleiben, damit die Gesellschaft weiter funktionieren und die Mehrheit sich als gute Bürger fühlen kann. Auf der anderen Seite ist eine totale Überwachung und Sanktionierung von Normbrüchen durch den Staat weder machbar noch bezahlbar. Also beschränkt sich der Staat darauf, an denen, die sich erwischen lassen, ein Exempel zu statuieren.

An solchen Erkenntnissen können Soziologen ihre Freude haben, jedoch für den Arzt oder Polizisten, der ratlos vor dem Toten steht, für den Rechtsmediziner, der zufällig einen Mordfall auf den Sektionstisch bekommt, für den Strafrechtler, der das Grundrecht auf Leben schützen muss, kann die Einsicht des Professors Popitz nicht die Lösung seines Problems sein. Es bedarf in Deutschland selbstverständlich schon lange einer Reform des Leichenwesens. Das weiß jeder Notarzt, jeder Kriminalbeamte und jeder Rechtsmediziner oder wer sonst noch mit Toten zu tun bekommt. Das Mindeste sollte sein:

- Nur speziell für die Leichenschau ausgebildete Ärzte dürfen den Totenschein ausstellen.
- Es muss bei allen unklaren Todesumständen obduziert werden.

Im Folgenden soll kurz dargetan werden, um wie viel zuverlässiger und intelligenter die Vorermittlungen in Leichensachen bei einigen unserer europäischen Nachbarn organisiert sind.

England: In England herrscht das so genannte *Coroner-System*. Die Coroner – 144 davon gibt es in England und Wales – sind Beamte ihrer jeweiligen Gemeinde. In der Regel sind sie ausgebildete Juristen, manche auch Ärzte, die mindestens fünf Jahre Berufserfahrung haben müssen. Sie sind spezialisiert auf und zuständig für die Untersuchung jener Todesfälle, die keine eindeutige Ursache haben. Der Coroner wird in der Regel von Ärzten oder Polizisten informiert und hat am Leichenfundort Vernehmungen durchzuführen, die allein der Klärung der Fragen dienen: Wer ist der Tote? Wodurch ist er zu Tode gekommen? Es ist nicht seine Aufgabe zu klären, ob irgendjemand die Verantwortung für den Tod des Aufgefundenen trägt. Er ist ausschließlich dafür da, eine Untersuchung in die Wege zu leiten, eventuelle Beweismittel zu sichern und an den Staatsanwalt weiterzuleiten. Er ist Fachmann in der Todesermittlung und fungiert quasi als Schaltstelle zwischen Polizei und Staatsanwaltschaft. Somit sind beide Einrichtungen entscheidend entlastet. 201 000 unklare Todesfälle wurden den Coronern 1999 gemeldet. In 62 Prozent ordneten sie eine Sektion an.

Österreich: In Österreich ist das Leichenschauwesen grundsätzlich weit intelligenter und der Rechtssicherheit dienlicher geregelt als in Deutschland. Hier ist nicht jeder beliebige Mediziner zur Leichenschau zugelassen, sondern nur der dazu bestellte, von der öffentlichen Hand bezahlte Totenbeschauer. Bei ihm handelt es sich um einen im öffentlichen Dienst stehenden Gemeinde- oder Amtsarzt oder – wenn der Tod im Krankenhaus eintritt – um den Pathologen der Klinik.

Der Gemeindearzt hat den so genannten *Physikatskurs* absolviert: eine Weiterbildung nach der Promotion, die ihn zur Leichenschau befähigt. Dieses System hat zum einen den Vorteil, dass der Leichenbeschauer durch die Spezialisierung auf die Erscheinungen des Todes und den täglichen Umgang mit Leichen ein enormes Fachwissen hinsichtlich der Zeichen des nicht natürlichen Todes ansammelt. Zum anderen repräsentiert er am Leichenfundort die Stadt oder den Landkreis, was die Gefahr der persönlichen Verstrickung mindert. Er ist in der Regel *nicht* der Hausarzt, das heißt, er ist am Leichenfundort relativ frei von Einflussnahme durch die Hinterbliebenen.

Auch im Hinblick auf die Autopsien ist der österreichische Ermittlungsapparat akribischer. Hier beträgt die Obduktionsrate etwa 20 Prozent, denn es finden bei unklaren Todesfällen nicht nur gerichtliche Sektionen statt, sondern vor allem sanitätspolizeiliche Verwaltungssektionen. Sie werden im Interesse des öffentlichen Gesundheitswesens von Pathologen durchgeführt und vom jeweiligen Bundesland aus seinem Gesundheitsbudget finanziert.

Skandinavien: Nach dem dänischen Gesetz darf der Arzt die Leichenschau nicht durchführen, wenn er in einer engen Verbindung zu dem oder der Verstorbenen, beispielsweise einem ehelichen oder verwandtschaftlichen Verhältnis, stand. Auch in Schweden darf nur ein von solch nahen Beziehungen unbelasteter Arzt den Totenschein ausstellen. Diese Restriktionen fehlen in Finnland, doch würde ein solches Vorgehen dort als Verstoß gegen die medizinische Ethik gelten. Es ist immer eine Gefahr für die Rechtssicherheit, wenn die Leichenschau nicht von einem unabhängigen Arzt durchgeführt wird.

In Finnland ist die Obduktionsrate extrem hoch, etwa 35 Prozent aller Leichen werden seziert. Der Anteil der Autopsien bei den verschiedenen nicht natürlichen Todesfällen beträgt 90 Prozent: So gut wie jedes Unfallopfer, jeder Selbstmörder, jeder Abgestürzte, Ertrunkene oder auf ungeklärte Weise ums Leben Gekommene wird in Finnland seziert. Kein Wunder, dass sich die Tötungsrate in diesem schwach besiedelten Staat im hohen Norden sehen lassen kann.

DER KÜRSCHNER

Ein Fall aus Hamburg, der zeigt,
wie wenig sich der Staat um seine Bürger kümmert

Manchmal siegt die Liebe tatsächlich über das Böse. So gesehen wurde der Mörder Lutz R. ein Opfer der Liebe. Die Treue einer Mutter zu ihrer Tochter wurde ihm zum Verhängnis. Sie war die einzige Person, die sich von ihm nicht in die Irre führen ließ. Allein durch den Glauben jener alten Mutter wurde das ganze Ausmaß der Bösartigkeit des Lutz R. offenbar. Nach vielen Jahren.

Alles beginnt – oder sollte es besser heißen: endet? – damit, dass im Mai 1992 eine etwa siebzigjährige Frau auf der Zuhörerbank in einem Verhandlungssaal des Hamburger Landgerichts Platz nimmt. Sie hat im *Abendblatt* gelesen, dass gegen den Kürschner Lutz R. ein Prozess stattfinden soll. Der Angeklagte, ein polteriger, aber nicht unbeliebter Familienvater, hatte früher zum Bekanntenkreis ihrer Tochter Annegret gehört, die vor dreieinhalb Jahren ganz plötzlich über Nacht verschwunden war. Zum Abschied hatte sie damals Verwandten und Freunden, ihrem Lebensgefährten und ihrer Mutter noch ein paarmal gefaxt oder geschrieben, dass sie ein neues Leben mit einem neuen Mann anzufangen gedenke. Irgendwann hatten die meisten Adressaten sich damit abgefunden, dass die schicke Industriekauffrau, einer plötzlichen Eingebung folgend, wohl mit einem fremden reichen Liebhaber durchgebrannt sei. Allein die Mutter glaubte es nicht. Sie kannte ihre Annegret, und sich so zu verhalten war ganz und gar nicht ihre Art. All die Jahre hindurch hatte sie daher weiter unbeirrbar nach ihrem Kind gesucht.

Zurück in den Gerichtssaal: Lutz R., angeklagt wegen erpresserischen Menschenraubs, erkennt die alte Dame dort drüben auf der Zuschauerbank wieder. „Hallo, wie geht es Annegret?“, begrüßt er sie locker. Er muss doch wissen, dass die junge Frau verschwunden ist. Aber Takt ist R.s Sache nie gewesen.

Im nun folgenden Prozess, den die Mutter aufmerksam verfolgt, wird dem Kürschner nachgewiesen, dass er die Freundin seines ehemaligen Chefs Kurt Kloeßer, die 53-jährige Christa S., mit Gewalt in den unterirdischen Atombunker seines Hamburger Reihenhauses verschleppt und sie dort mit dem Ziel festgehalten hat, seinem früheren Arbeitgeber 300 000 Mark abzupressen. Als er merkte, dass die Polizei ihm auf der Spur war, ließ er die Frau nach einer Woche frei, die für sie ein Albtraum gewesen war. Er wird zu drei Jahren Haft verurteilt.

Doch tritt im Laufe des Prozesses auch eine überraschende Episode aus dem Dunkel der Vergangenheit ans Licht der Gegenwart: Kurt Kloeßer hatte bereits sechs Jahre zuvor einen herben Verlust erlitten. Seine Ehefrau Hildegard war im Frühling 1986 nach einer gemeinsamen Ferienreise völlig unerwartet verschwunden. Auf dem Esszimmertisch hatte sie eine dürre Mitteilung hinterlassen:

> Hab Arbeiten satt
> ich will nicht mehr Arbeiten
> Will nur noch Leben. im Urlaub ist es mir klar geworden.

Auf der Rückseite hatte gestanden:

> Brief Folkt.

Sämtliche Ausweispapiere der Frau und auch der kleine Hund waren fort. Ein paarmal hatte sie noch geschrieben, Briefe und Karten aus dem sonnigen Süden. Aber irgendwann war keine Post mehr gekommen.

Der Mutter auf der Zuhörerbank kommt das alles entsetzlich bekannt vor. Entführungsopfer Christa S. berichtet, sie sei in einem winzigen Raum an ein Stockbett gefesselt gewesen, habe vorformulierte Briefe schreiben und Kassetten mit vorgegebenen Texten besprechen müssen, die der Kürschner dann an ihren Lebensgefährten oder ihren Sohn geschickt habe. Immer wieder habe sie die Todesangst niederkämpfen müssen.

Einmal habe R. ihr auch Pornofotos gezeigt, sagt sie aus. Es seien Polaroidaufnahmen einer jungen Frau gewesen, die sadistisch gefoltert worden sei. In der nächsten Verhandlungspause geht die Mutter der Annegret Bauer auf die Zeugin zu und zeigt ihr Bilder von der verschwundenen Tochter. Ob das vielleicht die junge Frau sei, die sie auf den schrecklichen Fotos in R.s Bunker gesehen habe? „Ja“, sagt Frau S., „diese Frau war es.“

Wer kann ermessen, was in der alten Mutter vorgeht? Sie sucht nun Hilfe bei einer Kriminalbeamtin, die ebenfalls im Gerichtssaal sitzt –

und endlich wird sie ernst genommen. Der Argwohn der Beamtin ist geweckt. Sie fordert die Vermisstenvorgänge Bauer und Kloeßer an und stellt verblüffende Parallelen fest: Beide Frauen waren überraschend aus ihrem Alltag ausgebrochen; beide hatten anschließend noch Briefe an Angehörige geschickt; beide hatten an die Polizei geschrieben, dass sie *auf keinen Fall* als Vermisste zu betrachten seien, sondern ein neues Leben angefangen hätten; beide hatten die Nummer ihres Ausweises auf den Brief gesetzt; beide hatten angegeben, ins Ausland gehen zu wollen. Die Vermisstenanzeigen waren von verschiedenen Hamburger Polizeidienststellen bearbeitet und die Nachforschungen bald eingestellt worden. Die Vorgänge waren in den Vermisstenarchiven der Hamburger Polizei versauert. Ähnlichkeiten zwischen den beiden Fällen waren niemandem aufgefallen. Nun wird dank der Aufmerksamkeit von Annegrets Mutter plötzlich klar, dass die zwei verschwundenen Frauen noch eine weitere Gemeinsamkeit hatten: Beide kannten Lutz R.

Jetzt endlich beginnen die Mühlen der Polizei zu mahlen. Die eigens eingerichtete Sonderkommission 924 vernimmt Freunde und Nachbarn des Kürschners, die Beamten entdecken bei ihm Schmuck und Gegenstände aus dem Besitz der Vermissten. Dann werden die beiden Häuser der Familie R. inspiziert. Am 1. Dezember 1992 fördern die Beamten auf dem Grundstück des Wochenendhauses in Basedow ein blaues 200-Liter-Fass zutage. Es ist in zweieinhalb Meter Tiefe vergraben und mit dreißigprozentiger Salzsäure gefüllt. Darin schwimmt die völlig zersetzte Leiche einer Frau. Am 4. Dezember stoßen die Polizeibeamten im Garten des Reihenhauses in einem Meter Tiefe auf Beton. Mit Presslufthämmern graben sie weiter. Nach vier Stunden finden sie ein zweites Fass. Von der darin enthaltenen Frauenleiche ist nur noch Brei übrig.

Von einer „Sektion" kann somit bei den Hamburger Rechtsmedizinern keine Rede mehr sein. Die eine Leiche ist nicht mehr zu identifizieren; nur dass es ein älterer Mensch gewesen ist, kann durch Zahnkronen nachgewiesen werden. Dennoch sind Rechtsmedizin und Justiz davon überzeugt, dass es sich um die Überreste der 61-jährigen Hildegard Kloeßer handelt. Die andere Leiche ist zweifelsfrei die der 31 Jahre alt gewordenen Annegret Bauer.

Der am 11. Januar 1995 gegen den Kürschner Lutz R. eröffnete Mordprozess gerät zum Mammutverfahren. Anderthalb Jahre dauert er, 186 Zeugen und 15 Gutachter müssen aufmarschieren, um klar werden zu lassen, warum dem Säuremörder über Jahre niemand auf die

Schliche kam. Es war das reibungslose Zusammenwirken von Tücke und Infamie, mit der einerseits R. vorging, und von Borniertheit und Betriebsblindheit, mit der andererseits der Hamburger Polizeiapparat alle auflaufen ließ, die als Informanten infrage gekommen wären.

Am Abend des 12. März 1986 fand der Ehemann der Hildegard Kloeßer den erwähnten Zettel auf dem Tisch vor, auf dem stand, dass sie „Arbeiten satt" habe. Er rief die Polizei, die jedoch keinen Handlungsbedarf sah, da es offensichtlich schien, dass hier jemand freiwillig ausgestiegen war. Es fehlten Kleidungsstücke (allerdings nur Oberbekleidung) und teurer Schmuck und außerdem 20 000 Mark.

Zwei Tage später traf ein in Hamburg abgestempelter Brief mit der Handschrift seiner Frau bei Herrn Kloeßer ein:

> Lieber Kurti!
> Ich habe dich jahrelang gebeten das Geschäft aufzugeben oder zu verkaufen. Aber du suchst immer neue ausreden um bei deinen Pelzen zu bleiben. Das wurde mir jetz im Urlaub erst richtig klar ... Ich gebe dir noch eine möglichkeit benehme dich wie ein Mann, laufe nicht gleich zur Polizei, denn die kennt meine neue Adresse nicht. *Bitte* bleibe *ganz ruhig* und denke darüber nach ... Verhalte dich ruhig, dan könnte es sein das meine Sachen mit mir plötzlich wiede im Hause sind ...

Am selben Tag ging ein ebenfalls handschriftlicher Brief von Frau Kloeßer beim zuständigen Polizeirevier ein: Man möge nicht nach ihr suchen, sie sei keine Vermisste. Um sich zu identifizieren, hatte die Absenderin die Nummer ihres Personalausweises im Briefkopf angegeben.

Zwei Wochen später meldete sich Hildegard wieder schriftlich bei ihrem Mann: „Wenn Du mein Verschwinden weiter überall erzählst, komme Ich gar nicht mehr nach Hause ..."

Ende Mai 1986 erhielten der Ehemann und die Schwester der Frau Kloeßer je eine Karte von der Kanareninsel Teneriffa mit frohen Urlaubsgrüßen von ihr. Sie waren am Geburtstag der Absenderin aufgegeben worden. Danach kam nichts mehr.

Als diese Karten eintrafen, war Hildegard Kloeßer schon etwa zehn Wochen tot. Sie hatte mehrere Tage lang angekettet im Atombunker tief unter R.s Rasen gesessen und muss Todesqualen ausgestanden haben. Immer wieder war R. zu ihr gekommen und hatte sie gezwungen, Karten und Briefe zu verfassen, um die Verwandten und Behörden von Nachforschungen abzuhalten. Sie muss gewusst haben, dass sie ihr Gefängnis nicht lebend verlassen würde. Wie es R. gelungen war, sie samt Dackel, Schmuck und Geld zu entführen, ist nie geklärt worden. Ebenso wenig, ob er sie dort sexuell missbrauchte. Doch es ist sicher, dass er sie spätestens am 16. März ermordet, ihre Leiche in das Fass mit Salzsäure gesteckt und die Tonne vergraben hat. Ihre Kleidung schnürte er zu Geschenkpaketen und verschickte sie an die bedürftige Verwandtschaft in der DDR. Eine Methode, Beweismaterial loszuwerden, von der man damals noch hoffen durfte, dass sie todsicher sei.

Der Ehemann der Verschwundenen, Kurt Kloeßer, suchte in seiner Verzweiflung ganz Hamburg und später auch Teneriffa nach seiner Hilde ab. Er konnte das alles nicht fassen. Seine Ehe war doch immer heil und schön gewesen. Am 8. September 1986 erstattete er Vermisstenanzeige. Kurz danach wurde er schwer herzkrank, er war ein gebrochener Mann. Sein Pelzgeschäft gab er auf.

Zwei Jahre nachdem Kloeßer seine Frau als vermisst gemeldet hatte, am 6. Oktober 1988, entdeckte die Putzfrau der Annegret Bauer einen Zettel mit folgenden Zeilen im Haus der jungen Industriekauffrau:

> Mir ist sowieso egal was Sie
> machen ich ziehe aus.
> Alles Gute für Sie
> persönlich

Von da an blieb Annegret Bauer verschwunden. Eigentlich wollte sie am nächsten Tag ihren in Hannover ansässigen Lebensgefährten Thomas treffen, um mit Freunden übers Wochenende ins Elsass zu fahren. Stattdessen traf in Hannover ein Fax mit ihrer Handschrift ein, von dem nicht viel zu entziffern war.

Zwei Tage später erhielt Annegrets Mutter einen – ebenfalls mit der Hand geschriebenen – Brief der Tochter, in dem es hieß:

> Ich glaube ich habe für Thomas eventuell schon einen Ersatz gefunden. Ich kenne seit 5 Monaten einen Finanzunternehmer. Er ist sehr vermögend, mach mich gern, und wohnt zwischen Zürich und Basel. Sein Haus liegt wunderschön in den Bergen. Er ist seit 4 Jahren geschieden ist 45 Jahre alt und hat einen 12jährigen Sohn, der in den USA lebt.

Immer wieder wurden größere Geldbeträge von Annegret Bauers Konten abgehoben. Doch außer ihrer Unterschrift bekam niemand etwas von der jungen Frau zu Gesicht. Am 14. Oktober ging bei der Firma, in der Annegret Bauer arbeitete, folgendes Schreiben ein:

> Kündigung
> Sehr geehrter Herr B.,
> ich möchte hiermit mit sofortiger Wirkung kündigen. Meine Gründe dafür liegen nur im privaten Bereich. Ich war sehr gerne in dieser Firma und habe mich wohl gefühlt …

Dieser Brief war ausnahmsweise auf einer Reiseschreibmaschine getippt worden. In den folgenden Tagen und Wochen trafen regelmäßig handgeschriebene Briefe und Karten von Annegret ein, bei ihrem Freund, ihrem geschiedenen Mann, bei ihrer Mutter. Was die Adressaten besonders irritierte, waren die unbeholfene Ausdrucksweise der Absenderin und auch die Menge der orthographischen Fehler, denn Annegret hatte sonst immer großen Wert auf Stil und Rechtschreibung gelegt. Doch es war zweifellos ihre Schrift.

Am 21. Oktober hielt es Annegrets Mutter nicht mehr aus. Sie erstattete Vermisstenanzeige. Um den Ermittlern die Nachforschungen zu erleichtern, übergab sie ihnen eine Liste mit den Namen von guten Bekannten ihrer Tochter. Auch Lutz R. stand auf dieser Liste; er trainierte mit Annegret im gleichen Schwimmverein und war früher sogar Trauzeuge bei ihrer Hochzeit gewesen.

Unglückseligerweise geriet die Anzeige jedoch in die Hände eines Kriminalkommissars, der ebenfalls dem besagten Schwimmverein angehörte und mit R. und Annegret gleichermaßen bekannt war. Er fuhr in das Reihenhaus, in dem der Kürschner mit Frau und Kind lebte. Dort fütterte R. den Polizisten mit neuesten Gerüchten: Annegret habe einen tollen reichen Kerl kennen gelernt und lebe inzwischen im Ausland. Er, R., habe ihr sogar den VW-Golf abgekauft. Der Kriminalbeamte nahm jedes Wort seines Vereinsgenossen für bare Münze.

Heute weiß man, dass Annegret Bauer, panisch vor Angst, tief unten im Atombunker eingesperrt war, während sich der Kriminalbeamte ein paar Meter über ihr von ihrem späteren Mörder beschwatzen ließ. Kein Mensch kann beschreiben, was Annegret Bauer in den letzten Wochen ihres Lebens durchlitten hat. Fünfundzwanzig endlose Tage lang ließ der Sadist und Vergewaltiger R. seine kranke Seele ungehindert an ihr aus, bevor er sie ermordete. Dabei ließ er sie auf Tonband sprechen, was ihr widerfuhr, und machte jene Polaroidaufnahmen von seinem Folteropfer, die ihn später zu Fall bringen sollten.

Der Kripobeamte jedenfalls ging an jenem Tag ruhigen Herzens nach Hause. R. hatte ihn überzeugt, dass mit Annegret alles zum Besten stehe. Allerdings wollte der Kürschner seine Aussagen vertraulich behandelt wissen, weshalb der Herr von der Kriminalpolizei am 28. Oktober 1988 in der Akte vermerkte, er wisse „aus zuverlässiger Quelle“, dass im Fall Annegret Bauer Kriterien für eine polizeiliche Vermisstenfahndung *nicht* vorlägen. Danach wurden die Ermittlungen eingestellt.

R.s Täuschungsmanöver legten die gesamten polizeilichen Ermittlungen lahm. Die Befürchtungen der Mutter – die auch immer wieder bei R. auftauchte und ihn beschuldigte, er habe etwas mit dem Verschwinden ihrer Tochter zu tun – nahm keiner ernst, und als der Lebensgefährte auf weiteren Nachforschungen bestand, hielt man ihm entgegen, das Verschwinden der jungen Frau sei für ihn als verlassenen Liebhaber zweifellos tragisch, aber er solle doch bitte keinen Fall für die Polizei daraus machen.

Das Hamburger Landgericht kommt in der Hauptverhandlung zu dem Schluss, dass R. seiner Gefangenen am 30. Oktober 1988 in einem sexuellen Rauschzustand das Leben genommen haben muss. Alle Karten und Briefe, die aus Chile, den USA oder der Schweiz auch noch sehr viel später eintrafen, waren von ihr in jenen Oktoberwochen im Bunker geschrieben und von Mittelsmännern R.s in aller Herren Länder in den Postverkehr gebracht worden. Das ursprüngliche Motiv für die Entführung von Annegret Bauer – so nimmt das Gericht zu R.s Gunsten an – sei nicht ihre sexuelle Folterung, sondern Habgier gewesen. R. hatte sein Opfer durch Abhebungen um insgesamt etwa 30 000 Mark gebracht, die es ihm ermöglichen sollten, sich nach Mittelamerika abzusetzen. Das Hamburger Landgericht verurteilt Lutz R. am 22. Mai 1996 wegen zweier Mordtaten zu lebenslanger Freiheitsstrafe mit anschließender Sicherungsverwahrung.

Erst im Zuge der Ermittlungen wurden übrigens die Postkarten der Annegret Bauer – Jahre nach ihrem Tod – von einem Schriftsachverständigen unter die Lupe genommen. Nun kam ein Hilferuf ans Licht, den die zu Tode Geängstigte in einer Weihnachtskarte versteckt hatte. „Ich liebe dich und wünsche dir vor allem Gesund**h**e**i**t**l**ich **f**ürs neue Jahr alles Gute“, stand in Annegrets Handschrift auf der Karte, die am 23. Dezember 1988 in der Post lag. Liest man nur die fett nachgezogenen Buchstaben, wird die wahre Botschaft des Schreibens erkennbar: **hilf.**

Auch der Bruder erhielt auf einer Postkarte, die am 31. März 1989 – also ein knappes halbes Jahr nach dem Tod von Annegret Bauer – in seinem Briefkasten lag, ein verborgenes Signal: „**L**iebes Br**u**derher**z**!“, redete die Absenderin den Adressaten an. Und sagen wollte sie: **Luz.**

6. Von Tätern und Opfern

Geschichten aus dem Dunkelfeld

Im Sommer 1999 findet am Hamburger Landgericht der Prozess gegen die 31-jährige Veronika XY* statt. Der Studentin wird von der Staatsanwaltschaft vorgeworfen, ihren neun Wochen alten Sohn Fred* in einer Nacht des vergangenen Winters mit einer Decke seines Kinderbettchens erstickt zu haben.

Drei Tage dauert die Gerichtsverhandlung gegen die junge Mutter. Zeugen und Gutachter werden gehört, viele Fragen gestellt, Hintergründe ausgeleuchtet, Plädoyers gehalten, und es kommt schließlich zur Urteilsverkündung. Dennoch lässt das Ergebnis der Verhandlung die meisten Beteiligten mit beklommenen Gefühlen zurück: Die Rechtsmedizin ist im Fall XY an die Grenzen ihres Wissens gestoßen, und der Prozess wird zum Paradebeispiel für die juristische Binsenweisheit, dass eine Lücke klafft zwischen dem, was wahr erscheint, und dem, was sich beweisen lässt.

Protokoll aus einem Strafprozess vor dem Hamburger Landgericht

Erster Verhandlungstag

Erster Zeuge: der Vater

Der Vater des toten Babys, ein Angestellter Anfang dreißig, tritt blass, aber von sich überzeugt auf. Obwohl er mit der Angeklagten nach wie vor liiert ist, sagt er gegen sie aus. Er erzählt, er sei von seiner Freundin pausenlos hingehalten worden. Sie habe nicht mit ihm zusammenziehen und ihn auch nicht heiraten wollen. In jener Nacht, in der sein Baby gestorben sei, habe er bei ihr übernachtet. Etwa um zwei Uhr früh seien sie vom Schreien des Säuglings erwacht. Er habe das Kind geholt und der Mutter im Bett an die Brust gelegt. Dann sei er in seine nahe gelegene Wohnung hinübergegangen, denn er habe an diesem Tag einen sehr frühen Termin gehabt und in den verbleibenden Stunden noch am Computer sitzen wollen.

Gegen fünf Uhr morgens habe das Telefon geklingelt. Seine Freundin Veronika sei am Apparat gewesen und habe gerufen: „Komm schnell, dem Freddie geht es schlecht! Er sieht so blau aus.“ Er sei hinübergehastet und habe die Frau weinend am Bettchen mit dem leblos auf dem

Laken liegenden Kleinen vorgefunden. Da sie nur geweint habe, habe er das Kind aus dem Bett gerissen und begonnen, es auf dem Boden zu reanimieren. Vergeblich. Die Mutter des Kindes habe wie erstarrt daneben gestanden. Sie sei nicht einmal in der Lage gewesen, einen Rettungswagen zu rufen. Das habe er selbst tun müssen.

In der Klinik angekommen, erfuhren die beiden, dass ihr Sohn gestorben war. Die Klinikärzte diagnostizierten den plötzlichen Kindstod. Die Eltern lehnten eine Obduktion „aus Pietätsgründen" ab. Beide waren zutiefst verstört.

Den Abend verbrachten die beiden in seiner Wohnung. Plötzlich wand sich Veronika XY aus den Armen des Freundes mit den Worten: „Wenn ich dir das jetzt sage, verzeihst du mir nie." Er bedrängte sie, ihm zu erzählen, was sie bedrücke. Dann legte sie bröckchenweise ein Geständnis ab. Sie habe ihren Sohn nach dem Stillen wieder in sein Bettchen gelegt. Doch er habe keine Ruhe gegeben. Sie habe ihn angefleht, endlich still zu sein: „Mami muss morgen zur Uni gehen." Vergeblich. Da habe sie in ihrer Verzweiflung schließlich die Bettdecke über den Kopf des Säuglings gezogen und die Hand auf sein Gesicht gelegt. Plötzlich sei es ganz still gewesen. Da habe sie die Decke weggezogen und gesehen, dass ihr Kind tot sei. „Ich wollte meine Ruhe", sagte sie abschließend.

Zur Polizei ist der Vater nicht gegangen. Er hielt sie für krank. Was hätte ihr eine Gefängnisstrafe schon geholfen? Aber er sorgte dafür, dass sie das Geständnis vor vielen Zeugen wiederholte. Die Großmütter erfuhren von dem Tötungsdelikt an ihrem Enkel, ein Psychologe, verschiedene Freunde und Verwandte – insgesamt etwa sechs oder sieben Personen. Zur Polizei ging keiner von ihnen! Erst nach einiger Zeit drang das Geständnis schließlich über eine frühere Freundin des Vaters, die einen Freund hatte, der mit einem Polizisten befreundet war, bis zu den Strafverfolgungsbehörden vor. So erlangte der Staat Kenntnis vom gewaltsamen Ableben des kleinen Fred.

Zweiter Zeuge: ein Freund des Vaters

Der junge Mann sagt, der Vater habe ihm wenige Tage nach Freds Tod anvertraut, dass seine Freundin das Kind erstickt habe. Er, der Zeuge, habe geantwortet: „Das ist eine Straftat. Das muss man melden." Der Vater habe erwidert, sie seien im Gespräch mit einem Therapeuten. Der Zeuge habe sich erleichtert gefühlt – ein Psychologe sei quasi eine öffentliche Person.

Dritter Zeuge: ein Freund der Mutter

Er kenne die Angeklagte schon seit elf Jahren, sagt er. Sie sei in einem starken inneren Konflikt zwischen ihrem Lebensgefährten und ihrer Mutter gewesen. Knappe drei Wochen nach dem Tod des Kindes hätten die Eltern am späten Abend bei ihm angerufen und auf ein Treffen gedrängt. Sie seien regelrecht bei ihm eingefallen, hätten sich, auf dem Sofa sitzend, an den Händen gehalten und ihm die Geschichte von Freds Erstickungstod erzählt.

Vierte Zeugin: die Großmutter

Sie ist die Mutter von Freds Vater, eine attraktive Frau Anfang fünfzig. Schon wenige Stunden nach dem Tod des Enkels habe Frau XY ihr weinend bekannt: „Ich bin eine schlechte Mutter." Sie habe nicht verstanden, was damit gemeint sein solle. Später habe Veronika ihr gegenüber dann das Geständnis der Tötung wiederholt – allerdings mit einer schaurigen Ergänzung: Sie habe dem Kind die Decke aufs Gesichtchen gelegt, bis es aufgehört habe zu schreien. Daraufhin habe sie die Decke zurückgeschlagen, und der Kleine habe sie mit einem Blick angesehen, der zu fragen schien: Mama, was machst du da? Dennoch habe sie ihm die Decke wieder übers Gesicht gezogen und den Erstickungsprozess zu Ende gebracht. Als die Großmutter aufgestanden sei, um Veronika in den Arm zu nehmen, habe diese gerufen: „Ich muss bestraft werden. Ich habe Freddie getötet."

Fünfter Zeuge: der Rechtsmediziner

Zwölf Tage nach Freds Tod wurde der Leichnam auf Anordnung des Staatsanwalts obduziert. Er war nur deshalb noch nicht bestattet, weil er eingeäschert werden sollte und die Formalitäten für eine Kremation recht langwierig sind.

Der Auftritt des Rechtsmediziners vor Gericht ist kurz. Die Erstickung eines Kindes mit weicher Bedeckung könne ein vollkommen spurenarmes Tötungsdelikt sein. Die Anzeichen einer Erstickung seien mit denen des plötzlichen Kindstodes oft völlig identisch. Deshalb sei die Todesursache hier nicht eindeutig zu diagnostizieren gewesen. Der Arzt kann nicht sagen, woran das Kind gestorben ist.

Zweiter Verhandlungstag

Die Aussage der Angeklagten

Schmal sieht die Mutter aus, eher Opfertyp als Täterin. Veronika XY hat bisher jede Aussage verweigert. Nun trägt sie, unterbrochen von vielen Tränen, ihre Version der Geschichte vor: Gegen 2.30 Uhr habe der Kleine in jener Nacht geschrien. Der Freund sei aufgestanden, habe den Sohn gewickelt und ihn ihr an die Brust gelegt, wo er viel und gut getrunken habe. Als der Freund in seine Wohnung gegangen sei, habe sie den Säugling ins Kinderbett zurückgebracht und sich wieder ins Bett begeben. „Er war ruhig."

Nach einiger Zeit sei sie erwacht und zur Toilette gegangen. Es sei ganz still gewesen im Kinderzimmer, deshalb habe sie nach Freddie gesehen. Er habe auf dem Rücken gelegen, und sein Gesicht sei „wachsfarbenbläulich" gewesen. Sie sei zu Tode erschrocken und habe den Freund angerufen: „Freddie sieht so komisch aus." Fünf Minuten später sei er bei ihr gewesen. „Was hast du mit unserem Kind gemacht?", habe er geschrien. „Ich krieg dich dran wegen unterlassener Hilfeleistung." Er habe weitergeschrien, sie solle endlich den Notarzt anrufen, wozu sie nicht in der Lage gewesen sei. Er habe dem Kind mit der Schere die Kleider vom Leib geschnitten und Reanimationsversuche unternommen. Dann seien die Sanitäter gekommen.

Auf der Intensivstation sah sie ihren Sohn wieder. Die Ärzte sagten: „Wir konnten nichts mehr machen. Es ist vorbei. Sie können von Freddie jetzt Abschied nehmen." Die Eltern wickelten und wuschen ihr kaltes und bleiches Kind. Dann kamen die Doktoren wieder und fragten, ob es obduziert werden solle. „Nein", habe der Freund gerufen, „auf keinen Fall!" – „Das entscheidet ohnehin der Staatsanwalt", habe eine Ärztin erwidert. Später hätten sie aber erfahren, dass der Staatsanwalt eine Obduktion ihres Babys für unnötig gehalten habe, da „alles ganz normal" aussehe.

Der Freund, erzählt die junge Frau dem Gericht, habe den Tod des Kindes nicht begreifen können. „Du hast nicht auf Freddie aufgepasst", habe er ihr vorgeworfen. Und ihr seien Schuldgefühle gekommen. Den Abend nach dem Schockerlebnis verbrachten sie in der verdunkelten Wohnung des Mannes. Sie hatte das Schreien des Kindes noch im Ohr gehabt, und die Brust schmerzte von dem dringenden Bedürfnis zu stillen. „Hast du Freddie wirklich lieb gehabt?", habe ihr Freund unablässig gefragt. Da habe sie sich gedacht: Nun ist doch alles scheißegal. Und geantwortet: „Ich hab Freddie was getan." – „Er hat es sofort geschluckt", sagt die Angeklagte zum Richter. „Endlich hatte er eine Erklärung für Freddies Tod."

Von nun an, sagt Veronika XY, habe ihr Freund sie pausenlos dazu getrieben, ihr Geständnis möglichst oft zu wiederholen. Vor seiner Mutter, vor den Freunden. Auch beim Therapeuten habe er gleich gedrängt:

„Los, sag jetzt dem Psychologen, was du gemacht hast." Sie habe die Geschichte immer wieder erzählt und sich dabei auch noch erleichtert gefühlt. Alle hätten ihr geglaubt, und sie habe immer weitergelogen, um dem furchtbaren Druck zu entgehen.

Sie habe nie damit gerechnet, dass ihr Lebensgefährte selber nicht dichthalten, dass er die Geschichte sogar seiner Exfreundin anvertrauen könnte, durch deren Indiskretion die Sache dann zur Justiz vorgedrungen sei.

Die Idee, Freddie einäschern zu lassen, gehe übrigens auf die Frau vom Beerdigungsinstitut zurück. Sie habe dazu geraten, sagt die Angeklagte, um den Eltern den „grässlichen Anblick" des kleinen weißen Kindersargs zu ersparen. Später, als dieselbe Frau gehört habe, dass polizeiliche Ermittlungen wegen eines Tötungsverdachts liefen, habe sie gesagt, das sei ihr gleich spanisch vorgekommen, dass die Eltern eine Feuerbestattung gewünscht hätten. Von dieser Frau erfuhr die Angeklagte auch, dass Freddie abgeholt worden war und der Staatsanwalt jetzt doch eine Obduktion angeordnet hatte. Und plötzlich seien alle, denen sie sich anvertraut habe, zur Polizei gegangen, um auszusagen. Nur sie selbst habe geschwiegen und sich eine Anwältin genommen.

Sie mache jetzt eine Therapie, erklärt die Angeklagte: Die vorläufige Diagnose laute posttraumatische Depression. Ein Stofftier mit Namen Mäxchen helfe ihr, über den Verlust des Kindes hinwegzukommen.

Die Einschätzung der Gutachterin

Die Gutachterin hat die Angeklagte psychiatrisch untersucht. Die junge Frau wirke im Umgang ruhig und heiter und trage eine „Fassade der Unanrührbarkeit" zur Schau, sagt sie. Dahinter seien allerdings aggressive Elemente verborgen, die nicht ausgelebt würden.

Der Lebensweg der Veronika XY war nicht leicht: Als sie sieben Jahre alt war, ließen sich die Eltern scheiden. Sie war Anfang zwanzig, als ihre Mutter mit massivem Verfolgungswahn für ein Jahr in die geschlossene Anstalt kam. Dieses Syndrom hatte sich schon viele Jahre früher angedeutet. „Die verzerrte Wahrnehmung einer solchen Mutter", sagt die Psychiaterin, „kann sich auf das Kind übertragen. Es erlebt über Jahre die ständige ‚Verfolgung' der Mutter."

Mit der Mutter verbindet die Angeklagte eine ungelöste und unkommunikative Beziehung. Behütet und doch ohne Zärtlichkeit wächst das Kind auf, in zähen, aber brüchigen Familienverhältnissen. Liebesgeschichten entwickeln sich bei ihr immer langfristig. Die Männer erlebt sie als groß und stark und beschützend.

Frau XY habe eine narzisstische Persönlichkeitsstruktur, diagnostiziert die Psychiaterin. Ihr Studium bringe sie nicht zu Ende, weil sie Angst habe, sich zum Examen anzumelden.

Nun zur Anklage: Das Krankheitsbild der psychotischen Depression in der Nachgeburtszeit sei nicht unüblich. Auch komme es vor, dass die Mutter unter dieser Belastung in Extremfällen ihr Kind umbringe. Die Mutterliebe der Veronika XY sei mit anderen, weniger erfreulichen Gefühlen durchmengt gewesen. Die Angeklagte sei als ungewolltes Kind aufgewachsen. Als sie nun selbst festgestellt habe, dass sie ein Kind bekomme, habe ihre Mutter, nachdem sie von der Schwangerschaft der Tochter in Kenntnis gesetzt worden sei, hinter deren Rücken einen Abtreibungstermin ausgemacht, den die Schwangere fast wahrgenommen hätte. Erst kurz vor dem Eingriff habe Veronika XY beschlossen, das Kind doch auszutragen.

Die Gutachterin hat drei Varianten der Todesnacht bei der Begutachtung durchgespielt:

Erstens: Die Angeklagte hat die Tat so, wie es in der Anklageschrift steht, begangen, gibt das aber vor Gericht nicht zu.

Zweitens: Sie hat die Tat begangen, erinnert sich aber an das Geschehen nicht mehr richtig; sie verleugnet also die Tat.

Drittens: Sie hat die Tat nicht begangen und ist von ihrem Lebensgefährten zu einem falschen Geständnis gedrängt worden.

Bei einem Tötungsdelikt gebe es selten nur ein Motiv, und auch im vorliegenden Fall hätten sich mehrere Probleme aufeinander getürmt. Veronika XY habe sofort nach der Entbindung wieder mit dem Studium angefangen und sich in einer „totalen Überforderungssituation" befunden. Auch habe sie sich von Freds Vater allein gelassen und dem Kind ausgeliefert gefühlt. In der Schicksalsnacht sei sie unter besonderen Druck geraten, da sie am nächsten Morgen zur Uni habe gehen wollen. Deshalb habe sie das Kind auch angefleht, sie endlich schlafen zu lassen. Das Schreien des Jungen habe sie jedes Mal in Panik versetzt, und je nervöser sie geworden sei, desto mehr habe er geschrien. „Sie war überschwemmt von Aggression", sagt die Gutachterin. „Was der Säugling signalisierte, hielt die Mutter nicht aus." Deshalb sei es möglich, dass sie es unterbunden habe.

Sollte die Angeklagte die Tat begangen haben, wäre auch die passiv-aggressive Vorgehensweise typisch für sie. Sie sei im Umgang ein aggressionsferner Mensch, daher habe sie den Säugling weder geschlagen noch geschüttelt. Ein Ersticken in aller Stille passe zum Charakter der Frau.

Allerdings sei es auch möglich, dass der Lebensgefährte sie zum Gestehen gezwungen und sich damit selbst von seinen Schuldgefühlen befreit habe. Immerhin sei er bei jedem Geständnis dabei gewesen. Die Angeklagte habe die Schuld widerspruchslos auf sich genommen, und so hätten beide ihre Ruhe gefunden.

Die Gutachterin schließt mit den Worten, sie könne und dürfe sich nicht hundertprozentig festlegen. „Die Angeklagte", sagt sie, „ist zwar nicht psychotisch gestört, aber in hohem Maße psychopathologisch auffällig." Sie empfiehlt die Anwendung des Paragrafen 21 Strafgesetzbuch, die zur Verminderung der Schuldfähigkeit führt.

Dritter Verhandlungstag

Plädoyer des Staatsanwalts

Der Staatsanwalt muss weit zurückdenken, um sich eines Prozesses zu entsinnen, bei dem die Beweisaufnahme so schwierig war. Die wenigen Minuten der Tat seien durch das Verfahren nicht geklärt worden, sagt er. Die Eltern blieben bei ihren jeweiligen Versionen, und es gebe keine Zeugen, kein Geständnis vor der Justiz, keine medizinischen oder naturkundlichen Beweise. Die Todesursache des Säuglings sei nach wie vor unklar. „Es spricht sehr viel dafür, dass sie getan hat, was sie so vielen gestand", sagt der Staatsanwalt. Für die Schuld der Angeklagten spreche auch, dass sie überfordert, zwischen Mann und Mutter hin- und hergerissen gewesen sei, dass sie eine hochpathologische Persönlichkeit habe.

Diese gestörte Persönlichkeit wecke aber andererseits auch Zweifel in ihm. Die Angeklagte mache sich von der Meinung anderer abhängig, sie sei leicht beeinflussbar und wolle es allen recht machen, sie neige zu überdimensionierten Schuldgefühlen, die durch das Nachbohren des dominierenden Lebensgefährten wüchsen und zu falschen Geständnissen führen könnten. „Für mich bleiben leise, doch begründete Zweifel an der Schuld der Angeklagten", sagt er. Deshalb plädiert er für Freispruch. *In dubio pro reo.*

Plädoyer der Verteidigerin

Die Verteidigerin stellt fest, alle Angaben, auf die sich die Anklage gestützt habe, stammten vom Lebensgefährten oder seien von ihm beeinflusst. „Alles ist denkbar", sagt die Verteidigerin, „es ist ein Stochern im Nebel. Die Umstände werden nie geklärt werden." Sie plädiert ebenfalls für Freispruch.

Das Urteil

„Es gibt Straftaten, die den Gerichten ihre Grenzen zeigen", sagt der Richter. „Dann wünscht man sich hellseherische Fähigkeiten." Wenn solch starke Zweifel bestünden, sei der Angeklagte freizusprechen. Auch die vielen Geständnisse der Angeklagten reichten als Beweise nicht aus. Man wisse aus der Justizgeschichte, dass Menschen schon Morde und Doppelmorde gestanden hätten, an denen sie in Wirklichkeit nicht im Geringsten beteiligt gewesen seien. Der Richter sagt: „Ein Rechtsstaat kann es hinnehmen, wenn ein Schuldiger freigesprochen wird. Aber er kann es nicht hinnehmen, wenn ein Unschuldiger verurteilt wird." Die Kosten des Verfahrens trägt die Staatskasse.

Wann wird ein Mensch zum Opfer?

Wer wird zum Opfer eines Tötungsdelikts? Im Prinzip ist jedermann ein potenzieller Kandidat. Denn Tötungen sind vor allem Beziehungsdelikte, weshalb die größte Gefahr von den Menschen droht, die uns am nächsten stehen. Ausgehend von einer 1978 angestellten Täter-Opfer-Untersuchung schreibt Klaus Sessar, Professor für Kriminologie in Hamburg: „Zu Beginn des Lebens sind es die Eltern, die die größte Bedrohung darstellen; erst dort, wo solche Primärbeziehungen keine derart dominierende Rolle spielen, werden andere Beziehungen relevanter, also in den Phasen zwischen Kindheit und Vollerwachsenenalter beziehungsweise dann, wenn die Kinder aus dem Haus sind und der Ehepartner gestorben ist. Die meisten Tötungen haben eine Vorgeschichte, sie sind oft nichts weiter als der Schlusspunkt einer Eskalation lange andauernder Gewalttätigkeiten."

Diese Erkenntnisse gelten allerdings nur für jene Tötungsdelikte, die erkannt worden sind. Im Dunkelfeld könnten sich die Gewichte verschoben haben. Hier dürften manche Personengruppen weit mehr bedroht sein als andere. Dr. Ernst-Heinrich Ahlf, Leiter der Forschungsabteilung des Bundeskriminalamtes, hält unerkannte Tötungen besonders in folgenden drei Opfergruppen für denkbar:

- Unter denjenigen, die aufgrund ihres *Lebensstils* exponiert sind. Darunter fallen Drogensüchtige, die durch ihre illegale Abhängigkeit häufig in die kriminelle Szene abrutschen und deshalb auch leicht unter nicht aufklärbaren Umständen zu Tode kommen. (Wer kann schon beweisen, dass die Überdosis Heroin nicht vom Verstorbenen selbst gespritzt worden ist.) Dies gilt ebenso für Alkohol- und

Medikamentenabhängige. Besonders betroffen sind auch Menschen, die im Freien und ohne den Schutz einer Wohnung leben, Tippelbrüder oder Obdachlose. Gefährdet sind ebenfalls Menschen, die von ihren uneingestandenen Leidenschaften ins kriminelle Milieu gelotst werden, zum Beispiel die heimlichen Kunden von männlichen und weiblichen Prostituierten.

- Unter denjenigen, die aufgrund ihrer *Verwundbarkeit* exponiert sind. Dazu gehören alle körperlich und geistig Schwachen, die auf andere Menschen angewiesen sind. Den größten Teil dieser Gruppe machen Menschen aus, die am Beginn oder am Ende ihres Lebens stehen. Babys und Kleinkinder, Alte, Kranke und Pflegebedürftige sind als Opfer geradezu prädestiniert: Sie sind einerseits hilflos, bieten sich also als Blitzableiter für Frust und Aggression an, und sind andererseits aufgrund ihrer Abhängigkeit auch fordernd, strapazieren also das Nervenkostüm derer, die für sie sorgen müssen, was wiederum Aggressionen weckt. Wenn dann die Kontrollen nicht funktionieren, was bei häuslicher Pflege oder bei Gewalt in der Familie immer wieder der Fall ist, kann es relativ schnell zu Tötungsdelikten kommen. Und da der Mensch am Anfang und am Ende seiner Existenz dem Tod naturgemäß besonders nahe ist, werden Mord und Totschlag in diesen Lebensphasen von Ärzten und Polizisten besonders leicht übersehen.
- Unter denjenigen, die aufgrund einer *deliktspezifischen Besonderheit* zum Opfer einer unerkannten Tötung werden, wozu alle scheinbaren Unfallopfer zählen, die bei Stürzen, im Verkehr, bei Wanderungen im Hochgebirge, in der Badewanne oder auf hoher See ihr Leben gelassen haben. Ebenso vermutet man unter bestimmten Arten der Selbsttötung eine gewisse Mordrate: bei Vergiftung mit Gas oder Medikamenten, bei Erhängen, bei Stürzen aus dem Fenster oder vom Dach. Taten sie es aus eigenem Willen, oder hat ein fremder Wille nachgeholfen?

All diese Opferwerdungstheorien, darauf legt man beim BKA großen Wert, sind Spekulation. Sie gründen auf Erfahrungswerten der Polizei, keinesfalls auf soliden, wissenschaftlich verifizierten Erkenntnissen. Eine Gruppe allerdings hat man beim Bundeskriminalamt übersehen: die Einsamen. Auch sie werden leicht zu Opfern von Gewalttaten, die niemals ans Licht kommen. In den deutschen Großstädten, wo fast die Hälfte der Einwohner allein lebt, ist die Zahl der so genannten Ekelleichen besonders hoch – das sind Überbleibsel von Menschen, die in Badewannen oder Sofasesseln sitzen und die seit Wochen keiner vermisst. Und da Einsame eben keine Freunde und Angehörigen haben, wird es auch nach ihrem Tod niemanden geben, der zur Kripo geht und einen Verdacht äußert. Und da sich die Zahl der Menschen in Deutschland, die isoliert oder in problematischen Verhältnissen leben, permanent vergrößert, ist Christian Pfeiffer, Professor für kriminologische Forschung in Hannover, davon überzeugt, dass auch die Dunkelziffer der unerkannt Getöteten in aller Stille weiter steigt.

Der Suizid der Bäuerin

Die folgende Geschichte geschah irgendwo im Norden Deutschlands. Diese Angaben müssen ausreichen, denn der Täter und seine Kinder haben inzwischen ein neues Leben begonnen.

Zwischen dem Bauern und seiner Frau hatte schon seit geraumer Zeit nicht mehr alles zum Besten gestanden. Er war der Alleinerbe eines recht beachtlichen Hofs, hatte viel Arbeit und wenig Geduld. Seine junge Frau litt unter der Last der landwirtschaftlichen Arbeit. Ihr Mann schnauzte sie häufig an, wenn sie die Aufgaben nicht so verrichtete, wie er sich das wünschte. Als zusätzliche Belastung erwies sich die Schwiegermutter, die mit auf dem Hof lebte und unentwegt in die Ehe und die Erziehung des kleinen Kindes hineinredete. Eines Tages hielt es die junge Bäuerin nicht mehr aus und verließ ihren Mann. Das war 1981.

In der Hoffnung, jetzt würde alles besser werden, kehrte sie ein knappes Jahr später auf den Hof zurück. Ihr Mann hatte sie angefleht, ihm noch eine Chance zu geben. Wieder wurde die Bäuerin schwanger, bald gebar sie das zweite Kind. Doch ihr Mann blieb leider, wie er war. Er fuhr sie an und nahm auf ihre Schwangerschaft keine Rücksicht. Manchmal schlug er sie auch, wie er es mit den Tieren machte, wenn sie nicht taten, was er wollte. Einmal brachte er ein Kalb um, aus Wut über den Ungehorsam des Tieres.

Ein paar Jahre später betrog ihn seine Frau. Sie fand ihn kalt und ohne Zärtlichkeit. Als sie ihm den Fehltritt offenbarte, schwiegen sich beide über die Gründe aus. Immerhin schenkte er ihr jetzt manchmal Blumen und fuhr auch hin und wieder mit ihr in Urlaub, doch der Ton ihrer Verständigung blieb hart und rau.

Im Juni 1989 kam ein zweiter Mann auf den Hof, ein Wanderarbeiter, den der Bauer zur Aushilfe angeheuert hatte. Er schlief in der zur Unterkunft umfunktionierten Garage und aß mit der Familie. Nach ein paar Wochen gehörte er schon dazu. Mit der Bäuerin verband ihn ein besonders herzliches Verhältnis. Zuerst schüttete sie ihm ihr Herz aus und erzählte ihm von ihrer zerrütteten Ehe. Dann kam sie nachts in die Garage, um sich an ihm zu wärmen.

In einer Julinacht trat die Katastrophe ein. Um ein Uhr nachts wachte der Bauer auf. Er war allein im Bett. Plötzlich keimte ein Verdacht in ihm. Er stand auf, nahm eine Taschenlampe und suchte seine Frau. Auf dem Sofa lag sie nicht, und auch das Badezimmer war leer. Aber die Terrassentür stand offen. Sein Misstrauen wuchs. Er ging zur Garage und riss die Tür auf. Im Lichtkegel der Taschenlampe sah er seine Frau. Sie war nackt und schlief gerade mit dem fremden Mann. Der Bauer stürzte sich auf die Frau und drosch auf sie ein, bis die Lampe zerbrach. Der Liebhaber versuchte vergeblich, sie zu schützen. Schließlich zog sie sich Unterwäsche an und lief ins Wohnhaus hinüber. Der Bauer folgte ihr, nachdem er dem Saisonarbeiter gesagt hatte, er habe genau eine Viertelstunde Zeit, das Haus zu verlassen.

Im Wohnzimmer lag die Bäuerin und kühlte sich die Blutergüsse im Gesicht. Der Bauer fragte sie, warum sie ihm untreu sei. „Du bist kalt", antwortete sie. „Du bist nicht zärtlich genug." Sie stand auf und ging ins Schlafzimmer. Ihr Mann folgte ihr. Sie werde ihn verlassen und die Kinder mitnehmen, kündigte sie an. Er war wie zerschmettert. Immer wieder fragte der Bauer seine Frau, warum alles so gekommen sei, doch sie antwortete immer das Gleiche: Er sei kalt und ohne Zärtlichkeit. Dann schlief sie ein.

Am nächsten Morgen weckte die Frau den Bauern, um wie üblich das Vieh zu versorgen. Sie molk, er fütterte. Im Kälberstall fiel sein Blick auf die Stricke. Er dachte daran, sich das Leben zu nehmen. Er stieg auf den Heuboden, knüpfte eine Schlinge in den Strick und befestigte ihn an einem Balken. Er legte sich die Schlinge um den Hals, doch als er so dastand, fragte er sich, ob ihm wirklich keine andere Möglichkeit mehr bleibe. Vielleicht habe es ja doch Sinn, dachte er, sich noch einmal mit der Frau zu unterhalten. Er befreite sich von der Schlinge, der Strick allerdings blieb am Balken befestigt.

Reumütig stieg er hinunter und fütterte die Tiere. Seine Frau molk. Er ging zu ihr und fragte: „Warum?" Sie wolle leben, antwortete sie. Sie wolle die Kinder mitnehmen und zu einem Freund ziehen. Dem Bauern ging auf, dass es seiner Frau bitterernst war, und er beschloss, sie umzubringen.

Er sagte ihr, die Katze habe geworfen und auf dem Heuboden sei ein Nest mit kleinen Kätzchen, denn er wusste, dass seine Frau sehr tierlieb war und sich durch diese Lüge zu der tödlichen Schlinge locken ließ. Der Bauer kletterte die Leiter hinauf. Seine Frau folgte ihm. Oben angekommen, griff der Bauer blitzschnell nach dem Strick und warf ihn ihr über den Kopf. „Bist du verrückt?“, fragte sie noch, dann zog er die Schlinge zu.

Als sie tot war, schnitt der Bauer sie vom Strick ab und trug sie vom Boden hinunter. In der Scheune legte er sie auf den Fußboden. Er trieb die Tiere auf die Weide, dann lief er zu einem Nachbarn und tat aufgeregt: Seine Frau habe sich erhängt. Der Nachbar folgte dem völlig aufgelösten Bauern in die Scheune, wo die Leiche der Bäuerin unverändert lag. Jetzt riefen die beiden Männer den Notarzt und die Polizei. Während der Nachbar am Straßenrand auf die Einsatzfahrzeuge wartete, entfernte der Bauer den Strick vom Balken.

Gegen 8.30 Uhr kamen die Kripo und ein Arzt, der den Tod feststellte. Der Bauer erzählte, er habe seine Frau erhängt vorgefunden, und berichtete auch von dem Streit und der Prügelei in der Nacht. Die Geschichte wiederholte er auch drei Tage später vor der Mordkommission. Die Nachbarn wurden vernommen, der Suizid wurde rekonstruiert und für möglich gehalten. Auch die Gerichtsmedizin konnte nichts Wesentliches beitragen. Die Tote war durch Strangulation gestorben, sie hatte Blessuren am ganzen Körper und ein blaues Auge, aber die Gewaltspuren waren durch die nächtliche Schlägerei erklärbar. Alle Informationen stammten vom Ehemann. Die Mordkommission schloss die Ermittlungen ab, und die Staatsanwaltschaft stellte das Verfahren ein.

Im Oktober des Jahres 1990 unternahm der Bauer einen Selbstmordversuch: Ein Freund, der zu einer Verabredung auf den Hof kam, fand den Bauern mit einem Strick um den Hals, auf dem Heuboden kniend, vor. Er hatte eine halb leere Whiskyflasche in der Hand. Der Freund löste den Strick und schleppte den Betrunkenen vom Heuboden ins Haus. Am nächsten Tag begleitete er den Bauern zum Arzt, der diesem den Rat gab, einen Psychiater aufzusuchen. Die beiden Männer gingen erst zu einem Anwalt und dann in die psychiatrische Klinik.

Von der Psychiatrie aus telefonierte der Bauer mit seiner Schwiegermutter, die nie an den Suizid ihrer Tochter hatte glauben wollen, und gestand ihr, seine Frau umgebracht zu haben. Sie meldete das Geständnis der zuständigen Staatsanwaltschaft. Im Dezember 1990 wurde der Bauer in der Wohnung seiner Mutter festgenommen und ein Jahr später vom Landgericht zu einer Freiheitsstrafe von zehn Jahren und sechs Monaten verurteilt. Das Gericht lastete ihm einen Totschlag an, da sich der Angeklagte zur Tatzeit in einer affektiv aufgeladenen Krisenstimmung befunden habe. Zugunsten des Angeklagten wurde gewertet, dass er sich aus Gewissensgründen selbst gestellt und mit seinen Aussagen die Klärung des Falles möglich gemacht hatte, der andernfalls für immer im Dunkeln geblieben wäre.

Wann wird ein Mensch zum Mörder?

„Wie sieht eigentlich ein Mörder aus?“, werde er immer wieder gefragt, schreibt Rudolf Niederschelp, Chef der Todesermittlung in Düsseldorf, in der Fachzeitschrift *Polizei.* Seine Antwort lautet: „So wie du und ich.“ Tötungsdelikte begingen meist ganz normale, völlig unauffällige Personen, von denen jeder behaupten würde: Der? Niemals!

Das stimmt mit den Erkenntnissen der Kriminologie überein. Nur 3 Prozent aller Mörder sind geisteskrank, der Rest gehört zur so genannten normalen Bevölkerung. Der Kriminologe Professor Hans Joachim Schneider geht davon aus, dass die meisten Menschen nur einmal im Leben einen Menschen umbringen. Ob sie sich auf diese eine Tat beschränkten oder mehrfach töteten, hänge entscheidend davon ab, welche Art von Gewalt sie anwendeten, die *expressive* oder die *instrumentelle.* Die *expressive* Gewalt breche sich aus Verzweiflung und gewaltigem Leidensdruck heraus nur ein einziges Mal Bahn. Die *instrumentelle* Gewalt werde dagegen angewandt, um ein Ziel zu erreichen, sei es sexuelle Befriedigung oder ein materieller Vorteil. Hier setze ein Lernprozess ein: Komme der Täter anfangs ungeschoren davon, werde die Gewalt als Weg, ein bestimmtes Ziel zu erreichen, mit der Zeit akzeptiert. Nach einem solchen Lernprozess sei die Gefahr, dass jemand wieder töte, ungleich größer.

Ob einer töten wird oder nicht, kann niemand vorhersagen. Aber es gibt, so Schneider, in der Kriminologie Risikogruppen, wie man sie etwa in der Medizin kennt. Menschen, denen das Schicksal liebe Eltern, ein warmes Zuhause und eine gute Ausbildung beschert hat, werden aller Wahrscheinlichkeit nach nicht töten. Wer dagegen in Verlassenheit, in kalten oder gewaltbereiten Verhältnissen aufgewachsen ist oder einem problematischen Milieu entstammt, ist von Anfang an anfälliger, auch deshalb, weil er von den Vorbildern in seinem sozialen Umfeld keine intelligenten und gewaltfreien Problemlösungsstrategien erlernen konnte.

Nach Ansicht des Kriminologen Schneider dürfte es in Deutschland eine Reihe Menschen geben, die für ein Tötungsdelikt nicht zur Verantwortung gezogen worden sind. Gerade der familiäre Nahraum, in dem sich die meisten Tötungen zutrügen, sei gleichzeitig prädestiniert für das Dunkelfeld. Häufig habe niemand aus diesem Nahraum ein Interesse daran, einen Mord anzuzeigen oder publik zu machen.

Wer einen Mord anzeigt, muss mit gewaltigem Druck rechnen, nicht nur aus dem persönlichen Umfeld, sondern auch seitens der Polizei, der Medien und der öffentlichen Meinung. Die Angst, diesem Druck nicht standhalten zu können, so Schneider, bewege viele ängstliche Zeugen oder ohnehin traumatisierte Mitopfer, das Wissen um eine Straftat für sich zu behalten.

Beim Einkreisen des Dunkelfelds bei Tötungsdelikten darf deshalb auch die Frage nach Verdachtssituationen und Anzeigeverhalten nicht unberücksichtigt bleiben. Der Kriminologc Klaus Sessar konstatiert, dass lediglich 4 Prozent der getöteten Opfer von der Polizei selbst entdeckt werden. In allen anderen Fällen erfährt sie von der Tat durch eine Anzeige oder Information aus der Bevölkerung. 35 Prozent der Anzeigen stammen von den Personen, die die Toten finden, weitere 17 Prozent von Tatzeugen. Bei den übrigen 48 Prozent bildet sich unter den verschiedensten Umständen ein Verdacht heran, der zur Meldung führt: Auffälligkeiten bei der Leichenschau oder bei der Einlieferung ins Krankenhaus, Vermissen eines später tot aufgefundenen Angehörigen oder Ähnliches.

Leben mit der Tat – der Fall des Ehepaars F.

Sie haben Schutz in der Anonymität einer Hochhaussiedlung. Zehngeschossige Plattenbauten aus Waschbeton. Peripherie einer mitteldeutschen Stadt. Auf den Treppen sitzen Menschen, trinken Bier aus Dosen und brüllen ihre Kinder an. Türen und Treppenhäuser sind beschmiert, der Aufzug ist voll gepinkelt und knöchelhoch mit Zeitungspapier bedeckt.

Hier, wo niemand vom anderen weiß und jeder Probleme hat, kennt keiner die Geschichte des Ehepaars aus dem vierten Stock links. Und das ist den beiden recht.

Seit einem halben Jahr sind sie aus der Haft entlassen. Zwei Drittel haben sie abgesessen von den 15 Jahren, zu denen sie 1990 verurteilt worden sind. Im Namen des Volkes – wegen mehrfachen Mordes. Über fünf Jahre hinweg töteten sie ihre fünf Neugeborenen und ließen die Leichen spurlos verschwinden. Erst nach der letzten Tat kam die Tötungsserie durch Zufall ans Licht.

Wer auf Besuch bei den Tätern monströse Finsterlinge erwartet hat oder aufgeschwemmte, harte Visagen mit eisigem Blick, muss sich wundern. Die beiden sind freundliche, ein bisschen schüchterne Leute. Dem Mann verleihen seine runden, zwinkernden Augen einen Gesichtsausdruck, als nähme er ständig staunend zur Kenntnis, was es so alles gibt in der Welt. Die Frau ist schmal und zierlich und blickt Fremde von schräg unten aus den Augenwinkeln an, scheu, als wollte sie sich verstecken.

Die Delikte der beiden fanden in jener Zeit statt, als es hier noch die DDR gab. Da heiratet 1971 die 18-jährige Kellnerin den 21-jährigen Heizer. Einfache Leute. Sie lieben sich, er hängt an ihr. In den folgenden zwölf Jahren gebiert sie sechs Kinder, das vierte, ein Mädchen, stirbt kurz nach der Entbindung an einem Zwerchfellriss. 1983 haben die beiden insgesamt fünf Söhne.

Im Juli 1984 bringt die Frau einen weiteren Säugling zur Welt, heimlich und zu Hause. Ihr Mann hilft bei der Geburt. Sie fordert ihn auf, ihn umzubringen. Er drückt dem Neugeborenen Zellstoff auf Mund und Nase, wickelt es in eine Decke, steckt es in einen Schließkorb im Elternschlafzimmer und legt noch Decken und eine Matratze darauf. So lassen sie ihr Kind liegen, bis es erstickt ist. Der Mann wirft die sterblichen Überreste in den großen Ofen, den er als Heizer instand zu halten hat. Ein perfekter Mord. Nichts bleibt zurück. Im Jahr darauf wiederholt sich die Prozedur: Leben geben und Leben nehmen zur selben Stunde. Im folgenden Jahr wieder und dann wieder und wieder … Fünf Neugeborene lassen so, von der ganzen Welt unbemerkt, ihr Leben.

Warum haben die Eltern das getan? Die beiden wissen es bis heute nicht. Sie sitzen im trostlosen Hochhaus auf ihrer Garnitur aus der Altmöbelbörse und sind sich selbst ein Rätsel. Aber die Angst habe all die Jahre an ihnen gefressen, dass schließlich doch jemand etwas von dem entsetzlichen Ritual bemerken könnte. Angst und schlechtes Gewissen: „Wir wussten genau, was wir taten." Nur eben nicht, warum.

Die beiden sind nicht Menschen großer Worte. Sich auszudrücken und erklären zu müssen bedeutet für sie eine enorme Anstrengung, ja Qual. Sie hätten auch miteinander über ihr furchtbares Geheimnis geschwiegen, sagen sie heute. Dafür begannen sie zu trinken, genau fünf Jahre lang und exzessiv. Bier – und vor allem Schnaps. Schnaps, sagt die Frau, habe ihr damals geholfen, die Albträume zu überstehen, die alle zwei bis drei Nächte zu ihr gekommen seien und in denen sie immer wieder die Kinder geboren und getötet habe. Schnaps habe sie auch über die Tage gerettet. „Es waren schreckliche Jahre", sagt die Frau. „Nicht nur die Straftaten. Die fünf Jahre waren insgesamt schrecklich!"

1988 nimmt die Frau – wieder schwanger – einen Job in einer Putzkolonne an. Im Dezember meldet sie sich krank und bringt am 16. ihr letztes Kind zur Welt. Die beiden lassen es verschwinden. Doch diesmal wird eine Kollegin aufmerksam. Sie will wissen, wo das Baby geblieben sei. Die Frau tischt die Lüge von der Fehlgeburt auf. Sie hat Blutungen und Schmerzen. Die Chefin schickt sie zur Ärztin, und die überweist sie ins Krankenhaus, wo eine Ausschabung vorgenommen wird. Als die Frau aus der Narkose erwacht, sitzt bereits die Kripo am Bett und fragt nach dem Kind. Die Frau streitet alles ab, sogar eine Schwangerschaft. Die Polizei nimmt sie mit und verhört sie pausenlos. Dann verhaften sie auch den Mann und vernehmen ihn getrennt. Die beiden sagen heute, sie hätten es nie herausgefunden, welcher von ihnen anfing zu gestehen. Aber als der Damm gebrochen war, gestanden beide all ihre unerkannten Morde.

Es gab keine Indizien, keine Beweise, keine Leichen, keine Zeugen. Es gab nur die endlosen Geständnisse der Eheleute, die ihr böses Geheimnis jahrelang stumm mit sich herumgeschleppt und ihr Gewissen täglich neu im Alkohol ersäuft hatten. Die beiden sagen heute, es sei für sie eine Befreiung gewesen, endlich alles erzählen zu dürfen. Und sie sagen, sie seien froh gewesen, verurteilt worden zu sein – obwohl der nun folgende Strafprozess in der Wendezeit zur Orgie der Voreingenommenheit und des Dilettantismus geriet.

Und was hätte sich abgespielt, wenn sie nicht aufgefallen wären? Wäre das Kindertöten immer so weitergegangen, bis die Biologie allem ein Ende gesetzt hätte? „Nein." Sagen die beiden jedenfalls, obwohl fraglich ist, wie sie den Teufelskreis wirklich aus eigener Kraft hätten durchbrechen können. Sie hätten sich, vermuten sie, wohl eines Tages selbst gestellt.

In der Haft wurde die Last, die ihnen die Seele erdrückte, langsam leichter. Sie wurde regelrecht abgetragen, nach und nach. Auch die Albträume wurden seltener. Die beiden sind heute mit sich allein. Ihre fünf Söhne leben in Pflegefamilien, sie wissen nicht, wo. Doch obwohl sie jetzt alle ihre Kinder verloren haben, sagen sie, dieses einsame Leben sei ihnen lieber als ihr früheres mit der Schuld in alle Ewigkeit.

1994, in der Haft, ließ die Frau sich scheiden. 1996 schrieb der Mann ihr aus dem Männergefängnis ins Frauengefängnis, dass er sie immer noch liebe und mit ihr zusammen sein wolle, „bis dass der Tod uns scheidet". Im selben Jahr heirateten die beiden wieder – hinter Gittern und kirchlich. „Wenn man so viel zusammen durchgemacht hat", sagt er, „soll man sich nicht trennen."

An den Wänden ihrer Hochhauswohnung hängen kleine Fotos. Man muss sehr nah herantreten. Eines zeigt die zweite Hochzeit, die anderen befreundete Mitgefangene. Kinderbilder sind nicht zu sehen. Doch die Frau besitzt noch fünf, von jedem lebenden Sohn. „Alles meine Jungs." Das klingt stolz. Kann jemand, der fünf Kinder auf dem Gewissen hat, auf die fünf anderen stolz sein? Vor solchen Gefühlen kapituliert einer, dem eine so genannte normale Biografie vergönnt ist.

Denken sie oft an ihre Kinder? „Natürlich." Wie sie jetzt wohl aussähen, wie es ihnen gehe, welchen Beruf sie hätten. Denken sie auch an die toten Kinder? Er sagt: „Nur an die lebenden." Und sie: „An alle elf."

Interview mit der Psychiaterin und Psychotherapeutin Dr. Marianne Röhl

Oberärztin in der Psychiatrischen Abteilung des Klinikums Nord in Hamburg und psychiatrische Gutachterin für Strafprozesse am Landgericht Hamburg

Frau Dr. Röhl, bei welchen Opfergruppen halten Sie eine hohe Dunkelziffer bei Tötungsdelikten für wahrscheinlich?

Eine ziemliche Dunkelziffer vermute ich bei den älteren Leuten, die schon jahrelang an Krankheiten leiden, die unerwartet zum Tod führen können. Der Hausarzt kommt dann und sagt mit gutem oder weniger gutem Gefühl: Nun gut, jetzt hat es ihn oder sie eben erwischt. Und er stellt den Totenschein aus, ohne sich große Gedanken zu machen.

Eine gewisse Dunkelziffer vermute ich auch bei Unglücksfällen oder scheinbaren Suiziden. Ich habe jetzt gerade wieder von einer Türkin gelesen, die ihre Wohnung in Brand steckte und deren Mann dabei umkam. Die Frau war in psychiatrischer Behandlung, der Mann hatte eine neue Beziehung, und es war nicht klar, ob es ein Mordanschlag der Frau gegen ihren Mann war oder ein Suizidversuch der Frau oder ein Unfall. Die Staatsanwaltschaft jedenfalls hat die Sache eingestellt. Mord und Selbstmord liegen oft sehr eng beieinander.

Und dann gibt es meiner Meinung nach noch die dritte Gruppe, bei der Tötungsdelikte nicht erkannt werden: die scheinbaren Verkehrsunfälle. „Kam aus ungeklärter Ursache von der Straße ab", heißt es dann im Polizeibericht. Und Fahrer und Beifahrer sind tot. Darunter verbergen sich sicherlich auch Tötungsdelikte, bei denen der Täter – was er einkalkuliert oder sogar beabsichtigt hat – mit ums Leben kam.

Ist jeder Mensch dazu fähig, einen anderen umzubringen?

Im Grunde ja. Man kann für niemanden die Hand ins Feuer legen. Ich würde es jedenfalls nicht tun. Auch für mich selbst nicht. Auch für Sie nicht. Jeder von uns kann in ein Eifersuchtsdrama oder eine Affekthandlung hineingezogen werden. Wenn dann noch Drogen oder Medikamente oder Alkohol im Spiel sind – was ja bei Tötungsdelikten häufig der Fall ist –, kommt es sehr leicht zu einer Überreaktion.

Gibt es Hinweise, dass ein Mensch töten wird?

Ich begutachte keine Auftragskiller, sondern ich sehe als Gutachterin Menschen mit Psychosen, mit schweren neurotischen Fehlentwicklungen und die eben beschriebenen Affekttäter. Bei der Psychose kann man oft sagen: Der wird wieder töten, oder: Er wird es – bei richtiger Medikamentierung – nie mehr tun. Es hängt von der Erkrankung ab und davon, wie gut der Betreffende auf die Medikamente anspricht.

Dann gibt es noch die Personen mit der schweren Persönlichkeitsstörung. Sie sind fast gar nicht in den Griff zu bekommen. Man kann hier oft sagen, die seelischen Defizite und Defekte sind so gravierend, dass dieser Mensch immer wieder töten wird. Serientäter zum Beispiel sind oft so strukturiert. Ihnen könnte höchstens eine Psychotherapie weiterhelfen, aber die würde sehr langwierig sein und kaum eine hundertprozentige Sicherheit bringen. Gerade wenn einer schon älter ist oder schon mehrere Tötungsdelikte begangen hat, sehe ich keine andere Möglichkeit, als ihn auf Lebzeiten von der Bevölkerung wegzuschließen.

Menschen mit einer schweren Persönlichkeitsstörung wirken nicht immer auffällig oder verrückt, sie sind im Umgang oft sehr angepasst. Wenn man die Akte von solchen Leuten liest, dann denkt man, hier ist von einem Monster die Rede. Und dann kommt das Monster in mein Zimmer und ist auf den ersten Blick ein lieber, freundlicher und netter Mensch.

Und was stimmt? Die Akte oder der Eindruck?

Es stimmt beides. Man muss solche Menschen von allen Seiten ihres Wesens sehen. Wenn man also die Vergehen in einer Akte liest, da sind manchmal wirklich üble Sachen dabei; aber dann hört man sich die Biografie des Täters an, und es wird klar, wie drängend es im Inneren dieser Person gewesen ist. Und dann rückt man ab von der Einschätzung, dass der hier nur ein schrecklicher Mensch ist. Man darf natürlich seine Taten nicht leugnen. Aber man muss auch den Mörder von seiner ganzen Persönlichkeit her sehen. In seinen dunklen Ecken und in seiner Nettigkeit.

Warum gesteht eigentlich ein Mörder eine Tat, die ihm niemand vorgeworfen hat?

Es gibt Leute, die noch nach vielen, vielen Jahren gestehen. Sie wollen etwas loskriegen, sich erleichtern. Das ist ein zutiefst menschliches Bedürfnis.

Warum gesteht der eine und ein anderer nicht?

Das ist eine sehr schwere Frage. Der erste Schritt ist, vor sich selber zuzugeben: Ich hab's getan! Dann erst bin ich bereit, mich mit den Folgen auseinander zu setzen. Doch es gibt viele Täter, die schon zu diesem ersten Schritt gar nicht fähig sind. Sie erhalten dadurch ihre innere Stabilität aufrecht.

Es gibt das Phänomen, dass Mörder sich an die Tat nicht mehr erinnern können, sie haben einfach eine Erinnerungslücke. Primäre Verdrängung nennt man das in der Psychiatrie. Das ist ein reiner Schutzmechanismus. Sie bemühen sich, die Situation zurückzurufen – aber es geht nicht. Aus Scham, aus Schmerz, aus dem Gefühl, so schlecht zu sein, dass nur noch der Suizid übrig bleibt – es sind ganz viele durchmengte Gefühle, die erklärbar machen, warum sich jemand mit seiner Tat nicht auseinander setzt.

Sie meinen, die nicht gestehen, wissen auch gar nicht von ihrer Tat?

Viele wollen es nicht wissen. Sie können es nicht wissen, im Sinne von: Ihre Seele würde es nicht verkraften. Sie wollen sich auch manchmal gar nicht psychiatrisch begutachten lassen, denn bei einer Begutachtung wird auch reingeguckt ins Innerste. Und das kann schrecklich sein. Was Frauen und Männern da zugemutet wird, wenn sie im Gerichtssaal die psychiatrischen Gutachten hören müssen. Das kann zu einer schweren Traumatisierung führen – gerade bei ganz jungen Leuten.

Ich habe gerade einen jungen Mann begutachtet, der wegen eines Tötungsdelikts angeklagt war. Er hatte einen alten Mann totgeschlagen und wohl auch -getreten, weil der ihn nicht telefonieren ließ. Ich fragte nach Dingen aus seinem Leben, die sonst eher nicht zur Sprache kommen. Der junge Mann gab sich in der Sitzung mit mir völlig cool und stritt die Tat ab. Als man ihn dann in die Untersuchungshaft zurückbrachte, rannte er aufs Klo und übergab sich.

Wenn jemand ein Tötungsdelikt begangen hat und dabei nicht erwischt worden ist – wird ihn das ermutigen, noch eines zu begehen?

Wer getötet hat, lebt anschließend oft in einer Art und Weise, dass er gar nicht mehr in eine Situation geraten kann, wie sie damals zur Tötung geführt hat. Sie meiden schon im Vorfeld alles, was dazu führen könnte. Sie leben ein reduziertes Leben, gehen – je nachdem, was das Motiv war – keine Beziehungen mehr ein oder trinken keinen Alkohol mehr oder gehen nicht mehr unter die Menschen oder so.

Wenn man den Dunkelzifferexperten glauben darf, gibt es ja eine beachtliche Menge von nicht entdeckten Mördern. Und ich frage mich, was das bedeutet. Haben diese Leute ein Triumphgefühl? Haben sie nur ein einziges Mal getötet, um ein einziges Problem aus der Welt zu schaffen? Oder entwickelt sich für Menschen, deren Tat nicht ans Licht kam – und somit ja Erfolg hatte –, das Töten zu einer ganz normalen Problemlösungsstrategie?

Es gibt jede der Variationen, die Sie aufgezählt haben, eben weil es sehr viele unterschiedliche Menschentypen gibt. Aber der typische Fall ist: Mann bringt aus Eifersucht Frau um. Strafrechtlich bleibt die Sache unauffällig. Trotzdem wird der nie mehr töten, sein Problem ist ein für alle Mal gelöst.

Bei der Kripo gibt es das Sprichwort: Der Muttermörder mordet nur einmal.

Natürlich gibt es andererseits auch diejenigen, die aus dem Nichtentdeckt-Werden lernen und sich sagen: Na, das ist ja alles ganz gut gegangen, probieren wir's doch mal wieder. Dieser Bereich der Persönlichkeitsstörungen ist sehr bunt. Und darunter sind Leute, die sind eiskalt. Und wenn sie noch dazu intelligent sind, entdeckt kein Mensch deren Taten. Es heißt zwar immer, ein Mord kann noch so intelligent geplant sein – der Mörder macht irgendwann einen Fehler, und alles kommt raus. An diese Weisheit glaube ich nicht. Ich bin überzeugt: Perfekte, fehlerlose Morde gibt es.

Linda Greenlaw

DAS HUNGRIGE MEER
661284
Meine Abenteuer als Kapitänin eines Schwertfisch-fängers

*„Eine Mischung aus Abenteuerbericht,
Biografie und Liebeserklärung an das Meer.“*

Focus

Vorwort

Ich betreibe bereits seit 17 Jahren kommerziellen Fischfang, aber bis zum Sommer des Jahres 1997 nahm niemand davon Kenntnis. Das änderte sich mit der Veröffentlichung von Sebastian Jungers Buch „Der Sturm“: Die Leute interessieren sich seither für mein Leben als Kapitän der *Hannah Boden*, dem Schwesterschiff der *Andrea Gail*, das in Jungers Buch beschrieben wird. Oft gipfelt dieses Interesse in Fragen über den Ablauf einer typischen vierwöchigen Fahrt zu den Schwertfischgründen bei den Grand Banks von Neufundland. Obwohl der Reiz des Fischens im Fangen der Fische liegt, bestehen die größten Herausforderungen an einen Kapitän oft darin, die Besatzung bei der Stange und das Schiff am Laufen zu halten und beide sicher in den Hafen zurückzubringen. Um als erfolgreicher Fischer der Grand Banks zu gelten, muss ein Kapitän Herr über drei Dinge sein: das Schiff, die Besatzung und den Fisch. Jungers Beschreibung meiner Person als einzige Hochseekapitänin eines Schwertfischfängers und als einen der besten Kapitäne der ganzen Ostküste überhaupt gab mir die Gelegenheit, auf häufig gestellte Fragen zu antworten und meine eigene Geschichte zu erzählen.

Ich will die Erinnerung an die sechs Männer, die mit der *Andrea Gail* auf See blieben, und an die vielen Fischer, die in Stürmen umkamen, nicht schmälern, aber der Fischfang ist eine gefährliche Arbeit, und Tragödien auf See haben oft nichts mit dem Wetter zu tun. Meine eigene Geschichte ist nicht tragisch. In „Das hungrige Meer“ erzähle ich die Geschichte einer authentischen, typischen Fahrt zu den Schwertfischgründen von dem Augenblick an, wo wir vom Kai ablegen. Die Schilderung dieser Fahrt wird ab und zu unterbrochen für die Erklärung notwendiger technischer Details und für Beschreibungen, gelegentlich auch für unnötige persönliche Darstellungen und Gedankengänge der Autorin. Einige dieser „Unterbrechungen“ sind als kurze Kapitel zwischen die größeren eingefügt. Ich nenne diese Nebenhandlungen „Aufwärmpause“ – wie jene Pausen, die wir Fischer uns gelegentlich gönnen, um einen Kaffee zu trinken.

Für meine Erzählung habe ich diese besondere Fahrt aus hunderten anderer Fahrten vor allem wegen der Besatzung ausgewählt. Diese fünf

Männer, hart arbeitende, interessante Individuen, stehen für die typische Hochseebesatzung, und jeder dieser Charaktere ist ein eigenes Buch wert. Meistens habe ich die tatsächlichen Namen der Menschen und Schiffe verwendet, aber einige Namensänderungen waren zum Schutz der Privatsphäre notwendig. Alle Daten, Positionen, Wetterbedingungen und Fischfangzahlen stammen aus echten Logbüchern.

Bevor ich mit diesem Buch begann, erschien mir der Gedanke auf eigenartige Weise anziehend, Urlaub vom Fischfang zu nehmen und eine mögliche neue Karriere als Autorin zu beginnen. Mein aufregendes und gefährliches Leben würde gewisse Züge von Normalität, vielleicht sogar eine gewisse Banalität erhalten. Eine geregelte Arbeitszeit, das tägliche Einerlei und die damit verbundene Langeweile – Dinge, über die Angestellte so oft klagen – erschienen mir verlockend, als ich zum ersten Mal daran dachte, ein Buch zu schreiben. Ein Jahr später, nachdem meine Arbeit an „Das hungrige Meer" fast beendet ist, frage ich mich jeden Tag, ob die Gelegenheit, dieses Buch zu schreiben, ein Segen oder ein Fluch für mich gewesen ist. Das Schreiben hat sich als harte, oft schmerzvolle Arbeit herausgestellt. Ich gebe ehrlich zu, dass ich lieber auf Fischfang gehe.

1 Das Schiff startklar machen

Es war Ende August und noch sehr früh am Morgen. Die *Hannah Boden* scheuerte gegen die Pfähle am „Marine-Railways"-Hafen von Gloucester, ihrem Liegeplatz zwischen den Fahrten. Ich genoss den tiefen und erholsamen Schlaf in meiner Koje an Bord, den Nichtfischer fast jede Nacht haben, Fischer hingegen nur dann, wenn alle Leinen fest vertäut sind. Ich schlief, und es schien, als schliefe ganz Gloucester – zumindest ganz Gloucester außer Bob Brown. Die Stille des Hafens wurde vom Läuten meines mobilen Telefons unterbrochen. Ich konnte das schrille Klingeln in meinen Traum einbinden, bis es 15- bis 20-mal geläutet hatte. Aber ich kannte Bobs Beharrlichkeit und wusste, dass er nicht aufgeben würde. Ich musste aufstehen und das Telefon abnehmen. Ich zog mir eine Trainingshose über mein Nachthemd und öffnete die Tür zwischen meiner Kajüte und dem Ruderhaus. Während das Telefon läutete, blinzelte ich auf die Uhr: halb fünf. Ich schnappte mir den Hörer und sagte so freundlich wie möglich: „Hallo, Bob."

„Guten Morgen, Linda. Woher wusstest du, dass ich es bin?“ Die Stimme am anderen Ende war klar und deutlich und hellwach.

„Weibliche Intuition.“

„Ich hoffe, ich habe dich nicht aufgeweckt“, log er.

„Ach was, ich bin schon seit Stunden auf“, erwiderte ich und versuchte, meinen Ärger mit Sarkasmus zu überspielen.

„Nun“, fuhr er fort, „heute geht's ja wieder auf hohe See, und ich dachte mir, du würdest sicher gern frühstücken, bevor die Jungs auftauchen. Also, ich hol dich in dreißig Minuten ab.“

Ich legte den Hörer auf und beendete das Gespräch für mich selbst. „Du hast Glück, Bob Brown, dass Essen das Einzige ist, wofür ich meinen Schlaf opfere.“

Unter der Dusche schlief ich fast wieder ein. Während das heiße Wasser auf meinen Nacken trommelte, dachte ich über meinen Chef nach. Obwohl Bob Brown sich als schwierig erwiesen hatte, mochte ich ihn vom ersten Augenblick an, und meine Gefühle hatten sich im Laufe der Jahre nicht geändert. Ich verteidigte ihn oft gegenüber den fünf Männern, die meine Besatzung bildeten und deren Verhalten Bob gegenüber gleichermaßen aus Respekt wie aus Abneigung bestand. Als mir anfangs jemand erzählte, dass ich für den meistgehassten Mann zwischen Puerto Rico und Neufundland arbeitete, lachte ich. Aber mit der Zeit stellte sich das als die Wahrheit heraus. Wo immer ich war, irgendjemand kannte Bob oder hatte von ihm gehört und fragte mich unausweichlich: „Wie können Sie für dieses Arschloch arbeiten?“ Meine Antwort lautete fast immer gleich: „Er ist gar nicht so übel. Er hat das schönste Schiff der Flotte, die beste Ausrüstung, die es gibt, und er behandelt mich gut.“

Bob war ein gescheiter Mann, und es war ausgeschlossen, dass er die allgemeine Abneigung der Fischer überhaupt nicht wahrnahm; dennoch schien es so. Er eilte stets in allen Dingen mit Riesenschritten voran, so als ob er auf diese Weise auch jegliche Abneigung hinter sich lassen könnte, und war viel zu beschäftigt, um Zeit auf die Wahrnehmung von Kritik zu verschwenden. Es gibt immer Leute, die große Erfolge infrage stellen, und da alles, was Bob anfasste, sich in Gold verwandelte, gab es viel Gerede. Manche Kritik war berechtigt, andere beruhte nur auf billiger Eifersucht. Bob war auf seinem Weg nach oben offensichtlich einigen Leuten auf die Füße getreten, und obwohl manch einer sagte, bei ihm gehe nicht alles ganz legal zu, bemerkte ich während meiner Zusammenarbeit mit ihm keinerlei Unehrlichkeit. Er war über die Maßen klug und kannte sich in vielen Bereichen aus. Bob flog zum Beispiel sein eigenes Flugzeug und löste jedes Problem mit Mechanik und Elektrik. Und was seine Entschlossenheit betraf, so würde er mit einem Schiff zum Mars fahren, wenn er glaubte, dort Fische fangen zu können. Millionen von Menschen, die das Buch „Der Sturm“ gelesen haben, ist heute der Name Bob Brown bekannt, da er der Eigentümer der *Andrea Gail* war.

Während ich mir die Haare abtrocknete, überlegte ich, dass ich eigentlich nur ein einziges echtes Problem mit Bob hatte: dass er so naiv war zu erwarten, jeder, mit dem er zu tun hatte, dächte und handelte so wie er. Ich kämpfte um Bobs Anerkennung, und obwohl ich sie selten errang, war diese Bemühung während der fünf Jahre, die ich für ihn arbeitete, eine meiner Antriebsfedern. Als ich meine Schuhe zuband, schloss ich meine Überlegungen in Bezug auf Bob Brown mit einer Feststellung ab: Unser Verhältnis funktionierte.

MIT EINEM Schritt gelangte ich von der Reling des Schiffes auf den Kai, wo Bobs Lastwagen gerade anhielt. Der Mann hinter dem Ruder war imposant. Bob war wirklich nicht groß, aber das, was ihm an Länge fehlte, wurde durch die Breite seiner Schultern und den Brustumfang mehr als wettgemacht. Sein Körper war für physische Arbeit geschaffen, stämmig und unverwüstlich. Als ich in den Lastwagen kletterte, machte ich ein paar Bemerkungen über das Risiko, mit Bob Brown durch die Straßen von Gloucester zu fahren. „Und wenn mich eine Kugel trifft, die für dich bestimmt war?“

Bob lachte und schüttelte seine kurzen, sauber gekämmten graumelierten Haare. Er strich sich mit einer Hand, die an eine Bärentatze erinnerte, über das glatt rasierte Kinn und bot mir rücksichtsvoll an: „Vielleicht möchtest du lieber zu Fuß gehen?“

Während ich Bob im Restaurant gegenübersaß, fing ich an, nervös zu werden. Das passierte mir vor jeder Fahrt an dem Tag, an dem wir ausliefen. Ich fragte mich, welche Arbeit ich vielleicht vergessen hatte, welcher Artikel nicht auf meiner Liste war und wie schwierig es sein würde, gerade ohne diesen Artikel während der dreißig Tage auf See auszukommen. Ich zog die Liste aus meiner Gesäßtasche und überprüfte sie zum vielleicht hundertsten Mal, seit ich die *Hannah Boden* vor zwei Tagen nach Gloucester zurückgebracht hatte. Die Vorbereitung eines Schiffes für einen vierwöchigen Fischfang bedeutet so viel Arbeit und Organisation, dass ich schon oft einen Seufzer der Erleichterung ausgestoßen habe, wenn der Zeitpunkt zum Losmachen der Leinen gekommen war. Dann weiß ich, dass der unangenehmste Teil der Fahrt vorüber ist und der beste vor uns liegt, nämlich der tatsächliche Fischfang, weshalb die meisten von uns in diesem Geschäft sind.

Eine Bedienung nahm unsere Bestellung auf. Während wir auf das Frühstück warteten, ging ich im Geiste in rasendem Tempo die vergangenen 48 Stunden durch, während weiterhin die Frage an mir nagte: Was habe ich vergessen?

Am 26. August waren meine Besatzung und ich mit dem größten Schwertfischfang meiner Karriere in Gloucester angekommen: Wir hatten mehr als 25 000 Kilogramm auszuladen. Dennoch konnten der Stolz und die Aufregung über den vorangegangenen Fang die Anspannung vor dem jetzigen nicht mindern. Sicher erwartete man von uns, im September das zu wiederholen, was wir im August vollbracht hatten. Ich hatte diese Fahrten in der Vergangenheit so häufig vorbereitet, dass eigentlich alles viel routinemäßiger und weniger hektisch ablaufen müsste. Aber während der kurzen Saison hängt vom Erfolg jeder einzelnen Fahrt in den Grand Banks so viel ab, dass an Entspannung nicht zu denken ist. Ich hatte schon genug Schwierigkeiten durchlebt, die dadurch verursacht worden waren, dass man sich nicht umfassend genug auf einen Monat auf See vorbereitet hatte. Der Eigner, der Kapitän und die Besatzung müssen peinlich genau auf jede Kleinigkeit achten, die sich auf das Ergebnis einer Fahrt auswirken könnte. Auf See sollte man so viel wie möglich im Griff haben, um die Einflüsse jener Faktoren zu mindern, die unkontrollierbar sind – was etwa für Mutter Natur gilt, die bei den Fischern den Ruf genießt, höchst temperamentvoll und oft sogar eine rechte Plage zu sein.

Niemand übertraf Bob Brown in puncto Organisation: Er war ein wahrer Meister darin, ein Schiff startklar zu machen, wozu Reparatur- und Wartungsarbeiten ebenso gehörten wie die Neuausrüstung zwischen den Fahrten. Brown war dafür bekannt, innerhalb von zwei Tagen für die Grand Banks startklar zu sein, was sehr ungewöhnlich ist, und man bewunderte ihn dafür. Unter den Schiffseignern, für die ich gearbeitet habe, war er der Einzige, der mir nach dreißig Tagen auf See schon vom Kai aus zurief: „Wann lauft ihr wieder aus?"

ZWEI Tage zuvor, als der letzte von 527 Schwertfischen, 118 Großaugenthunfischen und 7 Makrelenhaien aus den Salzwassereisbehältern im Fischladeraum der *Hannah Boden* gehievt und auf Lastwagen verladen worden war, die den Fang zum Verkauf nach Boston und New Bedford transportierten, fingen wir an, den Fischladeraum zu schrubben und zu desinfizieren. Während der Reinigungsarbeiten fuhr Tom Ring, mein Erster Offizier und Koch, ins Lebensmittelgeschäft, um „Essen zu fassen" beziehungsweise die Lebensmittel für uns sechs für die nächsten dreißig Tage auf See einzukaufen. „Ringo" war schon seit knapp zwanzig Jahren in diesem Geschäft und zählte zu den besten Besatzungsmitgliedern, mit denen ich das Vergnügen gehabt habe zu arbeiten. Er ist nicht nur eine erstklassige Hilfe an Deck und ein gutmütiger Schiffsoffizier, er ist auch ein hervorragender Koch – und der Koch spielt eine entscheidende Rolle für Erfolg und Glück einer Fischfangaktion.

Ringo konnte bemerkenswert „aufdrehen", eine Fähigkeit, die mittelmäßigen Besatzungsmitgliedern fehlt. Seine Stärke und Ausdauer gingen weit über das hinaus, was man von einem Mann seiner eher durchschnittlichen Größe und Statur erwarten konnte. Ringos Muskeln am Oberkörper wirkten nicht besonders voluminös, waren aber durch die jahrelange körperliche Tätigkeit, die er liebte, gut ausgebildet. An irgendeinem Punkt der Fahrt erreicht jeder ein Stadium der Erschöpfung, das sich niemand vorstellen kann, der es nicht selbst erlebt hat. Man ist nicht einfach nur todmüde, nein, es ist eine bleierne Müdigkeit, die sich bis in die letzten Poren ausbreitet. Und jedes Mal wenn ich denke: Jetzt fallen die Jungs an Deck jeden Moment um, greift Ringo auf geheime ungenutzte Kraftreserven zurück und schaltet in den Turbogang. Bevor ich ihn einstellte, war ich es, die Tempo machte und antrieb. (Kein Fischer mit nur einem Quäntchen Ehre im Leib lässt es zu, dass eine Frau ihn bei der Arbeit übertrifft, und das spornte meine Besatzung jahrelang zu Höchstleistungen an.) Nun setzten wir allen Ehrgeiz darein, gegen Ringo anzutreten.

Kenny und Carl, mit 22 und 19 Jahren die jüngsten Mitglieder meiner Besatzung, waren gerade mit ihren Schrubbern aus dem Fischladeraum an Deck geklettert, als ein Lastwagen mit Anhänger im Rückwärtsgang den Kai entlangfuhr. „Wir sind fertig. Dort unten kann man vom Boden essen", sagte Kenny, setzte sich steuerbord auf die Reling und zündete sich eine Zigarette an. Als er seine Boston-Red-Sox-Mütze abnahm, kam sein leuchtend rotes Haar zum Vorschein, das seinem natürlichen stolzen Temperament entsprach. Die drei andern Männer stiegen aus ihrem Ölzeug (Schlechtwetter- oder Deckkleidung, die aus gummierten Latzhosen, Kapuzenjacken und kniehohen Gummistiefeln besteht), als das Quietschen von Bremsen ihre Aufmerksamkeit auf den Lastwagen am Kai lenkte.

Charlie, dessen Latzhose gerade auf den Boden gefallen war, stieß einen langen, angewiderten Seufzer aus. „Sag bloß nicht, dass dieser Lastwagen voller Köder ist." Erschöpfung trübte das strahlende Blau seiner Augen, und die Stoppeln auf seinen Wangen verdeckten tiefe Falten. Selbst Charlies Körperhaltung signalisierte die flehentliche Bitte um eine Pause. „Wir nehmen die Köder nicht heute Nacht auf, oder?“

Bevor ich antworten konnte, riss der Fahrer die Hecktür des Lastwagens auf, und wir starrten auf den Berg von Kartons, die bis unters Dach aufgetürmt waren. Kenny warf seine Zigarette ins Wasser und ging wütend auf Deck hin und her. In seinem neufundländischen Dialekt ließ er eine seiner typischen Kenny-Tiraden los, wobei er jede Silbe einzeln herausbellte. „Verdammte Scheiße, es ist sechs Uhr. Da bist du 26 Tage auf See, reißt dir den Arsch auf und kommst mit einem Riesenfang zurück, reißt dir den Arsch auf, um den Fisch abzuladen, schrubbst den beschissenen Laderaum. Ich will jetzt nur diese schmierigen Scheißklamotten ausziehen, unter die Dusche springen und dann die Straße längs gehen. Wir haben vor zwölf Stunden an diesem Kai festgemacht, und ich habe noch nicht einen Fuß an Land gesetzt. Ich will nur von diesem Scheißschiff herunter –“

„Nun, jetzt hast du Gelegenheit dazu“, fiel ich ein. „Spring auf diesen Lastwagen, und fang an, uns den Köder herunterzureichen.“ Carl sprang auf den Kai, um seinen Platz als zweites Glied der Kette einzunehmen, während Peter, der Größte der Besatzung, als drittes Glied auf die Reling stieg. Wenn ein Passant einen Blick auf die langen Gesichter meiner Besatzung geworfen hätte, hätte er sicher gedacht, dass sie gerade zu einer lebenslänglichen Freiheitsstrafe verurteilt worden wären. Obwohl es unfair schien, wusste Bob Brown aus schmerzlicher Erfahrung, dass er von der Besatzung verlangen musste, alles zu tun, wozu sie gerade noch in der Lage war, bevor er sie auszahlte und sie in den örtlichen Bars verschwand. Kenny hatte sich von seinem Wutanfall erholt und im Lastwagen Stellung bezogen. Die anderen zogen wieder ihr Ölzeug an. „Lasst uns einen Blick auf das Zeug werfen, bevor wir es an Bord nehmen“, sagte ich und dachte an die Vorbereitungen für eine nicht lange zurückliegende Fahrt, als wir 6000 Kilo Tintenfisch wegen schlechter Qualität an das Kühllager zurückgesandt hatten.

Kenny sprang mit einem 20-Kilo-Karton gefrorener Köder aus dem Lastwagen, legte ihn auf die Schiffsreling und öffnete ihn, damit ich den Inhalt inspizieren konnte. Der Köder war in Größe, Farbe und Zustand perfekt, und jeder Tintenfisch war so in den Karton gelegt worden, wie man Sardinen in eine Dose schichtet. Die Tintenfische der obersten Schicht hatten ihre runde Form behalten und waren nicht platt gedrückt, wie ich sie in der Vergangenheit dummerweise schon akzeptiert hatte. Jeder der etwa 25 Zentimeter langen Tintenfische hatte die Farbe reifer Auberginen, die weder verwaschen noch nach Gefrierbrand aussah, und dieser perfekte Köder löste in mir bereits freudige

Spekulationen aus, was er wohl anlocken würde. Im Laufe der Jahre hatte ich gelernt, was nun offensichtlich schien: Je besser der Köder, desto besser der Fang. Kleine Schwertfische und Haie sind, was das Futter angeht, nicht halb so wählerisch wie die großen Fische. „Marker", die großen Schwertfische, die ausgenommen (Körper ohne Kopf, Flossen und Eingeweide) mehr als 50 Kilo wiegen, erzielen einen höheren Preis als „Pups" (49–25 kg), „Puppies" (24–12 kg) oder „Rats" (unter 12 kg). Besserer Köder, besserer Fisch, besserer Preis, bessere Entlohnung. Hier geht's schon los mit dem Geldverdienen. Eine 20-Kilo-Kiste nach der anderen gelangte über schmerzende Rücken und Muskeln in das Ködergefrierlager der *Hannah Boden*, bis sechs Tonnen gefrorene Tintenfische dort waren.

Carl und Peter standen hintereinander in der Reihe und reichten dem jeweils Nächsten die Kisten weiter. Ihre Bewegungen erinnerten an ineinander greifende, unterschiedlich große Zahnräder in einer Maschine. Jeder erbrachte die gleiche Leistung, aber der Aufwand wirkte höchst unterschiedlich: Carls Bewegungen waren schnell und eckig, während Peter anmutig-kraftvoll mit langen, geschmeidigen Bewegungen arbeitete. Auch an ihrem Gesichtsausdruck konnte man ihre unterschiedliche Arbeitsweise ablesen: Peter wirkte zufrieden und entspannt, so als könnte er sich gleich zu einem Nickerchen hinlegen, während Carl ungeduldig und wütend war und die Arbeit schnellstmöglich hinter sich bringen wollte.

Gerade als die letzte Kiste durchgereicht wurde, kam ein zweiter Lastwagen den Kai herunter. Bob und Ringo stiegen aus dem Führerhaus. Sie brachten die Lebensmittel: fast 50 Kartons. Als alle Lebensmittel an Bord waren, machten sich die Männer gemeinsam daran, das „Futter" im Kühlschrank, in der Gefriertruhe, in den Schränken und unter den Sitzbänken um den Kombüsentisch zu verstauen. Als die Lebensmittel im Wert von 3500 Dollar zur Zufriedenheit des Kochs untergebracht waren, erhielten die Männer von Bob ihren Scheck für die vorangegangene Fahrt und verschwanden. Sie würden erst heute Morgen um acht wiederkommen, also ein paar Stunden nach meinem Frühstück mit Bob.

ICH TUNKTE den letzten Bissen Fischkuchen in das Eigelb, stopfte es mir in den Mund und hoffte, dass die 6000 Kilogramm Köder für diese Fahrt genug waren und die Lebensmittel im Wert von 3500 Dollar mehr als ausreichten, um uns bis zur Rückkehr in den Hafen zu ernähren. Während ich so über die Versorgungslage sinnierte, wurde ich in meinen Gedanken von einem nach Fisch riechenden jungen Mann unterbrochen, der

an meinem Tisch auftauchte. „Sie sind Linda, nicht wahr?“, fragte er.
„Ja.“
„Ich arbeite für Peck auf der *Hellenic Spirit*. Glückwunsch zu Ihrem Fang, ich hab gehört, das war ein echter Knüller.“
„Pah“, fiel Bob ein, „es wäre ein richtiger Knüller geworden, wenn sie noch ein paar Nächte länger gefischt hätte.“
Ich lächelte und versuchte, Bobs Kommentar zu ignorieren. „Sie haben meinen Chef noch nicht kennen gelernt, den ewig drängelnden und nie zufriedenen Bob Brown.“
Die beiden Männer begrüßten sich, und dann zog sich der Mann mit dem Fischgeruch vom Tisch zurück „Wollte nur mal vorbeischauen“, meinte er. „Ich habe noch nie eine Fischerin getroffen. Viel Glück!“
„Danke, Ihnen auch“, sagte ich und schüttelte den Kopf über die Verwendung des Wortes „Fischerin“. Ich hasse diesen Ausdruck und kann einfach nicht verstehen, warum die Leute glauben, dass es mich verletzen würde, „Fischer“ genannt zu werden. Ein Fischer ist laut Definition „jemand, dessen Beschäftigung es ist, Fische zu fangen“. Tja, genau das mache ich. Und wenn ein Gespräch an dem Punkt ankommt, an dem mein Gesprächspartner fragt, womit ich meinen Lebensunterhalt verdiene, sollte er mittlerweile eigentlich festgestellt haben, dass ich weiblich bin. „Fischer“ reicht also völlig.
Die Bedienung kam, befreite uns von den Tellern und schenkte Kaffee nach. Bob funkelte mich mit seinen schwarzen Augen an und fragte: „Findest du wirklich, dass ich drängelig bin?“
„Allerdings. Glaubst du wirklich, ich hätte auf der letzten Fahrt länger draußen bleiben sollen?“
„Klar. Du hattest am letzten Tag fast 3000 Kilo Fisch, und du bist zurück ins Nest gefahren. Die *Hannah Boden* schafft 30000 Kilo Fisch. Du hättest bleiben sollen.“
Ich schluckte. Mein Gott, wann hat schon einmal jemand 30000 Kilo an Land gebracht? „Ja, ich hätte bleiben können, sollen, wollen. Hab ich aber nicht. Der Mond nahm ab, und ich wollte diesen Fang nicht dadurch vermasseln, dass ich etwas vom Septembermond verpasse.“
„Und wenn das Wetter schlecht wird oder das Wasser dieses Jahr frühzeitig abkühlt? Du weißt nicht, ob die Fische auf dieser Fahrt noch da sein werden“, hielt Bob dagegen.
„Sie werden da sein. Wenn wir heute abfahren, werden wir am Tag vor dem ersten Viertel bei den Fischgründen sein. Das wird noch mal ein Knüller.“
Bob nickte. Er war selbst jahrelang auf Schwertfischfang gegangen

und glaubte daran, dass es wichtig ist, die Fahrten auf den Mondzyklus abzustimmen. Im Allgemeinen sind die ertragreichsten Nächte zwei oder drei Tage vor und nach Vollmond. Am besten ist es, mit dem Fischfang in der Nacht des ersten Mondviertels zu beginnen und mit dem letzten Viertel zu enden. Die Fahrten zu den Fischgründen und zurück sowie die Zeit im Hafen sollten während des Neumonds stattfinden. Deshalb bestand Bob grundsätzlich so hartnäckig darauf, dass man rasch wieder aufbrach. Einige Kapitäne ziehen es vor, weniger und dafür längere Fahrten zu unternehmen; sie bleiben 45 oder sogar 60 Tage auf See. Mein Freund Charlie Johnson ist einer von ihnen. Er achtet kaum darauf, wie lange er auf See ist, und fängt immer seinen Anteil an Fisch, aber er ist als „2-Monde-Charlie“ bekannt. Ich zog es vor, solche endlos erscheinenden Reisen zu vermeiden.

Ich starrte auf die Tassen auf dem Tisch und dachte, wie schön es doch war, dass sie einfach so dastanden, ohne dass jemand sie festhielt, damit sie nicht auf den Boden fielen und zerbrachen. Es schien vielleicht nicht besonders wichtig, aber ich würde diesen Anblick während der nächsten dreißig Tage nicht mehr geboten bekommen. Dann konzentrierte ich mich wieder auf die Liste und auf die Vorbereitungen. Während sich die Besatzung zwei Tage zum Ausspannen frei genommen hatte, hatten der Chef und ich uns um die Wartung der *Hannah Boden* gekümmert und sie für einen weiteren Monat auf See vorbereitet.

Die *Hannah Boden* wurde bestens gewartet, darauf achtete Bob Brown. Diese dreißig Meter sorgfältig gepflegten Stahls würden in den nächsten dreißig Tagen für die Besatzung und mich unser Lebensmittelpunkt sein, unser Zuhause, unser Arbeitsplatz, unsere Andachtsstätte, unser Vergnügungszentrum. Das Profil der *Hannah Boden*, die wie eine üppige Frau gebaut ist, entlockt jenen, die guten Schiffsbau wirklich schätzen, ein bewunderndes Pfeifen. Äußerlich war sie makellos, ohne Rostflecken auf ihrem dunkelgrünen Schiffskörper oder auf ihren leuchtend weißen Oberbauten. Dass Bob Brown es mit der Wartung so peinlich genau nahm, gab uns ein Gefühl der Sicherheit, wenn wir auf einem seiner Schiffe in See stachen. Ich kommandierte das schönste Schiff der Flotte und hatte vor, alles zu tun, damit es das auch blieb.

Nur vierundzwanzig Stunden vorher hatten wir 35000 Liter Diesel an Bord gepumpt und damit die sechs Tanks aufgefüllt, die insgesamt fast 70000 Liter fassen und für sechzig Tage reichen, also die doppelte Menge, die während einer normalen Fahrt verbraucht wird. Wir hatten das Öl und die Filter des Hauptmotors gewechselt, eines 3412-Caterpillars, der Antriebsquelle der *Hannah Boden*. Wir hatten die Hydraulik gewartet, die die Steuerelemente für Motor und Kupplung betätigt, und die Filter für die Saugleitungen der elektrischen Pumpen gereinigt, die allesamt mit Wechselstrom von einem der beiden 3304-Caterpillar-Motoren an Bord angetrieben werden. Wir hatten die Zellen der beiden 32-Volt-Batteriekästen, die den Strom für die Gleichstromanlagen an Bord liefern, mit destilliertem Wasser gefüllt. Das gesamte Öl einer 200-Liter-Tonne war in den Schmierölbehälter hinein- und das alte Schmieröl aus dem Behälter herausgepumpt worden. Wir hatten den Kompressor der Salzwassereismaschine mit Freon bestückt, hatten Fett aus einer Fettkanone in unzählige Armaturen gepumpt, die auf dem ganzen Schiff verteilt waren, und verschiedene Ersatzteile besorgt, zum Beispiel Ersatzfilter, Glühbirnen, Taschenlampenbatterien und Isolierband.

Die einzige Position auf meiner Liste der zu erledigenden Dinge, die noch in Angriff genommen werden musste, war das Einräumen des neuen Fischfanggeräts. Das Gerät war telefonisch bestellt worden, bevor wir im Hafen ankamen, und befand sich jetzt auf Bobs Lieferwagen. Das Fanggerät, das bei jeder Fahrt benötigt wird, ist sehr umfangreich. Obwohl die Langleinenfischerei eine relativ einfache Form des Fischfangs ist, sind die Kosten für das Fanggerät mit fast 10000 Dollar pro Fahrt ziemlich hoch.

Geräte, Benzin, Köder und Sonstiges summieren sich auf ungefähr 40000 Dollar pro Fahrt. Diese Kosten werden als Betriebskosten behandelt und vom Bruttogewinn abgezogen, bevor der Gewinn in Anteile aufgeteilt wird. Wir mussten also grob geschätzt 5000 Kilogramm Schwertfische fangen, um die Kosten zu decken; und die Kosten müssen gedeckt sein, bevor irgendjemand einen Pfennig verdient.

Das Prinzip der Arbeit auf Anteilsbasis habe ich potenziellen Besatzungsmitgliedern immer und immer wieder erklärt, besonders den grünen Jungs, die noch nie als Berufsfischer gearbeitet haben. Meine Erklärung ist normalerweise Bestandteil einer allgemeinen Warnung, damit sie wissen, worauf sie sich einlassen, wenn sie sich für eine Fahrt verpflichten. Wenn wir keinen Fisch fangen, erhalten wir kein Geld, Punktum! Es gibt keine Gewinne, keinen Festlohn, keinen Mindestlohn. Es gibt keine Schwertfischfänger mit einem Achtstundenarbeitstag. Wenn erst einmal der erste Haken im Wasser ist, sind sogar 20-Stunden-Tage die Norm. Die Jagd wird nie wegen Dunkelheit verschoben und selten wegen des Wetters. Es gibt keine Wochenenden, Feiertage, freie Tage oder Krankentage. Wenn die Leinen vom Kai losgemacht sind, werden alle Zeitkarten als „eingestempelt“ betrachtet und nicht vor Ablauf von 700 Stunden wieder „ausgestempelt“. 700 Stunden körperlicher Arbeit unter schlechten Bedingungen, für die man vielleicht kein Geld bekommt. Kurz gesagt, es gibt keine Gewerkschaft.

All das wird klar und deutlich erwähnt in dem *Sea Star Corporation's Employment Agreement* genannten Arbeitsvertrag, den alle Beschäftigten der *Hannah Boden* lesen und unterschreiben müssen, bevor sie sich für die erste Fahrt einschiffen. Neben den üblichen Erklärungen über das Verbot von Rauschmitteln, Alkohol und Feuerwaffen enthält dieser Vertrag eine erstaunliche Anzahl von Bestimmungen, die die Höhe des Lohns und eine Reihe von Gründen für die Beendigung der Beschäftigung ohne Entlohnung berühren. Ich bezeichne diese Vereinbarung als „Bob Browns Lizenz zum Stehlen" und habe eine solche vor vielen Fahrten unterzeichnet, wobei ich darauf vertraute, dass Bob mich fair behandeln würde, was er auch tat.

Als Bob unser Frühstück bezahlte, hatte sich meine Nervosität fast zur Panik gesteigert bei dem Gedanken, dass wir in fünf bis sechs Tagen, wenn wir die Grand Banks erreichten, mehr als tausend Meilen entfernt sein würden vom Hafen und jeglichen Vorräten, die ich vielleicht vergessen hatte. Es bestand immer die Möglichkeit, dass ich ein bedeutendes Detail übersah. Als wir wieder am Schiff angelangt waren, konnte ich die Schmetterlinge in meinem Bauch nur beruhigen, indem ich mir sagte, dass ich nichts Bedeutendes vergessen haben konnte, sonst hätte Bob es sicher bemerkt.

Der Zeiger der Uhr näherte sich der Acht, und die Besatzung konnte jede Minute den Kai herunterkommen. Ich schaute optimistisch zum Hafen und hoffte, dass meine Besatzung bald eintreffen würde. Als könne er meine Gedanken lesen, sagte Bob: „Ich hoffe, dass die Männer pünktlich sind."

„Sie werden hier sein." Ich täuschte Zuversicht vor.

„Ich hoffe, dass sie nüchtern und nicht zu verkatert sind."

„Darauf würde ich nicht wetten." Ich war schon zu lange im Fischfanggeschäft, um zu erwarten, dass alle fünf Männer pünktlich und nüchtern zur Arbeit erscheinen würden. Obwohl sie an Land ein randalierender Haufen waren, wusste ich, dass meine jetzige Besatzung die beste der Flotte war. Und in welchem Zustand auch immer und wann auch immer sie an diesem Morgen erscheinen würden, diese fünf waren Chorknaben im Vergleich zu manch anderen, die ich in der Vergangenheit angeheuert hatte. Ich kann mir zum Beispiel nicht vorstellen, dass ich jemals die Gruppe vergessen werde, mit der ich an Bord der *Gloria Dawn* in Portland, Maine, in See stach, und vor allem erinnere ich mich an einen Typen namens Onkel Patty.

2 Aufwärmpause

In Portland, Maine, war es bitterkalt. Der Gedanke an diesen frostigen Dezembermorgen im Jahr 1987 lässt mich frösteln und erinnert mich an eine Reihe der schlimmsten Entscheidungen, die ich je getroffen habe. Nachdem ich meinen Lieferwagen auf dem Parkplatz abgestellt hatte, ging ich zu Fuß den Hobsons-Kai hinunter. Meine sechsköpfige Besatzung arbeitete seit etwa einer Woche auf der im Hafen liegenden *Gloria Dawn* und bereitete sie auf den Heilbuttfang vor. Die *Gloria Dawn*, ein 20-Meter-Trawler aus Fiberglas, war das erste Schiff, das ich kommandierte, und in den letzten Monaten war ich mit ihr auf Schwertfischfang gewesen. Doch der Schwertfischfang war in dieser Saison eine einzige Pleite gewesen, und wir träumten davon, uns finanziell mit einer Spitzenfangfahrt auf Heilbutt zu sanieren.

Die Jungs waren an diesem Tag noch nicht zur Arbeit aufgetaucht. Ich war morgens gern die Erste an Bord und kam normalerweise früh genug im Hafen an, um in Ruhe die Arbeiten im Maschinenraum zu beenden, bevor ich mich der Arbeit an Deck zuwandte. Die Flut stand ziemlich niedrig, und ich kletterte die eiskalte Stahlleiter an der Kaimauer hinunter, trat von der letzten Sprosse zum Dollbord steuerbord hinüber und sprang aufs Deck, wobei ich den frischen Neuschnee aufwirbelte. Ich hauchte in meine Hände und eilte durch die Tür in die Wärme des Vorschiffs.

Ich öffnete die Tür zum Maschinenraum, stieg die Leiter hinab und begann mit meiner täglichen Routine: Treibstoffstand messen in den Tanks steuerbord und backbord, Stand des Kühlmittels prüfen im Sichtglas des Ausdehnungsgefäßes über dem Hauptmotor. Danach zog ich den Ölmessstab am Motor heraus, stellte fest, dass das Öl bis zur Markierung „voll" reichte, setzte ihn wieder ein, drückte den Startknopf und betete. Nach einigem Ächzen und Husten startete der Hauptmotor widerwillig, und ich ließ ihn laufen, während ich den Generator wartete.

Die Uhr im Ruderhaus zeigte 6.30 Uhr an. „Wahrscheinlich erscheinen sie erst in ungefähr einer halben Stunde, also kann ich noch in Ruhe ein Stück weiter die Straße hinauf Kaffee trinken", brabbelte ich vor mich hin, eilte wieder hinaus und zog dabei meinen Mantel bis zum Kragen zu. Wenn man mit sich selbst spricht und auch darauf antwortet, ist dies ein Anzeichen dafür, dass man zu viel Zeit auf See verbracht hat. Von der Reling des Schiffes aus langte ich mit einer Hand zur Stahlleiter hinüber, fasste eine der eiskalten Sprossen und setzte einen Fuß auf eine andere. Als ich mich zum Kai hinüberzog, erregte irgendetwas unter mir meine Aufmerksamkeit, etwas im Wasser zwischen dem Schiff und dem Kai. Ich kletterte wieder an Bord des Schiffes und schaute in das Wasser hinunter. Ich hatte mich nicht getäuscht: Ein menschlicher Körper trieb in aufrechter Haltung zwischen mir und dem Kai, nur der Kopf schaute aus dem eisigen Hafenwasser heraus. „O mein Gott!" Ich schaute über den Hafen zum Parkplatz hinunter und hoffte, jemand von meiner Besatzung würde auftauchen, aber dort rührte sich nichts, und auch der Körper im Wasser unter mir blieb regungslos.

Ich beugte mich über das Dollbord steuerbord und streckte meinen rechten Arm zu dem Kopf hinunter, bis meine Fingerspitzen nur wenige Zentimeter von dem braunen Haarschopf entfernt waren. Als ich meinen Bauch über die Reling quetschte, sodass nur noch die Spitzen meiner Stiefel Kontakt mit dem Deck hatten, konnte ich ein Haarbüschel greifen. Mit meiner linken Hand klammerte ich mich an die Kante des Dollbords und bewegte mich rückwärts, bis mein Körper größtenteils wieder an Bord war; der obere Teil des Kopfes war jetzt etwas näher am Schiff. Ich holte tief Luft und zog an den Haaren, bis ein kreidebleiches Gesicht nur eine Armlänge von meinem Gesicht entfernt auftauchte. Lippen und Augen hatten fast das gleiche Blau. Mein Herz klopfte wie wild, und ich fühlte, wie mein Frühstück hochkam. Ich schluckte und wollte gerade meinen Griff lösen, um den toten Mann wegtreiben zu lassen. In diesem Augenblick öffnete sich sein Mund, und er sprach. „Wildman ist tot, Kapitän."

„He, du lebst ja!"

„Nein, ich bin tot."

„Nein, das bist du nicht. Noch nicht. Streck mir einen Arm rauf, und ich versuche, dich herauszuziehen."

„Ich kann nicht. Ich bin tot." Dabei schloss er die Augen und atmete langsam und tief aus. Sein Atem roch hochprozentig.

„Stimmt, du bist tot, so tot wie eine Alkoholleiche." In diesem Augenblick wusste ich nicht, ob er gestorben oder bewusstlos war oder einfach keine Lust hatte, mit mir zu diskutieren, aber es war ganz klar, dass er sich nicht selbst retten konnte. Falls er noch am Leben sein sollte, würde er es in diesem eiskalten Wasser nicht mehr lange sein. Ich zog mit meiner rechten Hand an seinen Haaren und bekam dann mit meiner Linken seinen Kragen zu fassen. Ich ließ die Haare los und packte mit meiner Rechten den Mantel zwischen seinen Schultern, wobei ich jeden Muskel meines Körpers gegen das tote Gewicht des Mannes und seiner voll gesogenen Kleidung anspannte. Mit meiner rechten Hand zog ich wieder an und konnte so mit meiner Linken den Gürtel um seine Taille fassen. Dann packte ich mit beiden Händen seinen Mantel und seinen Gürtel, zog mit allen Kräften, und hau ruck! plumpste er wie ein toter Fisch auf das Fiberglasdeck, wo er nun zusammengekrümmt auf der Seite lag, während sich um ihn eine Lache bildete. Als ich über ihn gebeugt dastand und nach Luft rang, fielen zwei Schatten neben mir aufs Deck.

Ich drehte mich zum Kai und sah meinen Ersten Offizier und Timmy, ein weiteres Mitglied meiner Besatzung. Der Erste Offizier war ein Ire aus Portland, und wir hatten schon eine Zeit lang zusammengearbeitet; er war für die Einstellung der Besatzungsmitglieder verantwortlich. Das Ergebnis war eine Schiffsladung Iren aus Portland. Sie waren starke Trinker, harte Arbeiter und loyale Schiffskameraden. Der Erste selbst war ein Naturwunder. Er führte jede Arbeit an Bord der *Gloria Dawn* mit Perfektion und Leichtigkeit aus, und er war knallhart und ein wenig gemein, sodass er aus den schlimmsten Männern das Beste herausholte, womit der Rest der Besatzung ziemlich gut beschrieben wäre.

Die beiden Männer sprangen an Bord. Timmy sprach zuerst. „Was ist mit Onkel Patty passiert?“, erkundigte er sich und rollte den Körper auf den Rücken.

„Er ist dein Onkel?“, fragte ich.

„Ja, der Bruder meines Vaters.“

„Ich habe ihn im Wasser gefunden. Wir sollten einen Krankenwagen rufen. Wer weiß, wie lange er im Wasser war.“

Plötzlich stöhnte Onkel Patty, und seine Augen öffneten sich.

„Sie hat mich an den Haaren gezogen“, bemerkte er sachlich.

Der Erste kicherte. „Hat sie dich über Bord geworfen?“ Er packte Patty an den Schultern und zog ihn hoch. „Lassen wir das mit dem Krankenwagen, Linda. Wir ziehen ihm etwas Trockenes an, und dann ist er wieder in Ordnung.“

„Er hat mich zu Tode erschreckt. Ich dachte, er wäre tot!“, rief ich ihnen nach, als sie durch die Tür verschwanden, die zu den Mannschaftsräumen führte.

Bevor die Tür zuschlug, hörte ich Timmys Antwort: „Gott sei Dank ist er betrunken. Er wäre erfroren, wenn er nicht so viel Alkohol im Blut gehabt hätte. Wahrscheinlich hat ihn das gerettet.“

Ich nahm an, dass der Erste und Timmy vollauf damit beschäftigt seien, Onkel Patty trockenzulegen, und beschloss, jetzt wirklich Kaffee trinken zu gehen.

Als ich zum Schiff zurückkam, waren fünf meiner sechs Besatzungsmitglieder an Deck der *Gloria Dawn*. „Hallo, Jungs!", rief ich. „Es sieht aus, als würden wir morgen die Leinen losmachen." Dann fragte ich den Ersten, was er mit Onkel Patty gemacht habe.

„Wir haben ihm etwas Trockenes angezogen und ihn in seine Koje gelegt. Er schläft seinen Rausch aus."

„*Seine* Koje?"

„Richtig. Der Junge, der auf dieser Fahrt kochen wollte, muss eine Weile im Gefängnis verbringen. Ich habe Patty angeheuert, um seinen Platz einzunehmen." Der Erste Offizier sah so aus, als wappne er sich innerlich gegen den Wutausbruch, den er verdiente und erwartete.

Ich wusste, dass es nicht klug war, vor versammelter Besatzung einen Tobsuchtsanfall zu bekommen, der auf meinen besten Mann abzielte, also atmete ich tief durch und dachte einen Moment nach. „Wie alt ist Onkel Patty?", fragte ich.

„Ich schätze, so um 43", antwortete der Erste, sichtbar erfreut, dass ich nicht hochgegangen war.

„Für mich sieht er wie 83 aus", bemerkte ich bissig.

„Nun, du hast einen seiner schlechten Tage erwischt. Heißt das, dass er die Fahrt mitmachen kann?"

Ich zuckte mit den Schultern und ging kopfschüttelnd zum Ruderhaus. „Ach, was soll's! Ich nehme Onkel Patty zum Fischen mit."

Das war vielleicht die schlimmste von vielen falschen Entscheidungen. Mehr über Onkel Patty und die *Gloria Dawn* in Kapitel 11. Aber jetzt zurück zur *Hannah Boden*.

3 Zweifel

Obwohl mich die Erfahrungen mit früheren Besatzungen hart gemacht hatten, gab es für mich immer ein kleines Fünkchen Hoffnung. Auch wenn ich mich nicht traute, fest damit zu rechnen, so hoffte ich doch, dass meine Männer rechtzeitig und in nicht zu schlechter Verfassung auftauchten. Immer wieder hat es Schiffe gegeben, die am Abreisetag im Hafen festlagen, weil die Besatzung nicht da war. Viele Männer gaben den Zweifeln nach, die uns alle plagten, und überlegten es sich anders, und es war nicht ungewöhnlich, dass jemand nicht auftauchte. Eine gewisse Menge Alkohol kann das Gefühl für Verantwortung und Verpflichtung trüben und es Männern erlauben, ihrem Gefühl im Bauch nachzugeben und die Arbeit fristlos einzustellen, also nicht mitzufahren. Einige nennen das feige, andere halten es einfach für schlau. Jeder hier kennt Geschichten von jenen „zur See fahrenden Propheten", die von einem Schiff, das später ins Verderben fuhr, unmittelbar vor der Abfahrt absprangen, weil sie einem unbestimmten Gefühl nachgaben, wieder in die Kneipe zurückzukehren.

Ich betete, dass keiner meiner fünf Männer eine wundersame Offenbarung erlebte, bevor wir eine Entfernung zurücklegen konnten, die sie von der Versuchung abbringen würde, von Bord zu springen und zum Ufer zurückzuschwimmen. Ich ließ Bob an Deck, wo er sich mit der Steuerung der Eismaschine beschäftigte und auf die Besatzung wartete, während ich die weiträumige Brücke der *Hannah Boden* umrundete und einige der zahlreichen elektronischen Geräte anschaltete, damit sie warm laufen konnten. Ich schaltete die beiden Radare auf Bereitschaft, drehte das GPS, den Videoplotter, zwei Lorans und zwei Einseitenbandfunkgeräte (ESB) an und stellte den UKW-Funk auf Kanal 16 ein.

Als ich auf das Deck zurückkehrte, stiegen gerade Peter und Charlie aus einem Taxi, bepackt mit ihren Seesäcken, die mit Fischereikleidung, Lesestoff, Zigaretten, Zahnpasta, Deodorant und Ähnlichem gefüllt waren. Diese beiden Besatzungsmitglieder waren in ihrem Äußeren so unterschiedlich, wie zwei Menschen es nur sein können. Peter, ein großer, robuster Schwarzer mit seriösem Auftreten, stammte aus Grenada. Sein kurz geschnittenes Haar und sein Backenbart schienen gerade Bekanntschaft mit einem Friseur gemacht zu haben. Charlie war ein leichenblasser Clownstyp aus Massachusetts, dessen zerzauster Kopf Peter gerade mal bis zur Brust reichte. Charlie sah an diesem Morgen etwas mitgenommen aus, aber beide Männer lächelten, als sie „Hallo" riefen und im Vorschiff verschwanden, um ihre Sachen zu verstauen. Nun, dachte ich, zwei sind unten, bleiben noch drei. Nur sehr wenige Männer überlegen es sich noch anders und hauen ab, wenn sie erst einmal ihr Gepäck verstaut haben.

Als ich zur Hafeneinfahrt hinaufsah, konnte ich die übrigen drei Fünftel der „Gang" sehen, die mit ihren Seesäcken über der Schulter auf mich zukamen. Langsam und zögerlich näherten sie sich. Carls Schritt hatte an diesem Morgen nichts Jugendlich-Federndes, und er zuckelte müde hinter den beiden anderen her. Ringo und Kenny hielten an, um auf ihn zu warten. Als die drei Männer so dastanden und miteinander sprachen, schien es, als stünden sie kurz vor einer Entscheidung. Drei Männer, die 48 Stunden lang so viel Alkohol zu sich genommen hatten, wie sie nur konnten, überlegten nun, ob sie in die Kneipe zurückgehen und bis zur Bewusstlosigkeit weitertrinken oder an Bord gehen sollten, um während des nächsten Monats Enthaltsamkeit zu üben. Schließlich setzten sie ihren Weg zum Schiff fort. Die Flut hatte inzwischen fast ihren Höchststand erreicht. Es war genau acht Uhr.

Ringo ging an Bord. In seinen Jeans und seinem weit geschnittenen Hemd hing der Geruch von abgestandenem Bier und Zigaretten, der sich auch in seiner dichten blonden Mähne verfangen hatte. „Hallo, Bob. Guten Morgen, Linda. Was für ein wundervoller Morgen, um fischen zu gehen." Ringo klang und wirkte nicht betrunken – seine Stimme war hell und seine Aussprache klar –, dennoch war er es sicherlich. Kenny kam direkt hinter ihm. Als er uns grüßte, bemerkte ich mehrere Beulen auf seiner Stirn, böse Blutergüsse.

„Was ist denn mit dir passiert?", fragte ich und starrte auf seine lädierte Stirn.

„Ich bin in eine Rumschlacht geraten."

„Was hat dich getroffen? Bacardi-Flaschen?"

„Nein", antwortete Kenny. „Tontauben."

Kennys Befragung wurde von einem würgenden Geräusch unterbrochen. Carl, der noch nicht ganz am Schiff angelangt war, lehnte über einem Pfahl in der Nähe des Bugs und übergab sich ins Wasser.

Ich drehte mich zu Ringo um. „Wo hat er letzte Nacht getrunken?"

„Stell mir keine Fragen, dann erzähle ich keine Lügen." Diese Antwort hatte ich von Ringo erwartet. Die Besatzung hält immer zusammen, und das soll auch so sein. Ich hatte kein Interesse daran, mit einem Haufen Klatschtanten und Muttersöhnchen in See zu stechen. Carl war mit 19 jedoch weit unter dem gesetzlichen Mindestalter für den Genuss von Alkohol, das 21 Jahre beträgt.

„Du weißt, dass Carl noch nicht trinken darf, oder?", fragte ich.

„Linda, ein Mann muss nicht auf seine Geburtsurkunde sehen, um zu wissen, ob er Durst hat." Eine weitere typische Antwort à la Ringo.

„Aber er ist noch ein Junge, kein Mann."

„Nun, du behandelst ihn hier an Bord doch als Mann", argumentierte Ringo. „Er arbeitet wie ein Mann und wird bezahlt wie ein Mann. Warum sollte er dann nicht trinken wie ein Mann?"

„Vielleicht solltest du ‚kotzt wie ein Mann' zu seinen vielen Eigenschaften hinzufügen", bemerkte Bob und wies mit seinem Kopf in Richtung Kai, wo Carl wieder vornübergeneigt in den Hafen reiherte. Wie die anderen musste nun auch ich lachen und hoffte, dass Carl vielleicht seine Lektion gelernt hatte. Die Dinge hätten tatsächlich schlechter liegen können. Alle waren, gleich in welchem Zustand, versammelt und mehr oder weniger bereit, fischen zu fahren.

Ich schrie Carl am Kai zu, er solle die Kartons mit dem Fanggerät in Bobs Lastwagen den Jungs auf Deck herunterreichen. Charlie half Carl am Kai, und in wenigen Minuten war der Lastwagen geleert und die Kartons an Deck, wo wir sie einzeln öffneten, um den Inhalt auf meiner Geräteliste abzuhaken. Die Bestellung für diese Fahrt bestand aus:

1. Sechs Kartons auf 150 Kilogramm Bruchfestigkeit getestete Monofilleine [für die Leitwehren]
2. Drei Spulen mit je einer Meile auf 350 Kilogramm Bruchfestigkeit getestete Monofilleine [Hauptleine]
3. 3000 Stück 7698B-Mustad-Haken
4. Acht Schachteln mit je 1000 D-Crimps [D bezeichnet die Größe des Crimps, einer „Metallhülse", die man zur Befestigung von Schnappverschluss und Haken an der Leitwehr braucht.]
5. 200 Schnappverschlüsse mit Drehgelenk [Schnappverschlüsse sind eine Art metallene Wäscheklammer, mit der man Leitwehren an der Hauptleine befestigt.]
6. Zwei 12-Zoll-Schlichtfeilen [zum Schärfen der Haken]
7. Sechs Schleimmesser [ein Messer mit gebogener Klinge, mit dem man beim Putzen bzw. Vorbereiten die Innenseite der Öffnung des Schwertfischkörpers auskratzt]
8. Sechs 6-Zoll-Ripper [Allzweckmesser]
9. Zwölf Klingen für die Fleischsäge [um Flossen und Köpfe vom Fisch zu trennen]
10. Vier Drahtbürsten [um Blutspuren vom Rückgrat des Fisches zu entfernen und so ein vorzeitiges Verderben des Fleisches zu vermeiden]
11. 8000 chemische Leuchtstäbe: 2000 weiße, 2000 blaue, 2000 grüne, 1000 gelbe und 1000 rosafarbene [Sie werden verwendet, um Köder und Schwertfische zum Fischfanggerät zu locken.]

Wir hatten alles.

Die Jungs schleppten die Kartons mit dem Gerät herein und zum Vorpiek hinauf, einem großen Lagerraum im Bug des Schiffes. Bob schaute mit einer Taschenlampe in die Eismaschine hinein und passte die Salzwassereinspeisungshöhe an. Salzwassereis ist auf einem Fischfänger

Gloucester, der Heimathafen der *Hannah Boden*

eine Notwendigkeit. Es ist vier Grad kälter als Frischwassereis und dient dazu, dass der Fisch auf den langen Fahrten nicht verdirbt. Wenn man einen vor drei Wochen getöteten Fisch richtig behandelt hat, ist er genauso appetitlich wie frisch gefangener Fisch.

„Die Maschine ist fertig eingestellt", verkündete Bob. „Ich mache die Leinen los."

„Okay, wir legen ab", sagte ich zu den Jungs und kletterte die Stufen zur Brücke hinauf. Wir waren so weit, jetzt gab es kein Zurück mehr. Die Männer lösten die Leinen von den Klampen und ließen sie weit genug durchhängen, dass Bob die Schlaufen der vier Seile über die Hafenpfähle heben konnte. Die Besatzung zog die gelösten Leinen an Bord und rollte sie sorgfältig auf, während ich die *Hannah Boden* langsam und vorsichtig vom Kai wegmanövrierte.

Bob winkte vom Kai aus. „Wir sehen uns, Männer. Viel Glück, mein Mädchen!"

Als das Heck des Schiffes das Ende des Kais passierte, steuerte ich scharf backbord auf die roten und grünen Markierungen für die Kanalmitte zu. Ich gab den lange ersehnten Seufzer der Erleichterung von mir. *Zu weit, um zu springen.* Ich ließ die Boje backbord liegen und steuerte aus dem Binnenhafen von Gloucester hinaus. Als wir an Ten Pound Island vorbeiglitten, erschien Kenny an der hinteren Tür des

Ruderhauses und fragte: „Soll ich jetzt die Ausleger herunterlassen?“

„Ja, bitte. Die *birds* bleiben noch oben, bis wir sie brauchen. Danke.“

Das Schiff ächzte und stöhnte, als Kenny die Ausleger aus ihrer vertikalen Position in eine fast horizontale Position hinunterließ, zwei gigantische Stahlarme, deren Zweck darin besteht, das Schiff bei rauer See abzubremsen. Die *birds,* 100 Kilogramm schwere Stabilisatoren aus Stahl, die an einer Kette am Ende der Ausleger hängen, sind so konzipiert, dass sie unter der Oberfläche des Wassers schwimmen, und ihre Tendenz einzutauchen setzt dem Rollen des Schiffes einen zusätzlichen Widerstand entgegen. Auch die Vorwärtsbewegung des Schiffes wird leicht abgebremst, wenn sie durch das Wasser gezogen werden; unsere Geschwindigkeit wurde so um einen Knoten reduziert. Bei schönem Wetter lässt man die *birds* in der Luft hängen, nur bei Bedarf werden sie ins Wasser gelassen. Der *bird* an Steuerbord bleibt zudem unabhängig von den Wetterbedingungen oben an den Tagen, an denen wir „einholen“, das heißt das Fischfanggerät zurückholen, da dies auf der Steuerbordseite geschieht. Wäre er beim Einholen im Wasser, würde er sich ständig in der Hauptleine verfangen. Aber im Moment mussten wir uns über verhedderte Fangleinen mindestens für die nächsten fünf Tage keine Gedanken machen, bis wir unser Ziel östlich der Grand Banks von Neufundland erreicht hatten.

Als die Mole hinter dem Schiff verschwand, schaltete ich den Autopiloten ein und hielt einen Steuerkurs von etwas nördlich über Ost, etwa 82 Grad geographisch Nord. Ich stieß einen zweiten Seufzer der Erleichterung aus. *Zu weit, um zu schwimmen.* Das Meer war ruhig und die Sicht ausgezeichnet, ein großartiger Tag, um die Fahrt zu beginnen. Ich schaute durch die rückwärtigen Fenster auf das Achterdeck hinaus, wo meine fünfköpfige Besatzung stand und achtern blickte. Ich wusste, dass sie dort stehen bleiben würden, bis Gloucester ganz verschwunden war, bis sich das letzte Grün im Blau aufgelöst hatte. Ich habe das immer getan, solange ich als Besatzungsmitglied arbeitete. Nun war alles anders. Als Kapitän musste ich mich zwingen, nach vorne über den Bug zu blicken, 1000 Meilen nach Osten. Bei jeder Fahrt fiel es mir schwerer, daran zu glauben, dass die wichtigen Dinge vor uns lagen und dass diejenigen Dinge, die zurückblieben, immer noch da sein würden, wenn wir zurückkämen. Die Zweifel daran, dass dies tatsächlich so war, wuchsen von Mal zu Mal.

Ich ließ mich in den Kapitänsstuhl fallen und entspannte mich. Das Loran zeigte an, dass wir 10,4 Knoten Fahrt machten, eine durchschnittliche Geschwindigkeit bei gutem Wetter und hochgezogenen *birds.* Der Videoplotter hatte die Daten unserer letzten Fahrt gespeichert, und der Punkt, der unserer derzeitigen Position am nächsten lag, war 25 Meilen südlich von Cape Sable, Neuschottland, und 223 Meilen von unserer derzeitigen Position auf 82 Grad. Der Bildschirm des Plotters zeigt ähnlich dem eines PCs die geographische Position eines Schiffes in Bezug zu den Wegepunkten an, die vom Anwender manuell eingegeben worden sind. Das Schiff erscheint auf dem Bildschirm als blinkender Punkt etwa im Durchmesser eines Bleistiftes. Gewöhnlich ziehe ich auf dem Bildschirm eine Linie, ausgehend vom aktuellen Punkt, zum nächsten Wegepunkt, und diese Linie stellt unseren gewünschten Kurs dar. Wenn die Besatzungsmitglieder nachts Wache stehen, müssen sie den blinkenden Punkt nur auf der Kurslinie halten, um sicherzustellen, dass das Schiff in die richtige Richtung fährt. Es ist wie ein Videospiel in extremem Zeitlupentempo. Meine Besatzung bestand aus kompetenten Seeleuten und konnte navigieren, doch der Plotter ist eine gute Absicherung gegen Fehler.

Ich erhob mich von meinem Stuhl und ging zum GPS hinüber, dem globalen Satellitennavigationssystem. Das GPS (Global Positioning System) ist ein höchst genaues elektronisches Gerät, das Informationen von Satelliten verwendet, um die Position eines Schiffes in Bezug auf Breitengrade und Längengrade zu berechnen. Das GPS kann auch Entfernung und Peilung zu einem Wegepunkt berechnen. Anders ausgedrückt, kann das GPS mir sagen, in welcher Entfernung und Richtung von mir ein bestimmter Punkt liegt. Ich gab unser Endziel auf der Tastatur des GPS ein, und zwar 45 Grad 00 Minuten Nord und 45 Grad 00 Minuten West. Das GPS wies aus: Entfernung 1102 Seemeilen, Peilung 82 Grad geographisch Nord. Der Bildschirm zeigte auch an, dass wir einen Kurs von 85 Grad geographisch Nord hielten, also drei Grad zu viel. Ich ging zum Autopiloten und drehte den Steuerungsknopf einen Bruchteil gegen den Uhrzeiger, um unseren Kurs etwa drei Grad nach backbord zu ändern.

Ich war zufrieden, dass wir nun auf Kurs waren, setzte mich und entspannte mich wieder. Ich dachte an das Funktelefon, das über dem Kartentisch angebracht war, und dass ich es nutzen sollte, bevor wir aus seiner Reichweite fuhren. Das Telefon funktioniert normalerweise in einem Bereich, der den ganzen Golf von Maine abdeckt und ein Stück die Küste von Neuschottland hinauf, bevor uns der Kurs so weit vom Festland fortführt, dass wir mit keiner landgestützten Funktelefonanlage mehr Verbindung aufnehmen können. Ich hatte mit meiner Familie vor einigen Tagen gesprochen, als ich nach Gloucester unterwegs gewesen war, und gesagt, dass ich versuchen würde, zu einem Besuch zu ihnen auf die Isle au Haut in Maine zu kommen, bevor ich wieder auf Fahrt ginge. Doch die Zeit war knapp gewesen, und ich hatte mich nie weiter als fünf Kilometer von der *Hannah Boden* entfernen können, und schon gar nicht hatte es bis zur Insel gereicht. Das Schiff hatte mich dieses Jahr an der kurzen Leine gehalten. Es hatte einfach zu viel Arbeit an Bord gegeben, um Zeit für zu Hause zu haben. Kürzlich war mir bewusst geworden, dass ich nie vom Hafen aus zu Hause anrief, nur vom Wasser aus und gewöhnlich, wenn ich abfuhr. Ich fragte mich, was dies wohl aussagte über mein Vertrauen in meine eigene Bereitschaft, diese harte Arbeit zu machen. Wenn meine Mutter mir am Telefon gesagt hätte, dass ich für ein paar Tage nach Hause kommen solle, hätte das meine Entschlossenheit sicher ins Wanken gebracht. Doch die Schwertfischsaison auf den Grand Banks ist relativ kurz, und ich musste den Löwenanteil meiner Einkünfte in vier oder fünf Monaten verdienen.

Früher hatten wir die Schwertfischsaison der *Hannah Boden* bis in den November hinein verlängert. Doch seit dem Verlust unseres Schwesterschiffes *Andrea Gail* im Halloween-Sturm 1991 hatte Bob darauf bestanden, unsere Saison Mitte oder Anfang Oktober zu beenden, um das schwere Wetter zu vermeiden, das normalerweise nach dieser Zeit aufkommt. Im Laufe der Jahre hatte ich es geschafft, auf verschiedenen Schiffen, die für unterschiedliche Arten des Fischfangs eingesetzt wurden, in jedem Monat des Jahres bei den Grand Banks zu fischen, und hatte dafür von Mutter Natur viele Schläge erhalten, wobei ich die schlimmsten Prügel im Spätherbst einstecken musste. Ende Oktober dieses Jahres würden wir das Schiff und das Fischfanggerät für den Hummerfang vor der Küste von Georges Banks fertig machen oder für den Schwertfischfang in der Karibik, was in jedem Fall besser war, als dem Winterwetter bei 45 Grad nördlicher Breite und 45 Grad westlicher Länge zu trotzen.

Ich schaute nochmals zum Funktelefon hinauf. „Ich glaube, ich sollte lieber Bescheid sagen, dass ich wieder auf See bin“, sagte ich laut. Ich nahm den Hörer und wählte die Nummer meiner älteren Schwester Rhonda in Cundy's Harbor in Maine. Rhonda ist die gute Seele der Familie und behält immer alles im Auge.

„Ja, bitte?“

„Hi, Rhon. Wie geht's, was gibt's an Neuigkeiten?“

„Hi, Lin. Nicht viel. Wo bist du?“, fragte sie.

„An Bord des Schiffes, wir fahren gerade hinaus. Wir haben heute

Morgen abgelegt. Ich dachte, ich sollte mich mal bei dir melden; wir haben uns schon lange nicht gesprochen."

„Stimmt. Gestern hab ich mit Mama geredet. Sie hat mir erzählt, du hättest eine Superfahrt gehabt. Glückwunsch."

„Oh, danke." Ich zögerte etwas, erkundigte mich dann aber doch: „Hat irgendjemand für mich angerufen?"

„Nein, Lin."

„Bill auch nicht?"

„Nein."

„Wayne?"

„Nein."

„Larry Butler?"

„Larry hat sich seit März nicht mehr gemeldet."

„Ach. Nun ja, was sollte ich erwarten. Er war schon fünfmal verheiratet. Wahrscheinlich hat er eine Aufmerksamkeitsstörung."

„Ja." Rhonda lachte laut. „Ich denke, das haben sie alle. Warum rufst du sie nicht an?"

„Hat uns unsere Mutter nicht beigebracht, dass es sich für Mädchen nicht schickt, Jungs anzurufen?", argumentierte ich.

„He, tolle Ausrede! Seit wann betrachtest du dich als Mädchen?"

Dann verabschiedeten wir uns und wünschten uns Glück. Ich gebe allen, die vielleicht mit mir Kontakt aufnehmen möchten, Rhondas Telefonnummer, weil sie immer weiß, wo ich mich aufhalte, und ein Händchen dafür hat, unerwünschte Anrufer abzuwimmeln und den Kontakt zu denjenigen zu pflegen, an denen mir möglicherweise etwas liegt. Anscheinend hatte sie in den letzten Monaten beides nicht oft tun müssen. Die *Hannah Boden* hatte meine ganze Zeit in Anspruch genommen und nichts für außerplanmäßige Aktivitäten wie etwa Männerbekanntschaften übrig gelassen. Wer noch nicht einmal Zeit hat fürs Mittagessen, hat noch viel weniger, um eine Beziehung aufzubauen.

Schnell verdrängte ich die deprimierende Tatsache, dass mir während der nächsten dreißig Tage keinerlei romantische Aufmerksamkeit zuteil werden würde. Von meinem Platz aus hatte ich den Radarschirm, den Plotter und zwei Lorans im Blick und konnte nach vorne sowie seitlich aus den Fenstern des Ruderhauses sehen. Es war eine der seltenen Gelegenheiten, wo das Meer völlig ruhig war und die gleiche Farbe wie der Himmel hatte. Wenn ich geradeaus blickte, konnte ich nicht unterscheiden, wo das Meer aufhörte und der Himmel anfing. Ein unheimliches Gefühl: um das ganze Schiff herum, 360 Grad, nichts als Blau. Keine Wellen, keine anderen Schiffe, keine Skyline, kein Land, nichts.

Wir waren nur ein paar Stunden von Gloucester entfernt, aber wir hätten genauso gut ein Schiff in einer Flasche sein können. Einer Seelandschaft ohne Konturen und Begrenzung fehlt der künstlerische Touch. Ich suchte meine Umgebung erfolglos nach einer herabstoßenden Möwe oder einem an der Oberfläche aufblitzenden Fisch ab. Diese Leinwand, auf der man keinen Pinselstrich sah, zeigte ein Stillleben, man könnte auch sagen: die Einsamkeit. Aber die Einsamkeit ist ein Geisteszustand, und obwohl ich tatsächlich allein auf hoher See war, würde ich niemals einsam sein.

Plötzlich bemerkte ich, dass ich den Maschinenraum schon seit einiger Zeit nicht mehr kontrolliert hatte, und rannte zwei Decks hinunter. Dabei setzte ich meinen Ohrenschützer auf, der wie ein Kopfhörer aussah. Es war ziemlich einfach, den Maschinenraum zu kontrollieren, und dies musste mehrmals täglich gemacht werden. Nachts kontrollierten ihn die Jungs alle dreißig Minuten, das war ein Teil ihrer Aufgaben während der Wache. Ich ging aufmerksam um die Maschinen herum und prüfte die Sichtgläser (durchsichtige Röhrchen an der Außenseite der Behälter, die den Füllstand der Flüssigkeit im Inneren anzeigen) sowie die Temperatur- und Druckanzeiger. Ich suchte nach Benzin-, Öl- oder Wasserlecks und prüfte den Kielraum. Ich war glücklich darüber, dass wir weder sanken noch brannten, und kletterte zum Hauptdeck hinauf, nachdem ich die Stahltür des Maschinenraums hinter mir geschlossen hatte. In der Kombüse regte sich nichts und niemand. Ich öffnete die riesige Tür des begehbaren Kühlschranks, langte hinein und schnappte mir eine Dose Pepsi light – eins der Dinge, ohne die ich weder auf See noch an Land auskomme. Beide Kabinentüren steuerbord und backbord waren geschlossen und das Licht unten in der „Falle“ ausgeschaltet, was bedeutete, dass die Besatzung die Folgen ihrer zwei freien Tage ausschlief. Ich kletterte mit meiner Cola und einer Familienpackung Kartoffelchips, die mir zufällig unter einen Arm gerutscht war, die Stufen zum Ruderhaus empor.

An diesem Tag ließ ich die Besatzung schlafen; am nächsten Morgen würde die Arbeit beginnen. Statt der Besatzung ständig zu sagen, was sie vor dem ersten Ausbringen der Leine zu tun habe, mache ich lieber eine Liste der Dinge, die erledigt werden müssen, sodass sie unter sich ausmachen können, in welcher Reihenfolge wer welche Arbeit ausführt. Diese Jungs wussten genauso gut wie ich, was getan werden musste, und ich vertraute darauf, dass jeder von ihnen einen Teil dieser Arbeiten übernahm. Ich schrieb die Liste in Druckbuchstaben, und obwohl ich die einzelnen Positionen nummerierte, gab ich keine Prioritäten vor.

Alles musste erledigt werden, jede Position war von gleicher Wichtigkeit. Während die Besatzung die erste Etappe der Fahrt verschlief, um Gedanken an traurige Abschiede zu vermeiden, überstand ich diese Phase mit dem Anfertigen von Listen. Wenn man nicht genug zu tun hat, kommt man allzu leicht ins Grübeln.

Dinge, die vor dem Ausbringen des Fanggeräts zu erledigen sind

1. Hupbojen montieren und testen
2. Alle Haken schärfen
3. Crimper justieren und testen
4. 2400 Leitwehren anfertigen
5. Alle Kugelschwimmer montieren und lackieren
6. Alle Schwimmer in Bündeln von zehn Stück zusammenfassen und backbord an die Wetterwand hängen
7. Spule um drei Meilen Hauptleine erweitern
8. Leuchtstäbe mit Gummibändern versehen
9. Spezialköder anfertigen
10. Kugelhänger anfertigen

Es war eine relativ kurze Liste. Außer der Anfertigung von Leitwehren und der Befestigung von Gummibändern an den Leuchtstäben konnten alle Positionen in den ersten beiden Tagen fertig gestellt werden. Mit dem Anfertigen von 2400 Leitwehren sind gewöhnlich zwei Männer vier Tage lang beschäftigt, wenn sie täglich zwölf Stunden arbeiten. Ich wusste, dass Peter diesen langweiligen Job überwachen und die meisten Leitwehren selbst anfertigen würde.

Eine Leitwehr ist ein Gebilde aus einem metallenen Schnappverschluss, einem Stück Leine und einem Haken. Schnappverschluss und Haken werden mit einem D-Crimp an den entgegengesetzten Enden der Leine befestigt. Das geschieht folgendermaßen: Das Ende der Leine wird erst durch den Crimp geführt, eine ein Zentimeter lange metallene Röhre mit einer ovalen Öffnung, die den doppelten Durchmesser der Leine hat, dann durch die Öse des Hakens gefädelt und anschließend wieder in entgegengesetzter Richtung durch den Crimp geschoben. So bildet das Seilende eine Schlaufe, an der der Haken hängt. Der Crimp wird dann in die Backe des Crimpers gelegt, eines Werkzeugs, das den Crimp zusammendrückt, um die Schlaufe zu fixieren. Der einer Wäscheklammer ähnliche metallene Schnappverschluss wird in gleicher Weise am anderen Ende des Seils befestigt; er wird verwendet, um beim Ausbringen die Leitwehren an der Hauptleine zu befestigen. Auf der

Hannah Boden besteht ein Set aus 900 Leitwehren, eingeklinkt in 40 Meilen – etwa 70 Kilometer – Hauptleine, mit Schwimmern zwischen je zwei Leitwehren und einer Hupboje alle fünfzig Schwimmer. Mit etwas Glück sollten 15 Sets auf dieser Fahrt ausreichen. Die Länge der Leitwehren, mit denen ich bei den Grand Banks fische, beträgt 14 Meter. Peter hatte bewiesen, dass er es sehr genau mit der Wartung der Geräte nahm, und oft blieb er die ganze Nacht allein auf, um Leitwehren zu reparieren und auszutauschen, wenn sie von Haien oder Fischen beschädigt worden waren oder sich verheddert hatten.

Die andere zeitraubende und höchst langweilige Arbeit besteht darin, jeden einzelnen der achttausend Leuchtstäbe mit Gummibändern zu versehen. Das Einzige, was diese Arbeit erträglich macht, ist die Tatsache, dass man sie verrichten kann, während man abends am Kombüsentisch sitzt und einen Videofilm ansieht. Ein Leuchtstab besteht aus einer zehn Zentimeter langen Plastikröhre, die mit einer Chemikalie gefüllt ist und in der sich eine Glasröhre mit einer zweiten Chemikalie befindet. Wenn die Plastikröhre gebogen wird, bricht die Glasröhre, und die beiden Chemikalien vermischen sich und erzeugen dabei Licht, das angeblich Schwertfische und/oder Köderfische anzieht, je nachdem, wessen Theorie man glaubt. Unmittelbar bevor die Leitwehren ins Wasser gelassen werden, befestigt man die Leuchtstäbe etwa zwei Meter oberhalb des Hakens mittels der Gummibänder. Jede Leitwehr wird jede Nacht mit einem neuen Leuchtstab versehen.

Die einzige Tätigkeit, die ich beim Fertigmachen des Fischfanggeräts persönlich übernehme, ist das Testen der Hupbojen und das Anfertigen der Spezialköder. Spezialköder sind eine geheime Waffe, die ich einsetze, um Schwertfische anzulocken. Mein Kollege Larry Butler, der nicht mehr auf Schwertfischfang geht, hat mir den Einsatz von Spezialködern gezeigt. Sie werden hergestellt, indem man Rohrisolierungen aus Styropor in Scheiben schneidet und diese Scheiben in Lebertran einweicht. Diese öligen Ringe, die in Plastikbeutel gelegt werden, sehen wie riesige Scheiben schwarzer Oliven aus. Wenn wir nachts ausbringen, wird zuerst der Leuchtstab an der Leitwehr befestigt, dann der Haken durch den Ring des Spezialköders geführt und erst dann der Tintenfisch am Haken befestigt, damit der Spezialköder zwischen Haken und Licht auf und ab schwimmt. Spezialköder werden nicht jede Nacht an jeder Leitwehr angebracht, sondern gleichmäßig verteilt, im Allgemeinen je ein Köder etwa alle zwanzig Haken. Ich war mir nie ganz sicher, dass die Spezialköder funktionieren, aber ich weiß, dass sie nicht schaden. Selbst wenn sie keine Fische anziehen, bin ich sicher, dass der

Lebertran den Geruch der Zigaretten überdeckt, der sicherlich an den Handschuhen der Besatzung haftet und so auf Menschen hinweist. Es gab eine Zeit, in der mich meine Besatzungen für etwas fanatisch hielten, aber ich hielte es für dumm, den halben Nordatlantik auf der Jagd nach Schwertfischen zu durchqueren und irgendeinen möglichen Vorteil außer Acht zu lassen.

Ich warf das Notizbuch mit der Liste auf den Tisch und rutschte auf dem Stuhl hin und her, um eine einigermaßen bequeme Sitzposition zu finden. Bob Brown hatte die *Hannah Boden* mit dem unbequemsten Kapitänsstuhl ausgestattet, auf den ich je meinen Allerwertesten gesetzt habe. Er bestand aus mit dunkelbraunem Vinyl überzogenen Holz und Stahl, war offenbar völlig ungepolstert und hatte eine absolut gerade Lehne, damit es nahezu unmöglich war, darauf einzuschlafen, ein Kardinalfehler während der Wache. Ich sage „fast unmöglich", weil ich mich daran erinnere, was auf einer früheren Fahrt passierte. Der Albtraum eines jeden Kapitäns ist es, dass derjenige, der Wache hält, einschläft. Wenn niemand aufpasst, können eine Menge Dinge schief laufen und in der Summe zu einer Katastrophe führen: Das Schiff kann mit einem anderen Schiff kollidieren oder auf Grund laufen, oder im Maschinenraum kann ein Feuer ausbrechen und so lange unbemerkt bleiben, bis es außer Kontrolle gerät und den Kapitän und die Besatzung zwingt, das Schiff zu verlassen und ins Rettungsfloß zu steigen, wahrscheinlich ohne die geringste Möglichkeit, einen Hilferuf abzusetzen.

Wir waren damals mit einer Schiffsladung Fisch auf dem Heimweg, nur 48 Stunden vom Hafen entfernt. Es war eine raue Fahrt gewesen. Schlechtes Wetter hatte uns von Anfang an zugesetzt, und wir waren alle erschöpft. Ich hatte den Besatzungsmitgliedern klar gemacht, dass sie mich aufwecken sollten, wenn sie während ihrer neunzigminütigen Wache nicht wach bleiben konnten. Ich war jederzeit bereit, sie abzulösen, ohne Schimpf und Schande.

Auf See habe ich normalerweise einen leichten Schlaf. Alden Leeman, mein bester Freund und erster Kapitän, hatte mich oft gewarnt, nie völlig zu entspannen. „Hör niemals auf, wachsam zu sein. Wenn du das auch nur einmal tust, wirst du in Schwierigkeiten geraten. Die Fahrt ist erst vorüber, wenn du das Schiff am Kai festmachst." Alden Leeman hat mir alles beigebracht, was ich über den Schwertfischfang weiß, und seine Warnungen bezüglich Sicherheit und guter Seefahrt werden mich immer begleiten.

Ich weiß nicht, wie lange der Mann schon geschlafen hatte, als ich ihn aufweckte, indem ich ihm mit der flachen Hand ins Gesicht schlug – aber sicher schon zu lange. Ich werde normalerweise nicht schnell handgreiflich, und es erstaunt mich immer noch, dass es mir nichts ausmachte, diesem Mann ins Gesicht zu schlagen. Es schien mir angemessen. Er öffnete die Augen und fragte: „Was ist passiert?"

Ich erklärte es ihm. Ich erklärte es ihm so laut und in allen Einzelheiten, dass sich, als ich mit ihm fertig war, der Rest der Besatzung oben um das Ruderhaus versammelt hatte, um nachzusehen, woher dieser Krach kam. Ich berichtete ihnen, wie ich durch eine Stimme über den UKW-Funk wach geworden war. Zuerst rief die Stimme „das Schiff zwei Meilen östlich von mir", dann „eine Meile östlich von mir", danach „eine halbe Meile östlich von mir" und schließlich „eine viertel Meile östlich von mir". Als ich erkannte, dass die Stimme ziemlich angespannt klang und niemand auf ihre Rufe antwortete, sprang ich aus meiner Koje, um mir den Rest des Funkrufes anzuhören, der ziemlich dringlich klang. Als ich meinen Kopf ins Ruderhaus steckte, stellte ich fest, dass die Fenster an der Frontseite von gleißenden Scheinwerfern angestrahlt wurden. Wir waren so nahe an dem beleuchteten Objekt, dass ich nicht feststellen konnte, was es war, aber ich war sicher, dass wir gleich kollidieren würden. Ich riss das Ruder scharf nach steuerbord, schaltete den Motor auf volle Kraft voraus und sprach ein stilles Gebet. Als ich aus dem Fenster backbord schaute, sah ich, wie das Ende des Auslegers das andere Schiff nur um Haaresbreite verfehlte. Das Herz klopfte mir bis zum Hals, als ich mich von den Lichtern entfernte: drei weiße Lichter übereinander – ein Schlepper. Ein einzelnes Licht weit hinter dem Schlepper zeigte einen Lastkahn an. Hätte ich anders reagiert, wären wir mit Sicherheit in den Schlepper oder den Lastkahn gekracht oder in das Seil zwischen den beiden gefahren, was in jedem Fall eine Katastrophe bedeutet hätte. Meine Reaktion erfolgte aus dem Bauch heraus. Hätte ich mir die Zeit genommen, einen Plan zur Vermeidung einer Kollision zu überlegen, wäre es zu spät gewesen. Ich hatte eine glückliche Entscheidung getroffen, bei der es um die Beendigung eines erfolgreichen Monats auf See oder ein großes Unglück gegangen war. Bilder von verbogenem Stahl und Leichen im Wasser fuhren mir durch den Kopf, als ich den Mann ohrfeigte, um ihn aufzuwecken. Er hatte während des ganzen Vorfalls geschlafen und musste selbstverständlich die Konsequenzen tragen. Ich feuerte ihn auf der Stelle, jagte alle von der Brücke und schwor mir, dass ich die letzten 48 Stunden selbst fahren würde, was ich auch tat, wobei mich meine Wut wach hielt.

DIE ERINNERUNG an den Beinahezusammenstoß ließ erneut Wut in mir aufsteigen, und ich rutschte weiter auf dem unbequemen Stuhl hin und her.

Der Nachmittag schwand dahin, und ich beobachtete, wie die Sonne im Kielwasser hinter dem Schiff versank, ein leuchtend roter Ball, der die Oberfläche des Meeres berührte und dann in der kühlen Tiefe verschwand. Ich konnte es fast zischen hören. Das letzte Rosa verblasste am Horizont und nahm einige Grad Lufttemperatur mit.

Ich zog mir ein Sweatshirt über das T-Shirt und stellte mich vor den Kartentisch. Aus der ersten Schublade des Tisches nahm ich die oberste Karte heraus, die auf einem großen Stoß lag. Die internationale Karte Nr. 404 „Golf von Maine bis Belle-Isle-Straße", die vom Canadian Hydrographic Service herausgegeben wird, umfasst einen großen Teil des Nordatlantiks. Ich fand unsere Position, 42 Grad 50 Minuten nördlich und 68 Grad 28 Minuten westlich, etwa 100 Meilen östlich von Gloucester und fast genau südlich von der Isle au Haut in Maine. Mir wurde bewusst, dass ich während des nächsten Monats meiner Heimat und meiner Familie nicht mehr so nahe kommen würde wie in diesem Augenblick, und ich entging nur knapp einem Anfall von Traurigkeit. Die Insel, ein hellgelber Fleck auf der Karte, war nicht größer als ein Reiskorn, besaß aber die Macht, mich über vieles nachdenken zu lassen. Die Gefühlsregungen, die sie in mir auslöste, waren überaus intensiv, aber da ich sie schon früher erlebt hatte, wusste ich, dass sie vorübergingen.

Ich ging zur Backbordseite der Brücke hinüber, stützte meine Arme auf das Fensterbrett und starrte traumverloren hinaus. Vor meinem inneren Auge entstand ein Bild von faszinierender Klarheit, das die zunehmende Dämmerung um mich herum in hellsten Sonnenschein verwandelte. Ich sah ein zwölfjähriges Mädchen an einem Strand, das eine Muschel ans Ohr hielt. Es starrte mich an, während es darauf wartete, Geschichten über das Meer zu hören. Aber es war nicht mit ganzem Herzen bei der Sache; seine Neugier war mehr als gestillt.

Warum konnte das Mädchen die Muschel nicht einfach fallen lassen? Es wäre so einfach, den Zweifeln nachzugeben. Ich müsste nur den Knopf des Autopiloten verstellen und das Schiff um 180 Grad wenden. Ich könnte schon morgen früh zurück in Gloucester und mittags zu Hause sein und dem auf mir lastenden Druck entgehen, der von mir verlangte, auf das Schiff und die Besatzung aufzupassen und Fische zu fangen und die Erwartungen des Chefs zu erfüllen. Meine ganze Welt drehte sich um den Fischfang. Was konnte ich anderes tun? Und wen kümmerte es? Wen kümmerte es, dass ich so viel für mein Abenteuerleben aufgegeben hatte? Wer wusste, dass ich mir sehnlichst einen Mann, ein Haus voller Kinder, einen langweiligen Job wünschte? Wie bin ich überhaupt hierher gekommen? Jedes Mal, wenn ich an der Insel vorbeifuhr, fühlte ich, dass die Möglichkeit schwand, mein Leben zu ändern, aber die Sehnsucht wurde jedes Mal stärker. Die Muschel war die Identität des Mädchens, und es umklammerte sie wie in Todesangst.

4 Aufwärmpause

Ich hatte eine wunderbare, einzigartige Kindheit, wie es sie heutzutage wohl nur selten gibt. Ich war ein „Wildfang" – die entsprechenden Eigenschaften habe ich mir bis heute bewahrt – und glaubte wie alle kleinen Kinder alles, was meine Mutter und mein Vater sagten. Folglich nahm ich ihre Versicherung, ich könnte mit meinem Leben tun und lassen, was ich wollte, und jeden Beruf ergreifen, den ich mir wünschte, für bare Münze. Nicht im Traum hätten meine Eltern gedacht, welches Ergebnis ihre gut gemeinten Worte einmal haben würden – dass ich beschließen könnte, Fischer zu werden, weil das der Beruf war, den ich liebte.

ICH WAR zwölf Jahre alt, als ich eines Morgens aufwachte und sich der Geruch des Seegrases und der Gezeitentümpel durch mein offenes Schlafzimmerfenster stahl. Normalerweise wachte ich vom schwachen Geruch der Pinien und dem Rauschen der Bäume im Wind auf, aber an diesem Morgen zog mich der kräftige, modrige Geruch der Felsen, die mit sonnengetrocknetem Salz und Muscheln überzogen waren, in seinen Bann. Meine Ohren bemühten sich, das sanfte Klatschen der Flutwellen aufzunehmen, die beim Hereinkommen und Zurückfließen um die bei Ebbe freiliegenden Felsen und Riffe spülten. Es schien mir seltsam, dass ich zum ersten Mal das Schreien der Möwen und das Dröhnen des dieselbetriebenen Hummerbootes ganz in der Nähe wahrnahm, obwohl ich mein Leben lang vom Meer umgeben gewesen war. Ich ging zum Schlafzimmerfenster, lehnte mich aufs Fensterbrett und schaute aufs Meer hinaus. Die Oberfläche des Wassers glitzerte, jede Welle reflektierte das Sonnenlicht wie Millionen goldener Pailletten. Mein dunkler, schattiger Spielplatz im Wald hinter dem Haus kannte diese Art des Glanzes nicht.

Die Wälder waren gemütlich. Ich kannte jede Wurzel und jeden

Strauch, und obwohl ich gerne hier war, war mir alles so vertraut, dass es mir nichts Neues mehr zu bieten hatte. Es machte nicht mehr so viel Spaß wie früher, Burgen zu bauen und Eichhörnchen mit Steinschleudern nachzustellen. Das Meer hatte etwas Geheimnisvolles, etwas Verführerisches. An diesem Tag ließ ich meine Steinschleuder und mein Schweizer Offiziersmesser auf der Veranda und wanderte nicht in die Wälder, sondern stattdessen zur Küste der kleinen Robinson-Bucht.

Vom steinigen Strand an der Anlegestelle meines Großvaters konnte ich über die ganze Penobscot-Bucht bis zur Insel Vinalhaven sehen. Im Süden konnte ich Saddleback Ledge sehen, einen großen Felsen, auf dem einsam der Point-Robinson-Leuchtturm stand. Ich war Dutzende Male auf dem Boot meines Vaters bei diesen Inseln gewesen, aber sie waren mir nie so interessant erschienen wie an diesem Morgen.

Ich beobachtete ein Hummerboot, das in die Bucht hineinfuhr und den Motor drosselte. Der Kapitän hievte eine hölzerne Hummerfalle aus dem Wasser. Der Helfer im Heck des Bootes war ein Junge, der nicht viel größer war als ich. Als das Boot wendete und Kurs auf den Leuchtturm nahm, winkte der Kapitän lächelnd in meine Richtung. Das Winken überraschte und begeisterte mich, und ich winkte so enthusiastisch zurück, dass mein stämmiger Körper bebte. In diesem Augenblick ertönte eine Stimme hinter mir: „Hallo, Kapitän Jack!"

Ich drehte mich um und sah zwei kleine Gestalten, die ebenfalls dem Boot zuwinkten. Mein jüngerer Bruder und meine Schwester, fünfjährige Zwillinge, thronten auf einem Riff wie zwei Seemöwen. Ich kletterte zu ihnen hinauf, und zu dritt beobachteten wir das Boot, das zur nächsten Hummerfalle fuhr. „Kennt ihr sie?", fragte ich.

„Ja. Aus der letzten Falle haben sie drei Hummer geholt. Gestern hatten sie nur zwei", antwortete meine kleine Schwester Bif. Bif, eine Abkürzung für Elisabeth, war die gesprächigere der beiden Zwillinge und antwortete im Allgemeinen für beide. Bruder Charlie nickte mit seinem blond gelockten Kopf, als wolle er die Hummergeschichte von Bif bestätigen, dabei verfolgte er mit seinen hellen blauen Augen aufmerksam das Leeren der zweiten Falle. „He, sieht so aus, als hätten sie diesmal vier. Hatten sie dort gestern nicht nur einen?", fragte Bif Charlie.

Charlie, der immer noch gebannt zuschaute, antwortete wie üblich einsilbig. Das Boot wendete, umrundete die Landzunge, auf der der Leuchtturm stand, und ließ dabei eine Kielwasserwelle hinter sich, die ruhig auf die Küste zu unseren Füßen zurollte.

Als das Boot nicht mehr zu sehen war, wandte sich Bif mir zu. „Das waren Jack MacDonald und sein Sohn Danny. Jack winkt uns jeden Tag, und wir zählen die Hummer“, erklärte sie. „Er fängt viel mehr als die anderen Hummerfänger.“

Charlie machte sich auf den Weg nach unten zum Strand, wo er einen kleinen Gezeitentümpel fand. Er starrte hinein, als sähe er bis nach China. „Vier Krabben und elf Strandschnecken!“, meldete er nach gründlicher Überprüfung. Bif folgte ihm zum Strand.

Während die Zwillinge mit ihren Zählspielen beschäftigt waren, lenkte ich meine Aufmerksamkeit wieder auf das Wasser außerhalb der kleinen Bucht. Ich schaute aufs Meer hinaus, so weit ich konnte, jenseits der Inseln, in die Mitte der großen Bucht. Ich war sicher, dass dort etwas auf mich wartete, ich konnte es fühlen. Es gab viele Dinge zu sehen, aber sie befanden sich alle jenseits des Horizonts, außerhalb meiner Sicht. Ich kniff die Augen zusammen und strengte mich an, um weiter zu sehen, aber es nützte nichts. Ich wusste instinktiv, dass das Meer mir Geschichten erzählen wollte, ich musste nur zuhören. Ich war neugierig geworden und suchte den Strand zu meinen Füßen ab. Ich fand eine Muschel, die ein Einsiedlerkrebs verlassen hatte, und hielt sie an mein Ohr, um dem leeren, hohlen, klingelnden Geräusch zu lauschen. Es hatte eine Melodie, die mich an den Wind erinnerte, der um die Riffe blies. Aber da war noch etwas anderes, etwas viel weiter draußen auf dem Meer.

Als ich die Muschel an mein Ohr presste und den Horizont jenseits der Bucht absuchte, verlor ich mich in einem lebhaften Tagtraum. Ich sah Schiffe und Fische und weit entfernte Inseln. Ich harpunierte Wale und segelte über den ganzen Atlantik, bis mein Traum von der hereinkommenden Flut unterbrochen wurde, die um meine Füße spielte. Die Zwillinge hatten bereits einen höheren Platz auf dem Strand gefunden, wo sie mit Holzstäben ihre Namen in einen schmalen Streifen nassen Sandes kratzten. Ich wollte meinen Tagtraum nicht entschwinden lassen und fragte: „Will jemand fischen gehen?“

„Ich“, antwortete Charlie und ließ seinen Stift aus Treibholz fallen.

„Ich auch“, schloss sich Bif an. „Spielst du heute nicht in den Wäldern?“

„Nein“, entgegnete ich lächelnd, „heute gehe ich auf hohe See.“

Und ich ging auf See, während der nächsten zwanzig Jahre nutzte ich jede Gelegenheit dazu. Selten blieb ich einen Tag an Land. Bis ich später einen alten Außenbordmotor erbte, ruderte ich, paddelte in einem kleinen Boot in der Bucht umher und hatte schließlich den Mut, das 13 Meter lange Motorboot meines Vaters zu „leihen“. Da war ich in einem Alter, in dem die meisten Jugendlichen daran denken, das Familienauto zu klauen. Ich fing Fische, meist mit Angelleine und Haken, Makrelen und Seelachs, und experimentierte mit Netzen und selbst gebastelten Harpunen. Die ganze Schulzeit hindurch fischte ich weiter, und mit 19 machte ich an Bord von Alden Leemans Boot *Walter Leeman* meine erste Reise zu den Grand Banks. Meine Hauptarbeit war Kochen, und obwohl mir die Kombüsenarbeit nicht zusagte, gefiel mir der Verdienst. Erst als ein Besatzungsmitglied mit einer Rückenverletzung das Bett hüten musste, wurde mir erlaubt, an Deck zu arbeiten, und mir machte diese Arbeit jahrelang Spaß. Beim Harpunieren entdeckte ich die meisten Fische vor Alden und meinen Schiffskameraden, und da ich Erfahrung darin hatte, das Boot meines Vaters zu fahren, wurde ich auf der *Walter Leeman* Rudergänger.

Als ich von der Schule abging, hatte ich alle Besatzungsmitglieder, mit denen ich angefangen hatte, überdauert, da die meisten zu eigenen Booten gewechselt waren, und ich wurde zwangsläufig Erster Offizier. Ich versprach meinen Eltern, meine juristische Ausbildung nur um ein Jahr zu verschieben, und arbeitete hauptberuflich als Fischer. Aus einem Jahr wurden sechzehn. Nachdem ich vier Jahre lang als Erster Offizier auf der *Walter Leeman* gearbeitet hatte, kaufte Alden Leeman ein zweites Boot, die *Gloria Dawn*, und gab mir erstmals die Gelegenheit, als Kapitän zu arbeiten. Ich lernte fast alles, was ich heute über Notreparaturen auf See und den Schwertfischfang weiß, während der drei Jahre am Ruder der *Gloria Dawn;* es war in vielerlei Hinsicht eine teure Ausbildung und brachte Alden fast ins Armenhaus. Ich fischte auf einer Reihe verschiedener Boote, die mit verschiedenen Arten des Fischfangs zu tun hatten, und ich lernte aus jeder Erfahrung. Ich lerne noch heute.

Es war nie von entscheidender Bedeutung, dass ich eine Frau bin. Ich habe nie Probleme befürchtet, weil ich eine Frau bin, und bin auch nie auf welche gestoßen. Ich bin überrascht, ja fast peinlich berührt von der Anzahl der Leute, die ehrlich erstaunt sind, dass eine Frau in der Lage ist, einen Fischfänger zu kommandieren. Offen gesagt, bin ich erstaunt, dass sie erstaunt sind. Diese Leute, und besonders die Frauen, sind im Allgemeinen enttäuscht, wenn sie erfahren, dass ich nicht übermäßig darunter gelitten habe, weil ich die einzige Frau in einer Welt bin, die sie als Männerwelt betrachten. Ich bin vielleicht unempfindlich oder einfach viel zu sehr mit meiner Arbeit beschäftigt, als dass ich mir darüber Gedanken mache, was die anderen vielleicht von mir denken.

5 Die Besatzung: in guten und in schlechten Tagen

„Probleme mit der Besatzung“ – unter diesen Oberbegriff fällt an Bord eines Fischfängers alles von Seekrankheit bis zu Heimweh, aber meist werden damit Probleme beschrieben, die durch Faulheit und Persönlichkeitskonflikte ausgelöst werden. Selbst wenn die Besatzung nur aus einer Person besteht, sind Probleme zu erwarten. Einige sind leicht zu lösen, und der Kapitän erstickt sie im Keim, andere dauern an und belasten die Stimmung während der ganzen Fahrt. Dreißig Tage sind eine lange Zeit, und wie will man erwarten, dass sechs Menschen, die auf so engem Raum zusammenleben, an langen Arbeitstagen, unter harten Bedingungen und mit Schlafentzug gut miteinander auskommen, besonders wenn es sich um Fischer handelt? Ich erwartete es auch auf dieser Fahrt nicht, deshalb würde ich auch nicht enttäuscht werden.

In dieser ersten Nacht war es friedlich im Ruderhaus, als die *Hannah Boden* auf ihrem östlichen Kurs durch das ruhige Wasser glitt. Das letzte Tageslicht war längst entschwunden, und die Bildschirme der elektronischen Geräte leuchteten intensiv in der Dunkelheit. Ich ging umher und reduzierte die Helligkeit der Schirme so weit wie möglich, dabei blickte ich aus den rückwärtigen Fenstern und betrachtete das phosphoreszierende Kielwasser. Es war eine Nacht ohne jeden Mondschein, und das Wasser leuchtete nur auf, wenn die Oberfläche durch das Schiff bewegt wurde. Dann entstanden kurze, helle Lichtblitze von der Farbe der Sterne. Ich kannte die wissenschaftliche Erklärung für das Phosphoreszieren nicht, ich hatte einfach Freude daran, es zu beobachten. Wenn ich ins Feuer starre, muss ich auch keine mathematischen Formeln und chemischen Reaktionen kennen, um seine Schönheit zu empfinden. Vielleicht ist es gerade das *Nicht*verstehen, das mich ergreift.

Ringo betrat das Ruderhaus. „Hallo, Ma, hast du Hunger?“ Er neigte seinen blonden Wuschelkopf zur Seite. Ringo hatte mich auf einer früheren Fahrt scherzhaft „Ma“ genannt, und dieser Name war mir geblieben. Ich mochte ihn von Anfang an nicht, aber man hatte mir schon schlimmere Namen gegeben, also akzeptierte ich es, wenn jemand sich traute, mich so zu nennen.

„Hallo. Ja, ich sterbe hier oben vor Hunger. Ich habe den ganzen Tag nichts gegessen.“

„Das seh ich." Ringo griff nach der fast leeren Packung Kartoffelchips und schüttelte sie.

„Irgendwas riecht hier wirklich gut. Was kochst du?"

„Spaghetti mit Würstchen und Fleischklößchen. Ich warte darauf, dass das Nudelwasser kocht. Möchtest du deinen Salat schon haben?"

„Ja, gerne."

„Alles klar, Ma. Kommt sofort." Er entschwand auf der Gangway nach unten.

Es ist nicht einfach, an Bord zu kochen, und von den meisten Köchen erwartet man außerdem, dass sie ihren Anteil an der Decksarbeit erledigen. Aber je besser das Essen, desto besser die Stimmung, und Ringo ist der beste Koch, den ich je hatte. Die Besatzung und ich machen sich Frühstück und Mittagessen selbst, je nachdem, wie es die Zeit und die Wetterbedingungen erlauben. Das Abendessen ist die einzige offizielle Mahlzeit des Tages und wird von demjenigen zubereitet, der für die Fahrt als Koch eingeteilt ist. Wir freuen uns immer darauf, und mit Ringo an Bord gibt es jedes Mal etwas Leckeres. Er legt seinen Ehrgeiz in diese Arbeit; zu seinen Spezialitäten gehören Rippchen, gebackene gefüllte Shrimps und Seezungenfilet gefüllt mit Krabbenfleisch. Nicht nur die Qualität stimmt, es fehlt auch nie an Quantität. Ringo hat einmal eine Lasagne mit so viel Hackfleisch und Wurst zubereitet, dass sie mehr als zehn Kilogramm wog. Er war auf dieses Ungetüm so stolz, dass er darauf bestand, dass ich ihn damit fotografierte. Er zog sich ein sauberes Hemd an und posierte an Deck auf einem Knie, wobei er die Pfanne vor sich in der ausgestreckten Hand hielt. Diese Art von Unbekümmertheit ist im Allgemeinen ein Zeichen dafür, dass die Besatzung keine Probleme hat.

Ringo kam mit meinem Salat zur Brücke zurück. Als er ihn mir reichte, fragte er, ob ich schon die Einteilung für die heutige Wache gemacht hätte.

„Nein, noch nicht. Die Wachen beginnen um zehn Uhr. Bis dahin sollten alle in ziemlich guter Verfassung sein."

„Alles klar. Ich übernehme die erste Wache."

Ich hatte kein Problem damit, den Salat aufzuessen, und als ich den letzten Bissen hinunterschluckte, kamen bereits die Spaghetti. Auf der *Hannah Boden* benutzten wir für das Abendessen Suppenteller, die für den Gebrauch an Bord besser geeignet sind als normale flache Teller, da der höhere Rand das Essen davon abhält, bei rauer See auf den Tisch oder in den Schoß zu rutschen. An Bord der meisten Schiffe ist es gang und gäbe, dass der Koch den Kapitän während der Mahlzeiten von allen

Verpflichtungen im Ruderhaus entbindet, sodass der Kapitän zusammen mit der Besatzung am Kombüsentisch sitzen kann. Ich ziehe es im Allgemeinen vor, meine Mahlzeiten im Ruderhaus einzunehmen. Wenn ich doch einmal mit der Besatzung esse, schlinge ich mein Essen hinunter, weil ich mir Gedanken darüber mache, was ich versäume, wenn ich den Funk auf der Brücke nicht verfolge. Zu dieser Abendstunde sind die Schiffe in den Fischgründen mit dem Ausbringen beschäftigt, und die Kapitäne nutzen diese Zeit, um Informationen auszutauschen über die Anzahl der an diesem Tag gefangenen Fische, ihre Position, die Wassertemperatur, die sie am ertragreichsten fanden, darüber, wann sie in den Hafen zurückkehren werden, über Wetterbedingungen und -voraussagen und anderes, das mir Antworten auf Fragen, die ich vielleicht habe, geben und mir dabei helfen könnte, eine Strategie zu entwickeln. Die meisten Kapitäne nehmen an dem Austausch teil; alle Kapitäne hören zu.

Ich brachte mein schmutziges Geschirr in die Kombüse hinunter und legte es in die Spüle. Die Jungs saßen rauchend um den Kombüsentisch herum und unterhielten sich, und im Hintergrund sah man im Fernsehen einen Videofilm laufen. Ich warf einen Blick auf den Bildschirm und rief aus: „Schon wieder ‚Der Ruf des Adlers'?" Wann immer ich bei unserer vorherigen Fahrt die Kombüse betreten hatte, war der Western „Der Ruf des Adlers" gelaufen. Die Besatzung kannte ihn auswendig und hatte bereits an Deck komplette Szenen nachgestellt.

Als ich zur Brücke zurückgekehrt war, schnappte ich mir mein Notizbuch und einen Stift und stellte den Wachplan auf – eine Liste mit den Namen der Besatzungsmitglieder, die in dieser Nacht am Ruder Wache halten sollten, der Zeit der einzelnen Wachen sowie eine Liste mit besonderen Anweisungen, die in dieser Nacht vielleicht erforderlich waren. Der Wachhabende ist verantwortlich dafür, das Schiff auf Kurs zu halten, den Maschinenraum zu überprüfen und jede Kollision mit anderen Schiffen oder dem Land zu vermeiden.

Einige Kapitäne überlassen es der Besatzung festzulegen, wer wann Wache halten will. Von Besatzungsmitgliedern, die diesen unorganisierten Stil erlebt haben, habe ich gehört, dass sich dabei oft jemand betrogen fühlt und zu streiten beginnt; wenn der Schlaf knapp wird, endet das sogar in regelrechten Faustkämpfen. Ein vom Kapitän festgelegter Wachplan bedeutet einen Zankapfel weniger unter der Besatzung.

Jede Nacht ändere ich im Rotationsprinzip die Wachen, sodass der letzte Mann auf der Liste in der nächsten Nacht die erste Wache übernimmt. Die ersten und die letzten Wachen sind die begehrtesten, da der Schlaf nicht mittendrin unterbrochen wird. Ringo löste mich um Punkt zehn Uhr ab, und ich stellte das Wetterfax an, bevor ich in meine Koje kroch. Es schien mir, als hätte ich gerade erst meine Augen geschlossen, als ich eine Stimme hörte.

„Guten Morgen, Linda." Peter steckte seinen Kopf durch die Tür meiner Kabine und weckte mich an diesem zweiten Morgen unserer Fahrt auf. „Halb sechs. Zeit aufzustehen."

Ich stand auf und schaute aus meinem Bullauge, einem runden Fenster mit einem Durchmesser von etwa dreißig Zentimetern. Es war noch nicht ganz hell. Das Schiff legte sich unvermittelt auf die Backbordseite, und ich machte einen Satz nach vorn, fing mich aber noch rechtzeitig, bevor ich auf das Schott knallen konnte. Der Wind, der aus südlicher Richtung kam, hatte zugenommen, er war nicht zu stark, vielleicht 20 oder 25 Knoten, aber es reichte, um das Schiff so weit in Fahrt zu bringen, dass wir die stabilisierenden *birds* ins Wasser lassen mussten. „He, Peter, weck bitte die anderen Jungs auf, und bitte Kenny, die *birds* runterzulassen", sagte ich und ging in meine Nasszelle, um mir die Zähne zu putzen. Ich genieße es, mein eigenes Bad neben meiner Kabine zu haben. Dies ist einer der wenigen Vorteile eines Kapitäns und verleiht mir die nötige Intimsphäre, da ich die einzige Frau an Bord bin. Die Nasszelle des Kapitäns der *Hannah Boden* besteht aus einer weißen Toilettenschüssel mit Salzwasserspülung, einem kleinen Waschbecken, einem Spiegel und einer Duschkabine. Das Waschbecken und die Duschkabine sind mit fließend heißem und kaltem Wasser ausgestattet, also allem Komfort, wie man ihn auch zu Hause hat. Die Nasszelle der Mannschaft ist unten, gegenüber der Kombüse, und hat zwei Waschbecken, eine Dusche, eine Toilette und eine Waschmaschine sowie einen Trockner. Obwohl wir eine Entsalzungsanlage haben – eine Maschine, die Salzwasser in Süßwasser umwandelt –, müssen wir mit dem Gebrauch der Waschmaschine vorsichtig sein, da sie bei jeder Füllung fast 200 Liter Wasser verbraucht und „Wasserbereiter" dafür bekannt sind, Macken zu haben. Die *Hannah Boden* führt fast 40 000 Liter Süßwasser mit sich, was für eine Fahrt ausreicht, wenn jeder sparsam damit umgeht.

Ich trat in das Ruderhaus und sah sofort auf den Radarschirm. Der Schirm war frei und zeigte nichts innerhalb eines Radius von zwölf Meilen an. Laut Plotter befand sich das Schiff etwas nördlich unserer anvisierten Linie, und die Maschineninstrumente zeigten an, dass alles normal war. Als ich das Klicken der elektrischen Hydraulikpumpe hörte und das laute Brummen des Öls, das durch das hydraulische System gepresst wurde, verlangsamte ich das Schiff bis zum Stillstand, während Kenny an den Ventilen hinter dem Ruderhaus hantierte und die *birds* von den Enden der Ausleger herunterließ, bis sie sich sieben Meter unter der Wasseroberfläche befanden. Sobald die *birds* positioniert waren, fuhr ich den Motor wieder auf 1600 U/min hoch und wandte mich zum Kartentisch um, um unsere aktuelle Position zu überprüfen. Mit den *birds* im Wasser war die *Hannah Boden* nun so stabil wie in ruhigem Wasser.

Das GPS zeigte 43° 03' Nord und 66° 17' West an. Die Breitengrade verlaufen auf der Karte horizontal und messen die Nord-Süd-Entfernung vom Äquator, die Längengrade verlaufen vertikal und messen die Ost-West-Entfernung vom Nullmeridian in Greenwich in England. Diese Linienpaare kreuzen sich in einem Winkel von fast 90 Grad und bilden auf der Karte ein Gitter. Ich fand auf der Karte den Punkt, an dem sich 43° 03' Nord und 66° 17' West kreuzten, markierte ihn mit einem Bleistiftpunkt als unsere aktuelle Position und beschriftete ihn mit Datum und Uhrzeit. Dieser neue Punkt war etwa zweieinhalb Zentimeter südwestlich von der südwestlichen Spitze Neuschottlands, wobei zweieinhalb Zentimeter auf dieser Karte etwa 36 Seemeilen entsprachen. Mein nächster Wegpunkt lag im Osten, südlich von Sable Island, und war durch einen anderen Bleistiftpunkt gekennzeichnet. Mit Hilfe zweier durchsichtiger Parallellineale zeichnete ich auf der Karte unseren gewünschten Kurs ein und berechnete unter Berücksichtigung der magnetischen Abweichung und der Kompassmissweisung einen Kompasskurs von 97.

Ich ging zum vorderen Teil der Brücke zurück und stellte fest, dass der Steuerstrich des Kompasses, der auf dem Pult vor dem großen stählernen Steuerrad montiert war, langsam bei 92 hin und her pendelte. Ich drehte den Knopf des Autopiloten ein wenig in Uhrzeigerrichtung, um unseren Steuerkurs um 5 Grad zu erhöhen.

Danach kehrte ich an den Kartentisch zurück und maß mit meinem Stechzirkel auf der Karte die Entfernung zwischen unserer gegenwärtigen Position und dem nächsten Wegepunkt unterhalb von Sable Island. Demnach mussten wir etwa 290 Meilen fahren, um die Bleistiftmarkierung südlich von Sable Island zu erreichen, etwas weniger als eineinhalb Tage bei unserer gegenwärtigen Geschwindigkeit. Ich tippte die entsprechenden Zahlen in das GPS, und in zwei Sekunden war meine Navigation elektronisch überprüft; die Zahlen waren fast gleich.

Ich entspannte mich in meinem Stuhl und studierte die Wetterkarten, die während der Nacht gedruckt worden waren. Sie zeigten ein schwaches Tief vor Cape Cod, das mit einer Geschwindigkeit von 15 Knoten herankam, und eine Windfahne – ein Zeichen, das Stärke und Richtung

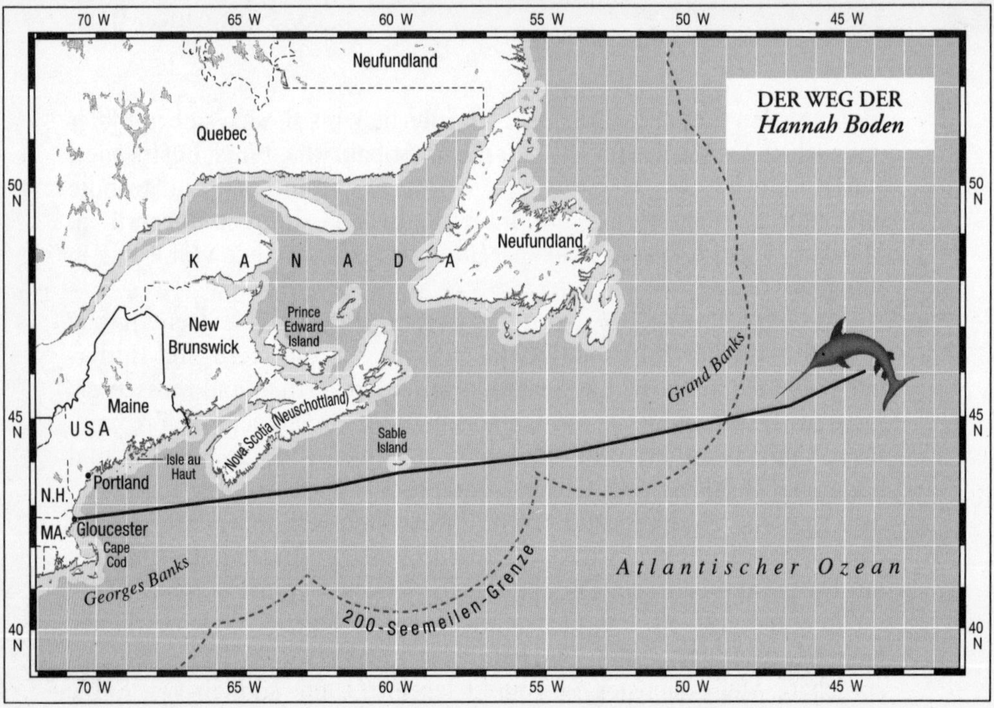

des Windes angibt – mit 20 Knoten aus südlicher Richtung, ganz in Übereinstimmung mit der Brise, die wir an diesem Morgen hatten. Es sah aus, als würden wir im Laufe des Tages heftige Regenfälle bekommen, wenn das Tief durchziehen würde. Die Isobare, die die Rückfront des Tiefs bildeten, standen enger zusammen als jene, die die Vorderfront bildeten; das deutete eine Zunahme des Windes an, aber nicht genug, um die *Hannah Boden* gefährden zu können.

Der Duft von frischem Kaffee stieg von der Kombüse auf, und mein Magen knurrte, als ich die Karte mit den Oberflächentemperaturen des Meeres studierte. Ich konnte daraus ableiten, wo der Großteil der Fangflotte zu finden sein würde. An den Stellen, wo kalte und warme Wassermassen aufeinander prallen, findet man große Temperaturabfälle, die Brüche genannt werden. Die begehrtesten Fanggebiete sind dort, wo das wärmste Wasser am weitesten nach Norden drängt und wo dadurch die stärksten Brüche entstehen. Ich persönlich bin am liebsten dort, wo der Hauptbruch eine große und klare Richtungsänderung vornimmt und sich eine „Ecke“ bildet. Bei den jüngsten Fahrten hatte ich an einer solchen Ecke in der Nähe von 45° Nord und 45° West gefischt und einen so guten Fang gemacht, dass ich sicher war, dass dieses Gebiet auf dieser Fahrt nicht für mich zur Verfügung stand; bestimmt hatte schon ein anderer seinen Claim auf meinem Lieblingsfleck abgesteckt. Jeder versucht, dort zu sein, wo die größten und meisten Fische gefangen werden. Ein Kapitän muss Form und Bewegung der verschiedenen Wassermassen verstehen, wie zum Beispiel Strudel und den Golfstrom, und ein lukratives Fanggebiet mit aller Macht verteidigen. Ich weiß, dass ich über Funk in den Ohren der anderen Kapitäne wie eine Hexe klingen muss, wenn ich darum kämpfe, mein 40-Meilen-Plätzchen zu halten, aber ich habe am eigenen Leib erfahren, dass man niemandem nachgeben darf. In vier Tagen begann das Spiel, und dann mussten wir gegen die Uhr, die Gezeiten, den Mond und den Rest der Flotte antreten. Derjenige gewinnt, der am meisten und schnellsten fängt.

Es war jetzt taghell, aber so bedeckt, dass ich nicht das Vergnügen gehabt hatte, die Sonne aufgehen zu sehen. Das Meer war pechschwarz, durchsetzt von weißen Blitzen, die entstanden, wenn sich die Kämme der niedrigen, von den Böen aufgepeitschten Wellen brachen. Menschen, die das Meer nicht kennen, denken, dass es immer blau ist, aber je nach Wetterbedingungen kann es viele Farben annehmen. Ein Dauerregen fiel, und die Tropfen kräuselten die glatten schwarzen Streifen zwischen den weißen Kronen. Ich faltete das Faxpapier wie eine Ziehharmonika und warf es auf das Pult vor dem Stuhl.

Dann griff ich nach einem Taschenbuch und öffnete es an der Stelle, wo ich vor einigen Tagen zu lesen aufgehört hatte. Ein Beobachter hätte denken können, dass ich mich genussvoll in das Buch vertiefte, aber tatsächlich führte ich nur die Bewegungen des Lesens aus. Meine Augen bewegten sich von Zeile zu Zeile, und ich wusste, wann ich umblättern musste, aber meine Gedanken waren nicht beim Lesen, und die Geschichte fesselte mich nicht. Ich fragte mich, wie viel Fisch wir diesmal fangen würden, und machte mir Gedanken darüber, welches Wetter wir zu ertragen haben würden, wie hoch der Schwertfischpreis sein würde, wenn wir Ende September nach Gloucester zurückkehrten, und wie die unvermeidlichen Probleme mit der Mannschaft aussehen würden.

„Guten Morgen, Ma!“ Kenny stellte sich neben mich und reichte mir eine Tasse mit dampfendem Kaffee. Kenny, der aus Neufundland stammte, verwendete oft Ausdrücke, die den anderen nicht geläufig waren. Es machte Spaß, ihm zuzuhören. Sein helles Haar fiel ihm in die Stirn und verdeckte die Beulen, die ich gestern bemerkt hatte. Es ist wohl bekannt, dass alle Fischer lügen, und Kenny war mit 22 Jahren bereits der König der Lügner. Wir Übrigen hatten uns darauf geeinigt, dass Kenny schon im Mutterleib zu fischen angefangen haben musste, wenn er auch nur die Hälfte dessen, was er vorgab, tatsächlich vollbracht haben wollte. Er war seit seinem 17. Lebensjahr auf der *Hannah*

Boden. Davor hatte er angeblich auf einem anderen nordamerikanischen Schwertfischfänger, einem japanischen Langleiner, einem Thunfischboot, einigen Jakobsmuschelfängern, jedem Kiemennetzfänger in Neufundland und ein paar Schleppnetzfängern gefischt, und er war an Bord eines Schiffes, das sein Großvater gefahren hatte, auf Seehundjagd gegangen und hatte wahrscheinlich Seehundbabys erschlagen, während er noch in den Windeln lag. Das Einzige, was Kennys Geschichten vom Meer noch übertraf, waren seine Geschichten von der Jagd. Er sah einem ganz ernst ins Gesicht, wenn er ein Lügenmärchen erzählte, zum Beispiel wie er fünfhundert Enten an einem Tag schoss. Ich gehe nicht auf Entenjagd, aber ich war natürlich sehr beeindruckt. Es ist viel wert, wenn ein Besatzungsmitglied die Gabe besitzt, Geschichten zu erzählen, besonders wenn man dreißig Tage auf See verbringt, und Kenny war ein wahrer Meister darin.

„Carl schaufelt Eis", sagte Kenny, „und wir machen uns über das Fanggerät her, sobald wir gegessen haben. Ich werde die Generatoren erst heute Nachmittag umschalten, okay?" Wir hatten zwei Generatoren, die abwechselnd liefen; das Umschalten wurde einmal pro Tag durchgeführt.

„Okay. Nimm das Amperemeter mit hinunter. Und prüf die Batterien, wenn ihr die Hupbojen zusammenbaut. Im Vorpiek sollten noch vier Reservebatterien sein."

Kenny nahm das Oberteil der Sitzbank im rückwärtigen Teil des Ruderhauses ab, wo ich die verschiedensten Sachen aufbewahrte, wie Klebeband für Kabel und für Rohre, Batterien für Taschenlampen und Faxpapierrollen. Er zog das Amperemeter heraus und ging wieder nach unten. Kenny hatte alle Fahrten auf der *Hannah Boden* zu den Grand Banks mit mir mitgemacht und war mir eine große Hilfe. Er hatte meine Arbeiten im Maschinenraum übernommen und kümmerte sich um die Wartung, wenn wir auf See waren. Vorher hatte ich versucht, alles selbst zu tun, und die Arbeiten im Maschinenraum oft im Schnellverfahren erledigt. Bob Brown hatte mich mehr als einmal gewarnt, dass Hetze und zu eilige Abwicklung von Arbeiten mich irgendwann „in den Arsch beißen" würden, wie er es ausdrückte.

Ich mochte die Hitze und den Lärm des Maschinenraums nicht und hatte einmal einen schrecklichen Fehler gemacht, weil ich unaufmerksam gewesen war. Als ich das Öl eines der beiden Generatoren austauschte, pumpte ich versehentlich das Öl von dem anderen Generator ab, der auf vollen Touren lief, da ich vergessen hatte, ein Ventil zu schließen. Offensichtlich hatte ich außerdem nicht daran gedacht, das

Alarmsystem einzuschalten, das die Maschine automatisch stoppt, wenn der Öldruck zu sehr abfällt oder die Temperatur zu sehr steigt. Der Generator fraß sich fest und fing Feuer. Die Maschine wurde für 25 000 Dollar erneuert – ein wahrhaft teurer „Biss in den Arsch". Danach überließ ich alle Wartungsarbeiten auf See Kenny, der sehr viel gewissenhafter als ich zu sein schien.

Ich verließ mich auch darauf, dass Kenny sich um den Fischladeraum kümmerte. Als Laderaummann war Kenny dafür verantwortlich, den Fisch in Salzwassereis zu packen. Zuerst wird der Fisch in einem Bereich des Laderaums heruntergekühlt, wobei man die Fische mit Eis füllt. Am Abend, wenn wir beim Ausbringen sind, packt Kenny dann den bereits gefrorenen Fisch in Abteile, auch Tonnen genannt, kleine Bereiche jedes Laderaums, die mit Brettern abgeteilt sind. Die Fische werden aufeinander geschichtet, die größten unten, und jeder Fisch wird vollständig mit Eis bedeckt. Ans Tageslicht kommen sie danach erst wieder beim Ausladen am Kai. Kenny kümmerte sich hervorragend um den Fisch, und wir erhielten von den Großhändlern viele Komplimente wegen der Qualität.

Kurz nach Kenny erschien Ringo mit zwei in Papiertücher eingepackten Sandwiches. Ich dankte ihm und legte die Sandwiches in meinen Schoß. Ringo sah durch die vorderen Fenster und ließ seine Blicke über den Horizont wandern. „Das Wetter ist heute Morgen etwas lausig. Was sagt denn der Wetterbericht?", erkundigte er sich.

Ich biss in das erste Sandwich und sprach mit vollem Mund, womit ich bewies, dass ich endgültig jegliche Tischmanieren vergessen hatte, die meine Mutter mir beigebracht hatte. „Die Karte liegt dort", sagte ich und deutete mit meinem Sandwich auf das gefaltete Fax. „Es soll bis zum späten Nachmittag so bleiben, vielleicht wird es noch etwas windiger. Aber es zieht ziemlich schnell vorüber. Möglicherweise sehen wir heute noch die Sonne, bevor sie untergeht."

Ringo langte nach dem Papier und schlug einen ernsteren Ton an als sonst. „Ich hasse es zu petzen, aber Carl und Peter werden sich bald in die Haare geraten."

„Ich hab schon auf der letzten Fahrt bemerkt, dass sie Probleme miteinander haben, aber ich dachte, sie seien jetzt darüber weg. Solange sie beide ihre Arbeit machen, berührt es die anderen nicht, oder?"

„Du musst ja nicht zuhören, du sitzt hier oben", murrte Ringo und sah immer noch auf die Wetterkarte.

„Nun, ich kann nichts tun, damit sie sich mögen." Vermutlich klang ich ein wenig zurückhaltend.

Ringo warf die Karte wieder auf das Pult und sah mir in die Augen. „Carl hat Peter neben einigen anderen Nettigkeiten ‚dreckiger Nigger‘ genannt. Ich weiß nicht, ob dir das etwas ausmacht, aber mir macht es schon etwas aus.“

„Mein Gott.“ Ich legte das Sandwich aufs Pult. Der Gedanke, dass Carl seinen Schiffskameraden und mein Besatzungsmitglied „Nigger“ nannte, verursachte mir ein flaues Gefühl in der Magengegend. „Ich schätze, dass ich hier oben von euch Jungs isoliert bin. Ich hatte keine Ahnung, dass es so weit außer Kontrolle geraten ist. Danke für den Hinweis. Ich werde der Sache ein Ende machen.“

„Ist sicher besser. Peter ist es bestimmt leid, die andere Backe hinzuhalten. Er wird irgendwann in die Luft gehen, und dann könnte Carl etwas abbekommen.“

„Probleme mit der Besatzung – ich hasse das. Es ist schlimmer, als wenn ein Hurrikan aufzieht oder es mit dem Fischen nicht vorangeht. Ich hab mich noch nie mit Rassenproblemen auseinander setzen müssen, aber jetzt muss ich das wohl lernen. Ätzend.“

„Deshalb bekommst du das große Geld, Ma.“

„Deshalb bin ich am spitzen Ende“, sagte ich und spielte damit auf den Bug an im Gegensatz zum quadratischen Heck, an dem die Besatzung einen Großteil ihrer Zeit verbringt. Der Austausch zwischen Ringo und mir erfolgte in vertrauter Weise, aber das machte das Ganze nicht viel einfacher. Ringo ging, um Kenny bei den Hupbojen zu helfen, und ich starrte aus dem Fenster und fragte mich, wie ich mit dieser Situation umgehen sollte.

Ich hatte schon früher handgreifliche Auseinandersetzungen erlebt, aber da war es anders gewesen. Es ist verständlich, dass sechs erschöpften Leuten ab und zu der Gaul durchgeht und die Fäuste fliegen, wenn sie dreißig Tage lang die Gegenwart der anderen ertragen müssen. Diese Ausbrüche kommen meist ohne große Vorwarnung, sodass ich es immer erst nach dem Kampf mit den Streithähnen zu tun hatte, wenn Frust und Ärger schon verflogen waren. Ich habe gelernt, dass das beste Abschreckungsmittel vor einer Wiederholung darin besteht, den Männern zu drohen mit „einem Schlag dorthin, wo es weh tut – nämlich in die Brieftasche“, wie Alden es ausdrücken würde. Die bloße Androhung von Lohnabzügen hat immer ausgereicht, um alle zur Ordnung zu rufen. Wenn man vorgewarnt ist, ist man gewappnet. Ringo hatte mich vorgewarnt, nun war es meine Pflicht, etwas zu unternehmen, damit die Situation nicht ausuferte. Die Frage war nur, was. Reichte die Androhung finanzieller Sanktionen aus? Ich hoffte es.

Ich konnte nicht umhin, darüber nachzudenken, was für eine seltsame Gruppe wir bildeten, die Besatzung und ich. Wir hatten nicht viel gemein, außer dass wir alle unseren Lebensunterhalt auf See verdienten. Wir sechs gehörten verschiedenen Generationen, Geschlechtern, Rassen, Religionen und drei Nationalitäten an. Wir waren neunzehn bis vierzig Jahre alt, Carl war der Jüngste und Charlie der Älteste. Unsere Wurzeln lagen im Norden und Süden, Kenny stammte aus Neufundland und Peter aus Grenada. Ringo und Charlie kamen beide aus Massachusetts, Carl und ich aus Maine. Diese Besatzung und der Kapitän der *Hannah Boden* waren der Inbegriff typischer Fischer, und das Typische ist, dass es nichts Typisches gibt.

Meine Gedanken wurden von Bob Browns Stimme über den ESB-Funk unterbrochen. „WQX sechs vier sieben an *Hannah Boden*. Hörst du mich, Linda?"

Ich erhob mich vom Stuhl und nahm das Mikrofon, das im rückwärtigen Teil des Ruderhauses von oben herunterhing. Ich stand auf einem kleinen Podest, das Bob hatte für mich anfertigen lassen, damit ich an die Funkgeräte und die Steuerung für die Suchscheinwerfer herankommen konnte, die ebenfalls von oben herunterhingen. „Whiskey Romeo Charlie fünf-zwei-vier-fünf. Guten Morgen, Bob. Ende."

„Hallo, Linda. Ich wette, bei euch regnet es. Ende."

„Richtig. Ein wenig Wind aus dem Süden und jede Menge Regen. Ende."

„Wie läuft es, und wie ist eure Position? Ende."

„Alles in Ordnung. Dreiundvierzig-null-fünf Nord und fünfundsechzig-fünfzig West. Bis jetzt sind wir im Durchschnitt zehn Knoten gefahren. Wir mussten die *birds* erst heute Morgen herunterlassen. Ende."

„Das ist gut. Ich fahre ein paar Tage weg und rufe dich wieder auf dieser Frequenz, wenn ich zurück bin. Ende."

„Okay, Bob. Wir sprechen uns dann. Danke für die Nachfrage. Whiskey Romeo Charlie fünf-zwei-vier-fünf. Tschüs."

„Bis bald. WQX sechs-vier-sieben, Ende der Durchsage an die *Hannah Boden.*"

Ich hängte das Mikrofon wieder ein und sah aus den rückwärtigen Fenstern Kenny und Ringo zu, die im Regen an den Hupbojen arbeiteten. Die einsatzbereiten Hupbojen wurden anschließend in ein Gestell aus rostfreiem Stahlrohr gesetzt, das auf dem Deck montiert war, direkt vor dem aus drei Wänden bestehenden stählernen Aufbau, der als Schlupfkajüte bezeichnet wurde. Die Schlupfkajüte war zum Heck hin offen und diente den Männern und dem Gerät als Windschutz.

Hupbojen sind ein kritischer Teil des Langleinengeräts. Die rot lackierte Boje selbst ragt etwa einen Meter empor, ihr unterer Teil besteht aus einem wasserdichten Stahlkanister und enthält eine elektronische Einheit, die Funksignale überträgt, die von der Funkpeilstation, RDF („radio direction finder") genannt, im Ruderhaus des Schiffes empfangen werden. Jede Boje hat ihre eigene Frequenz, die sich von den anderen auf dem Schiff unterscheidet. Die Hupbojen werden in einem Abstand von ungefähr dreieinhalb Meilen an der Langleine befestigt, wenn diese über das Heck ausgebracht wird. Das Leinenstück zwischen zwei Hupbojen nennt man einen Abschnitt. Ein typisches, 40 Meilen langes Set auf der *Hannah Boden* besteht aus zehn bis zwölf Abschnitten. Ein leuchtend gelber Schwimmreifen („Kragen") umschließt den oberen Teil des Stahlkanisters, sodass die Boje aufrecht und ihre drei Meter hohe Antenne in der Luft bleibt. Ringo und Kenny waren damit beschäftigt, die Antennen auf die Bojen zu schrauben und die Kabel der Antennen an die Sendekanister anzuschließen. Die Bojen bleiben bis kurz vor dem Moment, wo sie über Bord gehen, ausgeschaltet, um die Batterien, die sich in den Kanistern befinden, zu schonen. Ich führe eine Liste der Frequenzen der Hupen in der Reihenfolge, in der sie ausgebracht werden, sodass ich, falls die Leine in der Mitte gekappt wird, einfach die RDF auf die nächste Hupe einstellen kann und von dieser dann die Richtung angegeben bekomme, in der die restliche Ausrüstung liegt. Abtrennungen, also Brüche der Hauptleine, sind normal und werden meistens von der Flut, tief gehenden Schiffen oder großen Haien verursacht.

Ich schob eines der rückwärtigen Fenster auf und rief Kenny zu: „Gib mir Bescheid, wenn ihr zum Testen bereit seid!" Kenny nickte, winkte und machte weiter.

Als ich das Fenster schloss und zum vorderen Teil des Ruderhauses ging, stellte ich fest, dass Peter geräuschlos hereingekommen war. Wie er so steif dastand, als habe er einen Besen verschluckt, mit dem Rücken zum Pult und die Arme vor der Brust verschränkt, war dieser große, muskulöse Mann eine ziemlich imposante Erscheinung. Peter hatte eine weiche Stimme und einen starken westindischen Akzent. „Es gibt da etwas, was ich mit dir besprechen möchte", sagte er.

„Ich weiß von deinen Problemen mit Carl, und es tut mir Leid. Ich habe vor, dieser Sache mit den Schimpfwörtern ein Ende zu bereiten."

„Ich würde am liebsten meine Hände um seinen Hals legen und zudrücken. Aber er ist nur ein Junge, kein echter Gegner." Peter löste seine Arme und hielt die Hände hoch, als wolle er sie inspizieren. Sie sahen so riesig wie Baseballhandschuhe aus.

„Er ist jung und in vielen Dingen unerfahren", entgegnete ich. „Er hat die Schule in der vierten Klasse verlassen und als Muschelsammler gearbeitet. Ich bin sicher, dass er auf den Muschelfeldern in Maine nicht viele Schwarze zu sehen bekommen hat. Und ich glaube nicht, dass er gut lesen kann. Kannst du dir vorstellen, Analphabet zu sein? Trotzdem ist das natürlich kein Grund, dich ‚Nigger' zu nennen."

„‚Nigger' stört mich nicht halb so sehr wie ‚Affenarsch'. He, ich wollte dir nur klar machen, was los ist. Damit du Bescheid weißt, wenn etwas zwischen Carl und mir passiert."

„Nein, Peter, so geht das nicht. Wenn du glaubst, alles ist damit okay, dass du mich warnst, es könnte was passieren, dann liegst du falsch."

„Wenn der seinen Mund noch einmal aufmacht, dann ..."

Ich unterbrach Peter, bevor er Gelegenheit hatte auszusprechen, was er sich für Carl ausgedacht hatte. „Ich verbiete dir, Hand an diesen Jungen zu legen. Und wenn du es tust, wird es dich eine Menge Geld kosten."

„Du klingst wie eine besorgte Mutter."

„Es ist mir egal, wie ich klinge. Ich muss meine Arbeit machen. Meine wichtigste Aufgabe ist, dieses Schiff mit Fisch zu füllen und es heil nach Gloucester zurückzubringen. Leider kann ich das nicht allein tun. Ihr Jungs müsst zusammenarbeiten, Probleme mit der Besatzung kann ich nicht brauchen. Ich werde mit Carl sprechen und hoffe, dass wir uns alle darauf besinnen können, warum wir hier sind. Du wirst mit der ersten Kiste Leitwehren bis zum Abendessen fertig sein, oder?"

„Ja. Ich möchte dich noch etwas fragen, bevor ich an die Arbeit gehe. Darf ich dich ‚Ma' nennen?"

„Niemand sonst hat es bis jetzt für nötig befunden, um Erlaubnis zu fragen. Natürlich, du kannst mich nennen, wie du willst. ‚Ma' ist okay."

„Gut. Danke, Ma." Peter hinterließ bei mir eine trübe Stimmung, als er die Gangway hinunterging und unten verschwand. Ich hatte nicht das Gefühl, das Problem sehr gut angepackt zu haben, und mir wurde bewusst, dass ich mitfühlender hätte sein sollen. Ich fragte mich, wie ich auf Carl zugehen sollte, der sich ständig angegriffen fühlte und stur wie ein Bock war. Peter hörte auf Argumente, bei Carl war ich mir da nicht so sicher. Erst auf der letzten Fahrt hatte ich über Funk meine Besatzung hoch gelobt, dass sie meine Arbeit einfach und die Fahrt angenehm mache. Sieben Monate zuvor hatte ich mit einer Besatzung die schlimmste Erfahrung meiner ganzen Fischerzeit gemacht; damals hatte ich drei Junkies an Bord gehabt. Im Vergleich dazu erschien mir mein heutiges Problem leichter lösbar.

Ich legte ein Band in die Stereoanlage und lauschte Bonnie Raitts „Storm Warning“, während ich eine dicke schwarze Wolke beobachtete, die sich von Westen heranzog und steile Wellen mit scharfen weißen Kämmen mit sich brachte. Der Wind verstärkte sich, während Dunkelheit und peitschender Regen uns einhüllten und die Sicht binnen kurzem auf nahe null reduzierten.

Ein Blitz erhellte die Dunkelheit für den Bruchteil einer Sekunde, gefolgt von einem Donnerschlag, der so laut war, dass ich ihn bis ins Mark spürte. Ich sah die Männer über das Deck zur Tür des Vorschiffs sprinten. Ringo rief herauf: „Ich dachte, wir kommen zum Mittagessen rein und arbeiten an den Leuchtstäben, bis der Regen nachlässt!“

„Seid ihr aus Zucker und habt Angst, dass ihr euch im Regen auflöst?“, neckte ich.

„Du hast gut reden, weil du schön im Trockenen sitzt und dabei Musik hörst.“

„Deshalb bin ich am spitzen Ende.“

„Deshalb bekommst du so viel Kohle, Ma.“

Der Seegang wurde stärker, und ich machte mir Sorgen über die Höhe und Wucht der Wellen, die über die Steuerbordreling hereinbrachen und das Deck überschwemmten. Die *Hannah Boden* rollte von steuerbord nach backbord und wieder von steuerbord nach backbord, jedes Mal etwas tiefer. Als sie so weit rollte, dass der Backbordausleger ins Wasser tauchte, war es Zeit für mich, unseren Kurs aufzugeben und das Schiff direkt in den Wind und die Wellen hineinzusteuern, statt weiterhin parallel zu den Wellen zu fahren. Ich drehte den Autopiloten um 90 Grad nach steuerbord und richtete den Bug in die Wellen, die jetzt von einem 50 bis 60 Knoten starken heulenden Wind angetrieben wurden. Die Maschinen drosselte ich auf 1000 Umdrehungen, um die Gewalt der Wellen zu mindern, die auf den Bug krachten.

Um 13 Uhr markierte ich unsere Position auf der Karte, 43° 10’ Nord und 64° 45’ West. Wir hatten seit 5.30 Uhr fast 70 Meilen zurückgelegt, aber nun hielten wir nur unsere Position, als würden wir auf der Stelle treten. Es machte keinen Sinn, jetzt in Hektik zu geraten. Wir taten, was notwendig war, um unsere Sicherheit zu gewährleisten. Viele Schiffe sind bei Stürmen in ernsthafte Schwierigkeiten geraten, weil sie ihren Kurs nicht aufgaben. Der sehnliche Wunsch, nach Hause zu kommen, hat viele Seeleute niemals dorthin gelangen lassen, weil ihr Kurs in Richtung Heimat das Schiff parallel zu den Wellen führte.

Der Bug der *Hannah Boden* schlingerte in die Wogen hinein, Gischt spritzte klatschend bis zu den Fenstern des Ruderhauses hoch. Der

Wind blies jetzt die Wellenkämme weg, bevor sie sich brechen konnten, sodass auf der Oberfläche weiße Schaumstreifen zurückblieben. Wenn dieser Wind lange genug anhielte, würde er einen ernsthaft gefährlichen Seegang schaffen, und ich betete, dass das Tiefdruckgebiet weiterziehen möge, bevor die Nacht hereinbrach. In der Nacht scheint alles dramatischer zu sein, weil man die nächste unangenehme Welle nicht sieht und nicht vorbereitet ist, wenn sie über den Bug bricht. In der Dunkelheit kann man zwar hören und fühlen, aber der Schrecken, den sonst das Sichtbare ausmacht, bleibt der Fantasie überlassen.

Um 17 Uhr war ich völlig ausgelaugt und versuchte nur, mich während der Dauer dieses wilden Rittes im Sattel zu halten. Ich dankte Gott, als das Barometer endlich langsam stieg. Um 18 Uhr hatte der Wind nach Nordwest gedreht und war bald zu einer leichten Brise abgeflaut. Bald darauf hatte sich auch der Seegang abgeschwächt. Wir hatten wieder Kurs auf die Fischgründe genommen, und nur gelegentlich klatschten Wellen halbherzig gegen den Stahlrumpf des Schiffes. Der Nordwestwind hatte den Regen und die schwarzen Wolken nach Osten getrieben, wo sie zweifelsohne nun andere Fischer beutelten.

Carl kam die Treppe heraufgesprungen und stand neben mir, um von den rückwärtigen Fenstern aus den blauen Himmel unmittelbar vor dem Sonnenuntergang zu betrachten. Ich hatte mein Problem mit der Besatzung völlig vergessen, als Carls Anwesenheit mich wieder daran erinnerte. Carl sprach nicht viel, und wenn er ins Ruderhaus kam und wieder ging, gab er oft keinen Mucks von sich. Jetzt schaute er auf das GPS und suchte dann auf der Karte mit der Spitze des Zeigefingers unsere Position. Ich hatte Carl die Grundlagen der Navigation beigebracht und war erstaunt, wie viel er in kurzer Zeit gelernt hatte. Ich musste ihm nie etwas zweimal sagen. Er war dünn und drahtig, hatte eine gewisse Ähnlichkeit mit dem jungen Richard Gere und konnte alle Arbeiten an Deck ausführen, wobei er sich mit jugendlicher Schnelligkeit bewegte, obwohl er mit gelassener Genauigkeit arbeitete.

Ich wusste, dass Carl niemals ein Gespräch mit mir anfangen würde und dass ich den Großteil unserer Unterredung selbst würde bestreiten müssen, aber ich war mir nicht sicher, wo ich beginnen sollte. Carl schnappte sich den Schleifstein, den ich auf dem Kartentisch aufbewahrte, setzte sich auf die oberste Stufe der Gangway und begann, das Messer zu schleifen, das er immer in der Scheide an der Hüfte trug. Ich sah zu, wie er die Klinge langsam über den Stein zog, und bemerkte wieder einmal, wie sehr ich den Klang von Stahl auf Stein liebte. Wenn man es richtig machte, so wie Carl, schufen die rhythmischen einzelnen

Schleifstriche einen derart sauberen und klaren Klang, dass er allein scharf genug war, um zu schneiden. „Wie ich gehört habe, gibt es zwischen Peter und dir ein Problem“, sagte ich.

„Ich hasse ihn, verdammt noch mal.“ Carls Augen, die die Farbe geschmolzener Schokolade hatten, waren unablässig auf den Stein gerichtet.

„Warum?“

„Er stinkt.“

„Du kannst ihn nicht leiden, weil er stinkt?“

„Und er ist faul.“ Carl befühlte mit seinem Daumen die Messerschneide.

„Carl, im Vergleich zu dir sind wir alle faul.“

„Er macht seinen Teil der Arbeit nicht.“ Er schaute auf und sah mich zum ersten Mal an, seit er das Ruderhaus betreten hatte.

„Nun, ich denke, dass ich das zu entscheiden habe und nicht du.“ Ich erhielt keine Antwort, also fuhr ich fort: „Ich bin zufrieden mit Peters Arbeit. Außer ihm will niemand zwanzig Stunden am Tag dort hinten in der Schlupfkajüte verbringen und Leitwehren reparieren und aufspulen.“ Immer noch keine Antwort. „Ich habe Peter gewarnt, dass er seinen Lohn riskiert, wenn du ihn zu einem Kampf provozierst.“

„Ich habe keine Angst vor ihm.“

„Hast du Angst, deinen Lohn zu verlieren?“

„Nein. Geld bedeutet mir nicht viel, es ist nur ein Stück Papier. Als ich das erste Mal an Bord kam, hast du mir gesagt, dass ich an Land bleiben solle, wenn ich nur wegen des Geldes fischen wolle. Ich fische gern, und deshalb bin ich hier.“

„Großartig. Du hast keine Angst davor, halb totgeprügelt zu werden, und dein Lohn ist dir auch egal. Tja, nun habe ich keine Munition mehr. Was zum Teufel kann ich dir sagen, damit du deinen Mund hältst und mit den Beleidigungen aufhörst?“

„Du könntest mich einfach bitten aufzuhören. Wenn du mir in der Vergangenheit etwas gesagt hast, habe ich es nie missachtet, oder?“

Welche Erleichterung. „Mein Gott, warum habe ich daran nicht gedacht? Carl, ich glaube, ich muss mich bei dir entschuldigen. Ich dachte, ich müsste dich zwingen, dich wie ein menschliches Wesen zu benehmen. Ich bitte dich sogar freundlich darum: Bitte hör auf, Peter zu beleidigen. Es ist nicht in Ordnung und macht mich krank.“

„Okay.“ Carl stand auf, legte den Schleifstein auf den Kartentisch zurück und steckte sein Messer in die Scheide. Als er die Stufen hinunterging, schrie er über die Schulter zurück: „Ringo hat gesagt, dass das Essen in etwa einer Stunde fertig ist! Es gibt Schweinekoteletts!“

Wenn Carl Wort hielt, und in diesem Moment glaubte ich daran, waren die Mannschaftsprobleme keine große Affäre.

6 Aufwärmpause

Als ich zu fischen begann, überzeugten mich einige der erfahrensten Seebären, dass sie das Wetter ohne jede Elektronik vorhersagen konnten. Ein Zwicken und Schmerzen waren oft die Vorläufer eines nahenden Tiefdruckgebiets. Wenn sich die Arthritis in der Schulter bemerkbar macht, bereite dich auf heftigen Wind vor. Oder vielleicht verhalten sich die Vögel um das Schiff herum unnatürlich – ein schlechtes Omen und eine sichere Warnung, die Schotten dicht zu machen. Bislang leide ich allerdings noch nicht an Arthritis, und in den siebzehn Jahren, in denen ich die Vögel auf dem Meer beobachte, haben sie nie etwas anderes getan, als sich wie Vögel zu verhalten. Daher ist es ein Glück, dass es für mich noch andere Arten der Wettervorhersage gibt.

Das Wetterfax der *Hannah Boden* ist wie ein Faxgerät in jedem Büro, außer dass es natürlich keine Telefonleitung gibt. Landgestützte Sender senden Signale, die von Empfängern an Bord aufgenommen und auf Faxpapier ausgedruckt werden. Ich bin kein elektronisches Genie, für mich ist das Zauberei. Ich schalte es an, und es funktioniert. Für die Übertragung ist die „National Oceanic Atmospheric Administration“ (NOAA) verantwortlich, von ihr erhalten wir Karten mit der Wetteranalyse, Karten mit der Vorhersage für die nächsten 24 und 36 Stunden, Karten mit den Oberflächentemperaturen des Meeres, Karten mit den Wellenhöhen und andere. Für mich sind die Karten mit der Oberflächenanalyse des Nordatlantiks und den Oberflächentemperaturen des Meeres am wichtigsten.

Die Oberflächenanalyse gibt ein detailliertes Bild der Wetterlagen für den gesamten nordatlantischen Raum. Die Karte ist mit Längen- und Breitengraden versehen, wodurch ich meine Position leicht ausmachen und vorhersehen kann, welche Wetteränderungen zu erwarten sind. Die Karte zeigt Tiefdruck- und Hochdruckgebiete sowie Frontensysteme. Pfeile geben die Geschwindigkeit und die Richtung an, in der sich diese Formationen bewegen, und so genannte Windfahnen stellen die

Geschwindigkeit und die Richtung des Windes an den verschiedenen Orten dar. Isobaren – Linien, die Gebiete gleichen Luftdrucks verbinden – ermöglichen, anhand des Schiffsbarometers die Annäherung und den Durchzug der auf der Karte gezeigten Hoch- und Tiefdruckgebiete zu verfolgen. Bewaffnet mit diesen Informationen treffen die Kapitäne weit reichende Entscheidungen.

Der ESB-Funk ist eine weitere Möglichkeit, Wettervorhersagen zu erhalten, und er dient oft als zweite Meinung. Selbst mit einer detaillierten Karte ist die Wettervorhersage meist ein Ratespiel, und manche Leute sind besser im Raten als andere. Verschiedene Stationen der Küstenwache übertragen von einer Computerstimme gesprochene Vorhersagen, die ein riesiges Gebiet von der Karibik bis zum östlichen Teil der Grand Banks abdecken. Faxkarten und ESB-Übertragungen sind oft Gegenstand der Gespräche zwischen den Fischern.

Der dritte und meiner Meinung nach genaueste Wetterbericht ist der von anderen Kapitänen. Wetterfronten bewegen sich in diesem Teil der Welt meist von West nach Ost. Das, was der Kapitän 100 Meilen westlich von mir erlebt, kann ich in sehr naher Zukunft erwarten.

Der schlimmste Albtraum eines jeden Langleinenfischers ist, das 40 Meilen lange Fischfanggerät mit tausend brandneuen Leitwehren auszubringen und mit einem unerwarteten Orkan konfrontiert zu werden. Das kommt vor. Mutter Natur kennt keine Vorhersagen und widersetzt sich oft den besten Meteorologen. Stationäre Hochs geraten in Bewegung, Tiefdruckgebiete verstärken sich ohne Vorwarnung, und das Ergebnis ist ein langer, unerfreulicher Tag, den man damit verbringt, das Fischfanggerät einzuholen. Das schlimmste Szenario ist, wenn man das Fischfanggerät überhaupt nicht mehr zurückbekommt oder gezwungen ist, die neuen Leitwehren von der Hauptleine zu schneiden, weil die raue See daraus ein Knäuel gemacht hat. Mit einem Wimpernschlag hat Mutter Natur damit alles, was an Zeit und Geld bislang investiert worden ist, zunichte gemacht.

Nichtfischer fragen mich oft, warum wir trotz der Hightechausrüstung, die uns für Wettervorhersagen zur Verfügung steht, und all der detaillierten Informationen während eines Hurrikans auf dem Meer bleiben, statt das sichere Land aufzusuchen. Das ist eine gute Frage, auf die es eine gute Antwort gibt.

Je nachdem, wo ich fische und wie weit ich nach Osten komme, ist das nächste Land vielleicht drei Tage weit weg. St. John in Neufundland wäre der Hafen, in den ich flüchten müsste, wenn ich dem Sturm entkommen wollte. Um von den Fischgründen nach St. John zu gelangen, müsste ich nach Westen fahren, also in Richtung des Sturms, der sich gerade auf mich zubewegt. Um sicher an Land zu kommen und nicht direkt in den Sturm hineinzufahren, müsste ich die Fischgründe vier oder sogar fünf Tage vor dem für meinen aktuellen Standpunkt angekündigten Sturm verlassen. Ist das plausibel? Nein.

Wenn ein Hurrikan vier Tage von den Grand Banks entfernt ist, befindet er sich im Allgemeinen südlich der Bermudas und ist noch sehr unentschieden, welchen Kurs er einschlagen wird. Bis sich ein Hurrikan gesammelt und entschlossen hat, nach Nordost loszubrechen, und ich relativ sicher bin, in seinen Weg zu geraten, ist es für eine Flucht zu spät. Die Saison in den Grand Banks von Juni bis Oktober ist als Hurrikansaison bekannt. Wenn ich jedes Mal in den Hafen flüchten wollte, wenn sich vier Tage von mir entfernt die Gefahr eines Unwetters andeutet, könnte ich gleich die ganzen fünf Monate im Hafen bleiben. Glücklicherweise verflüchtigen sich viele dieser Tiefdruckgebiete oder ziehen Richtung Land, bevor sie die Fischgründe erreichen. Es hat mich immer aus der Fassung gebracht, wenn ein Meteorologe im Fernsehen sagte: „Wir können beruhigt sein, der Sturm ist aufs Meer gezogen."

Die Vorbereitung eines Schiffes auf das Unvermeidliche und praktisches seefahrerisches Können zeichnen einen wirklich guten Kapitän aus. Es gibt eine Reihe von Dingen, die ich tue, wenn sich schlechtes Wetter abzeichnet; inmitten eines Sturms auf dem Ozean kann nur sehr wenig unternommen werden. Sobald ich festgestellt habe, dass es keine Ausweichmöglichkeit vor dem Hurrikan mehr gibt, stelle ich eine Liste der Dinge auf, die die Besatzung und ich erledigen können, um das Schiff zu stabilisieren und so weit wie möglich unsere Sicherheit zu gewährleisten. Meine typische Liste beinhaltet Folgendes:

1. Die gesamte Ausrüstung verstauen, die von Deck geblasen, gerissen oder gewaschen werden könnte
2. Alle Luken, Türen und Bullaugen verschalken [wasserdicht verschließen]
3. Kraftstoff und frisches Wasser umpumpen
4. Sicherstellen, dass das Schiff keine Schlagseite bekommt
5. Alle Kraftstofffilter prüfen; Ersatzfilter bereithalten
6. Vom Golfstrom wegkommen

Dass man das gesamte Gerät verstauen muss, ist leicht nachvollziehbar. Schweres Gerät, das auf Deck festgeschraubt ist, könnte von hereinbrechenden Wellen losgerissen und umhergeschleudert werden, wobei es ebenso selbst beschädigt würde wie alles, in das es hineinkrachen würde. Die *Hannah Boden* hat unter dem Hauptdeck einen großen Stauraum, der sich perfekt dafür eignet, alles zu lagern, was irgendwelche Probleme bereiten könnte.

Wasserdichte Luken, Türen und Bullaugen gehören auf Fischfängern zur Standardausrüstung, aber sie müssen richtig gesichert sein. Wenn bei einem heftigen Sturm achtern ein Wassereinbruch gemeldet wird, gibt es keine Möglichkeit, einen Mann über das ganze Deck zu schicken, um die Luke zu verschalken, während riesige grüne Wellen über das Deck brechen. Wird ein Mann bei solch extremen Wetterbedingungen über Bord gespült, kommt er sehr wahrscheinlich ums Leben.

Das Umpumpen von Kraftstoff und Wasser findet statt, damit die Tanks entweder so voll oder so leer wie möglich sind. Die Flüssigkeiten werden mit einer elektrischen Pumpe von Tank zu Tank gepumpt, damit das Herumschwappen großer Flüssigkeitsmengen verhindert wird, denn das kann die rollende Bewegung eines Schiffes vergrößern. Einen aufmerksamen Kapitän wird man nicht mit 20000 Liter Diesel in einem Tank für 40000 Liter überraschen. Die Kapazität der *Hannah Boden* beträgt fast 75000 Liter, das macht fast 70000 Kilogramm Kraftstoff, die unkontrolliert herumschwappen können.

Eine Grundregel der Seefahrt lautet: Verteile das Gewicht gleichermaßen auf beide Seiten, damit das Schiff gleichmäßig im Wasser liegt. Wenn ein Schiff auf einer Seite schwerer ist, spricht man von Schlagseite. Selbst die leichteste Schlagseite kann gefährlich werden, wenn sie durch eine rollende See verstärkt wird. Wenn mein Schiff Schlagseite hat, fuchst mich das ganz besonders, deshalb habe ich ein Auge darauf, dass Eis, Fisch, Kraftstoff, Fracht und frisches Wasser, deren Mengen sich im Lauf einer Fahrt ständig ändern, so verteilt werden, dass die Stabilität maximiert und somit die Möglichkeit eines vollständigen Umschlagens in Extremsituationen minimiert wird.

Die ständige Überprüfung der Kraftstofffilter des Hauptmotors und gegebenenfalls deren Austausch ist erforderlich, weil durch das ständige Stampfen eines Schiffes bei tosender See der Satz gelöst wird, der sich auf dem Boden der Kraftstofftanks sammelt. Er vermischt sich mit dem Kraftstoff und wird durch die Kraftstoffleitungen in die Filter gesogen. Wenn sich in den Filtern so viel Satz sammelt, dass der Kraftstoffzulauf zum Motor verringert wird, stirbt der Motor ab. Ohne Antrieb hat der Kapitän seine beste Verteidigung verloren, seine begrenzte Kontrolle über die Bewegung des Schiffes in einer gnadenlosen See. Der Austausch von Filtern und das Entlüften von Einspritzdüsen, um den Motor wieder in Gang zu bringen, ist ein ziemlich schwieriges Unterfangen, wenn man schon kämpfen muss, um aufrecht stehen zu bleiben.

Indem wir so viele Meilen wie möglich zwischen den Golfstrom und uns bringen, bevor das Wetter ein kritisches Stadium erreicht, haben wir die Chance, die Prügel, die wir während des Sturms abbekommen, auf ein Mindestmaß zu reduzieren, und wir können dies tun, während wir die meisten der anderen Vorkehrungen treffen. Die ertragreichsten Fanggebiete sind meiner Meinung nach dort, wo der nach Norden fließende Golfstrom die kälteren Gewässer des Labradorstroms trifft. Der Golfstrom hat oft eine Strömung von mehr als drei Knoten; kommen hohe Windgeschwindigkeiten hinzu, wird die Wasseroberfläche aufgewühlt, und manchmal schlägt dies in einen so genannten unkontrollierten Seegang um. Meist läuft die See mit dem Wind in eine Richtung, und die Wellen scheinen in Schüben zu kommen. Wenn jedoch der Seegang unkontrolliert ist, kommen die Wellen aus verschiedenen Richtungen, was die Seefahrt bei extremem Wetter erschwert. Außerdem tendiert das warme Wasser des Golfstroms dazu, ein Tiefdruckgebiet zu verstärken.

Das Auswerten von Wetterkarten, Voraussagen und Schiffsberichten ist Teil der täglichen Routine an Bord von Hochseefischern. Niemand möchte mehr Fangtage versäumen als absolut notwendig. Falsche Einschätzungen können in zwei Richtungen gehen: Oft holen Fischer unter gefährlichen Bedingungen das Gerät ein, sichern aber auch gelegentlich gegen ein Wetter, das sich niemals einstellt, und verlängern damit ihre Fahrt um 24 Stunden. Obwohl einige der erfolgreichsten Schwertfischkapitäne mit Mutter Natur gut umspringen und aus dem Bauch heraus entscheiden, beruhigt doch alle Kapitäne ein steigendes Barometer und das Geräusch des Faxgeräts. Außerdem beobachte ich nach wie vor die Vögel. Und wenn ich jemals einen sehen sollte, der sich im Rückenschwimmen übt, weiß ich, dass gleich die Hölle losbrechen wird.

7 *Die Zeit auf See*

Peter hatte in der zweiten Nacht unserer Fahrt nach Osten die erste Wache und löste mich um Punkt 22 Uhr ab. Bevor ich mich hinlegte, ging ich zum Bug, um frische Luft zu schnappen. Die Sterne schienen zum Greifen nahe. Wenn der Himmel so klar ist, sind die Nächte auf See atemberaubend; da es weder Smog noch künstliches Licht gibt, können

Sterne und Mond ihre ganze Pracht entfalten. Die Sichel des Mondes lag schief überm Horizont, so als sei sie genauso reif fürs Bett wie ich. Genau wie ich würde der Mond, je länger unsere Fahrt andauerte, von Nacht zu Nacht länger auf sein. Nach der Hälfte der Fahrt, bei Vollmond, würde der Mond zu dieser Nachtzeit seinen höchsten Punkt am Himmel erreichen und erst in den frühen Stunden des nächsten Tages am Horizont untergehen.

Als ich mich gegen die Vorderseite des Ruderhauses lehnte, drang die Kühle des weißen stählernen Schotts rasch durch mein Hemd in meine Schulterblätter und Pobacken. Ich fröstelte und gähnte bei dem Gedanken, dass ich bald an Schlafmangel leiden würde, nämlich von dem Moment an, wo die ersten Haken ins Wasser geworfen waren, bis zu dem Moment, wo sie zum letzten Mal auf dieser Fahrt wieder an Bord geholt wurden, was wahrscheinlich in drei Wochen geschehen würde. In wenigen Tagen begann der Fischfang, und unsere inneren Uhren würden in eine weit entfernte und eigenartige Zeitzone transportiert. Auf See ist mir fast nie bewusst, welchen Wochentag wir haben, aber ich weiß sehr genau, in wie viel Tagen Vollmond ist. Das Zeitgefühl passt sich dem an, was wichtig ist.

Ich ging zum Ruderhaus zurück, wünschte Peter eine gute Nacht und krabbelte in meine Koje, wo ich fest schlief, bis Carl mich bei Anbruch des folgenden Tages weckte.

Wir hatten in den vergangenen zwölf Stunden durchschnittlich neun Knoten gemacht und befanden uns jetzt auf 43° 24’ Nord und 62° 12’ West. Von unserer gegenwärtigen Position aus sahen wir die Sonne vierzig Minuten früher aufgehen als im Hafen von Gloucester, und am folgenden Tag würde der Zeitunterschied eine volle Stunde betragen.

Der dritte Tag verlief ohne besondere Ereignisse, und das war angenehm. Die Vorbereitung des Fischfanggeräts würde die Besatzung die nächsten Tage beschäftigen. Danach hatte sie freie Zeit, was zu Langeweile führen konnte, und Langeweile erzeugt manchmal Unzufriedenheit. Ich spürte den Druck, baldmöglichst mit dem Fischen zu beginnen, und sei es nur, um die Besatzung zu beschäftigen.

Als die Sonne unterging, waren wir südlich von Sable Island angelangt, einem schmalen, niedrigen Streifen Land, auf dem wilde Pferde wohnen und die Geister der Männer, die in diesem Gebiet, das man den „Friedhof des Nordatlantiks“ nennt, verschollen sind. Die gefährlichen Gebiete seichten Wassers in der Umgebung von Sable Island haben mehr Opfer gefordert als das Bermudadreieck, und seit das Schwesterschiff der *Hannah Boden*, die *Andrea Gail*, in diesem Gebiet im Herbststurm 1991 untergegangen ist, bekomme ich jedes Mal, wenn ich hier vorbeifahre, eine Gänsehaut.

DA SASS ich nun und dachte daran, wie ich auf jener Fahrt, von der die *Andrea Gail* nie wiederkehrte, zurück nach Gloucester gefahren war. Als wir uns auf unserem Heimweg von Osten aus Sable Island näherten, bat uns Bob Brown, näher und langsamer an der Insel vorbeizufahren, um nach irgendwelchen Anzeichen der *Andrea Gail* Ausschau zu halten. Die *Andrea Gail* war eine Woche überfällig, und die kanadische Küstenwache hatte Anhaltspunkte gefunden, dass sie möglicherweise im Gebiet um Sable Island Schwierigkeiten gehabt hatte. An diesem Tag wehte nicht das geringste Lüftchen, und der Nebel war so dicht, dass er in kalten Tropfen an unseren Augenbrauen und Lidern klebte. Wir konnten vom Schiff aus keine dreißig Meter weit sehen. Dennoch suchten wir den ganzen Tag und hofften, die Szene leibhaftig zu erleben, die sich vor meinem inneren Auge abspielte: Im Geiste sah ich ein Floß mit den sechs Fischern der *Andrea Gail*, die alle lachten und winkten.

Wie eine Fata Morgana in der Wüste kann der Nebel Tatsachen vorspiegeln und dir zeigen, was du willst, wenn du nur lange genug danach Ausschau hältst. Stundenlang hatten wir über den Bug in den Nebel gestarrt, als etwas Weißes im Wasser vor uns auftauchte, das auch nicht wegging, als ich blinzelte: eine 200-Liter-Plastiktonne, die deutlich mit den Buchstaben „A. G." gekennzeichnet war.

Die Küstenwache hatte ihre Suche eingestellt, als wir drei Tage später in Gloucester ankamen, und die letzte Hoffnung waren meine Mannschaft und ich gewesen. Statt einer guten Nachricht brachten wir nur die leere Tonne mit, und nun konnte niemand mehr ignorieren, dass das Schiff und seine sechsköpfige Besatzung für immer verloren waren.

JETZT war es dunkel, und die *Hannah Boden* glitt still durch das Wasser, 17 Meilen südlich von Sable Island, eine wirklich übertriebene Entfernung, um die Sandbänke sicher zu passieren. Die Brise ließ gespenstische Laute in der Takelage der *Hannah Boden* entstehen, wie wenn man über eine geöffnete Flasche bläst, und mir sträubten sich die Nackenhaare. Ich hatte noch nie ein Gespenst gesehen und wusste, dass mir meine Einbildung einen Streich spielte, aber ich fühlte mich erst sicher, als ich Sable Island nicht mehr auf dem Radarschirm sehen konnte. Ich hoffte, dass wir auf unserer Rückfahrt nach Gloucester bei Tageslicht an Sable Island vorbeikommen würden.

Am nächsten Morgen trieben große weiße Haufenwolken nach Osten und drängten sich selbstsüchtig vor das Sonnenlicht. Aber die Sonne gab nicht auf und suchte sich heimlich einen Weg durch Löcher in den Wolken, sodass um uns senkrechte Lichtsäulen helle gelbe Kleckse auf das Wasser malten. Die Lichtsäulen waren so scharf abgegrenzt, ihre Kanten so deutlich, dass ich versucht war, das Schiff um sie herumzusteuern, um sie nicht zu zerstören. Ich stand am Bug und starrte auf das Meer hinunter.

Das Wasser zu meinen Füßen, das im Schatten lag, hatte die Farbe eines mit Blaubeeren von der Isle au Haut gefüllten Metalleimers. Ein paar Sonnenstrahlen stahlen sich durch die Wolken, trafen auf meinen Rücken und warfen meinen Schatten aufs Meer. Mit dem Sonnenlicht verschwand das Beerenblau, und das Meer nahm die für kaltes Wasser charakteristische grünliche Färbung an.

„Was denkst du, Ma?“ Carls Stimme schreckte mich auf.

„Ich denke, das Wasser sieht grün aus“, sagte ich. Die Farbe des Wassers zeigt oft an, was darin beim Fischen gefangen werden könnte. „Was meinst du?“

„Ja. Sieht nach Haien aus. Wie viele Meilen noch, bevor wir ausbringen?“

„Mindestens 300, vielleicht 400 oder 500.“

„Bis morgen sind wir sicher mit der Arbeit am Fischfanggerät fertig.“

Als er von mir wegging, rief ich ihm nach: „He, hast du schon Frieden mit Peter geschlossen und ihn umarmt?“

Carl blieb stehen und drehte sich zu mir um. Er legte seinen Kopf auf die Seite, zog eine Augenbraue hoch und durchbohrte mich mit seinen Blicken. Dabei sagte er kein Wort, und das war auch nicht nötig. Er wandte sich wieder zum Gehen.

„Tut mir Leid, dass ich gefragt habe.“ Und es tat mir wirklich Leid. Es war mein zweiter Versuch, Carl dazu zu bringen, sein indiskutables Verhalten gegenüber Menschen anderer Rasse zu ändern, aber da ich das Ganze nicht in eine ununterbrochene Versuchsreihe münden lassen wollte, beschloss ich, vorerst eine Pause einzulegen. „Ich werde das wohl erst einmal nicht wieder ansprechen“, sagte ich zu mir und ging hinüber zur Tür des Ruderhauses.

Als ich durch die Tür trat, kam Charlie gerade die Stufen herauf. „Hallo, Charlie. Ich habe dich nicht gesehen, seit wir abgelegt haben.“ Dies war Charlies dritte Fahrt mit mir, und ich mochte ihn. Er hatte ein freundliches Wesen und eine gute Arbeitsmoral. Er strahlte Reife und Fairness aus, und ich hoffte, dass er genauso wie Ringo daran mitwirkte, dass die Situation nicht außer Kontrolle geriet, falls es zwischen Carl und Peter zum Kampf kommen sollte.

„Hallo, Kapitän. Ich hab flachgelegen. Ich fühle mich seit drei Tagen nicht wohl. Wahrscheinlich bin ich seekrank."

„Seekrank? Du warst noch nie seekrank. Bestimmt ist es eine Grippe."

„Ja, du hast Recht. Meine jüngste Tochter war krank, als ich zu Hause war. Ich muss mich angesteckt haben." Im Gegensatz zu Peter, dem einzigen anderen Familienvater unter der Besatzung, sprach Charlie oft von seinen Mädchen, die er auf See offensichtlich sehr vermisste. „Hast du irgendwas gegen Magenbeschwerden oder ein Schmerzmittel?"

„Nein, tut mir Leid. Hast du etwas gegessen?", fragte ich. Charlie wirkte noch dünner als sonst.

„Meinen Appetit hat das nicht beeinträchtigt. Ich hoffe, dass es mir besser geht, wenn wir zu fischen anfangen."

„Ich auch. Versuche, so viel Schlaf wie möglich zu bekommen."

„Das werde ich tun. Bis später." Als Charlie gegangen war, blieb ich auf dem Stuhl sitzen und fragte mich, ob ich mir über seine Verfassung Gedanken machen sollte. Ich vermutete, und später erkannte ich, dass ein Mittel gegen Magenbeschwerden die Probleme, die er hatte, nicht heilen konnte. Eine bekannte Stimme, die die atmosphärischen Störungen des ESB-Funks durchbrach, riss mich vorübergehend aus meiner Sorge um Charlie. Larry Thompson, Kapitän und Eigner der *Sea Lion VIII*, rief mich.

Ich antwortete ihm: „Whiskey Romeo Charlie fünf-zwei-vier-fünf. Hallo, L. T., was gibt es? Ende."

„Hallo, Linda. Du hast im Hafen nicht viel Zeit verloren. Zwei Tage? Ende."

„Verstanden, L. T. Wir versuchen, uns an den Mondzyklus zu halten. Wie geht es beim Fischen? Ende."

„Schlecht. Ich kann nur noch ein paarmal ausbringen, aber ich denke, dass wir eine Fuhre zusammenbringen. Wir schuften jede Nacht für 700 Kilo, nichts Besonderes. Wie ist das Wetter bei euch? Ende."

„Das Wetter ist herrlich. Leichter Westwind. Wie ist deine Position? Ende."

„Wir sind etwa 43 Nord und 47 West. Ich bin etwa in der Mitte des Rudels. Die *Northern Venture* und die *Eagle Eye* fischen oben im Nordosten und haben etwas mehr Glück als die anderen, aber ich bin schon zu lange unterwegs, um mich noch weiter vom Hafen zu entfernen. Ende."

„Stimmt. Zieht sich das warme Wasser schon zurück? Ende."

„Nein, noch nicht. Okay, Linda, ich muss mit dem Ausbringen beginnen. Danke für den Wetterbericht. Wir hören uns morgen. Whiskey Uniform Victor sechs-null-neun-acht. Ende."

„Danke für die Meldung. Viel Glück heute Nacht. Whiskey Romeo Charlie fünf-zwei-vier-fünf. Tschüs."

Ich hatte jetzt eine bessere Vorstellung davon, wo die Flotte war, und markierte Larrys Position auf der Karte. Larry war etwa 150 Meilen westlich von der Stelle, wo ich auf der letzten Fahrt gefischt hatte, und somit nicht sehr weit von dem Platz entfernt, wo ich hinwollte. Wenn sich die *Sea Lion VIII* in der Mitte einer Kette von 15 bis 20 Schiffen befand, gab es für mich keine Möglichkeit, mich in meine Lieblingsecke zu drängeln. Ich war nahe genug an der Flotte dran, um die meisten Gespräche über ESB zu hören, und fing an, Positionen, Wassertemperaturen und die Menge der gefangenen Fische aufzuschreiben, um eine Strategie zu entwickeln, wo ich ein ergiebiges Fanggebiet finden könnte. Während ich angestrengt über die ständigen atmosphärischen Störungen hinweg dem ESB lauschte, sah ich aus den rückwärtigen Fenstern Carl zu, der an der Steuerbordreling Kugelhänger herstellte, die er dann mit einer Handkurbel auf eine Aluminiumspule wickelte. Die Kugelhänger gehören zu einer auf 120 Kilogramm Bruchfestigkeit getesteten Leine – üblicherweise von einer anderen Farbe als jene, die für Leitwehren verwendete wird –, mit einem Schnappverschluss an einem Ende und einer Schlaufe am anderen. Beim Ausbringen des Fischfanggeräts wird am Schlaufenende ein Kugelschwimmer befestigt, und der Schnappverschluss kommt, genauso wie die Leitwehren, auf die Hauptleine. Die Schwimmer verhindern, dass das Fischfanggerät auf den Meeresboden sinkt. Die Hänger werden so lang gemacht, dass die Haken so weit in der Tiefe hängen, wie es der Kapitän für optimal hält, um möglichst viele Fische zu fangen. Auf den Grand Banks verwende ich Hänger von zehn Meter Länge, so sinkt die Hauptleine in zehn Meter Tiefe. Das ist nicht viel, denn die Wassertiefe der Fischgründe, in denen wir üblicherweise arbeiten, beträgt mehr als 6000 Meter.

Carl arbeitete schnell, und ich fragte mich, welche Arbeit ich für ihn finden könnte, die ihn beschäftigte und davon abhielt, Peter zu ärgern. Wenn erst einmal der Fisch an Bord käme, erledigte sich das Problem von selbst. Carl würde zu beschäftigt sein, um Peter auch nur einen gehässigen Blick zuzuwerfen.

Eine weitere Nacht, ein weiterer Tag und weitere 200 Meilen Nordatlantik gingen unter dem Kiel der *Hannah Boden* dahin. Noch einmal meldete ich Larry T. gutes Wetter, und er berichtete mir von schlechten

Fängen der Flotte. Ich hatte den Funk den ganzen Tag lang überwacht und ein Diagramm der sechzehn nordamerikanischen Schwertfischfänger gezeichnet, die derzeit fischten. Es war entmutigend, so lange gereist zu sein, um zu erfahren, dass wenig gefangen wurde. Es war Zeit für mich, eine Entscheidung zu treffen, und ich beschloss, den Kurs um einige Grad nach Norden zu ändern, um am Großteil der Flotte vorbeizufahren und zur *Northern Venture* und *Eagle Eye* zu stoßen, die die Flotte auf der Suche nach besseren Gebieten verlassen hatten. Es ist immer günstiger, am Anfang der Fahrt zu suchen, zu sondieren und einen Platz zu finden, der während der gesamten Fangdauer ergiebig ist, statt zu früh auszubringen und dann abbrechen und weiterziehen zu müssen.

Es war 18.30 Uhr, unsere fünfte Nacht auf See begann. Wir überschritten gerade die kanadische Grenze bei den östlichen Ausläufern der Bank und erreichten nun internationale Gewässer. Unser neuer Kurs würde uns bei unserer derzeitigen Geschwindigkeit von 9,6 Knoten in 29 Stunden zu unserem neuen Ziel, 46° 20' Nord und 43° 30' West, führen. Es konnte allerdings auch durchaus sein, dass wir unterwegs auf ein ergiebiges Fanggebiet treffen und dort bleiben würden.

Diese Nacht musste die Besatzung alle dreißig Minuten die Oberflächentemperatur des Wassers und unsere Position notieren. Der Wachplan enthielt die Anweisung, mich aufzuwecken, falls die Temperatur über 18 °C steigen sollte. Derzeit betrug die Oberflächentemperatur 13 °C, und ich trug sie in die Tabelle ein, die ich in meinem Notizbuch angelegt hatte, zusammen mit unserer Position und der Uhrzeit.

Charlie hatte die erste Wache und betrat das Ruderhaus kurz vor 22 Uhr. Wenn er sich so schlecht fühlte, wie er aussah, litt er schrecklich. Ich fragte ihn, wie es ihm gehe, und ich wusste, dass er log, als er „Besser“ sagte. „Fischen wir morgen Nacht?“, fragte er.

„Ich glaube nicht. Die Berichte von der Flotte waren nicht sehr gut. Wir können es genauso gut woanders versuchen, wo niemand ist.“

„Klingt gut. Ich kann gut noch einen Tag gebrauchen, um diese Grippe loszuwerden.“

„Okay, hier ist der Wachplan“, sagte ich und gab ihm das Notizbuch. „Ich wünsche dir eine gute Nacht. Bis morgen.“

In dieser Nacht schlief ich nicht gut. Unterbewusst arbeitete in mir der Druck, ein Fanggebiet zu finden und mit dem Fischen zu beginnen. Zudem machte ich mir Sorgen, dass Charlies Grippe andauern könnte.

Ringo weckte mich bei Tageslicht mit einem freundlichen „Guten Morgen, Ma. Es ist Zeit, den besten Platz zu suchen.“

„Danke, Tom. Ich komme gleich“, antwortete ich durch die Tür. Als ich ins Ruderhaus kam, sah ich auf die Zahlen vorne auf dem Temperaturanzeiger. „Brrr, vierzehn Grad. Ich schätze, wir sind noch nicht ganz da. Ich weiß, dass ihr alle ungeduldig seid."

„Alle bis auf Charlie. Er ist ziemlich krank. Carl nimmt Wetten an, ob er die Fahrt übersteht."

„Hat Dr. Carl eine Grippe ausgeschlossen?"

„Ja, das hat er. Unser Borddoktor meint, dass wir uns schon alle angesteckt hätten, wenn es die Grippe wäre. Bei diesen engen Verhältnissen. Da muss ich ihm zustimmen."

„Oh, wunderbar, damit haben wir auch noch eine zweite Meinung. Wie steht es zwischen Carl und Peter?"

„Weißt du, was das Problem ist, Ma? Wir hatten den ganzen Sommer lang keinen Grünschnabel zum Ärgern."

Darüber musste ich lachen. „Ich hätte nicht gedacht, mit einer so erfahrenen Besatzung so viel Ärger zu bekommen. Ich werde Anfänger anheuern müssen, um die Lücken zu füllen, die Carl und Charlie hinterlassen."

Ringo sagte, dass er den Maschinenraum überprüfen und einen Topf Kaffee für mich aufstellen wolle, und sprang nach unten. Ich fing an, über das Fehlen eines Grünschnabels an Bord nachzudenken. Der Neue ist häufig jung, findet alles, was vor sich geht, aufregend und ist an allem interessiert. Natürlich findet eine Art Initiationsritus statt, eine harmlose Neckerei, die einfach dazugehört.

Ich erinnere mich an den größten Spaß, den wir mit einem Grünschnabel hatten, einem großen, beschränkten Jungen namens Jethro. Seine erste Fahrt aufs Meer war zugleich das erste Mal, dass er von zu Hause weg war. Jethros Einführung begann mit dem üblichen harmlosen „Postbojen-Streich". Die anderen erzählten Jethro von einer angeblichen Boje, die dem amerikanischen Postdienst gehöre und von diesem betrieben werde und mitten in den Grand Banks ankere. Jethro war schnell überzeugt, dass er in dieser Boje Briefe an seine Familie und Freunde deponieren könne, in denen er sie über seine Abenteuer auf See informieren wollte. So verbrachte er seine Abende mit dem Verfassen von Briefen, wobei ihm auf seine Bitte hin die Mannschaftskameraden mit dem Buchstabieren halfen. Als es so weit war und wir uns der angeblichen Boje näherten, hatte Jethro – leider, leider – keine Briefmarken, und man sagte ihm, dass er so seine Post nicht absenden könne. Er war enttäuscht, verstand aber, dass der Postbote keine unfrankierten Briefe ausliefern konnte. Das nächste Mal würde er Bescheid wissen.

Der beste Beweis, dass Jethro nicht der Allerhellste war, ist für mich der Spaß, den sich Ringo ausdachte. Er hatte neben den Wasserspender im Ruderhaus einen leeren Milchkrug aus Plastik gestellt, auf den er mit schwarzem Marker geschrieben hatte: *H2O-Pulver*. Offensichtlich hatte sich Jethro über Cola und Limonade beschwert und wollte etwas anderes zu trinken. Kurz nachdem der Krug im Ruderhaus platziert worden war, kam Jethro auch schon herauf und sah sich um. „Was machst du denn hier oben? Hast du an Deck nichts zu tun?", fuhr ich ihn an.

„Na ja, ich hab Durst, und Ringo sagte, hier oben gäb's vielleicht H2O-Pulver."

„O ja, dort drüben", sagte ich und deutete auf den Milchkrug.

Jethro hielt den Krug hoch und las die Aufschrift. „Ha-zwei-null-Pulver. Das ist es. Ringo sagt, ich muss nur Wasser dazutun, und schon habe ich ein sehr erfrischendes Getränk."

„Da hat er Recht. Du musst aber gut schütteln, bevor du es trinkst."

„Okay, danke." Jethro füllte den Krug mit dem eiskalten Wasser aus dem Wasserspender und schüttelte ihn kräftig, als er die Stufen hinunterging. Ich fragte ihn später, ob ihm das Getränk geschmeckt habe, und er antwortete, es sei ganz gut, und er hoffe, dass wir noch mehr davon hätten.

Als Jethro etwa zehn Liter Wasser getrunken hatte, setzte Phase zwei des Plans ein. Am Abend, als die Männer mit ihrer Arbeit fertig waren und ihr Ölzeug auszogen, setzten sie sich hin und inspizierten ihre nackten Füße, um nach Anzeichen von „Gelbfuß" zu suchen. Sie erklärten Jethro, dass Gelbfuß eine schmerzhafte Krankheit sei, die man bekommen könne, wenn man über längere Zeit Gummistiefel trage oder das Wasser-Pulver-Gemisch vor Gebrauch nicht richtig schüttle, und wenn man sie nicht rechtzeitig behandle, müsse man unter Umständen die Zehen amputieren. Daraufhin untersuchte auch Jethro regelmäßig seine Füße und war offensichtlich erleichtert, dass er keine Anzeichen für diese Krankheit entdeckte.

Eines Nachts, während alle schliefen, schüttete Carl eine Gewürzpulvermischung in Jethros Stiefel. Der nächste Tag war besonders lang und heiß, und alle gingen in den schwarzen Gummistiefeln fast ein. Als Jethro schließlich gegen Mitternacht seinen rechten Stiefel in die Ecke schmiss, war die Ferse seiner Socke voll gelber Flecken. Er riss die Augen auf, und der Kiefer fiel ihm herunter. Den linken Stiefel zog er so hastig aus, dass die Socke gleich mit wegflog. Zum Vorschein kam ein Fuß, der bis zum Knöchel gelb war. „Jetzt hab ich's!", keuchte er.

„Mein Gott, Jethro, so einen schlimmen Fall hab ich noch nie gesehen! Zieh deine rechte Socke aus, und lass uns nachsehen." Ringo täuschte ernsthafte Besorgnis vor.

Wir alle standen um Jethro herum, als er vorsichtig die andere Socke abstreifte. Jethro und wir fünf anderen stießen gleichzeitig einen Schrei des Entsetzens aus. Seine Füße sahen wirklich ernstlich krank aus; Zehen, Ballen und Fersen hatte es am schlimmsten erwischt, sie waren braungelb verfärbt. „Tut es weh?", fragte ich.

„Noch nicht, aber es stinkt", erwiderte Jethro. „Was kann ich jetzt tun? Haben wir Medikamente? Ich muss unbedingt zu einem Arzt. Bringst du mich zurück?"

Bevor ich etwas erwidern konnte, sagte Carl: „Auf keinen Fall! Wir kehren nicht zurück, ehe der Fischladeraum voll ist. Das war abgemachte Sache."

„Das stimmt", fiel Kenny ein. „Und es ist mir auch egal, wenn ihm sämtliche Zehen abfallen. Es ist seine eigene Schuld, Ma. Wir haben ihn oft genug ermahnt, dieses Zeug vor dem Trinken zu schütteln."

„Finde ich auch", schloss sich Ringo an. „Du bist selber schuld, Jethro. Außerdem wirst du nicht sterben oder so, du verlierst nur schlimmstenfalls deine Zehen. Was soll also das Theater?"

„Ich möchte meine Zehen nicht verlieren! Kann ich denn nichts tun, um sie zu retten?" Langsam klang Jethro ziemlich verzweifelt, und als er zu mir aufblickte, hatte er Tränen in den Augen.

Ich beschloss, dass der Spaß nun weit genug gegangen sei; ich wollte nicht, dass Jethro sich demütigte, indem er vor der Besatzung weinte. „He, Jethro, mir fällt was ein", verkündete ich. „Gelbfuß beginnt außen, arbeitet sich durch die Haut, dringt bis zu den Knochen vor und beginnt dann zu schmerzen. Es bestehen gute Aussichten, dass die Infektion noch nicht ganz in die Haut eingedrungen ist. Warum versuchst du nicht, ganz heiß zu duschen? Und schrubb deine Füße kräftig!"

„Glaubst du, das hilft?"

„Jedenfalls schadet es bestimmt nicht. Wenn du keine Schmerzen hast, kann die Infektion noch nicht sehr weit sein."

Ringo kam mir zu Hilfe. „Im Medizinschrank über der Waschmaschine ist Peroxid. Pudere die Füße damit ein, wenn du sie gewaschen hast."

Jethro humpelte zur Mannschaftsdusche und achtete dabei darauf, seine Zehen nicht zu bewegen. Die restliche Besatzung und ich saßen um den Kombüsentisch und aßen genüsslich einen Eisbecher, während wir auf das Ergebnis warteten. Jethro tauchte inmitten einer Dampfwolke, die nach Hühnersuppe roch, aus der Dusche auf. An seinen Füßen sah man keinerlei gelbe Spuren mehr, dafür waren sie vom Schrubben knallrot. „Ich glaube, es hat funktioniert!“, rief er triumphierend. Ich wünschte allen gute Nacht und bat Jethro, seine kontaminierten Socken und Stiefel über Bord zu werfen. Als ich die Stufen emporstieg, um ins Bett zu gehen, hörte ich, dass Carl Jethro anbot, ihm für die restliche Fahrt ein Paar Stiefel zu „leihen“. Wir hatten nie einen zweiten Fall von Gelbfuß an Bord der *Hannah Boden*, und Jethro begnügte sich damit, Cola und Limo zu trinken, bis wir zwei Wochen später nach Gloucester zurückkehrten.

„Vielleicht hat Ringo Recht. Vielleicht brauchen wir einen Jungen, mit dem wir Späße machen können“, sagte ich zu mir selbst. „Aber für diese Fahrt ist es zu spät.“ Ich fand auf der Karte unsere Position, 45° 15’ Nord und 46° 52’ West.

Am frühen Abend war ich zwei Meilen nördlich von David auf der *Northern Venture* und dem warmen Streifen Wasser, in dem er und John, der Kapitän der *Eagle Eye*, gefischt hatten. John war 40 Meilen östlich von uns und brachte sein Fanggerät in Davids Richtung aus, der ebenfalls nach Westen ausbrachte.

„Sieht so aus, als bekämen wir Gesellschaft, John“, hörte ich David auf Kanal 9 des UKW-Funks sagen.

„Ach ja? Wer ist denn da?“, fragte John.

Ich nahm das Mikrofon und klinkte mich in die Unterhaltung ein. „Hier ist Linda von der *Hannah Boden*. Ich werde mich östlich von John positionieren, um morgen Nacht auszubringen. Ende.“

„Hallo, Linda. He, John, es ist das Mädchen mit dem großen grünen Schiff. Sie fährt zu dem Fanggebiet östlich von dir“, sagte David.

„Aha, okay. Hallo, Linda. Kommst du gerade an? Ende.“

„Verstanden. Wir haben noch nicht ausgebracht. Ich bin in dem kalten Wasser oberhalb deines Fanggebiets und bleibe hier, bis ich um dein östliches Ende herumgekommen bin, damit ich nichts mit den *birds* beschädige. Ende.“

„Ja, das ist gut. Meine Hupboje am östlichen Ende ist *1676*. Sie ist sehr stark, du solltest also keine Probleme damit haben, sie zu lokalisieren. Ende.“

Ich kritzele *1676 – Johns östliches Ende* in mein Notizbuch. „Okay, John. Danke. Morgen höre ich mir die Fangberichte an. Ende.“

„Verstanden. Hoffentlich gibt’s da gute Nachrichten. Die letzten fünf Sets waren ziemlich gut, so dreißig Fische pro Nacht mit durchschnittlich 50 Kilogramm. Ende.“

„Das klingt gut. Danke nochmals für die Info. Euch beiden viel Glück und gute Nacht. Tschüs." Ich stellte die RDF auf *1676* ein und wartete auf das Signal von Johns Hupboje. Davids Schiff befand sich jetzt westlich von mir und sein Fanggerät südlich. Als ich weiterfuhr, musste ich aufpassen, dass ich nicht zu nahe an sein Fanggerät herankam, und steuerte ein paar Grad backbord. Kapitäne können ganz schön wütend werden, wenn ein anderes Schiff mit heruntergelassenen *birds* über ihr Fanggerät fährt. Die *birds* verfangen sich in der Hauptleine und ziehen sie durchs Wasser, bis sie reißt. Die Jagd nach losen Enden während des Einholens kostet wertvolle Zeit und ist frustrierend, wenn dies durch die Achtlosigkeit eines anderen Fischers hervorgerufen worden ist.

Als ich es mir wieder im Stuhl bequem machte, kam Charlie mit meinem Abendessen die Treppe herauf. „Hallo, mein Name ist Pierre, ich bin heute Abend Ihr Kellner." Charlie verbeugte sich leicht und reichte mir einen Teller mit Rippchen, gebackener Kartoffel und frischem Spargel. Aus seiner Hosentasche zog er eine Dose Pepsi light und hielt sie in den ausgestreckten Händen, damit ich sie begutachten konnte. „Ich glaube, das hier haben Sie bestellt, Madame." Ich nickte bestätigend. „Eine ausgezeichnete Wahl zu dem Rindfleisch." Charlie riss die Dose auf, um sie „atmen zu lassen", und stellte sie auf das Steuerpult. *„Bon appétit."* Charlie hatte zu seinem Lächeln und seinem verschmitzten Blick zurückgefunden. Er fühlt sich offenbar besser, dachte ich.

Ich aß, dann drehte ich die RDF lauter und wartete eine Minute auf das Signal von *1676*. Als sie diesmal zu piepsen begann, pendelte die Richtungsnadel auf 12.30 Uhr. 12 Uhr war direkt vor uns, also war Johns Boje nur leicht steuerbord von unserem Kurs, den ich halten wollte, bis wir ganz daran vorbei waren. Dreißig Minuten später konnte ich die Lichter der *Eagle Eye* sehen und rief John über UKW.

„Hörst du mich, John? *Eagle Eye. Hannah Boden."*

„Ich seh dich in neun Meilen Entfernung, Linda. Ende."

„Ich habe deine Endboje angepeilt. Wie sieht's mit dem Ausbringen heute Nacht aus? Ende."

„Wie gehabt. Viel Glück beim Ausbringen. Wir sprechen uns morgen. Tschüs."

Kurz nachdem ich mit John gesprochen hatte, rief Bob mich über ESB. Er versäumte es selten, abends Kontakt mit uns aufzunehmen. Wenn du ein Problem hast und den Rat deines Chefs brauchst, wie du es lösen kannst oder wie du etwas richten kannst, was kaputtgegangen ist, ist es beruhigend zu wissen, dass er dich regelmäßig anruft. Ich brachte ihn auf den neuesten Stand, zog es aber vor, ihm meine Besorgnis über Charlies Gesundheit und auch Carls abscheuliches Verhalten gegenüber Peter nicht mitzuteilen.

Um 22.30 Uhr waren wir schließlich östlich der Boje *1676,* und ich lenkte das Schiff hart steuerbord. Als ich nach Süden steuerte, beobachtete ich, wie die Oberflächentemperatur langsam von 15 auf 15,8 Grad stieg und dann fast eine Meile lang zwischen 15,6 und 15,8 schwankte. In der nächsten Viertelmeile schnellte die Anzeige auf 19,3 hoch, pendelte sich dort ein und blieb während der folgenden Viertelmeile auf dieser Höhe. Während ich weiter nach Süden fuhr, fiel die Temperatur über eine Entfernung von zwei Meilen langsam wieder auf 14,5 Grad ab. Der Bruch musste auf der Nordseite des wärmsten Wassers das größte Potenzial haben, da er dort am schärfsten war, das heißt die größte Temperaturänderung innerhalb der kürzesten Entfernung aufwies. In dem Gebiet, in dem die Temperatur auf der Nordseite des Streifens von 15,8 auf 19,3 Grad stieg, wollte ich mein Fischfanggerät platzieren. Aber diese Entscheidung traf ich nur anhand der Oberflächentemperatur, denn mehr wusste ich bisher nicht.

Als Nächstes musste ich die Oberflächenströmung an verschiedenen Stellen des Streifens durch eine Reihe von Abdrifttests prüfen. An der Südseite des Streifens schaltete ich in den Leerlauf und wartete, bis die *Hannah Boden* zum Stillstand kam. Dann platzierte ich auf dem GPS eine Markierung, um unsere derzeitige Position zu kennzeichnen, und stellte den Brückenalarm auf 15 Minuten ein.

Während ich auf den Alarm wartete, schaltete ich das Suchlicht ein, das außen am Dach des Ruderhauses befestigt war, und suchte mit dem hellen Strahl die Oberfläche des Wassers um uns herum und den Himmel ab. An der Oberfläche des Wassers zeigten sich keinerlei springende Köderfische, und am Himmel waren keine Vögel zu sehen.

Am Ende des 15-Minuten-Abdrifttests zeigte das GPS an, dass sich unsere Position um eine Zehntelseemeile in östlicher Richtung verändert hatte. Die Strömung im 14,5 Grad warmen Wasser südlich des Streifens betrug damit etwa 0,5 Knoten nach Osten.

Ich legte den Gang wieder ein und fuhr nach Norden in die Mitte des Streifens, wo ich den Abdrifttest und die Lichttests in 19,3 Grad warmem Wasser wiederholte. Das Abdriften zeigte einen Knoten östlicher Strömung an, mit dem Lichttest war auch diesmal kein Anzeichen für irgendwelche Lebewesen zu entdecken. Enttäuscht, aber unverdrossen wiederholte ich die Prozedur in 15 Grad warmem Wasser nördlich des Streifens – erneut nichts Aufregendes. „Mein Gott, diese Jungs fangen Fische in einer Wüste“, seufzte ich.

Ich lief nach unten, um die Jungs zu holen. Sie sollten mir dabei helfen, den *bird* für die Messung der Unterwassertemperatur ins Wasser zu bringen.

„Wie sieht's aus?“, fragte Kenny.

„Nicht so toll. Kein Lebenszeichen und wenig Strömung. Aber John und David fangen einige Fische, also sollte es auch uns gelingen.“

„Wir werden's ihnen zeigen!“, verkündete Carl.

„Das ist die richtige Einstellung. Also los!“ An dem gelben *bird* aus Fiberglas, mit dem die Unterwassertemperatur gemessen wird, ist ein Kabel befestigt, mit dem man den *bird* in verschiedenen Tiefen durchs Wasser ziehen kann und das das Ruderhaus mit Angaben zur Wassertemperatur und zur Tiefe versorgt. Ich ziehe den *bird* gerne in 24 Meter Tiefe, der gleichen Tiefe, in der meine Haken auf Fische warten. Oft hat ein Bruch, der an der Oberfläche gut aussieht, weiter unten Eiswasser, in dem sich Haie aufhalten können. Ebenso kann an der Oberfläche uninteressant wirkendes Wasser über einem scharfen Bruch liegen, was nur mit dem Unterwassertemperaturanzeiger entdeckt werden kann.

Als der *bird* im Wasser war, meldete er 14,5 Grad für die Oberfläche und 14,5 Grad in 24 Meter Tiefe. Ich fuhr nach Süden zurück. Die Oberflächentemperatur ging wie zuvor nach oben und wieder nach unten, aber die Unterwassertemperatur änderte sich nicht. Ich dachte: Wenn ich nicht wüsste, dass John und David in diesem Streifen Schwertfische fangen, würde ich nicht im Traum daran denken, in diesem Gebiet auch nur einen Haken auszubringen.

In den nächsten fünf Stunden fuhr ich nach Osten, wobei ich langsam in sehr spitzem Winkel den Streifen vorwärts und rückwärts abfuhr und dabei die Oberflächentemperatur beobachtete, die immer wieder schwankte, während die Unterwassertemperatur gleich blieb. Ich fragte mich, ob ich von dem Streifen wegfahren sollte in der Hoffnung, ein anderes Wasserstück zu finden, um am nächsten Abend zu fischen. Aber es gab keine Garantie, woanders etwas Besseres zu finden.

Ich studierte die Karte, auf der ich den Rest der Flotte eingetragen hatte, und um 4.30 Uhr entschied ich mich, es zu riskieren und einen anderen Platz zu suchen. Ich schaltete den Autopiloten auf Süden, akzeptierte damit endgültig, dass wir möglicherweise in der nächsten Nacht nicht würden ausbringen können, lehnte mich dann zurück und beobachtete weiter die Messgeräte.

8 Aufwärmpause

Fischer, besonders die älteren Jahrgänge, sind abergläubisch. Wir haben unsere eigenen abergläubischen Regeln, nach denen wir leben. Einige Landratten werden bestimmte Rituale der Seeleute für verrückt halten und es seltsam finden, dass wir manche scheinbar harmlose Wörter, Handlungen und Dinge vermeiden. Wenn aber der Einsatz hoch ist und die drohenden Konsequenzen schwer wiegen, halten selbst die Vernünftigsten unter uns die Rituale ein – nur für den Fall, dass etwas Wahres dran sein könnte.

An Bord der *Walter Leeman* war Schweinefleisch in jeglicher Form tabu, selbst das Aussprechen des Wortes „Schwein" war nicht erlaubt. Kapitän Alden ging sogar so weit, mir das Denken des Wortes zu verbieten. Die Sache mit dem Schwein ist vielleicht der größte Aberglaube bei Fischern. Ich habe zwei verschiedene Erklärungen dafür gehört, warum Schweine tabu sind, und beide erscheinen mir logisch. Die eine besagt, dass Schweine nicht schwimmen können; sie drehen sich angeblich auf den Rücken und gehen unter. Der anderen zufolge können Schweine zwar schwimmen, aber sie paddeln wie Hunde im Wasser, schneiden sich dabei mit ihren scharfen Klauen selbst die Kehle durch und verbluten. Ich habe Leute getroffen, die behaupten, schwimmende Schweine gesehen zu haben, aber da ich mit der Vorstellung groß geworden bin, dass Schweine schmutzige Tiere sind, die nicht einmal baden, glaube ich eher das, was die meisten Leute glauben. Ich setze Schweinefleisch auf die Einkaufsliste, aber ich zucke zusammen, wenn jemand das Wort ausspricht. Ich meide an Bord das Wort „Schwein" und sage „Tier mit Ringelschwanz", wenn die Erwähnung absolut notwendig ist. Strengstens verboten sind bei mir dafür Bananen. Obwohl mir nie gesagt wurde, warum, gibt es keinen Zweifel daran, dass Bananen an Bord Unglück bringen. Ich bestehe darauf, dass sie an Land bleiben für den Fall, dass ich mein Glück mit den Schweinen zu sehr herausfordere.

Der Tag, an dem das Schiff tatsächlich den Hafen verlässt, wird von abergläubischen Fischern genauestens unter die Lupe genommen. Es ist absolut verboten, an einem Freitag in See zu stechen. Wenn etwas während einer Fahrt schief geht, die an einem Freitag beginnt, wird dies als gerechte Strafe dafür betrachtet, dass dieser Aberglaube ignoriert worden ist. Schiffe, die freitagnachts in See stechen wollen, warten oft bis eine Minute nach Mitternacht, damit die offizielle Abreise am Samstag stattfindet. Ich könnte mir vorstellen, dass dieser Aberglaube von einem Besatzungsmitglied erfunden wurde, das an einem Freitagabend nicht die Bar verlassen wollte. In jedem Fall können die meisten Fischer eine Reihe von Missgeschicken aufzählen, für die sie die Abreise an einem Freitag verantwortlich machen.

Ein anderer Aberglaube ist es, einen Lukendeckel niemals umgedreht hinzulegen. Ich vermute, dass ein umgedrehter Laderaumdeckel als schlechtes Vorzeichen für das Umschlagen eines Schiffes gesehen wird. Auch Farben spielen ein Rolle: Blau bringt einem Schiff Unglück, und auch Gelb ist, obwohl nicht so schlimm wie Blau, keine akzeptable Schiffsfarbe. Ein schlimmes Vergehen ist es, an Bord zu pfeifen, da dies als „den Wind hochpfeifen" gesehen wird. Und schließlich wird die Zahl 13 aus offensichtlichen Gründen immer „zwölf plus eins" ausgesprochen.

Obwohl ich mit vielen Formen des Aberglaubens lebe, lehne ich einen davon rundweg ab, und zwar den, dass Frauen an Bord Unglück bedeuten. Siebzehn Jahre lang bin ich nach jeder Reise zum Hafen zurückgekehrt, was den Glauben zumindest einiger abergläubischer alter Seeleute erschüttert hat. Besonders an einen erinnere ich mich, der acht Jahre lang mein Kommen und Gehen aufmerksam verfolgte. Zuerst war er mir lästig, da er mir ständig Ratschläge gab, etwa wie man die Leine aufspult oder ein Messer schärft. Aber mit der Zeit freute ich mich auf die Kritik des alten Mannes und den überraschten Ausdruck in seinen Augen, wenn ich in den Hafen zurückkehrte. Oft hatte ich dabei den Eindruck, er habe gerade eine Wette verloren. Ich begann, seine hochgezogenen Augenbrauen zu mögen, und bot dem alten Mann immer Fisch vom Besten unseres Fangs an, was er nie zurückwies. Mir gefiel es, Fisch in diese abgearbeiteten Hände zu legen, die jahrelang das genommen hatten, was das Meer dem Menschen anzubieten hat, dies aber nun aus eigener Kraft nicht mehr konnten. Es gab mir das Gefühl, etwas zurückzugeben. Und vielleicht war dieser Fisch, den der alte Seemann als Geschenk erhielt, eine Art konkreter Beweis dafür, dass es tatsächlich an Bord eines Schiffes eine Frau gibt, die dort nicht weniger Glück bringt als Männer, und dass mancher Aberglaube überholt ist.

Ein Freund hat mir einmal vorgeschlagen, mein eigenes Schiff blau zu streichen und es *Dreizehn pfeifende Schweine* zu nennen. Vielleicht bin ich nicht so abergläubisch wie andere, aber verrückt bin ich nicht.

9 Gerechtfertigte Täuschung

Der kritischste und härteste Teil der Arbeit eines Schwertfischkapitäns besteht darin, ein ergiebiges Fanggebiet zu suchen und es gegen Eindringlinge zu verteidigen. Die Konkurrenz ist hart, und nicht jeder ist bereit, die Spielregeln „Wer zuerst kommt, mahlt zuerst“ und „Wer einen Platz findet, behält ihn“ einzuhalten. Es gibt immer Kapitäne, die die Etikette des Schwertfischfangs ignorieren und den Rest von uns in einem ständigen Zustand der Paranoia leben lassen, sodass wir selbst jene verdächtigen, die wir als Freunde betrachten.

„Freund“ ist ein relativer Ausdruck, wenn er unter Kapitänen verwendet wird. Wir sind voneinander abhängig, wenn es um Hilfe in Notfällen geht, aber wir sind auch Räuber, die dieselbe Beute jagen. Wenn ein Konkurrent fragt: „Würden Sie Ihr Set bitte ein paar Meilen nach Westen verlegen, damit ich Platz habe, östlich von Ihnen auszubringen?“, möchte ich spontan antworten: „Fahr zur Hölle, ich fische hier schon seit einer Woche und weiche keinen Zentimeter.“ Aber im Hinterkopf ist mir bewusst, dass ich irgendwann einmal etwas von diesem Mann brauchen könnte. Obwohl es unwahrscheinlich ist, könnte es sein, dass ich ihn bitten muss, meine Besatzung und mich vor einem Feuer oder dem Untergehen zu bewahren. Wahrscheinlicher ist es, dass ich ihn einfach um etwas Kühlmittel für die Eismaschine bitten muss, damit wir die Fahrt fortsetzen können. Wenn es also mein Fangergebnis nicht wesentlich beeinträchtigt, mein Gebiet etwas nach Westen zu verlagern, bin ich geneigt, meinem „Freund“ entgegenzukommen.

In den vergangenen Jahren hielten es die meisten Fischer für notwendig und vorteilhaft, zusammenzuarbeiten und Informationen offen und ehrlich auszutauschen. Obwohl wir uns weiterhin in friedlicher Konkurrenz miteinander befinden – jeder möchte die meisten Fische fangen –, gibt es keine vorsätzliche Sabotage des Geräts oder Nichteinhaltung von Absprachen, wie dies bei der Küstenfischerei oft vorkommt. Die nordamerikanische Flotte der Grand Banks ist eine zusammengeschweißte Gruppe von Fischern, wie ich sie sonst nirgendwo erlebt habe. Wenn ich einem anderen Kapitän über Funk viel Glück wünsche und ihm sage, ich hoffte, er werde sein Schiff am nächsten Tag mit Fisch voll laden, meine ich das aufrichtig und hoffe, dass nur ich ihn schlagen werde.

DIE SUCHE nach einem Fanggebiet und der Schwertfischfang ganz allgemein haben sich erheblich geändert, seit ich im Sommer nach meinem Erstsemester am College mit Alden an Bord der *Walter Leeman* begann. Der technische Fortschritt, der sich in der Marineelektronik manifestiert, hat in der Branche eine Revolution ausgelöst. Die *Walter Leeman* hatte kein GPS, keinen *bird* für Unterwassertemperaturen, keinen Doppler, keine Farblotröhre, keinen Videoplotter und keine Hupbojen. Wir hatten keine Monofilleine, sondern eine gedrehte Hauptleine aus drei geteerten Strängen. Die Schnappverschlüsse und die Haken wurden mit Knoten an den Leitwehren befestigt, wir benötigten keine Crimps. Alden Leeman hatte einen siebten Sinn, wenn es um die Suche nach Fischen ging, und benötigte nur ein Minimum an Elektronikausrüstung. Er konnte Fisch „riechen" und brachte oft in einem Gebiet aus, weil er einfach das Gefühl hatte, dass es richtig war. Wie viel Zeit ich auch mit Alden verbrachte, um den Schwertfischfang zu erlernen, seine wichtigste Fähigkeit habe ich ihm niemals abgucken können: Aldens Fischinstinkt färbte nie auf mich ab.

Die erfolgreichsten Fischer meiner Generation sind Ingenieure für Fischfanggerät und Elektronikfreaks. Statt nach dem Gefühl zu gehen, wie Alden es tat, prüfen wir Daten und treffen Entscheidungen aufgrund von Statistiken. Wir sind Perfektionisten, was Köder und Gerät betrifft. Ich habe einen peinlich schlechten Orientierungssinn, aber mit der Ausrüstung der *Hannah Boden* habe ich die besten Chancen, Aldens Leistungen während seiner vielen Jahre Langleinenfischfang zu übertreffen. Dennoch würde ich meine ganze Elektronik gegen Aldens natürliche Fähigkeit eintauschen, wenn dies möglich wäre.

Alden hatte auch seine ganz eigene Art, die gelegentlichen Streitereien und Probleme mit anderen Fischern auszutragen. Die Entfernung zum nächsten Hafenaufseher, einer Marinepatrouille oder einem Anwalt zwingt Hochseefischer, das zu tun, wovor Richter warnen: das Gesetz in die eigene Hand zu nehmen. Während die meisten von uns ihre Differenzen über Funk austragen, erinnere ich mich an einen Vorfall, bei dem sich Alden für eine direkte Konfrontation entschied.

DAMALS waren wir beim Einholen zweimal hintereinander dadurch aufgehalten worden, dass wir unsere Ausrüstung und die eines Kanadiers auseinander klauben mussten, weil der es fertig gebracht hatte, jede Nacht über uns hinweg auszubringen, und nachdem Alden mehrere vergebliche Versuche unternommen hatte, den kanadischen Kapitän über Funk zu kontaktieren, hatte er die Nase voll. Mitten im dritten Einholen war er es so leid, sich mit den Verknotungen herumzuplagen, dass er sein Messer zog und unsere Hauptleine mit einem kräftigen Schnitt vom Schiff trennte und dabei schwor, das kanadische Schiff, das jetzt nur als Punkt achtern am Horizont zu sehen war, zu „besuchen". Obwohl ich für Alden erst zwei Sommer lang gearbeitet hatte, kannte ich sein hitziges Temperament, das ihm bei der Besatzung den Spitznamen „Schreihals Leeman" eingebracht hatte. Und ich konnte mich nicht erinnern, ihn je so wütend gesehen zu haben. Als wir uns dem kanadischen Schiff näherten, fragte ich mich, ob diese Fischer eine von Aldens Schimpftiraden allererster Güte erwartete oder ob er tatsächlich vorhatte, an Bord ihres Schiffes zu gehen und sie alle k.o. zu schlagen. Sie hatten Glück, dass beides nicht passierte.

Alden steuerte die *Walter Leeman* mit voller Fahrt, und schließlich wurde aus dem kleinen Punkt ein zwanzig Meter langes Holzschiff namens *My Pal.* Aldens Gesicht war rot angelaufen, und die Adern an seinem Hals traten hervor, während er die *Walter Leeman* längsseits der *My Pal* brachte. Das kanadische Schiff trieb dahin, während Besatzung und Kapitän sich an der Reling aufreihten und zum „Sprechen" bereit waren. Wir lagen schon fast Reling an Reling mit der *My Pal,* als im Vorschiff des kanadischen Schiffes etwas mit einem so ohrenbetäubenden Knall explodierte, dass beide Schiffe erschüttert wurden. Der kanadische Kapitän und seine Besatzung standen nun nicht mehr an der Reling, sondern hatten sich so weit wie möglich vom Vorschiff zurückgezogen. Hinter Bullaugen und Luken loderten Flammen, und schwarze Rauchwolken stiegen auf.

„Haben Sie einen Feuerlöscher?", schrie Alden.

„Ja, dort unten", antwortete einer der Fischer und zeigte auf das Vorschiff, das nun ganz in Schwarz und Rot gehüllt war.

Mein Schiffskamerad Tim Beat erschien mit einem riesigen Feuerlöscher, den er aus unserem Maschinenraum geholt hatte, an der Reling der *Walter Leeman.* Mit einem Satz sprang er über die Reling beider Schiffe, trat mit dem Fuß die Tür des Vorschiffs ein und sprühte den Inhalt des Feuerlöschers in den Feuerherd. Danach packte er den Schlauch an Deck der *Walter Leeman* und marschierte in das Flammenmeer, den fünf Zentimeter dicken Salzwasserstrahl ins Feuer gerichtet. Schließlich tauchte Tim wieder auf, vollkommen mit Ruß bedeckt. Hustend brachte er ein „Es ist gelöscht" heraus. Die Luft roch nach schwelendem Holz und verschmortem Gummi, und das einzige Geräusch, das man vernahm, war das Gurgeln eines Stromes schwarzen Wassers, das von *My Pals* Pumpenauslass ins Meer quoll.

Die *My Pal* drohte nicht unmittelbar zu sinken, aber sie war definitiv nicht mehr einsatzbereit. Der kanadische Kapitän rief über unseren Funk einen Fischerkollegen aus Neuschottland, der sich in der Nähe befand und bereit war, das restliche Fischfanggerät der *My Pal* einzuholen und sie zur Reparatur nach Hause zu schleppen. Wir fuhren zurück, um uns mit dem Rest des Knotengewirrs auseinander zu setzen. Ich stand mit den anderen Besatzungsmitgliedern an Deck und murmelte vor mich: „Hatten die ein Glück, dass wir dort waren!"

Mark Leeman, ein entfernter Verwandter von Alden, sprach mit seiner Entgegnung uns allen aus der Seele: „Die hatten Glück, dass sie Feuer fingen. Ich habe unseren Käpt'n noch nie so wütend gesehen."

KAPITÄNE stellen ihre eigenen Entscheidungen gern nachträglich infrage, und das tat ich auch, als die Sonne backbord am Horizont aus dem Wasser stieg. Je höher sie stieg, umso größer wurden meine Zweifel, ob es richtig gewesen war, nach besseren Fischfanggründen zu suchen. Ich fuhr Meile für Meile nach Süden, wobei sich der Temperaturanzeiger beharrlich weigerte, über 14,7 Grad zu steigen. „Wenn man daneben steht, kocht das Wasser nie", sagte ich und zwang mich, nicht mehr auf das Messgerät zu sehen.

Ich schaltete den Doppler an, das modernste Elektronikgerät an Bord der *Hannah Boden*. Der Doppler wird dafür verwendet, unterschiedlich warme Wasserschichten ausfindig zu machen und zu definieren, da bestimmte Schichten fischreicher sind als andere. Solche Schichten sind ziemlich deutlich voneinander abgegrenzt; man kann sie sich vorstellen wie Decken verschiedener Dicke, die übereinander liegen, allerdings in Bewegung. Jede einzelne Schicht hat ihre eigene Temperatur und Strömung. Sobald der Fischer ermittelt hat, welche Schicht am ergiebigsten ist, wird der Doppler eingesetzt, um sie im Visier zu behalten; er misst die Geschwindigkeit und die Richtung der Strömung in drei verschiedenen, vom Anwender ausgewählten Tiefen. Normalerweise wähle ich die drei Tiefen folgendermaßen: 10 Meter, weil dort die Hauptleine hängt, 24 Meter, wo die Haken hängen, und 30 Meter.

Elektronik bietet allerdings auch keine Garantien. Ganz gleich, welche Elektronik und wie viel Know-how ein Kapitän besitzt: Du kannst keine Fische fangen, wenn keine da sind. Und die einzige Möglichkeit, herauszufinden, ob die Fische da sind, besteht darin, das Fischfanggerät ins Wasser zu bringen. Könnte gut sein, dass man deshalb das, was ich mache, „fischen" nennt. Wäre es einfacher, würde man es „fangen" nennen, und dann täten es viel mehr Leute.

Die Fischgründe östlich der Grand Banks von Neufundland sind weitläufig, und die nordamerikanische Schwertfischflotte ist relativ klein. Ich kenne jedes Schiff und jeden Kapitän dieser kleinen Gruppe. Vor 1984 fand der Schwertfischfang zum größten Teil auf Schiffen aus Neuengland bei Georges Bank statt, direkt vor dem Golf von Maine. Im Oktober 1984 gab es einen Beschluss des Internationalen Gerichtshofs in Den Haag zur Beilegung eines schwelenden Streits zwischen Kanada und den USA über die Handhabung des Fischfangs und des Naturschutzes. Er legte eine Grenzlinie, die „Haager Linie", fest, die Georges Bank zwischen den beiden Ländern aufteilte, wobei der Teil mit den größeren Schwertfischvorkommen an Kanada fiel. Um vom Fischfang leben zu können, sind deshalb viele der kleineren amerikanischen Schiffe gezwungen, 1000 Meilen weiter östlich zu den Grand Banks zu fahren, um in internationalen Gewässern zu fischen.

Ich habe mich immer bereitwillig an die Vorschriften gehalten, die von den besten Wissenschaftlern und Verwaltungsfachleuten unseres Landes erarbeitet worden sind, und die Grenzen beachtet, weil ich glaube, dass die Gesetze die Zukunft der Schwertfischbestände und des Schwertfischfangs sicherstellen. Die nordamerikanischen Fischer sind keine Piraten. Wir gehören zu den Fischern mit den meisten Vorschriften weltweit, und die Strafen für Zuwiderhandlungen sind hart. Die Fischer meiner Generation sind naturschutzorientiert. Falls sich je ein Problem der Überfischung entwickelt, sollten nicht die amerikanischen Fischer bestraft werden, sondern eher die Fischer von Ländern, die derzeit keine Vorschriften haben und ständig die erlaubten Fangquoten überschreiten. Der Fischfang als Lebensunterhalt hat bei uns eine lange Tradition. Liebhaber von Meeresfrüchten sollten, ohne sich schuldig fühlen zu müssen, genießen, was Fischer, die das Gesetz und den Naturschutz achten, gefangen haben.

Um 6.30 Uhr kamen die Zahlen auf dem Doppler, auf dem Unterwassertemperaturanzeiger und auf dem Oberflächentemperaturanzeiger in Bewegung. Die Oberflächentemperatur stieg von 14,5 auf 17 Grad, die Unterwassertemperatur schnellte auf 20 Grad hoch, und die Messungen des Dopplers zeigten eine schwache Strömung an. Ich fuhr weiter auf meinem südlichen Kurs und markierte auf der Karte unsere Position mit 46° 15' Nord und 42° 30' West. Der Oberflächenanzeiger stieg langsam auf 18,6 Grad, während die Unterwassertemperatur weiterhin um 20 Grad blieb und der Doppler eine gleich bleibende Strömung von weniger als 0,3 Knoten verzeichnete. Der Himmel war voller Vögel.

Sturmvögel und Sturmtaucher glitten zum Wasser hinunter und suchten die Oberfläche nach Fressbarem ab. Mein Herz schlug schneller, und ich atmete tief durch, um meine erwartungsvolle Aufregung zu dämpfen. „Das sieht gut aus", flüsterte ich.

Ich wendete die *Hannah Boden* um 180 Grad, fuhr über den Streifen zurück, und die Zahlen der elektronischen Geräte reagierten entsprechend. Wieder wendete ich das Schiff, und als ich die Mitte des Bruchs erreichte, machte ich einen 15-minütigen Abdrifttest. Die Mitte des Bruchs bewegte sich mit 2,6 Knoten genau nach Osten.

Das Gros der Flotte fischte fast 200 Meilen südwestlich von mir. Ich war weiter im Osten als sonst, wenn ich mit dem Fischfang begann, und da der Tag noch jung war, beschloss ich, diesem neuen Bruch nach Westen zu folgen, bis es an der Zeit wäre auszubringen oder bis er eine Biegung machte, sodass ich an einer Ecke fischen konnte. Nach sechs Tagen und sechs Nächten Fahrt und mehr als 1200 Meilen von Gloucester entfernt würden wir heute Nacht endlich ausbringen.

Wie üblich nahmen am Morgen um zehn Uhr die Kapitäne der Flotte über ESB-Funk Kontakt miteinander auf. Die meisten berichteten über eine leichte Steigerung des Fischfangs. Da rief mich Larry von der *Sea Lion VIII*.

„Hallo, L. T.", sagte ich. „Wie ist es dir bis jetzt ergangen? Ende."

„Etwas besser als gestern. Wo bist du jetzt? Hast du letzte Nacht gefischt? Ende."

„Wir machen unser erstes Set heute Nacht. Ich bin am Hauptbruch, 42/40 in westlicher Richtung. Es sieht nicht wirklich toll aus, aber wir müssen anfangen", sagte ich und versuchte, dabei so emotionslos wie möglich zu klingen, was das Fanggebiet betraf, in dem ich mich befand, um nicht das Interesse von jemand anders zu wecken.

„Okay. Na, ich hoffe für dich, dass es klappt. Viel Glück. Ende."

„Tschüs. Whiskey Romeo Charlie fünf-zwei-vier-fünf." Als ich das Mikrofon des ESB-Funkgeräts einhängte, durchbrach Johns Stimme das Stimmengewirr des UKW-Funks. „Hallo, Linda. Bist du das? *Hannah Boden, Eagle Eye.*"

„Guten Morgen, John. Wie läuft's? Ende."

„Oh, es läuft gut. Sieht so aus, als hätten wir heute etwa 900 Kilo. Klingt so, als hättest du beschlossen, es nicht in unserem Streifen zu versuchen. Ende."

„Stimmt. Ich werde heute Nacht südlich von dir und David ausbringen. Da, wo ich jetzt bin, sieht es nicht so aus, als ob man in Ekstase verfallen müsste. Wahrscheinlich wird es mir Leid tun, den Streifen verlassen zu haben, ohne es versucht zu haben, aber jetzt ist es zu spät. Ich melde mich bei dir und Dave, bevor ich heute Nacht ausbringe. Ende."

„Verstanden, Linda. Wir sprechen uns später. Tschüs."

Ich hatte mich bewusst angestrengt, alles andere als enthusiastisch über meine Aussichten für unser erstes Set zu klingen. Wenn dieser Fangplatz sich als so gut erwies, wie er aussah, befand ich mich in der luxuriösen Lage, mir keine Gedanken über die Konkurrenz machen zu müssen. Zufrieden, dass wir immer noch in dem Bruch waren, rannte ich nach unten und fand Kenny und Carl am Kombüsentisch.

„Kenny, hol die anderen hoch, und nehmt die Köder für heute Nacht heraus."

„Okay." Kenny sprang von seinem Sitz hinter dem Tisch auf. „Wie viel willst du aufgetaut haben?"

„Das Wetter sieht gut aus, wir bringen die ganze Leine aus."

„Zehn Abschnitte, richtig?"

„Richtig."

Beide Männer verschwanden, während ich mir schnell ein Sandwich machte. Dann ging ich zum Ruderhaus zurück und schlang es dort hinunter, wobei ich weiter den Doppler und die Messgeräte beobachtete, während ich den Bruch im Zickzack überquerte. Langsam kamen wir nach Westen vorwärts.

Kenny betrat hinter mir die Brücke. „Der Köder liegt in der Sonne und sollte bis heute Nachmittag aufgetaut sein. Wann möchtest du anfangen?"

„Etwa um fünf Uhr. Bitte doch Ringo, das Abendessen um halb fünf fertig zu haben, damit wir danach anfangen können."

„Wie sieht es denn aus? Haben wir sie?"

„Das sage ich euch morgen."

„Schätze, dass wir es bis dahin alle wissen. Welche Lichter und Farben möchtest du verwenden?"

„Mische die Leuchtstäbe, vor allem grün und blau. Was den Köder betrifft, färbe 25 Prozent rot und 25 Prozent blau, und lass den Rest so, wie er ist."

„Keine grüne oder gelbe Farbe?"

„Nein, heute Nacht nicht", sagte ich.

„Ist es in Ordnung, wenn ich die *Northern Venture* eine Nacht nach dem ersten Set anrufe, um Loren hallo zu sagen? Normalerweise hat er dort die erste Wache."

Ich zögerte. „Nun, ich denke schon. Wenn David ihn nicht am Funk haben möchte, bekommst du vielleicht keine Antwort. Einige Kapitäne nehmen es wirklich sehr genau damit, dass die Besatzung in der Funkstelle nichts zu suchen hat."

„Ich möchte mit ihm nur eine Minute plaudern. Möchte bloß wissen, ob er Neuigkeiten von zu Hause hat." Kenny war schon lange, bevor ich an Bord der *Hannah Boden* kam, Teil der Besatzung gewesen, und manchmal hatte ich das Gefühl, dass er dachte, er müsste der Kapitän sein und nicht ich. Obwohl er für sein Alter erfahren und sehr fähig war, war er dennoch nicht so weit, die Führung zu übernehmen. Es war wider besseres Wissen, einem Besatzungsmitglied zu erlauben, den Funk zum Plaudern zu benutzen, aber ich sah keine ernsthafte Gefahr darin, Kenny mit einem Kameraden aus Neufundland Neuigkeiten austauschen zu lassen. Loren hatte für mich am Anfang der Saison gearbeitet, und weder er noch Kenny waren in den letzten Monaten zu Hause gewesen. Ich dachte mir, dass sie Heimweh haben würden.

„Ich möchte nur, dass das Gespräch kurz und leise ist", warnte ich. „Wenn ich mal endlich ein bisschen schlafen kann, möchte ich nicht dadurch geweckt werden, dass ihr beide, du und Loren, in Erinnerungen schwelgt." Unterbewusst war mir dennoch nicht wohl dabei, Kenny die Benutzung des Funks zu erlauben, und erst Tage später erfuhr ich, dass dieses ungute Gefühl begründet war. Aber da war es zu spät.

Um 15.30 Uhr an diesem Nachmittag befanden wir uns 46° 13' Nord und 43° 35' West. Ich schaltete in den Leerlauf, um an dem Bruch entlangzutreiben, und hörte zu, als sich die anderen Kapitäne über Funk meldeten. Die Fangmengen variierten von 700 bis 900 Kilogramm, und die Stimmen gingen optimistisch davon aus, dass die Zahlen mit zunehmendem Mond steigen würden.

Wenn wir im Durchschnitt 900 Kilogramm pro Nacht fingen, müssten wir zwanzig Nächte fischen, um einen annehmbaren Lohn zu erhalten. Bis dato hatte ich nie mehr als fünfzehn Sets während einer Fahrt gemacht, und ich fragte mich, ob ich die Ausdauer für die zusätzlichen Nächte hätte. „Nun", murmelte ich seufzend vor mich hin, „wir müssen einfach Glück haben und dieses alte Mädchen in fünfzehn Nächten bis zum Laderaumdeckel füllen."

Um 17 Uhr war ich mit dem Essen fertig und meldete mich bei der *Eagle Eye* und der *Northern Venture*, die sich zwölf Meilen nördlich von mir befanden. Ich stand im rückwärtigen Teil des Ruderhauses, wo ich alle elektronischen Geräte, den Horizont über dem Bug und das rückwärtige Deck überschauen konnte, auf dem die Männer arbeiteten. Sie trugen Ölzeug und warteten auf mein Signal, um mit dem Ausbringen zu beginnen. Ein feiner Nieselregen fiel; die Tropfen waren so fein, dass sie die spiegelglatte Oberfläche des Meeres nicht im Mindesten störten.

Kenny stand mit der ersten Hupboje steuerbord im Heck. Sie war am äußersten Ende der Hauptfangleine befestigt, die vom oberen Ende der Spule hinter dem Ruderhaus durch ein kleines Loch im vorderen Schott der Schlupfkajüte geführt wurde. Von der Vorderseite der Schlupfkajüte lief die Hauptleine durch einen Stahlring, der am Querbalken des Hecks festgeschweißt war und die Leine in der Mitte des Hecks halten sollte, damit die Männer ihr nicht von einer Seite zur anderen nachjagen mussten, wenn sich das Schiff scharf drehte.

Durch die Fenster der Schlupfkajüte konnte ich Peter und Carl sehen, die sich gegenüberstanden, zwischen ihnen ein Plastiktablett mit Tintenfischen, das auf dem hüfthohen Ausbringtisch lag. Die Hauptleine hing zwischen ihnen auf Brusthöhe. Neben sich hatten beide Männer einen Karton mit Leitwehren. Ringo hatte die beiden Bestücker mit Tintenfischen versorgt, einige rot und einige blau gefärbt, und andere hatte er laut meiner Anweisung so belassen, wie sie waren. Ein Sortiment Leuchtstäbe lag mit den Ködern auf dem Tisch. Ringo arbeitete in der Mitte des Decks, über seine Bottiche mit gefärbtem Salzwasser gebeugt, und bereitete das nächste Tablett mit Ködern vor. Charlie stand an der Spule mit den Kugelhängern backbord im Heck und hatte den ersten Schwimmer bereit.

Ich streckte meinen Kopf aus dem rückwärtigen Fenster und hielt einen Zeigefinger hoch, womit ich Kenny anzeigte, dass ich noch nicht ganz bereit war. Kenny nickte zurück. Ich hatte vor, die erste Hupboje direkt in der Mitte des Bruches auszubringen, im wärmsten Wasser, das ich mit dem Unterwassertemperaturanzeiger finden konnte. Da weder am östlichen noch am westlichen Ende Schiffe waren, konnte ich es mir leisten, geduldig zu sein. Wir waren alle begierig anzufangen, aber die Erfahrung hatte mich gelehrt, dass es keinen größeren Fehler gab, als am falschen Ort zu beginnen. Die Unterwassertemperatur betrug 16,6 Grad und stieg langsam an, als ich ins wärmere Wasser fuhr. Als sie auf 20,3 Grad stieg, schrie ich zum rückwärtigen Fenster hinaus: „Lass sie los!" Kenny prüfte den Schalter an der Oberseite des Hupenbehälters, um sicherzustellen, dass er wirklich eingeschaltet war, hob die Boje über den Querbalken und ließ sie ins Wasser hinter dem Schiff fallen.

Als sich das Schiff von der Hupe entfernte, fing die Spule hinter dem Ruderhaus an sich zu drehen. Die Hauptleine wurde von der Spule gerollt und in unser Kielwasser abgegeben. Ich kritzelte einige Zahlen auf die erste Seite meines Fangbuches und stellte die erste Boje auf der RDF ein: *1695*. Nun bestand mein Job darin, das zu tun, was ich schon den ganzen

Tag gemacht hatte: dem Bruch nach Westen zu folgen und ihn in sehr spitzen Winkeln zu kreuzen, von warm nach kalt nach warm und so weiter. Erst wenn wir wieder einholten, würde ich wissen, welcher Temperaturbereich der ertragreichste war, deshalb wollte ich heute Nacht alle Bereiche abdecken. Sollte ich mich entscheiden, das Set in den folgenden Nächten zu wiederholen, erlaubte mir das Wissen über das erste Einholen eine Feinabstimmung, und ich konnte dort, wo die meisten Fische gefangen würden, mehr Fischfanggerät einsetzen. Ich rief David auf der *Northern Venture* und ließ ihn wissen, wo ich angefangen hatte. Wir wünschten uns gegenseitig alles Gute und gingen wieder an die Arbeit.

Carl und Peter arbeiteten schnell, um die Leitwehren in den richtigen Abständen zu setzen. Carl zog einen Haken aus seinem Karton und köderte ihn mit einem blutroten, etwa 25 Zentimeter langen Tintenfisch, der so dick war wie die Papprolle im Inneren einer Küchentuchrolle. Er legte den geköderten Haken auf den Ausbringtisch, während er den Leuchtstab an der Leine befestigte, zwei Meter oberhalb des Hakens. Dann bog er den zehn Zentimeter langen Plastikstab kräftig, damit sich im Innern die zwei Chemikalien mischten, woraufhin er hellgrün zu leuchten begann.

Carl stieß den geköderten Haken und den Leuchtstab sanft in das Kielwasser und ließ den Rest der Leitwehr durch seine Hände und ins Wasser gleiten. Nachdem sich alle 14 Meter der Leitwehr aus dem Leitwehrkarton abgespult hatten, klinkte Carl den Schnappverschluss in die Hauptleine ein. Während er seinen nächsten Haken vorbereitete, brachte Peter eine Leitwehr aus seinem Karton aus. Nachdem beide Männer je eine Leitwehr gesetzt hatten, trat Charlie hinter Peter und klinkte den ersten Schwimmer mit seinem zehn Meter langen Hänger in die Hauptleine ein. Und so ging es weiter, zwei Leitwehren, ein Schwimmer, zwei Leitwehren, ein Schwimmer, bis 50 Schwimmer, 100 Leitwehren und vier Meilen Hauptleine ausgebracht waren. Als der hundertste Haken gesetzt war, schubste Kenny die nächste Hupboje ins Wasser, während Carl den Schnappverschluss in die Hauptleine einklinkte. Als die *1827* in das Kielwasser platschte, schrie Kenny zu mir hinauf und winkte mir zu, um mich wissen zu lassen, dass der erste Abschnitt fertig sei. Ich kontrollierte die Zeit: dreißig Minuten, perfekt, und gab Kenny ein Zeichen mit dem Daumen nach oben, um ihn wissen zu lassen, dass die Geschwindigkeit des Sets richtig sei. Ich trug die zweite Zeile in mein Fangbuch ein und stellte *1827* auf der RDF ein.

Fünf Stunden, zehn Abschnitte, tausend Haken, elf Hupbojen und vierzig Meilen Hauptleine später beendete die Besatzung unser erstes Set, indem sie die Hauptleine vom Schiff trennte, nachdem die letzte Hupboje über Bord gegangen war. Ringo schaute vom Deck herauf und bewegte seine rechte Hand, so als mache er einen Fisch nach, der an der Oberfläche des Wassers entlangspringt. Das war sein Signal, um mir zu bedeuten, dass er während des Ausbringens Köderfische um das Schiff herum gesehen hatte. Ich lächelte und nickte. Ich hatte sie mit dem Suchlicht und auf der Farblotröhre gesehen, einer Art Tiefenanzeiger, der auf einem Monitor Fischschwärme abbildet, die unter dem Schiff durchziehen. Wenn die Sonne untergeht und die Dunkelheit hereinbricht, steigen Schwärme von Köderfischen und Planktonwolken aus der Tiefe auf und erscheinen auf dem Monitor wie Blasen in einer Lavalampe. Verschiedene Arten der Nahrung und Schwärme unterschiedlicher Dichte erscheinen in unterschiedlichen Farben, wobei die dichtesten Schwärme als orangefarbene oder rote Kleckse erscheinen und die weniger dichten hellgrün oder himmelblau. An diesem Abend war der obere Teil des Bildschirms ziegelrot, darunter eine dünne gelbe Linie, und der untere Teil des Bildschirms war mit einer schneeartigen grünlich blauen Masse bedeckt. Der Reichtum an Köderfischen in diesem Gebiet machte es wahrscheinlich, dass es auch Raubfische gab, zum Beispiel Schwertfische.

Als die Besatzung das Deck säuberte, sicherte und zum Einholen vorbereitete, drehte ich das Schiff herum und begann, zum östlichen Ende des Fischfanggeräts zurückzufahren, wobei ich auf die Boje *1695* lauschte. Ich blieb eine Meile südlich der Leine, um sie nicht mit den stabilisierenden *birds* durchzutrennen, und während ich im wärmeren Oberflächenwasser vor mich hin fuhr, hoffte ich, eine zusätzliche günstige Strömung nach Osten zu erwischen. Wenn ich geradeaus fahre, kann ich normalerweise das Fünfstundenset in vier Stunden oder weniger einholen.

Ich lehnte mich in meinem Stuhl zurück, legte meine Füße auf das Steuerpult und betrachtete die erste Seite des Fischfangbuchs dieser Fahrt. Unter „Set Nr. 1, 5. September, Ausbringzeit 17.00 Uhr" verzeichnete es die Hupbojen und ihre Positionen, die Temperatur des Wassers an der Oberfläche und in der Tiefe und die Messwerte des Dopplers. Zum Schluss stand dort „Beendigung des Sets 22.15 Uhr". Ich war mit unserem ersten Set zufrieden. Der Bruch hielt keine Überraschungen bereit, und es gab keinen Grund für die Angstattacken, die mich befallen, wenn ich unerwartet in einen kalten Wasserstreifen gerate und mich frage, in welche Richtung ich fahren soll, um zum Bruch zurückzukehren und gleichzeitig kein Fischfanggerät zu verschwenden. Wir waren auf keine anderen Schiffe in meinem Fanggebiet gestoßen, die ausbrachten und behaupteten, nicht gewusst zu haben, dass ich dort sei. Allerdings kommt diese Situation aufgrund guter Funkverbindungen ohnehin selten vor. Die wenigen Vorkommnisse jedoch, die ich in dieser Richtung erlebt habe, waren ärgerlich und nicht schnell vergessen. Jedes unerwartete Licht am Horizont oder nicht identifizierte Objekt auf dem Radarschirm ist Grund zu ernsthafter Besorgnis. Aber zumindest für den Augenblick waren wir allcin.

Ich sah aus den rückwärtigen Fenstern und auf das Deck, wo gerade das letzte Besatzungsmitglied sein Ölzeug ablegte und zum Vorschiff strebte. Überall waren kleine schwarze Sturmvögel und schossen hin und her zwischen den weißen Lampen in der Takelage, die den Arbeitsbereich beleuchteten. Einige hockten auf den Toppstagen, während andere an der *Hannah Boden* entlangflatterten auf der Jagd nach Tintenfischstücken, die vielleicht durch ein Speigatt, eine Öffnung, durch die Wasser an Deck nach außen abfließt, von Deck gespült wurden. Ich schaltete den Suchscheinwerfer an. Die Wasseroberfläche war voll von Köderfischen, die emporschnellten, sprangen und hüpften. „Das sieht wirklich gut aus", sagte ich.

„Klingt, als hätten wir sie gefunden!"

„Hallo, Ringo." Ich schaltete das Licht aus.

„Ich bin bereit, ans andere Ende zu fahren, falls du dich gerne etwas aufs Ohr hauen möchtest."

„Ich könnte mir nichts Verlockenderes vorstellen. Aber ich glaube, dass es besser ist, wenn ich aufbleibe und das Wasser näher untersuche, solange ich Gelegenheit dazu habe. Wahrscheinlich wird mir morgen keine Zeit dafür bleiben. Leg dich besser selber hin. Ich habe vor, dich morgen mit dem Säubern der Fische zu beschäftigen."

„Nur los, schaff sie her. Wir sind bereit."

„Gute Nacht, Ringo."

„Nacht, Ma." Und schon war er mit einem strahlenden Lächeln weg, hinunter in die Kombüse, wo er sicher eine letzte Zigarette rauchte, während die andern sich mit Eis voll stopften und entspannten, bevor sie in ihre Kojen kletterten. Wenn sie sich beeilten, ins Bett zu kommen, würde die Besatzung fast vier volle Stunden Schlaf bekommen, bevor ich an ihre Kabinentüren klopfte und sie zum Einholen an Deck riefe. Morgen Nacht wäre ich dann mit einem Schläfchen von drei bis vier Stunden an der Reihe, während Ringo oder Kenny das Schiff am Set entlang zurücksteuerten. Selbst ein kurzes Nickerchen genügte mir normalerweise, um meine Batterien für ein weiteres Einholen und Ausbringen aufzuladen. Die beiden Männer und ich wechselten uns nachts ab;

jeder von uns blieb jede dritte Nacht auf, um das Schiff zu fahren, während die anderen schliefen. Derjenige, der das Schiff steuerte, während ich schlief, bekam eine Pause beim Ausbringen des Geräts, da nicht alle fünf Männer während des Ausbringens an Deck benötigt wurden.

Und so ging es nächtelang weiter, bis wir genug Fisch gefangen hatten, um zum Hafen zurückzukehren. Bald würden den Männern vor Erschöpfung die Augen tränen, wenn Tag und Nacht ineinander übergingen. Gegen Ende des Fischfangs litt ich oft derart an Schlafmangel, dass ich mich dabei erwischte, auf das Achterdeck zu sehen, um festzustellen, ob wir ausbrachten oder einholten. Aber es gab noch viele Meilen Leine zu bearbeiten, ins Wasser zu lassen und wieder einzuholen, bevor wir alle den Punkt erreicht hatten, an dem wir kurz davor waren aufzugeben. Im Moment konnte ich nur auf das Beste hoffen: zwei Wochen Fischfang, gefolgt von fast einer Woche Fahrt.

Das Piepsen von *1695* wurde mit jeder Übertragung lauter und klarer, und um 2.30 Uhr wusste ich, dass ich die Boje innerhalb der nächsten dreißig Minuten erreichen würde. Um 3.30 Uhr würde es hell genug sein, um mit dem Einholen zu beginnen, also wollte ich die Mannschaft um 3.15 Uhr wecken. Die durchschnittlich drei bis vier Stunden Schlaf, die die Besatzung jede Nacht während der Fangphase bekommt, sind nicht annähernd ausreichend für die achtzehn bis zwanzig Stunden Knochenarbeit, die jeder von ihnen zwischen den Sonnenuntergängen erbringt, aber ich wusste, ich würde von ihnen keine Klage hören. Müdigkeit wird unter erfahrenen Langleinenfischern selten erwähnt. Es war klar, dass jeder von uns kaputt und erschöpft sein würde, und während der nächsten zwei Wochen würden wir über alles außer Schlaf sprechen.

Bald zeigte die Nadel der RDF an, dass die Boje direkt vor uns war. Die leuchtend weiße Peitschenantenne von *1695* hob sich scharf gegen die dunkleren Töne des Himmels und des Wassers ab, wie der Spiegel eines Rotwilds, das durch die Pinienwälder auf der Isle au Haut jagt.

Als ich auf den Plotter sah, bemerkte ich, dass dieses Ende des Fanggeräts seit 17 Uhr am vorangegangenen Abend 24 Meilen nach Osten abgetrieben war. Nun genoss ich es wirklich, dass wir auf diesem Teil des Bruches allein waren: Es war kein Druck da, zu einem bestimmten Ausgangspunkt zurückzueilen, und es gab kein Organisieren von Positionen und Anfangszeiten, damit alle Nachbarn ein 40-Meilen-Stück zur Verfügung hatten. Heute Nacht konnte ich kreuzen, wie ich wollte, ohne mir Gedanken zu machen, wie meine Bewegungen einen anderen beeinträchtigen könnten. Und wenn wir auf Fischvorkommen stießen, wollte ich dies so lange wie möglich für mich behalten.

Als das Schiff weniger als 70 Meter von der Hupboje entfernt war, schaltete ich in den Leerlauf und lief nach unten, um die Besatzung zu wecken. Tageslicht, selbst wenn es noch so schwach ist, wirkt immer wie ein Adrenalinstoß. Mein Körper erkennt, dass es bei Dämmerung Zeit ist aufzuwachen, und ich spürte neue Energie, als ich leichtfüßig die Stufen der Gangway hinuntersprang. Kräftig klopfte ich an die Kabinentüren und rief fröhlich: „Guten Morgen, Jungs! Es ist Zeit einzuholen!“ Sofort antworteten mir Stimmen. Als ich durch die Kombüse ging, schaltete ich die Kaffeemaschine ein, die in der Nacht vorher vorsorglich aufgefüllt worden war, und ging zum Ruderhaus zurück, um mich auf meine Arbeit an Bord vorzubereiten, die mich wahrscheinlich die nächsten zehn Stunden ununterbrochen beschäftigen würde.

Ich betrat meine Nasszelle und putzte mir die Zähne, eines der wenigen Hygienerituale, das ich während des Fischfangs täglich vollziehe. Die ganze Eitelkeit einer Frau lasse ich an dem Morgen, an dem wir die Leinen losmachen, in Gloucester zurück. Es kommt nur selten vor, dass ich meine Haare bürste oder mir die Zeit zum Duschen und Umziehen nehme, da die zwanzig Minuten dafür zwanzig Minuten weniger Schlaf sind. Obwohl ich mir auf See nicht viele Gedanken um mein Äußeres mache, vermeide ich es, in den kleinen Spiegel über dem Waschbecken zu sehen.

Im rückwärtigen Teil des Ruderhauses durchwühlte ich einen Karton mit Stiefeln und Ölkleidung, um die passende Kleidung für diesen warmen Regentag zu finden. Ich zog ein Paar niedrige weiße Gummistiefel an und zwängte sie durch die Beine einer leichten gelben Überziehhose. Außerdem wählte ich ein blaues, pulloverartiges Hemd mit eng anliegendem Kragen und Bündchen aus Neopren, das man zum Kajakfahren auf dem Meer benutzt. In dieser leichten Bekleidung konnte man gut arbeiten, anders als in den einengenden traditionellen Schlechtwetterlatzhosen und Kapuzenjacken aus dickem und schwerem Gummi, die ich nur bei extremen Wetterbedingungen anzog. Eine Baseballkappe sollte meine Haare daran hindern, mir ins Gesicht und in die Augen zu wehen; ich passte sie eng an, damit sie nicht wegflog wie so viele in den letzten Jahren. Schließlich schnappte ich mir noch ein neues Paar Handschuhe. Die Hersteller von Fischfanggerät produzieren keine Handschuhe, die klein genug für Frauen sind, deshalb verwende ich Gartenhandschuhe für Frauen. Die Handschuhe, die ich für das erste Einholen ausgewählt hatte, waren weiß mit kleinen schwarzen Kühen darauf. Am Ende des Tages würde die Handfläche des rechten Handschuhs durchgewetzt sein. Am Ende der Fahrt würde ich 15 linke Handschuhe haben, und 15 rechte würden abgewetzt im Müll gelandet sein.

Die *Hannah Boden*, mit der sich Kapitänin Linda Greenlaw und ihre Mannschaft auf Schwertfischfang begeben

Die Fischerin Linda Greenlaw in ihrem Element: Stolz präsentiert sie einen gefangenen Tintenfisch.

Bevor ich die Brücke verließ, stellte ich den Autopiloten auf Fernsteuerung, um von Deck aus steuern zu können, und drückte einen Knopf, um Kupplung und Gas von Deck aus betätigen zu können. Dann trat ich auf das Deck hinaus.

Peter kam als Erster durch die Tür des Vorschiffs. Er breitete seine Arme aus und begann, wie vor jedem Einholen, mit seinem tiefen Bariton ein Lied aus dem Musical „Oklahoma“ zu singen, allerdings in leicht abgeänderter Form: „Was für ein schöner Morgen, was für ein schöner Tag. Ich habe keine Sorgen, dass er uns Schwertfische bringen mag.“ Das Lied war ein Teil der täglichen Routine an Bord geworden, und Peter wusste, dass ich mich weigerte, mit dem Einholen zu beginnen, solange er nicht gesungen hatte.

„Hallo, Peter! Lass das bisschen Regen dir nicht die gute Laune verderben!“, rief ich und applaudierte dem Liedchen, das Glück bringen sollte.

Dann kam Charlie an Deck. „Guten Morgen, Linda. Du siehst heute wirklich glänzend aus.“ (Ein weiterer Teil des Rituals.) „Konntest du Bob wegen meiner Gehaltserhöhung fragen?“, scherzte er.

„Ich werde es bei der nächsten Vorstandssitzung zur Sprache bringen“, antwortete ich.

„Danke, meine Schöne.“

„Eine Mordserhöhung, Charlie, wirklich.“ Wir lachten alle drei. Dann gingen Peter und Charlie zum Heck, wo sie die nächsten zehn bis zwölf Stunden im Schatten der Schlupfkajüte verbringen würden, um die tausend Leitwehren, die wieder an Bord kamen, aufzuwickeln und zu reparieren.

Kenny hatte das Öl des Hauptmotors geprüft und war vom Maschinenraum aus auf das Deck hinter das Ruderhaus gegangen. Er hob steuerbord den *bird* aus dem Wasser und befestigte ihn am Ende des Auslegers, wo er bis zum Schluss des Einholens hängen blieb. Ich stand an der Einholstation an Deck, und mein rechter Oberschenkel drückte gegen die Oberkante der Steuerbordreling. Mit der linken Hand drückte ich auf den Kupplungshebel und legte den Vorwärtsgang ein. Dann beschleunigte ich leicht und steuerte die *Hannah Boden* mit der Fernsteuerung, einem zehn Zentimeter langen Stahlknüppel, auf die *1695* zu. Das Ruder, die Maschinensteuerung und das hydraulische Ventil für die Hauptleinenspule befinden sich nahe beieinander, sodass ich alle drei mit meiner linken Hand erreichen kann und meine Rechte frei ist, um die Leine zu fühlen und die Schnappverschlüsse zu packen.

Als wir uns der Antenne näherten, kamen Kenny, Carl und Ringo zu mir an Deck. Kenny schärfte sein Schleimmesser, und Carl entfernte einen kleinen Teil der Steuerbordreling aus der Verankerung, wodurch eine ein Meter breite Aussparung, eine so genannte Tür, entstand. Die Fische werden durch die Tür an Deck gezogen, damit den Männern die rückenbelastende Arbeit erspart bleibt, große Fische über die Reling ziehen zu müssen. Carl nahm seinen Platz neben mir an der Reling ein und passte die Position der Spule für die Kugelhänger an, die sich direkt hinter ihm befand. Dann stupste er mich leicht mit einem Ellbogen an und deutete auf die Mitte des Decks, wo Ringo sich dehnte und streckte. „He!", schrie er zu Ringo hinauf. „Das wird nicht helfen! Du wirst am Ende des ersten Tages krumm und lahm sein. Du bist für diese Art von Arbeit einfach zu alt!"

Ringo richtete sich auf und schrie zurück: „Ich bin nicht zu alt, um es mit einem rotznäsigen Bürschchen wie dir aufzunehmen! Wie wirst du es schaffen, den ganzen Tag zu arbeiten, ohne die Windeln zu wechseln und deinen Mittagsschlaf zu halten?"

Ich arbeite schon lange genug mit Männern zusammen, um zu wissen, dass viele von ihnen auf diese Weise miteinander umgehen und dass weder Ringo noch Carl es ernst meinten. Die beiden mochten sich, sonst würden sie gar nicht miteinander sprechen.

Ich verlangsamte das Schiff und nahm den Gang heraus, als die Boje am Schiffskörper entlangtrieb. Als sie direkt neben mir war, legte ich den Rückwärtsgang ein und setzte zurück, bis das Schiff bewegungslos im Wasser lag. Carl packte die Antenne mit seiner linken Hand, um zu verhindern, dass sie ihn verletzte, und lehnte sich über die Reling, um mit seiner rechten Hand den Stahlgriff an der Oberseite des Behälters zu packen. Mit einer einzigen Bewegung hob er die Boje über die Reling und stellte sie sanft zwischen uns aufs Deck. Ich packte die Hauptleine, die über die Reling ins Wasser hing, und zog ein paar Meter davon an Deck, damit die Männer damit arbeiten konnten. Ringo löste den Schnappverschluss der Boje vom äußersten Ende der Hauptleine und fädelte das Ende der Leine durch einen Block, der über der Reling neben meiner rechten Schulter hing. Dann zog er die lose Leine durch den Block und ging mit dem Ende nach achtern zur Vorderseite der Schlupfkajüte, wo das freie Ende, das von der Spule kam, durch einen Block lief, der am Dach der Schlupfkajüte befestigt war. Ringo knüpfte die beiden Enden mit einem Kreuzknoten zusammen, zog ihn fest, ließ die Leine auf das Deck fallen und gab mir ein Handzeichen. Als Kenny die Boje sicherte, indem er sie abschaltete und im Stahlrohrgestell verstaute, begann ich mit dem Einholen.

Ich drehte am Griff der Ventilsteuerung für die Spule, und die Spule begann sich langsam zu drehen und wickelte die durchhängende Hauptleine auf, bis sie etwas Spannung hatte und in einem 30-Grad-Winkel aus dem Wasser kam. Sieben Meter vor mir und zwei Meter seitlich vom Bug wurde die Leine aus dem Wasser in den Block über meiner Schulter durch den Block an der Schlupfkajüte gezogen und auf die sich drehende Trommel gewickelt. Ich legte den Gang ein und erhöhte die Geschwindigkeit des Schiffes und der Spule, damit der Winkel und die Spannung der Leine beibehalten wurden. Auf diese Weise fuhr ich parallel am Fischfanggerät entlang, wobei ich den orangefarbenen Schwimmern gen Westen folgte wie bei einer riesigen Ausgabe jenes Spiels, bei dem man einzelne Punkte zu einem Bild verbindet.

Meine rechte Hand hing über der Leine direkt vor dem Block neben meiner Schulter, und meine Finger spürten die Spannung der Leine, während diese an ihnen entlangglitt. Der erste Schnappverschluss einer Leitwehr durchbrach die Wasseroberfläche vor mir. Sie hing lose, kein Fisch war daran. Als der Schnappverschluss meine rechte Hand berührte, packte ich ihn, damit er nicht mit der Leine den Block passieren konnte, öffnete ihn und löste ihn von der Leine. Ich arbeitete schnell mit beiden Händen und wickelte das obere Teil der Leitwehr um die „Wäscheleine“, die von der Einholstation zum Heck führte. Ich klinkte den Schnappverschluss in die Leine derselben Leitwehr ein und legte sie in einer Schlaufe um die Wäscheleine, und dann nahm die Bewegung des Schiffes die Leitwehr zum Heck mit, wo Peter schon darauf wartete. Als die Leitwehr das Heck steuerbord erreichte, löste Peter den Schnappverschluss und ging mit der Leitwehr um die Ecke der Schlupfkajüte, wo er sie über den Querbalken hinweg Charlie reichte. Charlie stand backbord am Heck und spulte die Leitwehr schnell in seinen Karton, bis alle 14 Meter aus dem Wasser waren. Er hielt nur inne, um den Leuchtstab abzureißen und in einen Eimer zu werfen und um anschließend den Tintenfisch vom Haken zu ziehen und ins Meer zu schleudern. Auf diese Weise wickelten Charlie und Peter den ganzen Tag lang auf und mussten sich dabei ziemlich abmühen, um mit der Geschwindigkeit des Einholens Schritt zu halten.

Ich packte den zweiten Schnappverschluss und schickte ihn auf der Wäscheleine zu Peter. Der dritte Schnappverschluss war ein Kugelhänger, den ich Carl reichte, der neben mir an der Reling stand. Carl drehte sich zur Spule für die Kugelhänger um und klinkte den Schnappverschluss des Hängers in die Schlaufe der Leine ein, die von der kleinen Aluminiumtrommel hing. Dann drehte er an der Handkurbel und wickelte den Hänger auf die Spule, bis der Schwimmer über die Reling kam und bei ihm angelangt war. Dann löste er den Schwimmer vom Hänger, hängte ihn auf die Kugelleine und kam an meine Seite zurück.

Ich fuhr mit dem Einholen fort, und bald vergrößerte sich der Winkel, in dem die Leine aus dem Wasser kam. Ich spürte, wie die Spannung der Leine größer wurde, als sie durch meine Hand glitt, und in dem Maß, in dem die Leine straffer wurde, wuchs meine Aufregung. Ich hatte diese Spannung schon tausende Male erlebt, tausende Fische eingeholt, und jedes Mal war es so aufregend wie das erste Mal. Bereits die Andeutung eines Gewichts an der Hauptleine genügte, um mich unter Hochspannung zu setzen.

Ich nahm den Gang heraus, während ich weiter die Leine einholte. Dann legte ich den Rückwärtsgang ein, setzte langsam zurück und stoppte das Schiff, bevor wir an der nächsten Leitwehr vorbeifuhren, an der wahrscheinlich ein Fisch hing. Wenn das Schiff an einem Fisch vorbeifährt, kann der Haken aus dem Fleisch des Fisches reißen, und er schwimmt weg. Wartet man, bis der Fisch am Heck angekommen ist, kann er durch die Schraube zerhackt werden. Was danach von ihm übrig ist, reicht meist nicht einmal mehr für eine Fischmahlzeit vom Grill.

Ich verlangsamte die Spule und holte die Hauptleine an Bord, bis ein Schnappverschluss die Wasseroberfläche durchbrach. Als das Schiff langsam zum Stehen kam, nickte ich Carl zu, der sich über die Reling beugte und die Leitwehr direkt unterhalb des Schnappverschlusses packte. Dann stellte sich Carl aufrecht hin, stemmte sich mit seinen Oberschenkeln in die Reling und holte die Leitwehr Stück um Stück ein, wobei er seinen Oberkörper drehte, um auch die Kraft seines Rückens und seiner Schultern beim Ziehen mit einzusetzen. Kenny und Ringo erschienen an Carls Seite, bewaffnet mit je einer Gaffel von drei Metern Länge. Die Gaffeln waren eichene Rundhölzer von fünf Zentimetern Dicke, und jede hatte an einem Ende einen großen glänzenden Haken. Die Einholer starrten ins Wasser und hielten nach dem Fisch Ausschau, auf den wir alle warteten. Carl zog mit seiner rechten Hand ein großes Stück Leine hoch, und der Fisch erschien etwa einen Meter unterhalb der Oberfläche. Es war ein Schwertfisch. Er war riesig. Und er lebte. Mein Puls ging hoch. Schwertfische sind die herrlichsten Geschöpfe des Meeres, sie sind stark, schnell und wendig.

Der Fisch kreiste und schwamm unter das Schiff, wie so oft. Carl hielt die Leitwehr und wartete ab, ohne weiter daran zu ziehen. Als der Fisch unter uns herausschwamm, zog Carl noch einen Meter der Leitwehr herein. Eine Rückenflosse durchbrach die Oberfläche; dann brach die

Hölle los, als der Fisch mit seinem ein Meter langen Schwert wild um sich schlug. Schnabel und Rücken des Fisches waren blau und purpurn, seine Seiten leuchteten silbern und rosa. Mit zwei kurzen Bewegungen versenkten Ringo und Kenny ihre Gaffelhaken im Kopf des Fisches und zogen ihn zur Tür in der Reling. Der Fisch schlug um sich, und das Wasser spritzte. Ich ergriff einen stählernen 24-Zoll-Fleischerhaken, lehnte mich durch die Türöffnung und versenkte den Haken in einer der Augenhöhlen des Fisches. Peter kam vom Heck mit einem zweiten Fleischerhaken und versenkte ihn ebenfalls in der Augenhöhle. Ringo packte den Schnabel, um ihn am Schlagen zu hindern, während wir gemeinsam zogen, um den Fisch an Deck zu schleifen. Der Fisch glitt leicht durch die Tür, und ich stand eine Minute lang da, um ihn zu bewundern. „Ein schöner Anfang, etwa einsfünfzig", sagte Kenny, während er mit der Fleischsäge den Schnabel vom Fisch trennte.

„Sechzig Kilo", sagte ich und ging zur Einholstation zurück. Ich verwendete eine alte Bleistifthälfte, um meine Zählung auf dem weiß gestrichenen Schott vor mir zu beginnen, und schrieb darauf „60" in zwei Zentimeter großen Zahlen. Ich löste die Leitwehr, die den Fisch gefangen hatte, von der Hauptleine und begann wieder mit dem Einholen, während Kenny, der neben Ringo als „Metzger" für die Säuberung und Vorbereitung der Fische zuständig war, den Fisch zu säubern begann. Einige leere Leitwehren gingen die Wäscheleine hinunter, und ein weiterer lebender „Marker" wurde durch die Tür gezogen. Als ich das Schiff das nächste Mal zurücksetzte, gab es ein Fischpärchen an zwei Leitwehren, die sich in einem Knäuel der Hauptleine verheddert hatten, zwei nette „Pups" von je 35 bis 40 Kilogramm. Beide Fische gaben kaum noch Lebenszeichen von sich und schlugen nur ein- oder zweimal mit ihrer Rückenflosse. Carl und ich holten je eine Leitwehr ein, während Charlie und Peter vom Heck kamen, um die Pups durch die Tür an Deck zu ziehen.

Ich schnitt die verdrehten Leitwehren mit einer Schere aus dem Knäuel und warf die Überreste in einen Mülleimer backbord. Carl und ich arbeiteten daran, das Knäuel an der Hauptleine zu entwirren und wieder auf die Trommel zu wickeln. Wenn wir in Zeitdruck waren, schnitten wir solche Knäuel einfach aus der Leine und knoteten die beiden freien Enden zusammen, um innerhalb von Sekunden wieder einzuholen. Alle abgeschnittenen Knäuel wurden dann verstaut und entwirrt, sobald die Besatzung Zeit hätte. Ich zog es vor, die Knäuel gleich zu entfernen, wenn sie an Bord kamen, statt die Hauptleine zu zerschneiden. Schließlich nimmt die Länge der Leine auf der Spule beträchtlich ab, und die Leine auf der Trommel ist dann voller Knoten, die später verhindern, dass Leitwehren, an denen Fische hängen, an der Hauptleine entlanggleiten. Ein Schnappverschluss, der gegen einen Knoten gedrückt wird, führt oft dazu, dass ein lose eingehakter Fisch sich losreißt und verloren ist. Während Carl und ich das Knäuel schüttelten, auseinander zogen und entwirrten, säuberten die Metzger je einen Fisch, und die Aufwickler fertigten neue Leitwehren als Ersatz für jene, die ich nicht entwirren konnte und aus dem Knäuel geschnitten hatte.

Ringo hat im Lauf der Jahre so viele Schwertfische gesäubert, dass seine Technik eine geschmeidige Routiniertheit aufweist. Er verschwendet weder Zeit noch Kraft. Die Fleischsäge wird je einmal angesetzt, um Schnabel, Flossen und Kopf abzutrennen. Sobald diese Teile abgeschnitten sind, wirft Ringo sie über Bord; die zweite Flosse ist schon in der Luft, bevor die erste Flosse auf dem Wasser auftrifft, und die dritte ist in der Luft, bevor die zweite aufprallt. Der Bauch des Fisches wird dann mit einem langen, geschmeidigen Schnitt des Schleimmessers geöffnet, vom After bis zu der Stelle, wo sich die Brustflossen befanden. Zwei Messerstöße trennen die Kiemenplatten vom Nacken. Alle Innereien werden als eine einzige blutige Masse aus der Körperhöhle gezogen und über Deck zum nächsten Speigatt hinausgeschoben, wobei sie eine schmierige rote Spur hinterlassen. Als Nächstes wird die Körperhöhle von dem dicken, zähen Schleim befreit, der an den Innenwänden klebt; eigens dafür wird die runde Klinge des Schleimmessers hergestellt. Zwei flache Schnitte an beiden Seiten des Rückgrats legen die „Blutader" im Inneren des Fisches frei, die nun als brauner, schlangenähnlicher Strick aus dem Fisch herausgezogen werden kann. Wenn sie über Bord geworfen worden ist, tut sich oft ein Schwarm Vögel daran gütlich. Zum Schluss wird der restliche Fisch mit dem Salzwasserschlauch an Deck gründlich abgespült.

Kenny, der auch zu den besten Metzgern gehörte, spülte seinen Fisch ab und sah sich an Deck nach dem nächsten um. Als er keinen ungesäuberten Fisch sah, richtete er sich auf und entlastete seinen Rücken, den er während der Säuberung des Fisches gebeugt hatte. „Auf diese Weise werden wir uns wohl nie richtig warm arbeiten können, Ringo", sagte er, laut genug, dass wir es alle hören konnten.

„Allerdings. Aber was erwartest du von einem Mädchen und einem rotznäsigen Bürschchen? Wir könnten genauso gut Mittag essen gehen, während sie dieses Knäuel entwirren", neckte Ringo.

„Warum bringt ihr beiden diese Fische nicht in den Laderaum hinunter, bevor sie hier zu verwesen beginnen?", gab ich zurück. „Oder vielleicht können Rotznase und ich das für euch erledigen, während ihr euch erholt, schließlich habt ihr zwei ganze Fische am Stück gesäubert."

„Ja, überanstreng dich nicht, Alter“, fiel Carl ein, während wir die Reste des Knäuels auseinander schüttelten und auf die Trommel wickelten. Ich begann wieder mit dem Einholen, während Carl Ringo half, die gesäuberten Fische zu Kenny hinunterzureichen, der die Leiter zum Fischladeraum hinabgeklettert war.

Bevor wir zu der letzten Hupboje des ersten Abschnitts kamen, holten wir ein weiteres „Schwert“ herein, einen kleinen Marker von ungefähr 50 Kilogramm, der ziemlich verrückt spielte, den aber Carls Hartnäckigkeit und ein Schlag von Kennys scharfer Gaffel schnell bändigten. Als der Fisch an Deck war, legte er sich auf die Seite und schlug mit Kopf und Schwanz, peitschte das Deck wieder und wieder. Doch das Peitschen wurde langsamer und schwächer; die Auf-und-ab-Bewegung funktionierte wie eine Pumpe, die das Leben aus dem Fisch heraustrieb, und der Strom des Lebens wurde innerhalb von Minuten zum Rinnsal. Die Farben schwanden aus dem Fisch in umgekehrter Weise, wie sich ein Polaroidbild entwickelt: Scharfe, silbern blitzende Linien und kräftige Farben wurden zu vagen Abgrenzungen zwischen verschwommenen Schattierungen von blau und purpur und gingen schließlich in grau-schwarz-weiß gesprenkelte Felder über, als der letzte Lebenshauch aus dem besiegten Fisch entwich.

NICHT jeder Fisch wird so leicht besiegt. Es gibt Fische, die durch die Hand eines Menschen niemals sterben. Ich erinnere mich an einen gigantischen Schwertkrieger, der den Fehler beging, den Köder zu nehmen, es aber ablehnte, daraus einen tödlichen Fehler werden zu lassen. Geschichten „über den einen, der davongekommen ist“, drehen sich immer um Fische von unglaublichen Ausmaßen, und meine Geschichte ist da keine Ausnahme. Ich kämpfte gegen dieses Monster vierzig Minuten lang mit einem dreißig Meter langen Schiff und der hydraulischen Spule, ohne auch nur den Schnappverschluss der Leitwehr zu sehen, die ihn hielt. Sorgfältig brachte ich hunderte Meter der Hauptleine aus der Tiefe ein, wohin der Fisch abgetaucht war. Als der schwere Schnappverschluss endlich auftauchte, glaubte ich, dass dieser Kampf nun vorüber sei, und das war er auch, aber damit hatte der Krieg erst begonnen. Ich kämpfte gegen den Fisch mit Armen, Beinen, Rücken, Schultern, allem, was ich hatte, aber ich gewann nie mehr als vier Meter Leine, bevor das Monster sie mir gierig wieder abnahm. Nach ein paar Minuten Tauziehen erlaubte ich einem Besatzungsmitglied, für mich zu übernehmen; ein weiterer Mann löste ihn wenig später ab, und auch er war erschöpft, ohne dass wir den Fisch gesehen hatten. Wir bekämpften den Fisch zu dritt wie eine Seilmannschaft bis zum Ende der dritten Runde, wo ich schließlich die Leitwehr ohne große Anstrengung einholen konnte. Ich dachte, der Fisch habe nun endlich aufgegeben und befinde sich direkt unter der Wasseroberfläche, und ich wartete ungeduldig darauf, dass die Gaffeln tief in den massigen Kopf des größten Schwertfischs, den ich je gesehen hatte, getrieben wurden. Mein Blut geriet vor Aufregung in Wallung, und die Größe des Fisches, der nun in Reichweite war, berauschte mich. Einen Sekundenbruchteil später senkte der Fisch seinen Kopf, und mit einer kräftigen Schwanzbewegung hatte er sich wieder um die Länge einer Leitwehr von mir entfernt, 15 Meter tief und weit außerhalb meiner Sicht.

Wir durften diesen Fisch nicht verlieren. Es war der, von dem alle Fischer träumen, und nun, da ich ihn gesehen hatte, musste ich ihn haben. Wieder vereinigten die beiden Männer und ich unsere Kräfte gegen die Bestie und kämpften eine Ewigkeit gegen sie. Die Muskeln meiner Arme, meiner Beine und meines Rückens schmerzten. Schwertfische sind eigentlich nicht für ihre Ausdauer bekannt. Meiner Erfahrung nach ist der Mensch immer ausdauernder als der Fisch, besonders wenn sich Mensch und Fisch drei zu eins gegenüberstehen und einer der Menschen eine Frau ist. Meine Kraft war fast am Ende, als ich den Fisch zum zweiten Mal an die Oberfläche bekam. Wie vorher sah er mich einen Augenblick lang mit seinen grapefruitgroßen Augen an, senkte dann erneut den Kopf und begann zu tauchen. Nachdem der erste Meter der Leine durch meine schmerzenden Hände gerutscht war, ließ ich die Leitwehr törichterweise über die Stahlreling laufen, um den Fisch davon abzuhalten abzutauchen. Nun musste das ruhelose Biest gegen das ganze Schiff schwimmen. Einen Herzschlag später machte die Leitwehr einen Ruck und hing durch. Der Fisch hatte die Leine direkt über dem Haken durchtrennt.

Die Frustration bei der Besatzung und mir war groß. Ich hatte den Willen dieses monströsen Schwertfisches unterschätzt und ruhte mich nun gegen die Reling gelehnt aus. Ich starrte ins Wasser, wo noch vor wenigen Sekunden ein 2000-Dollar-Fisch geschwommen war. Nur die fünf Männer, die mich Kapitän nannten, konnten mich davon abhalten, Tränen der Enttäuschung zu vergießen. Niemand sagte ein Wort. Plötzlich und völlig unerwartet schoss der riesige Fisch unter dem Schiff hervor und schwamm durch das Wasser, in das wir alle starrten. Er schwamm auf der Seite, starrte uns mit einem Auge an und blieb nahe an der Oberfläche, bis er seine Ehrenrunde beendet hatte und wieder außerhalb unserer Sicht war.

ALS ICH den zweiten Abschnitt des Fischfanggeräts einholte, dachte ich daran, dass wir sicher auch während dieser Fahrt einige Fische verlieren würden, meist deshalb, weil der Fisch nur leicht am Haken hängt. Wenn die Haken nur Haut und Fleisch durchbohren, werden sie beim Einholen leicht herausgerissen.

Kenny kletterte aus dem Fischladeraum und schob zusammen mit Ringo den Isolierdeckel über die Luke. „He, Ringo", fragte ich, „ist es nicht Zeit fürs Frühstück?"

„Ich hatte gerade vor reinzugehen, um den Herd anzuschalten", antwortete Ringo, während er seine Handschuhe auszog und zum Vorschiff ging. Eine lose Leitwehr nach der anderen ging die Wäscheleine hinunter zum Heck, bevor ich schließlich das Schiff für einen sehr kleinen Schwertfisch zurücksetzte. Der 15 Kilogramm schwere Puppy wand sich an der Oberfläche, während ich überlegte, ob ich ihn an Bord holen oder freilassen sollte. Der Fisch war ziemlich lebhaft und verlor kein Blut, da der Haken um den Schnabel saß. Es war gesetzlich erlaubt, 15 Prozent unseres Fangs mit Fischen unter 20 Kilogramm zu machen. Wir versuchten, die kleinsten und jene, die überleben würden, freizulassen, um den erlaubten Prozentsatz nur mit den toten, schwachen oder tödlich verwundeten Tieren zu machen.

„Freilassen", sagte ich, und Carl zog den Fisch an der Leitwehr durch die Tür. Er hielt den Fisch fest, während Kenny die Leine um seinen Schnabel löste. Carl schob den Fisch mit dem Kopf voran sachte ins Wasser zurück und sah zu, wie er schnell wegschwamm. An der nächsten Leitwehr war ein blauer Hai, ebenso an der nächsten und übernächsten. „Scheiße, blaue Hunde", stellte ich seufzend fest, während ich Hai Nummer vier an die Oberfläche holte. Carl und Kenny waren damit beschäftigt, die Haken aus dem Maul der Haie zu schneiden, die Reste der Leitwehren wegzuräumen und die Haie wieder über Bord zu werfen. Ringo kam von der Kombüse zurück, als ich gerade einen Hai über die Reling zog und wie ein Ringer auf das Deck warf. Ringo packte sein Messer und kümmerte sich um den Haken, während ich weiter einholte. Ein Hai nach dem anderen kam über die Reling, eine Parade von Dämonen, die Fanggerät und Zeit auffraßen. Carl holte fast jeden Hai hoch. Während ich das Schiff steuerte, schnitten Ringo und Kenny die Haken ab und ließen die nutzlosen blauen Hunde frei, während Peter und Charlie im Heck kämpften, um mit der Reparatur der böse zugerichteten Leitwehren Schritt zu halten.

Ich schaltete in den Leerlauf, um den Männern Zeit zu geben, mit der Reparatur der Leitwehren nachzukommen. Wenn die Zeit zu sehr drängt, werden Haie abgeschnitten, ohne sie an Bord zu holen, und schwimmen davon mit einer dekorativ gepiercten Lippe, in der ein Eindollarhaken hängt. Schließlich werden Haken und Leine rar, und das kann den Erfolg einer Fahrt drastisch beeinträchtigen. Ohne direkte Nachbarn im Fanggebiet konnten wir uns Zeit lassen, alle Haken und so viele Leitwehren wie möglich zu retten.

Während das Schiff trieb, ging ich nach oben, um die Wassertemperatur zu prüfen. Ich war nicht überrascht, dass der Oberflächenmesser 13,8 Grad anzeigte. Ich sah auf mein Notizbuch. Die Hupboje, mit der dieser Abschnitt begann, war im kältesten Wasser ausgebracht worden, das ich während der ganzen Nacht gefunden hatte. Da die nächste Hupboje in warmem Wasser ausgebracht worden war, sollten wir am Ende dieses Abschnitts aus dem kalten Wasser heraus und damit weg von den Haien sein. Ich ging an Deck zurück, legte den Gang ein und fuhr auf den nächsten orangefarbenen Schwimmer zu. Bald darauf servierte uns Ringo das übliche Frühstück, das aus ofenwarmer Pizza bestand. Wir aßen während des Einholens. Als das letzte Stück verspeist war, waren wir aus dem Haigebiet heraus und bewegten uns schnell an einem leeren Strang entlang. Die Abschlusshupboje, die das Ende von Abschnitt zwei markierte, kam an Bord, und ich hatte für diesen Abschnitt keinen einzigen Fisch verzeichnet. Als die *1920* am Ende des dritten Abschnitts an Bord kam, zählte ich für diesen Abschnitt acht Markierungen auf dem Schott und stieß einen Seufzer der Erleichterung aus. Abschnitt vier begann mit vielen Haien, aber wir verzeichneten auch zwei Schwertfische, sodass unser Gesamtergebnis 15 Fische für vier Abschnitte war. Nicht schlecht.

Abschnitt fünf und sechs waren besser, als ich erwartet hatte, mit je vier Fischen. Um 10 Uhr hatten wir 23 Fische mit fast 900 Kilogramm, und es blieben noch vier Abschnitte einzuholen. Ich schaltete in den Leerlauf und rannte nach oben, um den Fischberichten der Flotte zuzuhören. Ich bat die Besatzung, mit dem Einholen weiterzumachen.

David und John auf dem Streifen über mir verglichen ihre Aufzeichnungen über UKW. David hatte bis jetzt 16 Fische, während es bei John 19 waren. Als sie zu Ende gesprochen hatten, rief David mich an und fragte, wie es bei uns liefe. Ich erklärte, dass unser Vorankommen langsam gewesen sei aufgrund von blauen Haien. Danach wiederholte ich jemandem, der über ESB rief und offensichtlich ein weniger dicht besetztes Fischgebiet suchte, meinen falschen Fischbericht. Bevor man mich nach mehr Einzelheiten ausfragen konnte und ich gezwungen gewesen wäre, die Lügen auszubauen, mit denen ich mich immer unwohl fühlte, behauptete ich, an Deck zurückzumüssen, und meldete mich ab. Als ich wieder an Deck ging, dachte ich, dass es nur eines gab, was ich noch mehr hasste als zu lügen: in der Mitte mehrerer Schiffe eingeklemmt zu sein und mein Set in keiner Weise anpassen zu können. Letztlich konnte jeder lügen, rechtfertigte ich meine Täuschung vor mir selbst.

Zwei kleine Marker lagen nebeneinander auf dem Deck, und Kenny schleppte einen Puppy durch die Tür, als ich in den Regen hinaustrat.

„Was erzählt der Rest der Flotte?“, fragte Ringo.

„Nun, John und David machen etwa so viel wie gestern. Sie sollten heute ein paar Große haben.“

„Wir müssen jetzt schon mehr als 900 Kilogramm haben, und es sind noch dreieinhalb Abschnitte im Wasser. Wenn jemand das wüsste, wäre er sofort hier.“

„Ja, da hast du Recht. Was sie nicht wissen, wird uns nicht wehtun“, sagte ich und legte den Gang ein. Bevor ich mich umsah, fingen wir mit dem letzten Abschnitt an. Bisher war ich sehr zufrieden mit 35 Schwertfischen und einem Großaugenthun auf den ersten neunhundert Haken, und ich hoffte, auf den letzten hundert noch ein paar heraufzuziehen. Der Regen kam nun in Strömen herunter. Ich machte unverdrossen mit dem Einholen weiter, weil ich endlich die letzte Boje an Bord holen und mit dem Set für heute Nacht beginnen wollte.

Es schien, als setzte ich die *Hannah Boden* jedes Mal, wenn ich sie ein wenig vorangebracht hatte, wieder zurück. Meist waren es schwere Puppies, aber auch ein paar mittlere Marker, die an Deck gezogen und aufgereiht wurden. Kenny und Ringo hatten keine Zeit, von ihrer Arbeit auch nur aufzusehen; jedes Mal wenn sie mit einem Fisch fertig waren, wurde ein anderer durch die Tür gezogen, um dessen Platz einzunehmen. Als die letzte Hupboje an Bord kam, zählte ich 15 Markierungen auf dem Schott neben der Nummer 10 und errechnete rasch die Gesamtzahl. „Ich komme auf fünfzig für den Tag, Kenny! Lass mich wissen, wie viele du zählst, wenn du sie heute Nacht schichtest. He, Peter, wie viel hat das Fischfanggerät von der Haiattacke abbekommen?“

„Charlie und ich werden die Kartons bis zum Ausbringen wieder gefüllt haben.“ Peters Stimme und Akzent machten aus seiner einfachen Antwort eine Calypsomelodie.

„Abendessen um halb fünf, in Ordnung, Ringo?“

„Alles klar.“

Ich ließ die Besatzung zurück, die sich um den Fisch zu kümmern und das Deck zum Ausbringen vorzubereiten hatte, stieg schnell die Stufen zum Ruderhaus hinauf und begann, mit nahezu voller Kraft nach

Westen zu fahren. Es war 14.30 Uhr, und wir mussten 14 Meilen zurücklegen, um zu unserem Ausgangspunkt zurückzukehren. Ich schaltete die elektrische Heizung am Heckschott an und betrat meine Kabine, um mir trockene Sachen anzuziehen.

Als ich trocken war und mich warm und wohlig fühlte, schob ich eines der hinteren Fenster auf und schrie zu Carl hinaus, dass ich bereit sei, den Unterwassertemperaturmesser einzusetzen. Die Männer arbeiteten weiter in heftigem, kaltem Regen. Obwohl die Wetterkarte das Ende des Regens anzeigte, würde meine Besatzung erst sehr spät in dieser Nacht trocken und warm sein, wenn sie in ihren Kojen läge. Der kalte Seeregen dringt in jede Hautpore, und man friert bis auf die Knochen. Es würde Stunden dauern, bis die Männer nicht mehr vor Kälte zitterten. Aber die Besatzung würde ungeachtet des Wetters weiterarbeiten, ganz gleich, wie schlecht es noch werden würde, solange der Fisch in dieser Geschwindigkeit an Bord kam. Sie waren glücklich über unser erstes Set, genau wie ich.

Ich beschloss, das zu wiederholen, was ich letzte Nacht gemacht hatte, unter Umgehung des kältesten Wassers und damit hoffentlich der Haie. Ich sah es als gutes Zeichen an, wenn der Bruch sich nach Norden bewegte, „nach oben drückte", im Gegensatz zum „Zurückgehen", also der Bewegung nach Süden. Wenn der Bruch anfängt zurückzugehen, wird häufig der Fang drastisch schlechter. Ich beendete die erste Seite meines Fischfangbuches mit dem Eintrag: *50 Schwerter + 1 Großaugenthun = 2200 Kilogramm.*

Um 17 Uhr hatten wir gegessen, und die Besatzung wartete auf dem hinteren Deck auf das Signal, die Endboje zu werfen. Wir waren jetzt sieben Meilen nördlich der Stelle, wo wir 24 Stunden vorher gewesen waren. Mit einer Handbewegung gab ich der Besatzung das Signal, und die mit *1695* markierte Boje platschte ins Kielwasser. Sofort begann die Spule, Meile für Meile der Hauptleine abzurollen, die wir den ganzen Tag über aufgespult hatten. Auf dem Plotter erschien der blaue blinkende Punkt parallel zu unserem vorherigen Weg.

Kenny rief die Stufen zu mir herauf, dass er damit fertig sei, den heutigen Fang in Salzwassereis zu packen, und 54 Schwerter und einen Thun gezählt habe. Ich bat Kenny, Ringo an Deck abzulösen, damit Ringo während des restlichen Sets schlafen und mich für einige Stunden vor Tagesanbruch ablösen konnte. Nachdem der Himmel völlig schwarz geworden war, kämpfte ich damit, meine ganze Aufmerksamkeit darauf zu richten, ein gutes Set zu machen und meine Augen offen zu halten. Bob Brown rief mich über ESB, und sobald wir uns abgemeldet hatten, drehte ich die Lautstärke des ESB so weit herunter, dass ich den Ruf eines anderen nicht hören konnte, wodurch ich bis zum Morgen vermeiden wollte, wieder lügen zu müssen. Doch nach einigen Sekunden rief mich David über UKW. „Der Fang ist heute nach unten gegangen. Wenn sich dieses Wasser weiter zurückzieht, werden wir uns neu orientieren. Wie war dein Tag? Ende."

„Oh, ich schätze etwa 850, aber die Haie haben uns ziemlich zu schaffen gemacht und eine Menge brandneuer Leitwehren beschädigt. Ende."

„Verstanden. Nun, wahrscheinlich machst du heute Nacht die Feinabstimmung des Sets, und morgen hast du fünfzig Fische. Ende."

„Ja, das wär's! Wir sprechen uns morgen. Viel Glück. Tschüs."

Davids Stimme echote in meinem Kopf „Wir werden uns neu orientieren, neu orientieren, orientieren." Ich erkannte, dass selbst eine filmreife schauspielerische Leistung, mit der ich den Hauptbruch schlecht machte und die Zahl der blauen Haie erhöhte, nicht genügen würde, um die Konkurrenz in Schach zu halten, wenn deren Streifen sich plötzlich so weit verschlechterte, dass man nicht mehr fischen konnte. David und John waren Freunde. Ich arbeitete lieber mit ihnen als mit vielen anderen in der Flotte. Obwohl ich oft Täuschungen hingenommen hatte, fühlte ich mich selbst bei Lügen immer höchst unwohl. Es war keineswegs so, dass ich David und John nicht gegönnt hätte, einen guten Fang zu machen. Aber ich musste nie daran erinnert werden, warum ich den Großteil der letzten 15 Jahre auf einem kleinen Schiff weit weg von zu Hause auf See verbracht habe. Ich log für den Lebensunterhalt meiner Besatzung, den meines Chefs und auch meinen eigenen, aber hauptsächlich log ich, weil ich lange und hart gearbeitet hatte, um besser als alle anderen zu werden, und es tat gut, die Nummer eins zu sein. Es war ein dorniger Weg, an die Spitze dieses Vereins zu gelangen, und ich hatte vor, dort zu bleiben. Als ich David eine gute Nacht wünschte, hoffte ich ehrlich, dass er Erfolg haben würde, weil sein Erfolg den Status quo zumindest für eine weitere Nacht sicherte.

Aus einer Nacht wurden vier, und David und John hielten immer noch an dem Streifen fest, der täglich zu verschwinden drohte. Sie berichteten, dass sie schwere Marker fingen, Fische mit einem Gewicht von 70 bis 90 Kilogramm. Große Fische können verführerisch sein, und ich war zuversichtlich, dass beide Männer bei ihren Sets blieben, bis sie den letzten Marker, der sich in diesem wertvollen Gebiet warmen Wassers aufhielt, gefangen hatten. Solange ich die Zahl unserer pro Tag gefangenen Fische an die ihren anpasste, konnten wir weiterhin die Freiheit genießen, allein zu fischen. Nach vier Fangtagen hatten wir fast 8000 Kilogramm

Schwertfisch an Bord, und da der beste Teil des Mondes noch vor uns lag, hatten wir allen Grund anzunehmen, dass diese Fahrt die ertragreichste der Saison würde. Die Flotte glaubte, dass wir durchschnittlich 900 Kilogramm pro Set hätten, nicht genug, um jemand dazu zu bewegen, zu den vakanten Fangplätzen an unseren Seiten zu eilen.

Meine Besatzung ließ nie in ihrem Einsatz nach. Ich fand es bemerkenswert, dass sie bei Set Nummer 5 mit nur drei Stunden Schlaf pro Tag genauso frisch und ihre Bewegungen genauso schnell und sicher zu sein schienen wie vier Nächte zuvor. Die Besatzung war am glücklichsten, wenn sie keine Zeit hatte, über die nächste zu erledigende Arbeit hinauszudenken. Carl hatte keine Zeit, Peter oder Ringo zu ärgern, und Charlie keine Zeit, krank zu sein. Die Männer arbeiteten wie gut programmierte Roboter. Ich hatte in vier Tagen keinen einzigen Befehl erteilt. Ein Nicken, ein Blick oder eine hochgezogene Augenbraue genügten, da die Männer alle von ihnen erwarteten Aufgaben erledigten. Das Abendessen wurde immer um Punkt 16.30 Uhr serviert, und wenn ich den letzten Bissen hinunterschlang und aus dem hinteren Fenster sah, stand Kenny schon mit der startbereiten Hupboje im Heck und wartete auf mein Nicken, um das Set zu beginnen. Ohne ein Wort von mir wurden die Köder jeden Tag um zehn Uhr aus dem Gefrierschrank geholt, und beim Einholen kam auf den gesamten vierzig Meilen beständig Fisch an Bord. Mein Adrenalinpegel stieg, und jeder Fisch, der auf unserem Deck landete, ließ ihn weiter ansteigen und brachte uns unserer Rückkehr nach Gloucester einen Schritt näher.

Als wir zwei Abschnitte unseres fünften Sets gemacht hatten, kam Kenny zum Ruderhaus hoch, um gute Nacht zu sagen und zu seiner Koje zu eilen. Heute Nacht war er an der Reihe, die *Hannah Boden* nach Osten zu fahren, während ich schlief. Ich freute mich auf einen tiefen, festen Schlaf, weil ich wusste, dass dies der beste Start eines Fanges war, den ich je gehabt hatte. Fast die Hälfte dessen, was wir für den Monat benötigten, lag bereits in Salzwassereis verpackt. Die Sterne kamen zum ersten Mal in fünf Nächten heraus. Als der Mond sich unter einer Wolke hervorschob, warf er einen hellen, breiten Strahl auf das Meer, und ein Gleißen wie von Perlen erleuchtete weite Flächen des Wassers und des Himmels, vor dem wie kleine schwarze Pünktchen unsere treuen Begleiter, die Vögel, umherflatterten. Meine Meereswelt breitete sich aus und erstreckte sich nun zu ihrer üblichen unfassbaren Größe. Morgen würde die Sonne auf uns herabscheinen.

Ich bebte vor Aufregung in Erwartung dessen, was der nächste Tag uns bringen mochte. Eine mondhelle Nacht und eine etwas höhere

Wassertemperatur versprachen eine deutliche Verbesserung unseres bereits ausgezeichneten Fangs. Alles war perfekt bis auf ein gelegentliches kräftiges Schuldgefühl, das mich wegen der Täuschung meiner Freunde beschlich.

Die ganze Zeit bis zum Ende des Sets schrie mein Körper förmlich nach Schlaf. Schließlich ging die Endboje über das Heck, und Kenny stand einsatzbereit neben mir, um zu übernehmen. In dieser Nacht würde ich vielleicht dreieinhalb Stunden Schlaf bekommen. Ich plumpste in die Koje, und meine Augen fielen zu, noch bevor mein Kopf auf dem Kissen lag. Zwei oder drei tiefe Atemzüge später hörte ich, wie Kenny seinen Freund Loren über UKW rief.

Lorens Stimme quoll undeutlich aus dem Lautsprecher; sein Tonfall ließ auf eine Frage schließen. Kennys Antwort war klar und deutlich vernehmbar, und jede Silbe traf mich wie ein Stromschlag. Er prahlte: „Wir hatten bei jedem Set über fünfzig Fische. Ich habe schon 7500 Kilogramm gepackt." Ich schoss aus meiner Koje ins Ruderhaus, wo ich mich aufbaute und mein rothaariges Besatzungsmitglied anstarrte. Kenny deutete meine Stimmung sofort richtig, meldete sich bei Loren ab und entschuldigte sich dafür, mich aufgeweckt zu haben.

„Du Idiot!" Ich kochte. „Welcher Teufel hat dich geritten, über Funk zu verbreiten, was wir gefangen haben?"

„Ach, das war doch nur Loren", versuchte Kenny nervös zu beschwichtigen.

„Nur Loren! Loren, dessen Kapitän, meinen Freund, ich belogen habe und glauben ließ, dass wir nur 3500 Kilogramm an Bord hätten? Und was ist mit den anderen, die ich angelogen habe? Hältst du es nicht eventuell für denkbar, dass einer von ihnen zufällig sein UKW-Funkgerät auf diesen Kanal eingestellt hat?"

Kenny wand sich vor Verlegenheit. Er war lange genug auf Fischfängern gewesen, um zu wissen, dass es ein Privileg des Kapitäns – und ausschließlich des Kapitäns – ist, mit anderen die Fischfangzahlen oder andere Details der Fahrt zu besprechen. Er ließ seine Schultern hängen.

„Du bist ein Schwachkopf! ‚Nur Loren'! Das hältst du ja im Kopf nicht aus! Morgen werden wir wissen, wie viele andere du mit der Wahrheit beglückt hast. Dieses Gebiet wird das Ziel der ganzen Flotte werden. Hier wird in Kürze ein Betrieb herrschen wie in einem Taubenschlag, und die *Hannah Boden* ist mittendrin." Ich hielt inne, um ihm Gelegenheit für eine Antwort zu geben.

„Es tut mir Leid, Linda" war alles, was er hervorbrachte.

„Das kann ich mir vorstellen, und wenn du noch ein einziges Mal näher als zwei Meter an dieses Funkgerät herankommst, wird es dir noch viel mehr Leid tun.“ Ich stapfte wütend zu meiner Kabine. „Sollte ich jetzt noch einschlafen können, was ziemlich unwahrscheinlich ist, dann weck mich um drei.“

10 Aufwärmpause

Als ich 15 Jahre alt war, lernte ich im Sommer, wie kompliziert Meeresströmungen sind.

Ich war eine typische Fünfzehnjährige, viel schlauer als meine Eltern und viel begabter als meine Geschwister, und im Allgemeinen fand ich immer einen Weg, meine Pflichten leichter und schneller zu erledigen, als andere dies für möglich hielten. Wir verbrachten die Sommer im Leuchtturm; dort gab es kein fließendes Wasser, und eine glückliche Fügung wollte es, dass ich damit beauftragt worden war, alle sieben bis zehn Tage den Familienlokus zu leeren.

Die Aufgabe an sich war überhaupt nicht schwierig. Zuerst wird im Wald ein Loch gegraben. Nachdem man den grünen Plastikbeutel, der den Eimer auskleidet, gut verschlossen hat, schleppt man Eimer und Inhalt zum frisch gegrabenen Loch. Dann wird der Inhalt mitsamt dem Beutel in dem Loch versenkt und vollständig mit Erde zugedeckt. Schließlich wird der Eimer mit einem neuen Beutel ausgekleidet und unter den Sitz der Holztoilette gestellt.

Das Graben des Loches war der anstrengendste Teil. Die Insel bestand zum Großteil aus Felsen, der mit wenigen Zentimetern Moos bedeckt war und sich meiner Schaufel hartnäckig widersetzte, so energisch ich auch grub. Eines schönen Tages hatte ich nach mehreren vergeblichen Anläufen eine Idee. Was brauchte ich ein Loch? Ich konnte doch den vollen Jauchesack einfach über die Klippen ins Meer werfen! Niemand würde etwas bemerken. Warum war ich darauf nicht schon vorher gekommen?

Es war viel einfacher, den Jaucheeimer an den Rand des Meeres zu schleppen, als inmitten von Felsen ein Loch zu graben. Auf der höchsten Klippe oben angekommen, war ich von der Genialität meines Einfalls mehr denn je überzeugt. Ich kippte den Eimer um und sah zu, wie sein Inhalt als grüner Klumpen mit lautem Platschen ins Wasser fiel.

Allerdings hatte ich die Stärke des Beutels wohl unterschätzt; er war nicht, wie ich angenommen hatte, durch die Höhe des Falls bis zur Unkenntlichkeit zerfetzt worden, sondern hatte den Aufprall unbeschädigt überstanden. Und auch meine zweite Hoffnung erfüllte sich nicht: Da der Beutel zur Hälfte mit Luft gefüllt war, ging er nicht unter, sondern schwamm stolz auf dem Wasser wie ein Vogel mit einem riesigen Hinterteil. Ich warf einen Stein nach dem Beutel, doch mein Treffer bewirkte lediglich, dass der Beutel nun nicht mehr die Form eines Vogels, sondern die eines Seehundes hatte. Gemächlich trieb er von der Küste weg und entfernte sich so weit, dass ich ihn nicht mehr mit einem Steinwurf erreichen konnte. Verdammte Gezeiten! Dennoch versuchte ich es weiter.

Und es kam noch schlimmer. Offensichtlich hatte jetzt irgendeine Strömung den Beutel ergriffen und trieb ihn aus der kleinen Bucht hinaus, geradewegs auf die Stadt zu. Diese verfluchten Gezeiten! Ich geriet in Panik, jagte dem Beutel hinterher und bewarf ihn unentwegt weiter mit Steinen, Stöcken, kurz mit allem, was mir in die Hände kam. Meine Anstrengungen, ihn zum Platzen zu bringen, blieben fruchtlos. Im Sog einer hinterhältigen Strömung näherte er sich dem Haupthafen der Stadt.

Nun war nur noch eines wichtig: Man durfte mich hier nicht sehen! Ich durfte es nicht riskieren, erwischt zu werden – meine Eltern würden mich umbringen. Ich kümmerte mich nicht mehr um den Beutel und ging langsam nach Hause. Vor meinem geistigen Auge sah ich das Bild eines freundlichen Seglers, der ahnungslos den Beutel aus dem Wasser fischte, um seinen Teil zum Umweltschutz vor den Küsten der USA beizutragen. Welch eine Überraschung würde ihn erwarten!

In dieser Nacht schlief ich schlecht. Ich stellte mir vor, dass verärgerte Leute aus der Stadt an die Tür klopften und Wissenschaftler mich besuchten, die Tests gemacht hatten und den Inhalt des Beutels eindeutig den Greenlaws zuordneten. Ob der Beutel an unsere Küste zurückkehren würde wie eine heimkehrende Brieftaube? Wie sollte ich dann meiner Familie sein Erscheinen erklären?

Die Tage nach dem Vorfall wurde ich von schrecklichen Ängsten gepeinigt. Ich untersuchte Seegrasballen und Treibholzstücke, die mit den Gezeiten herein- und hinausgeschwemmt wurden. Und obwohl ich ganz sicher war, dass ich mich nun mit den Gezeiten auskannte – als ich das nächste Mal den Lokus entleerte, grub ich lieber wieder ein Loch.

11 Das goldene Hufeisen

Unter Langleinern findet sich allgemein eine besondere Geisteshaltung, die ich „die Fischermentalität“ nenne. Der Kernbestandteil dieser Fischermentalität ist, dass sie dem Glück nie traut und es nie als gegeben hinnimmt, gleichgültig, ob nun die Sonne länger scheint als erwartet oder ob der Fang ungewöhnlich reichlich ausfällt. Eine Periode unverhältnismäßig guten Wetters wird oft mit Skepsis betrachtet: „Dafür werden wir später garantiert die Quittung bekommen“, könnte der Kommentar in einer solchen Situation lauten.

Wir Fischer wissen, dass die höheren Mächte das Gute und das Schlechte oft nach seltsamen Launen verteilen, deshalb misstrauen wir jeglicher Situation, die uns den geringsten Vorteil verschafft. Der Kapitän und die Besatzung spazieren oft auf Zehenspitzen herum, als balancierten sie auf einem Hochseil und hätten Angst, etwas zu tun, was das prekäre Gleichgewicht ins Wanken bringen und dazu führen könnte, dass das Zünglein an der Waage von der Stabilitätsseite zum Verhängnis hinüberschwenken könnte. Die meisten Fischer haben es schmerzlich am eigenen Leib erlebt, dass man besser nicht mit seinem Fang prahlt, sich mit Erfolgen brüstet oder auch nur eine besonders glücklich verlaufene Situation erwähnt – zu groß ist die Gefahr, einen Fluch heraufzubeschwören oder eine Unglücksserie auszulösen.

Unsere jetzige Fahrt war bisher in jeglicher Hinsicht außerordentlich gut verlaufen. Am Morgen nach Kennys indiskreten Plaudereien am Funkgerät hatten wir um neun Uhr bereits 46 Schwertfische an Bord gebracht. Aber irgendwo in einem Hinterstübchen meines Kopfes lauerte die Fischermentalität.

Kenny schlich auf Deck umher wie ein geprügelter Hund. Meine Sorge darüber, dass meine Fischerkollegen jetzt mit ziemlicher Sicherheit wussten, dass ich sie in die Irre geführt hatte, erreichte genau um zehn Uhr ihren Höhepunkt. Da nämlich legte ich den Leerlauf ein und schrie: „He, Kenny, es wird Zeit, dass du zum Funkgerät gehst und der Flotte verkündest, dass wir heute einen Spitzentag haben! Sie sollten sich beeilen hierher zu kommen, ehe wir ihnen alles wegfangen!“

„Nun“, sagte Ringo, „sieht so aus, als kämen sie schon, um mit uns zu feiern.“ Er zeigte nach Nordwesten, und alle Blicke wandten sich in diese Richtung. In größerer Entfernung sahen wir zwei Schiffe auf uns zukommen. Es waren die ersten Schiffe, die wir nach fast einer Woche sahen, und sie waren alles andere als ein willkommener Anblick. An ihrer Größe und Form und der Tatsache, dass sie wie immer zusammen unterwegs waren, erkannte ich, dass es sich um die Schwesterschiffe *Maryanne P.* und *Leslie Lisa* aus Ocean City, Maryland, handelte. Ihre Kapitäne, George und Tommy, waren die „Quotenrüpel" in unserer ansonsten ganz respektablen Gruppe von Schwertfischern. Ihre Schiffe wurden offensichtlich nie richtig gewartet, denn sie waren völlig verrostet, und ihre Takelage war ziemlich heruntergekommen. Man sagte dem trauten Paar nach, dass es seine Fahrten nicht etwa dann beendete, wenn es seine Laderäume mit Fisch gefüllt habe, sondern wenn die Biervorräte erschöpft seien.

„Was für traumhafte Nachbarn!" Meine Sorge galt schlagartig nicht mehr meinem Verlust an Glaubwürdigkeit oder der Zahl der Schiffe, die eventuell zu uns stießen, sondern der zweifelhaften Qualität der Gesellschaft, die wir in den nächsten Tagen genießen würden.

„Wir müssen uns wegen dieser beiden Clowns bestimmt keine Sorgen machen", warf Ringo ein.

„I wo, nicht die Spur, sie werden uns allenfalls ständig im Weg und lästig sein." Die Frustration über die Ereignisse der letzten zwölf Stunden erstickte jegliche Begeisterung, die ich ansonsten über diesen möglicherweise besten Tag meiner Fischerkarriere verspürt hätte.

Als ich mir ausmalte, auf welch vielfältige Weise die beiden Kapitäne uns beim Fischfang behindern konnten – schon allein ihre Art und ihre schiere Anwesenheit würde Auswirkungen haben –, warf ich meinen Kopf zurück, schloss meine Augen und lachte in vollkommener Resignation. Ich quälte mich die Stufen zum Ruderhaus hinauf, um falsche Nettigkeiten auszutauschen und dabei hartnäckig zu versuchen, mein 40-Meilen-Gebiet vor diesen beiden Pfeifen zu verteidigen.

Über UKW rief ich die *Maryanne P.* und war erstaunt, dass Kapitän George nach nur einem Ruf mit schläfriger Stimme antwortete. Er erklärte unter anhaltendem Gähnen, dass er und Tommy an diesem Abend ihr erstes Set dieser Fahrt machen würden und dass sie vorhätten, beiderseits von mir zu fischen, George westlich und Tommy östlich von mir. Als er mich nach dem Fangergebnis dieses Tages fragte, antwortete ich wahrheitsgemäß, 62 Schwertfische an Bord gebracht zu haben, wobei noch mehr als drei Abschnitte einzubringen waren. Ich gab ihm meine voraussichtliche Startposition für das Ausbringen in der kommenden Nacht und erklärte ihm, dass er nach Westen fahren müsse, in die Richtung, aus der er gerade kam, 35 Meilen jenseits meiner Startposition, bevor er selbst nach Westen ausbringen könnte, damit Platz für mein Fischfanggerät blieb. Nach einem Moment des Schweigens ertönte ein pfeifendes Husten, dann ein: „Scheiße, ich mach mich lieber auf die Socken.“ Und weg war er, nur eine Wolke schwarzen Rauchs hing noch über seinem verrosteten Heck.

Ein ähnliches Gespräch mit Tommy bestätigte, dass er tatsächlich östlich von mir fischen wollte.

Kaum hatte ich das Mikrofon eingehängt, bekam ich meinen ersten Schlag über ESB. Es war L.T. von der *Sea Lion VIII,* und seine laute, klare Stimme durchdrang problemlos die atmosphärischen Störungen. „*Hannah Boden*. Melde dich, Kapitän Schützengraben.“

Ich fühlte meine Wangen erröten. Ich hätte vorgeben können, ihn nicht zu hören, aber ich wusste, dass ich mich irgendwann meinen Freunden wegen meiner Täuschung stellen musste. Ich zuckte mit den Schultern und antwortete: „Kapitän Schützengraben meldet sich zurück. Was gibt es, L. T.? Ende.“

„Ach, nicht viel. Weißt du, du scheinst ein Problem mit deinem Funkgerät zu haben. Es scheint die Zahl deiner gefangenen Fische zu halbieren. Ende.“

„Ja, ich weiß. Mach dir keine Sorgen, mein Ingenieur hat den Fischfilter aus dem Sender genommen, und jetzt ist er in Ordnung. Wir hatten mit dem Set heute Nacht wirklich Glück.“ Ich wechselte schnell das Thema und hoffte, dass L. T. es ebenfalls auf sich beruhen lassen würde. „Bis jetzt 62 Fische heute Morgen. Heute Nacht bekommen wir allerdings Gesellschaft, George und Tommy. Ich hoffe, dass der Fisch weiterhin anbeißt. Ende.“

„Ja, wenn irgendjemand das verdient, dann du. Ende.“

Ich war mir nicht sicher, ob L. T. mit „das“ unseren fantastischen Fischfang meinte oder meine neuen Begleiter als Belohnung für meine Lügen. Nichtsdestotrotz dankte ich ihm, wünschte ihm Glück und meldete mich ab. Bevor ich das Ruderhaus verließ, um an Deck zu gehen, hörte ich interessiert dem nächsten Gespräch zu, dessen Gegenstand ich war. Die zwei entfernten Stimmen sangen mein Loblied in Anerkennung der Erfolge, die ich im Laufe der vergangenen Jahre errungen hatte. Als ich die *Hannah Boden* das erste Mal befehligt hatte, war der Kommentar „Nicht schlecht für ein Mädchen“ gewesen. Aber nun schien es, als sei ich der Kapitän, der geschlagen werden musste – und nicht viele erreichten meine Leistung.

Die Lobeshymne ging weiter, und immer mehr Kapitäne fielen ein.

Die Worte waren wie Medizin, die meine wunden Hände und meinen erschöpften Körper heilten. Nun war ich bereit, es mit der Welt oder zumindest mit George und Tommy aufzunehmen. Noch ein Lob wollte ich mir anhören, ehe ich an Deck zurückkehrte, und hörte die Worte: „Tja, sie hat eben das goldene Hufeisen." Nun war sie also doch noch im letzten Moment kurz und knackig ins Gespräch gekommen: die Fischfangtheorie des goldenen Hufeisens, eine bittere Medizin, die ich schlucken musste.

Man sagt, der Kapitän, der zu irgendeiner Zeit die größte Menge Fisch an Bord holt, besitze das „goldene Hufeisen". Ich weiß nicht, wem wir diese Bezeichnung zu verdanken haben und von wann sie stammt, aber ich kenne sie, seit ich zu fischen begann. Weil Fischer ein raues Völkchen sind, wurde die Bezeichnung im Laufe der Jahre ein wenig derber: Heute sagt man dem Skipper mit dem besten Fang nach, er habe das goldene Hufeisen an seinem Arsch. Seit ich selbst in den Besitz des goldenen Hufeisens gekommen bin, gefällt mir die Vorstellung besser, es befinde sich unter meinem Kopfkissen, aber sei's drum. Das Entscheidende bei dieser Theorie ist die grundsätzliche Annahme: „Was steigt, das fällt auch wieder." Es war der „Fall", der mich so schnell auf den Boden der Tatsachen zurückholte: Das Hufeisen konnte plötzlich und ohne Vorwarnung an einen anderen gehen, und ohne das Hufeisen wäre ich mit L. T. und den anderen in einer mittelmäßigen Fangkategorie und würde täglich eine magere Tonne Fisch zusammenkratzen. Der Gedanke daran machte mich schaudern. Die Fischermentalität hatte zugeschlagen.

Ich gähnte und ging an Deck zurück. Ich brachte die *Hannah Boden* kaum voran, bevor ich sie für den nächsten Fisch wieder zurücksetzen musste. Besorgt erwartete ich nun das abrupte Ende der Fischflut. Aber die Sonne schien weiterhin, und die Fischvorkommen schienen unerschöpflich.

Als noch knapp ein halber Abschnitt einzuholen war, machte ich den hundertsten Bleistiftstrich bei unserer täglichen Fischzählung. Der Druck des Bleistifts, mit dem ich den Punkt des Ausrufezeichens markierte, unterstrich meine Ahnung bevorstehenden Unheils.

Charlies blaue Augen blickten wieder etwas lebhafter. „Wir haben über 12000 Kilogramm an Bord. Wir können bald nach Hause fahren, wenn der Fisch weiterhin so anbeißt."

„Das ist ein großes ‚Wenn'. Erinnerst du dich an das Heilbuttdesaster?"

„Wie könnte ich das vergessen?"

ZU DER Fahrt, die zum Heilbuttdesaster führte, waren wir vom eisigen Hafen von Gloucester Ende Februar aufgebrochen mit großen Hoffnungen und ungebremster Begeisterung für einen Fisch, der noch große Erträge versprach. Doch die ersten Heilbuttsets, die nur sechs Meilen lang sind und zwei- oder dreimal täglich gemacht werden können, waren erfolglos – ein trockener Reizhusten, der ein Symptom für eine ernstere Krankheit darstellte. Die Krankheit hielt zwei Wochen an, und der Fang war enttäuschender, als ich es mir je hätte vorstellen können.

Die Fahrt schleppte sich schon seit fast dreißig Tagen hin, und die leeren Haken machten allen zu schaffen. Als der Zigarettenbestand völlig aufgebraucht war, kam eine neue Belastung hinzu, da alle Besatzungsmitglieder starke Raucher waren.

Am 39. Tag ging ich in eine selbst gewählte Klausur. Nur ich stand zwischen der Besatzung und ihrer Rückkehr, und mein Wunsch, genug Fische zu fangen, um die Ausgaben der Fahrt zu decken und somit eine „Pleite“ zu vermeiden, war größer als ihr Wunsch, nach Gloucester zurückzukehren. „Pleite“ ist die Bezeichnung für eine Fahrt, in der die Ausgaben nicht gedeckt sind und keine Löhne gezahlt werden.

Während ich überlegte, wie ich die Besatzung dazu bewegen konnte, noch einen Tag weiter zu suchen, rief mich Bob Browns Stimme zum Funkgerät. Bob hatte mir während der letzten fünf Tage jeden Abend vorgeschlagen aufzugeben, nach Hause zu kommen und etwas Neues zu beginnen. Heute Abend war sein Vorschlag kein Vorschlag, sondern ein direkter Befehl, sein Schiff sofort nach Gloucester zurückzubringen. Er bemerkte, dass man ein totes Pferd nicht schlage. Insgesamt dauerte unsere Odyssee 47 Tage. Der Großteil meiner Besatzung hörte nach dieser Schreckensfahrt auf und schwor, nie wieder einen Fuß auf ein Schiff zu setzen.

DIE LETZTE Hupboje landete mit einem dumpfen Geräusch an Deck und brachte den Optimismus zurück, den ich irgendwie verloren hatte. Vielleicht hatte die Besatzung Recht; noch ein paar Tage wie dieser, und wir befänden uns auf dem Heimweg. Es wäre nicht nur unsere beste Fahrt der Saison, sondern auch die kürzeste.

David von der *Northern Venture* gratulierte mir zu unserem Tagesfang und erklärte, dass er nun zurückfahren werde. Da er einen guten Fang an Bord hatte, wollte er seinen Fisch nach Gloucester bringen, bevor andere Schiffe mit großen Fangmengen in den Tagen nach dem letzten Mondquartal einliefen. Allmählich musste auch ich darüber nachdenken, wann ich selbst zurückkehren sollte, um zu vermeiden, am gleichen Tag wie die *Seahawk*, die *Allison*, die *Eyelander* und die *Miss Millie* anzulegen, da jede davon den Markt mit Fischen überschwemmen und die Preise nach unten drücken konnte.

Doch mein momentan vorrangiges Ziel war es, meine neuen Fischfangkollegen George und Tommy im Auge zu behalten und sie in sicherer Distanz zu meinem Gebiet zu halten. Das Set dieses Abends verlief reibungsloser, als ich dachte. Tommy und ich stellten uns am Bruch auf und brachten wie geplant in entgegengesetzte Richtungen aus. George fuhr vor mir her.

„He, Ma!", rief Ringo von der Gangway aus. „Wir haben nicht genug Köder für zehn volle Abschnitte aufgetaut. Sieht so aus, als könnten wir nur neuneinhalb machen. Ist es okay, wenn wir heute Nacht ein wenig abkürzen?"

Ich wusste, dass die restliche Besatzung hoffte, Ringo würde mit der Erlaubnis an Deck zurückkehren, das Set etwas früher zu beenden. Mir war auch klar, dass Ringo meine Antwort genau kannte, bevor er fragte. Meine Antwort bedurfte keiner Überlegung: „Wir bringen jede Nacht, solange das Wetter es erlaubt, die volle Leine aus. Wir sind hier, um Fische zu fangen. Es wird nicht lange dauern, um einen Karton Tintenfische in zwanzig Grad warmem Wasser aufzutauen."

Ringo lächelte und zuckte mit den Schultern, als wolle er sagen: He, man kann doch mal fragen, und er verschwand, um einen weiteren 20-Kilo-Karton Köder aufzutauen. Auch diese Tintenfische plumpsten einer nach dem anderen in das Kielwasser der *Hannah Boden*, bis der letzte Abschnitt beendet war.

Es war nun Zeit, ans östliche Ende unseres Fanggeräts zurückzufahren. Als wir dort die Endboje aufnahmen, um mit dem täglichen Einholen zu beginnen, wurde das Wetter langsam, aber stetig schlechter. Die Wetterkarte zeigte ein ziemlich großes Tiefdruckgebiet, das sich nach und nach auf uns zubewegte und dabei immer stärker wurde. Die *Hannah Boden* hatte einen Platz in der ersten Reihe für eine Show, die heute Abend begann, falls die Wetterkarte stimmte. Das Programm, das gerade aus dem Faxgerät kam, versprach eine reife Leistung von Mutter Natur zu werden.

Während wir die ersten drei Abschnitte einholten, gab es hinsichtlich des Wetters oder des Fangs keine besonderen Vorkommnisse. Um sieben Uhr war klar, dass dies kein weiterer Tag mit hundert Fischen war, aber auch kein katastrophaler. Alles schien in Ordnung, bis die *Maryanne P.* ins Blickfeld kam. Sie fuhr von Westen aus auf uns zu. Ich fand es seltsam, dass George mindestens 20 Meilen östlich seines Fischfanggeräts war. Schließlich konnte ich meine Neugier nicht mehr zügeln. Ich bat Ringo, das Ruder zu übernehmen, und funkte Kapitän George an.

Meine Neugier verwandelte sich in Sorge, als es mir nicht gelang, irgendjemand auf der *Maryanne P.* zu kontaktieren. Wenn ein Schiff so nahe an einem vorbeifährt und man niemand an Bord erreichen kann, ist dies immer ein Grund zu Besorgnis. Eine solche Situation, die selten vorkommt, wirft die Frage auf: „Wer fährt das Schiff?" Ich nahm zugunsten von George an, dass wer auch immer Wache hatte, gerade die Maschine prüfte oder sich in der Kombüse schnell ein Sandwich machte. Ich rief Kapitän Tommy, der sofort antwortete.

„He, Tommy. Was gibt es im Osten? Ende." Ich war froh, dass er antwortete.

„Nicht viel. Verdammte Haie. Was ist los? Ende."

„Nun, George ist gerade in deiner Richtung an uns vorbeigefahren. Er ist ein ganzes Stück von seinem Set in der letzten Nacht entfernt. Hast du heute Morgen mit ihm gesprochen? Ende."

„Nein, er ist vor zehn Uhr nicht am Funkgerät. Ende."

„Verstanden. Ich melde mich bei euch beiden um zehn Uhr. Ich hoffe, dass du bald aus den Haien raus bist. Tschüs." Ich kehrte an Deck zurück. Der Morgen war reine Routine. Das Fanggerät kam ohne Anstrengungen an Bord. Ich bemerkte, dass Peter und Carl einander erfolgreich aus dem Weg gingen. Außer einer gelegentlichen spöttischen Bemerkung oder einem Seitenhieb schien es keine Probleme zu geben. Wir fingen eine angemessene Anzahl Fische und gelegentlich einen Hai. Dann erschien George wieder am Horizont. Diesmal war die *Maryanne P.* hinter uns und fuhr in Richtung Westen. In kürzester Zeit passierte sie uns in nur 100 Meter Entfernung steuerbord.

Um Punkt zehn Uhr war ich auf der obersten Stufe der Treppe zum Ruderhaus. George und Tommy waren über UKW mitten im Gespräch. Anscheinend hatten zu dem Zeitpunkt, da die *Maryanne P.* zum östlichen Ende ihres Fanggeräts unterwegs gewesen war, der Wachhabende und seine Ablösung für die frühe Morgenwache gleichermaßen fest geschlafen; offensichtlich hatte sich der Wachhabende schlafen gelegt, bevor seine Ablösung übernommen hatte. Das Schiff war also in östlicher Richtung gefahren, während Besatzung und Kapitän fest schliefen, über das östliche Ende hinaus und an uns vorbei, bis um neun Uhr George aufgewacht war und entdeckt hatte, dass niemand das Schiff steuerte. „Gut, dass ich während des Ausbringens einen 6er-Pack Bier getrunken habe. Wenn ich nicht aufgestanden wäre, um zu pissen, wären wir womöglich in Irland gelandet."

Ich ging an Deck zurück, um meinen Besatzungsmitgliedern Georges und Tommys Geschichte zu erzählen, da sie sich ebenso wie ich gewundert hatten, warum die *Maryanne P.* an diesem Morgen an uns vorbeigefahren war. Die Besatzung, die die Situation lustiger fand als ich, gab George den Spitznamen „Rip van Pinkel", eine Anspielung auf eine Figur des amerikanischen Schriftstellers Washington Irving namens Rip van Winkle, einen Taugenichts, der sich wundert, nach zwanzig Jahren Tiefschlaf aufzuwachen und die Welt ganz verändert vorzufinden.

Nachdem wir das Einholen beendet hatten, erfuhr ich, ohne davon sonderlich überrascht zu werden, dass Tommy schon westlich fuhr, um sich neu zu platzieren, und sich diese Nacht vom Fischen freinahm. Die blauen Hunde hatten Tommys Fanggerät dezimiert. Seine Besatzung würde damit beschäftigt sein, 700 Leitwehren wiederherzustellen, während Tommy so viele Meilen wie möglich zwischen die *Leslie Lisa* und das Haigebiet östlich von mir brachte.

Die Zahl 7, von vielen als Glückszahl angesehen, brachte uns auf der *Hannah Boden* bei unserem siebten Set kein Glück. Vielleicht waren wir zu nahe an die *Maryanne P.* herangekommen, und etwas von ihrer schlechten Aura hatte sich an Bord der *Hannah Boden* geschlichen. Sobald wir Nummer 7 ausbrachten, wurde das Wetter schlecht und blieb tagelang so, und unsere täglichen Fangzahlen fielen schlagartig. Es war nicht so, dass ich eines Morgens aufgewacht wäre und das goldene Hufeisen verloren hätte – nein, es wurde mir langsam und auf schmerzhafte Weise entzogen. Die Striche, die die Zahl unserer täglich gefangenen Fische vermerkten, nahmen ab wie die Seitenzahl eines Romans, den man von hinten nach vorne durchblättert: von 103 auf 51 auf 34 auf 23 und schließlich auf meinen persönlichen Tiefstand von sieben.

Während der zwanzigstündigen Knochenarbeit unseres siebten Sets durchlebten wir all die dramatischen Effekte, die die Annäherung, die Ankunft und den Abzug eines Tiefdruckgebiets auf See begleiten. Am Anfang des Sets am späten Abend schoben sich schwarze Wolken über den Himmel, und das Licht wurde so schwach, dass fast vollständige Dunkelheit über uns hereinbrach und wir förmlich den Atem anhielten in Erwartung des Vorstellungsbeginns. Eine kurze Stille trat ein.

Die ersten Windstöße aus Südosten sangen noch ein verspieltes Lied, und weiße Schaumkronen schlugen im Takt an den Schiffsrumpf der *Hannah Boden*. Plötzlich wurde die Brise heftiger, und die amerikanische Flagge schlug nun seltsam synkopenhaft in der Takelage, einen halben Takt vor den Wellen, die rollend auf die Reling klatschten. Große Gischttropfen fielen aufs Deck und platschten gegen das Schott wie das

Stakkato eines kurzen Trommelwirbels. Getragen wurde der Wirbel von einem langen, tiefen, anschwellenden „Paukenschlag", einer Art Grundschwingung, die zugleich die *Hannah Boden* auf sanfte Weise hob und senkte.

Die Spannung stieg mit dem stärker werdenden Wind. Als er 40 Knoten betrug, war die Sinfonie des Klangs und der Bewegung in vollem Gange. Der Bug stieß rhythmisch in die Wellenberge, begleitet vom Madrigal des Windes in der Takelage und vom Quietschen von Ketten, die an Schäkeln rieben. Als der Wind weitere zehn Knoten zugelegt hatte, war der Ton der Stahltrossen eine Oktave höher. Die Wellen, die mit 70 Knoten gegen den Rumpf und auf das Deck der *Hannah Boden* krachten, erzeugten ein dröhnendes Stahlvibrato.

Als der Wind 70 Knoten überschritt, brach die Hölle mit einem wilden Durcheinander von Lärm und Bewegung los. Die kratzenden, harten, dissonanten Töne erschöpften die Zuhörer, die darauf warteten, dass der Dirigent wieder die Kontrolle über die Elemente gewinnen möge. Das einzig Beständige und Beruhigende war das Dröhnen der Dieselmotoren. Ohne sie wäre die Szene das totale Chaos gewesen.

„Jetzt geht's richtig ab", war das schlichte, allumfassende Gefühl der Besatzung, während wir auf eine Beruhigung der aufgewühlten Welt rings um uns warteten. Ich steuerte das Schiff in die wilde See und prüfte alle paar Minuten das Barometer.

Schlechtes Wetter auf See ist unangenehm und stürmisches Wetter eine wahre Tortur. Selbst die einfachste Handlung wird zur schwierigen Aufgabe. Die Zubereitung einer aufwändigeren Mahlzeit als eines Erdnussbutterbrotes ist unvorstellbar, und wir verlassen uns am liebsten auf abgepacktes, vorbereitetes Essen. Im Gegensatz zum Kochen können wir auf den Gang zur Toilette nicht verzichten. Man muss sich schon mit Armen und Beinen heftig festklammern, um sein Hinterteil auf dem Toilettensitz zu halten. Es ist, als reite man einen Bullen bei einem Rodeo. Mutter Naturs Sinn für Humor, gepaart mit meinem schlechten Timing, verwandelt gelegentlich die Toilette in ein eiskaltes Salzwasserbidet, und das ist wirklich der einzige Nachteil meines Frauenlebens, der mir zu schaffen macht. Auf allen anderen Gebieten des Fischfangs betrachte ich mich auf einem Niveau mit meinen männlichen Mitarbeitern. Wir werden alle gleich schlecht behandelt, da kommt keiner zu kurz.

Als der Wind nach Nordwesten drehte und sich bei 40 Knoten einpendelte, lokalisierten wir unsere Endboje und fingen mit dem Einholen an. Die Wellen hatten zu einem kräftigen Rhythmus gefunden, und gemeinsam mit dem unablässig blasenden 40-Knoten-Wind führten sie eine letzte Nummer auf, die alles andere als angenehm melodisch war. Sie ähnelte mehr einem Marsch oder Klagelied, und wie bei einer Platte mit einem Sprung erklang tagelang dasselbe.

Als wir bei Set Nummer 10 angekommen waren, hatten die Männer genug. Ich vermute, dass nur ihr Stolz und ihre Achtung vor mir, dem Kapitän, sie davon abhielt, mich zu bitten, sie nach Hause zu bringen. Dafür machten sie ausreichende, oft nicht einmal mehr subtile Andeutungen; vor allem machten sie „hilfreiche Vorschläge", etwa wie vorteilhaft es sei, vor dem Rest der Flotte in den Hafen einzulaufen, um den besten Preis zu erzielen, oder sie äußerten ihre tiefe Sorge um die Qualität und Frische des Fangs unseres ersten Tages.

Die vergangenen paar Tage waren weniger von der Anzahl der Fische bestimmt worden, die wir in unseren Laderaum hinuntergeschafft hatten, als von den Schiffen, die das Fanggebiet in Richtung Hafen verließen: die *Sea Lion VIII* und die *Stephanie Vaughn*. Während wir unser zehntes Set machten, winkten wir der *Eagle Eye* zum Abschied zu.

Da wir nun mit jedem Set weniger fingen und das Wetter jeden Tag schlechter wurde, war die Versuchung für mich groß, mich der Parade heimkehrender Schiffe anzuschließen. Ich hätte eine Heimreise leicht rechtfertigen können. Nach zehn Sets hatten wir über 18 000 Kilogramm Schwertfisch an Bord, und damit war die Fahrt überdurchschnittlich gut verlaufen. Ich wusste jedoch, dass Bob Brown nicht erfreut wäre, wenn ich diese Fahrt nach so wenigen Sets beendete. Ich wollte unbedingt, dass er weiterhin eine gute Meinung von mir behielt, und so widerstand ich den ziemlich eindeutigen Botschaften meiner Besatzung.

Mitten in unserem zwölften Set allerdings gab es einen wirklichen, zwingenden Grund für mich, darüber nachzudenken, ob wir unsere Fahrt nicht beenden sollten. Charlies Gesundheitszustand hatte sich wieder verschlechtert. Bis dahin war es mit ihm auf und ab gegangen wie mit den Fangergebnissen: Charlie war regelrecht aufgeblüht an dem Tag, an dem wir 103 Fische gefangen hatten, und als der Tagesfang auf bloße 23 gefallen war, hatte er nur noch sehr flach geatmet. Irgendwann während des Einholens erwähnte Ringo, dass er um Charlie besorgt sei und wir vielleicht in Erwägung ziehen sollten, ihn an Land zu bringen.

Wäre es ein anderer als Ringo gewesen, hätte ich diese besorgte Äußerung als Trick angesehen, der mich bewegen sollte, das Handtuch zu werfen. Doch so stimmte ich zu, nach Charlie zu schauen, der wie immer achtern in der Schlupfkajüte war. Sein Anblick stimmte mich traurig. Charlie schlief zusammengerollt wie ein Fötus auf einem abgedeckten Karton mit Haken, während Peter jede Leitwehr abwickelte, die auf der Wäscheleine herunterkam. Wie ein Vater, der sein schlafendes Kind umsorgt, gab mir Peter ein Zeichen, seinen Schiffskameraden nicht aufzuwecken.

„Seit wann kann er nicht mehr arbeiten?“, erkundigte ich mich.

„Heute ist der dritte Tag. Er versucht es, aber er ist zu schwach. Es geht aber, ich halte mit dem Fanggerät mit“, antwortete Peter stolz.

„Ja, das seh ich. Aber ich habe vor, noch fünf oder sechs Nächte zu fischen, und wir sind sechs Tagesfahrten vom Hafen entfernt. In welchem Zustand wird er in zwölf Tagen sein? Ich kann ihn auf dem nächsten Schiff, das in die Richtung fährt, nach Hause schicken, oder wir können fahren, sobald wir heute mit dem Einholen fertig sind.“

„Wir möchten alle nach Hause, das weißt du. Aber Charlie wird nicht wollen, dass du seinetwegen die Fahrt abbrichst.“

„Ich werde ihm die Entscheidung überlassen, es ist seine Gesundheit. Schick ihn zu mir, wenn er aufwacht.“ Als Peter zur Schlupfkajüte zurückeilte, um weiter die Arbeit von zwei Männern zu machen, erkannte ich, wie viel Glück ich hatte, dass er zu meiner Mannschaft gehörte. Dann fragte ich mich, was ich nun tun sollte. Obwohl die Entscheidung, wann wir heimkehren, letztlich ich zu treffen habe, bin ich gesetzlich dazu verpflichtet, jedes Besatzungsmitglied an Land zu bringen, das danach verlangt. Angesichts der Tatsache, dass Charlie mir das Ausmaß seiner Erkrankung verschwiegen hatte, war ich sicher, dass Peter Recht hatte. Charlie würde darauf bestehen, dass es ihm gut gehe und ich jedes notwendige Set machen solle. Doch meine Verantwortung als Kapitän beinhaltet das Wohlergehen der Besatzung *und* den Erfolg der Fahrt. Ich musste das eine gegen das andere abwägen und kam zu einem Entschluss. Vor einigen Jahren war ich in einer ähnlichen Situation gewesen und hatte die falsche Entscheidung getroffen. Das Ergebnis ist mir auf grässliche Weise im Gedächtnis geblieben.

ALS JUNGER und ziemlich unerfahrener Kapitän wollte ich mich unbedingt als exzellenter Geldverdiener beweisen. Auf meinem ersten Schiff, der *Gloria Dawn*, fuhr ich von Maine aus zu den Grand Banks; zu meiner Besatzung zählte auch der berüchtigte Onkel Patty. Nachdem ich Tage zuvor seine Bekanntschaft gemacht hatte, als ich ihn, wie schon beschrieben, volltrunken und bewusstlos aus dem eiskalten Hafenwasser in Portland gezogen hatte, musste ich nun entscheiden, was ich mit diesem Neuzugang machen sollte, der schrecklich an Alkoholentzug litt.

Trotz Onkel Pattys Halluzinationen und Gesprächen mit verstorbenen Familienmitgliedern in Gälisch, einer Sprache, die er nicht beherrschte, nahm ich den Rat der restlichen Besatzung an und blieb auf Kurs zu den

Fanggründen. „Dem wird's gut gehen", versicherten mir seine Freunde. „Er wird bald darüber weg sein. So war das schon immer." Und sie hatten Recht. Pattys physische Leiden kamen zu einem Ende, sein unverständliches Lallen hörte auf, und er musste nicht mehr davon abgehalten werden, über Bord zu springen. Vollkommen zu Ende war Pattys „Schrecken des Rums" schließlich, als er an dem Morgen, als wir unser erstes Set machen sollten, in seiner Koje starb. Ich hätte eindeutig in dem Moment zurückfahren sollen, als Patty zu lallen begann.

Wir bekamen keine Gelegenheit, den ersten Haken ins Wasser zu bringen. Die kanadische und die amerikanische Küstenwache weigerten sich, auf See zu kommen und uns den Toten abzunehmen. Wir mussten nach Portland zurückfahren.

WÄHREND wir das Gerät an Bord der *Hannah Boden* holten, wartete ich darauf, dass Charlie zu mir kam, um mit mir zu sprechen. Als die Zeit gekommen war, den Köder zum Auftauen für das Set dieser Nacht herauszunehmen, erheischte Ringo meine Aufmerksamkeit. Er zog eine Augenbraue hoch, während er eine Hand auf den Türgriff des Gefrierschranks für Köder legte. Bevor ich erklären konnte, dass ich vor meiner Entscheidung darüber, ob wir ausbringen würden oder nicht, mit Charlie sprechen wollte, stand dieser plötzlich hinter mir an der Reling und fragte mich, was ich von ihm wolle. Ich setzte mich auf die Reling, um ihn anzusehen. Sein Gesicht war hager, und seine Ölkleidung hing an seinem Körper wie auf einem Kleiderbügel. Außer Peter, der am Heck weiter aufspulte, versammelte sich die ganze Besatzung, um dem Gespräch zuzuhören. „Möchtest du nach Hause fahren, Charlie?", fragte ich geradeheraus.

„Ja, wollen wir das nicht alle? Machst du eine Umfrage oder so? Seit wann fragt der Kapitän die Besatzung, wann …"

Ich unterbrach Charlie mitten im Satz. „Seit du nicht gut aussiehst, Charlie. Seit ich über deine Gesundheit besorgt bin. Ich frage nicht die Besatzung, ich frage dich. Bist du physisch in der Lage, die Fahrt zu beenden, sagen wir fünf oder sechs weitere Sets?"

Charlie musste den Druck gespürt haben, der von seinen Schiffskameraden ausging. Obwohl sie nichts sagten, lag in ihren Augen ein Hoffnungsschimmer, dass dies das letzte Einholen sein könnte. Charlie hatte die Macht, die Fahrt zu beenden. Er musste mich nur bitten, ihn an Land zu bringen. Es wäre keine Schande, mit 20000 Kilogramm Fisch nach nur zwölf Sets zum Hafen zurückzukehren. Charlie blickte prüfend in die Gesichter seiner Kumpel, sah lange erst mich an und dann das Deck und antwortete einfach: „Ich bin wirklich krank. Ich weiß nicht, was mit mir los ist, aber bitte benutze mich nicht als Ausrede, um heimzufahren. Ich möchte nicht für den Inhalt der Lohntüten verantwortlich sein. Zum Teufel, ich muss für zwei Töchter sorgen.“ Charlie starrte nicht länger aufs Deck, sondern sah in die langen Gesichter von Kenny und Carl. „Tut mir Leid, Jungs. Der Kapitän hat vor, den Laderaum zu füllen, und ich möchte da nicht im Weg sein.“ Nun hatte er mir den Ball wieder zugeworfen.

Ringo hielt immer noch die Hand an der Gefrierschranktür. Ich nickte ihm zu. Er schrie den anderen zu: „Geht mir mit den Ködern zur Hand! Lasst uns anfangen!“ Er schob Carl einen 20-Kilogramm-Karton zu und neckte ihn: „He, Rotznase, noch fünf oder sechs weitere Sets. Mein Gott, bis wir nach Gloucester zurückkommen, bist du alt genug, um legal trinken zu dürfen!“

Ich lachte von meinem Platz an der Reling aus. Zurückblickend kann ich nicht sagen, ob ich erleichtert oder enttäuscht war, dass Charlie durchhalten wollte, um mir die Gelegenheit zu geben, das Schiff voll zu machen. Aber ich lachte nur, bis das Schiff nach steuerbord schlingerte. Eine Welle prallte voll gegen die Seite des Schiffsrumpfs und sandte eine Wasserwand in die Luft, die direkt auf meinen Rücken traf und mir in den Kragen lief. Das Wasser drang eimerweise in meinen Overall ein und blies meine Hose unförmig auf.

Nun war ich es, die ein langes Gesicht machte; die Besatzung fügte sich in ihr Schicksal. Ringo warf die Tür des Gefrierschranks zu, die Männer kehrten an ihre Arbeitsplätze zurück, und rollend und stampfend ging es weiter an der Fangleine entlang. Nur gelegentlich hielten wir wegen eines Fisches an. Ich fragte mich, wer wohl inzwischen das goldene Hufeisen besaß, das das Schicksal mir weggeschnappt hatte.

Am Ende des Tages war ich durchgefroren und müde und trug 900 Kilogramm ein. Um 23 Uhr in dieser Nacht hatten wir die 40-Meilen-Leine mit Gerät wieder hinter uns, und ich fragte mich: Wenn die Glückszahl 7 schlecht gewesen war, was würde uns die ominöse Zahl 13 bringen? In dieser Nacht verbrachte ich drei schlaflose Stunden in meiner Koje. Der Nordostwind hatte sich auf unangenehme 50 Knoten verstärkt.

Am nächsten Morgen war der Himmel unruhig, aber das erste Tageslicht war strahlend hell. Weiße Wellenkämme, weiße Schaumstreifen und -pfützen und weiße Gischtwolken trafen auf die weiß hervortretenden Knöchel unserer Hände, mit denen wir uns krampfhaft an allem festhielten, was sich nicht bewegte, um uns aufrecht zu halten. Nach einer Stunde hatte jeder von uns um Augen und Mund weiße Salzkrusten, die der Wind und die Gischt hinterlassen hatten.

Die Hauptleine hing zwischen den Wellenkämmen wie ein Springseil, die Bewegung der Wellen verdrehte Leitwehren und Kugelhänger hoffnungslos zu Spiralen. Ich schnitt und schnitt und schnitt, es waren hunderte von verknäulten Leitwehren. Der Wind und das Meer schoben die *Hannah Boden* schneller am Fanggerät entlang, als die Leine auf die Trommel gewickelt werden konnte. Ich legte gerade den Rückwärtsgang ein und setzte das Schiff zurück, um die lose Leine einzuholen, die wir hinter uns herzogen, als eine Wasserwand über das Heck einstieg und sich über das ganze Deck ergoss. Ich stand hüfttief im Wasser, hielt mich an der Reling fest, um nicht weggespült zu werden, und sah hilflos zu, wie Kenny quer über das Deck getragen wurde, ohne den Schwertfisch loszulassen, auf dem er wie auf einem aufblasbaren Spielzeug ritt. Schließlich floss das Wasser durch die Speigatten ab, und ich zählte die Besatzung. Peter lugte tropfnass um die Ecke der Schlupfkajüte, um mir ein Okay zu signalisieren. Die anderen Männer tauchten langsam aus verschiedenen Ecken des Decks auf und eilten an ihre Plätze zurück.

Dann sah ich, wie Ringo auf den Gefrierschrank für Köder deutete und auf meine Antwort wartete. Ich sah auf das Schott, um das Fischergebnis zu prüfen. Vier Abschnitte waren eingeholt, und das Resultat waren drei mickrige Schwertfische. Plötzlich brach eine Welle so heftig über das Ruder und mich hernieder, dass ich das Gefühl hatte, eine Tonne Ziegelsteine falle auf mich herunter, und meine Beine knickten unter mir weg. Als ich mich wieder berappelt hatte und etwas sehen konnte, wartete Ringo immer noch auf eine Antwort. Ich biss die Zähne zusammen und schüttelte den Kopf: „Nein." Nein, heute Nacht würden wir nicht ausbringen. Set Nummer 13 forderte sein Opfer an Gerät und Zeit. Ich erkannte, dass wir weder genug Leitwehren noch Zeit hatten, um es nach dem Einholen heute Nacht nochmals zu versuchen.

In der Dämmerung konnte ich schließlich die letzte Hupboje vor dem Bug sehen. Der Tag war eine einzige Pleite, sieben lausige Schwertfische, die nicht einmal den Köder wert waren, die Leuchtstäbe, die Leine und das Benzin nicht mitgerechnet. Ringo fasste den Tag mit einem Lächeln zusammen: „Wir haben nicht viele gefangen, aber dafür waren sie klein."

Die Männer sicherten das Deck und stiegen in ihre Kojen, um das erste Mal in zwei Wochen richtig zu schlafen. Ich wusste, was sie dachten, während sie eindösten, weil ich oft die gleichen Gedanken gehabt hatte, als ich als Decksmann an Bord der *Walter Leeman* gearbeitet hatte. Sie dachten, dass sie aufs Meer gekommen waren, um sich ihren Lebensunterhalt zu verdienen, und nicht, um hier zu leben, und dass sie künftig vorsichtiger sein würden, für einen Kapitän zu arbeiten, der nur für den Fischfang lebte. Sie dachten, dass sie in sechs Tagen vielleicht auf trockenen Barhockern, die sich nicht bewegten, bei einem kühlen Bier sitzen, Geschichten erzählen und für eine weitere erfolgreiche Fahrt ein Lob einheimsen würden.

Ringo hatte die einzige Wache während der Nacht, um mich für fünf wundervolle Stunden Schlaf abzulösen. Als ich ihn anschließend bat, die Männer aufzuwecken und Köder für das Set heute Nacht herauszuholen, antwortete er: „Das ist doch wohl 'n Witz, oder? Die Jungs gehen davon aus, dass wir auf dem Heimweg sind. Mein Gott, du wirst dir heute nicht viele Freunde machen."

„Ich habe nie gesagt, dass wir mit dem Fischen fertig sind. Und außerdem bin ich nicht hier, um Freundschaften zu schließen, sondern um Geld zu verdienen." Die fünf Stunden hatten nicht viel geholfen, um meine übliche gute Laune zurückzubringen.

„Ja, ich auch. Ich bin hier, um Geld zu verdienen, damit ich mich mit dem Finanzamt anfreunden kann, wenn wir heimkommen. Wann glaubst du, wird das sein? Wie viele Sets willst du noch machen?"

„Ich habe vor, den Laderaum zu füllen, ganz gleich, wie viele Sets wir dazu brauchen. Ein schlechtes Set und übles Wetter reichen noch lange nicht aus, um mich fortzutreiben. Wir brauchen nur noch etwa 3000 Kilogramm."

Ringo nickte. „Deshalb bist du am spitzen Ende." Er hatte Recht. Zum Leben eines Kapitäns gehört es, unpopuläre Entscheidungen zu treffen.

Als der Tag fortschritt, wurde das Wetter besser. Es wurde sogar schön. Der Wind, der seit Tagen geheult hatte, holte am Nachmittag noch ein paarmal tief Luft, bevor ihm endgültig der Atem ausging. Die Sonne schaute heraus, und ihr Licht schimmerte auf den letzten müden Schaumkronen. Da das Wetter nun ruhig war, kam der einzige Lärm an Bord der *Hannah Boden* von Menschenhand. Vom Ruderhaus aus konnte ich Geräusche hören, die Unzufriedenheit verrieten: Gezänk und das häufige Zuschlagen der Kühlschranktür und der Kabinentüren.

Alle Augen vermieden den Blickkontakt mit mir, als ich mich nach unten wagte, um die Männer zur Vorbereitung unseres 14. Sets an Deck zu jagen. Als ich die Kombüse betrat, erstarb die Unterhaltung. Plötzlich war die Besatzung intensiv damit beschäftigt, zum hundertsten Mal „Der Ruf des Adlers" anzuschauen. Ich war froh, Charlie am Tisch zu sehen, der ein paar Kekse knabberte. „Zeit für das Set, Jungs. Kommt." Meine Begeisterung, die normalerweise ansteckend wirkt, konnte die gedrückte Stimmung nicht aufhellen.

Die Hupboje, die das 14. Set begann, platschte bei 45° 45' Nord und

46° 50' West ins Meer. Das war 180 Meilen südwestlich der Stelle, wo wir unsere ersten dreizehn Sets gemacht hatten. Dieser Teil des Bruches verlief von Norden nach Süden. Ich fuhr das Schiff nach Süden, durch Gebiete, wo ich vielversprechende Köderschulen und Vogelschwärme ausgemacht hatte. Dabei dachte ich, ohne dass ich wagte, es auszusprechen: Das hier sieht gut aus. Ich schaute auf das Deck hinunter und beobachtete Ringo, der in das Wasser starrte, das am Schiffsrumpf entlangfloss. Ringo schien ganz konzentriert zu sein.

Ich stellte mir vor, dass Ringo vielleicht über das Finanzamt nachdachte, mit dem er sich seit vier Monaten zu arrangieren versuchte. Am Ende jeder Fahrt, wenn die Lohntüten der vorangegangenen Reise ausgehändigt wurden, hatte Ringo seine Lohntüte zur örtlichen Niederlassung des Finanzamts gebracht, wo der Löwenanteil für die Schulden beim Staat draufging. Ringo war mit seinen Schwierigkeiten mit dem Finanzamt bei weitem nicht allein. Ein großer Prozentsatz der Berufsfischer, ich eingeschlossen, sind zu irgendeinem Zeitpunkt mit den Einkommenssteuern ins Hintertreffen geraten. Der Grund ist klar: Von den Lohntüten werden keine Steuern einbehalten. Die Decksmänner sind dafür verantwortlich, Aufstellungen zu machen und einzureichen und am Ende des Steuerjahres die Schuld in einer Summe zu begleichen. Warum der Staat ein paar Salzwasserzigeunern diese Verantwortung überlässt, ist mir schleierhaft. Einige Fischer, die ich kenne, haben überhaupt nie etwas eingereicht. Viele haben kein Bankkonto, auf das das Finanzamt zugreifen könnte, und können ihr Hab und Gut in einem 100-Liter-Müllsack verstauen.

Als das Fanggerät im Wasser war, säuberten die Jungs das Deck und richteten es für das Einholen her, dann legten sie sich ohne ein „Gute Nacht" in die Falle. Während die Besatzung schlief, fuhr ich das Schiff. Als ich mit dem Suchlicht nach Ködern und Vögeln Ausschau hielt und beides reichlich vorfand, war ich so aufgeregt wie vor vierzehn Nächten, nachdem ich das erste Set der Fahrt gemacht hatte. Das einzige Problem, mit dem ich rechnete, war die Stimmung der Besatzung.

Meine Befürchtungen wurden zerstreut, als sie um Viertel vor vier an Deck zu mir stießen, um mit dem Einholen zu beginnen. Die Männer hatten sich offensichtlich in ihr Schicksal gefügt, dass sie es bis zum Ende mit mir aushalten mussten: Nach zwei Abschnitten kam der Fisch beständig an Bord.

Es war ein wirklich stattlicher Fang, meist kurze und kräftige Marker, die unseren Laderaum schnell füllen würden. Auf halbem Weg, als ich 26 Fische zählte, sah ich in den Fischladeraum hinunter und bemerkte, dass der leere Platz ziemlich abgenommen hatte. „Mann, noch 2000 Kilogramm, und wir sind weg.“

„Warum spielst du nicht die gute Fee, und wir fahren schon heute?“, schlug Ringo vor.

„Wenn die Zählung heute siebzig Fische ergibt, werden wir das tun“, versprach ich. „Aber unterhalb der Siebzigermarke müssen wir es nochmals versuchen.“

Während der letzten drei Abschnitte des Geräts befanden die Besatzung und ich uns auf einer emotionalen Achterbahnfahrt. Jedes Mal wenn ich das Schiff zurücksetzte, landeten drei oder vier Fische an Deck, dann war wieder nichts, dann wieder drei Fische auf einmal, gefolgt von vielen leeren Leitwehren.

Als Fisch Nummer siebzig an Deck klatschte, landete er mit so viel Kraft, dass es knallte wie ein Kanonenschuss. „Aua!“, jammerte ich. Die Männer wussten nicht, was sie tun sollten. Hier an Deck lag ihr Rückfahrschein, ein Grund für sie zum Jubeln, aber ich schien verletzt worden zu sein, ein Grund zur Besorgnis. Ich ballte meine Fäuste und hielt die Augen fest geschlossen, biss auf die Zähne und stöhnte laut auf, dann herrschte Stille. Ich konnte ihre besorgten Gesichter durch meine zusammengekniffenen Augenlider sehen.

Carls Stimme brach das Schweigen. Er fragte beklommen: „Was ist passiert, Ma? Ist mit dir alles in Ordnung?“

Ich holte mühsam Luft, bevor ich sprach: „Es ist dieses verdammte Hufeisen“, ich öffnete meine Augen und lächelte, „das zu seinem rechtmäßigen Besitzer zurückgekehrt ist.“

12 Aufwärmpause

Drei der Besatzungsmitglieder und ich sahen interessiert zu, wie ein vierter Mann seinen eigenen Zahn mit einer Zange zog. Wir waren mitten auf einer Fahrt und konnten es uns nicht leisten, 600 Meilen nach Neufundland zum nächsten Zahnarzt zu fahren oder zu riskieren, unseren ertragreichen Fangplatz an das Nachbarschiff zu verlieren. Selbst der Mann, der tagelang Qualen ausgestanden hatte, bevor er schließlich die Zahnwurzel aus dem Kiefer riss, zog niemals in Betracht, die Fahrt für etwas so Unwichtiges wie einen vereiterten Zahn zu unterbrechen, und bat nicht darum, an Land gebracht zu werden. Die Zahnpflege an Bord ist nur ein Beispiel dafür, wie ausdauernd Hochseefischer sind und wie sehr sie in einer Art „Tunnelsicht" alles andere hintenanstellen, wenn sie dem Fisch und der Lohntüte nachjagen.

Diese „Tunnelsicht" ist ein Symptom der blinden Entschlossenheit, die wir alle auf See haben. Am Ende des Tunnels befindet sich ein mit Fisch beladenes Schiff, und wir tun alles, was nötig ist, um das andere Ende zu erreichen. Jedes körperliche, gefühlsmäßige oder mechanische Hindernis wird überwunden. Die Überforderung der Mechanik ist das am weitesten verbreitete Problem und stellt den Einfallsreichtum selbst des geschicktesten Bastlers oft auf die Probe. Die preisverdächtigen Ausrüstungen und Apparate, die auf See geschaffen werden, gehören zu den komplexesten technischen Spielereien, die man sich vorstellen kann. Fischer sind angesichts mechanischer Probleme ziemlich erfinderisch und können mit Isolierband, Schlauchklemmen und salzwasserfester Dichtungsmasse fast immer irgendetwas zusammenbasteln, was uns über die Fahrt bringt. Die meisten Fischfänger haben große Abstellräume, die mit Muttern, Schrauben und allen möglichen Ersatzteilen voll gestopft sind. Selbst kaputte Teile werden aufgehoben, wenn sie durch neue ersetzt worden sind, um später eventuell auf andere Weise verwendet zu werden. Fast nichts wird als unbrauchbar weggeworfen.

Auf einer Fahrt mit der *Gloria Dawn* fing ich in einem 20-Liter-Eimer das Kühlmittel auf, das aus der Kühlmittel-Umlaufpumpe des Hauptmotors leckte, und pumpte es mit einem Stück Gartenschlauch unter Verwendung einer Bilgepumpe in das Expansionsgefäß zurück. Etwas später auf dieser Fahrt war die Hydrauliksteuerung am Ende, und wir stellten ein einfaches mechanisches Steuerungssystem mit mehreren Leitungen, Rollen und einem Flaschenzug her. Als wir nach Portland zurückkehrten, war das Erstaunen des Chefs, dass wir die Fahrt trotz so vieler Ausfälle zu Ende bringen konnten, größer als die Enttäuschung darüber, dass wir so wenig Fisch gefangen hatten.

Auch in der Kombüse zahlt sich Improvisationsgabe aus. Talentierte Köche schöpfen aus verborgenen Quellen, wenn sie das Essen ohne bestimmte wichtige Zutaten unter Bedingungen zubereiten, die alles andere als ideal sind.

Die gefragtesten Besatzungsmitglieder sind jene, die nicht lange fragen, ob etwas repariert werden kann, sondern gleich Lösungen anbieten, seien sie auch noch so ausgefallen, wie man das wieder richten kann, was kaputtgegangen ist. Die erstaunlichste Demonstration wilder Entschlossenheit, die ich je gesehen habe, lieferte Bob Brown: Als die

Motoren der *Hannah Boden* auf See ausgefallen waren, versuchte er, das Schiff mittels zweier kleiner Zeltplanen, die als Segel fungieren sollten, vorwärts zu bewegen. Er wollte vermeiden, für teures Geld abgeschleppt werden zu müssen.

Es ist schwierig für einen Kapitän, Qualitäten wie Entschlossenheit, Durchhaltevermögen und Einfallsreichtum bei potenziellen Besatzungsmitgliedern abzuschätzen, die im Hafen anheuern. Diese Fähigkeiten kommen erst ans Licht, wenn sie gebraucht werden. Deshalb ist es riskant, einen grünen Jungen anzuheuern. Meiner Erfahrung nach sind nur sehr wenige Männer bereit, sich selbst einen Zahn zu ziehen.

12 + 1 Westwärts

„Zuhause“ klingt für mich immer seltsam, wenn ich es in Bezug auf Gloucester sage. Gloucester ist da, wo wir den Fang ausladen, unseren Lohn erhalten und uns für einen weiteren Monat auf See ausrüsten. Für mich war es nie ein Zuhause. Mein Zuhause ist auf der Isle au Haut. Ich habe meine Familie auf der Insel, meine Großmutter und schon deren Eltern liegen dort begraben, oben auf dem Hügel, wo einst die Scheune stand. Ich vermute, dass auch ich später einmal dort ruhen werde, unter einer Moosdecke, umgeben von salziger Meeresluft und dem Rest eines weißen Palisadenzauns.

In diesem Monat würde keine Zeit für einen Besuch auf der Isle au Haut sein. Ich würde an Bord der *Hannah Boden* bleiben und im Hafen festliegen, um Bob Brown dabei zu helfen, das Schiff für den Oktobermond, die letzte Fahrt der diesjährigen Grand-Banks-Saison, startklar zu machen. In den letzten zehn Jahren hatte ich sehr viel mehr Zeit auf See als auf der Insel verbracht.

Am ersten Tag der Reise nach Westen herrschte auf der *Hannah Boden* emsige Betriebsamkeit. Das Wetter war ruhig und ermöglichte es den Männern, mit der intensiven Reinigung jedes Zentimeters des dreißig Meter langen Stahlschiffes zu beginnen. Sogar Charlie wurde wieder ein bisschen munter und tat, was er konnte, um die Spuren, die die endlosen Tage und Nächte des Fischfangs hinterlassen hatten, zu entfernen. Ich sah von der Brücke aus zu, wie die Besatzung Hupbojen auseinander nahm, sie mit frischem Wasser spülte und vorne verstaute.

Fünfhundert Kugelschwimmer verschwanden in einem Abstellraum, zusammen mit Gaffeln, Fleischerhaken, Messern und Fischfanggerät. Die Besatzung musste gespürt haben, dass ich zusah: Vier der Männer zogen an der Steuerbordreling auf Kommando die Gaffelstangen, die sie in der Hand hielten, in einer rudernden Bewegung durchs Wasser, als wollten sie die *Hannah Boden* so nach Hause bringen. Ich öffnete das Fenster und feuerte sie an: „Schneller!" Den Hafen mit einem vollen Fischladeraum zu erreichen war das bestmögliche Ergebnis. Die Besatzung war stolz auf die Leistung und hatte sich die gute Laune, die sie auf dem Weg zum Hafen genoss, vollauf verdient. In den nächsten fünf Tagen würden wir sechs uns Gedanken über den Fischpreis machen, denn er entschied endgültig über den finanziellen Erfolg der Fahrt.

In den ersten beiden Nächten der Heimreise hatte ich keinen Kontakt zu Bob Brown. Er war nicht zu Hause und nicht am Funkgerät. Ich war begierig, ihn zu sprechen, um unsere Aufregung mit ihm zu teilen und ihm vor unserer Ankunft in Gloucester genug Zeit zu geben, die notwendigen Vorbereitungen zu treffen. Eine Fahrt wie diese war nicht nur finanziell ein Erfolg, sondern stand auch für die harte Arbeit des Schiffseigners sowie seine Fähigkeit, eine erfolgreiche Fangaktion zu leiten und zu überwachen. Ich war sicher, dass Bob stolz auf uns sein konnte.

Tagsüber sah ich kaum einen Mann ohne Schrubber, Besen oder Bleiche in der Hand. Die Liste der Arbeiten war lang und detailliert, und die Besatzung strich begeistert die einzelnen Punkte aus. Nach jeder erledigten Arbeit lagen weitere Meilen Ozean hinter uns.

Am Anfang unserer dritten Nacht waren alle Fischberichte von den Bänken düster. Die Schiffe, die östlich von uns geblieben waren, erlebten nun die gefürchtete dunkle Seite des Mondes. Ich hoffte, dass die Berichte über den schlechten Fischfang unseren Fischpreis erhöhten. Labor Day war vorbei und damit auch die erfreulichen acht Dollar pro Kilogramm, die wir im Juli und August bekommen hatten, denn viele der Ferienorte und Restaurants Neuenglands sind genauso saisonabhängig wie Grillfeste im Freien. Im September sinkt die Nachfrage nach Schwertfisch, und entsprechend fällt auch der Preis. Ich hoffte, dass wir mehr als sechs Dollar pro Kilo bekommen würden. Schließlich dröhnte Bobs Stimme durch den Lautsprecher: „WQX sechs-vier-sieben an *Hannah Boden*. Bist du da, Linda?"

Ich stürzte mich auf das Mikrofon: „Whiskey Romeo Charlie fünf-zwei-vier-fünf. Hallo, Bob. Ende." Ich atmete tief durch, um einen kindischen Impuls zu unterdrücken, die gute Nachricht gleich hinauszuplärren. Ich wollte nicht den Eindruck erwecken, als prahlte ich. Bobs anschließender Bericht schien ewig zu dauern. Er erzählte mir alles, was in den letzten zwei Tagen passiert war. Ich rutschte nervös herum und verlagerte mein Gewicht von einem Fuß auf den anderen, bis seine Gedanken schließlich auf das Schiff, den Fang und mich kamen.

„Mein Gott, letztes Mal, als wir sprachen, hattest du gerade einen Tag mit sieben Fischen und hast dich neu positioniert. Du bist sicher gerade mitten in einem Set. Wie läuft es? Sind die Fische wieder da? Ende."

Ich liebe es, gute Nachrichten zu überbringen. Ich versuchte, unbeteiligt zu klingen, aber es gelang mir nicht. „Wir sind auf 55 West und kommen zurück in den Stall. Wir werden Samstagnacht im Hafen sein. Bei unserem letzten Set hatten wir 75 Fische. Wir sind voll! Ende." Ich wartete auf Bobs Reaktion, Glückwünsche, ein herzliches „Bravo Mädchen". Aber stattdessen folgte eine lange Pause. Bobs nächste Wortmeldung traf mich wie ein Hammer.

„Du bist von einem 75er-Set weggefahren? Du machst Witze, Linda!" Bob war verärgert. „Wir haben an dem Morgen, als du aus Gloucester wegfuhrst, darüber gesprochen. Du hast ein gutes Set und fährst nach Hause. Das ist unglaublich."

Ich antwortete zaghaft: „Aber der Laderaum ist voll. Ende." Ich war nicht in der Lage, ein gutes Argument einschließlich Preis und dem Zeitplan für die nächste Fahrt anzubringen.

„Nun ist es zu spät, darüber zu diskutieren. Du bist sicher schon 400 Meilen vom Fisch entfernt." Bobs Ton war etwas freundlicher geworden, vielleicht weil er spürte, dass mich seine Äußerung völlig verstört hatte. „Ich werde alles vorbereiten, damit ihr am Sonntagmorgen um vier ausladen könnt. Kommt nicht am Samstag herein. Wartet, bis es Zeit ist auszuladen. Wir wollen nicht, dass die Leute verschwinden oder sich betrinken, bevor die Arbeit getan ist. Ende."

„Verstanden. Ende." Meine Stimme war unter der harten Kritik meines Chefs ganz leise geworden.

„Ich spreche morgen Nacht mit dir, dann kannst du mir die Liste mit den notwendigen Reparaturen durchgeben sowie alles, was an Gerät für die nächste Fahrt benötigt wird. Ende."

„Verstanden. Ende."

„Ich wünsche euch eine ruhige Nacht. Grüße die Besatzung von mir. Bis später. WQX sechs-vier-sieben. Aus, *Hannah Boden."*

„Tschüs." Ich lehnte mich in den Kapitänsstuhl zurück und analysierte meine von Liebe und Hass geprägte Beziehung zu meinem Chef. In diesem Moment war es leicht zu hassen und schwerer zu lieben. Ich sinnierte, dass das Fischen so einfach und Beziehungen so schwer waren.

Vor langer Zeit hatte ich gelernt, dass jede Entscheidung, die die Besatzung freute, den Eigner ärgerte und umgekehrt. Bob wäre erfreut gewesen, wenn ich berichtet hätte, dass der Fischladeraum und der Gefrierschrank für Köder voll seien und wir nun versuchten, unsere Kojen zu füllen. Bob hätte wahrscheinlich sogar vorgeschlagen, ein paar Stück unter den Kombüsentisch zu packen. Die Besatzung würde natürlich eine Meuterei versuchen. Ja, ich bewunderte und respektierte den zähesten Mann und klügsten Fischer, dem ich je begegnet bin, aber ich hasste es, wie er es schaffte, dass ich mich fünf Zentimeter klein fühlte. Ich hätte überglücklich sein sollen, westwärts zu fahren, aber nach dem Gespräch mit Bob wäre ich lieber auf See geblieben. Und was den Liebesanteil meiner Hassliebe anging – nun ja, eigentlich liebte ich Bob Brown nicht wirklich. Was ich liebte, war das Wissen, dass es so einen Mann gab. Wäre Bob an meiner Stelle gewesen, er wäre natürlich geblieben und hätte weitergefischt, trotz aller guten Gründe, nach Hause zu fahren. Bob hätte auf Preis, Qualität, Besatzung, vollen Laderaum gepfiffen; er wäre geblieben, einfach deshalb, weil er den Fisch fing – der vollkommene Fischer, ein Purist. Ich überlegte, dass ich Bob am meisten in schlechten Zeiten mochte. Ein schlechter Fang und niedrige Löhne ließen die Besatzung von Bord der *Hannah Boden* eilen, und ich blieb mit Bob im Kielraum zurück. Bob hatte mir den Wert von Loyalität vermittelt, indem er während der harten Winter und niedrigen Löhne zu mir gestanden und gesagt hatte: „Wir arbeiten auf einer Anteilsbasis. Wir teilen das Gute und das Schlechte. Im Moment teilen wir das Schlechte."

Hätte ich damals gewusst, was ich heute weiß, ich hätte weniger Energie darauf verschwendet, Bob dafür zu hassen, dass er mich so antrieb, und mehr Zeit dafür aufgewendet zu lernen, was er mir über Ausdauer und Entschlossenheit beizubringen hatte. Ich hätte mir sein ausgedehntes maritimes Wissen besser zunutze gemacht.

An unserem vierten Tag der Reise von den Grand Banks Richtung Westen dachte ich sicher keinen Augenblick lang, dass ich Bob Brown vielleicht eines Tages vermissen würde.

Während unserer vierten Nacht fragte ich mich, während wir südlich an Sable Island vorbeifuhren, ob Geister Neid verspüren können. Viele Seelen von Seeleuten, die im Nordatlantik ihr nasses Grab gefunden haben und nun herumgeistern, nehmen der Besatzung und dem Kapitän, die in Hochstimmung sind, die Heimreise vielleicht übel. Wie viele Geister von Männern, die hier leben, befanden sich einst in der gleichen Situation wie wir und kehrten glücklich zum Hafen zurück, triumphierend mit einem Schiff voller Fisch, ungeduldig, die ersten Lichter in den

Küchen und Zimmern der Häuser entlang der Küste von Cape Ann zu sehen? Die Männer, die sich nach ihren Frauen und Geliebten verzehrten, spürten in ihren Herzen und Lenden sicher das Verlangen nach dem auflodern, was sie während der langen Tage und Nächte auf See vermisst hatten. Dann schlug ohne jede Vorwarnung irgendein Unglück zu und zerstörte alle Hoffnung auf ein Wiedersehen, ja sogar das Leben selbst.

„Unheimlich, nicht wahr?", fragte Carl. Seine Stimme war nur ein Wispern, als er mit Augen, die so schwarz waren wie die Nacht, aus dem Steuerbordfenster auf Sable Island blickte.

„Du kannst Gedanken lesen. Ich dachte gerade an all die Fischer, die nie zu Hause angekommen sind. Dieses Gebiet ist eine verdammte Todesfalle. Der Verlust der Jungs von der *Andrea Gail* hat uns das ja erschreckend vor Augen geführt. Es kann jedem passieren. Auch uns."

„Ja. Das wäre der Hammer."

Ich beneidete Carls jugendliche Fähigkeit, der Konversation nicht zu viel Schwere zu verleihen, und erkannte, dass ich Alden auf die gleiche Weise geantwortet hätte, als ich 19 Jahre alt war und nach dreißig Tagen auf See die Heimreise antrat. Bis zum Oktober 1991, als der Herbststurm das Leben von Kameraden nahm, waren Schiffswracks nur ein Teil der Seegeschichte; die Möglichkeit, selbst damit zu tun zu haben, schien abwegig. Mir konnte das nicht passieren. Man könnte es als Vogel-Strauß-Politik bezeichnen, aber ich betrachte mein Verhalten als einen Weg, der Realität ins Auge zu sehen, dass ich ein gefährliches Leben gewählt habe.

VIELE Leser des Buches „Der Sturm" möchten wissen, wie ich diesen Jahrhundertsturm überlebte, und sind oft enttäuscht, wenn ich ihnen sage, dass er für uns nicht lebensbedrohlich war. Damit will ich die Heftigkeit des Sturms nicht herunterspielen. Ich wusste, wie schlimm er war, als ich die Zerstörung sah, die er hinterlassen hatte. Ich verlor in diesem Sturm sechs Freunde. Aber ich befand mich 600 Meilen östlich der Stelle, an der die *Andrea Gail* vermutlich untergegangen ist, und 400 Meilen östlich des Gebiets, in dem 30 Meter hohe Wellen verzeichnet wurden.

Es wäre eine Lüge zu sagen, dass meine Besatzung und ich während des Sturms zu keinem Zeitpunkt um unsere eigene Sicherheit besorgt waren. Wir standen in Funkkontakt mit den Männern westlich von uns, deren Leben in Gefahr war, und etwas in ihrer Stimme erschreckte uns zutiefst. Wir hatten das Glück, dass der Sturm nachgelassen hatte, als er uns erreichte. Der Wind blies zwei Tage lang mit 70 Knoten. Das war ziemlich ekelhaft, aber es war bei weitem nicht der schlimmste Wind, den wir je erlebt hatten.

OBWOHL in dieser Saison niemand an Bord der *Hannah Boden* ernsthaft verletzt worden war, kannten wir allc die Gefahren der Berufsfischerei nur zu gut, die von vielen als gefährlichster Beruf überhaupt angesehen wird. Ich glaube, dass der einfachste Weg ist, über Bord gespült und vom Meer verschluckt zu werden, wenn mir schon ein salziger Tod bestimmt sein sollte. Ich ziehe dieses Ende manch anderem vor, das ich kenne. Wir haben alle das Grauen aus erster Hand erlebt und schon von grotesken oder weniger grotesken Schiffsunglücken gehört.

Die tödlichste Waffe an Bord eines Langleiners ist vielleicht der Haken. Seine Größe und Schärfe macht einen Haken zu einem gnadenlosen Zerstörungswerkzeug, wenn er sich in irgendein Fleisch gräbt und es zerreißt. Nicht ganz so häufig, aber sicher nicht ungewöhnlich sind Verletzungen durch Haie. Das Gebiss eines Makohais ist wie ein stählernes Fangeisen; in Sekundenschnelle kann er sich damit in der Wade von jemandem festbeißen, der ihm den Rücken zudreht. Reihen messerscharfer Zähne perforieren Ölzeug, Stiefel, Haut und Fleisch und graben sich in Knochen wie Nägel in Balsaholz. Und dann gibt es noch die Unfälle auf den schlüpfrigen Decks der Hecktrawler bei schlechtem Wetter. Die rollende Bewegung kann einen unachtsamen und erschöpften Mann gegen die massiven Teile der Deckausrüstung werfen und Gliedmaßen wie dürre Äste abtrennen. Weniger grauenvoll, aber genauso fatal sind die inneren Verletzungen, die man davonträgt, wenn man unter dem Gewicht einer hinterhältigen Welle zerdrückt wird. Wir hatten während dieser Saison in vielerlei Hinsicht Glück gehabt. Niemand an Bord der *Hannah Boden* hatte mehr als einen unangenehmen Schnitt durch ein rostiges Messer davongetragen.

Ringo gesellte sich zu mir und Carl auf die Brücke, und zu dritt starrten wir schweigend in die Nacht hinaus, jeder in seine Gedanken verloren. Carl brach das Schweigen, indem er Ringo unbekümmert fragte: „Und was wirst du machen, wenn du an Land gehst?"

„Mich betrinken und bumsen. In dieser Reihenfolge."

„Und du, Ma? Wirst du bumsen, während wir an Land sind?", fragte Carl.

„Ist das eine Frage, die man jemand stellt, zu dem man ‚Ma' sagt?", erkundigte ich mich lachend.

„Nun, ich bin einfach neugierig. Also?"

„Das geht dich verdammt noch mal nichts an." Die Wahrheit war, dass ich nicht lange genug vom Schiff herunterkam, um mich auf irgendetwas in dieser Richtung einzulassen, und die Tatsache, dass es mir egal war, störte mich mehr als die Abstinenz selbst.

Ringo nahm mich aus Carls Schusslinie, indem er das aussprach, was wir sicher alle befürchteten: „Es wird Spaß machen zu bumsen, aber wenn wir den Fischpreis hören, werden wir uns wahrscheinlich alle abgezockt fühlen."

Es scheint seltsam, dass ich mich immer als Herr über mein Schicksal betrachtet habe, obwohl ein so großer Teil meines Lebens von Kräften bestimmt wird, die sich meiner Kontrolle entziehen. Ich hatte noch nicht gelernt, Fisch gegen seinen Willen auf meinen Haken zu zwingen oder den Vollmond anzuhalten, bis das Schiff randvoll geladen war. Auch Alden spürte diese Unzulänglichkeit, wenn er sich an der Natur maß, und sagte oft: „Zeit und Gezeiten warten auf keinen Mann und verdammt wenige Frauen!" Für mich war beim Fischen nicht die Natur, sondern der Preis das frustrierendste Element, über das ich keine Kontrolle hatte.

Meine Berechnungen ergaben, dass ein Preisunterschied von zwei Dollar pro Kilogramm einen Unterschied von bis zu 5000 Dollar bei den Löhnen der Besatzung und einen möglichen Unterschied von 10 000 Dollar für mich ausmachte. Sollte der Preis in einen Bereich von vier Dollar fallen, was gegen Ende der Saison häufig vorkommt, erhielten die Besatzung und ich wenig für unsere Anstrengungen. Alles unter einem Durchschnitt von vier Dollar wäre eine Pleite. (Wie sich später herausstellte, war diese Fahrt zwar ein Hammer, was den Fang betraf, doch wir erzielten nur einen durchschnittlichen Preis von 5,25 Dollar pro Kilogramm Fisch, was furchtbar niedrig ist. Die Bruttolöhne – 13 712,09 US$ für mich als Kapitän, 5484,84 US$ für jedes andere Besatzungsmitglied – für unsere Arbeit vom 30. 8. bis zum 28. 9. waren also enttäuschend, gemessen am Gesamtgewicht des gefangenen Fischs.)

Alden hat mir erzählt, dass ihm sein Vater, ebenfalls ein Fischer, einmal gesagt habe, jeder, der sich entschließe, den Fischfang nur wegen des Geldes zu betreiben, sei im falschen Geschäft. Wenn beim Fangen des Fisches das Adrenalin nicht steigt, wenn man keine Befriedigung darin findet, aufs Meer zu fahren und wieder an Land zurückzukehren, und keinen Stolz, wenn man sagt: „Ich bin Fischer", dann bringt ein Leben auf dem Wasser keine Erfüllung und ist vielleicht sogar unerträglich. Unter den Unglücklichen, die ich kenne, sind vielleicht jene Menschen am unglücklichsten, die aus der Notwendigkeit heraus fischen und nicht aus Liebe für das Meer und wegen des Lebens auf dem Meer. Ich habe immer gesagt, dass ich eine neue Karriere beginnen werde, wenn mir der Fischfang keinen Adrenalinschub, keine Zufriedenheit und keinen Stolz mehr bringt.

Ich zählte zu den besonders Begünstigten, die mit einer Besatzung von fünf echten Fischern arbeiteten statt mit einer Gruppe von fünf Jungs auf der Jagd nach einer vollen Lohntüte. Es war selten, eine Besatzung dieses Kalibers zu haben. Ich hatte genug Fahrten mit weniger guten Männern erlebt und durchlebt und kannte den Unterschied. Natürlich wünschten sich alle fünf genauso wie ich eine volle Lohntüte. Peter und Charlie mussten ihre Familien ernähren, Ringo musste seine Steuern nachzahlen, Carl sparte, um sich einen Hummerfänger für die Küstenfischerei zu kaufen, und Kenny brauchte einen Notgroschen, der ihn durch einen langen Winter in Neufundland brachte, wo die Regierung den Dorschfang gestoppt hatte, den Broterwerb vieler kanadischer Fischer. Aber unabhängig vom Lohn würden diese Männer im nächsten Monat wieder auf dem Meer sein, entweder mit mir an Bord der *Hannah Boden* oder mit einem anderen an Bord eines anderen Schwertfischfängers, und zwar deshalb, weil sie Fischer waren.

Während wir südlich an Cape Sable vorbeifuhren, dem südwestlichen Ende von Neuschottland, sahen wir einen großen Teil der Schwertfischflotte Neuschottlands. Einige Schiffe holten mit der Langleine ein, während andere mit der Harpune Jagd auf Schwertfische machten. Diese kanadischen Fischer, ein zäher Haufen in kleinen, kompakten Holzbooten, mussten weniger als 100 Meilen zu den Fischgründen der Middle, Emerald, Lahave und Browns Manks fahren, die wir jetzt durchquerten.

Mit dem Fernglas holte ich die Silhouette eines Mannes heran, der am Ende eines Schiffsstands mit der Harpune in der Hand verharrte. Als der Schütze die Harpune in das Wasser zu seinen Füßen abschoss, spürte ich den bekannten Adrenalinstoß. Ich erinnerte mich lebhaft an das Harpunieren an Bord der *Walter Leeman*. In Gedanken war ich der Steuermann im Mastkorb und steuerte das Schiff vorsichtig auf den Fisch zu, der vor uns gesichtet worden war. Es war totenstill, und Spannung lag in der Luft, als wir uns der Rückenflosse eines Riesenfisches näherten. Alden war der Schütze. Er hatte die Harpune wie einen Speer über seiner Schulter angelegt und wartete. Die schwarzen Flossen schnitten durchs Wasser, näher und näher. Schließlich schleuderte Alden die Stange mit der Spitze voran ins Wasser. Mein Herz hörte vor Anspannung auf zu schlagen. Ich steuerte hart steuerbord und schaltete den Motor in den Leerlauf. Erst wenn ich die Klammern zuschnappen hörte, wusste ich, dass Alden den Fisch getroffen hatte. Die Wurfleine wurde von den hölzernen Klammern gezogen, vom Schiff weg, in das Wasser hinter dem Fisch, der nun tauchte und einen blassroten Blutstrom hinter sich herzog. Ich sah zu, wie die 200 Meter Leine ins Meer abgerollt wurden und dahinter eine Boje hineinplatschte, um den Fisch zu markieren, der gerade gefangen worden war.

Durch das Fernglas beobachtete ich neidisch den kanadischen Schützen, der die Stange für einen neuen Wurf bestückte. Harpunieren ist die aufregendste und schönste Methode des Fischfangs. Leider liegen die meisten guten Gebiete zum Harpunieren innerhalb der kanadischen Grenzen, und um die größeren Schiffe und ihre sechsköpfige Besatzung zu unterhalten, ist die höhere Produktivität des Langleinenfischfangs erforderlich. Ich dachte, wenn ich Kanadier wäre, würde ich meine Tage damit verbringen, mit der Harpune statt mit dem Haken zu fischen. Die Harpune ist ein primitives Jagdwerkzeug, und der Harpunierer gehört zu den letzten echten Jägern. Man kann praktisch jedem beibringen, einen Haken mit Köder zu bestücken, aber nur wenige besitzen die Fähigkeit, die Konzentration und die Koordinierung, einen frei schwimmenden Fisch zu erlegen.

Erst am Ende der strapaziösen Fahrt, beim Anlanden des Fangs im Hafen, stellt sich heraus, ob die Mühen sich gelohnt haben.

„Treffen sie irgendwas?“, fragte Ringo.

„Ja.“ Ich nickte, während ich das Fernglas immer noch an die Augen gepresst hielt. „Der Typ dort drüben hat gerade einen geschnappt.“ Ringo suchte unsere Position auf der Karte und meinte, dass wir sicher noch rechtzeitig zu einer wilden Samstagnacht in Gloucester ankämen, da wir nur noch etwas mehr als 200 Meilen hatten. Ich legte das Fernglas auf den Kartentisch, langte hinauf und nahm die Geschwindigkeit um einige hundert Umdrehungen zurück. „Danke, dass du mich daran erinnerst", sagte ich. „Bob möchte uns am Sonntag nicht vor Tagesanbruch am Hafen sehen, also können wir auch langsamer fahren."

„Nein, nicht schon wieder, Ma. Du machst Spaß, oder?"

„Nein, ich fürchte, Bob hat Puerto Rico noch nicht vergessen. Er hat mir verboten, in den Hafen zu kommen, bevor es Zeit ist, den Fisch auszuladen."

„Bastard", murmelte Ringo und ging zur Kombüse zurück. Auch ich erinnerte mich an die Szene in San Juan.

WIR MACHTEN drei Stunden vor unserer geplanten Ankunftszeit am panamerikanischen Dock im Hafen von San Juan fest. Ich verbot der Mannschaft, sich vom Kai zu entfernen, bis der Fisch abgeladen und der Laderaum desinfiziert war. Der Fisch, der in der Karibik gefangen wird, kommt vom Schiff aus direkt in die Flugzeugcontainer am Kai und wird in die Staaten geflogen. Der Fang wird nach einem genauen Zeitplan ausgeladen, um sicherzustellen, dass die Container nicht für längere Zeit auf dem heißen Asphalt stehen, bevor sie in den Bauch des nächsten Flugzeugs nach Boston gehievt werden.

Von dem klimatisierten Büro des Schiffsagenten aus konnte ich die *Hannah Boden* sehen und auch die Telefone am Kai, um die sich meine Besatzung versammelt hatte. Innerhalb weniger Minuten kam ein Taxi. Der Fahrer reichte den Männern einige braune Papiertüten durchs Fenster und erhielt dafür eine Hand voll grüner Scheine.

Einige Fischer trinken, um sich nach einem langen Aufenthalt auf See zu entspannen. Zu diesem Zeitpunkt in Puerto Rico tranken sie, um betrunken zu werden. Bevor die erste Tonne Fisch aus dem Laderaum gehievt worden war, trug die Besatzung in ihrem angetrunkenen Zustand untereinander Kämpfe aus. Bitteren Wortwechseln folgten schließlich körperliche Angriffe. Der Fisch verpasste das geplante Flugzeug, was mich weder bei Einkäufern, die am Flughafen in Logan warteten, noch bei Bob Brown, der inmitten des Trubels am Kai ankam, sonderlich beliebt machte. Nein, wir würden auf dieser Fahrt nicht vorzeitig an Land gehen.

DAS FRÜHE Licht an diesem lang ersehnten Sonntagmorgen ließ uns das erste Land seit dreißig Tagen sehen. Die Deckleinen wurden vorbereitet, um sie vom Bug, mittschiffs und vom Heck Bob Brown zuzuwerfen, der am Kai stand und darauf wartete, sie aufzufangen. Bevor die Springleine achtern auf dem Kai zu seinen Füßen auftraf, schrie Bob durch seine zum Trichter geformten Hände: „Guten Morgen, Linda! Wann möchtest du wieder auf Fahrt gehen?"

„Ich dachte, ich fahre ein paar Tage nach Hause", log ich. „Wie ist der Fischpreis?" Nur zwölf Stunden vor unserer Ankunft im Hafen waren wir an der Isle au Haut vorbeigekommen, aber wir waren so weit entfernt, dass wir den Umriss der Landmarke Duck Harbor Mountain nicht einmal erahnen konnten.

Zu viele Seemeilen lagen zwischen der Insel und mir. Die gleichen Meilen, die ich manchmal als Pufferzone betrachtet habe, empfand ich an diesem Tag als Hürde. Ich denke, dass ich aus dem Meer Leben und Lebensunterhalt geschöpft und dies auch wieder zurückgegeben habe. Das komplexe und alles vereinnahmende Meer ernährt den Menschen, aber es nimmt auch von ihm. Die ruhige See, die meine Sorgen sachte vertreibt, ist zu gewaltigen Turbulenzen von solcher Gefräßigkeit fähig, dass sie Schiffe aus stärkstem Stahl verspeisen und wieder ausspucken kann und oft Männer und Schiffe im Ganzen verschluckt. Das Meer, das so viel gibt, nimmt sich wieder, was es braucht, und verlangt Respekt. Es erhält ihn von jenen, die seinen Hunger gesehen haben und verstehen.

Nachwort

Ich habe vor langer Zeit den Überblick darüber verloren, mit wie vielen Männern ich an Deck zusammengearbeitet habe. Ich erinnere mich nur an wenige Namen und Gesichter und betrachte noch weniger als Freunde. Obwohl ich nichts mehr von Charlie (dessen Gesundheit sehr schnell und vollständig wiederhergestellt wurde) und Peter gehört habe, gehören alle fünf Besatzungsmitglieder der *Hannah Boden*, die in den Kapiteln dieses Buches erwähnt sind, zu den Männern, denen ich mit Respekt und Bewunderung begegne. Ich schätze ihre harte Arbeit und ihren Einsatz als Fischer. Ich mochte die Art, wie sie mit mir als Kapitän umgingen. Ich betrachte sie als Freunde.

Im Januar 1998 hatte ich schon seit zwei Jahren keinen Schwertfischfang mehr betrieben. Ich war zufrieden, mit meinem eigenen Schiff an der Küste auf Hummerfang zu gehen, da ich so die Möglichkeit hatte, all das nachzuholen, was ich während der fünfzehn Jahre des Hochseefischfangs scheinbar vermisst hatte. Als ich von Maine nach Gloucester fuhr, hatte ich vor, Bob Brown zu besuchen und meine persönlichen Logbücher zu holen. Ich kam kurz vor acht am Kai in Gloucester an, und als ich aus meinem Auto ausstieg, empfing mich ein sonniger, klarer Wintertag. Ich atmete in tiefen Zügen die kalte Meeresluft ein und dachte: Mein Gott, wie ich das vermisse. Für einen Augenblick spielte ich mit dem Gedanken, die *Hannah Boden* wieder zu kommandieren.

Es war Ebbe, und die Leiter schien nicht ausreichend Sprossen zu haben, um weit genug hinunterzukommen und hinüber auf die Reling des Schiffes steigen zu können. Ich landete mit einem dumpfen Aufprall an Deck, wo ich mich schnell auf den Weg in das warme Vorschiff machte. Bob saß am Kombüsentisch und trank einen Humpen Kaffee. Er stand auf, um mir die Hand zu schütteln. Ich ergriff sie und gab ihm ein Küsschen auf die Wange, was ihn erröten ließ, und genau deshalb tat ich es. Bob war im Laufe der Jahre ein wirklicher Freund geworden und gestattete mir gelegentlich einen Blick durch die Haarrisse seiner hart gesottenen professionellen Schale auf einen wirklichen persönlichen Charme. Seit ich nicht mehr für ihn arbeitete, rief ich ihn oft an, um ihn um Rat zu fragen oder einfach nur hallo zu sagen.

Nach zwei Tassen Kaffee und einem halben Dutzend Geschichten über das Meer kletterten wir die Stufen zur Brücke hinauf, wo ich die Bücher mit Notizen, Listen und Aufzeichnungen über den Fischfang aus fünf Jahren meines Lebens vorfand, so viele Erinnerungen, gute und schlechte, reduziert auf ein Päckchen, das ich leicht unter dem Arm tragen konnte. „Das Schiff ist morgen früh zum Auslaufen bereit. Wenn du bereit bist, es zu übernehmen, bin ich bereit, dir deinen Job wiederzugeben", sagte Bob und wusste, dass ich wahrscheinlich ablehnen würde, wie schon mehrmals in letzter Zeit.

„Nein, danke. Im Augenblick bin ich glücklich damit, für mich selbst zu arbeiten." Ich starrte auf die Notizbücher und fügte hinzu: „Mein Gott. Das ist alles, was ich nach all der Arbeit vorzuzeigen habe. Es muss doch im Leben noch etwas anderes geben."

„Was möchtest du denn noch? Du verdienst gut mit einer Arbeit, die du liebst. Das ist mehr, als die meisten Leute haben."

„Ja, ich schätze, das stimmt. Aber ich fische, seit ich aus der Schule gekommen bin. Ich glaube, dass ich eine Menge versäumt habe, weil ich so viel auf See war. Ich frage mich einfach, ob ich das Richtige mache."

Bob lachte und sagte: „Ich bin sechzig Jahre alt und frage mich das auch noch. Es ist menschlich, das, was man aus seinem Leben macht, infrage zu stellen."

Bob lud mich zum Frühstücken ein, bevor ich wieder nach Maine zurückfuhr. Ich ging die Stufen zum unteren Deck hinunter, legte die Notizbücher auf die Reling, um beide Hände für die Leiter frei zu haben, und während ich kletterte, schrie ich Bob zu, mir die Bücher heraufzuwerfen. Ich kam oben auf dem Kai an, drehte mich um und sah Bob, der sich mit einer Hand die Leiter hinaufstemmte, während er mit der anderen meine Notizbücher an seine Brust gepresst hielt. Der Sechzigjährige kam die Leiter mit der Geschwindigkeit und Beweglichkeit eines jungen Mannes herauf. Als seine rechte Hand die oberste Sprosse fasste, hielt er an. Er zögerte für eine Sekunde, als erinnere er sich plötzlich an etwas und denke nach. Ich nahm an, dass er mir vielleicht die Bücher reichen wolle, und kniete mich hin, um meine Hand danach auszustrecken. Bob sah nicht herauf. Er drehte sich nach rechts, beugte sich leicht in der Taille, ließ die Leiter los und fiel mit dem Kopf nach unten. Er hatte die Arme nicht ausgebreitet, um seinen Fall zu bremsen, und landete direkt auf seiner Stirn. Ich erinnere mich vor allem an das Geräusch, und mir wird heute noch übel davon. Es hörte sich an, als schlage man mit einem Baseballschläger auf eine Melone. Dann war es still.

Der Rest ist verschwommen. Krankenwagen, Notaufnahme, Tests, Hirnblutungen, Schwellungen, Schädeltrauma und der Hubschrauber nach Boston. Zwei Wochen später beendeten ein Blutgerinnsel und ein schwerer Herzinfarkt das, was oben auf der Leiter begonnen hatte. Bob starb. Ich vermisse ihn.

WIE ICH schon sagte, habe ich von zwei Männern, die auf dieser Fahrt mit mir fischten, nichts mehr gehört, aber die anderen sind mit mir in Kontakt geblieben. Kenny ist in Toronto und arbeitet in einem Fiberglasladen. Ringo fischt auf einem Kiemennetzfänger vor Gloucester, und Carl hat einen Hecktrawler, mit dem er vor Portland, Maine, fischt. Ich selbst fische Hummer in den Gewässern um die Isle au Haut. Ich genieße es, zu Hause zu sein, aber ich vermisse den Fischfang und denke darüber nach, ein größeres Schiff zu kaufen. Ich ertappe mich oft, wie ich gen Osten schaue, über die Inseln hinaus. Mein Hunger nach der Heimat, scheinbar gestillt, ist durch ein leichtes Knurren des Magens ersetzt worden, dem ersten Symptom des „Seefiebers“: einer Leidenschaft für tiefere Gewässer und größere Fische.

PETRA RESKI

Ein

Land so weit

„DRÜBEN, das klang so nach Jenseits. Wenn mich jemand fragte: ‚Kommen deine Eltern von drüben?', konnte er froh sein, dass ich ihm nicht die Augen auskratzte. Hochmütig antwortete ich: ‚Meine-Mutter-kommt-aus-Schlesien-aus-der-Nähe-von-Breslau-und-mein-Vater-aus-Ostpreußen-aus-der-Nähe-von-Allenstein.'

Petra Reski

Prolog

Meine Familie hatte immer die schönsten Beerdigungen. Eine Bergmannskapelle spielte das Ostpreußenlied, die Friedhofshalle quoll über von Trauernden, der Sarg war umgeben von einem Kranzgebirge aus Chrysanthemen, Astern und Nelken, und meine Verwandten weinten. Sie drückten ihre Tränen nicht diskret in Taschentücher, sondern weinten laut, sie stöhnten und jammerten. Meine Großmutter bebte unter Tränen, meinem Großvater tropfte es vom Kinn, meine Tanten keuchten mit nasser Brust, und wir Kinder heulten, bis wir Schluckauf kriegten. Die drei Großtanten aus Leverkusen schluchzten, die Großcousins und die Schwippschwäger aus dem Bergischen auch, und wir alle lagen uns in den Armen und versuchten vergeblich, uns zu trösten. „Bist doch die Tochter vom Hejini", sagten die Großonkel zu mir. „Ach der Hejini", sagten sie, „neji, neji, neji." Und schüttelten den Kopf, drückten mich an sich und weinten mir in den Nacken. Ich habe es geliebt.

Bei den Beerdigungen wurde mir die unendliche Weite unserer ostpreußischen Verwandtschaft vor Augen geführt. Gapowskis und Kosslowskis und Meszelinskis und Zakowskis. Und alle waren irgendwie mit mir verwandt. „Nu, wejisst nich?", fragte meine Großmutter. „Ist doch der Paul. Der Bruder vom Anton. Neji, nicht der Toni aus Leverkusen! Der Anton aus dem Sauerland!"

Als meine Großmutter starb, war es noch einmal so wie in meiner Kindheit. Ein letztes Mal. Alle waren da und erwiesen ihr die letzte Ehre, ihr, der Herrscherin, die großherzig nach innen und mitleidslos nach außen regiert hatte. So viele Trauernde waren gekommen, dass manche keinen Platz mehr fanden und die Predigt über den Lautsprecher draußen auf dem Friedhofsvorplatz verfolgen mussten. Tagelang hatte Onkel Oskar Trauerkarten adressiert. Nie hätte er es sich verziehen, auch nur eine Kegelschwester meiner Großmutter zu übergehen. Nur eine große Beerdigung ist eine schöne Beerdigung. Schließlich braucht man Gesellschaft, im Leben wie im Tod.

Für meine Großmutter hatte alles als Anlass zum Feiern getaugt.

Taufen, Scheidungen und Sparclubjubiläen, Kommunionfeiern, goldene Hochzeiten und Beerdigungen. Eine Trauerfeier im kleinen Kreis wäre für sie und damit für die ganze Familie undenkbar gewesen. Gottlos. Etwas für jene, die im ganzen Leben keinen einzigen Schnaps angerührt hatten und darauf auch noch stolz waren.

Bei uns musste ein Menschenmeer her, der Friedhof überquellen, die Trauernden mussten sich um den Toten drängeln und ihn unter Tränen begraben – und unter einem Berg von Kränzen, der bis in den Himmel reichte.

Vor der Trauerhalle stapelten sich die Kränze und Blumengestecke für meine Großmutter. Wie immer Chrysanthemen, Astern und Nelken. Die drei Großtanten standen vor der Trauerhalle, sie begrüßten zitternd die anderen Trauernden und weinten in den Januarwind. Großtante Babe, die mit meiner Großmutter immer im Kanon gesungen hatte, betrat als Erste die Halle. Großtante Rosa hatte das gleiche schöne Landarbeiterinnengesicht wie meine Großmutter, eine Haut, die nur von der Sonne gestreift werden musste, um sich von elfenbeinfarbener Blässe in dunkelbraunes Leuchten zu verwandeln. *Schwarzbraun ist die Haselnuss.* Hinter ihnen Großtante Mia. Sie hatte die breitesten Schultern, den stärksten Damenbart und die schwärzesten Augenbrauen der ganzen Familie. Zeitlebens hatte sie lauter gesungen, unversöhnlicher gezankt und treffsicherer beleidigt als ihre drei Schwestern.

Aus den kleinen, verkalkten Zapfen der Waschbetondecke tropfte es wie in einer Tropfsteinhöhle. Unzählige Nasen schnauften gleichzeitig in Taschentücher, als gelte es, die Gewissheit herbeizuschnaufen, noch am Leben zu sein. Die Großtanten setzten sich in die zweite Reihe, starr und klein und frisch frisiert stierten sie auf den Sarg ihrer Schwester und bissen in die Taschentücher. Der Pfarrer bog das Mikrofon zu sich hin, und es fiepte gequält. Die Predigt. Ich hoffte, dass sie bewegend sein würde. Nur eine bewegende Predigt war eine schöne Predigt, so hatte ich es von meiner Großmutter gelernt. Sie sollte auf das Leben des Toten bezogen sein, ihn rühmen und preisen, gleichzeitig die Lebenden trösten, jedoch ohne sie zu belästigen, etwa mit Ermahnungen zu häufigerem Kirchgang oder überhaupt zu gottesfürchtigerem Lebenswandel. Der Pfarrer fasste sich kurz. Das Leben meiner Großmutter, der Krieg, die Flucht, die sieben Kinder passten in einen Nebensatz. Seine Predigt wurde von Schluchzen getragen, es hallte gegen die Wände und tropfte auf den Boden.

In den ersten beiden Reihen saßen Großmutters Kinder und wir

Enkel. Mein Großvater war schon einige Jahre vor meiner Großmutter gestorben. Meine Großmutter hatte immer gesagt: „Blut ist dicker als Wasser.“ Ihr Ton hatte keinen Zweifel darüber aufkommen lassen, dass der Einzug der Schwiegertöchter und Schwiegersöhne für sie der Anfang vom Ende war. Sie hätte eine großartige Mafiosa abgegeben. *Carne di carne e carne di contratto,* wie es in Sizilien heißt, Fleisch aus Fleisch geht vor Fleisch per Vertrag. Meine Großmutter hielt es genauso. Und wenn sie sich hätte entscheiden müssen zwischen meinem Großvater, der letztlich auch nur Fleisch per Vertrag war, und ihren Kindern – sie hätte sich gegen ihn entschieden.

In den Reihen hinter der engsten Familie saßen die Schwäger und Cousins, die Nichten und Neffen meiner Großmutter. Die SPD-Frauengruppe Mitte, der Sparclub Heidekrug, die Hausgemeinschaft Bogenstraße bekamen keinen Platz mehr und mussten draußen stehen und frieren.

Die Großtanten waren schon am Vortag angekommen, um noch von ihrer toten Schwester Abschied nehmen zu können. Der Sarg meiner Großmutter war von ihnen für anständig befunden worden: poliertes Nussbaumholz, genau wie die Wohnzimmerschrankwand. Meine Großtanten, meine Tanten und meine Onkel gingen abwechselnd in die Leichenhalle.

„Willst sie noch mal sehen?“, wurde jeder der angereisten Verwandten gefragt. Niemand hätte gewagt, das Angebot abzulehnen. Zwischen den Besuchen in der Leichenhalle versammelten sich alle im Wohnzimmer meiner Großeltern. Wir gingen morgens nach dem Frühstück, kurz vor dem Mittagessen und nach dem Kaffeetrinken, die Tote sollte so wenig wie möglich allein sein.

Schließlich standen wir vor dem offenen Grab. Die Grabstelle war mit grünem Kunststoffrasen ausgeschlagen, dem gleichen, der auch dem Balkon meiner Großeltern einen Hauch von Sommerfrische verliehen hatte. Langsam wurde der Sarg in das grüne Grab hinabgelassen, und der Pfarrer segnete ihn. Durch die Luft flogen Weihwassertropfen.

Nach der Beerdigung besuchten meine Tanten und Onkel das Grab meiner Großmutter zweimal täglich. Sie zählten die Kränze und notierten die Absender, sie kannten jeden letzten Gruß auswendig. Sie gingen so lange zum Grab, bis die Blumen säuerlich rochen und die Inschriften der Kranzschleifen unter dem Regen verlaufen waren.

Danach wurden immergrüne Pflanzen auf das Grab gesetzt.

1. *Nu wejinen Se ruhich, Froilain*

Danziger Grableuchten. Seitdem ich sie sah, gehen mir die Beerdigungen nicht mehr aus dem Kopf. Unweit des Langen Markts entdeckte ich sie in einem Supermarkt. Grableuchten im Sonderangebot, gelb und grün und blau und violett, aufgetürmt wie Gemüse, so herrlich bunte Grableuchten, wie meine Großmutter und ich sie geliebt haben. Ich nehme eine lila Grableuchte von dem Regal und überlege, ob ich sie kaufen soll. Ich drehe und wende sie und denke daran, wie das Grab aussah, wenn meine Großmutter am Totensonntag bereits vor uns da gewesen war. Es leuchtete schon von weitem. Ein grün-gelb-blau-lila Grab. Es sah fantastisch aus. Es flirrte und flimmerte und schillerte wie eine Erscheinung, und ich fühlte, wie mein Gesicht glühte und ich im Widerschein der bunten Lichter ganz fromm wurde.

„Ja, was ist denn hier los, mein Gott, das sieht ja aus wie an Karneval!“, rief meine Mutter empört. Eilig sammelte sie die bunten Lichter auf, obwohl sie noch gar nicht abgebrannt waren, und ersetzte sie durch rote. Ich ärgerte mich, dass ich nicht den Mut aufbrachte, die bunten Lichter zu verteidigen.

Ich versuchte mir den Hang meiner Mutter zum Einfarbigen durch ihre Herkunft zu erklären: Sie kam nicht aus Ostpreußen, sondern aus Schlesien, genauer gesagt aus Oberschlesien, und vielleicht waren die Oberschlesier zur Einfarbigkeit erzogen worden? Langfristig musste sich jedoch auch meine Großmutter an einfarbige Grablichter gewöhnen, denn der gute Geschmack setzte sich auf allen Friedhöfen durch, bis man nirgendwo mehr bunte Grableuchten bekam.

Außer hier in Polen. Hier stehen sie vor mir, angespült aus meiner Kindheit. In Polen sind sie nie aus der Mode gekommen. Also nutze ich die Gelegenheit und kaufe eine lila Grableuchte und eine gelbe noch dazu.

Als ich aus dem Supermarkt wieder auf die Straße trete, wölbt sich der Himmel über Danzig so hoch und endlos blau, dass sich die Kirchturmspitzen darin verlieren. Meine Kollegin Hanna und ich laufen zur Lenin-Werft. Unser Ziel ist das Büro des Arbeiterführers. Ihm verdanke ich, überhaupt nach Polen gekommen zu sein. Als Journalistin. Zum ersten Mal zu jener Zeit, als Jaruzelski noch mit schwarzer Brille die Militärparaden abnahm und die Demonstranten mit Tränengas auseinander trieb. Polen war für mich damals ein Land gewesen, das weiter weg war als der Mond. Und jetzt bin ich wieder hier und spreche immer noch kein Polnisch. Wie immer in Polen muss Hanna für mich sprechen.

Walesas Büro ist nicht weit von der Lenin-Werft entfernt. Der Arbeiterführer residiert im dritten Stock des alten backsteinroten Gewerkschaftshauses, mit spinatgrün gestrichenen Fluren und gewellten Linoleumböden. Als wir die Treppen hinaufsteigen, sehe ich einen schwarzen Schatten. Eine alte Frau läuft durch die Gänge, gebeugt, mit Kopftuch und Schürze. Im Arm hält sie einen Korb, darin liegen armselig verwelkte Sträußchen aus Schlüsselblumen, Margeriten und Gänseblümchen, die sie mit Nähgarn zusammengebunden hat. Sie klopft an jedem Zimmer an, aber alle sind verschlossen. Schließlich gelangt sie auch an das Zimmer des Arbeiterführers. Während sie wartet, bis ihr jemand öffnet, sortiert sie ihre Sträußchen. Die Frau hebt die leblosen Sträußchen ganz behutsam an und flüstert ihnen leise etwas zu, als wollte sie ihnen Mut zusprechen. Nun geht die Tür auf und heraus springen zwei Leibwächter, die so laut auf die alte Frau einreden, als sei sie taub. Sie nehmen sie in die Mitte, wobei der Korb mit den Blumen zu Boden fällt. Die beiden Leibwächter raffen eilig die Sträußchen zusammen und werfen sie wieder in den Korb. Die Frau wendet den Kopf von ihnen ab und blickt uns an. Dann wird sie weggeführt.

Walesa sitzt hinter seinem Schreibtisch wie eine Gewitterwolke. Sein Büro gleicht einer Mönchszelle. Außer einem Kreuz, das über seinem Kopf schwebt, schmückt nichts das Zimmer, kein Buch steht im Regal, keine Zeitung liegt herum. Auf seinem Schreibtisch ruhen seine Insignien, ein blauer Solidarność-Kalender und eine große Steinguttasse mit dem Solidarność-Abzeichen, in der ein Beutel Kräutertee zieht. Ein Leibwächter bleibt wie ein Lakai vor der Tür stehen, der andere hat das Zimmer des Fürsten nach uns betreten. Mit einem Kopfnicken wird ihm bedeutet, auf einem Stuhl in der Nähe der Tür Platz zu nehmen. Das Telefon klingelt.

Ich schaue aus dem Fenster. Die Kirchturmspitzen stechen schwarz wie Scherenschnitte vom Himmel ab. Ab und zu rennt eine Wolke durch das Bild, getrieben vom Ostseewind. „Und von Danzig aus nahmen wir das Schiff", sagte meine Großmutter immer. Und ich bemerkte dann: „Aber heute heißt es Gdansk." Dies war mein Teil des Kampfes gegen die Revanchisten: Jeden, der Danzig sagte, hielt ich für einen heimlichen Heim-ins-Reich-Deutschen, jeden, der vergaß, vor Ostpreußen das Wort „ehemalig" einzufügen, für einen unbelehrbaren Deutschland-Deutschland-über-alles-Deutschen. Sie hatten schließlich den Krieg angefangen, da schien es mir nur gerecht, dass sie ihre Heimat verlassen mussten.

„Nu, was wejisst schon“, hatte meine Großmutter geantwortet und mich dabei nicht mal angesehen. Wo der Hafen hier wohl ist?, frage ich mich jetzt. Ob von Danzig aus wieder Schiffe nach Deutschland fahren?

Jetzt wendet Walesa sich uns zu. Sein Schnurrbart ist weiß geworden. Das Kinn duckt sich, und wäre der Schnurrbart nicht gewesen, der dem unteren Drittel des Gesichts eine gewisse Bedeutung verleiht, dann wäre das Gesicht ohne jede Ankündigung in den Hals übergegangen. Er sitzt in einem braunen Plastiksessel und trägt ein blaues Hemd und ein braunes Jackett. An seinem Revers steckt eine winzige Madonna von Tschenstochau. Ungeduldig rührt er in seinem Kräutertee. Der Leibwächter sitzt da wie ein treuer Hofhund und lässt keinen Zweifel daran, dass er zubeißen wird, sobald wir eine verdächtige Bewegung machen. Der Arbeiterführer ermahnt Hanna, ihn nicht zu unterbrechen. Also wartet sie bis zum Auströpfeln eines jeden Wortschwalls, um ihn dann im Ganzen zu übersetzen. Seine Stimme klingt heiser, und er spricht ohne Pause, während ich auf die Übersetzung warte.

„Ich habe das richtige Saatgut gesät“, sagt der Arbeiterführer. „Und jetzt warte ich auf die Ernte. Als ich ein Kind war, habe ich die Landwirte beobachtet. Ich sah, wie sie Saatgut auf den Boden streuten. Je größer das Feld war, umso mehr streuten sie. Und so war das auch bei mir. Ohne mich wäre die Mauer nicht gefallen! Zwar haben andere das verwirklicht, aber ohne mich wäre es nicht möglich gewesen. Es gibt viele, viele andere Dinge …“

Ich höre ihn reden und finde ihn traurig. Die Welt hat sich ohne ihn weitergedreht. Und er hat es nicht gemerkt. Alles an ihm stimmt mich traurig, sein weißer Schnurrbart, seine Lakaien, seine Solidarność-Tasse, seine Art zu sprechen, alles. Aber ohne ihn hätte ich nie erfahren, dass es DIE HEIMAT wirklich gibt. Ich erinnere mich an meine erste Fahrt von Warschau nach Danzig, mitten im Winter, als mir Hanna sagte: „Wir fahren jetzt durch Ermland und Masuren.“ Und ich schwieg. Ich traute mich nicht zu sagen: „Lass uns doch kurz anhalten.“

Auf dem Schreibtisch des Arbeiterführers erblicke ich einen Bernsteinbrocken. Das Gold der Ostsee. So nannte es mein Großvater – mit einem Pathos, als sei er der Minenbesitzer. Meine Großmutter besaß eine Kette aus Bernstein, die sie in einer Samtschatulle in ihrer Frisierkommode aufbewahrte und nur zu besonderen Anlässen anlegte. Es war ihr Lieblingsschmuck. Verwandte aus Ostpreußen hatten sie ihr geschickt. Es war eine Kette mit unregelmäßig großen, honiggelben Steinen, in denen Krümel, kleine Luftblasen und winzige Fliegen eingeschlossen waren. Jedes Mal wenn sich meine Großmutter die Kette anlegte, starrte ich auf die toten ostpreußischen Fliegen, die nun auf dem Dekolletee meiner Großmutter ruhten, und schauderte. Jedem, der es hören wollte, erklärte sie, dass diese Kette aus der HEIMAT komme. Dabei fasste sie immer kurz an die Kette, wie um sich zu vergewissern, ob die HEIMAT noch da war. Anders als meine ostpreußische Großmutter sprach meine schlesische Mutter nicht von der HEIMAT, sondern sagte immer nur „bei uns zu Hause". Das machte mich jedes Mal etwas betroffen, denn sie meinte damit ja nicht das Zuhause, das sie mit mir teilte, sondern ihre richtige HEIMAT, woraus ich schloss, dass sie sich mit mir keineswegs richtig zu Hause fühlte, und das stimmte mich etwas traurig.

Die HEIMAT war für mich eine heikle Angelegenheit, etwas, das man besingen und beweinen musste, und ich war froh, dass ich mit so etwas nicht geschlagen war. Ich nahm mir vor, mich in meinem Leben auf gar keinen Fall mit einer HEIMAT zu belasten. Ich würde um das Ruhrgebiet garantiert nicht weinen. Ich hatte das bereits unter Beweis gestellt, als ich zum ersten Mal allein in Ferien fuhr, zu meiner Tante Renate in den Schwarzwald. Da hatte mir das Ruhrgebiet keineswegs gefehlt, im Gegenteil, ich fand den Schwarzwald entschieden schöner, überall Wald und Berge, jede Menge Blaubeeren und Bauernhöfe und Bäche, in denen man baden konnte. Ich wollte überall leben können. Und nie Heimweh haben. Ich sah nicht ein, wie man eine Gegend aus dem alleinigen Grunde lieben konnte, dass man dort geboren worden war.

Für alle anderen Erwachsenen, also jene, die immer schon auf dem gleichen Fleck im Ruhrgebiet gelebt hatten, waren die HEIMAT meiner Großmutter und das „Bei uns zu Hause" meiner Mutter nichts anderes als DRÜBEN. Das DRÜBEN passte mir noch weniger als die HEIMAT. Denn sie sprachen das DRÜBEN in einem Ton aus, als würde es nichts Gutes bedeuten. Und mir leuchtete auch ein, dass etwas, was nicht hier ist, nichts Gutes bedeuten konnte. Dass man, wenn man die Wahl hat zwischen hier und drüben, sich für das Hier zu entscheiden hat. Denn hier, das sind wir, und drüben, das sind die anderen. „Guck mal, die da drüben", sagte man doch auch nur, wenn man sich über jemanden lustig machen wollte – und am besten konnte man sich über jemanden lustig machen, der nicht dazugehörte. Außerdem gab es noch jenes DRÜBEN, mit dem das andere Deutschland gemeint war, und dieses DRÜBEN war für mich der beste Beweis für etwas, das nicht dazugehört. Einmal hörte ich, wie Onkel Gerhard zu seinem Sohn sagte: „Wenn's euch nicht passt, dann geht doch nach drüben!" Nur weil er sich wegen seiner langen Haare mit ihm gestritten hatte. Da hatte sich das DRÜBEN ziemlich gemein angehört. So gemein, dass ich, als ich mit meiner Freundin Gabi

Links: Das bin ich im Russenkittel mit meiner Freundin Gabi Evers (rechts).

Rechts: Meine Großeltern Reski und ich

Evers um den Sieg beim Quartettspielen stritt, nicht der Versuchung widerstehen konnte, auch zur ihr zu sagen: „Geh doch nach drüben", weil sie mich nicht gewinnen lassen wollte. Das DRÜBEN verfehlte auch seine Wirkung auf Gabi Evers nicht. Sie fing sofort an zu heulen und rannte schwer beleidigt zu ihren Eltern, und ich hatte gewonnen.

DRÜBEN, das klang so nach Jenseits. Wenn mich jemand fragte: „Kommen deine Eltern von drüben?", konnte er froh sein, dass ich ihm nicht die Augen auskratzte. Hochmütig antwortete ich: „Meine-Mutter-kommt-aus-Schlesien-aus-der-Nähe-von-Breslau-und-mein-Vater-aus-Ostpreußen-aus-der-Nähe-von-Allenstein." Viel wusste ich allerdings auch nicht. In meinem Heimatkundebuch stand nur etwas von der Soester Börde und von Steinkohleflözen und wie man sie abbaut, und nichts von Ostpreußen und Schlesien.

Als ich zehn war, besuchte ich das Gymnasium und bekam einen Diercke-Atlas. Dort fand ich endlich Ostpreußen und Schlesien. Rechts oben auf der Karte: DEUTSCHLAND – POLITISCHE GLIEDERUNG. Und da gehörte es zu meinem großen Erstaunen zu Deutschland. Jedenfalls verlief die Grenze, ein breiter, roter Strich, um alles herum, einschließlich Ostpreußen, Schlesien und der Freien Stadt Danzig. Ich war verwirrt. Deutschland war auch nicht geteilt, die DDR hatte die gleiche Farbe wie die Bundesrepublik, ganz Deutschland war braun-rot, Ostpreußen war ein hell fliederfarbener Fleck und Schlesien buttergelb. Das war mir neu. Schließlich meinte ich mich persönlich ganz genau daran zu erinnern, dass Ostpreußen und Schlesien doch abhanden gekommen waren, im Krieg. Wenn von der HEIMAT die Rede war, dann immer als von der verloren gegangenen. Darum drehte sich doch alles.

Ich beugte mich also über das buttergelbe Schlesien und war tief befriedigt, als ich nicht nur Breslau, sondern auch Neiße fand, wo meine Mutter geboren war. Es war zwar überhaupt nicht in der Nähe von Breslau, aber diejenigen, die ohnehin nur zwischen HIER und DRÜBEN unterscheiden konnten, hatten keine genauere Ortsangabe verdient. Im fliederfarbenen Ostpreußen fand ich zu meiner großen Genugtuung auch Allenstein. Dann bemerkte ich einzelne Großbuchstaben quer über Schlesien und Ostpreußen. Die Buchstaben waren so weit auseinander gezogen, als bezeichneten sie einen besonders langen Gebirgszug. Mit dem Finger von Buchstabe zu Buchstabe gleitend, entzifferte ich mühsam: ZUR ZEIT UNTER POLNISCHER VERWALTUNG. Das stand quer über Schlesien und über dem westlichen Teil von Ostpreußen. Über dem nördlichen Teil von Ostpreußen las ich hingegen: ZUR ZEIT UNTER SOWJETISCHER VERWALTUNG. Den Ausdruck ZUR ZEIT empfand ich als sehr vage. Von einem Schulatlas hätte ich etwas mehr Präzision erwartet. Dann fiel mein Blick auf das Kleingedruckte unten auf dem rechten Rand der Seite: Neben dem breiten roten Grenzstrich stand: GRENZE DES DEUTSCHEN REICHES VOM 31. 12. 1937. Die richtige Grenze war also gar nicht der dicke rote Strich, sondern eine dünne, gepunktete Linie, die allerdings kein Mensch bemerkte, weil der dicke rote Strich Deutschland unübersehbar einrahmte. Ich fand den Diercke-Atlas, in dem es so willkürlich zuging und wo man die Grenzen nur im Kleingedruckten fand, wenig glaubwürdig.

Was die Grenzen betrifft, hatte früher doch ein ziemliches Durcheinander geherrscht. Wo heute ein Land war, waren damals zwanzig. Die Karte sah aus wie ein Flickenteppich. Gott sei Dank war das später alles geordneter. Nur aus einem Deutschland hatten sie zwei gemacht. Ein HIER und ein DRÜBEN.

Kurze Zeit darauf wurde in unserer Stadt eine Breslauer Straße gebaut, was mich beruhigte, weil es – über die verwirrenden Angaben meines Diercke-Atlas hinaus – die Existenz von Breslau bestätigte. Die Breslauer Straße führte zu einer Danziger Straße, die wiederum in eine Königsberger Straße mündete, aber weit und breit war keine Spur von einer Allensteiner Straße.

Wenn mein Großvater von der Ostpreußischen Schweiz erzählte, dann lächelte er immer etwas entrückt und, wie ich fand, auch etwas verlegen, ganz so, als wüsste er, dass es sich nicht wirklich gehört, von einer Ostpreußischen Schweiz zu schwärmen, die nur in seinem Kopf existierte. Schließlich hatte ich ja schon alle Mühe gehabt, in meinem Diercke-Atlas Ostpreußen zu finden, und von einer Ostpreußischen Schweiz war dort keine Spur.

Ostpreußische Schweiz. Warum nicht gleich Westfälisches Italien oder Rheinisches Griechenland?

Und die Meere rauschen den Choral der Zeit, Elche steh'n und lauschen in die Ewigkeit. Das mit den Elchen war auch so eine Sache. Ich kannte Rehe von einem Sonntagsausflug ins Sauerländer Wildgehege. Sogar einen Hirsch hatte ich gesehen, aber einen Elch gab es nicht mal im Wuppertaler Zoo. Elche hatte ich nur im Fernsehen gesehen, in der Kinderstunde. Seither wusste ich, dass es zwar in Schweden und Norwegen Elche zuhauf gab, aber nie war die Rede von Ostpreußen gewesen. Als ich meinen Großvater zur Rede stellte, beharrte er darauf, dass es in Ostpreußen sehr viele Elche gegeben habe, nicht zuletzt deshalb bilde das ostpreußische Wappen die Elchschaufeln ab, und jedes Jahr seien die Elche auf der Suche nach Futter im Winter bis ins Dorf vorgedrungen, wo man sie im Krieg sogar abgeschossen habe. Elche abschießen! So weit kommt es noch!, dachte ich. Sie waren ja gut im Erfinden, erst die Ostpreußische Schweiz und jetzt die Elche.

Wenn sie einmal angefangen hatten zu erzählen, dann hielt sie niemand mehr auf, sie ließen sich berauschen, verloren sich, wurden fortgetragen von dem Strom ihrer eigenen Geschichte. Für eine schöne Pointe hätten meine Großtanten ihre Männer verkauft. Meine Großtanten waren Frauen mit riesigen Ohren und tiefen Stimmen. Sie waren genauso trinkfest wie meine Großmutter und der Rest der ostpreußischen Familie, und bei Familienfeiern überboten sich alle Schwestern mit Schnäpsen und Anekdoten: Wie sie das eingeschränkte Tanzverbot nach dem Frankreichfeldzug umgangen hatten. Wie der höfliche Onkel Anton im Krieg vor lauter „Bittescheen, Bittescheen" einmal den Zug verpasste. Oder die Geschichte vom Schwein mit den zwei Schwänzen. Als Kind habe ich sie nie verstanden. „Hat gehabt zweji Schwänze, dejin Schwejin?", sei mein Großvater damals im Krieg von seinem Bruder Anton gefragt worden. Und dann brüllten sie alle vor Lachen, und wir Kinder lachten mit, obwohl wir gar nicht wussten, warum. Nie wurde etwas erklärt. Nie wurde etwas vernünftig zu Ende erzählt. Wir Kinder bekamen nie mehr als den Zipfel von Geschichten zu fassen, egal, wie aufmerksam wir zuhörten.

WIR VERLASSEN Danzig Richtung Warschau, fahren über die Mottlau und blicken noch einmal über die Dächer der Patrizierhäuser zurück, da frage ich Hanna beiläufig, ob wir nicht bei Elblag einfach mal abbiegen können. Ich frage sie ganz uninteressiert, wirklich nebenbei, und Hanna sagt in einem Ton, als müsste ich es wissen: „Elbing heißt das auf Deutsch." Dabei hat sie sonst nie Danzig, sondern immer nur Gdansk gesagt. Erst seitdem die Mauer gefallen ist, rutscht ihr ab und zu ein Danzig raus.

Ich habe Hanna erzählt, woher meine Familie kommt. „Meine-Mutter-kommt-aus-Schlesien-aus-der-Nähe-von-Breslau-und-mein-Vater-aus-Ostpreußen-aus-der-Nähe-von-Allenstein." Da erklärte sie mir, dass ihre Eltern aus Litauen vertrieben wurden. Hanna fand meinen Vorschlag, in das Dorf meiner Familie zu fahren, nicht ungewöhnlich. Vielleicht sogar weniger ungewöhnlich als ich. OLSZTYN 25 KM steht auf einem Straßenschild. Allenstein. „Olsztyn", murmele ich. Wenn es den Arbeiterführer nicht gegeben hätte, dann hätte ich nie erfahren, dass Allenstein auf Polnisch Olsztyn heißt, und ich wäre nie auf die Idee gekommen, nach Allenstein zu fahren. Und plötzlich gedenke ich seiner voller Herzenswärme.

Wir durchqueren eine bucklige Landschaft. In jeder Kuhle ein See, Wiesen und endlose Felder mit Klatschmohn, Margeriten, Kornblumen. Die Kornfelder reichen bis an den Horizont. Dazwischen flimmern Weiher, Teiche, Seen, ganze Meere. Erlen werfen ihre Schatten auf die Straße, Eichen, endlose Lindenalleen. Wir weichen einem Traktor aus, der auf der Straße repariert wird. Der Himmel bewölkt sich, aber das Licht dringt immer wieder durch. Die Sonne steht tief, tiefer als bei uns. Eine Mitsommernachtssonne. Kleine, durchsichtige Schleierwölkchen quellen auf und versuchen, die Sonne zu verfinstern. In der Ferne leuchtet es giftig. Jetzt fällt ein Sturzregen herab, der im Nu alles überschwemmt.

Wir verlassen die Nationalstraße und fahren auf einer Allee weiter. Immer Richtung Olsztyn. Der Regen versiegt so schnell, wie er gekommen ist, und der Wind treibt die Wolken über den Himmel, bis sie durchsichtig werden und sich schließlich ganz auflösen. Und als die Sonne wieder durchdringt, die Felder wieder zum Leuchten bringt und sich der Himmel wieder in blauer Endlosigkeit wölbt, frage ich mich, ob meine Großmutter wohl noch oft an dieses Licht gedacht hat. Ermland. Meine Großmutter legte großen Wert darauf, dass es nicht mit den Masuren verwechselt wurde. „Ist doch egal, ist ja auf jeden Fall Polen", warf ich ein. „Nu, was verstehst schon?", beharrte sie. Ermland bleibt immer Ermland. Auch wenn es in Polen ist.

Ich fahre langsamer, nach wenigen Metern halte ich den Wagen an und drehe mich um. Auf dem Dach eines eingefallenen Bauernhauses steht ein Storch. Der erste Storch meines Lebens. Er steht auf seinem Nest, hält den Kopf leicht in den Nacken geneigt und blickt gelangweilt in die Ferne. Ich merke, wie sich die Härchen auf meinen Unterarmen aufstellen. Die Begegnung mit dem Storch ist für mich wie eine Begegnung mit einem Einhorn. Natürlich haben meine Großeltern auch von Störchen erzählt, mein Großvater mit Stolz und meine Großmutter mit Gleichmut. „Nu, Sterche, die hatten wir doch jejides Jahr."

„Wie heißt das Dorf, aus dem dein Vater kommt?", fragt Hanna. Das hat mich noch nie jemand gefragt. Weil schon niemand weiß, wo Allenstein liegt, habe ich mir den Namen des Dorfes immer erspart. „Reußen", antworte ich und fühle mich etwas unbehaglich. Vermutlich kommt nach dem Blick auf die Karte das heraus, was ich als Kind immer schon befürchtet hatte – dass es Reußen gar nicht gibt. Hanna zieht die Karte von *Warmia i Mazury,* Ermland und Masuren, aus dem Handschuhfach. Und tatsächlich: weit und breit kein Reußen.

Ob es im Norden oder im Süden von Allenstein liegt? Wie soll ich das wissen, aus meiner Familie ist niemand je in die HEIMAT zurückgekehrt. Ostpreußen existierte doch nur in der Erinnerung und als Wappen über dem Esstisch.

Außerdem stehen nur die Namen der Städte auf Deutsch auf der Karte, nicht die von den Dörfern. Und ich weiß nicht mal, wie Reußen auf Polnisch heißt. Wie sollen wir unter Dutzenden von Dörfern um Allenstein das richtige finden? Dörfern, die seit fünfzig Jahren einen polnischen Namen tragen. Aber da hat Hanna beschlossen, das Dorf zu finden, komme, was wolle. Wäre ja wohl gelacht. Sie schlägt vor, nach Olsztynek zu fahren. „Auf Deutsch Hohenstein", sagt sie. Sie kennt dort eine Ostpreußin, die nach dem Krieg geblieben ist. Vielleicht weiß die ja, wo Reußen liegt.

Die Frau bewohnt ein kleines weißes Haus am Ufer eines Sees. Sie führt uns ins Wohnzimmer und entschuldigt sich dafür, uns nur Nescafé in Glastassen anbieten zu können. „Nu, sicher wejiß ich, was Reußen auf Polnisch hejißt", sagt sie, „Rusch hejißt das, liegt bei Groß Bertung, da bin ich doch in die Schule gegangen. Ejinfach Warschauer Straße lang und dann kurz vor Allenstejin rechts ab."

Ich schlucke, weil zum ersten Mal jemand, der nicht zu meiner Familie gehört, ohne zu zögern, die Existenz von Reußen bestätigt. Wir trinken unseren Nescafé aus und gehen wieder zum Auto. Wir fahren zurück zur Warschauer Straße. Rechts und links schwarzer Tannenwald.

Frauen tauchen am Straßenrand auf, mit langen blonden Locken, Netzstrümpfen und kurzen Hosen. Sie sehen aus wie verwahrloste Elfen. Nach wenigen Kilometern sehen wir wieder einige von diesen Fabelwesen, sie rauchen und laufen ungeduldig auf und ab, als warteten sie nur auf eine geeignete Gelegenheit, um auf ewig wieder im Wald zu verschwinden. Hinter ihnen taucht ein Schild auf. RUS 3 KM. Wir blinken und fahren langsamer, die Elfen nähern sich mit neugierigen Gesichtern, aber als sie uns erblicken, drehen sie enttäuscht die Köpfe weg.

Neben der Straße verläuft ein schmaler Fluss. Das muss die Alle sein. Damit habe ich als Kind immer bei Stadt-Land-Fluss geglänzt. Stadt mit „A“: Allenstein. Fluss mit „A“: die Alle. Auf Alle kam keiner, was mir zehn Punkte und den Neid meiner Mitspielerinnen einbrachte. Lange wurde darum gefeilscht, ob ich eine Stadt und einen Fluss geltend machen könnte, deren Existenz ich nicht beweisen konnte.

In den Gräben neben der Straße wachsen Weiden und Glockenblumen. Landschaft, so weit das Auge reicht, kein einziges Haus. Schließlich erreichen wir Groß Bertung, das aussieht wie ein Klein Bertung: eine Backsteinkirche und eine Hand voll Häuser. Nach Groß Bertung macht die Straße einen Knick, dort hängt ein rostiger Jesus am Kreuz. Ein kleines Flusstal tut sich auf. Vereinzelte Bauernhöfe stehen auf den Hügelkuppen. Die Straße windet sich nach rechts und links, und am Ende taucht das Ortseingangsschild auf: RUS.

Reußen empfängt uns mit ein paar verrosteten, ausgeweideten Autokarkassen, die in einem Hof liegen. AUTO-MIX steht an dem Haus. Zwanzig Backsteinhäuser stehen entlang der Straße und schweigen verstockt. Nur ein paar Hunde kläffen blödsinnig herum. Die Mittsommernachtssonne spiegelt sich im schmalen Fluss. Die Alle fließt so schnell durch das Dorf, als hätte sie es eilig weiterzukommen, und zwischen den Häusern drängelt sich der Wald ins Dorf. Kein einziges Geschäft. Nur eine Forellenzucht und ein kleiner, giftgrüner Kiosk. Vor seinen vergitterten Fenstern stehen ein paar Männer mit Bierflaschen in der Hand. Storchennester auf jedem Dach. Die Häuser klein und geduckt, wie für Zwerge gemacht. Die Straße macht noch einen Bogen, dann ist das Dorf zu Ende. Nur wenige Häuser haben mehr als eine Etage. Eines ist ein großes Haus mit schwarzen Holzschindeln und weiß gestrichenen Fenstern. Ich kenne es. Es hing in Pastell gemalt bei meiner Großmutter im Wohnzimmer über dem Esstisch. Die Mühle. Irgendein Verwandter hat sie von einem Foto abgemalt und meinen Großeltern zur goldenen Hochzeit geschenkt. Das Bild wurde von meinen Großeltern verehrt, als zeige es ein Schloss, eine hochherrschaftliche Villa. Das Zentrum des

Lebens meiner ostpreußischen Familie. Mein Großvater war Müller und hatte in dieser Mühle gearbeitet. „Wir wohnten doch gegenüber von der Mühle, in der Vater arbeitete“, hieß es immer. Mein Großvater verrichtete als Müller eine so genannte kriegswichtige Tätigkeit und wurde nicht zum Krieg eingezogen. Es gab Geschichten, die fingen an mit: „Wenn die Bauern mit dem Getreide zur Mühle kamen, mit den Pferden und den Leiterwagen, da standen sie von der Mühle bis an den Wald, was war das für ein Fest.“ Oder: „Wenn die Flöße vom Lansker See über den Ustrichsee in die Alle bis zur Mühle geleitet wurden – und der Vater das alles dirigiert hat!“ Ich versuchte mir meinen Großvater vorzustellen, der auf den rotierenden Stämmen hin und her tanzte und sprang, in der Hand einen Taktstock schwingend wie ein Dirigent. Tante Leni erzählte immer die Geschichte, wie mein Großvater den Dorflehrer mit frisch gefangenen Aalen und einer Extra-Ration Mehl wohlgestimmt hatte, wobei sie betonte, wie sehr sie schon damals die Käuflichkeit des Lehrers verachtet hatte: So schlecht sind die Erwachsenen. All das war an mir als Kind vorbeigerauscht wie das Wasser an der Mühle und fällt mir jetzt plötzlich wieder ein, als ich dastehe und ungläubig auf dieses schwarze Holzhaus starre.

Das andere zweistöckige Haus ist ein großes rotes Backsteinhaus. Es sieht aus wie ein öffentliches Gebäude, eine Schule vielleicht. Ich will bereits weiterfahren, als ich über dem Eingang des Hauses Reste eines gemauerten Schildes erkenne. Weiße Frakturbuchstaben auf dunkelblauem Grund. Vergeblich versuche ich die Inschrift zu entziffern. Ich schaue mich um. Vielleicht kann mir jemand aus dem Dorf erklären, was dort steht? Im Gegenlicht kommt ein gebeugtes Paar die staubige Straße entlanggeschlurft. Eine alte Frau und ein etwas jüngerer Mann. Vorsichtig setzen sie Fuß an Fuß, fast sieht es aus, als stütze die alte Frau den Mann. Die Frau trägt Fellpantoffeln, der Mann Gummistiefel. Als sie näher kommen, spricht Hanna sie an. Sie deutet auf das Schild. Der Mann antwortet ihr, wobei er sorgfältig jeden Buchstaben kaut. Dann übersetzt Hanna. Er habe ihr gesagt, dass seine Mutter besser wisse als er, was da auf dem Schild stehe. Sie verstehe aber eher Deutsch als Polnisch. Also frage ich sie auf Deutsch. Sie legt die Hand wie einen Trichter an ihr Ohr. Dann schaut sie zu dem Schild hoch.

„Nu“, sagt sie, „war doch Gasthaus zur Ostpreußischen Schwejiz, die haben das verschmiert, verklebt. Deutsche Schrift war doch verboten.“

Ostpreußische Schweiz. Du lieber Gott! Ich bitte meinen Großvater im Himmel um Vergebung. Und ich habe immer geglaubt, dass die Ostpreußische Schweiz nur eine Erfindung eines heimwehkranken Ost-

Ansichtskarte von Reußen

Reußen heute: Die Mühle, in der mein Großvater gearbeitet hat (links) und der Gasthof zur Ostpreußischen Schweiz (rechts)

preußen war. Schließlich frage ich sie, ob sie sich vielleicht an meinen Großvater Aloysius Reski erinnere.

„Nu, der Allo!", ruft sie aus. „Jessus! Nu frejilich kenn ich den Allo. Drieben in der Miehle hat er gearbeitet, und hier war sejin Haus, war scheenes großes Haus, hat geherrt Ejigentimer von der Miehle. Zweji Zimmer hat der Allo dort gehabt mit sejiner Frau und Kinderchen, die Russen haben abgebrannt, das Haus. Nu, wie gejiht es ihm?"

Allo. Alle haben meinen Großvater immer nur Allo genannt. Seit meine Großeltern tot sind, habe ich den Namen Allo nie mehr gehört. Ich schlucke und höre mich sagen, dass mein Großvater schon vor zehn Jahren gestorben ist. Plötzlich wird mir kalt. Ich kann doch jetzt nicht hier auf der Straße anfangen zu heulen.

„Ach, so frieh", sagt sie, legt ihr Gesicht in beide Hände und schüttelt betroffen den Kopf. „War er noch so jung, der Allo. Nu aber sejine Frau, die Ania? Was macht sie?“

Sie spricht den Namen meiner Großeltern aus, als hätten sie Reußen erst gestern verlassen. Ania – sagt sie zärtlich. Nicht Anna. Und wir haben uns immer über meine Großmutter lustig gemacht, wir glaubten, dass sie sich zur Anja verkleinerte, um mit der Mode zu gehen.

„Die ist vor vier Jahren gestorben“, antworte ich und schlucke, bis sich die Tränen einfach nicht mehr herunterschlucken lassen und mir aus den Augen fallen.

„Nu wejinen Se, Froilain, wejinen Se ruhich“, sagt die alte Frau, und dann nimmt sie meine Hand und legt sie in ihre, und ich heule und heule, und das Wasser läuft mir aus den Augen und aus der Nase, und ich kann gar nicht mehr aufhören.

2. *Meine Großmutter wollte nie zurück*

Als hätten wir uns immer schon gekannt. So beginnt die alte Frau unter der tief stehenden Sonne die Geschichte ihrer Flucht zu erzählen – als lägen Krieg und Vertreibung nicht ein Menschenleben, sondern nur einen Wimpernschlag zurück. „Sieben Kinderchen“, sagt sie und hält die Arme, als würde sie ein unsichtbares Kind darin wiegen. „Das siebte starb mir unterwegens. Trug es an der Brust und pletzlich spier ich, dass hat nich mehr gezogen.“

Das tote Kind hat sie irgendwo zwischen Reußen und Preußisch-Holland in einen Straßengraben gelegt. An eine Beerdigung war im Januar 45, als die Erde hart gefroren war, nicht zu denken gewesen. Die älteste Tochter war vierzehn, das Jüngste sieben Monate. Zu Fuß liefen sie durch den Schnee nach Groß Bertung. Ihr Mann war an der Front, als Kraftfahrer. In ihrem ganzen Leben hatte sie nichts von ihm gehabt, außer Streit um das Geld, das er versoff. Wo die Liebe eben so hinfällt. „Nimm den Kerl nicht“, hatte der Vater gesagt. Als sie dann doch heiratete, kam der Vater nicht in die Kirche.

Unter ihrem Wollmantel lugt ein türkis-weiß gestreifter Kittel hervor, unter dem sie eine dicke graue Wollhose trägt. Sie stellt sich als Hedwig Piatek vor und ist neunzig Jahre alt. Ihre Hände sind so groß, dass meine Hand darin verschwindet. Sie hat das gleiche schöne Landarbeiterinnengesicht wie meine Großmutter und ihre Schwestern. Ein Gesicht, das nur darauf wartet, von der Sonne gestreift zu werden, um dunkelbraun zu leuchten. Sogar ihre Ohren sind so groß wie die meiner Großmutter und ihrer Schwestern. Auf ihrer Oberlippe stehen feine graue Stacheln. Ihre Augen sind zwei kleine schwarze Beeren, das Haar ist weiß, bis auf die Augenbrauen, die dunkelgrau und borstig ihre schwarzen Augen umrahmen.

„Ieberall Pferdewagen mit Flichtlingen", sagt Frau Piatek und schaut in die Ferne, als sehe sie noch jetzt fliehende Soldaten und Frauen mit weinenden Kindern vor sich. Mittendrin Frau Piatek mit ihrer Kinderschar. Um die Schultern trug sie eine Steppdecke, das war das Einzige, was sie von zu Hause mitgenommen hatte. An einer Hand hielt sie ein Kind, im Arm den Säugling, in eine Wolldecke gewickelt. Frau Piatek wollte mit den Kindern zum Meer, übers Haff, nach Danzig, dorthin, wo die Flüchtlingsschiffe warteten. Nachts schliefen sie in Scheunen und Kirchen, nur stundenweise, weil sie Angst hatten, dass der Russe sie im Schlaf erwischen könnte. „Weiter! Weiter!", sagte sie den Kindern, wenn sie anfingen zu jammern. Weiter über die verschneiten Straßen, weiter im Strom der flüchtenden Menschen, sie ignorierten das Stöhnen, Schreien und Röcheln der Verletzten und Sterbenden, sie stiegen über Pferdekadaver und steif gefrorene Tote. „Weiter, weiter, wir müssen weiter, bis ans Haff." Sie erzählte den Kindern vom zugefrorenen Haff und dem dahinter liegenden Meer, das sie noch nie gesehen hatte. Sie pries den einzigartigen Geruch der Meeresluft, den sie noch nie gerochen hatte. Sie schwärmte so sehr, dass die Kinder bereits glaubten, die Meeresluft würde ihnen in den Nasen prickeln. Und dann starb das Jüngste. Die anderen Kinder sahen stumm zu, wie sie es in den Graben legte. Sie scheuchte sie weiter, sagte: „Es ist nichts, es ist nichts", und beschrieb die riesigen Schiffe, die dort auf dem Meer mit warmen Suppen und dicken Decken auf sie warten würden, obwohl sie in ihrem Leben nie ein Schiff gesehen hatte. Sie marschierte weiter mit den Kindern – bis nach Preußisch-Holland, so weit weg von zu Hause, wie sie in ihrem ganzen Leben noch nicht gekommen war.

Unter Frau Piateks Kopftuch ragt eine weiße Haarsträhne hervor, die sie sich ungeduldig aus dem Gesicht streicht. Inzwischen ist es kühl geworden. „Kommen Sie", sagt Frau Piatek. „Kommen Sie, liebe Frau." Sie schiebt ihren Arm unter meinen und führt Hanna und mich zu ihrem Haus, dem kleinen, flach gedrückten Backsteinhäuschen neben dem Gasthaus zur Ostpreußischen Schweiz. Sie stößt das Gartentor auf. Links Blumenbeete mit Gladiolen, Begonien, Schleierkraut. Hinterm Haus Erdbeerbeete, die von Unkraut überwuchert sind. Das Klo steht im Gemüsegarten, ein Holzhäuschen neben Kartoffeln und Gurkenbeeten. Die Haustür ist nicht verschlossen. Im Eingangsraum sind

Holzscheite gestapelt, in einer Ecke stehen Plastikeimer mit Wasser. Es riecht nach Kohl und verbranntem Holz. Die Räume sind so niedrig, dass man gerade darin stehen kann. Eine Küche, ein Wohnzimmer und ein Schlafzimmer. Hier lebt sie mit ihrem Sohn Reinhard, den sie zärtlich zum Rejini verkleinert. In der Küche steht eine Schüssel auf dem Tisch, mit Heringen drin zum Wässern. Fließendes Wasser gibt es nicht.

„Neji, neji", sagt Frau Piatek, „das kam mir zu teuer. Die haben ja jetzt Lejitungen eingefihrt, mit Wasser, ja. Aber sollt' ich bezahlen finf Millionen, ich konnt' das nicht, da hab ich das abgesagt. Nehmen wir hier vom Brunnen. Scheenes Wasser. Besseres als wie von die Kräne da. Der Brunnen ist hier gleich bei dem Gasthaus. Immer frisches Wasser, immer frisch."

Wie zur Bestätigung ihrer Worte nimmt Reini einen blauen Plastikeimer und schlurft rüber zum Brunnen vor dem Gasthaus zur Ostpreußischen Schweiz, um Wasser zu holen. Er läuft so wankend, als würde er von einer Sturmbö getrieben. In der Ecke des Wohnzimmers steht ein Kachelofen, der wie der Küchenofen mit Holz beheizt wird, im Sommer wie im Winter, daneben ist gerade noch Platz für ein Bett mit einem riesigen Plumeau und ein schmales Sofa. Auf einer Anrichte steht ein Fernseher, darüber hängt der Papst, daneben eine Madonna mit Bart. Eine Tochter hat sie ihr von der Wallfahrt nach Heiligelinde mitgebracht. Die bärtige Madonna zeigt sich nur dem, der im richtigen Winkel vor ihrem Bild steht. Dem, der links vor dem Bild steht, offenbart sich ein bärtiger Jesus. Wer von rechts schaut, den blickt eine Madonna mit flammendem Herzen an. Aber wenn man genau in der Mitte steht, kann man sehen, wie beide zu einer bärtigen Madonna verschmelzen.

Frau Piatek legt Holz in den Kachelofen. Und erzählt die Geschichte ihrer Flucht weiter. Über Nacht fing der Schnee an zu schmelzen. Die Straßen wurden schlammig. „Weiter! Weiter!", trieb sie ihre Kinder an. „Wir müssen weiter bis zum Haff!" In Preußisch-Holland saßen sie erschöpft in einer Kirche, um sich etwas auszuruhen. Da berichtete ihr jemand davon, dass auf dem zugefrorenen Haff bereits Wasser stand. Erst verstand sie nicht recht. Aber dann begann sie zu begreifen: Das Eis war zu dünn geworden. Der Weg, den sie gewählt hatte, endete im Nichts. Sie fühlte sich wie eine Maus in der Falle und versuchte, ihre Verzweiflung vor den Kindern zu verbergen. Die Russen waren höchstens einen Kilometer hinter ihnen. Wohin sollten sie nun flüchten? Und dann war da die Erschöpfung, die ihr Hirn lähmte. Die Kinder wollten nur noch schlafen, nie mehr laufen. Gerade verteilte Frau Piatek den letzten Rest Brot an die Kinder, als die Russen das Kirchenportal aufstießen und die Flüchtlinge entdeckten. „Weiter, weiter, weiter“, gaben sie ihr zu verstehen. Aber Frau Piatek schüttelte den Kopf. Keinen Schritt mehr. Was auch immer geschehen würde, sie würde es ertragen. Sie schloss die Augen. Aber es passierte nichts. Die Russen beschlossen, die Frau mit den Kindern mit nach Frauenburg zu nehmen. Dort sollte sie arbeiten. „Gut“, sagte Frau Piatek. „Arbeiten, ja. Hauptsache, ich muss nicht weiter mit den Kindern.“ So arbeitete sie für die Russen – bis sie hörte, dass Allenstein frei sei. Wieder packte sie ihre Kinder und marschierte drei Tage und drei Nächte erst nach Allenstein, dann weiter über die Chaussee nach Reußen. Sie sah Häuser ohne Dach und Fensterscheiben und Häuser, die bis auf die Grundfesten niedergebrannt worden waren. Es herrschte Stille. Kein Wind rauschte, kein Vogel zwitscherte. Sie hörte nur das Summen in ihren Ohren. Ihr Haus war leer. Nicht mal die Bettgestelle waren ihr geblieben.

Plötzlich zerriss die Stille, sie hörte Schritte, Stimmen, Kommandos. Wie aus dem Nichts waren drei russische Soldaten aufgetaucht. Junge Männer mit flackernden Augen. Sie riefen etwas, was sie nicht verstand. Sollte sie sich wieder vertreiben lassen? Sie schüttelte den Kopf, die Kinder hielten sich an ihr fest. Schließlich begriff sie. Die Russen bedeuteten ihr, dass sie für sie auf den Gütern arbeiten müsse. Auf Ganglau oder Kellaren. Sie brauchten dort Leute, die sich um das verbliebene Vieh kümmern sollten. Nur dann könne sie bleiben. Sie atmete auf. Hauptsache, wieder zu Hause. „Und ich sag: ‚Neji, neji, ich geh nich mehr. Ich will schon lieber arbejiten.‘“ Ihre schwarzen Augen funkeln kampflustig.

Die Russen stehen noch vor unserem inneren Auge, da bietet sie uns schon Kaffee an, aber einen polnischen, keinen Filterkaffee, „so etwas kennen wir hier nicht. Wenn er doch nur Arbejit finden würde!“, sagt sie unvermittelt. Schon lange verdiene er kein Geld mehr, ihr Reini. Früher habe er als Waldarbeiter gearbeitet, aber seit die Forstverwaltung fast alle Leute entlassen hat, finde er keine Anstellung mehr. Hier und da ein paar Stunden als Straßenarbeiter, nichts Regelmäßiges. Dann habe ihn auch noch seine Frau verlassen und sei mit den Kindern nach Deutschland gezogen. Seither sorgt Frau Piatek für ihn. Hofft, dass er nicht zu viel trinkt, hofft, dass er wieder Arbeit findet, hofft, dass er wieder Anschluss ans Leben bekommt.

Resigniert schüttelt sie den Kopf. Dann setzt sie sich neben den Kachelofen, faltet ihre Hände im Schoß und blickt auf mich, als könnte ich sie auf andere Gedanken bringen.

„Nu, wenn ich an die Ania denke“, sagt sie mit einem Mal aufgeräumt.

„So scheen sah sie aus. So rundes Gesicht, und auch nicht zu groß war sie. Scheen, die Ania, und der Allo, oh Jessus, der war doch so frejindlich. Der war immer am Lachen."

Ich versuche mir das runde Gesicht meiner Großmutter und das Lachen meines Großvaters vorzustellen, als sie jung waren. Es gelingt mir nicht.

Meine Großmutter wollte nie zurück. Aber am Ende einer jeden Familienfeier wurde immer das Ostpreußenlied gesungen, und danach weinten alle. *Land der dunklen Wälder und kristallnen Seen, über weite Felder lichte Wunder gehn.* Uns Kindern war das immer peinlich. Meine Großmutter weinte, mein Großvater weinte, meine Tanten und Onkel weinten, auch die Angeheirateten weinten, die Ostpreußen gar nicht kannten, nur meine Cousins und ich tranken Eierlikörflip und aßen dazu Salzstangen. Die Tränen am Ende jeder Familienfeier gehörten dazu wie der gemischte Braten und die Gemüseplatte mit dem Blumenkohl in der Mitte, der mich durch meine Kindheit in den Sechzigerjahren hindurch verfolgte. Dann erzählte mein Großvater noch stolz, dass das Ostpreußen, aus dem die Familie stammte, nicht irgendein Ostpreußen war, sondern wegen seiner Schönheit Ostpreußische Schweiz genannt wurde, und jetzt weinten alle noch ein bisschen mehr, und wir Kinder verdrehten die Augen. Schon wieder die alte Geschichte. *Starke Bauern schreiten hinter Pferd und Pflug, über Ackerbreiten streicht ein Vogelzug.*

Bis zu ihrem Tod sprachen meine Großeltern Ostpreußisch. Sie konnten kein „Ü" und kein „Ö" aussprechen, und auch die Satzstellung war ihnen egal. Sie rollten das „R" auf beeindruckende Weise, und ich vermutete, dass ihre Zungen und ihre Gaumen anders beschaffen sein mussten, um solche Laute hervorzubringen. Die Silben wurden derart in die Breite gezogen, dass die Worte ganz weich und nachgiebig wurden. Selbst aus dem knappen „Petra" konnten meine Großeltern noch was machen, das „E" kriegte noch einen Hauch von „I", und so wurde aus den beiden Silben meines Vornamens ein lang gezogenes „Pee-jii-trr-aa", in dem die ganze Weite Ostpreußens mitschwang.

Jedem Satz schickte meine Großmutter ein Nu voraus: „Nu, willst essen Ejis?", fragte sie mich, als ich klein war. „Nu, willst nicht hejiraten?", bedrängte sie mich, sobald ich erwachsen war. „Kennt nich kommen friher?", fragte mein Großvater ungeduldig am Telefon, weil meine Großmutter das Essen vorbereitet hatte. Wenn wir Unsinn gemacht hatten, beschimpfte er uns Kinder als „Peronjes", und ich vermutete, dass es so viel bedeutete wie „verfluchtes Gesindel". Wenn er sich freute, klebte er unseren Namen polnisch klingende Diminutive an. Aus Roland wurde Rollek, es gab Hoppek und Pommek, und wir Mädchen waren Marjellchen. Seit dem Tod meiner Großeltern waren die Marjellchen aus meinem Leben verschwunden. Bis zu jenem Tag, als ich hier bei Frau Piatek auf dem Sofa sitze und versuche, ihren Erinnerungen zu folgen. So wie sonntagnachmittags bei meinen Großeltern.

Sonntags, wenn meine Familie bei den Großeltern zusammenkam, wenn Kaffee und Frankfurter Kranz bereits verzehrt waren, die Männer Bier und die Frauen Kroatzbeere tranken, öffnete meine Großmutter den Wohnzimmerschrank und holte die Ledertasche mit den Fotos hervor. Sie tat das nie ohne Grund. Die Fotos waren für sie Beweisstücke. Beweise für das Leben vor dem Ruhrgebiet. Sie suchte nach Fotos, mit denen sie ohne jeden Zweifel nachweisen konnte, dass Onkel Oskar ihrem Vater ähnlich sah. Oder Fotos, die belegten, dass meine Großtante Rosa einen Kindersoldaten geheiratet hatte. Ja, einen Kindersoldaten. Dann holte sie das Bild vor, das einen blonden Jungen mit Kirschmund zeigte, der in Uniform steckte. Das mit dem Kindersoldaten konnte mein Großonkel nicht auf sich sitzen lassen. „Auf unserer Hochzeit", sagte er ihr mit Blick auf sein Hochzeitsfoto, „hingen bei euch doch die Glocken schief. Bis ihr dann verschwunden seid, und neun Monate später war eure Edelgard da."

Meine Großtante hatte ihren Mann als Erntehelfer auf dem Gut Kellaren kennen gelernt. Er stammte aus dem Rheinland und war zum ersten Mal in Ostpreußen. Dreieinhalb Wochen Ernteeinsatz mussten reichen, um sich in eine Ostpreußin zu verlieben. Dann musste er zurück an die Front. Von 39 bis 43 schrieben sie sich, beim ersten Urlaub fuhr er nach Reußen und heiratete sie.

Wir saßen im Wohnzimmer, der Rauch der Zigaretten hing knapp unter der Lampe, und die Fotos gingen von Hand zu Hand. Es waren matte, gelbliche Fotos, auf deren Rückseite manchmal stand: FOTO-HAUS DIETTRICH IN ALLENSTEIN/OSTPR. Oft war auch per Hand etwas Unleserliches in Sütterlin vermerkt. Ein Datum, ein Ort. Die Erwachsenen beugten sich über die Fotos, sie lachten und wischten sich Tränen aus den Augen. Wir Kinder drängelten uns neben sie und schrien: „Zeig doch mal!" Aber wir kriegten immer nur dann die Fotos zu fassen, wenn sich die Erwachsenen gerade nicht dafür interessierten.

Es waren Bilder von Menschen, die mir fremder waren als Indianer. Eine Welt, durch die man sich mit Pferdefuhrwerken bewegte. Ob sie überhaupt schon Strom gehabt hatten? Ich traute mich nicht zu fragen. Einmal hielt ich ein Bild in den Händen, das eine feierliche Gesellschaft

Die Hochzeit meiner Großeltern in Reußen

zeigte, die auf einer Wiese stand. Alle schauten so ernst und angespannt in die Kamera, als würden sie Zeuge einer Blinddarmoperation. Die Frauen trugen alle bodenlange schwarze Kleider, die Männer doppelreihige Jacken und hochgeschlossene Kragen. In der Mitte saß ein altes Paar, der Mann hatte weiße Haare und Bart, die Frau an seiner Seite sah streng und verhärmt aus, mit Haarknoten und Mittelscheitel. Zwischen dem Paar stand ein weiß gekleidetes Mädchen mit einem Myrtenkranz auf dem Kopf, offenbar ein Kommunionkind. Und zu ihren Füßen saßen drei kleine Kinder, links ein Mädchen, das wie eine Puppe im Gras wirkte. Daneben zwei Jungs im Schneidersitz, beide kahl geschoren. Der Jüngere hatte ein spitzes Kinn und abstehende Ohren und war der Einzige von der ganzen ernsten Gesellschaft, der in die Kamera grinste.

„Nu, welcher bin ich?“, fragte mein Großvater. Ich schaute mir die Männer auf dem Foto an. Vielleicht der hier links, der mit dem Vatermörderkragen? Mein Großvater lachte und schüttelte den Kopf. „Neji, das ist doch der Paul.“ Angestrengt suchte ich das Foto ab. Am Ende war er der da in der hinteren Reihe, der mit dem Hitlerbärtchen? Nicht auszudenken. „Neji, neji“, sagte mein Großvater. „Das ist doch der Anton. Nu, was? Findst mich nicht?“ Dann zeigte er auf den grinsenden kleinen Jungen mit den abstehenden Ohren. „Nu, das bin ich.“

Studioaufnahme meiner Großmutter im Alter von 18 Jahren

Erinnerung an eine Kommunionfeier. In der Mitte meine Urgroßmutter Reski, vorn in der Mitte mein Großvater Aloysius

Mit einem Mal war mir nach Weinen zumute. Ungläubig schaute ich auf meinen Großvater, auf seine dünnen grauen Haare, die er sich mit Birkenwasser zurückgekämmt hatte, auf seine großen Ohren, auf die feinen Narben in seinem Gesicht, graublaue Striche, ich schaute auf seinen Bauch, der sich unter dem hellblauen Hemd spannte – „ejin Mann ohne Bauch ist ejin Krippel" –, auf seine faltigen Hände, auch sie übersät mit graublauen Narben, in denen der Kohlenstaub steckte. Und das sollte der kleine Junge sein, der hier so frech in die Kamera grinste? Ein Kind, jünger als ich?

Tatsächlich hatte ich noch nie richtig darüber nachgedacht, dass alle, die hier um den Wohnzimmertisch saßen, irgendwann mal Kinder gewesen sein mussten. Wenn man ein Kind war, konnte man immerhin erwachsen werden, aber wenn man erwachsen war, konnte man nicht wieder ein Kind sein. Das erschien mir ein erheblicher Nachteil am Erwachsenenleben zu sein. Mein Großvater schien sich darum jedoch nicht zu bekümmern. Nicht um den Tod und nicht um die Unendlichkeit. Ich fragte ihn, ob er bald sterben würde. Er lachte und sagte: „Das Wichtigste im Leben ist, nicht zu vergessen, Luft zu holen."

Ein anderes Foto zeigte meine Großmutter allein. Es war keiner der üblichen Schnappschüsse vom Dorf, sondern in einem Studio aufgenommen. Vor ihrer Eheschließung sah meine Großmutter sehr unternehmungslustig aus. Ihre krausen schwarzen Haare hatte sie mit Mühe gebändigt, sie trug ein Kleid mit tief angesetzter Taille und Glockenärmeln und saß auf einer Sofalehne. Die linke Hand ruhte auf dem Sofa, den rechten Arm hatte sie kokett abgewinkelt – und, damit der Glockenärmel besser zur Geltung käme, auf die Hüfte gestützt. Ich drehte das Foto um. *Zum teuren Andenken von deiner guten Schwester Anni. 29. 12. 1930.* Auf der Rückseite war außerdem mit Bleistift vermerkt: *18 Jahre alt.*

„Nu, war ich scheen?", fragte meine Großmutter, aber noch bevor ich antworten konnte, hatte sie mir das Foto aus den Händen gezogen und an ihren Bruder weitergereicht, für den die Widmung bestimmt gewesen war.

„Na, und hier, mechts mich hier finden?", fragte mich mein Großvater und hielt mir ein Hochzeitsbild vor die Nase. Wieder eine feierliche Gesellschaft, allerdings standen sie nicht auf einer Wiese, sondern vor einer fensterlosen Häuserwand. Alle starrten wieder ernst und gottergeben auf den Fotografen. Die Röcke der Frauen waren kürzer geworden und umspielten die Waden. Die Männer trugen elegante, doppelreihige schwarze Anzüge mit seidenen Revers. Wieder war da die streng blickende, verhärmte Frau mit dem Haarknoten und dem Mittelscheitel, der weißhaarige Mann mit Bart fehlte jedoch an ihrer Seite. Die Jungs hatten wieder kahl geschorene Schädel. In der Mitte saß ein Brautpaar. Meine Großeltern.

„Ist ja einfach", sagte ich zu meinem Großvater und tippte auf den Bräutigam.

Meiner Großmutter hatte die Eheschließung offenbar zugesetzt, denn von der pummeligen Dorfschönheit war sie zu einer ephebischen Marmorfigur abgemagert. Sehr schmal, sehr schwarzhaarig saß sie da, ganz in weißen Tüll gehüllt, mit einem Blütenkranz auf dem Haar, zu ihren Füßen ringelte sich der Schleier im Staub. Sie war die Einzige der ganzen Hochzeitsgesellschaft, die zu lächeln versuchte. Mein Großvater steckte in seinem schwarzen Anzug wie ein Konfirmand. Er blickte ernst und entrückt in die Ferne.

„ALS OB ich ihn gehen sehen mechte", sagt Frau Piatek und blickt durch das Fenster auf die Stelle, wo das Haus meiner Großeltern gestanden hatte. Wieder und wieder schüttelt sie den Kopf.

„Ich kann mich entsinnen, wie er so ging, der Allo, von hier in die Miehle. Die Ania war auch gute Frau, gute. Die war fier sich. Haushalt und Kinderchen und wejiter nichts. Der Allo und die Ania, das waren ejinfache, arbeitsame Lejte“, sagt sie bestimmt. „Waren kejine Herren, neji, so etwas gab es ja nicht. War ejiner wie der andere.“

Inzwischen ist eine Stunde vergangen und Reini immer noch nicht vom Wasserholen zurückgekehrt. Ab und zu steht Frau Piatek auf, geht zum Fenster, schiebt die Gardine beiseite, blickt hinüber zum Brunnen neben dem Gasthaus zur Ostpreußischen Schweiz, seufzt und setzt sich wieder an den Kachelofen.

„Nu erzählen Sie, wie ist es dem Allo und der Ania ergangen, in Deutschland?“, fragt sie.

„Gut“, antworte ich und denke an meine Großmutter, die es nie müde wurde, ihr Leben als Rentnerin zu preisen. „Der Wohlstand hier, uns geht es ja gold.“ Mein Großvater war wegen seiner Staublunge Frührentner geworden. „Sie hatten noch ein paar schöne Jahre“, höre ich mich sagen. Das war die Formulierung, die meine Tanten und Onkel immer parat hatten, um meinen Großvater zum Schweigen zu bringen, wenn er von Ostpreußen zu erzählen begann, von der Flucht, vom Krieg. „Ja“, sagte mein Großvater, der gegen dieses Argument nichts einwenden konnte, „ejin paar scheene Jahre.“ Und klopfte sich resigniert auf den Bauch.

„JETZT kommt er“, sagt Frau Piatek plötzlich. „Ojei, ojei, ojei.“

Reini torkelt am Fenster vorbei durch den Garten. Sein Gesicht ist rot wie nach einem Sonnenbrand. Frau Piateks Rücken strafft sich. Sie streicht über ihre Kittelschürze. Quietschend geht die Tür auf.

„Nu – wo kommst her?“, fragt Frau Piatek. Sie wartet seine Antwort gar nicht erst ab. „Hat sie dir wieder gegeben, ja?“

Reini bleibt schwankend und unschlüssig in der Tür stehen. Er atmet schwer. „Waas gegeben?“, heult er. „Waas gegeben? War spazieren, ist doch scheenes Wetter, nich, Mama. Nu, gibt's kejin Essen?“

Frau Piatek dreht ihm den Rücken zu. Sie blickt geradeaus auf die Madonna mit Bart. Ihre schwarzen Augen schleudern Blitze. „Na, denn geh und sitz. Lass das Wetter dir Essen geben.“

„Kejine Kartoffeln?“

„Neji, sind kejine.“

Reini hält sich am Türrahmen fest, sein Oberkörper pendelt unentschlossen hin und her wie der eines ratlosen Braunbären. Vor sich hin murmelnd zieht er sich in die Küche zurück und lässt seinen schweren

Körper auf die Bettcouch fallen, deren Federn leise unter seinem Gewicht ächzen.

Frau Piatek dreht sich um, beugt sich zu uns vor und flüstert: „Die vom Laden gibt auf Anschrejiben." Nun hat sie das satt und der Verkäuferin das Anschreiben verboten. Schließlich leben sie beide nur von ihrer Rente. Die Verkäuferin habe versprochen, ihm nichts mehr zu geben – aber dann habe sie wieder angefangen, anzuschreiben. Erst kürzlich musste sie wieder drei Bier für ihn bezahlen, sechzig Zloty. Frau Piatek schickt einen grimmigen Blick zur bärtigen Madonna. „Das sind für mich sechs Brote. Wissen Sie, man muss mit dem Geld so rechnen. Aber Mann blejibt Mann, der denkt nicht! Der denkt nicht!"

Im Hintergrund quietschen wieder die Federn. Schon steht Reini im Türrahmen und hält sich fest. Er sucht nach Worten, findet aber keine. Jetzt dreht sich Frau Piatek zu ihm hin und schreit: „Ihr schämt euch gar nicht! Wie die Polen seid ihr, ihr sejid kejine deutschen Männer. Ein deutscher Mann tut das nicht. Oh Jessus, neji, Rejini."

Reini ist nun jedoch schon wieder versöhnlich gestimmt und antwortet: „Na, Mama, sind wir doch in Polen, missen wir doch mit den Polen uns verstehn, nich, Mama."

„Verstehn, verstehn, das sieht man, wie ihr euch versteht. Ihr versoffene Bande, verfluchte!"

Brummend wie ein resignierter Hofhund zieht Reini sich wieder zurück auf die Bettcouch. Frau Piatek schüttelt den Kopf und flüstert uns zu: „Jetzt machen sie ja, was sie wollen, beim Walesa, neji, Walesa, ist ja nicht mehr, bejim Kwasniewski, ist noch Kwasniewski, oder? Das misste auch verboten sein. Es misste jeder bloß sejinen Halbliter kriegen. Zwejimal in der Woche oder so. Und die Männer an der Schnauze nehmen und arbejiten lassen."

Wieder ächzen die Bettfedern, wieder kämpft sich Reini hoch und durch das Zimmer. Lange hat er nach der geeigneten Antwort gesucht, und nun hat er sie gefunden. Er streckt den Kopf wie eine Schildkröte hervor: „Denn pass auf, denn sonst nehm ich mir den Strick und häng mich auf."

Aber das kennt Frau Piatek bereits, wie oft hat sie das schon gehört. Deshalb zischt sie nur kurz ein Stoßgebet in Richtung bärtige Madonna, verdreht die Augen und sagt: „Ja, ich geb dir noch den Strick. Geh mir aus den Augen! Versoffenes Biest!" Erschreckt zieht Reini den Kopf zurück in den Panzer. Damit hat er nicht gerechnet. Er überlegt und überlegt und überlegt. Aber ihm will nichts einfallen. Dann sagt er: „Neji, Mama, mejin Bruder hat sich aufgehongen, aber ich häng mich nicht auf."

„Nu, willst dich aufhängen oder willst dich nicht aufhängen?“, fragt Frau Piatek ungeduldig. „Worauf wartest denn?“

„Machst Augen zu und weg bin ich“, sagt Reini triumphierend.

Jetzt ist Frau Piatek das Dialogisieren mit einem Betrunkenen endgültig leid. „Dann geh doch schon. Dass ich allejine blejib. Geh, geh, geh!“

Reini zuckt zusammen. So weit wollte er gar nicht gehen. „Mama“, sagt er weinerlich, „und ejines Tages machen wir Augen zu, du und ich …“

„Ja, und den Arsch machst auf!“, schreit Frau Piatek dazwischen. Erschreckt und zugleich gebannt lauscht sie dem Klang ihrer eigenen Worte. Bedächtig dreht sie sich wieder zu uns hin, kichert über die gelungene Pointe und schreit noch ein letztes Mal in Reinis Richtung: „Und den Arsch machst auf!“

Dann ist Stille.

3. *Das Gasthaus zur Ostpreußischen Schweiz*

Bei meinen Großeltern hing keine bärtige Madonna an der Wand, sondern ein röhrender Hirsch, der auf einem Felsvorsprung stand und ratlos in die raue Herbstluft röhrte. Er war umrahmt von Tannen, und im Hintergrund leuchteten die Alpen.

Ich habe mich immer gefragt, warum dort die Alpen hingen und nicht die HEIMAT? Warum keine ostpreußische Landschaft? Ich war überzeugt, dass sich das *Land der dunklen Wälder und kristallnen Seen* viel besser über dem Sofa gemacht hätte. Ich stellte mir die ostpreußische Landschaft vor wie jene auf dem Ledereinband des Buches, das bei uns neben den „Buddenbrooks“ im Bücherregal stand: „Und ewig singen die Wälder“. Ein goldgeprägter Himmel über schwarzen Wäldern. Was hatte der Hirsch im Wohnzimmer meiner Großeltern zu suchen, wo wir doch schließlich die Elche hatten, die mein Großvater sonst bei jeder Gelegenheit anführte? Die, anstatt herumzuröhren, gelassen und majestätischen Schrittes durch die Landschaft zogen, wie es mein Großvater nicht müde wurde zu beschreiben, und die dazu noch schwimmen konnten wie die Fische? Die Verehrung der Alpen einschließlich brünstiger Hirsche blieb mir ein Rätsel.

Vermutlich hatte die Berglandschaft den gleichen Ursprung wie die Schrankwand aus Nussbaum und die senfgelbe Sofagarnitur, mit der meine Großmutter die Nierentisch-Ära für sich beendete: Möbelhaus Möcking in der Weststraße. Nun wurde es langsam, aber unaufhaltsam altdeutsch. Wie auf ein geheimes Kommando hin hatte plötzlich jede

Familie unserer Verwandtschaft wenn nicht die Alpen, dann mindestens eine Mittelgebirgslandschaft im Wohnzimmer, und sicher wollte meine Großmutter nicht hinter ihren Töchtern und Schwiegertöchtern zurückstehen. Tante Rose hatte sich für eine Art Dolomiten ohne Schnee entschieden, Tante Leni für eine Auenlandschaft.

Meine Großmutter hätte die Berge samt röhrendem Hirsch sicher gerne gegen eine Muttergottes eingetauscht, aber mein Großvater, der Pfaffenverächter, war gegen christliche Devotionalien im Wohnzimmer. So ging meine Großmutter ihrer religiösen Neigung nur im Schlafzimmer nach, wo über dem Ehebett ein Kreuz hing und neben der Spiegelkommode ein winziges silbernes Becken mit Weihwasser, in das ich in unbeobachteten Augenblicken meine Fingerspitzen tauchte, meine Stirn benetzte und mir einen roten Knautschlackmantel zu Weihnachten wünschte.

Jeden Sonntag besuchte meine Großmutter die Frühmesse, was mein Großvater, so gut es ging, zu ignorieren versuchte. Er war gegen die Kirche und ganz entschieden gegen den Papst. Er war aber auch gegen die Sozis, und gegen die Schwarzen war er auch. Er war gegen die FDP und gegen die NPD. Er war gegen alles.

Er lehnte das Traumpaar des deutschen Eiskunstlaufs, Hans-Jürgen Bäumler und Marika Kilius, ebenso ab wie ihre russische Konkurrenz, die Protopopows. Er schaffte es, gegen Willy Brandt und Kurt Georg Kiesinger gleichzeitig zu sein. Er war gegen langhaarige Demonstranten und gegen Politiker, die gegen langhaarige Demonstranten waren. Natürlich war er später auch gegen die Grünen, der Anblick strickender Männer in Bundestagssitzungen brachte ihn schier um den Verstand, und hätte er den Fall der Mauer noch miterlebt, er wäre dagegen gewesen.

Sonntagnachmittags saß ich bei meinen Großeltern auf dem Sofa, so wie hier bei Frau Piatek. Der sonntägliche Besuch bei meinen Großeltern gehörte zum wöchentlichen Ritual – wie das samstägliche Bad und die Turnstunde am Mittwochnachmittag in der Jahn-Turnhalle. Wenn ich kam, öffnete meine Großmutter die Tür und drückte mich an ihren nach Tosca und Kartoffelschalen riechenden Busen, als wären Jahre vergangen, seitdem wir uns das letzte Mal gesehen hatten, dabei war es nur eine Woche. Mein Großvater saß da mit pfeifendem Atem und kommentierte das Weltgeschehen. Wieder und wieder stellte er fest, dass Politik ein schmutziges Geschäft sei. Und wenn all das noch keinen Widerspruch hervorgerufen hatte, versuchte er uns damit aus der Reserve zu locken, dass er lauthals bedauerte, dass es keinen Adolf mehr gab, der für etwas Ordnung sorgen würde. Für meinen Geschmack war ohnehin schon alles viel zu ordentlich. Wir Kinder durften in unserer Siedlung nicht mal den Rasen betreten, sonst kam der Häuserverwalter angerannt, der vermutlich mit dem Adolf verwandt war, denn er schrie wie ein Berserker herum, als würde er, wie ich das im Fernsehen von Adolf gesehen hatte, vor lauter schreienden, begeistert Fähnchen schwingenden Menschen stehen und nicht vor uns Kindern, die ihn schweigend und verblüfft anblickten. Meine Großmutter stritt sich dann etwas mit meinem Großvater herum, sie zankte beiläufig, ohne große Begeisterung, servierte stattdessen Bienenstich, den sie gerade vom Bäckerwagen geholt hatte, und blickte mit gerunzelter Stirn auf das zweite Glas Coca-Cola, das ich mir einschenkte und das ihr viel mehr ein Dorn im Auge war als all die Tommys, Amis und Franzmänner zusammen, vom Adolf ganz zu schweigen.

Mein Großvater saß auf dem Sofa unter den Alpen und guckte die Nachrichten. Er hatte Mettschnittchen mit Zwiebelringen zu Abend gegessen, dazu ein paar Scheiben kalten Bratens, und ein, höchstens aber zwei Glas Bier. Und war bereits so sehr gegen alles, dass ihn schon die Fernsehansagerin aufbrachte, die lediglich die bevorstehende Tagesschau ankündigte.

Seiner Grundüberzeugung des Dagegen-Seins folgend, war er nie in eine Partei eingetreten, nicht mal in die NSDAP. Als seine Brüder dem Arierwahn erlagen und den Namen Reski zu Reder germanisierten, war mein Großvater auch dagegen und blieb der Einzige in der Familie Reski, der seinen polnisch klingenden Namen beibehielt. Allerdings nicht aus Opposition gegen das Naziregime, sondern aus Trotz gegenüber seinen Brüdern. Denn im gleichen Atemzug erzählte er mit Stolz, dass die Familie Reski aus Schweden stammte, wie Nachforschungen seiner Brüder ergeben hätten. Das war etwas, was mich aufbrachte. „Ihr seht ja auch sehr schwedisch aus“, bemerkte ich spitz. „Nu, was wejisst schon von den Schweden?“, fragte mein Großvater mit dem überlegenen Lächeln dessen, der als Einziger erkannt hat, dass schwarze Haare und braune Augen des Schweden vornehmste Eigenschaft sind.

So wie manche Stotterer nur stottern, wenn sie Zuhörer haben, verfiel mein Großvater nur dann dem Widerspruch, wenn er ein Publikum hatte, das aus anderen Personen als meiner Großmutter bestand. Wenn er mit meiner Großmutter allein war, spielte er mit ihr Halma und war mit ihr einer Meinung. Seine Renitenz löste sich in Milde auf, und sein Tag plätscherte ohne jeden Einwand dahin.

Weil jeder in der Familie wusste, dass der Großvater im Zweifel dagegen war, ließen sich nur noch wenige von ihm in ein Streitgespräch verwickeln, was ihn verdross. Deshalb holte er immer wieder den Adolf raus. Der Adolf, der die arbeitsscheuen Leute auf Trab gebracht hätte, dem wir die Autobahnen verdankten und bei dem es weder Langhaarige noch Löcher in den Jeans gegeben hätte. Schließlich verlor meine Großmutter, wenngleich nur kurz, die Fassung. „Was redst dummes Zeug", zischte sie ihm zu, „hast ja gesehen, wohin das ging, mit dem Adolf." Schließlich kam sie aus einer streng katholischen Familie, wie sie nie müde wurde zu betonen, einer Familie, die, anders als die Reskis, nicht für die Nazis gewesen sei. „Unser Vater war ja strenggläubig", sagte sie immer, als erklärte dieser Satz alles. Ich sah, wie mein Großvater frohlockte. Der Adolf funktionierte immer. Jeder spielte seinen Part.

Onkel Oskar, der jüngste Sohn, ergriff Partei für meine Großmutter und gegen Hitler, schon aus dem Grunde, weil er noch bei meinen Großeltern wohnte. Meine Großmutter wusch, bügelte, kochte und backte für ihn und saß jeden Sonntag neben ihm in der Kirche. Mit fester Stimme sagte er zu meinem Großvater: „Dir geht es einfach nur zu gut."

Ich würfelte mit meinen Cousins um die Wette, warf meinen Cousin Heiko mit einer Sechs raus und beobachtete, wie der Hals meiner Großmutter rote Flecken bekam. Wie wild drehte sie an den Knöpfen ihrer Bluse herum. Meine Tanten und Onkel hatten bereits etwas getrunken, nicht zu viel, aber doch so viel, dass ihnen der Alkohol die Zungen gelockert hatte. Meine Großmutter befürchtete, dass Oskar jetzt noch weiterreden würde, genau wie mein Vater, der Heini, den sie, wie meine Mutter immer erzählte, von meinem Großvater fern halten musste, wenn er getrunken hatte, weil er sonst wieder bestimmte dunkle Angelegenheiten ans Licht zerrte, Erinnerungen an die Flucht – an damals, als mein Großvater meine Großmutter im Stich gelassen hatte, was mein Vater ihm nie hatte verzeihen können. Angelegenheiten, über die meine Großmutter nicht mehr sprechen wollte, jedenfalls nicht in Gegenwart meines Großvaters, was ich bedauerte, weil ich gern gewusst hätte, was sich hinter diesen Andeutungen verbarg.

Jetzt redeten alle durcheinander, meine Tanten und meine Onkel, wobei meinen angeheirateten Onkeln weniger die ungeklärten Familienangelegenheiten am Herzen lagen als die Ergebnisse von Schalke 04. Immer wieder winkelten sie die Arme an, setzten die Lippen an den schmalen goldenen Rand der Schnapsgläser und tranken mit einem kurzen, schmerzverzerrten Rucken, während sich meine Tanten so lange das sagten, was sie sich schon immer hatten sagen wollen, bis Tante Ursel, die jüngste meiner Tanten, rief: „Jetzt seid doch mal ruhig, die Mutter hat schon Flecken!“ Da hatte meine Großmutter vor lauter Nervosität bereits zwei Knöpfe von ihrer neuen Bluse abgedreht.

Mein Großvater hingegen beteiligte sich schon lange nicht mehr an dem Gespräch. Er strich den jüngsten Enkelkindern über das Haar, schenkte den älteren Coca-Cola und Orangenlimonade nach, würfelte für meinen Cousin Heiko eine Sechs, damit er mich endlich rauswerfen konnte, was ich gemein fand, und verließ schließlich gelangweilt das Zimmer, um in den Keller zu steigen und Bier zu holen. Als er wieder heraufkam und das Wohnzimmer betrat, sagte er mit verwundertem Blick auf seine Kinder: „Nu was, strejitet ihr euch immer noch?“

Bei Frau Piatek sind inzwischen die Nachbarinnen zu Besuch gekommen. Sie kamen scheinbar unbeteiligt herangeschlendert, die etwas dicke Frau Leszinski und die etwas dünne Frau Jekosch, und warten, bis Frau Piatek sie auffordert, auf der Holzbank Platz zu nehmen. Sie bewegt die Frage, wer zu dem Auto mit Warschauer Kennzeichen gehört, das seit ein paar Stunden vor Frau Piateks Haus steht.

Ich spüre, wie sie mich durchleuchten und begutachten. Schließlich sage ich schüchtern: „Ich bin die Enkelin von Allo Reski und Anna Gapowski. Vielleicht haben Sie sie noch gekannt?“ Und fühle mich, als begegnete ich einem früheren Leben. Als würde ich dazugehören.

In gekränktem Ton, als hätte ich sie nach einer Selbstverständlichkeit gefragt, sagt Frau Leszinski: „Nu, frejilich erinnere ich mich an die Anna Gapowski, bin ich doch mit ihrer Schwester Rose zur Schule gegangen.“

Ich dagegen erinnere mich an den Tag meiner Einschulung am Gymnasium. Der Klassenlehrer rief die Namen der Schüler einzeln auf: Annette Sichler, Bettina Fluhme, Ingrid Kunsemüller. Kein einziger Name mit -ski, sondern nur einfach auszusprechende, klare deutsche Namen: Fischer, Scholz, Wagner, Weber. Der Lehrer erging sich bei jedem Schüler in langen Anekdoten über die jeweilige Familie, als hätte er bei jedem Einzelnen eine Ahnenforschung betrieben: „Oh, Sigrid Fischer, ich erinnere mich noch genau an den Tag, als dein Vater Gerhard vor mir stand.“ Die Tante von Clemens Wagner wurde besonders lobend erwähnt, sie sei so begabt gewesen. Bei meinem Namen sagte er nichts, sondern rief den nächsten auf.

Zum ersten Mal wünschte ich mir, anders zu heißen. Reski musste man immer buchstabieren, kein Mensch schien zu begreifen, dass sich mein Name so einfach schrieb, wie man ihn aussprach.

„Wejißt doch, Allo Reski“, sagt Frau Piatek zu Frau Leszinski, „der

Allo, der in der Miehle gearbejitet hat!", und ein eigentümlich warmes Gefühl legt sich auf mein Herz. Es ist eine Reise in eine verloren gegangene Zeit, die ich nur aus Erzählungen, Andeutungen, Anekdoten kenne, und plötzlich sitze ich mittendrin.

Mit gleichmütiger Stimme erzählt Frau Leszinski, dass ja immer wieder Deutsche ins Dorf kämen, am liebsten im Sommer. Irgendwann ziehe es eben jeden wieder in die Heimat zurück, sagt sie. Und wenn nicht meine Großeltern und nicht ihre Kinder, dann eben mich. Ihre Stimme klingt nach Vorwurf. Als käme ich zu spät. Als hätte ich das Dorf warten lassen. Vergeblich versuche ich ihr deutlich zu machen, dass Ostpreußen zwar die Heimat meines Vaters ist, für mich aber eine Erinnerung. Aber das lässt sie nicht gelten. „Hejimat ist Hejimat", sagt sie streng, und ich wage nicht, ihr zu widersprechen.

Die Frauen gehören zu den letzten Deutschen hier im Ort. Frau Jekosch, die Lehnhards, dort hinter der Forellenzucht, dann die Neumanns und die Kochs oben auf dem Berg, wobei Frau Piatek findet, dass man die Frau Koch in letzter Zeit selten sieht.

Dann versickert das Gespräch für eine Weile. Frau Piatek, Frau Jekosch und Frau Leszinski schweigen. Es ist ein beiläufiges Schweigen, ein Schweigen ohne große Bedeutung, ein Schweigen, das man miteinander teilt, wenn man sich schon ein Leben lang kennt. Wir sitzen auf der Bank vor den Erdbeerbeeten und genießen das Abendlicht. Der Himmel ist hoch und breit und still, auf der Straße bewegt sich niemand außer einem kurzbeinigen Bastard. Reini schläft.

„Was für ejin scheener Tag", sagt Frau Piatek.

„Nu, so ejin scheener Tag", sagt Frau Leszinski.

„Gut, dass die Micken jetzt nicht so bejißen", sagt Frau Jekosch.

Sie hält sich etwas steif auf der Holzbank, sitzt da mit hohlem Kreuz auf der Kante, als wollte sie gleich wieder aufspringen und wegrennen, aber wahrscheinlich drückt ihr einfach nur der Hüfthalter die Luft ab. Sie ist eine Frau unbestimmten Alters. Ihr Gesicht ist etwas welk. Ihre Haare haben fünf Jahrzehnte sozialistischer Dauerwellen überstanden und sind von grauen Fäden durchzogen. Frau Jekosch heißt Brigitte oder besser: Brigittka. Sie wohnt mit ihrem Mann Leo im Gasthaus zur Ostpreußischen Schweiz. „Ejinundzwanzig Zimmer", sagt Frau Piatek kopfschüttelnd, „ejinundzwanzig Zimmer. Und sitzt drauf wie ejine Glucke." Sie vermiete nicht, weil sie und ihr Mann darauf warten, dass es ihren Sohn Norbert von Warschau zurück nach Reußen zieht. „Ejinundzwanzig Zimmer", wiederholt sie und wendet sich mir mit einem Blick zu, als sei ich der Schiedsrichter.

Frau Leszinski muss mit ihrem Mann, der Schwiegertochter und zwei kleinen Kindern auf drei Zimmern leben. Frau Leszinski wohnt auf der anderen Seite des Flusses, nur ein paar Schritte von Frau Piatek entfernt. Frau Leszinski heißt Anna oder besser: Anka. Frau Piatek nennt sie manchmal auch liebevoll Anko oder Anetschko. Aber in Gegenwart von Fremden reden sie sich mit dem Nachnamen an: „Das sag ich dir, Frau Jekosch!"

Anetschko trägt einen blauen Kittel, in dessen Taschen sie ihre Hände stemmt. Die Haare trägt sie kurz geschnitten, wie ein Schulkind. Hohe Wangenknochen, ein kräftiges Wangenrot, das im Abendlicht leuchtet. Ihr sonnengebräuntes Gesicht wirkt mädchenhaft, obwohl sie sicher über siebzig Jahre alt ist. BDM-Mädchen bleiben ihr Leben lang Mädchen. Tante Ruth war BDM-Mädchen gewesen, auch Tante Gisela, sie alle hatten dieses Leuchten, als seien sie Erwählte gewesen, Zeuginnen von etwas ganz Besonderem, etwas Erhabenem, was sie niemandem erklären konnten und auch nicht wollten.

Wer so leuchtet wie Frau Leszinski, denke ich, der kann auch *Schwarzbraun ist die Haselnuss* singen. Bei uns wurde das Lied auf jeder Familienfeier gesungen, und ich habe es mit Inbrunst mitgesungen: *Schwarzbraun ist die Haselnuss, schwarzbraun bin auch ich, bin auch ich.*

Ich mochte es gern, weil die Tonlage meiner Singstimme entgegenkam. Bis mir jemand eines Tages sagte, dass es ein Nazilied sei. Ich war schockiert. Ich hatte auf meine Großmutter vertraut und auf ihr „unser Vater war ja strenggläubig". Offenbar konnte man sich nicht mal darauf verlassen. Wer weiß, was früher gewesen war, in Ostpreußen. Schließlich wusste doch jedes Schulkind, dass sie früher alle Nazis waren, strenggläubig hin oder her. Auf den alten Fotos hatte ich haufenweise Männer mit Hitlerbärtchen bemerkt. Braun war die Nazifarbe schlechthin, das hätte mich stutzig machen müssen. Einerseits. Andererseits fand ich es eigentümlich, dass die Nazis, die doch ganz versessen waren auf alles Arisch-Blauäugige, Blondhaarige, Hellhäutige, ein schwarzbraunes Mädchen preisen konnten. Schwarzbraun, wie meine Großmutter und ich im Sommer. Ich beschloss, meine Großmutter zur Rede zu stellen.

„Nu, was fier Nazilied?", fragte sie pikiert. Sie und ihre Schwestern hätten das schon gesungen, da habe der Hitler noch gar nicht gewusst, wo Ostpreußen überhaupt liegt. Das musste mir als Antwort genügen. Und so sang ich wieder mit, wenn auch verunsichert.

DIE SCHNECKEN haben dieses Jahr den ganzen Salat in Frau Piateks Garten aufgefressen, das ist der Gedanke, dem die drei Frauen jetzt nachhängen. Sie blicken vorwurfsvoll auf das Beet, um dann wieder gemeinsam und vertraut zu schweigen. Wie in der Familie. Wer verwandt ist, muss auch nicht ständig miteinander reden, um sich die Zusammengehörigkeit zu beweisen.

„Ich kenn sie schon von Kind an", sagt Frau Leszinski mit Blick auf Frau Piatek, als hätte sie meine Gedanken geahnt.

„Von Kindheit an, neji", sagt Frau Piatek. „Wir sind doch hier geboren und aufgewachsen und hier sterben wir auch."

„Ich bin hier geboren, ich will der Hejimat treu blejiben, hier blejib ich, hier krepier ich", sagt Frau Leszinski kämpferisch.

„In Bertung, beim Pfarrer Josef Gablinski werden wir liegen", sagt Frau Jekosch mit Blick auf die Malvenstöcke.

Und Frau Piatek sagt: „Ojei".

Die Heimat. Eingeschlossen in der Erinnerung wie die kleinen Fliegen in der Bernsteinkette meiner Großmutter. Manchmal erschien mir das ferne Ostpreußen wie etwas, um das man nur heimlich trauern durfte.

Während meine Gedanken noch der Heimat nachhängen, haben sich die Gedanken der drei Frauen bereits zerstreut. Frau Leszinski war heute in Allenstein und wollte sich ein Paar Schuhe kaufen. Aber sie konnte keine passenden finden. Frau Piatek blickt auf ihre Fellpantoffeln und sagt: „Ich kennt mir ja auch mal Schuhe kaufen, aber zu was? Wer wird sie für mich nachher tragen? Kejiner. Manch ejiner schickt mir ja Schuhe, aber die taugen nichts. Ich sage: Schickt mir kejine Schuhe, schickt mir sonst irgendwas. Die Schirze haben sie mir geschonken. Die Schirze habe ich gerne, das ist unsere alte Mode, nicht?"

„Ja", sagt Frau Leszinski, „die Jungen, die ziehen ja gar so etwas nicht an, nur wir Alte."

„Denn wenn wir Schirze anziehen, dann wissen wir, dass wir angezogen sind", sagt Frau Piatek.

„Ich kann ohne Schirze gar nicht gehen", sagt Frau Leszinski.

„Ich auch nicht, Anetschko, ich auch nicht", sagt Frau Piatek. „Und die Jungen – bloß in Recke, Blusen, scheene, ja. Na, sind wir anders gesonnen wie die Jugend, neji?"

Sie stellen ihre Sätze hin wie eine Suppe, die bereits kalt geworden ist, aber noch gegessen werden muss. Wäre doch zu schade drum. Frau Jekosch ist die Jüngste. Sie sitzt in Rock und Pullover da und schweigt. Dann betrachten wir wieder das Abendlicht, das sich in der Alle spiegelt. Die Abendsonne beleuchtet das Haus von Frau Leszinski jenseits der Alle, bis es schimmert wie eine Sammeltasse mit Goldrand.

Frau Piatek erhebt sich ächzend von der Holzbank. „Nu, werd ich mal nach dem Rejini sehen", sagt sie. Mühsam das Gleichgewicht haltend, balanciert sie an der Backsteinwand entlang und verschwindet im Haus.

„Angeschlejidert, immer angeschlejidert, der Rejini", sagt Frau Jekosch, kaum dass sich die Tür hinter Frau Piatek geschlossen hat. Sie legt den Kopf in ihre Hände und blickt so vorwurfsvoll auf die Straße, als wäre die an Reinis Trunksucht schuld. „Mejin Leo trinkt ja nicht. Der hat abends sejin Bier, aber so was wie der Rejini sejift, das gibt es beji ihm nicht." Sie schüttelt sich.

Frau Leszinski unterdrückt ein Gähnen. Der Lobgesang auf den guten Leo langweilt sie. Nun zuckt sie mit den Schultern und sagt: „Nu, ist die Mutter, was willst. Hier schimpft sie, da geht sie und bezahlt die Schulden. Mutterherz blejibt immer Mutterherz." Sie verdreht die Augen, denn sie weiß, wovon sie spricht. Leidet sie doch selbst unter ihrem Mutterherz und einem Sohn, der nichtsnutzig zu Hause sitzt. Sie steht auf, streckt sich etwas gequält, stemmt wieder die Hände in die Kitteltaschen und sagt: „Ist Zejit."

Die Alle liegt unbeweglich und schwarzblau da. Man hört kein Hundegebell mehr, kein Bäumerauschen. Langsam verfärbt sich der Himmel fliederfarben.

Frau Leszinski verabschiedet sich. „Wir sehen uns noch? Sie blejiben doch!"

Bleiben? Ich wollte nur kurz durchfahren, durch das Dorf meiner Familie, ganz kurz. Nachsehen, wo ihr Haus gestanden hat, vielleicht. Mehr nicht.

„Frau Reski", sagt Frau Jekosch in dem beiläufigen Ton, in dem man eine entfernte Cousine zum Bleiben auffordert, „Frau Reski, wenn Ihnen gut genug ist, kennen Sie beji uns iebernachten. Wir haben so viele leere Zimmer. Bis der Norbert zurickkommt, natirlich. Blejiben Sie, Frau Reski, nur fier ejine Nacht."

Da kommt Frau Piatek wieder aus dem Haus. Reini schläft tief, berichtet sie erleichtert. „Blejiben Sie, gute Frau, blejiben Sie", sagt auch sie zu mir.

Hanna packt ihre Tasche. Sie steckt ihre Marlboro zurück ins Etui und verstaut die Zigaretten zusammen mit dem Feuerzeug. Sie holt ihr Brillenetui hervor, öffnet es und setzt sich ihre Brille auf, die sie zum Autofahren benötigt. Sie packt, als wäre es für sie klar, dass ich bleibe.

Das Gasthaus zur Ostpreußischen Schweiz. Aber eigentlich will ich zurück. Zurück nach Warschau. Ich bin für morgen bereits verabredet.

Hanna zieht den Reißverschluss ihrer Tasche zu. Sie blickt sich um, ob sie nichts liegen gelassen hat, Brille, Feuerzeug, Zigaretten?

Ich habe nicht vorgehabt, länger als einen Nachmittag hier zu bleiben, um zu sehen, ob das Dorf wirklich existiert, und vielleicht ein paar Fotos zu machen. Von der Mühle. Vom Fluss. Vom Haus, in dem mein Vater geboren wurde. Vom Haus meiner Urgroßeltern. Und dann wieder fahren. Aber da ist dieses Gefühl, als müsste ich hier etwas finden. Ein Zeichen, dass sie hier gewesen sind. Meine Urgroßeltern, meine Großmutter, mein Großvater, meine Tanten und Onkel. Mein Vater.

Ich sehe Hanna zu, wie sie sich die Jacke zuknöpft und den dünnen Sommermantel überwirft. Gleich wird die Suche nach ihrem Autoschlüssel beginnen. Sie findet ihre Schlüssel nie. Ich beobachte sie und beschließe, meinem Schicksal noch eine Chance zu geben. Wenn sie wie üblich kramt, dann fahre ich, wenn sie ihren Schlüssel jedoch mit einem Griff findet, dann bleibe ich hier. Sie zieht den Reißverschluss ihrer Tasche auf, schiebt die Hand in das kleine Fach vorne und holt ihren Schlüssel hervor. Ohne zu suchen. Sie steht auf, und wir schauen uns an. Ich nicke. Nur für eine Nacht!

Dann fährt Hanna allein nach Warschau zurück, und ich bleibe. Im Gasthaus zur Ostpreußischen Schweiz.

Frau Jekosch geht voraus, um das Zimmer für mich vorzubereiten. Mit Blick auf das Gasthaus zur Ostpreußischen Schweiz flüstert Frau Piatek mir zu: „Sauber ist sie ja, die Brigittka. Aber sehr nervees. Ihren Leo bringt sie ja in Schwung. Leo, mach dies, Leo mach das, und der Leo, der hopst.“ Sie lacht, hakt sich bei mir unter und begleitet mich kichernd bis zum Gartentor. Als sich das Tor hinter mir geschlossen hat, steigt sie zwischen die Zaunlatten des Gartentors, um sich größer zu machen, und wünscht mir eine gute Nacht.

Oben auf der Treppe des Gasthauses zur Ostpreußischen Schweiz empfängt mich Frau Jekosch. Hinter ihr steht ihr Leo, ein kleiner, muskulöser Mann. Die Sonne hat seine Arme und seinen Nacken gegerbt. Er ist ein ergrauter Blonder mit blauen Augen. Wenn er lacht, entblößt er Zahnlücken und silbrig schimmernde Metallzähne. Er erinnert sich an meine Tante Leni, mit der er zur Schule ging. „War so ejine Klejine, Dunkle“, sagt er und lacht verlegen, und mir ist unklar, ob es wegen seiner Zähne oder wegen meiner Tante ist.

Dann führt er mich durch das Haus, vom Eiskeller bis zu den Dachstuben. Hier verbrachten Gäste aus Allenstein und Umgebung die Sommerfrische. Er öffnet eine schmale Holztür. Dahinter ein lavendelgrün gestrichenes Klo. Ich sehe es ratlos an. Er führt die Toilette vor wie ein Schaustück. Schließlich müsse man bedenken, dass die meisten im Dorf bis heute noch mit einem Plumpsklo lebten.

„Deutsche Toiletten sind das“, sagt er würdevoll, „Vorkriegstoiletten mit Wasserspilung.“

Bis auf die Zimmer, die Herr und Frau Jekosch bewohnen, sind alle anderen Zimmer zwar nur sparsam möbliert, ein Stuhl hier, ein Bett da, aber bezugsfertig für den Sohn im fernen Warschau.

Wir steigen über eine knarrende Holztreppe hinauf. Frau Jekosch hat die Dielen mit Seifenlauge so blank gescheuert, dass das Holz wie gebeizt aussieht. Hier hat mein Großvater getrunken und meine Großmutter ihre Einkäufe anschreiben lassen. Hier bettelte mein Vater nach etwas Süßem. Die Bierstube, der Gemischtwarenladen, die Gästezimmer. „Salons nannte man das frieher“, sagt Herr Jekosch verlegen.

Frau Jekosch hat mir das Zimmer zurechtgemacht, in dem sonst ihr Norbert schläft. Eine Bettcouch, ein Regal mit polnischen Schulbüchern stehen darin, eine Schrankwand, so wie sie meine Großmutter hatte, bevor sie altdeutsch wurde. Im Regal steht ein Foto, das einen blonden Jungen in Badehose zeigt, der aussieht wie eine Miniaturausgabe von Herrn Jekosch.

Vom Fenster aus sehe ich die Mühle. Als ich im Bett liege, fühle ich mich wie ein Kind, das schlafen geschickt wurde, obwohl es noch nicht müde ist und aus Langeweile versucht, die Gespräche der Erwachsenen zu belauschen. Ich höre Frau Jekosch über den Flur laufen. Die Dielen knarren und sie betätigt den Lichtschalter, der ein knackendes Geräusch macht. Ich höre Wasser fließen und höre, wie sie durch die geschlossene Tür mit ihrem Mann, der im Badezimmer steht, über die Qualität der Seife spricht. Ich starre auf den schmalen Lichtstrahl, der unter der Tür in mein Zimmer kriecht, und versuche mich an das Gesicht meines Großvaters zu erinnern, wenn er uns von der Ostpreußischen Schweiz vorschwärmte. Wie er bei seinen Erzählungen immer leise auflachte, was ich als Beweis dafür ansah, dass es sich um Fantasiegebilde handelte. Dann schlafe ich ein und träume von einem Elch, der das Fenster aufdrückt. Der Elch reckt sich in das Zimmer, erst nur der Kopf, dann steht er mit den Vorderhufen im Zimmer und röhrt wie ein Hirsch. Und plötzlich taucht zwischen den gewaltigen Elchschaufeln das Gesicht meines Großvaters auf, rund wie der Mond und kichernd.

Als ich morgens aufwache, ist alles still. Nur in der Ferne das Rauschen.

Der Fluss, der sich durch die Schleuse zwängt. Im Haus kein einziges Geräusch. Ich ziehe mich an und wasche mich notdürftig. Durch das Fenster ist kühle Feuchtigkeit in das Zimmer gedrungen. Ein unordentliches und verschlafenes Durcheinander von Grau und Blau wölbt sich über das Dorf, den Fluss, den Wald. Ich taste nach meiner Uhr. Sie ist stehen geblieben.

Ich drücke die Türklinke herunter und mache zwei Schritte über den Holzfußboden, der vorwurfsvoll knarrt. Ich ziehe meine Schuhe aus und laufe barfuß auf Zehenspitzen weiter. Wo verbirgt sich nur das deutsche Klo? Ich drücke quietschende Türklinken herunter und blicke in Zimmer, die mir leer entgegengähnen. Einundzwanzig Zimmer. Endlich. Das lavendelgrüne deutsche Klo. Die Wasserspülung röhrt verschreckt, als sei sie seit Jahren nicht mehr benutzt worden. Das Haus schweigt immer noch. „Frau Jekosch?“, rufe ich, verlegen über die Holzdielen balancierend, „Frau Jekosch?“ Ich öffne die Tür zur Küche. Blank gewienerte Kacheln gleißen mir entgegen. Schnell schließe ich die Tür wieder und steige die steile Holztreppe hinunter. „Frau Jekosch?“ Ich drücke Tür um Tür auf. Gästezimmer ohne Gäste, Lagerräume, in denen nichts gelagert wird, ein Gemischtwarenladen ohne Waren. Plötzlich taucht aus dem Nichts mein Vater auf, ein Kind mit weißblonden Haaren und schwarzen Augen, die misstrauisch blinken. So sah er aus. Der Vierte von links in der ersten Reihe. Ein kahl geschorener Zwerg in Kittelschürze. Der kleine Junge spricht mich an, und ich lache verlegen, weil ich ihn nicht verstehe. Als ich versuche, sein weißes Haar zu berühren, läuft er schreiend davon, er stolpert die Treppe hinunter auf die Straße, wo andere weißblonde Kinder mit ihren Fahrrädern auf ihn warten und einen neugierigen Blick in das Gasthaus zur Ostpreußischen Schweiz werfen.

Ich bleibe im Halbdunkel des Hauses stehen und drücke die Klinke zum Schankraum herunter. Die Schankstube, in der nichts ausgeschenkt wird. Ohne Tische und ohne Stühle. Aber ein Zapfhahn ist noch da, verstaubt. Die Wände sind mit Holz verkleidet und weiß gestrichen. Das Morgenlicht fällt schräg auf den Boden und gibt dem Raum einen eigentümlichen Glanz. Man müsste nur ein paar Tische und Stühle hereinstellen, und schon könnte man hier wieder goldene Hochzeiten feiern. Oder Kommunion. Oder Leichenschmaus.

In meiner Familie wurde das Feiern mit einer Ernsthaftigkeit betrieben, als handle es sich um die Außenpolitik der Bundesregierung. Wer eingeladen werden sollte. Welche Kapelle spielen sollte. Ein Duo, ein Trio oder ein Alleinunterhalter mit Hammondorgel? Sollte es Kroketten und Salzkartoffeln geben oder doch nur Salzkartoffeln ohne Kroketten? Welches Blumenarrangement wäre passend? All das beschäftigte meine Großmutter und meine Tanten schon Wochen vorher.

Meine Großeltern feierten die wirklich wichtigen Jubelfeste des Lebens immer in der „Mühle“. Der Lieblingsfestsaal meiner Großeltern hieß nur zufällig wie ihr ostpreußischer Lebensmittelpunkt, dennoch löste bereits der Name bei ihnen Heimatgefühle aus.

Der Festsaal war fensterlos, nur durch kleine Oberlichter fiel etwas milchiges Tageslicht herein. Beleuchtet wurde der Raum von Neonröhren, die alles in ein fahles Licht wie in einem Operationssaal tauchten, wodurch die Gäste stets etwas bläulich schimmerten. Geheizt wurde spärlich, man wärmte sich langsam mit Schnaps auf, und Großtante Trudi stieß Großonkel Toni in die Seite und zischte ihm wie immer zu: „Steig mir bloß nicht wieder auf den Tisch!“ Ihre Ermahnungen blieben folgenlos. Es gab keine Feier, bei der Onkel Toni nicht auf den Tisch gestiegen wäre und getanzt hätte. Beim achtzigsten Geburtstag von Großtante Mia brach der Tisch unter dem tanzenden Toni zusammen, aber wie durch ein Wunder blieb er unversehrt.

Die Feste wurden wie ein heidnischer Kult begangen, mit Ritualen, die umzustoßen niemand gewagt hätte. Die Tische standen immer U-förmig, und meinen Großeltern gebührte der Ehrenplatz an der Stirnseite. Die Gäste trafen immer um 18 Uhr ein, das Ende der Feier war immer offen, aber niemand hätte gewagt, vor drei Uhr morgens nach Hause zu gehen. Zu fehlen wäre völlig undenkbar gewesen, als Entschuldigung hätte höchstens ein Krankenhausaufenthalt getaugt, Gipsbeine hingegen nicht. Wer es wagte, die Einladung abzulehnen, war für immer eine *Persona non grata.* Dasselbe galt für Abstinenzler. Tante Leni wusste, dass sie für jedes Glas Wein mit einem Migräneanfall gestraft werden würde, der sie für eine Woche lähmte, aber nie hätte sie gewagt, den Abend mit Mineralwasser zu verbringen. Es gab immer die gemischte Fleischplatte, Rind- und Schweinefleisch, immer die gemischte Gemüseplatte mit dem Blumenkohl in der Mitte, der unter einer dicken Schicht von Holländischer Sauce versank, immer mit Petersilie bestreute Salzkartoffeln. Immer. Wären auch nur die Tische anders gruppiert worden, oder hätte an der Stelle des Blumenkohls ein Brokkoli gelegen – die Erde hätte sich aufgetan und uns verschlungen.

Die Tanzkapelle brachte etwas Glanz in den fahlen Saal, die Musiker sahen aus wie in Geschenkpapier gewickelt. Mit türkisfarbenen Jacken, die funkelten, als hätte jemand eine Tüte Pailletten über ihnen ausgeschüttet, mit den perlmuttschimmernden Trommeln, den Rumbakugeln und den Stahlbesen, mit denen sie auf den Schlagfellen rührten, schienen sie mir wie Wesen aus einer anderen Welt. Sie hießen: „Die drei Teddys“ oder: „Roy & Ray“ und mussten mit Unmengen von Bier und Schnaps bei Laune gehalten werden, weil sie sonst nach spätestens drei Liedern einen Tusch spielen und eine Pause einlegen würden. Einer der Sänger hielt das Mikrofon ganz nah an den Mund gepresst, als wollte er gleich seine Lippen darüber stülpen und hineinbeißen wie in ein Capri-Eis. Ich vermutete, dass jede Menge ansteckender Krankheiten in dem Mikrofon stecken müssten, und schauderte.

Mit den Jahren wurden die Kapellen immer kleiner. Und eines Tages kam einer mit einer Art Küchenmaschine unter den Musikinstrumenten: der Hammondorgel. Die Hammondorgel konnte jede beliebige Melodie pürieren, zerhäckseln, in Scheiben schneiden und entsaften, sie war sowohl Klarinette als auch Schlagzeug, in ihr steckten Geigen und Klaviere, Saxofone und Harfen, sie war Symphonieorchester, Hintergrundchor und Stimmungskapelle zugleich und kostete nur ein Bier statt drei. Meine Familie wurde nicht müde, dieses Wunder der Musik zu rühmen.

Nach dem Essen begann der Tanz. Er wurde von meinen Großeltern mit dem Schneewalzer eröffnet. Meine Großmutter stand zuerst auf und sagte zu meinem Großvater: „Nu komm.“ Hilfe suchend blickte er in die Runde, strich sich über die Haare, trank seinen Schnaps aus und sagte schließlich resigniert: „Nu, wennst mejinst.“ Dann stand er auf und erledigte seine Pflicht. Er führte meine Großmutter unter dem Applaus der Gäste auf die Tanzfläche und begann geniert lächelnd zu tanzen. Nun begannen auch die anderen zu kreiseln, zu schieben, zu schlurfen und zu hüpfen, im Takt oder in jenem Rhythmus, den sie dafür hielten. Alle tanzten mit Begeisterung, sogar meine Großtanten, die selbst dann nicht sitzen blieben, wenn sie kein Mann aufforderte, sondern miteinander tanzten.

Von Zeit zu Zeit wurde der Tanz unterbrochen, weil die Kapelle pausierte. Dann wurden die Gäste von kleinen Darbietungen unterhalten: ein Potpourri des Quartettvereins, Scharaden der Großtanten, kleine Sketche auf die zu feiernde Person, Bierzeitungen – meine Großmutter war eine gefürchtete Bierzeitungsdichterin – und jede Menge Gesang.

Niemand hätte gewagt, nur die Lippen zu bewegen, so wie in der Kirche, alle brummten, tirilierten, kollerten und krächzten, so gut sie konnten. *Wilde Gesellen, vom Sturmwind durchweht, Fürsten in Lumpen und Loden. Zieh'n wir dahin, bis das Herze uns steht, ehrlos bis unter den Boden.* Wanderlieder und Balladen, Lieder zum Tanzen und zum Trinken, Lieder, in denen die Heimat gepriesen und die Liebe vermisst

Von links: Tante Rosi, Großmutter, Tante Leni und Großtante Mia

Zu einer beschwingten Familienfeier gehören Gesang und Tanz. Das linke Bild zeigt – von links nach rechts – Großvater, Großtante Babe, Großmutter und meine Mutter.

wurde. Als kleines Mädchen fragte ich mich nie, ob ich singen konnte oder nicht, ich sang einfach mit. *Ännchen von Tharau ist's, die mir gefällt, sie ist mein Leben, mein Gut und mein Geld.* Ich sang, ich tanzte, ich schunkelte mit Inbrunst. Mein Lieblingslied war das vom Polenmädchen. *In einem Polenstädtchen, da liebt' ich einst ein Mädchen, sie war so schön. Sie war das allerliebste Kind, das man in Polen findt, aber nein, aber nein, sprach sie, ich küsse nie.* Als ich kein kleines Mädchen mehr war und mein Körper über Nacht die Herrschaft über mich ergriffen hatte, löste sich meine Sangesfreude in nichts auf. Plötzlich empfand ich alles als eine nicht enden wollende Zumutung, und ich weiß nicht, was mich mehr bedrückte, das Singen oder das Tanzen.

Am schlimmsten war der Rundgesang. Mit einem Blitzen in den Augen stimmte ihn Großtante Mia dann an, wenn die Gesellschaft etwas schwächelte. „Nu lieber Heiko, sing ein Lied", trompetete sie und klatschte in die Hände, woraufhin alle ihrem Kommando folgten und mitsangen. Wie eine bedrohliche Welle, der ich nicht ausweichen konnte, rollte das Unglück auf mich zu. „Sing ein Lied!“ Hilflos blickte ich mich um. *So ein Tag, so wunderschön wie heute!*, sang Heiko nun, womit er sich ein tosendes *Hast gut gemacht, hast gut gemacht, in deinen jungen Jahren, drum wirst du auch nicht ausgelacht, hahaha!* verdiente. Ich konnte mir ausrechnen, wann die Welle bei mir ankommen würde. Aber mir fiel kein einziger Refrain ein, und was noch viel schlimmer war: Ich erinnerte mich an keine einzige Melodie. Die Welle rollte näher und näher. Jetzt war mir alles egal, ich hätte jedes Lied gesungen, sogar *Schwarzbraun ist die Haselnuss* wäre mir recht gewesen, Nazilied hin oder her, wenn mir nur die verdammte Melodie eingefallen wäre. *Nun liebe Petra, sing ein Lied!* Die Welle hatte mich erreicht. Ich wurde nach unten gezogen und auf den Meeresgrund gedrückt, und mir wurde schwarz vor den Augen. *Sie blättert noch im Notenbuch, im Notenbuch, im Notenbuch!* Ich wollte sterben. *Sie präpariert sich immer noch, immer noch, immer noch!* Selbst meine Mutter lachte mir lediglich aufmunternd zu. Dabei hatte auch sie es nur mit Mühe in der letzten Minute mit einem *Horch, was kommt von draußen rein* geschafft. Fast hätten sie bereits bei ihr das vernichtende *Drum wird sie jetzt auch ausgelacht, ausgelacht, ausgelacht, hahaha!* gesungen, da war ihr noch das rettende Lied eingefallen. Schließlich flüsterte und summte mir Tante Rosi eine Melodie ins Ohr. Ich atmete auf. Als ich schließlich mit gebrochener Stimme und hochroten Ohren sang *Du, du liegst mir im Herzen, du, du liegst mir im Sinn. Du, du machst mir viel Schmerzen, weißt nicht, wie gut ich dir bin. Ja, ja, ja, weißt nicht, wie gut ich dir bin!*, fielen meine Tanten fast vor Lachen unter den Tisch.

Zu Ehren meiner Mutter wurde meist auch das Schlesierlied gesungen. *Hohe Tannen weisen die Sterne an der Iser wildspringender Flut, liegt das Lager auch in weiter Ferne, doch du, Rübezahl, hütest es gut.* Meine Mutter war gerührt. Mit ihren schlesischen Schwestern sang sie nie das Schlesierlied, die schlesischen Familienfeste verliefen überhaupt viel weniger spektakulär als die der Ostpreußen, was ich als Kind bedauerte. Die Schlesier tanzten nicht und sangen schon gar nicht, und meine Tanten hielten immer die Hand über ihre Gläser, wenn ihnen jemand etwas Wein nachschenken wollte. Erst als Pubertierende lernte ich die schlesischen Familienfeste zu schätzen. Hier konnte ich endlich in Ruhe dasitzen, meinen Gedanken nachhängen und eine unbestimmte Sehnsucht in meinem Herzen bewegen, ohne mich dafür rechtfertigen zu müssen.

Die schlesische Verwandtschaft liebte es zu reden. Zu diskutieren, wie es meine Tante Ruth mit einer gewissen Weltläufigkeit nannte. Sie redeten über ZU HAUSE und erzählten sich Geschichten, in denen immer „der Russe kam“. Ich hatte ihn schon so oft kommen hören, dass ich meinte, die Geschichten auswendig zu wissen, und doch verstand ich sie nie, weil sich auch meine schlesischen Tanten an den entscheidenden Stellen immerzu gegenseitig ins Wort fielen. Die Geschichte von Tante Giselas SS-Totenkopfring, den ihr ein Soldat geschenkt hatte und den sie selbst dann nicht abgeben wollte, „als der Russe kam“. Die Geschichte von der Pistole meines Großvaters, die er zusammen mit seiner Uniform vergrub, „als der Russe kam“. Wieder und wieder glichen sie ihre Versionen ab, warfen sich Gedächtnislücken vor und versuchten sich mit Detailkenntnissen zu übertreffen: „Das war nicht ein Gewehr, das der Papa vergraben hat, es war eine Pistole“, sagte Tante Ruth.

Sie diskutierten alles, die Länge der Röcke, die Berufstätigkeit der Frau, die Vor- und Nachteile einer Gasheizung, sie bildeten verschiedene ideologische Lager, die sie in Windeseile wechselten, und waren sich nie einig. Der Höhepunkt der Familienfeier war erreicht, wenn gewettet wurde. Sie reichten sich die Hände, und ich durfte zuschlagen. Tante Ruth wettete mit meiner Mutter um die Größe des vergrabenen Gewehrs, Tante Gisela mit Onkel Gerhard um die Kosten der Gasheizung, sie wetteten um fünf Mark, einen Kasten Bier, eine Flasche Wein, aber gesungen haben sie nie.

In meiner ostpreußischen Familie hingegen war Reden das, was es auf Familienfeiern, und nicht nur da, unter allen Umständen zu verhindern galt. Meist gelang das bis zu jenem Augenblick um drei Uhr morgens, an dem die Kapelle das Schlagzeug und die Hammondorgel abbaute. Im Saal wurde es langsam wieder kalt. Die Lieder waren abgesungen, die Gedichte vorgetragen, den Tanten taten vom Tanzen die Füße weh, die Onkel blickten glasig, und plötzlich begannen alle zu reden. Womit genau das geschah, was meine Großmutter den ganzen Abend mit allen ihr zur Verfügung stehenden Mitteln zu vereiteln versucht hatte. Denn wenn betrunken geredet wurde, wurde entweder gestritten oder über Trauriges geredet, über die Flucht, Ostpreußen und davon, „als das mit dem Heini passiert ist“. Dann schauten alle auf mich, erschreckt und mitleidig zugleich, und eine Stille entstand. Ich fühlte mich unter ihren Blicken unbehaglich, rutschte auf meinem Stuhl herum und begann, kleine Blümchen auf den Bierfilz zu malen. Ein Großonkel drückte mich hastig, dann wechselten sie das Thema, und meine Großmutter versuchte, die Feier schnell zum Ende zu bringen, indem sie noch ein letztes Lied anstimmte, was immer das Ostpreußenlied war, und dann – Katharsis. Erst Furcht und Mitleid und dann Katharsis. Meine Familie beherrschte so traumsicher Aristoteles' Bauprinzipien der Tragödie, als hätte sie es Millionen Mal geprobt. Die Katharsis wurde mit dem Ostpreußenlied eingeleitet und fand ihren Höhepunkt im gemeinsamen Weinen. Bei der letzten Strophe war niemand mehr zu hören, außer Großtante Babe, die beglückt die Gelegenheit nutzte, endlich allein singen zu dürfen. Alle anderen weinten. Manchmal hätte ich ihnen gern ein Stückchen Ostpreußische Schweiz geschenkt, vielleicht würde ja Beten nützen, bei meinem roten Knautschlackmantel jedenfalls war es ganz erfolgreich gewesen, Martina Josuweit und Gabi Evers beneideten mich glühend darum.

Aber schon am nächsten Morgen wollte keiner mehr etwas davon wissen. „Ach was, Ostpreußen", sagte Großtante Rosa und machte eine abwehrende Bewegung, „wir hatten doch ejinen in der Krone, deswegen haben wir geheult."

Die Lieder, die auf den ostpreußischen Familienfeiern gesungen wurden, kleben in meiner Erinnerung. *Sie lag in meinem Arm, mir schlug das Herz so warm: Aber nein, aber nein, sprach sie, ich küsse nie.*

Ich erinnere mich an einen Abend, als ich in einem Pariser Studentenwohnheim wohnte. Meine Mutter hatte mich wie üblich angerufen, ich stand in der kleinen, grün gestrichenen Telefonkabine am Ende des Flurs und hatte ihr von meinem Tag an der Universität erzählt, als sie sich räusperte und mich mit den Worten unterbrach: „Ich muss dir jetzt etwas sagen. Der Großvater ist tot."

Ich starrte auf die Wand der Kabine und sagte: „Nein." Wie ein Kind. Nein. Als könnte ich mit meinem Nein den Tod rückgängig machen. Wie benommen lief ich über den Flur, setzte mich in die Küche an den abgeblätterten Resopaltisch und stützte den Kopf in meine Hände.

Leise hatte Bennani, mein marokkanischer Zimmernachbar, die Küche betreten. Bennani war ein zarter Philosophiestudent. Er sah mich an und fragte, was passiert sei, und ich fing an zu weinen. Er setzte sich neben mich und sagte: „Erzähl mir von deinem Großvater." Ich konnte nicht sprechen. Mein Kopf war leer. Kein Bild, kein Gefühl, kein Gedanke. Ich hatte sogar die Geschichten von der Ostpreußischen Schweiz und die von den Elchen vergessen – mit einem Mal war alles wie weggeblasen.

Bis mir das Lied wieder einfiel. „Manchmal haben wir zusammen gesungen", sagte ich leise. „Wenn wir gefeiert haben." „Was habt ihr dann gesungen?", fragte Bennani. Ich zögerte. „In einem Polenstädtchen", sagte ich und fand, dass es übersetzt wie der Titel eines Schlafliedes klang: *Dans un petit village polonais.* „Es ist ein Soldatenlied", fügte ich entschuldigend hinzu. „Sing es vor", sagte er. Nach und nach kam die Erinnerung wieder: *Es kam die Abschiedsstunde, da kam aus ihrem Munde ein einzig Wort: So nimm denn hin, du stolzer Kavalier, den ersten Kuss von mir, vergiss Maruschka nicht, das Polenkind.* Das sangen wir zusammen. Und ich weinte, und zum ersten Mal war es mir egal, ob es ein Nazilied war oder nicht.

„Ach, hier sind Sie", höre ich plötzlich. Frau Jekosch steht hinter mir, in himmelblauer Schürze. Über dem Arm trägt sie Wäsche. „War unten an der Alle und habe gewaschen. Dirfen wir nicht mehr. Wegen der Forellen. Aber so ejin bisschen Wäsche wird ihnen wohl nicht schaden, nu, was mejinen Sie?"

„Bestimmt nicht", stimme ich ihr zu, denke an die eingeseiften Forellen und verlasse hinter ihr die Schankstube. Eilig schließt Frau Jekosch ab, als handele es sich um einen verbotenen Raum. „Kommen Sie doch hoch, trinken wir Kaffee."

Ich folge ihr in die Küche und setze mich an den Tisch mit der Wachstuchdecke. „Trinken Sie polnischen Kaffee?" Ich nicke. „Hab ich auch Filterkaffee, Deutschen, mechten Sie, Frau Reski?" „Nein, nein", beeile ich mich zu sagen, „gerne polnischen Kaffee." Der deutsche Kaffee hat das größere Ansehen, aber der polnische Kaffee wird lieber getrunken.

Die Kacheln in Frau Jekoschs Küche haben eine Patina, wie sie nur durch jahrzehntelanges, hingebungsvolles Wienern hinzukriegen ist. „Bittescheen, nehmen Sie doch Bombomsche", sagt Frau Jekosch und stellt mir eine Schale mit Schokoladenpralinen hin. Bevor sie sich setzt, putzt sie noch einmal reflexartig über die bereits blinkende Schale, reibt mit einem Tuch über den blitzenden Küchenschrank, streift die glatte Wachstuchdecke auf dem Tisch noch glatter. Jede ihrer Bewegungen wird von einem vorwurfsvollen Seufzen begleitet. Ich rühre Zucker in meinen Kaffee und wische schnell, bevor sie es bemerkt, einen Tropfen weg, den mein Kaffeelöffel hinterlassen hat. Dann schaue ich auf meine Glastasse mit dem polnischen Kaffee und warte, bis sich das Kaffeepulver auf dem Grund abgesetzt hat. Damit sie nicht den Eindruck hat, ich würde in ihrem Haus herumschnüffeln, beschreibe ich ihr, wie es war, als mir beim Anblick der Schankstube unsere Familienfeiern und die Lieder, die dabei gesungen wurden, wieder eingefallen sind. Sie sieht mich erstaunt an, als sei das Erinnern für sie ein Luxus, den sie sich nur ganz selten gönnt. Dann sitzen wir uns schweigend gegenüber, der Zeiger der Küchenuhr rückt seufzend vor, draußen rauscht wie gewohnt die Alle durch die Schleuse und Frau Jekoschs Schweigen macht mich verlegen. Es ist, als hätte ich an etwas gerührt, das sie vor langer Zeit vergraben hat.

„Ach frieher", sagt sie schließlich, „frieher, da waren noch die deutschen Musikanten, die sind jetzt alle nach Deutschland schon rausgezogen, ojei nu, wie lustig waren die, die haben gespielt, deutsch. Oh mejin Gott, und wie gesungen wurde." Sie lacht in sich hinein, in Gedanken an verblichene Feste, an Hochzeitsfeiern, die drei Tage dauerten, an die „Schlejiderhochzeit" danach, wenn eine Woche nach der Hochzeit noch mal Gäste kamen, um die Reste zu essen und sich endlich richtig zu betrinken – „angeschlejidert, immer angeschlejidert!" –, und für einen winzigen Moment hört sie auf, über die Spüle, den Tisch, die Schranktür zu wischen. Musikanten, was für ein Wort. Aber hier klingt es, als gehörte es hierher.

„Ja, vielleicht mechten wir auch rejicher wohnen", sagt sie da unvermittelt, weil ihre Gedanken schon wieder in die Gegenwart gesprungen sind und sie glaubt, mir eine Antwort auf eine nicht gestellte Frage geben zu müssen. „Aber Rejichtum rejicht auch nicht. So wie es ist, so ist gut. Schlimmer mechte sein, wenn es will dreckig sejin. Hauptsache, man hat die Gesundhejit."

Ich beeile mich, ihr schönes Haus zu loben. Die vielen Zimmer, die neue Terrasse, die Herr Jekosch eigenhändig mit Klinkerstein ausgelegt hat, die schöne Aussicht auf die Alle bis hin zum Kellarener See. Sie putzt sich die Hände an ihrer Schürze ab und blickt mich an, als sei ich nicht ganz richtig im Kopf. Schönes Haus. Als wüsste sie nicht, wie es in Deutschland aussieht. In den Siebzigerjahren war sie hingefahren, zum ersten Mal. Ganz allein. Als Frau Jekosch Deutschland sah, hat es sie fast umgehauen.

„Die Stuben so scheen, so rejich, so scheene Meebel, da hab ich mich hingesetzt und fing erst mal an zu wejinen. Ist doch bei euch besser als hier", sagt sie.

Als sie zurückkam, habe sie zu ihrem Leo gesagt: „Wir hauen ab. Heimat hin oder her." Der Schwager war schon in Deutschland, ihre Schwester auch, worauf sollten sie warten? Ich fühle mich unbehaglich und konzentriere mich auf den Kaffeesatz meines polnischen Kaffees. Aber da redet sie schon weiter, wischt einen imaginären Fleck von der Wachstuchdecke und erzählt von dem letzten Monat, in dem die Einladung zur Ausreise nach Deutschland noch gültig war. Dass ihr Schwiegervater da noch gelebt hat und schier verzweifeln wollte, als er von ihrem Entschluss erfuhr.

„Fahrt nicht“, hat der Vater gebettelt, „habt ihr doch euer ejigenes Haus, was fehlt euch, euer ejigene Karrtoffeln, ejigenes Flejisch, ejigenes Gefliegel. Und da wirst sitzen in diese Blecke, und wenn se dir da auf dem Kopp rumtanzen!“

Die Aussicht, ihr restliches Leben in einem deutschen Häuserblock zu verbringen, brachte die Entscheidung. Sie rührt in ihrem kalt gewordenen Kaffee herum, sodass der Kaffeesatz aufgewühlt wird. Tag und Nacht haben sie nachgedacht, sie und ihr Mann Leo. Bis ihr Mann eines Morgens aufgewacht sei und gesagt habe: „Neji, Brigitte. Wir blejiben hier. Der Vater mecht sich kaputtwejinen.“

„Und dann hab ich die Papiere zerrissen, und da sitzen wir bis hejite.“ Sie blickt auf die Uhr und springt vom Tisch auf. „Ojeji, so spät.“ Um zwölf komme der Leo zum Mittagessen, jetzt ist es schon fast elf und sie habe noch nichts vorbereitet. Sie bückt sich unter die Spüle, holt eine Schale mit Kartoffeln hervor und fängt an zu schälen. „Ojei.“

Ich nutze die Gelegenheit, um mich davonzustehlen. Ich bedanke mich bei ihr für den Kaffee, kündige an, ein paar Schritte durch das Dorf zu machen. Tatsächlich reichen ein paar Schritte, um das Dorf zu durchqueren. Ein paar Schritte nach rechts über das alte Kopfsteinpflaster, über die alte Dorfstraße, ein paar Schritte nach links über die geteerte Straße, die sie hier „Chaussee“ nennen, am Fluss entlang, Ende. Auf der Straße sieht man nur die weißblonden Kinder, die mich wieder beäugen, als sei ich ein Waldgeist. Mit der Gewissheit, dass hier Tage vergehen, ohne dass ein Auto vorbeifährt, rühren sie sich nicht von der Stelle. Die Straße gehört ihnen. Die Männer, die vor dem giftgrünen Dorfladen ausharren, pressen ihre Bierflaschen vor die Brust und schauen mir nach, als hätte ich versucht, ihnen die Flaschen wegzunehmen. Ich spaziere an Vorgärten vorbei, in denen Lupinen und Fingerhüte blühen, an verlassenen Storchennestern, verfallenen Bauernhöfen, an Fertighäusern, die aussehen wie Spielzeug. Bei jedem Haus stelle ich mir vor, dass hier Verwandte gewohnt haben können, von deren Existenz ich nie etwas wusste. Nach ein paar Metern gabelt sich die Straße, GAGLAWKI steht auf einem Schild, das auf einen Sandweg weist. „Dann fuhren wir zum Gut nach Ganglau“, hieß es immer. Sie redeten über die Dörfer, als lägen sie nebenan und jeder müsste sie kennen.

Ich verlasse die Straße und laufe auf dem Sandweg weiter. So viel Landschaft wie hier hätte ich als Kind gar nicht verkraftet. Lange Zeit glaubte ich, dass die ganze Welt wie das Ruhrgebiet aussähe, eine Ansammlung von nicht enden wollenden Städten, die unauffällig ineinander übergingen. Und hier hingegen: Landschaft bis an den Horizont.

Diese Gegend hätte sich so gut im Goldrahmen über dem Sofa meiner Großeltern gemacht. Kein einziges Haus, nur endlose Landschaft, über der sich die Wolken ballen.

4. *Die Flucht, die Flucht, immer die Flucht*

Frau Piatek hat eine schlechte Nacht hinter sich. Sie sitzt neben dem Kachelofen und hält sich den Kopf. Sie hat davon geträumt, Mist umzugraben. „Ist ejin schlechtes Zejichen, ejin ganz schlechtes." Besorgt blickt sie zur Zimmerdecke, von wo das Unheil droht. Ihr Atem rasselt, als säße in ihrer Brust ein Höllenhund. Schuld ist der Reini, schließlich hat sie sich wegen ihm so aufgeregt. Sie schüttelt sich. Dann steht sie auf, zieht eine kornblumenblaue Strickjacke über und bietet mir Kirschkuchen an. Den Kuchen hat ihr die Tochter aus Allenstein mitgebracht, die zu Besuch kam. Die Tochter, ihr Mann und ihre Enkelin kamen auf dem Weg zurück vom Urlaub vorbei, und Frau Piatek erzählt, wie müde alle waren. Warum fährt man in Urlaub, wenn man danach müder ist als vorher? Sie hat in ihrem ganzen Leben keinen Tag Urlaub gemacht, und müde ist sie bis heute nicht.

Jetzt schickt sie sich an, das Mittagsgeschirr abzuspülen. „Sind ja nur die bejiden Tellerchen." Sie schöpft mit einem Topf Wasser aus den beiden Plastikeimern, die im Eingang stehen, stellt den Topf auf den Gasherd und sucht in ihrer Schürzentasche nach einem Streichholz. „Frieher haben sie das Geschirr im Fluss gewaschen, auf die Knie, und kejine großen Umstände gemacht mit hejißem Wasser und Pril", sagt sie, während sie die Gasflamme anzündet, „und hejite ist das alles so … herrschaftsmäßig." Sie zieht die Augenbrauen hoch und kichert kurz und spöttisch.

Schließlich ist das Wasser heiß. „Bei euch sind ja Maschinen, das haben wir hier nicht, neji, das haben wir nicht." Sie gießt noch etwas kaltes Wasser dazu und wäscht schnell die beiden Teller ab. „Na, sehen Sie, und schon ist es fertig. Das lass ich noch fürs nächste Mal, ist zu schade, so viel Pril. Das ist furchtbar teuer, ach." Sie stellt die Plastikschüssel weg. „Und sehen Sie, fertig ist die Laube."

Sie putzt sich noch mal ganz umständlich und endgültig die Hände ab und zieht sich eine rote Jacke, die aussieht wie eine Fliegerjacke, über die Strickjacke. Ihre Haare hat sie zu einem dünnen Schwänzchen gebunden, das über den Kragen ragt. „Setzen wir uns nach draußen, liebe Frau, die Sonne schejint so scheen", sagt sie.

Sie will ans Licht. Langsam tastet sie sich an der Hauswand entlang. Die Erdbeerbeete und die davor stehende Bank liegen bereits im Schatten, deshalb setzt sie vorsichtig Fuß vor Fuß, weiter voran, vorbei am Holunderbusch zu der Bank, die keine ist, sondern nur ein schmales Brett auf zwei Holzpflöcken, das an der Sonnenseite des Hauses steht. Gegenüber von den Gemüsebeeten, wo Reini umgegraben und ihre Tochter Porree, Kartoffeln, Mohrrüben und Sellerie gepflanzt hat. Sie lässt sich auf die Bank fallen, weil ihre Beine sie nicht mehr halten, und ruft: „So ejin scheener Tag!“

Dann zeigt sie auf die Sonnenblumen, die ihre Köpfe der Sonne entgegenrecken: „Sehen Sie, liebe Frau, der Sonnenglanz hat sich gedreht. Die Anka, die Leszinska, will immer Blumen haben, ich sag, mejin Gott, Anetschko, ich gib dir doch schon im Herbst den Samen. Sagt sie, warum wächst nichts bei mir und beji dir ieberall? Ich sag: Das wächst von ganz allejin. Guck mal, Anka, ich pflanz doch nicht. Später im Herbst kommt der Wind, der fegt sie alle weg, und nachher wachsen sie. Ach Gottchen, ja.“

Frau Piatek und ich

Das Leben hat seinen Lauf genommen, und sie sitzt immer noch hier. Sie hat Kinder zur Welt gebracht, und sie hat Kinder zu Grabe getragen. Ihren ältesten Sohn, der mit drei Jahren bei einem Zimmerbrand durch eine Rauchvergiftung ums Leben kam. Das Kind auf der Flucht, das sie in einem Straßengraben lassen musste. Dann ihre Tochter, die einfach umfiel und an einer Hirnblutung starb. „Hastig starb sie“, sagt Frau Piatek, „hastig.“ Als hätte auch ihre Tochter plötzlich genug vom Leben und es eilig gehabt mit dem Tod. Wie ihr Sohn Albert, der sich aus Eifersucht aufgehängt hat. Jetzt versucht sie an die Dinge zu denken, die schon vor ihr waren und nach ihr bleiben werden. Der Wind, der Blumensamen, der Sonnenglanz, der sich dreht.

Plötzlich nähert sich ein Schnaufen. Mit gerötetem Gesicht biegt

Reini um die Ecke. „Ach, hier bist, Mama“, nuschelt er mit gekräuseltem Mund.

Ein Brot hat er eingekauft und ein Stückchen Wurst. Er reicht Frau Piatek das Portemonnaie. Dann geht er wieder ins Haus. Kaum ist er verschwunden, zählt Frau Piatek das Geld nach. Mit gekrümmten Fingern schiebt sie die Münzen hin und her. „Na, ejin Bier hat er wohl ausgetrunken, nu ja, ejin paar Groschen noch. Ejin Bier, das erlaub ich schon.“

Sie kichert. „Heute schimpf ich nicht mit ihm, heut ist er traurig, weil sejin Gebiss hingefallen ist. Betrunken wie er war, ist es aus seinen Fingern geflutscht und auf dem Steinboden in viele kleine Teile zerbrochen. Jetzt hat er keine Zähne mehr und kein Geld, um sich ein neues Gebiss machen zu lassen. Geschieht ihm recht“, sagt sie.

Frau Piatek löst den Blick vom Portemonnaie und bemerkt jemanden. Sie winkt. Vor dem Haus, das auf dem Hang über ihren Erdbeerbeeten steht, wächst eine dicke Frau aus dem Gras, die ihr ebenfalls zuwinkt.

„Isoschka!“, ruft Frau Piatek, „komm zu uns, Isoschka!“ Es dauert ein paar Minuten, da steht Isoschka vor uns. Sie sieht aus wie die Hügellandschaft um uns herum, sie ist ganz Bauch, Busen, Hinterbacken. An der Hand hält sie den kleinen weißblonden Jungen, der mich schon im Gasthaus zur Ostpreußischen Schweiz skeptisch beäugt hat. Sie habe gezögert zu kommen, sagt Isoschka, als sie sah, dass Frau Piatek Besuch hat.

„Aber neji, Isoschka, neji, bist immer willkommen“, sagt Frau Piatek, nimmt sie in den Arm und stellt mich vor: „Das ist Frau Reski, wejißt, ist Enkelin von Anna Gapowski und Allo Reski.“ Isoschka lacht, als sie meinen Namen hört, und entblößt dabei ihre Zähne, die auf Lücke in ihrem Mund herumstehen. „Gapowski“, sagt sie dann, „die waren doch für mich wie meine Großeltern.“

Isoschka ist keine gebürtige Ostpreußin, sondern Polin, ist wie der polnische Kaffee – Wasser rein, umrühren, fertig. Neben ihr sind Frau Jekosch und die Leszinska umständlich wie deutscher Filterkaffee. Nie hat man die passenden Papierfilter zur Hand, oft ist der Kaffee nicht fein genug gemahlen, und dann muss man auch noch warten, bis er richtig aufgebrüht ist. Isoschka beäugt mich nicht wie Frau Leszinski und Frau Jekosch, sondern schüttet gleich eine ganze Flut von Erinnerungen über mich aus, nennt Namen über Namen und erzählt, wie sie nach dem Krieg in das Dorf kam und von meinem Urgroßvater zur Enkelin erwählt wurde, weil seine Enkel doch alle im Westen waren.

„Aber ejin großer Mann war das, wie er lebte, über zweji Meter wird er gehabt haben", sagt sie, legt den Kopf in den Nacken und schaut an der Hauswand hoch bis zum Dachfirst. „Und die Oma, die Gapowska, war solche Klejine. Ja. Die waren wie Oma und Opa fier mich", sagt sie, „so die Besten."

Es ist ein eigenartiges Gefühl, als Isoschka plötzlich Leben in meinen Urgroßvater haucht. Auch Frau Piatek erinnert sich noch, wie mein Urgroßvater gestützt auf seinen Krückstock die Chaussee entlangging, Hand in Hand mit meiner Urgroßmutter. Sie zeigt in die Richtung der Straße, wo das Haus der Urgroßeltern noch steht: gegenüber von der Schule. Ich entsinne mich, dass meine Großmutter, ihre Schwestern und ihr Bruder nur ungern über ihre Eltern sprachen, die noch einige Zeit nach dem Krieg in Reußen gelebt haben. Vielleicht war es das, was sie nach dem Ostpreußenlied immer hat weinen lassen, der Gedanke, sie im Stich gelassen zu haben, hat sie nie mehr losgelassen. „Die Eltern waren zu alt für die Flucht", hieß es immer. Und: „Die Eltern wollten zu Hause sterben." Und: „Wir hatten doch nicht gedacht, dass wir sie nicht mehr wiedersehen würden. Wir dachten doch, dass wir nach ein, zwei Wochen wieder zurückkommen würden", sagte meine Großmutter und drehte nervös an den Knöpfen ihrer Bluse. „Die Aussteuer", klagte meine Großtante, „am Ende musste ich sie doch auf der Flucht wegwerfen, die Laken, die Federbetten, die Tischdecken, alles, ach, wenn die Eltern doch wenigstens meine Aussteuer gehabt hätten."

Isoschka erzählt und erzählt. An dem Tag, an dem mein Urgroßvater starb, hatte er eine Gans geschlachtet und sie zum Ausbluten an die Stalltür genagelt. Und als der letzte Tropfen Blut aus der Gans in die darunter stehende Milchkanne getropft war, legte er sich zum Sterben hin. Den Körper ausgestreckt, lag er im Bett und blickte auf seine Füße, die über den Bettrahmen hinausragten. In den Sarg hat er kaum hineingepasst, und das, obwohl der schon zwei Meter fünfunddreißig lang war. Vielleicht hatte er sich im Tod noch gestreckt, wer weiß?

Isoschka ist nicht zu bremsen, sie nennt Namen über Namen, unverdrossen zählt sie Verwandte auf, Großcousins und Großonkel, die mir alle nichts sagen. Nur ein Name löst noch eine Erinnerung aus: Franziska, die älteste Schwester meiner Großmutter, war als Einzige in Ostpreußen geblieben. Ihr Sohn Rudi war Geiger. Meine Großmutter verfolgte seinen Werdegang mit großer Anteilnahme. „Ejin Kinstler!", wurde sie nicht müde zu betonen. Eines Tages durfte Tante Franziska mit ihrem Mann nach Deutschland übersiedeln. Sie waren bereits über sechzig Jahre alt. Das Wiedersehen wurde bei meiner Großmutter gefeiert. Es gab ein Kaffeetrinken zu Ehren von Franziska, die ganze Familie war versammelt.

Ich hielt vorsichtigen Abstand von den wieder gefundenen Verwandten, die so alt und schwarz gekleidet waren und noch eigenartiger sprachen als meine Großeltern. Sehr fremd saßen sie auf dem Sofa und sehr steif.

Sie starben kurz nach ihrer Übersiedlung. „Sie haben sich erst satt gegessen und dann sind sie gestorben“, sagte Großtante Rosa. „Sie starben an Hejimweh“, sagte Großonkel Toni. „Sie starben an gebrochenem Herzen“, sagte meine Großmutter.

Frau Piatek beobachtet schon wieder die Straße. Hat sich da nicht etwas geregt? „Schau Isoschka, die Leszinska kommt“, sagt sie und reckt sich in die Höhe. Auf der Straße bewegt sich ein blauer Punkt, der sich beim Näherkommen als Frau Leszinski entpuppt, die in ihrem blauen Kittel über die Brücke läuft, die Hände wie üblich in die Taschen gestemmt. „Na, was läuft sie?“, fragt Frau Piatek mit Blick auf die entschlossen daherstapfende Leszinska. „Wird es ihr zu eng geworden sein, mit der Schwiegertochter“, vermutet Isoschka. „Und mit den Enkelkindern“, sagt Frau Piatek. „Sind ja jetzt zweji“, sagt Isoschka. „Und all diese Menschen auf zweji Zimmern“, sagt Frau Piatek, „ojei, ojei.“ „Hat er wohl getrunken, ihr Mann?“, fragt Isoschka. „Der sejift, aber der ist friedlich, der legt sich hin, wenn er getrunken hat“, sagt Frau Piatek. Sie beklagen sich noch eine Weile über die Männer, eher gewohnheitsmäßig, so wie man über Dauerregen klagt. „Ejin guter Mann ist ejiner, der zweji Meter unter der Erde liegt“, sagt Isoschka schließlich, und dann lachen beide los, bis Isoschkas ganze Hügellandschaft ins Wackeln gerät und Frau Piatek so husten muss, dass der Höllenhund in ihrer Brust wieder wach wird. Das blonde Enkelkind schaut erschreckt an den beiden alten Frauen hoch, die sich die Tränen aus den Augenwinkeln wischen.

Dann steht die Leszinska am Gartenzaun. „Nu, worauf wartest du?“, ruft Frau Piatek. „Komm, Anetschko, komm schon.“ Sie rückt etwas zur Seite, damit für die Leszinska noch Platz auf der Bank ist. „Nu, wie gejht es dir, Anetschko?“, fragt Frau Piatek. „Nu, wie soll es mir schon gejhen“, brummt die Leszinska, „immer *bieda,* immer *bieda.“* Sie blickt auf mich und erklärt: *„Bieda* ist, wenn man wenig hat. Früher war *bieda,* wejil man nur auf Karten bekam. Heute gibt es alles, aber das Geld hat man nicht. Nu, was musst ich hejiraten Pollack.“

„Haben wir von frieher geredet“, sagt Frau Piatek, sie will ihr ein Stichwort liefern, damit die Ärmste von ihrem häuslichen Unglück etwas abgelenkt wird. „Ach, frieher“, sagt die Leszinska. Glücklich seufzt sie und fängt an zu reden, als hätte jemand in ihrem Innersten einen Schalter umgelegt. „Hätt’ ich wegblejiben sollen, damals, nach der Flucht.“

Die Flucht, die Flucht, immer die Flucht. Als Kind hielt ich mir manchmal die Ohren zu, wenn schon wieder die Geschichte von der Flucht erzählt wurde. Meine Mutter war aus Schlesien geflohen, mein Vater aus Ostpreußen. Also Flucht von jeder Seite.

Meine Freundin Ingrid hatte einen Dachboden, auf dem die Möbel von drei Generationen standen. Ich hatte die Geschichte von der Flucht. In meiner Familie gab es nicht mal einen Lampenschirm, der älter war als ich. Hatten sie am Ende alles weggeworfen? Wussten sie alte Möbel einfach nicht zu schätzen? Irgendetwas musste sich doch auch bei uns noch finden. Wenigstens ein Tischchen. Vielleicht mussten sie einfach nur mal richtig nachsehen, auf dem Dachboden, im Keller. Meine Mutter blickte mich oft an, als sei ich etwas schwer von Begriff. Und wiederholte den Satz, den ich schon so gut kannte: „Wir haben doch alles auf der Flucht verloren."

Selbst die Zeitrechnung in meiner Familie orientierte sich an der Flucht, es gab ein Leben vor der Flucht und ein Leben nach der Flucht, und das eine hatte mit dem anderen nichts zu tun. Vor der Flucht, das war Ostpreußen und Schlesien, nach der Flucht, das war Ruhrgebiet.

„Wir waren doch Flüchtlinge", hieß es immer, und es klang in meinen Ohren, als handelte es sich dabei um eine besondere Kategorie von Menschen. Auf der Welt gab es Rothaarige, Linkshänder, Westfalen und Flüchtlinge. Ich war nicht als Flüchtling zur Welt gekommen, auch nicht meine Cousins – was uns von unseren Eltern unterschied. Wir Kinder spürten, dass wir anders waren. Wir verspürten keinerlei Drang, zu flüchten, bei den Erwachsenen hingegen war ich mir nicht ganz sicher. Was, wenn ich eines Morgens aufwachen würde, die Wohnung wäre leer und meine Mutter geflüchtet? Am Ende zurück nach Schlesien? Sie sagte zwar immer, dass nun das Ruhrgebiet ihre Heimat sei, aber war es nicht verräterisch, wie sie immer noch „Bei uns zu Hause" sagte, wenn sie von Schlesien sprach?

Und es gab noch mehr Fragen: Wie würde ich reagieren, wenn sie es nicht heimlich täten, sondern meine Mutter eines Tages sagen würde: „Zieh dich schnell an, heute müssen wir flüchten!"? Dann bliebe mir nichts anderes übrig, als mitzuflüchten, auch wenn ich persönlich nicht als Flüchtling zur Welt gekommen war, schließlich wollte ich nicht alleine zurückbleiben. Ich wollte dieser prekären Situation nicht unvorbereitet gegenübertreten, deshalb überlegte ich mir, was ich mit auf die Flucht nehmen würde. Bei dieser Gelegenheit würde sich endlich mein Horten von Schokolade auszahlen, eine Eigenart, die bei meiner Mutter immer eine gewisse Ratlosigkeit ausgelöst hatte: Zu Ostern war meine

Weihnachtsschokolade zwar leicht angestaubt, aber immer noch so unberührt wie am Heiligen Abend. Auf der Flucht würden wir von meiner Schokolade noch lange zehren können.

Meine Mutter erzählte immer, wie begeistert sie gewesen war, als die Familie aus Schlesien flüchtete. Sie war dic Jüngste, bei Kriegsende war sie zwölf Jahre alt. Endlich weg, dachte sie, denn für sie war es das erste Mal, dass sie auf eine Reise ging. „In drei Wochen sind wir wieder da“, sagte mein Großvater, aber meine Großmutter wusste es besser: „Hierher kommen wir nie wieder zurück“, sagte sie und weinte. Meine Mutter erzählte davon, wie sie nachts über die grüne Grenze gekommen seien, von der Ostzone. Unter der Ostzone konnte ich mir noch etwas vorstellen, nämlich ein Land, in dem es weder Mandarinenkonserven noch Seidenstrümpfe gab, denn die schickten wir zu Weihnachten an meine Tante, die auf Rügen wohnte. Was allerdings eine grüne Grenze war, blieb mir schleierhaft. Also stellte ich mir die grüne Grenze ähnlich vor wie den frisch ausgesäten Rasen vor unserer Haustür, den wir Kinder nicht betreten durften, weil sonst der Häuserverwalter wieder angelaufen kam und wie besessen herumschrie. Deshalb war mir auch klar, dass sie nachts über die grüne Grenze gehen mussten, denn die Grenzposten achteten natürlich genauestens darauf, dass kein Flüchtling die grüne Grenze platt trampelte. Sie erzählte auch von russischen Soldaten, die abends zusammensaßen, Papirossy rauchten, das Wolgalied sangen und danach weinten. Und wie sehr es ihr gefallen habe, wenn die Russen ihre traurigen Lieder sangen.

Meine Mutter erzählte auch von jenem Tag auf der Flucht, als ihre Schwestern Irmgard und Gisela mit ein paar Freundinnen zurück nach Schlesien fuhren, um nachzusehen, ob in ihrem Haus vielleicht doch noch etwas geblieben wäre. Mein Großvater war dagegen, sie fahren zu lassen, aber dann gab er seinen halsstarrigen Töchtern doch nach. Sie kamen nie an. Nach drei Tagen kehrte nur noch Gisela zurück. Alle anderen waren tot. Zerquetscht in einem Viehwaggon zwischen einer russischen und einer polnischen Lok. Zwei Tage lang war Gisela herumgeirrt, weil sie nicht wusste, wie sie ihren Eltern sagen sollte, dass ihre Schwester Irmgard in einem Massengrab begraben worden war. Meine Mutter erzählte auch davon, wie sie in der Ostzone fast verhungert wären, bis endlich Tante Gisela auftauchte und sie zu meinem Großvater brachte, der bereits im Westen war. Er habe ihnen Milch zu trinken gebracht, die sie wie die Kälber aus dem Eimer getrunken hätten.

Wenn meine ostpreußischen Tanten über die Flucht sprachen, dann klang es auch bei ihnen immer wie ein abenteuerlicher Schulausflug. „Ich fand das alles aufregend“, sagte Tante Leni immer, „und konnte gar nicht verstehen, warum die Mutter immer nur geweint hat.“

Als ich etwas älter wurde, ahnte ich zwar, dass die Flucht etwas Ungeheuerliches war, aber trotz aller Anstrengung konnte ich mir nichts wirklich Fassbares darunter vorstellen. Die Flucht gehörte so selbstverständlich zu meiner Familie, dass niemand für nötig hielt, die Geschichte verständlich und an einem Stück zu erklären. Aus Andeutungen, Hinweisen, Anspielungen versuchte ich die Schnipsel zusammenzusetzen.

Die Flucht begann damit, dass mein Großvater meine Großmutter allein ließ. Er war von der Gutsbesitzerin gebeten worden, sie im Auto bis nach Elbing zu fahren – was er auch tat. Er fuhr vor den ungläubigen Augen meiner Großmutter mit dem Auto davon, während sie, die im siebten Monat schwanger war, im Pferdewagen fliehen musste. Mit den fünf kleinen Kindern, von denen der Älteste mein zwölfjähriger Vater war. Das jüngste Kind, Margot, lag im Arm meiner Großmutter. Meine Großmutter sollte von ihrer Schwester Rosa begleitet werden. In Elbing sollte mein Großvater wieder zu der Familie stoßen.

Allerdings entschied sich Großtante Rosa schnell, es doch besser auf eigene Faust zu versuchen. Meine Großmutter musste allein weiter. In Elbing wartete sie vergeblich auf meinen Großvater. Meine Großmutter weinte und packte die Kinder wieder unter die Plane auf den Pferdewagen. Sie wollten von Elbing über das gefrorene Haff Richtung Danzig und Zoppot fahren. Je näher sie zum Haff kamen, desto mehr Koffer mussten sie wegwerfen, der Wagen wäre sonst auf dem Eis eingebrochen. Kurz vor dem Haff warfen sie sogar den letzten Koffer weg, den mit den Dokumenten und den Papieren. Sie übernachteten in verlassenen Wohnungen von Leuten, die bereits geflohen waren, in Danzig schliefen sie in einer Munitionsfabrik. Als sie endlich im Hafen von Danzig standen, hatte die *Wilhelm Gustloff*, das Schiff, mit dem sie fliehen wollten, bereits abgelegt. Wenig später erfuhren sie, dass die Verspätung ihnen das Leben gerettet hatte. Die *Gustloff* war torpediert worden und gesunken. Tausende von Frauen und Kindern drängelten sich auf dem Kai. Alle warteten auf das nächste Schiff. Als schließlich alle glücklich an Bord waren, verbot meine Großmutter ihren Kindern, die Schwimmwesten anzulegen. „Wenn wir untergehen, gehen wir alle zusammen unter!“, erklärte sie radikal. Durch die Bullaugen des Schiffes sahen meine Tanten, wie die anderen Schiffe um sie herum in der Ostsee versanken.

Das Schiff brachte sie nach Norddeutschland in Sicherheit. In Stade starb Margot, der Säugling, den meine Großmutter während der drei Monate dauernden Flucht auf dem Arm gehalten hatte, an Diphtherie. Kurz danach brachte meine Großmutter ein Mädchen zur Welt, das sie Edelgard nannte. Von meinem Großvater hatte sie immer noch keine Nachricht, nur das Bild vor Augen, wie er mit der Gutsbesitzerin im Auto Richtung Elbing davonfuhr.

Meine Großmutter sprach wenig über die Flucht. Sie schüttelte immer nur den Kopf und drehte an den Knöpfen ihrer Bluse.

FRAU PIATEK träumt heute noch vom Russen. „Aber ich mecht nicht mehr weglaufen. Nejin, das war ja Dummhejit. Das war ja die rejinste Dummhejit, dass wir weggelaufen sind. Aber vielleicht hatten wir Angst, dass sie uns totschlagen?"

Die Leszinska hört gar nicht zu, sie ist ganz in die Lupinen versunken. In Gedanken ist sie immer noch jung und schön und arm, wie sie in Bayern ankam, in Coburg bei ihrer Schwester, wo sie noch drei Jahre lang nach Kriegsende bleibt. Da war alles besser. Sogar die Besatzungstruppen. „Die Amerikaner haben ja nicht auf die Frauen geguckt", sagt die Leszinska, „anders als hier, wo die jungen Frauen und Mädchen ja was erleben mussten." Was für ein Glück, dass sie nicht hier war.

Frau Piatek starrt auf den Sonnenglanz. Sie denkt daran, wie sich die Frauen versteckten, wenn die Soldaten durchs Dorf zogen. Wie die Russen manchen Frauen die Finger abschnitten, wenn sie nicht schnell genug die Ringe abgaben. Wie im Schuppen des Gasthauses zur Ostpreußischen Schweiz eine Frau lag, die von den Russen vergewaltigt und danach erschossen worden war. Eine steif gefrorene Tote, über die Leo Jekoschs Vater eine Decke gelegt hatte, weil man sie nicht begraben konnte. Und dann sagt sie: „Ja, Anetschko, was für ein Glück für dich, dass du das hier nicht erlebt hast."

Isoschka hört geduldig zu, obwohl sie die Geschichten von der Flucht schon bis in die letzte Wendung hinein kennt. Und die Leszinska wäre heute noch in Bayern, wenn der Vater nicht diesen Brief geschickt hätte: Ich bin ganz allein hier, schrieb er, das Haus steht leer, was soll denn aus uns werden? „Wär ich doch geblieben", sagt sie, „aber neji, hab ich gehabt dummen Verstand und bin gekommen zurick."

„Na, warst wirklich dumm", bekräftigt Frau Piatek.

Denn als sie wieder zurückkam, lernte sie ihren Mann kennen, beim Tanz, wo er das Schifferklavier spielte. Ein schöner Mann mit schwarzen Augen. Ein Russe, hieß es. Dabei war er ein Pole, aus Litauen. Dass er das Trinken liebte, merkte sie erst, als sie bereits mit ihm verheiratet war.

Die Leszinska steht mit einem Ruck von der Bank auf.

„Gehst schon, Anko?“, fragt Frau Piatek.

„Ich sitz aber schon iber ejine halbe Stunde“, sagt die Leszinska und ruft, schon hinterm Gartentor, dass es heute Abend Bohnen gibt: „Beehnchen machen lustig, aber schwer auf die Bejine.“

Auch Isoschka macht sich bereit, nach Hause zu gehen. Das Enkelkind zieht an ihrer Hand.

Die Sonne scheint nur noch auf das Eckchen der Bank, auf dem Frau Piatek sitzt. Ein leichter Wind kommt auf, er lässt die Bäume rauschen und schiebt ein paar Wolken ins Bild. Frau Piatek hat die Augen halb geschlossen. Wie sie so dasitzt in der Sonne, die Hände im Schoß gefaltet, sieht sie aus wie ein zufriedener alter Bussard.

5. *Er war doch der Älteste*

Der Friedhof von Groß Bertung liegt auf einer kleinen Anhöhe hinter der Kirche, er ist nichts als ein großer Acker. Die Häuser des Dorfes fürchten seine Ausdünstungen und halten sich von ihm fern. Jedes Grab ist mit einem Kreuz geschmückt, wer von unten zum Friedhof hinaufblickt, sieht vor sich einen Wald aus Kreuzen aufsteigen: Holzkreuze, Metallkreuze, Marmorkreuze und Zementkreuze mit deutschen und polnischen Namen.

„Waren Sie schon auf dem Friedhof?“, hatte Frau Piatek gefragt und mir den Besuch empfohlen. „Scheen ist unser Friedhof, alles so Bekannte, alle aus Reußen. Aber mechten Sie mit jemandem gehen, der Ihnen mecht erklären, wer wo ist“, sagte sie und bestimmte Herrn Jekosch zu meinem Friedhofsführer. Er kratzte sich kurz am Kopf, dann gingen wir los. Frau Jekosch kam auch mit, weil sie den Leo nicht gerne alleine lässt. Jetzt steht sie unten und sieht uns dabei zu, wie wir uns durch das Gras kämpfen, durch Brennnesseln, Vogelmiere und gelbe Blütendolden.

„Ach hier, unser Pfarrer“, sagt Herr Jekosch und bleibt vor einem Kreuz stehen. „Der Pfarrer Pietkewicz war guter Pfarrer, hat scheene Predigten gehalten ..., na, will ich sagen: Herz hatte der.“

In der Reihe dahinter liegt Frau Piateks Sohn Albert. Sein Foto schmückt den Granitstein, es zeigt einen ernsten Herrn mit breiten Schultern und dunklen Augenbrauen. Und dann das Grab von Agata

Neumann. „Ojei“, sagt Herr Jekosch und geht schnell weiter. „Das war ejine Deutsche, die hat verpfiffen, wer Deutsch in der Kirche gesungen hat. Und die Kommunisten haben doch eingesperrt, wenn sie haben Deutsch gesungen in der Kirche.“

Ich sehe mich noch mal nach Agata Neumanns Grab um. Den Daten zufolge wurde sie für ihre Denunziation mit einem langen Leben belohnt. Vermutlich starb sie glücklich und zufrieden an Altersschwäche.

Das Gras steht hoch zwischen den Gräbern, besonders hinten im alten Teil. Wir steigen durch das hüfthohe Gras dahin, wo ich Gräber von meiner Familie vermute, schließlich wurden doch aus den umliegenden Dörfern alle Toten hier beerdigt. „Gapowski, Reski“, murmelt Herr Jekosch, und Frau Jekosch schreit von unten hoch: „Leo, mehr rechts, versuch’s mehr rechts.“

Schon als Kind liebte ich Grabsteine, auf denen viel zu lesen war. Wo die Toten geboren wurden, woran sie gestorben sind, und was der Tote war – Sohn oder Vater, Tochter, Mutter oder Großmutter. Bei unseren regelmäßigen Besuchen auf dem städtischen Friedhof konnte sich meine Fantasie bereits mit wenigen Angaben begnügen. Wenn ich von meiner Mutter zum Wasserholen geschickt wurde, kam ich immer an einem Grab vorbei, das mich ergriff: HIER RUHT IN GOTT UNSERE LIEBE TANTE JOSEPHINE REDZICH GEB. 21. MAI 1857, GEST. 11. JANUAR 1933, stand auf einem Blechschild, das unter dem daneben stehenden Grabkreuz hing. Schon lief vor meinem inneren Auge das Leben der Tante Josephine ab, die zwar fünfundsiebzig Jahre alt wurde, die aber keiner hatte haben wollen. Nicht mal ein Ehemann war ihr vergönnt, neben dem sie hätte ruhen können. An einem anderen Grab las ich: HIER RUHT UNSER INNIG GELIEBTER SOHN FRIEDHELM SCHULTE-WELLERHOFF, 12. 7. 1956 – 4. 9. 1964, DEN EIN TRAGISCHER VERKEHRSUNFALL AUS DER BLÜTE SEINES LEBENS RISS. Kindergräber brachten mich allein durch die Lebensdaten zum Weinen.

Die Sonne sticht. In Herrn Jekoschs Nacken stehen kleine Tropfen, und unter seinen Achseln breiten sich Schweißrosetten aus. Er hat sich die Ärmel seines Hemds hochgekrempelt und spricht mit den Gräbern wie mit alten Bekannten: „Ach, die Turowska. Die ist doch von Darethen. Maria Bosowska? Ist das nicht die aus Ganglau?“

„Hast gefunden, Leo?“, ruft Frau Jekosch wieder von unten hoch. „Versuch hinten, mehr hinten links!“

Leo schwenkt nach links. „Na“, sagt er, „muss doch auch von den Reskis und den Gapowskis hier ejin Grab sejin.“ Voller Tatendrang bahnt er sich einen Weg durch das Grün, vorbei an Weißdornbüschen und Disteln. Das Gras ist hier so hoch, dass die Gräber dazwischen kaum noch zu sehen sind. In der Ferne sehe ich Herrn Jekosch herumstolpern. Ab und zu blitzt sein weißes Hemd zwischen dem Grün auf. Ich drücke mich an einem Distelbusch vorbei und stütze mich dabei an einem Grabstein ab, der ins Wackeln gerät. Mit einem dumpfen Geräusch fällt er ins Gras.

Auf dem Grabstein meiner Großeltern im Ruhrgebiet war EHELEUTE RESKI bereits zu einem Zeitpunkt eingraviert, an dem meine Großmutter noch quicklebendig war. Ich frage mich, was sie wohl gedacht haben musste, wenn sie vor dem Grab stand und dieses EHELEUTE RESKI las. Sie hatte es selbst so verfügt. Der Grabstein hatte durch die Beschränkung auf das Wesentliche allerdings etwas Erhabenes bekommen. EHELEUTE RESKI. ALOYSIUS 1913–1985. Und dennoch. Auf die ostpreußischen Elchschaufeln hatte sie nicht verzichtet. Links neben EHELEUTE RESKI.

„Leo!", schreit Frau Jekosch von unten. „Nu was! Findst nicht?"

„Neji!", schreit Leo. „Ist nich!"

Ich gebe auf. Es ist zu spät. Sie haben sich aufgelöst, meine Vorfahren, die Knochen sind pulverisiert, im Grundwasser versickert, weg, spurlos. Ich kämpfe mich aus dem Gras zurück auf den Weg. Wieder fällt ein Grabstein vom Sockel, schuldbewusst drehe ich mich um. Mir ist, als ob meine Großmutter mir dabei über die Schulter sähe, wie ich hier an den Gräbern rüttle.

Meine Mutter hatte immer erzählt, „bei uns zu Hause, da schaffte man die Toten nicht so schnell wie möglich ängstlich weg, sondern bahrte sie in einem Zimmer auf." Weil das im Ruhrgebiet nicht mehr möglich war, versuchte meine Familie dem in der Leichenhalle aufgebahrten Toten die letzte Ehre so oft wie möglich zu erweisen. Meine Tanten und Onkel schritten meist um den Sarg herum und strichen dem Toten behutsam über das Haar, die Hände – bis auf dem neuen, modernen Friedhof eine Glasscheibe auftauchte, die fortan jede Nähe unmöglich machte. Plötzlich stand meine Familie ganz verloren da, sie drückten ihre Hände gegen das Glas und hinterließen darauf die Abdrücke ihrer Handflächen. Hilflos schauten sie auf die Glasscheibe, die den Toten dahinter in einen Fremden verwandelte.

Meine Großmutter habe friedlich ausgesehen, hatten meine Großtanten verkündet, als sie von ihrem Besuch in der Leichenhalle zurückgekehrt waren. Tatsächlich hatte der Kampf um ihr Leben in ihrem Gesicht keine Spuren hinterlassen. Als ich an ihrem Bett saß, spürte ich, dass sie nicht zurücktreten wollte. Wochenlang hatte sie ohne Bewusstsein dagelegen und gurgelnd und rasselnd geatmet. Sie lag auf dem

Rücken, die Hände flach an der Seite. Der Infusionsbeutel hing über ihr wie eine tote Qualle. Ihr Bett stand neben dem Fenster, sie teilte das Zimmer mit einer anderen Kranken, die Frau starb nach wenigen Tagen. Die Onkel, die Tanten, meine Mutter und ich, wir wechselten uns am Bett meiner Großmutter ab. Wir streichelten ihre Wange, ihre Hand, und hofften, dass sie es spüren möge. Tage und Nächte saßen wir da, weinten, lauschten auf ihren rasselnden Atem und sahen sie an. Meine Mutter dachte an das Leben mit ihr und daran, dass sie nie geglaubt hätte, dass meine Großmutter sterben könnte, und schwieg. Zwischen den Krankenhauslaken wirkte das Gesicht meiner Großmutter noch olivfarbener als sonst, die weißen Haare kräuselten sich verschwitzt im Nacken und an den Schläfen. Ihr Gesicht wurde jeden Tag jünger. Als sie starb, war sie faltenlos.

Als eine Schwester das Bett aufschüttelte, lagen plötzlich die Beine meiner Großmutter frei. Es waren schöne, glatte, gerade Beine. Ohne jede bläuliche Vene, ohne jede Krampfader. Beschämt blickte ich zur Seite.

Ich kannte meine Großmutter nur in langen Röcken, die fast bis zu den Fesseln reichten. Vielleicht hatte es auch in ihrem Leben eine Zeit gegeben, in der sie stolz auf ihre Beine gewesen war. Vielleicht hatte es Männer gegeben, andere Männer als mein Großvater, die mit ihren Augen und Händen über diese glatten Beine gestrichen waren, jene Beine, die jetzt leblos unter dem Sargdeckel aus poliertem Nussbaum ruhten. Was wusste ich denn schon von diesen Beinen?

Bei uns war der Leichenschmaus das wichtigste Kriterium für eine schöne Beerdigung. Für mich war der Leichenschmaus eine Zumutung. Eine Obszönität. Ich verachtete jeden einzelnen Mettbrötchenesser.

Auch bei dem Leichenschmaus meiner Großmutter hatte es Mettbrötchen gegeben. Der Leichenschmaus fand in der „Mühle“ statt, weil er als ebenso wichtiges Familienfest galt wie die Hochzeit oder die Taufe. Belegte Brötchen und Pils, Streuselkuchen und Kaffee. Danach wieder Schnaps für alle. Meine drei Großtanten tranken zuerst zögerlich, nach kurzer Zeit bereits entschlossener. Schon prosteten sie den Kegelschwestern meiner Großmutter zu. Später fing Großtante Mia wie gewohnt an zu streiten, sie stichelte gegen einen Schwiegersohn und beleidigte einen Onkel: „Du“, sagte sie, „hast dir im Leben doch nie die Hände schmutzig gemacht.“ Großtante Babe begann leise zu singen, Großtante Rosa wollte schlichten. Es war wie immer. Am Ende weinten alle ein bisschen zusammen. Meine Großmutter hätte es geliebt.

Frau Jekosch meint, ich solle den Pfarrer fragen. Vielleicht könne man in den Büchern sehen, wo die Gapowskis und Reskis begraben seien. Weil der Pfarrer kein Deutsch spricht, wird Leo zum Übersetzen bestimmt. Frau Jekosch geht schon nach Hause vor. Im Garten des Pfarrhauses unter einer Linde steht eine Bank, auf der wir auf den Pfarrer warten.

Dann kommt der Pfarrer und bittet uns in sein Arbeitszimmer. Herr Jekosch erklärt ihm mein Anliegen, und der Pfarrer zuckt bedauernd die Schultern. Die Gräber, die nicht von Angehörigen gepflegt werden, verfallen, da kann auch er nichts ausrichten. Er kann höchstens in den Kirchenbüchern nachsehen, wann meine Urgroßeltern gestorben sind, vielleicht ließe sich anhand der Daten rekonstruieren, an welcher Stelle sie begraben sein müssten. Aber versprechen könne er nichts.

„Gapowski, Josef, *tak*?“, fragt der Pfarrer. Wann er gestorben sei? Ich vermute, 1951. Er betont, dass in seiner Pfarrei noch die kompletten Kirchenregister aus der Zeit vor dem Krieg erhalten sind, anders als in vielen Kirchen in Ostpreußen, wo die Unterlagen im Krieg verbrannt sind, und holt die verstaubten Register hervor. Dicke Folianten, in denen er mit seinen runden rosigen Fingern zu blättern beginnt. Sechsundzwanzig Personen sind 1951 gestorben, das ist nicht viel. Da müsste er zu finden sein. „Gapowski, Gapowski. Sicher 51?“

Ich zucke mit den Schultern. Sicher weiß ich es nicht.

Die Blätter der Folianten machen ein Geräusch wie Pergamentpapier. Dann findet er ihn doch. „Gapowski, Josef, *tak?*“, sagt er und zeigt uns die Eintragung. Aber wo das Grab sein könnte, weiß er dennoch nicht. Fünfzig Jahre sind eine lange Zeit.

„Nach finfzig Jahren, da macht ja kejiner mehr die Gräber fertig“, gibt Herr Jekosch zu bedenken, „da muss der Pfarrer auch schon frische nehmen.“

Ich nicke verständnisvoll mit dem Kopf.

„Möchten Sie Geburtsurkunden mitnehmen?“, fragt der Pfarrer, wie um mich zu trösten. Eine eigenartige Frage. Aber er ist offenbar daran gewöhnt, dass Deutsche zu ihm kommen und sich von ihm Geburtsurkunden ausstellen lassen. Ich denke an den Koffer mit den Dokumenten, den meine Großmutter kurz vor dem Haff vom Wagen geworfen hatte. „Wir hatten doch keine Papiere!“, hatte es immer geheißen.

Der Pfarrer fragt mich nach den Geburtsdaten. Dann füllt er Geburtsurkunden aus, für meinen Vater, meine Großmutter und meinen Großvater, und ich lasse es geschehen. Geburtsurkunden für drei Tote. Er schreibt mit Tinte wie ein Kalligraph, er trägt die Geburtsdaten ein,

Links: Urgroßmutter Franziska Gapowski
Unten: Meine Urgroßeltern Gapowski (links) bei der Hochzeit von Großtante Franziska

das Datum der Taufe und die Namen der Taufpaten. Die Feder des Füllfederhalters kratzt über das Papier. Ich erfahre, dass meine Urgroßmutter den schönen Geburtsnamen Franziska Chojecki trug. Von wegen: Immer schon deutsch.

Als der Pfarrer den Geburtsschein meines Vaters ausstellt, stutzt er. Geboren am 22. 3. 1933, getauft am 25. 3. 1933, aber was steht hier? Da ist ein Wort, das er nicht kennt. Er schiebt den Folianten über den Schreibtisch zu Herrn Jekosch. Herr Jekosch beugt sich über die Seite und kneift die Augen zusammen. „‚Legitimiert' steht da", sagt er dann. „Legitimiert am 22. 5. 1934 von Aloysius Reski."

„Ah", sagt der Pfarrer. „Ah", sagt Herr Jekosch. „Ah", sage ich.

Mit den Geburtsurkunden in der Hand laufe ich die Straße nach Reußen zurück, vorbei an den ausgefransten Umrissen der Bäume, vorbei an zwei gelangweilt blickenden Störchen, die auf den sumpfigen Wiesen längs der Alle stehen, und denke an meinen Vater.

Mein Vater starb mit siebenundzwanzig. *Unter Tage.* Er war der älteste Sohn. Er hieß Heinrich, aber alle nannten ihn Heini.

HERR JEKOSCH läuft wie ein Haflinger, sein kräftiger, gedrungener Oberkörper schaukelt im Takt der Schritte, die Arme sind angewinkelt und pendeln mit. Unter seinem Hemd sieht man die Umrisse eines schweißnassen Unterhemdes, das an seinem Oberkörper klebt. Er schaut weder nach rechts noch nach links, sondern läuft. Ein Auto besitzt er nicht, und er kennt auch niemanden im Dorf, der eins hat. Wenn kein Bus kommt, läuft man zu Fuß oder fährt mit dem Fahrrad. Nur Joschka, der Sohn der Leszinska, besaß ein Auto. Bis er es betrunken in den Graben fuhr. Seitdem geht auch Joschka wieder zu Fuß.

„Wir sind ja Kilometer zu Fuß gelaufen“, erzählten meine Tanten und meine Mutter immer, „Kilometer zu Fuß. Egal, ob es Sommer war oder Winter. Bei Schnee und Eis.“ Mich schauderte. Wieder mal war ich froh, nicht in Ostpreußen oder Schlesien auf die Welt gekommen zu sein.

Herr Jekosch arbeitet als Hausmeister in der Schule von Reußen. Obwohl Frau Jekosch bereits mit dem Essen auf ihn wartet, will er mir noch die Schule zeigen. Demnächst wird sie abgebrochen, der Neubau ist schon halbfertig, das neue Schuljahr wird dort stattfinden. Kurz hinter dem Ortseingangsschild steht die Schule auf einer kleine Anhöhe. Ein Backsteinbau wie das Gasthaus zur Ostpreußischen Schweiz. Zweistöckig.

Herr Jekosch zieht einen riesigen Schlüsselbund aus der Tasche. Er öffnet die Tür, mit uns drängelt sich die Sonne in einen dunklen, knarrenden Flur. Es riecht nach verschwitzten Kindern. Hoheitsvoll waltet Herr Jekosch seines Amtes als Pedell und schließt ein Klassenzimmer nach dem anderen auf. Die Türen wirbeln Staub auf, dahinter Zwergenbänke und Zwergentische, eine schlecht geputzte Tafel, an der ein Schwamm hängt. Die Bänke sehen so aus, als stammten sie noch aus der Zeit vor dem Krieg. Hier hat mein Vater gesessen, bis er zehn war.

Alle sind sie hier zur Schule gegangen, nicht nur mein Vater, sondern auch meine Tanten, meine Großtanten, die Großonkel, Großeltern. Frau Piatek saß in der letzten Reihe und sang *Mein Ermland will ich ehren, so lang ich leb' und bin. Die Acker sind voll Ähren, die Wiesen sind so grün.* Als sie hier zur Schule ging, wurde noch in beiden Sprachen unterrichtet: in den ersten Reihen Polnisch, in den hinteren Bänken Deutsch. „Dann kam der Hitler und dann war nur noch Deutsch“, sagt Frau Piatek. Und Frau Leszinski kriegte eins mit dem Geigenbogen übergezogen, weil sie immer noch auf Polnisch sang.

In der Schulzeit meines Vaters wird es eine Landkarte gegeben haben, mit Fähnchen für die Stellungen der Wehrmacht. Er wird die Daten der ruhmreichen Geschichte des Deutschen Ordens von der Tannenbergschlacht auswendig gelernt und erfahren haben, dass Ostpreußen immer schon deutsch war. So wie Frau Leszinskis Sohn Joschka später gelernt haben wird, dass Ostpreußen immer schon polnisch war.

Der Holzboden ächzt unter unseren Schritten. Wir steigen die

Holztreppe hinauf. Herr Jekosch schließt Tür um Tür auf und ergänzt: Hier sitzen die Lehrer, hier kochen sie Tee für die Kinder, hier ziehen sich die Kinder um, hier sind die Stühle für die kleinsten Kinder. Ob mein Vater seine Initialen in eine dieser Bänke geritzt hat?

JEDE WOCHE gingen meine Mutter und ich zu seinem Grab. ZU FRÜH! stand in goldener Schrift auf dem schwarzen Marmorstein, darunter war eine Grubenlampe gemeißelt. Wir wechselten die Blumen vor seinem Grabstein aus, Astern und Chrysanthemen, Gladiolen, Nelken und Dahlien, immer nur gelbe oder weiße Blumen, mit dem Blumenpapier wischte meine Mutter den Grabstein blank, wir pflanzten Flammende Herzen in die Blumenschale, klaubten Laub und Kiefernnadeln von seinem Grab. Im Herbst bedeckten wir das Grab mit Tannengrün, und ich zündete das ewige Licht an, das höchstens eine Woche brannte.

Abends, wenn meine Mutter noch stundenlang allein vor dem Fernseher saß und ich bereits im Bett lag, peilte ich mit weit aufgerissenen Augen in das Dunkel und suchte mein Gedächtnis mit Entschlossenheit ab, bis mir ein Sommertag in den Sinn kam und ich sein Gesicht sah, das sich über mich beugte. Er sah aus wie ich. Meine Mutter sah in mir seine Augen, sein Kinn, seine Stirn, sein Hohlkreuz, seine schlechten Zähne, und ich trug seine Augen, sein Kinn, seine Stirn, sein Hohlkreuz und seine schlechten Zähne mit Stolz. „Ganz der Heini", sagten auch die Verwandten, wenn sie mich sahen.

Ich war bald daran gewöhnt, allein durch meine Ähnlichkeit mit meinem Vater zunächst immer einen Moment von Traurigkeit auszulösen. Aber ich wusste auch, dass nach den Tränen jeder beginnen würde, eine besonders schöne Episode aus dem Leben meines Vaters zu erzählen. Und in jedem ihrer Sätze kam das Wort stolz vor: Wie stolz er auf seinen ostpreußischen Namen gewesen sei. Meine Onkel beschrieben seinen Stolz auf seinen Beruf als Bergmann. Meine Tanten rühmten seinen Stolz auf seine Tochter und erinnerten sich daran, wie er mich eines Abends – zwei Wochen vor der Taufe, das wussten alle noch Jahre danach – vor den erschreckten Augen meiner Mutter aus der Wiege gezerrt, mich in die Küche getragen, unter die Küchenlampe gehalten und meinen Tanten zugerufen habe: „Schaut sie euch an! Die wird mal Auslandskorrespondentin!"

Ich war süchtig nach Geschichten über ihn. Wieder und wieder ließ ich mir erzählen, wie gerne er gefeiert habe. Ich beobachtete meine Mutter, meine Tanten, meine Großmutter – ihre Augen glänzten, sie lachten, und für einen Augenblick war es, als wäre er noch lebendig.

Es gefiel mir, meinem Vater ähnlich zu sein, denn meine Mutter hatte ihn geliebt, seine Mutter hatte ihn vergöttert, seine Schwestern hatten ihn angebetet. Der Lieblingssohn, der Lieblingsbruder. „Er war doch der Älteste", sagten sie, als handele es sich um eine überirdische Eigenschaft. Auf dem Familienfoto von der Kommunion seiner Schwester Renate tragen meine Tanten wollene Kniestrümpfe, haben noch keine Taille und träumen davon, dass ihnen Brüste wachsen. Mein Vater aber, der Älteste, trägt einen Nadelstreifenanzug und sieht über ihre Köpfe hinweg ernst und feierlich in die Ferne.

Meine Großeltern und ihre Kinder, in der Mitte der letzten Reihe mein Vater

Der Älteste. Es klang wie: der Erwählte. Meine Großmutter liebte ihn mehr als ihren Mann. Mit ihm war sie geflüchtet. Der Heini. „Seitdem er tot war, hat sie nicht mehr über die Flucht gesprochen", sagte meine Mutter. Wenn ihre anderen Kinder darüber sprachen, drehte sie an den Knöpfen ihrer Bluse und hoffte nur, dass sie bald das Thema wechseln würden.

Als mein Vater fünfundzwanzig Jahre alt war, ging er davon aus, dass seine Eltern in diesem Jahr die silberne Hochzeit feiern würden. Er überlegte, welches Geschenk er seinen Eltern machen würde, ob er sich einen neuen doppelreihigen Anzug leisten könnte, in dem er diesen festlichen Anlass begehen wollte, und mit welchen Delikatessen er den Präsentkorb mit der silbernen 25 füllen würde. Westfälischer Schinken, Ölsardinen, eine Flasche Bärenfang? Er wunderte sich, dass meine Großeltern immer noch keinerlei Vorbereitungen trafen, und fragte schließlich, wo denn die Feier stattfinden würde. Da nahm ihn meine Großmutter beiseite und sagte, dass die Feier erst in einem Jahr stattfinden würde. So erfuhr mein Vater, dass er unehelich geboren war. Mein Großvater hatte sich erst entschlossen, meine Großmutter zu heiraten, als mein Vater bereits ein Jahr alt war. Seitdem musste man ihn von meinem Großvater fern halten, wenn er betrunken war.

VOR FRAU PIATEKS Häuschen steht ein rotes Auto mit Allensteiner Kennzeichen. Ihre Tochter aus Allenstein ist zu Besuch. Ich laufe vorbei und hoffe, dass sie mich nicht sieht, weil sie mich sonst sicher zum Kaffeetrinken einlädt. Vorbei auch an Frau Leszinskis Haus, wo sich die Gardine ganz sacht bewegt, als ich ihr Fenster passiere. Vermutlich ist gerade die ganze Familie um den Küchentisch versammelt und löffelt ihre Bohnensuppe.

Ich will zur Alle, zu jener Stelle, wo die Dorfkinder schwimmen gehen. Mein Großvater hat uns Enkelkindern immer vom kristallklaren Wasser vorgeschwärmt, und wir Ruhrgebietskinder glaubten ihm kein Wort. Der einzige Fluss, den wir kannten, war die Seseke, eine bräunliche Kloake in einem betonierten Bett, in das aus großen Rohren die stinkenden Abwässer der Stadt flossen.

Der Weg zur Alle ist sandig, ich streife die Schuhe ab und laufe barfuß weiter. Trockene Blätter und Kiefernnadeln kleben unter meinen Füßen, in der Sonne ist der Sand warm und fein wie Puder, im Schatten ist er feucht. In der Ferne höre ich Kinder kichern, die Steine ins Wasser werfen. Dann liegt die Alle vor mir. Wie ein kleiner See liegt sie da. Bevor sich der Fluss durch die Schleuse zwängt, staut er sich in einem Knick. Ich stolpere den Abhang hinunter. Die Kinder beobachten mich wie einen Eindringling. Das Wasser ist so klar, dass die Sonne bis auf den Grund scheint und die Fische sich vor ihren eigenen Schatten fürchten. Das Wasser scheint unbeweglich, aber als ich ein Blatt hineinwerfe, sehe ich, wie es sich langsam dreht, Fahrt bekommt und davonzieht. Die Kinder haben ihre neonfarbenen Mountainbikes in den Sand geworfen. Sie haben dünne Beine und spitze Knie. Ich höre, wie sie Polnisch und Deutsch durcheinander sprechen. In der Luft tanzen Schwärme von giftgelben Zitronenfaltern, Pfauenaugen torkeln durch die Sonnenstrahlen. Auf dem anderen Ufer des Flusses ist ein kleiner Steg angebracht, von dem andere Kinder ins Wasser springen.

Am liebsten würde ich mich auch ausziehen und hier schwimmen gehen. Aber ich habe keinen Badeanzug dabei. Also krempele ich nur die Hosen bis zum Knie hoch und wate etwas im Wasser herum, was die Kinder mit ratlosen Blicken verfolgen.

Ob sich mein Vater an die Badestelle seiner Kindheit später im Ruhrgebiet noch erinnert hat? Er war immer stolz darauf, Ostpreuße zu sein. Stolz wie auf einen einzigen, geheimen Besitz. Vielleicht wollte er aber auch gar nicht mehr an die HEIMAT denken, sondern träumte von einem Messerschmitt-Kabinenroller.

ALS WIR IM WESTEN WAREN. Mein Großvater hatte seine Familie nach der Flucht aus Ostpreußen keineswegs im Stich gelassen, wie meine Großmutter es befürchtet hatte. Er hatte zum vereinbarten Treffpunkt nicht kommen können, weil er noch zum Volkssturm eingezogen worden war. Nach dem Kriegsende hatte er seine Familie über den Suchdienst des Roten Kreuzes wieder gefunden. Der Freude über das Wiedersehen verdankt Tante Ursel ihre Existenz. Die Fahrt mit der Gutsbesitzerin verzieh meine Großmutter meinem Großvater trotzdem nie.

Die Familie fand im Ruhrgebiet Arbeit und Wohnung. Mein Vater war fünfzehn Jahre alt und begann, genau wie mein Großvater, als Bergmann zu arbeiten. Mein Großvater hat seine Arbeit immer gehasst. Mein Vater hat sie geliebt. Er hat sie geliebt, weil sie gefährlich war. Eine Männerarbeit. Die Zeche lag gleich nebenan. Die Wohnung hatte keine Toilette und kein Badezimmer, aber sie waren glücklich, dass der Weg zur Arbeit so kurz war. Sie schlachteten drei Schweine im Jahr, tanzten jeden Samstagabend im Schlafzimmer und feierten ihr Überleben.

Meine Mutter lernte meinen Vater bei ihrem ältesten Bruder kennen. Er stellte ihr meinen Vater als einen sehr guten Freund vor. Meiner Mutter gefiel, dass er ein Mann war, der einem anderen ein sehr guter Freund sein konnte. Ihre Lebensgeschichten waren füreinander gemacht. Mein Vater brachte meine Mutter schon wenige Tage nach dem Kennenlernen mit nach Hause. Sie war die erste Fremde, die in die Familie kam, und wurde einer allein herrschenden Mama und fünf lebenslustigen Schwestern vorgestellt. Sie musterten sie heimlich und beobachteten, wie sie ihre Beine übereinander schlug, und dass sie den Wein ablehnte, den man ihr anbot, und überhaupt ständig „Nein, danke“, sagte. Sie überlegten, ob sie mit all dieser Zurückhaltung überhaupt zu ihnen passen würde. Blut ist dicker als Wasser. Aber als meine Großmutter ihre Schürze löste und ungeachtet der Bescheidenheit meiner Mutter eine Flasche Wein auf den Tisch stellte, wussten die Töchter, dass die Entscheidung bereits gefallen war.

Bald wurde Verlobung gefeiert: Im Wohnzimmer, unter den Schutenlampen und der Mittelgebirgslandschaft im Goldrahmen, die später dem röhrenden Hirsch weichen sollte. Zur Kaffeetafel gehörten Frankfurter Kranz und Buttercremetorten, auf die mit der Spritztüte ein „H“ und ein „I“, die Initialen des Verlobungspaars getupft worden waren, das Ganze dekoriert mit Mokkabohnen, daneben ersoffen Obsttorten unter der Schlagsahne. Nelkensträuße mit Spargelkraut versperrten die Sicht auf das Gegenüber. Die Tanten hatten Wespentaillen und

Links: Mein Vater mit mir

Unten links: Meine Großmutter und mein Vater 1953 in Kamen

Unten: Mein Vater mit seinen Schwestern Leni und Rosi in Ostpreußen, ca. 1940

Wasserwellen. Tante Rosi hatte sich zur Feier des Tages die Strumpfnähte nicht wie gewöhnlich mit Augenbrauenstift auf die nackten Beine gemalt, sondern sich ein Paar Cupresa-Nylonstrümpfe geleistet.

Zwei Jahre dauerte die Verlobungszeit. Dann wurde geheiratet, meine Mutter war in anderen Umständen. Als mein Vater von zu Hause auszog, saßen seine Schwestern weinend am Küchentisch. „Unser Heini ist weg. Unser Heini ist weg", schluchzten sie, bis meine Großmutter sagte: „Ihr sejid doch wohl verrickt geworden. Jetzt ist aber Schluss, schließlich ist er nicht gestorben." Von nun an fand sich die Familie jeden Samstag bei dem Heini ein, der in seiner neuen Wohnung nicht nur eine Musiktruhe besaß, die sich Tefiphon nannte, sondern auch ein Badezimmer. Erst wurde gebadet, dann gefeiert.

Die Mittelgebirgslandschaft und die Schutenlampen meiner Großeltern sahen ein Verlobungspaar nach dem anderen unter sich vorbeiziehen. Nach meinem Vater verlobten sich seine Schwestern. Jedes Jahr eine andere. Die Kaffeetafeln wurden immer länger, zu den Buttercremetorten, den Obsttorten und Frankfurter Kränzen kam noch die kalte Schnauze hinzu, zur kalten Ente die Erdbeerbowle. Bald waren alle miteinander verwandt. Und nie vergaßen sie, samstags das Überleben zu feiern.

Die Fotos aus jener Zeit waren nicht so würdig, wie es jene aus Ostpreußen waren. Während sie in Ostpreußen noch ernst und gottergeben auf den Fotografen geblickt hatten, hielten sie sich hier aneinander fest, als befänden sie sich bei starkem Seegang auf einem Schiff. Ständig fielen sie einander um den Hals. Die Familie, wie sie tanzt, singt und sich betrinkt. Dann die Fotos von meinem Vater: Mein Vater angeheitert auf einem Kinderfahrrad sitzend. Mein Vater in Motorradkluft mit Motorradbrille, im Arm meine Mutter, dahinter das Motorrad, das eine Horex war und mit einem Beiwagen fast so gut wie der Messerschmitt-Kabinenroller. Mein Vater tanzend mit meiner Mutter. Mein Vater als Bräutigam mit weißer Fliege. Mein Vater mit mir im Arm vor dem Förderturm der Zeche Monopol. Auf den meisten Fotos lächelt er, aber er zeigt nie die Zähne. Dunkle Augen, dunkle Haare. Eine spitze Nase. Die Haare trug er der Mode entsprechend zurückgekämmt, sie waren gewellt, als hätte er sie mit Wellenreitern in Form gebracht. Dann das Foto von mir und meinem Vater, der mit mir in einem Kornfeld steht. Mein Lieblingsbild. Ein Foto, das ich so oft angeschaut hatte, bis ich glaubte, mich an ihn erinnern zu können.

Als mein Vater starb, war ich zwei Jahre alt. Ich habe ihn nie gekannt. Er hat für mich immer nur in Erzählungen gelebt.

6. *Wo die Liebe eben so hinfällt*

Ich ziehe meine Schuhe wieder an und laufe zurück in das Dorf. Bei Frau Leszinski sitzt niemand vor dem Haus, auch Frau Piateks Bank ist leer, und das Auto vor ihrem Haus ist verschwunden. Aber ich sehe zwei Frauen vor dem Gasthaus zur Ostpreußischen Schweiz sitzen, die sich beim Nähern als Frau Piatek und Frau Jekosch entpuppen. Ich frage mich, ob es bestimmte Regeln dafür gibt, wann sie auf welcher Bank sitzen. Der Stand der Sonne scheint eine Rolle zu spielen. Bis zum frühen Nachmittag liegt die Bank von Frau Piatek in der Sonne. Am frühen

Abend die von Frau Leszinski. Frau Jekoschs Bank wird fast nie von der Sonne beschienen, dafür ist sie bequemer als Frau Piateks Bretterkonstruktion.

Frau Piatek weiß schon, dass ich auf dem Friedhof und in der Schule war und dass die Gräber meiner Urgroßeltern verloren gegangen sind, was sie mit ebenso bekümmertem Gesicht kommentiert wie meinen Abstecher zur Alle: „Die Alle ist doch nicht mehr wieder zu erkennen", sagt sie, „das war doch so ejin scheener Fluss, frieher waren hier doch so viele Krebse inner Alle, so klar war das Wasser."

Frau Jekosch nutzt die Gelegenheit, um von ihrem Norbert zu schwärmen: „Wie mejin Sohn in der Badehose von der Bricke sprang, wie konnte der schwimmen! Die ganze Bricke stand voll Jungs und jeder hat geguckt, wie scheen mejin Sohn kann schwimmen."

Offenbar taugt ihr alles zum Vorwand, um von ihrem Sohn zu schwärmen, der für sie kein Mann ist wie all die anderen, sondern ein Wesen von engelhafter Geschlechtslosigkeit. Bevor Frau Jekosch nun noch zum Hohen Lied auf ihren guten Leo ansetzt, der nie trinkt, wird sie von Frau Piatek gebremst. Sie gibt zu bedenken, dass es zu deutscher Zeit Stromaufseher gegeben habe, die den Fluss reinigten und die Ufer instand hielten. „Kein Vergleich zu heute", meint sie. „Jetzt schauen Sie sich mal die Ufer an, was ist das fier ejin Dreck. Ojeji ojeji."

Ich wage gar nicht einzuwenden, dass ich in Deutschland schon viel schmutzigere Flüsse gesehen habe. Ob mit dem Sitzen auf bestimmten Bänken auch bestimmte Themen verbunden sind? Auf Frau Piateks Bank wird am meisten gelacht, auf Frau Leszinskis Bank wird viel ums Geld geklagt, auf Frau Jekoschs Bank geht es um Ordnung und Sauberkeit, sodass sogar Frau Piatek davon angesteckt ist und etwas vom Unkraut in ihren Erdbeerbeeten murmelt, das dringend gejätet werden muss. Frau Jekosch erklärt nun, dass sie noch die Bettwäsche bügeln muss und die Kellerfenster putzen, ganz zu schweigen von den Kirchenbänken, der Pfarrer hat gefragt, ob sie nicht zum Saubermachen kommen könnte. Als würde ihr das Gasthaus zur Ostpreußischen Schweiz nicht bereits genug Arbeit bereiten. Nun will sie mit dem Leo gehen und die Kirche sauber machen, allein schafft sie das doch gar nicht mehr!

Frau Piatek beginnt das Thema Sauberkeit allerdings schnell zu langweilen. Ihre Augen verdüstern sich, sie späht auf die Straße, die wieder mal keine Ablenkung bietet. Warum kann hier nicht mal was passieren, eine Fee über die Straße fliegen, die Brigittka vom Putzwahn erlösen und über allen Häusern Sterntaler ausstreuen würde? Es würde auch schon reichen, wenn der Reini mit dem Trinken aufhörte und der Sohn der Leszinska endlich Arbeit fände. Frau Jekosch lässt sich jedoch nicht vom Putzen abbringen. Was ist das nur für ein Leben, jeden Tag geht es wieder aufs Neue los, der Dreck versteckt sich in allen Ritzen. Frau Jekosch schüttelt den Kopf, und ihre Augen füllen sich mit Tränen. „Du machst zu sauber", sagt Frau Piatek schließlich tröstend zu ihr. „Geh ejinfach mit dem Lappen darüber, quäl dich nicht so."

Frau Jekosch schnauft laut in ihr Taschentuch. Das ist ja alles leicht gesagt. Aber was will der Mensch machen, wenn ihm nichts bleibt als die Sauberkeit?

Frau Piatek steht auf, behutsam stützt sie ihren gebrechlichen Körper auf der Bank ab und ergreift meinen Arm. Schluss mit den Klagen. Es ist kühl geworden, und sie muss dem Reini das Abendbrot zubereiten. Sie schiebt sich in ihren Fellpuschen an dem Brunnen vorbei, tastet sich am Backsteinmäuerchen bis zum Zaun vor und geht, sich an den Zaunlatten festhaltend, nach Hause. „Kommen Sie, liebe Frau", sagt sie zu mir, „essen Sie etwas mit uns."

Kaum hat sich ihre Tür hinter uns geschlossen, atmet sie auf. „Alle sind so verrickt, die Frauen. Willst nicht putzen gehen, na, denn geh nicht und red da nicht. Und der Leo muss morgen gehen und sauber machen. Oh Jessus."

Reini sitzt versunken vor dem Fernseher und schaut sich das „Glücksrad" an. Frau Piatek schöpft Wasser aus dem Plastikeimer im Flur und bringt es auf dem Gasherd zum Kochen. Dann nimmt sie ein Brot, das groß ist wie ein halbes Wagenrad, hält es vor die Brust und schneidet eine dicke Scheibe ab. Sie holt Margarine aus dem Kühlschrank und das Stück Wurst, das Reini gekauft hat. Die Wurst sieht aus, als wäre sie aus Stein. Auf einem Teller liegen kleine vertrocknete Häufchen, das sind die Teebeutel, sie benutzt sie immer zweimal. Das Wasser kocht, und sie gießt es auf die vertrockneten Häufchen, die das Wasser schwach golden färben. Mittags und abends sitzt sie mit ihrem Reini an dem kleinen Tisch mit der Wachstuchdecke und beredet mit ihm den Tag, als wäre er ihr Mann. Sie nimmt zwei kleine Tomaten aus einer Plastikschüssel, die auf dem Küchenschrank steht, und schneidet sie mit einem weißen Wegwerf-Plastikmesser in Viertel. Wo ist eigentlich Frau Piateks Mann?

„Mein Mann?", sagt sie. Statt einer Antwort dreht sie mir den Rücken zu. Sie kramt lange und umständlich in der Besteckschublade herum, schließlich holt sie zwei Messer hervor, deren Klingen vom vielen Gebrauch ganz dünn geworden sind. Dann sagt sie: „Der hat mich doch sitzen lassen."

Von der „Glücksrad“-Sendung dringt ein Geräusch herüber, als würde eine Fee ihre Finger über eine Harfe gleiten lassen. Das Publikum applaudiert. Reini seufzt wie ein Hund im Schlaf.

Richard, so hieß ihr Mann. Eine Woche vor Weihnachten 44 war er noch auf Urlaub in Reußen. Sagte: „Hedwig, wenn es gut geht, dann bin ich bei euch zu den Feiertagen.“ „Aber er kam bis heute nicht“, sagt Frau Piatek und schiebt den Teller mit den Tomatenvierteln zu mir rüber. „Er kam bis heute nicht“, wiederholt sie tonlos. Richard. Wo die Liebe eben so hinfällt.

„Ist Ihnen auch so warm?“, fragt sie dann. Sie geht zum Fenster, zieht die Gardine beiseite, dreht den schweren Griff und wischt ein paar Steinchen vom Fensterbrett. Sie blickt einen Moment hinaus, dann schließt sie das Fenster wieder und zieht die Gardinen zurecht.

Aus dem Zimmer nebenan hören wir Reini konzentriert atmen, mit offenem Mund verfolgt er, wie der Moderator die Punkte an die Kandidaten verteilt. Jeder nicht gewonnene Punkt klingt, als würde jemand an einer schlecht gestimmten Gitarrensaite zupfen.

„Er kam nicht, weil ich doch das Kind kriegte“, sagt sie und wischt mit einer heftigen Bewegung ein paar Brotkrümel von der Wachstuchdecke, wobei sie fast das Teeglas umgestoßen hätte. Sie hatte ihrem Mann geschrieben, dass sie schwanger sei, weil sie ein polnischer Soldat im Frühjahr 1945 vergewaltigt habe. Seither wollte ihr Mann nichts mehr von ihr wissen.

Sie streicht die Kittelschürze glatt und fährt mit den Fingern über die Naht, wo ihre Finger ein loses Fädchen ertasten. Sie reißt es mit einem Ruck ab.

„Das ejine sag ich euch: Ejin Russe ist nie so schlecht wie ein polnischer Soldat.“ Ihre Augenbrauen haben sich in ihrem Gesicht zusammengeballt wie Wolken vor dem Regen. Sie schaut aus dem Fenster auf die Bank vor den Erdbeerbeeten. Im Gegenlicht sieht man die Stacheln ihres Damenbarts vibrieren.

Es dämmerte bereits, sie hatte Holz im Wald gesucht und kam zurück über den Weg an der Alle. Dann stand er da, der Soldat. Aus dem Schatten der Bäume aufgetaucht. Griff nach ihr und drückte sie auf den Boden. Sie kratzte und biss wie eine Hündin. „Aber bin ich nicht losgekommen“, sagt sie und spuckt die Verbitterung aus wie eine kleine Fliege, die sie aus Versehen eingeatmet hat.

„Schaff dir das ab“, sagte eine Freundin zu ihr. „Komm, wir pflücken Blätter vom Lebensbaum, ich brüh’ dir das mit Milch auf, das musst du trinken.“ Sieben Kinder waren genug. Aber es ging nicht runter, der bittere Sirup stand ihr im Hals, sie erbrach sich. Dann sagte sie: „Soll es kommen, wie es ist.“ Und so geschah es.

„Mein Mann war ja noch ejin junger Kerl, als er ging“, sagt sie leise. „Aber dass ich mechte Sehnsucht haben – neji, hatte ich kejine.“

Sehnsucht. Fünfunddreißig war sie, als ihr Mann sie verließ. Und er war vierzig. Dann kam das Kind vom polnischen Soldaten zur Welt. Sie nannte es Krystyna. Um fünf Uhr morgens gab sie dem Säugling die Brust, dann erst wieder um fünf Uhr nachmittags, wenn sie von der Arbeit kam, so lange musste es Krystyna ohne Milch aushalten. Zehn Jahre lang arbeitete sie als Magd auf dem Gut in Ganglau. Zehn Jahre lang in der Ziegelei in Groß Bertung. Jeden Tag blieben die Kinder allein zu Hause, bei Kriegsende war die älteste Tochter vierzehn und musste den Haushalt versorgen. Von den Ziegeln bekam Frau Piatek eine solche Hornhaut an den Händen, dass sie heiße Ziegel ohne Handschuhe anfassen konnte. Wenn sie am Nachmittag von der Ziegelei nach Hause kam, musste sie schon an Nowaks Haus vom Fahrrad steigen, weil ihr die Kinder auf der Straße entgegengelaufen kamen. Weinend und mit verrotzten Nasen.

Drei Jahre nach Kriegsende schrieb ihr Mann aus Iserlohn. Er wollte sich scheiden lassen und bat sie um ihr Einverständnis. Sie zwang sich, an die frühen Jahre mit ihm zu denken, die ihr auch kein Glück gebracht hatten. Als ihr Ältester an der Rauchvergiftung starb, hatte ihr Mann betrunken im Wirtshaus Spiza gesessen. Und als sie Reini zur Welt brachte, war ihr Mann nicht mal zur Entbindung ins Krankenhaus gekommen, sondern hatte auf dem Jahrmarkt in Allenstein Rosen geschossen.

„Ja, ich gebe die Einwilligung“, schrieb sie, „denn ich hab bei dir genug saure Äpfel gegessen, und die kann ich jetzt nicht mehr vertragen.“ Den Brief nahm er als Beweis für ihr Einverständnis mit der Scheidung mit aufs Gericht.

Frau Piatek zuckt die Schultern. Ein einziges Mal kam ihr Mann doch noch nach Reußen zurück. Zwanzig Jahre nach Kriegsende. Eine ihrer Töchter hatte ihn eingeladen. Zu den Kindern sagte er: „Was geschejin ist, ist geschejin. Das hat der Krieg gemacht.“ Die Kinder bettelten und sagten: „Ach, Papa, blejib doch.“ Aber er antwortete nur: „Nein, ich kann nicht hier beji euch blejiben.“ Zu ihr sagte er nichts.

Sie hält wie üblich die Beine übereinander geschlagen und ihre Hände verschränkt. Sie blickt auf die Adern, die durch die gebräunte Haut ihrer Hände hervorschimmern, und schweigt. Ihre Hände sind zu groß für ihren zarten Körper. Dann hebt sie den Kopf und sagt: „Und ich hab auch nichts gesagt.“ Das war das letzte Mal, dass sie ihn gesehen hat.

Mit einer entschlossenen Bewegung steht sie auf. Schluss mit den schlechten Gedanken. Mit der Hand macht sie eine Bewegung, als wollte sie Mücken vertreiben.

Jetzt ist er tot. Als er starb, fuhren ihre Tochter Erna und ihr Sohn Albert nach Deutschland zur Beerdigung. Es ist noch nicht lange her. Frau Piatek fragte nur, wie der Tote angezogen war. Da sagten die Kinder: „Mama, nur so einen hellbraunen Anzug hat er gehabt.“

„Ach, hab ich gesagt. Nicht mal ejinen schwarzen Anzug für den Sarg hat er gehabt. Das war der Richard. Wo die Liebe eben so hinfällt. Und wenn es auf ejinen Misthaufen ist. Ojeji.“

„Was das für eine Schande war, in so einem Dorf!“, rief Großtante Rosa. „Eine Schande, eine Schande“, echote Großtante Mia. Sie saßen auf dem Sofa im Wohnzimmer meiner Großeltern. Jede redete vor sich hin. „Die Anna kriegt ein Kind“, sagte Rosa, das erzählten sie sich sogar im Gasthaus zur Ostpreußischen Schweiz. Und als er dann da war, da sah er doch dem Allo so ähnlich.

Meine Großmutter sagte nichts, sie hatte rote Flecken am Hals und drehte an den Knöpfen ihrer türkisfarbenen Bluse. Sie wusste ja, dass ihre Schwestern es nur gut meinten. Sie waren aus Leverkusen und Wattenscheid angereist, wie üblich blieben sie drei Tage. Am ersten Tag freuten sie sich, sich wiederzusehen, am zweiten Tag feierten sie, am dritten Tag aßen sie die Reste und ließen das Leben Revue passieren. Dieses war der dritte Tag.

„Von mir ist der nicht“, hat der Allo gesagt. „Wenn ich schon daran denke!“, rief Großtante Rosa und schüttelte sich. „Von mir ist der nicht!“ Sie kratzte die Kuchenkrümel wütend vom Teller und schob ihn mit einem Ruck angewidert von sich weg. Sie aßen die Reste der Schwarzwälder Kirschtorte, die meine Großmutter zu ihrer Ankunft serviert hatte. Jetzt, zwei Tage danach, war die Torte schon etwas aus der Form geraten. Die Männer waren unterwegs, um sich die Beine zu vertreten. So nannten sie ihren Abstecher zum Schützenhof, wo sie im Schatten der Kastanienbäume saßen und mit Bier und Schnaps ihren Kater bekämpften. Die Großtanten tranken wie üblich Brombeerlikör. Meine Großmutter hatte mir ein besonders großes Stück Schwarzwälder Kirschtorte auf den Teller geladen. Ich saß davor und war verzweifelt. Wie so oft, wenn ich allein im Wohnzimmer meiner Großeltern saß, vermisste ich meine Mutter. Sie hätte mich vor der Torte gerettet.

„Dabei sah er doch dem Allo so ähnlich“, sagte nun auch Großtante Babe und führte vorsichtig den Goldrand des Likörglases an ihre Lippen.

„Wejißt noch, Anni, wie du den Hejini auf dem Arm gehalten hast und mit ihm auf dem Hof auf und ab gegangen bist, bis der Allo auf der Kutsche vorbeifuhr auf dem Weg zur Miehle?“, fragte Mia und wischte sich den Mund mit der Serviette ab. Sie blickte in ihre Kaffeetasse, als würde sich in der Kaffeepfütze das Bild meiner verzweifelten Großmutter spiegeln, die im Hof ihres Elternhauses steht, meinen Vater auf den Armen trägt und darauf wartet, dass mein Großvater ihr im Vorbeifahren einen Blick zuwirft.

Meine Großmutter mit meinem Vater

Die Schokoladenstückchen waren geschmolzen und hatten sich mit der Sahne vermischt, der dunkle Biskuit war durchtränkt von Sahne und Marmelade. Die Großtanten hatten klaglos ihre Portionen verspeist, nur ich schob den nassen Biskuit in der Schokoladen-Sahne-Pfütze so lange hin und her, bis er ganz zerfiel und sich alles auf meinem Teller in einen bräunlichen Brei verwandelte. Lediglich die Maraschino-Kirsche ragte heraus.

„Mejin Gott, was war der Vater beese“, sagte Rosa. „So ejin Lump, hat er immer gesagt, so ejin Lump. Die Mutter hat gewejint, der Vater hat gewejint, und ich hab auch gewejint.“

„Ach, herr auf davon“, sagte meine Großmutter und wischte sich die Augen mit der Serviette ab. „Wejißt doch, wie die Reskis waren.“

„Unser Vater war ja so belejidigt, als er davon erfuhr, dass er sich besoffen hat“, sagte Rosa und schüttelte den Kopf im Gedanken an die Schmach, die die Familie Reski ihnen zugefügt hatte.

Ich versuchte die Maraschino-Kirsche mit meiner Kuchengabel aufzuspießen. Sie war jedoch hart wie Porzellan, sie sprang vom Teller, rollte über die Tischdecke und hinterließ bräunliche Spuren, so als sei ein Vogel über den Tisch spaziert.

Die Reskis. Die Familie meines Großvaters war eine wohlhabende Bauernfamilie gewesen. Die Verbindung zu meiner Großmutter, der Tochter eines Waldarbeiters, war für sie eine Mesalliance, die sie nach Kräften zu verhindern versucht hatten. Meine Großtanten ließen keine Gelegenheit aus, meine Großmutter an die beiden dunklen Flecke der Familiengeschichte zu erinnern, an jene entwürdigende Zeit, als sie meinen Vater unehelich zur Welt bringen musste, weil mein Großvater die Vaterschaft bestritt, und an die unrühmliche Rolle meines Großvaters bei der Flucht.

„Wollt' er sich lejicht machen, der Allo", meinte Mia, und ich ahnte, dass jetzt wieder die Geschichte mit der Gutsbesitzerin kommen würde, und schloss die Augen.

Als ich die Augen wieder öffnete, stand der Teller mit der Schwarzwälder Kirschtorte immer noch vor mir. Ich hörte, wie Großtante Rosa sagte: „Na, und dann musst er die Gutsbesitzerin fahren, der Allo." Ich biss ein Stückchen von der Maraschinokirsche ab, die ich mir unauffällig zurückgeangelt hatte, es schmeckte nach Marzipan, und ich spuckte es wieder auf den Teller.

„Na, und du?", fragte meine Großmutter und blickte ihre Schwester vorwurfsvoll an. Ihre Nasenflügel zitterten. Denn kurz nachdem der Großvater mit der Gutsbesitzerin davonfuhr, hatte auch Rosa sie mit den Worten im Stich gelassen: „Allejin komm ich besser durch." Und war Richtung Allenstein verschwunden.

Ihre Schwester verstand die Anspielung und begann nervös, ein umhäkeltes Taschentuch zu kneten. „Ich musste doch weg, mich hätten die Russen doch vergewaltigt", flüsterte sie. „Dir hätten sie doch nichts getan, warst doch schwanger."

„Na, wennst mejinst", sagte meine Großmutter betont gleichmütig und spielte mit den Fransen der Tischdecke. Um die Ränder ihres Mundes zeichneten sich zwei rote Likörmale ab. Ich versuchte die Schwarzwälder Kirschtorte unter der Serviette verschwinden zu lassen. Niemand würde merken, dass ich nichts davon gegessen hatte.

„Ist ja auch ejin Quatsch gewesen, dass ich weggegangen bin", sagte Großtante Rosa schließlich leise, „hast ja Recht, Ania."

Dann schwiegen alle vier. Verloren in Gedanken über das, was gewesen war. Kneteten die Hände, lauschten dem Brausen der nahen Autobahn, strichen ihre Blusen glatt, von denen eine farbenfroher als die andere war, türkis, gelb, rosa, rot, sagten ab und zu mal gedehnt: „Ojeji" oder: „Ach ja“, und versanken wieder in Schweigen. Bald würde meine Großmutter aufstehen, die Serviette auf meinem Teller lüften und fragen: „Nu was, schmeckt dir nicht?“ Ich begann zu schwitzen.

Mit einem Mal hörten wir Stimmen im Hausflur vor der Tür und das Geräusch eines Schlüsselbunds. Ich atmete auf. Die Onkel waren wieder da, der Großvater, meine Cousins, alle drängten sich im engen Flur und redeten durcheinander.

„Na, wart ihr wieder in Ostpreußen?“, rief Onkel Horst und kicherte. „Bei der Gutsbesitzerin?“ Großtante Mia machte ihm gegenüber nur eine abfällige Handbewegung und sagte: „Nu, was verstehst schon.“

Die Gutsbesitzerin schwebte über meinem Großvater wie ein Luftgeist und verfolgte ihn bis ins hohe Alter. „Nu, was sollt' ich denn machen, musst' ich sie doch fahren“, sagte er und kratzte sich am Ohr.

„Was musstest du sie fahren“, fauchte meine Großmutter, „nichts musstest du fahren.“ Verlegen verschwand mein Großvater im Keller, um Bier zu holen, er würde das Wohnzimmer erst wieder betreten, wenn er sicher sein konnte, dass sich die Gutsbesitzerin verzogen hatte. Meine Großmutter und ihre Schwestern räumten das Kaffeegeschirr vom Tisch, sie nahmen mir wortlos meinen Teller ab, und niemand interessierte sich mehr für meine Schwarzwälder Kirschtorte. Stattdessen fragte mich meine Großmutter, ob ich zum Abendbrot bleiben würde.

„MECHTEN Sie Leberwurst?“, fragt Frau Piatek. „Hab ich vergessen anzubieten.“ Ich lehne dankend ab und greife zu den restlichen Tomatenvierteln auf meinem Teller. Reini sitzt immer noch so gebannt vor der „Glücksrad“-Sendung, als würde sie über sein Schicksal entscheiden. Frau Piatek hat wie ein Spatz gegessen, eine halbe Scheibe Brot mit Butter. Am liebsten isst sie das Brot belegt mit Wurst und Marmelade, aber solche Wonnen gestattet sie sich nur zum Frühstück. Sie steht vom Tisch auf und reißt ein Kalenderblatt ab, das einen wohlgenährten Johannes den Täufer zeigt. Zum Vorschein kommt eine schläfrig blickende heilige Theresa, die ein rotes Kruzifix wie ein Kind in ihren Armen wiegt. Frau Piatek zerknüllt den heiligen Johannes und wirft ihn in eine abgeschnittene Waschpulverpackung, die als Papierkorb dient.

„Auf dem Gericht hat er gesagt: ‚Ich will kejine Polin, ich will ejine deutsche Frau‘“, sagt sie und streicht sich wütend eine Haarsträhne aus dem Gesicht, die sich immer wieder aus dem nach hinten gekämmten

Haar losmacht. Sie rückt die bunten Eduscho-Kaffeedosen zurecht, die ihr Büfett zieren, sie schiebt die verbeulte Brottrommel mit einem Ruck gegen die Wand des Büfetts. „Ich will ejine deutsche Frau! Wir hatten doch optiert, wir mussten doch unterschrejiben, wir mussten ja, denn sonst hätten sie uns doch mechten jagen." Unwirsch rückt sie den Deckel auf der Zuckerdose zurecht. Aus dem Wohnzimmer erklingt wieder die Harfe.

„Schuhcreme", sagt Reini befriedigt. „Hab ich doch gesagt."

„Hat sie geraten?", ruft Frau Piatek.

„Neji", sagt Reini. „Hat sie nicht geraten. Aber ich hab's gewusst."

Frau Piatek setzt sich wieder auf ihren Stuhl. Als ihr Mann starb, hinterließ er seinen Kindern keine einzige deutsche Mark. Nichts. Und das, obwohl er bis zur Scheidung Kindergeld bezogen hatte, und dann sparte er durch seine Kinder auch noch Steuern. Der Lump, der.

An ihrem Kinn steht ein einziges langes Barthaar, das in Erinnerung an diese Niedrigkeit vor Empörung zittert. „Und sejine Frau, die war ganz mit Gold beklebt", sagt sie.

Dann schweigen wir wieder – jenes Schweigen, das ich von meiner Großmutter und ihren Schwestern kenne, wir schweigen und seufzen und horchen auf das „Glücksrad", das sich wieder dreht, und Frau Piatek sagt: „Mejine Kinder, die hat mir der liebe Gott gegeben."

Dann lacht sie kurz auf, holt Luft und erzählt die Geschichte ihrer Tochter Brigitte, der jüngsten Tochter. Ihr Vater war der Gutsverwalter von Ganglau, ihr Arbeitgeber. Der war hinter allen Frauen auf dem Gut her, und sie hat es getroffen.

Selbst als sie schon lange nicht mehr auf dem Gut arbeitete, musste sie seinen Blick ertragen, wenn sie ihn sonntags beim Kirchgang in Groß Bertung sah. Jahre später, als Brigitte bereits eine junge, schöne Frau war, blickte Frau Piatek stolz auf sie, wenn sie am Arm ihrer Tochter zur Messe ging. „Muss ich dem lieben Gott danken, Brigitte, dass ich dich hab", sagte sie zu ihr, als sie neben ihr über den Kirchhof ging. Da spürte sie, wie sich der Gutsverwalter eng an ihr vorbeidrängte und ihr im Vorbeigehen zuflüsterte: „Musst du mir danken, dass du sie hast."

„Vor der Kirche hat er mir das gesagt!", ruft sie. „Vor der Kirche. Der Lejibhaftige soll ihn holen." Sie blickt auf die schläfrige heilige Theresa vom Kalenderblatt und schluckt ihre Verwünschungen herunter. „Und da soll noch einer sagen, dass es Gerechtigkeit gibt auf Erden."

Dann Hans, der jüngste Sohn. „Der stammt von einem Chauffeur", sagt Frau Piatek. Der fuhr den Arzt zu den Kranken. „Mehr wejiß ich nicht von dem Chauffeur. Ich hab ihn nicht gefragt, wer er ist, ich hab ihn nicht gefragt, wie er hieß – nichts. Er war mir aufgefallen, weil er so scheenes schwarzes Haar hatte. Er kam ran an mich, und ich hab mich nicht viel gewehrt. Und schon war ich wieder schwanger. Danach war ich die Schuldige, ich saß immer in der Tinte. Nachher kam er noch mal, und ich hab gesagt, wenn ich das Kind zur Welt bring', dann schick' ich es dir. Er hat gesagt: Ist gut. Und dann hat er die Papiere für ejin Waisenhaus besorgt. Als der Junge dann auf der Welt war, kam er noch mal, und ich sagte: Gehen Sie, ich behalte das Kind, ich schick' es nicht ab.

Die anderen Frauen sagten mir, ich soll ihm schwarzen Kaffee geben, dem Säugling. Viele machten das damals. Aber ich hab gedacht: Ich habe schon so viel ausgehalten, ich behalte den Jungen. Er war das zehnte Kind. Und so lief die Karre."

Inzwischen hat es draußen zu dämmern begonnen. Der Himmel hat sich verfärbt. Im Halbdunkel der Küche leuchtet nur noch Frau Piateks weißes Haar.

Ich wage nicht zu fragen, ob es auch Männer für glückliche Momente in ihrem Leben gegeben hat, für Leidenschaft, Verliebtsein, Herzklopfen. Männer, die sie in ihren Armen hielten, die ihr die Haarsträhne aus dem Gesicht strichen, die sich in ihren schwarzen Augen verloren, Männer, die sie liebten. Ich schlucke meine Frage mit dem kalt gewordenen Tee herunter.

Wieder ertönt das scheppernde Geräusch von schlecht gestimmter Gitarrensaite. Wieder kein Punkt. „Neji", sagt Reini heiser, „Schildkrete? Das verstehji ich nicht." Er steht auf, gähnt und streckt sich. Das „Glücksrad" ist zu Ende. „Nacht, Mama." Er schließt die Schlafzimmertür hinter sich.

Dann ist es still in dem kleinen Haus. Man hört nichts mehr außer dem Knacken der Balken und Frau Piateks rasselndem Atem. Vielleicht sollte ich jetzt gehen. Vielleicht ist Frau Piatek schon lange müde, aber sie sagt nichts, aus lauter Höflichkeit. Ich räuspere mich und stehe auf. „Wollen Sie schon gehjen?", fragt Frau Piatek und begleitet mich die zwei Schritte zur Tür. Im Flur ist kein Licht. Als sie die Tür öffnet, legt sich ein schmaler Streifen Mondschein auf ihr Gesicht. Sie legt die Hand auf meinen Arm und schaut mich an.

„Wissen Sie", flüstert sie, „die Männer, die ich hatte, das waren kejine Männer. Das waren ... Hurenbecke. Männer fier finf Minuten. Die haben abgeschlackert, abgeschlackert haben die, mehr nicht."

7. *Erbsen! Sauerkohl! Gemiese!*

Sonntag. Das ganze Dorf ist unterwegs zur Frühmesse, drei Kilometer zu Fuß hin, drei Kilometer zu Fuß zurück, alte Frauen, die Handtaschen in der Armbeuge tragen, junge Frauen, die ihre Kinder hinter sich herzerren, Männer in dünnen Anzügen mit Hochwasserhosen, die nicht mal die Knöchel bedecken.

Allen voran läuft Frau Leszinski, sie hat alle abgeschlagen, dahinter folge ich, keuchend. „Auf dem Feld steht ein schwarzer Storch, da hinten, haben Sie das gesehen, Frau Leszinski?" Aber Frau Leszinski hat für solche Kinkerlitzchen keine Augen. „Schwarze Sterche, nu was, es ist schon spät, in einer Viertelstunde fängt die Messe an." Die Luft riecht frisch gewaschen, und die Kornmeere haben sich geglättet wie das Mittelmeer an einem Junimorgen. In der Ferne liegt der See von Kellaren, und ich träume vom Schwimmen.

Frau Leszinski trägt ein blaues Kleid mit frisch gestärktem weißem Blusenkragen. Es ist das erste Mal, dass ich sie ohne ihre Kittelschürze sehe. Auch Frau Piatek sah heute Morgen kirchfein aus, sie trug ein cremefarbenes Wollkleid und hatte die Haare zum Knoten gebunden. Aber zur Messe wollte sie nicht. Frau Piatek vertraut auf die Kraft ihrer bärtigen Madonna, die über ihrer Anrichte hängt. Ein Gebet zur Madonna ist ihr mehr wert als jeder Gottesdienst. Vor kurzem erst hat sich Frau Piatek in einer bestimmten Angelegenheit an sie gewendet, und zwei Tage später hatte Reini eine Arbeit im Straßendienst. Dass er die Arbeit schon nach einem Monat wieder verloren hat, weil er immer zu spät kam, war nicht ihre Schuld, die bärtige Madonna hat sich Mühe gegeben, mehr kann man nicht verlangen. Nur die Beichte kann ihr die Madonna nicht abnehmen, das muss der Pfarrer machen, alle drei Monate kommt er zu Frau Piatek nach Hause. „Ich hab ja kejine Sinden", sagt sie dann, „ich fluch bloß auf mejinen Sohn." Und der Pfarrer antwortet: „Ist gut, ist gut", und erteilt ihr die Absolution, im Namen des Vaters, des Sohnes und des Heiligen Geistes.

Über unseren Köpfen fliegen Mauersegler ihre Verfolgungsjagden. Endlich taucht hinter der Biegung der stämmige Backsteinbau der Kirche von Groß Bertung auf. Sie hat Ähnlichkeiten mit den üppigen Formen von Isoschka, breit und ausladend hockt sie da, geschmückt von einer metallenen Spitze, die auf dem mächtigen Turm wie ein zu klein geratenes Hütchen sitzt.

„Schauen Sie, die Fenster“, flüstert Frau Leszinski und zeigt auf die moderne Bleiverglasung, „der Pfarrer hat neue Fenster machen lassen.“

Eine moderne Muttergottes im Strahlenkranz leuchtet aus der Bleiverglasung, abstrakt natürlich. Die beiden neuen Kirchenfenster haben den Blick der Kirche verändert, ihr Blick ist so unbeweglich, als hätte man ihr Glasaugen verpasst.

Vor dem Kirchenportal begrüßen sich die Kirchgänger auf Polnisch und auf Deutsch. Die Haarpracht der Frauen zeugt vom polnischen Färbewunder, Aschblonde konkurrieren mit Rotblonden, Goldblonde glänzen neben Silberblonden, Nachtschwarze versuchen neben Rabenschwarzen zu bestehen, Kupferrote neben hell Mahagonifarbenen. Die Männer rauchen noch schnell eine Zigarette, hinter ihren uns zugewandten Rücken steigt dünner Rauch auf. Wie Kinder halten sie die Zigarette verschämt in der hohlen Hand, nehmen verstohlen einen hastigen Zug und warten darauf, dass sie von ihren Frauen erwischt und in die Kirche gezogen werden.

Hier wurde mein Vater getauft, hier heirateten meine Großeltern – doch noch bevor ich mich weiter in Gedanken verlieren kann, schubst mich Frau Leszinski in das Dunkel der Kirche. „Wir missen vorn in die erste oder zwejite Bank“, flüstert sie, „da ist am besten zu sehen, auch der Pfarrer und alles.“

Die Kirche füllt sich bis auf den letzten Platz. Sogar der Beichtstuhl ist besetzt, wie das rote Lämpchen anzeigt. Die Ministranten sind pickelige Jungs, die steif in gardinenartigen Spitzenüberwürfen stecken, unter denen ihre Sweatshirts hervorschauen.

Der Pfarrer liest die Episteln, das Tagesevangelium, die Messdiener vernebeln alles mit Weihrauch, und die Gemeinde betet mit fester Stimme mit, nicht murmelnd, wie ich es von den Kirchenbesuchen meiner Kindheit in Erinnerung habe. Kleine Kinder rutschen ungeduldig auf den Bänken hin und her, sie steigen auf die Gebetbank, um besser sehen zu können, rutschen ab, stoßen mit dem Kinn auf und jaulen so lange, bis die Mütter wie wütende Schwanenmütter zischen und die Kinder wieder zurück in die Bank drücken.

Schließlich beginnt der Pfarrer die Predigt, der Höhepunkt des Gottesdienstes. Er verkündet Gottes Wort mit Hingabe und Inbrunst, er flüstert, schreit und surrt, er flötet und wechselt überraschend die Tonlagen, von hoch zu tief, er steigert sich zu einem Crescendo, ein wahrer Rausch erfasst ihn, sodass die Gemeinde am Ende dasitzt wie betäubt. Sogar die kleinsten Kinder wagen nicht mehr, sich zu rühren, sie schweigen verschüchtert und starren auf ihn wie auf ein Gespenst.

Meiner Großmutter hätte er gefallen. „Das ist noch ein Pfarrer!“, hätte sie gesagt.

Jeden Sonntag ging ich in die Kirche – genau wie meine tiefgläubige ostpreußische Großmutter. Meine Mutter war nicht mehr zur Kirche gegangen, seitdem mein Vater tot war. Aber was, wenn meine Mutter Recht hätte, die meine Frömmigkeit immer etwas belächelte? „Wenn es wirklich einen lieben Gott gibt“, sagte sie, „dann muss er blind und taub sein.“

Meine Großmutter hingegen hatte keinen Zweifel an der Existenz Gottes. „Ohne den lieben Gott wären wir mit der *Gustloff* untergegangen“, sagte sie immer. Ich dachte an meine bevorstehende Kommunion, an das weiße Kleid und die Lackschuhe, an den Tüll-Pompadour, in dem ich mein weinrotes Gebetbuch tragen würde, und an die letzte Himmelfahrtsprozession, bei der ich Blumen gestreut hatte. Ich dachte an die bunten Grableuchten, die meine Großmutter immer auf das Grab meines Vaters stellte. Auf all das hätte ich ungern verzichtet. Aber meine Verunsicherung blieb. Ich wollte mich auf keinen Fall damit lächerlich machen, dass ich an etwas glaubte, was es gar nicht gab. Ich entschloss mich, Gott auf die Probe zu stellen.

Die Gelegenheit ergab sich, als ich vom Bockspringen erschöpft in unserer Turnhalle saß, und Herr Hoppenstedt an den Ringen hing. Herr Hoppenstedt war unser Sportlehrer. Wenn er uns nicht gerade über den Bock jagte oder vom Schwebebalken stieß, brüllte er herum wie unser Hausverwalter und warf mit Schlüsseln um sich. Wir saßen auf der Bank aufgereiht wie die Pfadfinder. Hoppenstedts Haltung war tadellos. Die Beine bis in die Fußspitzen gestreckt, Bauch rein, Brust raus, Hintern zusammengekniffen. Hoppenstedt schwang hin und her. Und wir schwangen mit. Wir hatten die Köpfe in den Nacken gelegt, damit wir Hoppenstedt da oben besser verfolgen konnten. Hoppenstedt schwang höher und höher, und unsere Köpfe rollten von rechts nach links und von links nach rechts, noch nie hatten wir Hoppenstedt so hoch fliegen sehen, und fast sah es so aus, als wollte er davonfliegen, wegsurren wie Batman. Aber dann geschah das, wofür ich schon immer gebetet hatte: Die Ringe rissen. Der Herrgott hatte uns erhört, und Hoppenstedt fiel vom Himmel wie ein Meteorit.

Für mich war das der Beweis für die Existenz Gottes. Wenn ich jemals in meinem Leben noch mal zweifeln sollte: Die Tatsache, dass Hoppenstedt von den Ringen fiel, würde mir den Glauben an eine übergeordnete Instanz wiedergeben. Meine Großmutter hatte Recht. Sicher, die Welt ist schlecht, die Reichen werden reicher, und die Armen werden ärmer, fast immer trifft es die Falschen, aber dennoch: Es gibt Hoffnung. Wenn Hoppenstedt von den Ringen fallen konnte, dann war alles möglich. Licht am Horizont.

DIE ORGELMUSIK klingt schon nach Schlussakkord, da geht der Pfarrer noch mal durch die Reihen des Kirchengestühls, um die Gläubigen zu segnen. Er taucht einen Strohwedel in das Weihwasser, holt ihn triefnass hervor und schlägt ihn mit einer peitschenden Armbewegung über den Köpfen seiner Schäfchen aus. Ich wische mir das Wasser mit dem Ärmel von der Wange. Als der Pfarrer wieder am Altar angelangt ist, keuchend, mit dem Strohwedel in der Hand, ist die Messe zu Ende. Die Gemeinde steht noch einige Minuten vor der Kirche, die Männer rauchen wieder, und die Frauen ermahnen die Kinder, endlich still zu sein. Dann laufen alle wieder nach Hause, wo das Fernsehen mit der nächsten Verderbnis auf sie wartet.

Frau Jekosch hat einen Gesichtsausdruck, als hätte sie schon Stunden mit dem Essen auf mich gewartet. Sie geht immer in die Frühmesse, weil sie es sonst nicht schafft, pünktlich um zwölf das Essen auf den Tisch zu stellen.

„Sie essen nicht“, sagt sie. Die Rindsroulade liegt wie ein stummer Vorwurf auf meinem Teller, daneben ein Berg dampfender Kartoffeln. Das Sonntagsessen. „Schmeckt Ihnen nicht.“

Herr Jekosch ist schon fertig, er wischt sich den Mund ab und schnalzt sich die Reste aus dem Gebiss. Zum Nachtisch gibt es Vanillepudding mit Schokoladensoße, aber erst, wenn ich aufgegessen habe. Wieder und wieder beteure ich, wie sehr mir ihre Rindsrouladen ein Genuss sind, aber Frau Jekosch traut mir nicht. Sie lauert auf meine Bewegungen. Es würde sie umbringen, wenn ich etwas auf dem Teller liegen ließe, also esse ich. Zermalme Rouladenstückchen um Rouladenstückchen, kaue Kartoffel um Kartoffel. „Ich esse immer so wenig“, versichere ich, und Frau Jekosch blickt mich an, als sei ich ansteckend. „So wejinig Appetit. Ojei.“

Verstohlen wischt sie einen Soßenfleck vom Tisch, sie wischt um meinen Teller herum, dann steht sie endlich vom Tisch auf, weil sie es nicht mehr erträgt, mir beim Essen zuzusehen. Heute früh war sie zum Gottesdienst ebenfalls in Groß Bertung, aber wenn sie ehrlich ist, dann ist ihr der in Jomendorf lieber. Jeden Sonntag findet dort um halb zehn die Messe auf Deutsch statt, und einmal im Monat leistet sie es sich, dorthin mit dem Bus zu fahren.

„Der Kaplan, der die deutsche Messe hält, kommt aus Deutschland“, sagt sie mit verklärtem Gesicht. „Ein so junger Priester. Ach, wie scheen der spricht.“ Dann kichert sie etwas verlegen wie über einen unziemlichen Gedanken, ergreift den Wasserkessel und setzt ihn auf die Herdplatte.

Feierlich zählt sie ihre Deutschzirkel auf: Mit den anderen deutschen Frauen aus dem Dorf trifft sie sich einmal im Monat zum deutschen Kaffeetrinken im Pfarrhaus, dann gibt es noch den deutschen Rosenkranz, einmal im Monat kommen die deutschen Frauen aus dem Dorf zum Rosenkranzbeten zusammen, auch da wird auf Deutsch gebetet. Sogar fernsehen kann sie neuerdings auf Deutsch. Seitdem sie eine Satellitenantenne haben, empfangen sie alle Programme, doch am liebsten schaut sie „Gute Zeiten, schlechte Zeiten“ und die Nachrichten auf RTL. Aber nur, wenn Peter Kloeppel sie spricht.

Ihr Deutschtum hütet sie wie eine zerfallende Kreuzstichdecke, die man nur an Feiertagen auflegt, damit sie sich nicht abnutzt. Gedankenverloren lehnt sie an ihrem Geschirrschrank, rückt mit einer Hand die Dosen für Zucker und Mehl zurecht und reibt mit dem Ärmel die Deckel ab. Dann zieht sie die Besteckschublade auf und ordnet das bereits in Reih und Glied liegende Besteck noch einmal, sie nimmt Löffel für Löffel heraus, prüft nachdenklich jeden Teelöffel auf die Spur einer Verunreinigung, legt Löffel für Löffel wieder zurück und sagt plötzlich ergriffen: „Ach, wie scheen der spricht.“ Und ich weiß nicht, ob sie den schönen Priester in Jomendorf oder den Nachrichtensprecher von RTL meint.

Ich bin kurz davor, meine Rindsroulade endgültig zu besiegen. Aus dem Wohnzimmer klingt der Fernseher, eine Talkshow. Frau Jekosch liebt Talkshows. „Neji“, sagt sie kopfschüttelnd, „was die Leute nicht so alles erzählen. Die ejinen finden sich zu hässlich, die anderen strejiten sich vor den Leuten im Fernsehen. Und dann die Sexualität. Ieber nichts anders sprechen sie.“

Kopfschüttelnd wischt sie mit dem Spültuch über den Tisch, nimmt mir endlich den Teller weg und stellt das Schüsselchen mit dem Vanillepudding vor mich hin.

DAS DORF ist in Ehrfurcht vor dem Sonntag erstarrt. Sogar die Hunde halten sich zurück, kein Gekläffe, nichts. Obwohl die Sonne scheint, sitzt Frau Piatek nicht auf der Bank, das gehört sich nicht, wie sähe das denn aus, mit diesem Kleid. Sicher sitzt sie in ihrem weißen Wollkleid auf dem Sofa wie eine feine Dame und wartet auf den sonntäglichen Besuch ihrer Töchter aus Allenstein und Ganglau. Ich bin der einzige Mensch auf der Straße. Ich will schwimmen, im Lansker See. Frau Jekosch liegt im Fenster im ersten Stock, ruft: „Scheen aufpassen!", und sieht mir so besorgt nach, als steckte der ganze Wald voller betrunkener Tataren, die auf wehrlose Frauen warten. Herr Jekosch hat sie aber beruhigt, seitdem die Minister nicht mehr zur Wildschweinjagd in den Forst kämen, sei nur noch die Kreuzotter gefährlich, wenn sie beim Sonnen auf irgendeinem Stein zwischen den Blaubeerbüschen gestört würde. Aber vorher, mit den Ministern, das sei ja lebensgefährlich gewesen. Einen Förster haben sie für ein Wildschwein gehalten und abgedrückt. Danach habe sich der Minister allerdings nicht lumpen lassen. Zahlte die ganze Beerdigung und den Marmorgrabstein auch, wenigstens das.

Dann erklärt er mir noch mal den Weg – und immer schön auf dem Weg bleiben, wegen der Kreuzottern.

Der Wald ist ein Fichtenwald. Hier wachsen die Fichten seit Jahrhunderten ungestört in den Himmel. Ich laufe über den weichen Boden, fühle die Temperaturunterschiede in der Luft, von den Sonnenlöchern in der Lichtung zum kühlen Dickicht, höre das Rufen der Vögel – stundenlang könnte ich so weiterlaufen, über sandige Wege, die sich ständig gabeln, durch ein Dickicht aus Farnen und Blaubeerbüschen, in der Nase den Geruch von Harz und Fichtennadeln. Langsam verliere ich die Orientierung. Ich gehe einfach weiter, seltsam furchtlos, und lausche dem Wald, der atmet wie ein schlafender Riese.

Für meine Familie war hier die Heimat, der Wald mit den Kreuzottern, die Alle mit den tanzenden Mückenschwärmen, der morgendliche Dunst über den Feldern, die abgeschliffenen Steinstufen vor dem Gasthaus zur Ostpreußischen Schweiz, das Schwarz des Waldsees, ein Brombeergebüsch, der Geruch von Kartoffelfeuer. Für mich war da ein unentwirrbares Knäuel von bedrohlichen Begriffen wie Nationalsozialismus, Revanchismus und Revisionismus.

Als die Ostverträge geschlossen wurden, dachte ich an meine orangerote Schirmmütze und die Willy-wählen!-Fähnchen, die die SPD vor unserem Gymnasium hatte verteilen lassen. Natürlich war ich für Willy und selbstverständlich auch für die Ostverträge. Ich hoffte, dass die Ostverträge meine Familie endlich dazu bringen würden, nicht mehr nach dem Ostpreußenlied zu weinen und nicht mehr von der Flucht zu erzählen. Das Wort „Vertrag" flößte mir Vertrauen ein. Ich hatte in der Schule mit Schrecken zur Kenntnis genommen, dass es zwischen Deutschland und seinen ehemaligen Kriegsgegnern immer noch keinen Friedensvertrag gab. Also könnte es jeden Tag wieder losgehen, und der

Russe würde wiederkommen, wie es seine Art war. Wenn es schon keinen Friedensvertrag gab, dann wenigstens einen Ostvertrag.

Mein Großvater war selbstverständlich gegen die Ostverträge, wie immer, wenn alle anderen dafür waren. Ich hatte den Eindruck, dass es ihm gar nicht um den Ostvertrag ging, sondern dass sein quälender Widerspruchsgeist ein letzter Versuch meines Großvaters war, sich der Welt und sich selbst gegenüber zu beweisen. Gewissermaßen seine Ehrenrettung als Mann. Und zu einem Mann gehört eine Meinung, eine abweichende, denn sonst ist sie keine Meinung. Meine Großmutter war in ihrem Urteil über Männer ähnlich rigoros wie Frau Piatek. Während mein Großvater aß und trank und sich über Herbert Wehners Reise nach Moskau aufregte, traf meine Großmutter die Entscheidungen. Wie hoch die Geldsumme sein sollte, die dem Enkelkind zur Kommunion geschenkt werden sollte. Ob im Streit zwischen Großtante Mia und Tante Rosi vermittelt werden sollte oder nicht. Ob Blutwurst zu Mittag gegessen werden sollte. Die Männer hatten keine Chance in diesem ostpreußischen Matriarchat aus Großmüttern, Schwiegermüttern und Großtanten, die noch jeden Mann unter den Tisch trinken konnten. Er entschied zwar nichts – aber wenigstens sollte man ihm nicht vorwerfen können, keine Meinung gehabt zu haben.

Vielleicht aber war mein Großvater auch deshalb gegen die Ostverträge, weil er geahnt hatte, dass er der Einzige sein würde, auf den sie sich direkt auswirken sollten. Weil meine Tanten alle seine Ostpreußen-Anekdoten schon längst bis ins letzte Detail auswendig konnten, nutzten sie, wie auf Willy Brandts Geheiß, die Gunst jener historischen Stunde, um meinen Großvater immer häufiger mit der Bemerkung zum Schweigen zu bringen: „Nu is gut, musst nichts mehr von Ostpreußen erzählen!“ Also erzählte mein Großvater nur noch von Ostpreußen, wenn die jüngsten Enkel ihn besuchten, denn sie schätzten durchaus noch die Geschichten von jenem wundersamen Land, wo man Aale und Flusskrebse mit der Hand fangen konnte. Sie schauderten bei der Geschichte vom grässlichen Wurm, der so groß war, dass zwei der stärksten Pferde ihn kaum von der Stelle schleppen konnten und dem die ostpreußische Stadt Wormditt ihren Namen verdankte. Sie träumten nachts vom Männlein zu Allenstein, das einer Frau das Augenlicht ausgeblasen hatte, weil sie nicht auf sein Geheiß die Augen schließen wollte.

Meine Hoffnung wurde durch die Ostverträge jedoch nicht erfüllt, geweint wurde nach dem Ostpreußenlied noch immer.

Tatsächlich hatte ich meine Verwandten im Verdacht, dass keiner von ihnen je ernsthaft die Heimat zurückhaben wollte, was ich letztlich inkonsequent fand. Nicht mal die Schwester meiner Mutter, Tante Ruth, wollte ihr Schlesien wirklich wiederhaben, obwohl sie regelmäßig zu den Schlesiertreffen nach Peine fuhr, worüber meine Großmutter spottete. Sie misstraute allem, was von den Vertriebenenverbänden kam, und hielt es für einen absurden Gedanken, sich mit fremden Menschen zu treffen, nur weil sie aus dem gleichen Dorf kamen. Sie hatten ihren eigenen Ostpreußentag, jeden Sonntag, wenn die Familie in ihrem Wohnzimmer zusammenkam. Wo sie und ihre Familie war, war Ostpreußen, und Ostpreußen, die nicht mit ihr blutsverwandt waren, interessierten sie nicht mehr als zufällig ihren Weg kreuzende Passanten.

Vor lauter Misstrauen gegenüber der Heimat konnte ich nicht mal richtig herauskriegen, was dieses Ostpreußen eigentlich wirklich war: deutsch oder polnisch? Deutsch schloss ich aus. Schließlich wollte ich der Nazi-Ideologie nicht erliegen. Von wegen immer schon deutsch. Also polnisch? „Mal so, mal so", sagte meine Großmutter und machte meine Verwirrung komplett, „eben Ostpreußen!" Heimlich entschied ich mich für Polen. Die Polen hatten wenigstens nicht den Krieg angefangen, außerdem erschien es mir ungleich interessanter, polnische Wurzeln zu haben als deutsche, weshalb ich mir bei der Gelegenheit auch noch einen russischen Urgroßvater mütterlicherseits zulegte, der Husar gewesen war und gegen den meine Freundin Gabi Evers mit ihrem westfälischen Urgroßvater keine Chance hatte. Es war an einem Samstagnachmittag, Gabi stand vor mir am Bäckerwagen und kaufte den letzten Liebesknochen. Es hatte mich sehr verdrossen, weil der Liebesknochen zu den wenigen Nahrungsmitteln gehörte, die ich freiwillig zu mir nahm. Statt des Liebesknochens musste ich mich mit einem trockenen Amerikaner begnügen. Nachdem ich seine Zuckerglasur abgegessen hatte, warf ich ihn in die Sträucher hinter der Garage und fragte Gabi beiläufig: „Habe ich dir eigentlich schon von meinem russischen Urgroßvater erzählt?"

Gabi blickte mich zerstreut mit ihren blauen Augen an. Sie war gerade darin vertieft, vorsichtig die obere Hälfte des Liebesknochens von der unteren Hälfte zu lösen, um die Schokoladenfüllung abzulecken. Als Gabi nicht reagierte, fügte ich hinzu: „Ich habe auch ein Foto von ihm." Da blickte sie interessiert auf.

Es war einmal ein treuer Husar, der liebt sein Mädchen ein ganzes Jahr. Ein ganzes Jahr und noch viel mehr, die Liebe nahm kein Ende mehr. Genüsslich, als ließe ich die Schokoladenfüllung eines gigantischen

Liebesknochens auf meiner Zunge zergehen, beschrieb ich, wie mein russischer Urgroßvater vom russischen Zaren empfangen und mit einem Orden belohnt worden war, weil er so furchtlos gegen die Krimtataren gekämpft hatte. Ich schilderte, wie er durch das verschneite Sankt Petersburg ritt, in weißer Uniform, die Brust voller Orden, belehrte Gabi bei der Gelegenheit darüber, dass Sankt Petersburg nun Leningrad heiße, und verlor mich in einer trunkenen Schilderung meines Urgroßvaters, der ein so schöner Mann gewesen sei, dass sich alle Frauen des Zarenreiches nach ihm verzehrt hätten, bis hin zu den Hofdamen der Zarin. Ich schilderte ihn bis in die Bartspitzen hinein, so farbenfroh, dass es Gabi vor Neid schier zerriss.

„Wie hieß er denn, dein russischer Urgroßvater?", fragte sie schließlich lauernd. „Michail", antwortete ich und ließ das „ch" tief aus dem Rachen klingen. „Und weiter?", fragte Gabi ungläubig. Ich dachte an Puschkin. Eine Wodkasorte hieß so, aber das wüsste Gabi vielleicht auch. Ich sah, wie Gabi bereits triumphierend anfing zu lächeln, weil ich immer noch zögerte.

„Oder hatte dein russischer Urgroßvater am Ende gar keinen Nachnamen?", fragte Gabi spöttisch. „Karamasow", antwortete ich schnell. „Die Brüder Karamasow" standen bei uns im Wohnzimmerschrank zwischen „Und ewig singen die Wälder" und den „Buddenbrooks". „Aha, Karamasow", sagte Gabi gedehnt, und ich sah ihr an, dass sie mir nicht glaubte. „Ja, Michail Sergejewitsch Karamasow", sagte ich, glücklich über meinen Einfall, „und wenn ich seine Tochter gewesen wäre, dann hieße ich Petra Michailowa Karamasowa." „Ach so", sagte Gabi. Dann schwieg sie. Und weil es so schön war, sie sprachlos zu sehen, präsentierte ich ihr bei der Gelegenheit auch noch einen meiner polnischen Vorfahren, einen gewissen Stanislas Reski. Beflügelt von meinem Quartettspiel, dem ich die Erkenntnis von der Existenz des neapolitanischen Königreichs verdankte, beförderte ich Stanislas Reski zum polnischen Botschafter am Hof des Königs von Neapel.

Schließlich wollte Gabi aber handfeste Beweise. Also ging ich mit ihr in unsere Wohnung, ließ sie einige Zeit im Kinderzimmer warten, um die Spannung etwas zu steigern, und holte aus unserem Wohnzimmerschrank den Karton vor, in dem meine Mutter die Fotos aufbewahrte. Daraus zog ich das sepiafarbene Foto meines Urgroßvaters hervor, das einen strengen Herrn mit Bart und Vatermörder zeigte.

Ich hielt Gabi das Foto hin, ließ sie es jedoch nicht anfassen, wegen der Schokolade an ihren Fingern, und genoss still meinen Triumph. „Und was ist an ihm russisch?", fragte Gabi da plötzlich ernüchtert. Ich war erbost. Als könnte man die Nationalität am Gesicht ablesen. Dann verlangte Gabi nach einem Beweis für die weiße Husarenuniform meines Urgroßvaters. Ich lächelte überlegen. Hochmütig verwies ich auf die Umstände, unter denen meine Familie ins Ruhrgebiet gelangt war. Natürlich sei mein russischer Husaren-Urgroßvater hier nur in Zivil zu sehen, erklärte ich bedauernd, denn alle Fotos, die ihn in Husarenuniform auf seinem Schimmel zeigten, seien leider auf der Flucht verloren gegangen.

IN DER Ferne sehe ich endlich etwas flimmern. Ich laufe einen sandigen Pfad entlang, im Rücken den Atem des schlafenden Riesen, vor mir das blinkende Etwas, das wie ein Geist zwischen den Bäumen auftaucht und wieder verschwindet, mal zum Greifen nah, dann wieder unsichtbar. Ich stolpere über Baumwurzeln und Fichtenzapfen, und plötzlich stehe ich am See. Kleine Wellen kriechen ans Ufer, umgestürzte Bäume liegen im flachen Wasser wie tote, von Lianen strangulierte Krokodile. Ab und zu steigen Luftblasen im Wasser auf. Rosarote Seerosen. Ich habe noch nie einen See mit wilden Seerosen gesehen. Libellen fliegen knapp über der Wasseroberfläche ihre Schleifen. Ein See ohne Segler, ohne Windsurfer, ohne Motorboote, ohne Eisverkäufer, ohne Strandbäder, ohne Cafés und Ruderbootverleihe – einfach nur ein See. Drei Schwäne ziehen vorbei, erst majestätisch hintereinander weg, ohne von mir Notiz zu nehmen, dann verlieren sie jedoch die Contenance und zischen mich beleidigt an. Ich laufe am Ufer weiter, kämpfe mich durch das Schilf und finde endlich einen Bootssteg. Ich setze mich hin und strecke die Füße ins Wasser. Misstrauisch gegenüber der Idylle blicke ich mich um, aber tatsächlich ist weit und breit keine Menschenseele zu sehen. Ich stehe auf, strecke mich, lausche und schaue noch mal argwöhnisch nach rechts und links. Nichts. Nichts als leise rauschender Schilfsaum, Schwäne und handbreite Wellen. Schließlich fasse ich Mut und beginne mich auszuziehen. Mit „Bistenhalter und Schlipfer", genau wie Frau Jekosch, gehe ich schwimmen. Ich mache ein paar Schritte, fühle den schlammigen Grund zwischen den Zehen und lasse mich treiben.

Als ich später wieder auf dem Bootssteg in der Sonne liege und darauf warte, dass meine Unterwäsche trocknet, denke ich an Tante Ruth und an meinen Großvater. Die einfach nur Sehnsucht hatten nach einem bestimmten Geruch und einem bestimmten Licht, das sie nirgendwo wieder finden konnten.

Frau Piatek sitzt wieder auf der Bank in der Abendsonne. Die Töchter sind wieder weggefahren. Das weiße Sonntagskleid hat sie ausgezogen, zu schade für die Bank, stattdessen trägt sie die kornblumenblaue Strickjacke und eine graue Wollhose und atmet auf. Sie hat ein paar Stachelbeeren gepflückt. „Bittescheen, voriges Jahr hab ich zweji Gläserchen eingemacht, nich, mit Zucker, aber die schmecken mir nicht, neji, neji. Dies Jahr mach ich nicht ejin."

Mit den Stachelbeeren in der Hand wartet sie darauf, dass sich etwas tut im Dorf. Aber da rührt sich immer noch nichts. Frau Jekosch setzt sonntags keinen Fuß vor die Tür, die Leszinska hat Besuch aus Deutschland, und Isoschka lässt sich nicht blicken, weil ein paar Frauen aus dem Dorf zu ihr nach Hause gekommen sind und den Rosenkranz beten.

„Ich bin ja in ejiner anderen Rose", sagt sie. Und erklärt, dass polnische Frauen und deutsche Frauen den Rosenkranz getrennt beten. Als ich sie verständnislos anschaue, erklärt sie mir geduldig die Prinzipien des Rosenkranzbetens. Zu jeder Rose gehören fünfzehn Frauen, einmal im Monat treffen sie sich an einem Sonntagnachmittag im Wohnzimmer der Frau Koch und beten zusammen den Rosenkranz. Zu einer Rose können nur Frauen gehören, die nicht geschieden sind, nicht von ihrem Mann getrennt leben, regelmäßig in die Kirche gehen und jeden Tag beten. Wenn eine stirbt, bestimmen die anderen, wer in die Rose aufgenommen werden soll. Das Rosenkranzbeten ist hier offenbar so straff organisiert wie das Vereinsleben des Sparclubs meiner Großmutter, bei dem jeder, der bei den monatlichen Treffen fehlte, drei Mark Strafe zahlen musste.

„Außerdem haben wir zum Beten in der Woche eine Karte", fügt sie hinzu. „Die wechselt zwischen den finfzejhn Schwestern von der Rose. Jeden Abend muss man nach der Karte sejin Gebet abbeten und die Karte wejitergeben. Die Karte wandert von Frau zu Frau, das ist der Rosenkranz. Da muss man jeden Abend sejinen Tejil absagen, nich wahr, und heute bringt mir Brigittka wieder ejine andere Karte, und mejine Karte muss ich der Anka geben."

Zerstreut blickt sie einem vorbeitaumelnden Schmetterling nach. „Schon lange war ich nicht mehr bejim Rosenkranz", sagt Frau Piatek, und ein leises Bedauern klingt mit. „Komm ich nicht mehr den Berg zu der Frau Koch hoch, wo der Rosenkranz gebetet wird."

Plötzlich reckt sie sich, streckt die Nase in die Luft und schnuppert. „Die Luft riecht nach Gewittern, riechen Sie das auch? Hat es in der Ferne nicht schon gedonnert?"

Sie reicht mir die Schüssel. „Nehmen Sie Stachelbeeren, bittescheen." Ich wage nicht abzulehnen. Sie sind so sauer, dass es mir eine Gänsehaut über den Rücken treibt. Frau Piatek lacht. Nicht mal die Nachbarskinder klauen ihre Stachelbeeren, weil sie so sauer sind. „Wollen Sie Zucker drieber?" Schon steht sie auf, tastet sich die Wand entlang bis ins Haus und kehrt mit einer Tüte Zucker zurück. Wieder schiebt sie mir die Stachelbeeren hin. „Schmeckt Ihnen, mit Zucker, nicht?"

Ich nicke stumm. Sie isst auch eine Stachelbeere, eine einzige, wie immer isst sie wie ein Vögelchen. Sie schiebt die Stachelbeere in den Mund, schließt die Augen und ergibt sich dem Genuss. Wenn sie die Augen geschlossen hält, sieht ihr Gesicht aus, als sei es aus Olivenholz geschnitzt. Gelblich mit feiner Maserung. Das Gesicht einer alten Indianerin. Dann öffnet sie wieder die Augen und wischt eine Ameise von ihrem Handrücken.

„Ich war ja mal in Deutschland", sagt sie dann, „aber ich konnt' da nicht so … Ich konnt' da nicht so essen, nejin. Das Essen ist hier besser. Erbsen! Sauerkohl! Bohnen! Gemiese! Wejißkohl! Oh Jessus, hier ist doch besser. Auch die Kartoffeln schmecken hier anders. Wissen Sie, in Deutschland war ich immer abgemagert. Mejin Sohn hat mich ja gepflegt, Hähnchen gebraten, was nicht alles, Jessus neji, aber das hat mir nichts geholfen. Neji. Und das Wasser! Ich trink ja viel Wasser, von Jekosch sejin Brunnen, das ist ja scheenes Wasser. Anders als von diese Kräne da in Deutschland. Das hat nicht geschmeckt."

Sie versinkt in Gedanken an ihre Deutschlandreise – der ersten und einzigen Reise, die sie je in ihrem Leben unternommen hat. Zur Zeit der Ostverträge war es, zu jener Zeit, als mein Großvater aufhörte, seine Ostpreußengeschichten zu erzählen, da fuhr Frau Piatek nach Bochum, zu ihrem jüngsten Sohn. In Allenstein stieg sie in den Zug, umsteigen in Neidenburg, das weiß sie noch wie heute. Außer nach Dietrichswalde hat es sie nie irgendwohin gezogen, weder vor noch nach ihrer Deutschlandreise.

Deutschland, alles konnte man kaufen, und ihr Sohn sagte ihr jeden Tag „Mama, so bleib doch", aber Frau Piatek bekam Heimweh. So ein Gefühl, wie sie es in ihrem ganzen Leben noch nicht verspürt hatte. Ein Ziehen in der Brust, das von Tag zu Tag schlimmer wurde. Erst dachte sie, dass das eigenartige Gefühl von den vielen Hähnchen käme oder von dem Leitungswasser, dann hörte sie auf zu essen, und trotzdem ging das Ziehen nicht weg.

Sie blickt in den Himmel, wo sich die Wolken ballen, und zieht sich fröstelnd die blaue Strickjacke etwas fester um die Schultern. Ständig hatte sie kalte Füße in Deutschland.

„Und mejin Sohn, der sagte immer: Mama, wenn dich jemand frägt, woher du bist, sag nicht aus Polen! Ich sag: Warum nicht? Ach, das heert sich so schlecht an, Polen. Sag mal, du bist von Ostpreußen, ja. Na, so hat er mich immer so gelernt. Na, und die Frauen, die frugen: Von wo sind Sie denn? Na, ja. Sacht ich: Von Ostpreußen. Ob die das verstanden, wejiß ich nicht."

Sie zuckt mit den Schultern. Absurd. Als wollte sie sich für ihre Heimat entschuldigen. Was wussten die Frauen in Bochum denn schon von Ostpreußen? „Waren wir doch immer Ostpreußen", sagt sie verwundert. „Bloß nachher bejim Polen mussten wir unterschreiben. Sone Papiere, damit wir hier blejiben konnten. Und wie der Russe noch hier drin war, hat manch ejin Russe gesagt: Tut das nicht. Wir sollten blejiben wie wir sind. Na, haben wir doch unterschrieben. Und dann haben wir Deutsch wejitergesprochen und auch Polnisch und sprechen jetzt noch Polnisch und Deutsch."

Dann lacht sie wieder so beglückt, als hätte sie jemanden übers Ohr gehauen. Natürlich wollten die Polen nach dem Krieg nicht, dass Deutsch gesprochen wurde, aber die Deutschen wollten vor dem Krieg auch nicht, dass Polnisch gesprochen wurde. Sie hat es in ihrem langen Leben schon öfter erlebt, dass es verboten war, die eine oder die andere Sprache zu sprechen.

„Und die Elzbieta", sagt sie, „nu, was war das? Ihre ..."

Sie sucht nach dem passenden Wort, um die Verwandtschaft, das Blutsband zwischen mir und jener Elzbieta zu bezeichnen, und ruft: „Na, die Großmutter von der Anka. Die war auch ja ganz fier Polen. Die hat 1920 fier Polen gestimmt, wussten Sie das?"

Ich schüttle den Kopf. Elzbieta. Wieder bin ich um eine Verwandte reicher.

„So war das hier", sagt Frau Piatek. „Mal so, mal so."

Und was hätten die Frauen, denen sie in Bochum sagen sollte, dass sie aus Ostpreußen komme, davon schon verstanden?

Dann wollte sie nach Hause. Eigentlich sollte sie noch länger bleiben, aber da war nichts mehr zu machen. „Keinen Tag länger. Ich wollt' nicht dableiben, nejin. Es zog mich nach Reußen. Hier hab ich doch mehr Bekannte, da war mir alles so fremd."

Sie macht eine abwehrende Handbewegung, als säße ihr immer noch der Sohn gegenüber, der sie bedrängt und zum Bleiben überreden will. „Erbsen! Gemiese! Sauerkohl! Neji, neji, neji", sagt sie noch mal mit

Nachdruck und schüttelt den Kopf. „Neji, ich bin hier geboren, und so blejib ich hier. Reußen ist doch immer Reußen. Ja."

Dann schweigen wir. Blicken auf die schweren Köpfe der Sonnenblumen, über denen die Mücken tanzen.

8. *Blut ist dicker als Wasser*

Frau Jekosch hat schon seit dem Morgengrauen so entfesselt geputzt, dass ich davon aufgewacht bin. Treppauf, treppab höre ich sie laufen. Ich sehe sie vor mir, wie sie mit vorwurfsvollem Gesicht schon wieder über sämtliche Stufen des Hauses wischt, Fensterscheiben putzt, Türrahmen abscheuert, weißes Ameisenpulver in den Ecken des Flurs verstreut, den Hof fegt, Kartoffeln für das Mittagessen schält und sich darüber beklagt, dass ihr Sohn immer noch nicht nach Reußen zurückziehen will. Ihr Mann hackt Holz, aus der Scheune dringt das trockene Geräusch von splitternden Scheiten. Mit schlechtem Gewissen darüber, dass ich so lange geschlafen habe, ziehe ich mich eilig an und laufe über die knarrenden Flure. Als ich am Wohnzimmer vorbeigehe, fällt mein Blick auf das Hochzeitsbild von Herrn und Frau Jekosch. Es sieht aus wie eines jener Glanzbilder, die ich in mein Poesiealbum geklebt habe. Ein nachkoloriertes Brautpaar. Dem Schwung ihrer Wangenknochen wurde sanft nachgeholfen, die Augenbrauen modelliert, die Lippen aufgefüllt. Der Bräutigam bekam türkisfarbene Augen, die Braut einen dunkelbraunen Kastanienmund. Das Foto erinnert mich an das Hochzeitsbild meiner Eltern – meine Mutter mit bodenlangem, hochgeschlossenem weißem Kleid, ein Spitzenschleier wie eine spanische Mantilla über Kopf und Schultern, über ihren Arm ergießt sich ein Strauß von weißem Flieder. Mein Vater mit weißer Fliege und jenem halben Lächeln, für das seine schlechten Zähne verantwortlich waren. Das Hochzeitsfoto meiner Eltern stand im Büfettschrank meiner Großeltern. Zwischen den Römern und den aufgedeckten Tassen des Kaffeeservices fanden die Stationen unseres Lebens ihren Platz: Neben den Hochzeitsfotos die Fotos von der Taufe der Enkelkinder, von der Einschulung, der Erstkommunion.

Als mein Vater starb, wurde sein Kopf aus dem Hochzeitsfoto kopiert und zum Porträt vergrößert. Ich begegnete ihm überall. Er hing bei uns im Wohnzimmer über der Musiktruhe, er hing über einer kleinen Grubenlampe in der Totenecke meiner Großeltern, er hing in den Wohnzimmern meiner Tanten. Und sah mich an.

In der Küche riecht es nach Kaffee und Kartoffelschalen. Unten vor der Tür spricht jemand. Ich höre Frau Piateks Stimme, in jener munteren Tonlage, die sie für die Unterhaltungen mit Frau Jekosch bereithält. Offenbar wird unten auf der Bank das Leben im Kapitalismus resümiert. Die Arbeitslosigkeit, die steigenden Preise und die Prostituierten an der Warschauer Straße – all jene Plagen, vor denen sie der Kommunismus bislang verschont hat. Der Zusammenbruch des Ostblocks, das Kriegsrecht, die Solidarność, das Ende des Kommunismus – alles zog wie ein fernes Donnergrollen an Reußen vorbei. Arm im Kommunismus, arm im Kapitalismus.

Frau Jekosch hat es heute besonders mit den Prostituierten von der Warschauer Straße. „Das gab es frieher nicht“, sagt sie zu Frau Piatek.

„Ja, das haben sie erst dies Jahr so ejingefiehrt“, sagt Frau Piatek unbeeindruckt.

„Dass da kejiner was macht“, murmelt Frau Jekosch.

„Die haben da so ejine Couch im Wald, die bedecken sie mit Folie. Der Rejini hat gesehen. Finfzig Zloty kostet das“, sagt Frau Piatek, die mehr praktisch interessiert ist.

„Dass so was noch gestattet wird“, sagt Frau Jekosch mit bebender Stimme.

„Sone Biester“, sagt Frau Piatek und kichert anerkennend. „Und was glaubst, Brigittka, wo schlafen die? Oder schlafen die ieberhaupt nicht?“

„Wejiß ich nicht“, sagt Frau Jekosch abwehrend und schweigt.

„Schade, dass ich kejin Mann bin“, sagt Frau Piatek versonnen. „Ich mecht ja da gehen und gucken.“

„Na, wirst du wohl“, sagt Frau Jekosch.

„Nu was“, sagt Frau Piatek in die Stille. „Sind ja auch Lejite, die wo leben wollen.“

Dann schweigen beide versunken. Sie hören nichts anderes als das Rauschen der Alle und bemerken nicht mal das Knarren der Holzdielen unter meinen Füßen, als ich den Flur entlanglaufe, nicht das Klacken meiner Absätze auf dem Treppenstein, als ich mich hinter sie stelle.

„Nu“, sagt Frau Piatek schließlich aufgeräumt, „haben wir es jetzt auch nicht schlecht. Auch wenn wir große Springe nicht machen kennen.“

Frau Jekosch lässt sich so schnell nicht von Frau Piateks Optimismus überwältigen. „Doch wie sagt man immer: Sauber, aber arm. Wenn man sauber hat, dann freue ich mich.“

Frau Piatek schickt einen Blick zum Himmel. „Aber das ist doch nicht alles, Brigittka!“, ruft sie aus.

Fast sieht es so aus, als würde sie sich jetzt von der Bank erheben, um unter einem Vorwand nach Hause zu gehen, wo sie Frau Jekoschs Jammerei nicht mehr ertragen muss. Da erblickt sie mich auf dem Treppenstein und lehnt sich wieder zurück. Ein Lächeln huscht über ihr Gesicht. „Kommen Sie, liebe Frau!“, ruft sie. „Lassen Sie sich von Brigittka Kaffee stellen.“

Frau Jekosch steckt das Taschentuch, das sie vorsichtshalber hervorgekramt hat, wieder in die Tasche zurück und steigt hoch in die Küche. Als sie im Haus verschwunden ist, rutscht Frau Piatek ein wenig beiseite, um mir Platz zu machen. „Nervees ist sie“, flüstert sie. „Und drejibastig, richtig drejibastig.“ Sie schüttelt empört den Kopf. „Das Jammern haben sie ja alle hier, das ist schon ejine alte Sitte.“ Kaum hat sie den Satz ausgesprochen, ist Frau Jekosch wieder da, mit dem Kaffee in der Hand. Und wieder hat sie es mit dem Geld.

„Mecht ich mir wohl was lejisten, hab ich gespart“, sagt sie, „und dann musste sich der Leo die Zähne rejinstellen lassen. Hab ich drejizehn Millionen bezahlt. Oh, mejin Gott … Ejine Couch hab ich gedacht zu kaufen“, flüstert sie. Sie blickt hoch, sehnsüchtig, als würde dort oben ihr Sofa vorbeifliegen, zum Greifen nah. Und dann kam das Gebiss dazwischen.

Nun hält sie inne, die dreizehn Millionen stehen noch in der Luft, da möchte sie den Satz schon ungeschehen machen. Jetzt weiß doch jeder im Dorf, dass die Jekoschs dreizehn Millionen sparen konnten, wenn das die Leszinska erfährt, die mit Mann und Sohn, Schwiegertochter und Enkelkindern auf nur zwei Zimmern … und Frau Piatek, die sich mit ihrem Sohn ihre schmale Rente …

Mit Blick auf ihre Nachbarin beeilt sie sich, höflich zu versichern: „Hast es ja auch scheen, Frau Piatek.“

„Ojei“, sagt Frau Piatek. Sie macht eine abwehrende Handbewegung. „Aber alte Mebel.“

Die Klage um das Geld langweilt sie mindestens genauso wie die Sorge um die Sauberkeit. Sie lässt ihren Blick schweifen, in der Hoffnung auf irgendetwas, was von Brigittkas ewigem Klagelied ablenken könnte. Aber nicht mal über den Gang der Natur lässt sich hier räsonieren, in Jekoschs Vorgarten traut sich kein einziges Unkrauthälmchen, von Schnecken, die den Salat auffressen, oder sauren Stachelbeeren ganz zu schweigen. Wo in den anderen Gärten schiefe Malvenstöcke stehen, Lupinen und Löwenmäulchen kreuz und quer wachsen, Dahlien und Tagetes um die Wette blühen, haben Jekoschs mit Zement Ordnung gemacht. Nur eine kleine Ameisenstraße hält sich störrisch.

„Aber hast sauber“, beharrt Frau Jekosch nasal. „Und wir …“

Sie schnauft in ihr Taschentuch. „So ejin großes Haus, und wir, die wir ieber sechzig schon bald haben. Na denn, fier was willst hier remontieren? Willst nur warten, bis der Sohn kommt, dass er wird ejinmal im Stande sejin, aber was wejiß ich, das wejiß ich ja selbst nicht."

Frau Jekosch schluckt. Frau Piatek hat sich von ihr abgewandt und sieht angestrengt dem Steilflug der Mauersegler zu. Höchste Zeit, das Thema zu wechseln. Wie war das noch mit dem Hochzeitsfoto?

Wenn sie nur daran denkt, wie sie ihren Leo kennen gelernt hat, dann glätten sich ihre Züge, und ihr Gesicht schimmert wie von innen beleuchtet. „Ach Gottche", ruft Frau Jekosch aus, „die Hochzejit! Was waren wir doch mal jung und scheen!"

Damals, auf dem Geburtstag ihrer Freundin in Klaukendorf. Immer schon hatte die zu ihr gesagt: „Mein Cousin Leo, der passt zu dir." Alles war leer geräumt für den Tanz, die Tische hergerichtet wie für eine Hochzeit. Und dann kam der Leo.

Frau Jekoschs ganzer Körper ist von Begeisterung erfasst, sie dreht und wendet sich, sie spielt ihre erste Begegnung mit verteilten Rollen vor, mal ist sie der Leo, mal sie selbst, sie lacht und lässt ihre Hände umherflattern wie Batisttaschentücher – plötzlich ist alles ganz leicht geworden.

„Auf einmal kommt ejine Britschka vorgefahren!", ruft sie aus und fügt mit Blick auf mich hinzu: „Das war so ejin Landauer mit Lampen an den Sejiten. Und drin in der Britschka so ejin älteres Herrchen mit ejinem großen Plischhut. Sah aus wie ejin Millionär. Das war der Vater, die Mutter war auch da. Und dann der Leo. Er gefiel mir glejich. Aber ich dacht', schau ihn dir erst mal an, ob er nicht zu viel trinkt, ob er auch ruhig ist. Na, dann krochen wir so zweji Jahre mitejinander. Der Mutti hat er ja auch gut gefallen. Sagte: Wejißt nicht, was drinsteckt, aber ist ejin ruhiger Junge. Trinken tut er auch nicht zu viel. Schnaps ist ja fier die Leute, aber jeder muss Grenzen haben. Na, und wenn ihn willst?"

Wie auf ihr Geheiß kommt Herr Jekosch von der Scheune herübergeschlendert. Er trägt nur ein Unterhemd, seine Oberarme sind so weiß, dass die braun gebrannten Unterarme aussehen, als gehörten sie nicht dazu. Er setzt sich stumm zu uns auf die Bank, wischt sich den Schweiß aus der Stirn und trinkt etwas Wasser aus einer Flasche. Frau Jekosch hält inne, sie legt ihre Hände in den Schoß und lächelt ihren Mann an, als sähe sie ihn zum ersten Mal.

„Hab ich von unserer Hochzejit erzählt", sagt sie.

„Ojei, wie lang ist das schon her", sagt er und lacht.

Dann blickt sie ihn wieder an. Sie kann die Augen nicht von ihm lassen. Sie sieht nicht sein weißes Haar, nicht seine welk gewordenen Züge, nicht sein Gebiss, für das sie ihr Sofa opfern musste. Sie sieht nur den Mund, in den sie sich verliebt hat.

WIE WÄRE es gewesen, wenn mein Vater zusammen mit meiner Mutter alt geworden wäre? Wäre er störrisch geworden oder altersmilde? Hätte er an Arthritis in den Knien gelitten, wäre er magenkrank geworden? Hätte er ein Gebiss wie Herr Jekosch?

Als Kind blieb mein Vater für mich immer der junge Mann mit der weißen Fliege. Ich wollte mich nicht damit abfinden, keine Erinnerung an meinen Vater zu haben. Ich hatte gehört, dass man die Merkfähigkeit trainieren könnte wie einen Muskel. Eines Tages würde mir alles wieder einfallen. Wie mein Vater meine Mutter in den Arm nahm. Wie er ihr das Haar aus dem Gesicht strich. Ich begann damit, täglich Gedächtnisübungen zu machen. Zählte schon vor dem Frühstück von tausend rückwärts, lernte nachmittags die Namen der Flüsse Europas auswendig. Kleine Fortschritte ließen mich hoffen. Plötzlich erinnerte ich mich wieder an das schwarz-weiße Kaninchen, das mein Großvater mir geschenkt hatte, und an mein Entsetzen, als es eines Tages gebraten auf dem Teller lag. Mir fiel das Christkind mit den goldenen Flügeln wieder ein, das bei meinen Großeltern am Heiligabend die Geschenke gebracht hatte, und meine Enttäuschung, als ich entdeckte, dass es von der blonden Tochter der Familie Knispel aus dem zweiten Stock gespielt wurde. Doch dabei blieb es.

„Du warst doch noch zu klein", sagte meine Mutter tröstend zu mir, und mein Vater lächelte mich mit seinem halben Lächeln von der Wand an. Eines Tages verschwand sein Foto aus unserem Wohnzimmer. Wir hatten neu tapeziert. Das Tefiphon war fortgeschafft worden, eine altdeutsche Anrichte hatte den Platz der Musiktruhe eingenommen, Zinnbecher standen an der Stelle der Sammeltassen, und meine Mutter hatte das Bild meines Vaters in die Schachtel zu den anderen Fotos gelegt.

„Ich wäre sonst verrückt geworden", sagte sie.

„Deine Mutter ist ja eine Witwe", sagte Gabi Evers eines Tages triumphierend zu mir. Wir saßen in meinem Kinderzimmer, auf Puppenstühlchen an einem Puppentisch, tranken mit abgespreiztem kleinem Finger Tee – aus den feinen blauen Porzellantassen meines chinesischen Teeservices, in dessen Tassenböden man, wenn man sie gegen das Licht hielt, den winzigen Kopf einer Geisha sah. Wir aßen dazu Puffreis und die leicht angestaubten Marzipankartoffeln aus meinem Kaufladen, die ich ausnahmsweise zum Verzehr freigegeben hatte. Eine Witwe. Ich sah sie verblüfft an. Ihre Augen blitzten, als hätte sie mein bestgehütetes Geheimnis gelüftet, und ich fragte mich, wann ich sie das letzte Mal beim Stadt-Land-Fluss-Spielen geschlagen hatte. Oder wollte sie sich für den russischen Husaren rächen und für die Petra Michailowa? Eine Witwe! Vielleicht wusste sie ja gar nicht, was das war. Ob sie es mit „geschieden" verwechselte? Geschieden zu sein, das wusste ich, war fast so schlimm wie vorbestraft. Aber so wie Gabi das Wort „Witwe" aussprach, klang es ebenso schlimm. Als hätte mein Vater uns im Stich gelassen, um irgendwo auf der Welt eine neue Familie zu gründen. Oder wie eine ansteckende und zugleich unheilbare Krankheit.

Szene in Ostpreußen im Dorf Reußen. Meine Großmutter hält meinen Vater an der Hand.

„Ja und", sagte ich schließlich und riss Gabi die chinesische Tasse mit dem Geisha-Kopf aus der Hand, obwohl sie den Tee noch gar nicht ausgetrunken hatte. Ich räumte das Puppenservice zusammen, verpackte den Puffreis und legte die übrig gebliebenen Marzipankartoffeln wieder zurück in die Gemüseauslage meines Kaufladens. Dann öffnete ich die Tür von meinem Kinderzimmer und sagte: „Ich habe keine Lust mehr zu spielen."

Ein paar Tage lang blieb Gabi verschwunden. Doch dann stand sie wieder bei uns vor der Tür und fragte meine Mutter: „Ist die Petra da?"

Ich saß in meinem Kinderzimmer, kämmte meiner Barbiepuppe die blonden Haare und blickte nicht mal auf, als Gabi das Zimmer betrat. Sie hielt die Hände hinter dem Rücken verschränkt und lehnte sich an die Gemüseauslage meines Kaufladens. Schweigend sah sie mir beim Kämmen zu. Ich wusste, wie sehr Gabi bei diesem Anblick das Herz bluten würde, denn sie hatte nur eine *Petra,* die meinem Namen allerdings keine Ehre machte, sondern aus billigem Plastik war, ihre Knie nicht knicken konnte und verfilzte brünette Haare hatte. Nachdem Gabi mir einige Minuten schweigend zugesehen hatte, fragte sie mich: „Woran ist dein Vater eigentlich gestorben?"

Ich blickte nicht von meiner Barbie auf und sagte beiläufig: „Schädelbasisbruch."

„Ah", sagte Gabi mit gerunzelter Stirn. Wir schwiegen. „Und wie kriegt man einen Schädelbasisbruch?", fragte sie schließlich.

„Auf Monopol", antwortete ich, ohne sie anzuschauen.

„Ach, war er auch auf Monopol?", fragte sie erstaunt.

„Ja natürlich", presste ich mit zusammengekniffenen Lippen hervor. Schließlich arbeitete nicht nur Gabis Vater auf der Zeche Monopol.

„Unter Tage?", fragte sie, wofür ich sie am liebsten erwürgt hätte.

„Wo sonst", zischte ich und bürstete wütend. Schließlich wusste doch jedes Kind, dass ein Mann nur dann über Tage arbeitete, wenn er blind oder lahm war.

Ich senkte den Kopf. Ohne Gabi anzuschauen, sagte ich: „So ein Unfall kann da jedem passieren."

„Ein Unglück wie in Lengede?", fragte sie.

„So ähnlich", sagte ich und band die Haare meiner Barbie zu einem Pferdeschwanz hoch. Ich sah, wie Gabis Lippen begannen, leicht bläulich zu schimmern, als sei sie zu lange in kaltem Wasser geschwommen.

Wieder schwiegen wir. Minutenlang.

Ich hörte, wie meine Mutter in der Küche mit dem Wasserkessel hantierte, um Kaffee zu kochen. Schließlich ging die Tür zu meinem Zimmer auf. „Was ist denn mit euch los?", fragte meine Mutter.

„Nichts," sagte ich.

Gabi murmelte nur: „Na ja, ich geh dann mal." Dann wand sie sich mit verschränkten Armen an meiner Mutter vorbei. Sie drückte sich im Rückwärtsgang durch den Korridor, unter der Garderobe entlang zu unserer Wohnungstür und verschwand grußlos.

In der Hand hielt sie zwei Marzipankartoffeln.

ICH VERTRAUTE darauf, dass Gabi wiederkommen würde, wenn es Zeit für die Kinderstunde wurde. Anders als wir hatte ihre Familie noch keinen Fernseher. Mir war im Wesentlichen die Kinderstunde am Nachmittag vorbehalten, mit Klaus Havenstein und der Augsburger Puppenkiste. Gabi und ich saßen dann immer nebeneinander auf dem Sofa, ließen uns die mit Krokant gefüllte Bruchschokolade auf der Zunge zergehen, die ich zuvor an Fillers Bude gekauft hatte, und sahen „Jim Knopf und die wilde Dreizehn", „Die Blechbüchsenarmee", „Frau Malzahn" und „Alfons der Viertelvorzwölfte".

Als das Wunder von Lengede geschah, blickte meine Mutter so gebannt in den Fernseher, dass sie vergaß, mich ins Bett zu schicken. Sie fragte mich nicht, ob ich mir schon Hals und Ohren gewaschen hatte, sondern saß mit schreckgeweiteten Augen neben mir auf dem Sofa. Abend für Abend verfolgten wir die Nachrichten und sorgten uns um die Bergleute, die in der niedersächsischen Erzgrube von Schlamm und Wassermassen überrascht worden waren. Schweigend sahen wir die Bilder weinender Frauen, die am Bergwerkstor auf Nachrichten über ihre verschütteten Männer warteten, wir verfolgten das Schicksal der Bergmänner, die immer noch unten eingesperrt waren und deren Lebenschancen, wie der Tagesschausprecher bedauernd mitteilte, von Tag zu Tag geringer wurden. Sondersendungen berichteten über die Bohrungen für die Röhren, in denen die Dahlbusch-Bombe in die Tiefe gelassen wurde. Die Spannung wurde unerträglich. Meine Mutter bekam rote Augen. Als die Bombe wie eine unterirdische Rakete endlich wieder aus den Tiefen der Erde hochstieg und ihr ein verdreckter Bergmann mit verbundenen Augen entstieg, weinten wir. *Das Wunder von Lengede.*

Ich fragte meine Mutter, warum es für meinen Vater keine Dahlbusch-Bombe gegeben hatte, kein Wunder, das ihn hätte retten können, unter Tage. „Der Heine war ja gar nicht eingeschlossen“, sagte meine Mutter. Sie sagte immer Heine und nicht Hejini, wie meine ostpreußische Familie. Heine klang erwachsener, angemessener für einen Vater, dachte ich. Sie wirkte angesichts meiner Frage nach der Dahlbusch-Bombe verwundert, als müsste ich eigentlich wissen, dass mein Vater unter Tage allein zu Tode gekommen war, weil er in einem Streb abgestürzt war, und nicht bei einem großen Grubenunglück. Es war das erste Mal, dass sie mir erzählte, wie mein Vater gestorben war.

Der Fernseher lief. Eine Ansagerin kündigte das Abendprogramm an. Meine Mutter lächelte, und ihre Stimme zitterte, als sie erzählte, wie ein Kumpel meines Vaters gegen acht zu uns nach Hause gekommen war und gesagt hatte: „Der Heini hat einen Unfall gehabt. Ist aber nichts Schlimmes“ – obwohl er die Tasche und die Kleider meines Vaters bereits hinter dem Rücken versteckt bei sich trug, obwohl der Krankenwagen, der meine Mutter zu meinem Vater bringen sollte, bereits draußen wartete. Sie fuhr zuerst zu meinen Großeltern, wo sie mich bei meiner Großmutter ließ, auf der Fahrt in das Krankenhaus begleitete sie mein Großvater. Als meine Mutter die Stufen zur Unfallstation hinaufstieg, sah sie eine Krankenschwester oben auf dem Treppenabsatz stehen, die, als sie meine Mutter erblickte, „Mein Gott, so jung!“ ausstieß, sich abwandte und weglief. Dann ließ man sie im Arztzimmer warten, eine Krankenschwester streckte kurz den Kopf in das Zimmer und sagte: „Es dauert noch ein bisschen, Ihr Mann muss noch gewaschen werden und bekommt noch Spritzen." Meine Mutter schilderte, wie befremdet sie war, als nach einer Weile jemand nach der Konfession meines Vaters fragte. Wieder blieben sie allein in dem Zimmer sitzen. Bis die Tür schließlich aufgestoßen wurde – mit der Bahre, auf der die Leiche meines Vaters lag. Und der Arzt sagte: „Herzliches Beileid."

„Die Oma hat geschrien", sagte meine Mutter und blickte aus dem Fenster in die Dunkelheit, „stundenlang hat sie geschrien. Ach, du kannst dir das alles gar nicht vorstellen", sagte sie. Und ich hörte, wie sie versuchte, das feine Zittern in ihrer Stimme herunterzuschlucken.

Aber ich konnte mir alles vorstellen. Ich sah, wie mein Großvater das Laken hob, um seinen toten Sohn zu sehen. Wie meine Mutter das Bewusstsein verlor. Wie die Ärzte ihr eine Flüssigkeit einflößten und sie wieder zurück ins Leben holten. Ich sah, wie meine Mutter, meine Großeltern, meine Tanten und mein Onkel drei Tage lang in die Totenhalle liefen, weil sie meinen Vater nicht allein lassen wollten. Ich sah, wie meine Mutter vor dem offenen Grab meines Vaters stand, als die Bergmannskapelle von der Straße herkommend über den Friedhof marschierte und „Ich hatt einen Kameraden" spielte. Wie sie sich von niemandem Beileid wünschen ließ, sondern den Friedhof allein verließ, sobald der Sarg hinuntergelassen worden war. Ich sah, wie alle ein Jahr lang gemeinsam zum Grab meines Vaters gingen, meine Mutter, meine Großeltern, meine Tanten, mein Onkel. Ich sah, dass meine Mutter ein Jahr lang Schwarz trug. Ich sah, wie sich meine jüngste Tante ihre schwarzen Strümpfe heimlich auszog, um zur Kirmes zu gehen, und wie mein Großvater sie dabei erwischte und sie fast totgeschlagen hätte. Ich sah, wie meine Großmutter über Nacht grau wurde.

„Unser Leben war vorbei, bevor es angefangen hatte", sagte meine Mutter und räusperte sich. Sie bemühte sich, wieder zurückzukommen, zu mir auf das Wohnzimmersofa – „Was passiert ist, ist passiert, Tränen machen ihn auch nicht wieder lebendig". Mit dem Handrücken wischte sie die Tränen weg, die auf ihren Pullover tropften. Sie putzte sich die Nase und versuchte, vernünftig zu sein. Von mir gibt es ein Foto, das mich auf dem Grab meines Vaters stehend zeigt. Ich trage einen weißen Schutenhut, schwarze Lackschuhe und ein helles, kariertes Mäntelchen, das nach vorn absteht. Ich bin nicht viel größer als der Strauß weißer Kalla, der neben mir auf dem Grab steht.

Die Ansagerin kündigte einen weiteren Film an. Meine Mutter blickte auf die Wohnzimmeruhr. „Jetzt wird es aber Zeit, ins Bett zu gehen", sagte sie mit belegter Stimme. Sie stand auf und ging in die Küche. Ich hörte, wie sie in ihr Taschentuch schnaufte.

„Wasch dir das Gesicht mit kaltem Wasser ab!“, rief sie mir zu. „Creme dich mit Mattcreme ein. Sonst sieht man noch morgen früh, dass du geweint hast.“

ICH BESCHLOSS, wenn ich mich schon nicht an meinen Vater zu erinnern vermochte, wenigstens seinen Wunsch zu erfüllen, den er unter der Küchenlampe ausgesprochen hatte. Ich beschloss, mich so früh wie möglich auf meine Existenz als Auslandskorrespondentin vorzubereiten. Ich wünschte mir einen beleuchtbaren Globus zum Geburtstag. Nachts lag ich unter dem Globus, der an meinem Kopfende auf dem Regal stand, und suchte in dem Leuchten nach Formosa, dem Land, aus dem die Mandarinenkonserven kamen. Als ich endlich den Heimatkundeunterricht hinter mir lassen konnte, hoffte ich auf die Welt. Ich lernte alle Hauptstädte der Welt auswendig und konnte Budapest von Bukarest unterscheiden, obwohl sie so verdammt ähnlich klangen. Ich merkte mir, dass die Hauptstadt von Bulgarien so heißt wie eine italienische Schauspielerin: Sofia. Ich lernte Englisch. Schon bald war ich in der Lage, mit dem englischen Mädchen, das ich während unserer Ferien auf Mallorca kennen gelernt hatte, einen Briefwechsel aufzunehmen. Eine Brieffreundschaft war mir nicht genug. Bald korrespondierte ich aus meinem Kinderzimmer mit der ganzen Welt. Zu meiner englischen Brieffreundin Bridget kamen Esther aus der Schweiz, Sudnya und Olovia aus Indien, Elfil von den Philippinen, Kate Helen aus Norwegen und Ramon aus Spanien. Ich tauschte mit meinen Brieffreundinnen Fotos aus, Esther aus der Schweiz posierte neben ihrem Vater und einem Papierkorb, Kate Helen schickte mir aus Norwegen ein verwackeltes Foto von ihr und ihrer kleinen Schwester. Ich achtete immer darauf, dass auf meinem Foto nichts von meinen dünnen Beinen zu sehen war.

Ich schrieb auf hauchdünnem Luftpostpapier über meine Abneigung gegen Rosenkohl. Ich schrieb, dass ich schon zweimal in meinem Leben im Ausland gewesen war, einmal in Nordwijk in Holland und einmal auf Mallorca in Spanien. Ich schrieb, dass ich, als ich klein war, manchmal Pfauenaugen gefangen und sie in Erdlöchern eingesperrt hatte, über die ich ein Stück Damenstrumpf gespannt hatte, was ich jetzt bereute. Ich schrieb, dass Barry Ryan mein Lieblingssänger war, und dass ich Gitarrenunterricht bekam. Ich schrieb, dass der Gitarrenlehrer gelacht hatte, als er mich mit der alten Schlaggitarre sah, die mir mein Cousin geschenkt hatte. Ich schrieb, dass ich Mathematik und Physik hasste. Ich schrieb, dass meine Mutter aus Schlesien kam: *Silesia,* und mein Vater aus Ostpreußen: *East-Prussia.*

Dass mein Vater tot war, schrieb ich nie.

IRGENDWO hinter dem Horizont soll Jomendorf liegen, Jaroty, das Heimatdorf meines Großvaters. „Hinterm Berg, glejich iber die Bricke in Groß Bertung, Richtung Kellaren", hat Frau Jekosch gesagt. Immer wieder bleibe ich stehen und blicke ungläubig in den Himmel. Für diesen Himmel sollte man Eintritt verlangen. Denn da wird jede Stunde ein neues Drama gezeigt. Quellwolken stellen Schäfchenwölkchen nach und treiben sie bis zur Erschöpfung durch das Blau, sodass nichts mehr von ihnen bleibt, außer etwas Dunst. Schon quillt eine weitere Riesin heran, baut sich drohend auf, verfärbt sich wütend und verfinstert die Sonne – das Ganze eine Handbreit über meinem Kopf. Die Spannung steigert sich ins Unerträgliche, und ich laufe schneller.

Ich überquere das Gut von Kellaren, das den Zusammenbruch des Sozialismus nicht überlebt hat. Der Putz hat sich handtellergroß von den Wänden der verlassenen Wirtschaftsgebäude und der Ställe gelöst, drei verrostete Mähdrescher stehen verloren auf dem Hof herum. In der Mitte des Gutsgeländes steht ein Haus, das noch bewohnt scheint. Ein bescheidenes gekalktes Haus, keine Villa. Hat hier jene Gutsbesitzerin gelebt, die meinen Großvater noch bis ins hohe Alter verfolgte? Aus dem Haus zieht der Duft von frisch gebackenen Waffeln und kriecht mir in die Nase. Eine Erinnerung an die Sonntagnachmittage bei meiner Großmutter. Sie betrieb das Waffelbacken wie eine rituelle Handlung gegen die Unterernährung, von der sie uns Enkel ständig bedroht sah. Die dampfende Waffel legte sie zum Auskühlen zu den anderen, die bereits auf einem Teller aufgetürmt waren. Meine Cousins saßen ungeduldig daneben, schließlich hatten sie den Ehrgeiz, sich im Waffelwettessen zu überbieten. Der Rekord lag bei fünfzehn.

Eines Tages erzählte meine Großmutter davon, dass der Jude Peiser in Reußen Waffeleisen verkauft hatte. Es war das erste Mal, dass ich das Wort „Jude" aus dem Mund meiner Großmutter hörte. Sie beschrieb, wie der Peiser immer ins Dorf gekommen sei, mit seinem buckligen Pferd, das einen Karren mit einem Berg aus Geschirr und Töpfen und Haushaltsgeräten zog, vom Waffeleisen bis zur Nähmaschine. „Sonst gab es ja kejine Juden in Reußen", sagte meine Großmutter. „Die kamen nur zum Verkaufen aus Allenstejin."

Ich blickte auf den Waffelstapel, beobachtete, wie mein Cousin Heiko seine Waffel in vier Herzen zerriss, die er zusammengerollt in den Mund stopfte, und fragte mich, warum sie das so besonders betonte. Ob sie froh darüber war, dass es keine Juden in Reußen gab? Ich forschte in ihrem Gesicht nach einer Gemütsregung, aber da war nichts zu sehen als ihre Hand, die mit einer ungeduldigen Bewegung die vom Dampf beschlagene Brille von der Nasenspitze zur Nasenwurzel rückte. An der Nasenwurzel hatte der Metallsteg der Brille eine Kerbe gegraben, in der die Brille ruhte.

Oder hatte meine Großmutter die Juden in Reußen übersehen? Überall hatte es schließlich Juden gegeben, das war bekannt, und wenn es keine Juden gab, dann aus gutem Grund. Und wenn sie sich nicht mal Gedanken darum gemacht hatte, warum es keine Juden gab, war das noch viel ungeheuerlicher. Eine dritte Möglichkeit, nämlich die, dass es in Reußen wirklich keine Juden gegeben hätte, schloss ich aus.

Ich holte Luft und wollte sie fragen, warum es keine Juden gab in Reußen. Ich sah, wie ihre Brille zur Nasenspitze rutschte. Ich sah, wie sie versuchte, die Brille mit dem Handrücken zurechtzurücken. Dann atmete ich wieder aus. Ich fragte sie nicht. Meine Großmutter hielt mir eine Waffel unter die Nase und sagte: „Jetzt iss endlich."

Der Himmel hat sich inzwischen schwarz verfärbt. Es sieht nach Weltuntergang aus. Die ersten Tropfen fallen. Ein paar Meter entfernt steht eine überdachte Bushaltestelle, in die ich mich flüchte. Ich setze mich auf die verrostete Bank und schaue dem Regen zu. Bald tropft der Regen durch die Löcher im Dach der Bushaltestelle. An den Seitenwänden kleben Reste von Plakaten, eins wirbt für einen Zirkus, das andere für die neuesten Notebooks. Im Nu ist die Straße überflutet. Lehmiges Wasser läuft über den löchrigen Asphalt und sammelt sich in den Schlaglöchern. Die Feuchtigkeit kriecht mir zwischen die Schulterblätter. Langsam hört der Regen auf. Ein paar Tropfen noch, dann hellt der Himmel wieder auf. Die Luft riecht nach frisch geschnittenem Gras. Über meinem Kopf ist Frieden geschlossen worden. Die Haufenwolken, die Quellwolken, die Schönwetterwolken, die Schleierwolken, alle leuchten weiß im Sonnenlicht, als wäre nichts gewesen, und ziehen geordnet Richtung Horizont.

Statt eines Busses kommt ein Pferdewagen vorbeigefahren. Ein fuchsbraunes Tatarenpferdchen zieht einen klapprigen Wagen. Ich springe auf und winke. Der Mann, der den Wagen mit gekrümmtem Körper kutschiert, zieht an den Zügeln, bringt das Tatarenpferdchen zum Stehen und sieht mich an wie eine Sinnestäuschung. „Jaroty", stammle ich. Er nickt und entblößt grinsend eine Reihe von silbrig schimmernden

Metallzähnen wie der Beißer in dem James-Bond-Film „Der Spion, der mich liebte“. Ich setze mich in vorsichtiger Distanz mit dem Rücken zu ihm auf die lehmige Ladefläche. Auf einem Pferdewagen nach Jomendorf. „Siehst“, hätte mein Großvater gesagt. „Siehst“, sagte er immer, wenn er mit irgendetwas Recht behalten hatte. Ostpreußen, siehst.

Wir fahren bergauf durch ein Stück Lindenallee, die Bäume bilden ein Dach über unseren Köpfen, von dem es jetzt heruntertropft, obwohl die Sonne wieder scheint. Der Wagen bewegt sich schlingernd, den Schlaglöchern ausweichend. Als wir oben auf dem Hügel angelangt sind, halten wir an, und der Mann dreht sich zu mir um. Seine Zähne blitzen, und er deutet mit ausgestrecktem Arm über die Felder. Plötzlich ist es, als sei am Horizont eine Herde Ungeheuer aus der Erde gewachsen. Sozialistisch graue und postmodern pastellfarbene Plattenbauten in Reih und Glied, so weit das Auge reicht.

„Jaroty“, sagt der Mann.

Ich springe von der Ladefläche auf die Straße und murmele *przepraszam.* Der Mann lacht, ruckt an den Zügeln und lässt sein Tatarenpferdchen wieder anziehen. Als mir einfällt, dass ich nicht „danke“, sondern „Entschuldigung“ gesagt habe, ist er schon fast hinter der Bergkuppe verschwunden.

Wie benommen stehe ich auf dem Berg und blicke auf Jomendorf und das, was von ihm blieb. Jomendorf gibt es nicht mehr. Nicht mal mehr Ruinen. Das Dorf meines Großvaters ist versickert. Aufgesogen von den Vorstadtsiedlungen Allensteins, untergegangen wie Atlantis.

Dann kehre ich um. Zurück über die verwilderten Felder, zurück zu den Krüppelkiefern und dem Schilf am gewundenen Ufer der Alle.

Jomendorf. Siehst.

Wie sich der Winter hier wohl anfühlen mag, wenn man am Horizont nichts anderes sieht als verschneite Felder und nichts hört als die Schreie der Krähen und Dohlen, wenn überhaupt. Jetzt wachsen Kornblumen und Klatschmohn am Rande eines vernachlässigten Weizenfeldes, Silberweiden begleiten den Lauf der Alle, und die Gräben sind mit Sauerampfer bedeckt. Von ferne sehen die Felder aus wie eine endlose Wüste, sandfarben und golden, durch die sich ein paar Krüppelkiefern ziehen wie eine Karawane.

Die erste und einzige Auslandsreise im Leben meiner Großeltern führte sie nach Frankreich zur Hochzeit eines Enkelsohnes. Wir durchquerten Paris im Morgengrauen. Paris ließ sie kalt. Wir fuhren durch das Loire-Tal, und das Loire-Tal ließ sie kalt. Wir passierten die

Loire-Schlösser, wir fuhren vorbei an den geometrischen herrschaftlichen Gartenanlagen mit ihren kugelförmigen Buchsbäumen, aber meine Großeltern hatten nur Augen für die Erde. Sie diskutierten ihre Farbe, sie fragten sich, wie ertragreich sie sein könnte und welche Fruchtfolge hier wohl betrieben würde. Kein Roggenfeld, kein Weizenfeld, kein Kartoffelfeld blieb unbemerkt – und überall sahen sie die Felder des Ermlandes.

Bei der Weinprobe am Tag vor der Hochzeit leerte meine Großmutter jedes Glas. Sie brachte es nicht übers Herz, den Wein auf den Boden des Weinkellers zu gießen, geschweige denn zu spucken. Am Ende trank sie mit dem Weinbauern Bruderschaft und sang „So ein Tag, so wunderschön wie heute".

Der Wind wühlt in den Ähren, und ein Audi fährt so scharf an mir vorbei, dass ich fast in den Straßengraben zum Sauerampfer gesprungen wäre. Bald tauchen die ersten Häuser von Reußen wieder auf, die resignierten Bauernhöfe mit ihren knochigen Hunden, die Schule, der giftgrüne Dorfladen, vor dessen vergitterten Fenstern wie immer ein paar Männer stehen, die mich mit ihren milchigen Blicken verfolgen. Ich zwänge mich an ihnen vorbei und betrete den Laden. Ein armseliges Angebot, etwas Käse, etwas Wurst, aber jede Menge Wodka, Weinbrand, Wein in Fünfliterflaschen. Der Rest sind verstaubte Konserven von Cornedbeef, Ananas und Hering in Gelee, daneben stehen Duschgel und Haarspray im Regal. Die neue Welt hat in Form einer Langnese-Eis-Truhe Einzug gehalten. Eine junge Frau mit pink gefärbten Haaren und von schweren Ohrringen lang gezogenen Ohrläppchen steht hinter der Verkaufstheke und zählt Käsescheiben ab. Als ich den Laden mit meinen bescheidenen Einkäufen wieder verlasse, Fischkonserven für Frau Piatek, etwas Tee, etwas Kaffee, stehen die Männer immer noch in der gleichen Haltung davor, als seien sie in Gips gegossen.

Ein paar Schritte weiter, auf der gegenüberliegenden Straßenseite, komme ich an dem winzigen Haus meiner Urgroßeltern vorbei, es ist weiß gekalkt mit kleinem Vorgarten, in dem ein paar Glockenblumen unbeachtet verblühen. Eine Parabolantenne an der Außenwand kündet vom Anschluss an die Welt. Die Einfahrt zum Hof ist mit Gras überwachsen. Ich versuche mir meine Großmutter vorzustellen, wie sie auf diesem Hof mit meinem Vater auf dem Arm auf und ab ging und hoffte, so das Herz meines auf der Kutsche vorbeifahrenden Großvaters zu rühren. Er sah dem Allo doch so ähnlich.

Jetzt lebt die Dorfschullehrerin in dem Haus, wusste Frau Leszinski zu berichten, als ich sie kurz vor dem Mittagessen besuchte: „Die Tochter von dem Lehrer, der gestorben ist", sagte die Leszinska, als müsste ich ihn kennen. „Er war ejin guter, ejin guter Lehrer, der Schanowski. Freundliche Leute, aber die kennen nicht Deutsch. Aber gute Leute", sagte sie und zeigte mit der Spitze des Gemüsemessers auf mich. Sie fixierte mich streng und fügte hinzu: „Ich will Ihnen was sagen. Sind auch polnische gute Leute. Sind auch deutsche Deuwels. Sagen Sie nicht neji. Das ist ieberall so. Ich sag die Wahrheit. Das kommt nicht darauf an, wer du bist. Bloß, wie du bist." Dann putzte sie weiter die Möhren für das Mittagessen.

Endlich der Garten von Frau Piatek. Sie winkt mir schon von weitem. Als ich ihr vom verschwundenen Jomendorf alias Jaroty erzähle, lauscht sie so interessiert, als berichte ich von einer Reise zum Mond. Ihre Welt endet diesseits der Chaussee.

Isoschka ist zum Kaffeetrinken gekommen und erzählt, dass sie am Sonntag keineswegs den Rosenkranz gebetet, sondern ein Schwein geschlachtet hat. Mit Genuss beschreibt sie, wie das Schwein auf dem Küchentisch lag und aussah, als schliefe es. Dann, zack, hat sie es zerteilt. In kleine, handliche Stücke für die Gefriertruhe. Sie steht auf, stellt ihren Kaffee auf dem Fensterbrett ab und zeigt uns anschaulich, wie sie das Filet aus dem Bauch schnitt. „Die ganze Kiche war voll Blut", sagt sie und strahlt.

Mir fällt die Geschichte von dem Schwein mit zwei Schwänzen wieder ein, die ich als Kind nie verstanden habe. Vielleicht ist das jetzt die Gelegenheit, Licht in die Dunkelheit zu bringen? Warum wurde mein Großvater von seinem Bruder Anton gefragt, ob sein Schwein zwei Schwänze gehabt hätte? Und warum lachten dann alle?

„Erinnern Sie sich eigentlich an einen Bruder meines Großvaters, an den Anton Reski?", frage ich Frau Piatek. Sie ist noch ganz gebannt von Isoschkas Schilderung der sonntäglichen Schlachtorgie und blickt mich zerstreut an. Mit gerunzelter Stirn versucht sie, einen Bogen von Isoschkas Schwein zu Anton Reski zu schlagen, aber das passende Verbindungsstück fehlt.

„Anton Reski?", fragt sie gedehnt und legt die Hand an das Ohr, als flüsterte ihr der Wind etwas zu.

„Na", murmelt sie vor sich hin, „war der nicht …?" Sie stützt den Kopf auf ihre großen Hände und denkt nach. Sie blickt zu Isoschka, aber Isoschka kann ihr nicht weiterhelfen. Sie kam ja erst nach Kriegsende in das Dorf. Frau Leszinskis Schwiegertochter schiebt den Kinderwagen über die Straße in Richtung Dorfladen. Versunken blickt Frau Piatek ihr nach.

„Der war doch Birgermejister von Bertung", sagt sie schließlich triumphierend, weil sie wieder mal das Vergessen besiegt hat. „Ja! Der war doch in der Parteji. Der kam doch immer nach Reußen, wenn ejin Mann gefallen war. Der gab dann Beschejid. Haben die Russen ihn nicht erschossen?"

Aus ihrem Mund klingt es wie eine ganz normale Todesart. Der eine kriegt einen Schlaganfall, der andere wird von den Russen erschossen. Sie kneift die Augen zusammen, um sich besser zu erinnern. Blickt zurück und sagt dann bestimmt: „Ja, den haben die Russen erschossen."

Es ist, als hätte ich in einen Spiegel geblickt und wäre Zeugin einer Szene geworden, die niemand sehen sollte. Von einem Nazi-Großonkel, den die Russen erschossen, hatte nie jemand gesprochen. Jedenfalls nicht in ganzen Sätzen. Vielleicht war er aufgetaucht in jenen Halbsätzen, von denen alle außer uns Kindern wussten, wie sie zu Ende gingen. Aber sonst war er seltsam abwesend. Als hätte ihn meine Familie irgendwann unter den Tisch fallen lassen. Ich denke an die Brüder meines Großvaters, die ihren Namen in Reder germanisierten, und an jenes Familienfoto, wo ein Mann mit Hitlerbärtchen im Hintergrund steht.

„Er hat meinen Großvater gefragt, ob sein Schwein zwei Schwänze gehabt hätte", sage ich zu Frau Piatek. Vermutlich findet sie mich jetzt etwas befremdlich. Stattdessen lacht sie sich kaputt. Ein großartiger Heiterkeitserfolg. Auch Isoschka lacht, als hätte ich einen zotigen Witz gerissen. Wieder weiß ich nicht, was an dem Schwein so lustig sein soll.

„Nu, wird der Allo zweji Schwejine geschlachtet haben!", ruft Frau Piatek aus, belustigt über meine Begriffsstutzigkeit. „Ejins davon schwarz. Wenn ejiner schwarz geschlachtet hat, dann kam der Anton Reski doch ins Dorf. Und hat die Lejite angezejigt. Der Allo hat Glick gehabt, wejil der Anton sejin Bruder war. Hat er ihn nicht angezejigt. Sonst wär der doch wegen zweji Schwänze ins Gefängnis gekommen."

Immer noch kichernd steht Frau Piatek auf und schlurft mit ihren kleinen, bedächtigen Schritten ins Haus. Nach wenigen Minuten kehrt sie wieder zurück zu uns auf die Bank, in der Hand trägt sie eine Pralinenschachtel. Hier, inmitten der Gartenbeete, neben dem Plumpsklo und der verwitterten Bretterbank, wirkt die pastellfarbene Pralinenschachtel so unwirklich, als könnte sie sich jeden Augenblick wieder in Luft auflösen. Sorgfältig löst Frau Piatek das Papier von dem Karton. Hebt den Deckel ab, schlägt die Folie beiseite und reicht uns die Pralinen. Isoschka sucht sich eine aus, die aussieht wie ein Lampenschirmchen, ich entscheide mich für ein Stückchen aus hellem und dunklem Nougat. Als es auf meiner Zunge zergeht, habe ich meinen erschossenen Nazi-Großonkel schon fast wieder vergessen und schäme mich ein bisschen.

„Nehmt euch!“, ruft Frau Piatek und reicht die Pralinen wieder herum, obwohl unsere Münder noch voll Schokolade sind. „Ich bin ja nicht so fier Sießes“, sagt sie entschuldigend.

„Aus Deutschland?“, fragt Isoschka und faltet genüsslich die Hände über ihrem Bauch.

„Ja“, sagt Frau Piatek. „Schickt mir mejine Schwiegertochter.“

„Ojei“, sagt Isoschka. „Die, wo immer kommt?“

„Ja“, sagt Frau Piatek und verdreht die Augen, als versuchte gerade ihre Schwiegertochter der Pralinenschachtel zu entsteigen. Schnell schließt sie den Deckel wieder.

„Ejine Deutsche“, sagt sie in einem Ton, der nichts Gutes ahnen lässt, und ich nicke betroffen.

„Hat er sich fier sie schejiden lassen“, sagt Frau Piatek kopfschüttelnd, als sei dies der Beweis, dass ihr Sohn nicht ganz von dieser Welt ist. Sie kneift die Lippen zusammen, als könnte sie, wenn sie nur wollte, die schrecklichsten Dinge erzählen. Dann reicht sie die Pralinenschachtel noch mal herum, ruft: „Nehmt euch, nehmt euch!“, als gelte es, mit den Pralinen auch die Schwiegertochter zu vernichten.

„Jetzt sind sie sejit ejinundzwanzig Jahren zusammen“, sagt sie mit abwesendem Blick, als sähe sie das Paar vor sich: Ihr jüngster Sohn, der Vielgeliebte mit den braunen Augen, die sie immer an den Chauffeur erinnern – jetzt zu Füßen der deutschen Schwiegertochter hockend, die ihm vor den Augen seiner Mutter den Nacken krault. Wenn sie nur an dieses Bild denkt, wird ihr schlecht.

„Wenn sie kommen, dann schlafen sie in dem Bett in der Kiche“, sagt Frau Piatek. Seufzend fügt sie an: „Na, was willst, sind ja Mann und Frau. Kennen sie ja in ejinem Bett schlafen.“

Ächzend erhebt sie sich von der Bank, stützt sich an der Hauswand ab und geht hinüber zum Gemüsebeet. Zupft etwas von der dünnen Petersilie ab und zerreibt die Blätter gedankenverloren zwischen ihren Fingern.

Eines Tages kam es zwischen meiner Großmutter und meiner Mutter zu einem Streit. Meine Großmutter war zu Besuch, sie saßen in der Küche und tranken Kaffee, ich war damit beschäftigt, im Kinderzimmer meiner Echthaar-Puppe einen Pony zu schneiden, und war froh, dass meine Mutter sich nicht für mein Tun interessierte. „Da lass ich mir nicht reinreden“, hörte ich meine Mutter sagen, und meine Großmutter entgegnete: „Ich hatte gedacht, du würdest alleine bleiben.“ Danach klappte unsere Wohnungstür zu. Meine Großmutter hatte sich nicht mal von mir verabschiedet. Als ich neugierig meinen Kopf in die Küche steckte, spürte ich, wie ihr Geruch noch in der Luft hing. Tosca und Kartoffelschalen. Meine Mutter saß am Tisch und sah abwesend aus dem Fenster. Dann schickte sie mich in mein Kinderzimmer zurück.

Ein paar Tage später kam Tante Rosi zu uns, meine Patentante. Das heißt, sie kam nicht wirklich, sie klingelte nur, stieß die Haustür auf, blieb in der Tür stehen und rief mit bebender Stimme in den Hausflur: „Man muss sich ja was schämen! Meine Kinder lass ich mit deiner jedenfalls nicht mehr spielen!“ Dann zog sie die Tür wieder zu.

Ich stand hinter meiner Mutter unter der Flurgarderobe und wunderte mich. Warum sollten wir uns schämen? Und warum sollten meine Cousins nicht mehr mit mir spielen? Nicht, dass ich darin einen besonderen Verlust sah, ganz im Gegenteil. Das letzte Mal, als sie bei uns zu Besuch gewesen waren, hatten sie in meinem Kinderzimmer wie die Vandalen gehaust, sie hatten alles Essbare aufgegessen, meine goldenen Schoko-Weihnachtsmänner vom letzten Jahr, meine Zitronen und Apfelsinen aus Zuckerguss, meinen Marzipanaufschnitt, den Marzipanblumenkohl, die Schokoladen-Katzenzungen, ja, sie hatten sogar die winzigen Waschpulververpackungen meines Kaufladens gierig aufgerissen, um den Puffreis darin aufzuessen. Wenn mir das in Zukunft erspart bliebe, wäre mir das nur recht.

„Das hat nichts mit dir zu tun“, beruhigte mich meine Mutter, „mach dir keine Sorgen, es ist nichts.“

Ein paar Tage später heiratete meine jüngste Tante. Meine Mutter erklärte mir, dass ich von jetzt an ein großes Mädchen sei und allein zur Hochzeit gehen würde. Sie zog mir das rote Cordkleid mit dem weißen Kragen an, das wir eigens für diesen Anlass gekauft hatten, und frisierte mir die Haare zu einem Dutt, der aussah wie ein Nadelkissen. Sie band eine schwarze Samtschleife darum. Ich war sieben und ebenfalls der Meinung, alt genug zu sein, allein auf diese Hochzeit zu gehen. Wir standen vor dem Spiegel im Flur, vor dem sie mich immer frisierte, ich verzog das Gesicht, weil es ziepte, wenn sie mir die Haare mit Klammern wegsteckte, und verstand nicht, warum sie mir sagte, dass ich nicht heulen dürfte und niemals vergessen sollte, dass meine Familie die Reskis seien, zu denen ich genauso gut dazugehören würde wie alle anderen Familienmitglieder. Das war doch ganz natürlich.

Mit dem Geschenk unter dem Arm machte ich mich auf zur Kirche. Auf dem Weg legte ich mir verschiedene Ausreden für meine Mutter zurecht, vom verstauchten Fuß, den sie sich beim Abspringen vom

Fahrrad geholt hatte, bis zum vereiterten Backenzahn. Als meine Großmutter mich erblickte, drückte sie mich an ihren Busen und schluckte. Alle meine Tanten drückten mich und schluckten. Tante Ursel trug ein revolutionär modernes, kniekurzes Brautkleid, in dem sie so schön aussah wie meine Barbiepuppe, und kniff mir in die Wangen. Aber niemand fragte mich, warum meine Mutter nicht mit mir gekommen war.

Beim Kaffeetrinken wurde mir schnell langweilig. Ich befürchtete, noch ein weiteres Stück Frankfurter Kranz essen zu müssen, und überredete meinen Cousin Roland dazu, mit mir vor der Musikbox zu tanzen. Er akzeptierte ohne zu zögern, offenbar ahnte er nichts von dem Verdikt meiner Tante. Ungeschickt hampelte er vor mir rum – zwar ohne jedes Rhythmusgefühl, aber mit gutem Willen. Ich schnippte mit den Fingern zum Takt der Musik und drehte mich, bis mir schwindelig wurde. Als Roland bemerkte, dass die Erwachsenen uns beobachteten, wurde er rot, und ich ließ ihn stehen.

Als ich wieder zu Hause war, fragte mich meine Mutter, wie das Brautkleid meiner Tante ausgesehen habe, und wer alles da gewesen sei. Ich sagte nur: „Weiß ich nicht mehr", und schwieg.

Kurze Zeit danach fehlte das Bild von der Hochzeit meiner Eltern neben den Sammeltassen im Schrank meiner Großeltern. Nur das Foto von meiner Einschulung war geblieben und mein Vater in der Ecke, in der die Toten hingen. Blut ist dicker als Wasser. Ich versuchte mich daran zu gewöhnen, allein auf die Geburtstagsfeste meiner Familie zu gehen. Ich kam mit meinem Geschenk unter dem Arm und setzte mich ordentlich auf den Stuhl am Kaffeetisch, mit geraden Schultern, ohne herumzurutschen wie meine jüngeren Cousins, die ständig von ihren Eltern zu mehr Ruhe ermahnt werden mussten. Ich kleckerte nicht herum, ich rannte nicht mit meinen Cousins den Flur auf und ab und fühlte mich überlegen, weil ich ganz allein kommen konnte. Ich strengte mich an, mir die Vorteile meiner Situation vor Augen zu führen: Niemand konnte nachprüfen, ob ich wirklich an einer leichten Magenverstimmung litt, die mir verbot, Nudelsalat zu mir zu nehmen. Und wenn ich es leid war, musste ich nicht unter der dichten Decke aus Zigarettenqualm endlose Stunden darauf warten, dass meine Mutter nach Hause gehen wollte, sondern konnte selbst beschließen, wann für mich Schluss war. Außerdem war ich die Einzige, die in den Genuss von zwei Bescherungen kam. Zu Weihnachten fand die Bescherung bei meinen Großeltern statt, das war so unverrückbar wie der Blumenkohl in der Mitte der Gemüseplatte bei jeder Familienfeier. Gegen zwölf trafen die ersten Kinder und Enkelkinder ein, setzten sich an den Tisch und konnten es kaum abwarten, mit dem Essen anzufangen. Nachdem die beiden Weihnachtsgänse bis auf die Gerippe abgenagt, die Weihnachtslieder abgesungen, die Gedichte vorgetragen und die Blockflötenstücke einschließlich der schwer zu treffenden Fis vorgespielt worden waren und wir am frühen Abend in einem Meer von Geschenkpapier, Plastiktüten und Kartons ertranken, war für meine Cousins der Höhepunkt des Weihnachtsfestes bereits überschritten. Sie konnten nur noch ihre Chemiebaukästen, Carrerabahnen und Spielesammlungen in die eigens für diesen Zweck mitgebrachten Reisetaschen packen und nach Hause gehen. Nur ich hatte zwei Bescherungen. Eine bei meinen Großeltern und eine bei uns zu Hause. Unendlich viele Weihnachtsfeiern verliefen so. Zahllose Sonntage, endlose Familienfeiern ohne meine Mutter.

Natürlich ahnte ich, dass alles etwas mit dem Mann zu tun haben könnte, der meine Mutter manchmal besuchen kam. Er war Musiker, eines jener Wesen aus einer anderen Welt, die ich auf Familienfesten gesehen hatte, ein bleicher Mann mit bräunlichen Schatten unter den Augen, die einen eigentümlichen Kontrast zu seiner schillernden Musikerjacke bildeten. Manchmal hing seine nach Rauch riechende Glitzerjacke an der Flurgarderobe, ich ließ meine Fingerkuppen über den Glitzer gleiten und stellte mir vor, in so einer schillernden Jacke Gitarre zu spielen und dazu zu tanzen. Einmal besuchten wir ihn zu Hause. In seinem Wohnzimmer stand ein rotes, perlmuttschimmerndes Schlagzeug, mit Trommeln wie riesige runde Muscheln – farbenprächtige Boten aus jener Welt, in der getanzt, geraucht und gesungen wurde und zu der ich noch keinen Zugang hatte. Ich rührte mit den Schlagbesen etwas auf den Trommeln herum und wünschte mir, schnell erwachsen zu werden.

Das war das letzte Mal, dass ich den bleichen Mann mit dem Schlagzeug sah. Er verschwand aus meinem Leben so überraschend, wie er darin aufgetaucht war. Kurze Zeit später erfuhr meine Mutter, dass er schwer erkrankt war. Einen Tag bevor er starb, schickte er ihr aus dem Krankenhaus einen Strauß roter Rosen.

Isoschka nimmt noch eine Praline, ganz bestimmt die letzte, eine Weinbrandbohne, die sie ohne jede Kaubewegung in ihrem Munde zergehen lässt, mit auf dem Bauch gefalteten Händen. „Hat sie hier gesessen", sagt sie zu Frau Piatek, als gelte es, das Gespräch über die Schwiegertochter vor dem Versickern zu bewahren. „Ist noch nicht lange her, dass sie dich besucht haben."

„Neji", brummt Frau Piatek versunken.

„Sie wejiß ja, wie man mit Männer umgehen muss", sagt Isoschka, als hätte sie Frau Piateks Gedanken erahnt. „Wie hat sie gesagt: Man muss dem Mann was bieten, ich koch schon mal griechisch!"

„Ojei", sagt Frau Piatek, „griechisch."

Das Gartentor knarrt, und plötzlich steht die Leszinska zwischen den Lupinen. Wie immer im blauen Kittel. Hinter ihr läuft ein kleiner brauner Hund, dessen Fell aussieht wie ein Stück verbrannter Waldboden.

„Anka!", ruft Frau Piatek zärtlich. „Lässt dich wieder sehen! Komm! Willst Pralinen?" Sie hält ihr die Schachtel vor die Nase.

Frau Leszinski lässt zögerlich ihren Blick über die Pralinen schweifen, über die Krokantberge, die Mandelsplitter – „Neji", sagt sie schließlich, „ich wejiß nicht, so gute Schokolade, willst nicht aufbewahren?"

Der braune Hund sieht die Schachtel und wedelt mit dem Schwanz. Frau Piatek wirft ihm ein Stück Würfelzucker zu, das sie aus der Tasche ihres Kittels hervorgekramt hat.

Jetzt überwindet auch die Leszinska ihre Bedenken und nimmt sich eine Praline. Sie schließt die Augen, um besser genießen zu können. „Ejin Geschenk?", fragt sie, als sie die Augen wieder aufschlägt, und fügt an: „Von dejiner Schwiegertochter aus Deutschland, nich?"

„Ja", murmelt Frau Piatek unwillig. Gerne würde sie den Geist ihrer Schwiegertochter wieder in die Pralinenschachtel zurückzaubern, aber da setzt sich die Leszinska schon aufrecht hin und sagt süffisant: „Die pflegt sich ja, mit Cremes und allerhand." Als hätte ihr der Geschmack der Schokolade die Erinnerung gerade wieder aufgefrischt.

„Und was hat sie gesagt: Die Jekosch braucht Sex!", ruft Isoschka und kann vor Lachen ihren Busen kaum unter Kontrolle halten.

„Das muss doch alles mal richtig durchblutet werden, hat sie gesagt!", ruft die Leszinska und schnipst kichernd einen Marienkäfer von ihrer Kittelschürze.

„Durchgeschittelt muss sie werden, hat sie gesagt, durchgeschittelt", japst Isoschka.

Frau Piateks Lippen kräuseln sich spöttisch. Dann runzelt sie die Stirn und kneift die Augen zusammen. „Läuft dort hinten nicht Brigittka?"

Sie macht ein paar Schritte, steigt zwischen die Latten des Gartentors, um sich wie immer größer zu machen, und winkt Frau Jekosch zu, die sich zögerlich nähert und am Gartentor stehen bleibt. Stirnrunzelnd. Dann zieht sie den Vierkantbolzen beiseite, stößt das Gartentor auf und betritt, nervös den Rock glatt streichend, den Garten.

Frau Piatek reicht ihr die Pralinenschachtel. „Bitte scheen."

„Ojei", sagt Frau Jekosch und setzt sich auf die Bank neben den Holzscheiten, die Reini heute Morgen für seine Mutter gehackt hat.

„Nimm dir“, sagt Frau Piatek.

„Aus Deutschland?“, fragt nun auch Frau Jekosch. Ohne auf eine Antwort zu warten, fügt sie an: „Ich hab Mozartkugeln. Aus Deutschland. Manchmal stell ich sie auf Tellerchen. Und dann gucken alle. Aber sollen sie sich die Augen ausgucken, ich stell sie wieder weg. Die gehen doch niemals kaputt. Warum soll ich sie dann essen?“

„Aber die hier isst“, sagt Frau Piatek bestimmt und hält ihr wieder die Schachtel unter die Nase.

Frau Jekosch steckt sich einen Mandelsplitter in den Mund und nuschelt: „Von dejiner Schwiegertochter, nich?“

Seufzend nickt Frau Piatek mit dem Kopf.

Frau Jekosch verzieht angewidert das Gesicht, als hätte sie auf einen bitteren Kern im Mandelsplitter gebissen, und sagt: „Schlejiderhosen.“

„Schlejiderhosen?“, fragt Frau Leszinski.

„Schlejiderhosen hat sie angehabt, das letzte Mal“, sagt Frau Jekosch und schüttelt sich. Alle blicken verständnislos. Weil die anderen so schwer von Begriff sind, fügt Frau Jekosch unwillig hinzu: „Nu, solche Hosen, so Hosenrecke. Damit hätt' ich mich nicht rausgetraut.“

Zustimmend nicken die Frauen. Frau Piatek reicht die Pralinenschachtel noch mal herum. Drei Pralinen sind noch drin. Für jede eine. Noch nie waren sie sich so einig.

DER BANNSPRUCH meiner Großmutter hinderte meine Mutter nicht daran, mich Sonntag für Sonntag zu drängen, meine Großeltern zu besuchen. Die Angelegenheit mit ihr habe nichts mit mir zu tun, sagte sie mir schon beim Zähneputzen, meine Großeltern und ich dürften uns auf keinen Fall entfremden, wiederholte sie mir beim Anziehen, schließlich stellten sie doch meine Familie dar, betonte sie beim Frühstück. Ich bliebe immer eine Reski, egal, was geschehe. Meine Mutter redete so lange auf mich ein, bis ich mich am späten Vormittag auf den Weg zu meinen Großeltern machte, die nur zwei Straßen weiter wohnten. „Die Oma freut sich doch!“ Als ich die Treppen zur Wohnung meiner Großeltern hinaufstieg, sah ich, wie meine Großmutter den Kopf über das Geländer ins Treppenhaus streckte und sich schnell die Kittelschürze über den Kopf zog. Und ich hörte, wie sie meinem Großvater zurief: „Die Pee-jii-trr-aa kommt!“ Jedes Mal klang es, als sei ich wieder aufgetaucht, nachdem mich ein Wal verschluckt und wie durch ein Wunder wieder lebendig ausgespuckt hatte. Ich genoss es mit scheinbarer Gleichmut. Wie eine Auszeichnung, ein heimliches Privileg, das mir jedoch zustand und mich dafür entschädigen sollte, ohne meine Mutter kommen zu müssen. Schließlich war ich die Älteste. Die erste Enkelin. Und die Tochter des ältesten Sohnes. Meine Großmutter wurde ihr Leben lang nicht müde, meinen besonderen Rang zu betonen: „Sie ist doch unsere Älteste." Jeden Sonntag umarmte sie mich fest. Wenn ich mich aus ihren Armen gelöst hatte, putzte sie sich die Nase, rückte die Brille wieder in die Kerbe an der Nasenwurzel, sah an mir herab und sagte vorwurfsvoll: „Hast schon wieder kejinen Rock an."

Nein, ich trug keinen Rock. Ich trug ein Bekenntnis. Meine erste Levi's. Ich war mit ihr in die Badewanne gestiegen und hatte sie an meinem Körper trocknen lassen wollen, damit sie sich, wie ich gehört hatte, besser an meine Figur und insbesondere an meine immer noch zu dünnen Beine anschmiegen würde, was meine Mutter allerdings verhinderte. Ich hatte meine Mutter daraufhin gezwungen, die Beine meiner Levi's enger zu nähen, ohne jedoch auch nur einen Zentimeter vom Schlag wegzunehmen, wobei meine Mutter sich die Nadel ihrer Nähmaschine an den dicken Kappnähten abbrach. Ich hatte meine Levi's mit der Nagelbürste bearbeitet, damit sie schneller ausblich, und sobald meine Mutter das Haus verließ, wusch ich sie heimlich mehrmals hintereinander, wodurch ich unsere Waschmaschine zum Überlaufen brachte. Die Seifenlauge überschwemmte den Flur und das Wohnzimmer, ruinierte den Teppichboden, und ich wurde mit einer Woche Stubenarrest gestraft. Für meine Levi's hatte ich sogar meine Abneigung gegen Handarbeiten aller Art überwunden, auf die Gesäßtaschen hatte ich eine Blumenwiese mit Regenbogen und Sternenhimmel gestickt, auf das Loch am Knie einen roten Lederflicken genäht, auf den durchgesessenen Hosenboden einen schwarzen, dazu rosafarbene Glitzersteine an die Beine geheftet. Über den Eingriff an den Taschen hatte ich herzförmige Nieten in den Stoff gezwickt.

Während meine Großmutter scheinbar begeistert vom bevorstehenden Ausflug ihres Sparclubs erzählte, betrachtete sie mich wie einen Marsmenschen, der in einem Lichtkegel in ihr Wohnzimmer gezaubert worden war. Wieder und wieder sah sie an meiner Hose herab und schluckte, als verursache ihr der Anblick körperliche Übelkeit. Sie bot mir etwas an, Lakritz, Pfefferminzbruch, Gummibärchen, sogar ein Glas Coca-Cola, ebenso höflich wie beiläufig fragte sie nach dem Befinden meiner Mutter, nickte, wenn ich ihr von meinem bevorstehenden Sprachkurs in England erzählte, und konnte doch den Blick nicht abwenden von den verblichenen Nähten, den zerfaserten Säumen und den vom vielen Waschen steif gewordenen Lederflicken. Mein Großvater sah Werner Höfers „Frühschoppen" und war gegen Willy Brandts

Besuch in Erfurt. Meine Großmutter ignorierte meinen Großvater und Willy Brandts Besuch, ließ endlich ihre sich selbst auferlegte Zurückhaltung fallen und stieß mit letzter Kraft hervor: „Diese … Nietenhosen! Bist doch ejin Mädchen!“

Ich zuckte mit den Schultern. Das war das letzte Argument, was mich überzeugt hätte. Schlimm genug, ein Mädchen zu sein, da musste man sich ja nicht obendrein noch mit einem Rock erniedrigen. Ich jedenfalls würde nicht mein Leben damit verbringen, einem Mann die Wäsche zurechtzulegen, stattdessen würde ich mich selbst verwirklichen, dazu gab es Gott sei Dank die Gleichberechtigung, und gegen den Rassismus war ich selbstverständlich auch, außerdem gegen die alten Nazis überall und gegen Vertriebene, die immer noch nicht eingesehen hatten, dass sie zu Recht aus ihrer Heimat vertrieben worden waren. Aber von all dem sagte ich nichts. Ich vermisste meine Mutter, die mich und meine Jeans sicher verteidigt hätte, vielleicht hätte sie sogar darüber gespottet, dass mir die Hosenbeine immer zu weit waren, dann hätten alle gelacht, und ich hätte hier nicht bedrückt an meiner Coca-Cola nippen müssen. Ich drehte so lange an einem rosa Glitzersteinchen an meiner Levi's, bis es abfiel, und schwieg.

Wir schwiegen uns eine ganze Weile an, am Ende sogar feindselig, wie mir schien. Werner Höfers Gäste waren sich immer noch uneins über die geschichtliche Bedeutung von Willy Brandts Besuch in Erfurt und rauchten genüsslich eine Zigarette nach der anderen, und ich murmelte, dass ich dringend auf die Toilette müsse. Ich raffte meine indische Tasche zusammen, die mein ganzer Stolz war, weil sie aus ganz vielen ganz kleinen Spiegeln bestand. Ich ging zum Badezimmer am anderen Ende der Wohnung und schloss mich ein. Aus der Tasche holte ich eine Packung Drum hervor und drehte mir eine dünne Zigarette. Dann stellte ich mich auf den Rand der Badewanne, rauchte aus dem offenen Fenster des Badezimmers in den Himmel und fühlte mich ein bisschen freier. Aber als ich nach Hause kam, warf ich mich auf mein Bett und heulte. Drei Tage später rief meine Großmutter meine Mutter an und sagte ihr, dass ich rauchte.

Diese Zigarette sollte das Wunder der Annäherung beschleunigen. Es hatte schon Jahre zuvor begonnen – allerdings nur tröpfelnd. Es hatte damit begonnen, dass meine Großmutter wieder an meinem Geburtstag erschienen war. Sie war allein gekommen, ohne meinen Großvater, gewissermaßen als Delegierte der Reski-Familie. Sie war wie üblich als erster Gast gekommen, um Viertel nach zwei, als meine Mutter und ich noch mitten in den Vorbereitungen steckten und schwitzend damit beschäftigt waren, Sahne steif zu schlagen und rosa Servietten zu kleinen Schwalben zu falten. Sie hatte meine Mutter umarmt, stolz und zerknirscht zugleich, sich an die Kaffeetafel gesetzt und ein großes Stück Buttercremetorte gegessen. Bis zu jenem Tag, als meine Großmutter mich beim Rauchen erwischte, waren sie und meine Mutter jedoch nur an meinem Geburtstag miteinander in Berührung gekommen. Erst meine Zigarette versöhnte sie wieder vollständig. Meine Mutter fand in meiner Tasche das von meiner Großmutter beschriebene Päckchen Drum, beschied, dass dreizehn Jahre noch kein Alter fürs Rauchen seien und warf den Tabak in den Abfalleimer. Ich war glücklich, zum ersten Mal von meiner Mutter und meiner Großmutter gemeinsam beschimpft worden zu sein, kaufte mir von meinem Taschengeld eine neue Packung Tabak und fand es erstaunlich, dass eine einzige kleine Zigarette in der Lage sein konnte, einen Krieg zu beenden. Seither hatte ich das Gefühl, dass meine Großmutter mir für mein Rauchen damals dankbar war.

Die Familie folgte meiner Großmutter in die Versöhnung ebenso geschlossen wie zuvor in die Ablehnung. Die Tanten weinten und jammerten und sagten immer nur zu meiner Mutter: „Was haben wir nur mit dir gemacht!“ Meine Mutter war nicht nachtragend. Zu mir sagte sie nur: „Das muss man verstehen, der Heine war doch ihr ältester Sohn.“ Sie hatte offenbar nie aufgehört, meine Großmutter zu lieben – für ihre Lebenslust ebenso wie für ihre Unerbittlichkeit, mit der sie die Familie zusammenhielt. Ich bewunderte den Edelmut meiner Mutter und bezweifelte, ob ich zu ähnlicher Großherzigkeit fähig wäre.

Bei der nächsten Familienfeier sangen sie wieder das Schlesierlied. *Hohe Tannen weisen die Sterne an der Iser wildspringender Flut, liegt das Lager auch in weiter Ferne, doch du, Rübezahl, hütest es gut.* Ich saß neben meiner Mutter und trug ein kariertes Kleid mit einem Dekolleté, das meine aufkeimende Brust betonte und meine Großmutter begeisterte. Und plötzlich war mir, als sei meine Mutter nie ausgeschlossen gewesen; mit einem Mal hatte ich alles vergessen – wie einsam es auf der Straße war, wenn ich mich am Heiligabend allein auf den Weg zu meinen Großeltern machte, wie verlassen ich mich gefühlt hatte, als ich mein Wintergedicht *Der See hat eine Haut bekommen / sodass man fast drauf gehen kann / und kommt ein großer Fisch geschwommen / so stößt er mit der Nase an* ohne zu stocken aufgesagt und meiner Großmutter das Weihnachtsgeschenk mit den Worten überreicht hatte: „Das ist von der Mama und von mir.“ Und wie verloren ich manchmal gewesen war, wenn ich allein am Tisch saß, während meine Cousins sich immer enger an ihre Mütter klammerten und sie drängten, endlich nach Hause zu gehen. Ich suchte und fand wieder den Blick meiner Mutter in der Menge der Tanzenden und war glücklich, als ich sie lächeln sah.

9. *Schöne Momente*

Wenn sie ihn so von hinten sieht, dann hätte sie nicht wenig Lust, ihm mit der Axt vielleicht nicht unbedingt den Schädel zu spalten, aber immerhin doch einen solchen Hieb zu geben, dass er in sich zusammensacken würde und sie ihn in den Schuppen mit den Holzscheiten schleifen und dort gefesselt halten könnte.

„Der mecht den ganzen Tag saufen", sagt Frau Piatek. Auf ihren Stock gestützt, steht sie an der Bushaltestelle und sieht ihrem Reini hinterher, der zügig Richtung Dorfladen läuft und dabei mit den Armen rudert, als müsste er die Luft aus dem Weg schaufeln. Nie wird sie die Hoffnung aufgeben, nie, aber einfacher wäre es, wenn sie ihn eingesperrt halten könnte.

Wir warten auf den Bus. Zum Abschied wollen wir gemeinsam essen, im Gasthaus des verblichenen Leczko, jenes Gastwirts, der sich vor den Augen seiner Frau totgeschossen hat, weil er davon überzeugt war, sie würde ihn betrügen. Frau Piatek saß schon seit Stunden fertig angezogen vor dem Fenster – ganz wie meine Großmutter, die ihr Leben lang darunter litt, zu früh fertig zu werden und warten zu müssen. Wenn sie von zu Hause abgeholt werden sollte, stand sie schon eine Stunde vor der Zeit am Fenster. Sie steckte den Kopf unter die Gardine, suchte ungeduldig die Straße ab und konnte es nicht erwarten. Sie war die Erste auf Familienfeiern, auf Reisen stand sie zu früh an Bahnhöfen, sie nahm versehentlich frühere Züge, die in keinem Plan verzeichnet waren, und wunderte sich darüber, warum sie keiner am Bahnhof erwartete.

Frau Piatek hat ihr Haar zu einem winzigen Knoten frisiert, der von einem Schildpattkamm gehalten wird. Im Arm hält sie eine schwarze Handtasche, in deren Falten sich der Staub von Jahrzehnten eingenistet hat. Gespannt blicken wir auf die Straße, doch vom Bus ist immer noch nichts zu sehen.

„Immer hat er Durst", sagt Frau Piatek. „Dabeji ist doch so scheenes Wasser im Eimer. Aber neji, Bier muss er haben. Jetzt hat er die Zähne kaputt. Da sag ich: Die Zähne hat das Bier verfressen. Hat er nichts gesagt, ach Gottchen, ja."

Sie faltet ihre Hände wie zum Gebet. Schaut zum Himmel, an dem sich wie gewohnt die Wolken jagen, über die Straße, wo immer noch keine Spur vom Bus zu sehen ist, und lässt die Hände wieder sinken. Dann sagt sie: „Schade nur, dass ich ihn genommen hab, von der Frau weg. Konnt' er mit sejiner Frau sitzen, vielleicht wär das anders."

Schon glänzen ihre schwarzen Augen wieder kampflustig. „Wissen Sie", sagt sie, „die hatte sich so einen Verehrer angeschafft, dann blieb der Kerl da dauernd beji ihr, und der Rejini konnte das nicht ansehen, er schlief in der Kiche und die Frau mit dem Kavalier im Bett. Na und deswegen nahm ich ihn nach Hause nachher."

Sie zuckt mit den Schultern. Man sieht ihr an, wie sehr sie es bedauert, dass ihr Sohn so gar nichts von ihrer Kampfeslust geerbt hat. Sie schaut sich um. Sie trägt ihr bestes Kleid, das wollweiße, und hat ihre geliebten Fellpuschen gegen richtige Schuhe getauscht, und das, obwohl nicht mal Sonntag ist. Wenn sie so in ihrem weißen Kleid dasteht, gestützt auf ihren Stock, den Rücken gerade aufgerichtet, unverwandt auf die Straße blickend, dann hat sie die Aura einer Herrscherin. Einer Herrscherin, die ihre Untertanen despotisch und zärtlich, zänkisch und versöhnlich zugleich regiert.

„Mecht der Rejini wohl auch nach Deutschland fahren, wenn ich nicht mehr bin", sagt sie, ohne die Augen von der Straße abzuwenden. Im letzten Winter wäre es fast so weit gewesen. Sie wollte sterben. Es ging ihr so schlecht wie nie zuvor. Sie hatte die Augen schon fast geschlossen, sich bereitgemacht für die letzte Reise, da überlegte sie es sich doch anders und öffnete wieder die Augen. Was soll der Reini schließlich ohne sie machen? „Nu, muss ich mich also wejiter frisch halten", sagt Frau Piatek energisch und drückt die schwarze Handtasche fest an ihre Brust.

Suchend geht ihr Blick umher. Sie dreht sich um und schaut, ob sie eine ihrer Nachbarinnen sieht. Schließlich geschieht es nicht jeden Tag, dass sie das Dorf verlässt. Sie ahnt, dass die Leszinska schon lange hinter der Gardine steht und sich fragt, was Frau Piatek an der Bushaltestelle macht. Der Ausflug zu Leczkos Gasthof ist für sie ein Abenteuer, von dem sie noch lange zehren wird. Scheinbar unbeteiligt schaut sie wieder auf die Straße. Manchmal ist hier nachts mehr los als tagsüber, findet sie, jedenfalls in sternenklaren Nächten, wenn sie am Fenster steht, weil sie nicht schlafen kann, und am Himmel nach dem Kleinen und dem Großen Bären sucht. Sie hat schon gesehen, wie die Sterne über das Firmament schossen, als wären sie toll geworden.

Der Wind wirbelt etwas Sand von der Straße auf, treibt ihn über den

Asphalt und lässt ihn lustlos wieder fallen. Plötzlich ertönt Geschrei: „Ich mecht ihn totschlagen, den Hund! Ich mecht ihn mit Wasser begießen, den Hund!"

Frau Piatek dreht sich um und schaut hinüber zum Gasthaus zur Ostpreußischen Schweiz. Dort steht Frau Jekosch am Brunnen, mit einem Eimer in der Hand. Frau Jekosch schreit, als sei ihr der Leibhaftige erschienen, dabei steht nur Reini vor ihr, der sich offenbar mit ihr unterhalten will. Allerdings hat er dabei Mühe, sich aufrecht zu halten. Er umklammert die Zaunpfähle und knickt immer wieder in den Knien ein, ganz so, als versetze ihm ein Unsichtbarer einen Hieb in die Kniekehlen.

„Die wird doch wohl nicht", sagt Frau Piatek kopfschüttelnd. Aber da hat Frau Jekosch schon den Eimer mit Schwung über den zeternden Reini gekippt, der immer noch wimmert: „Brigittka, ich will dir sagen, herr mir mal zu."

„Nichts wirst du sagen!", schreit Frau Jekosch.

Drei blonde Kinder stehen mit ihren Fahrrädern in sicherer Entfernung und beobachten das Spektakel mit offenen Mündern. Reini wischt sich fassungslos das Gesicht ab. Die Haare kleben an seinem Schädel. Er steht immer noch vor dem Gasthaus zur Ostpreußischen Schweiz. Für einen Moment verschlägt es ihm die Sprache, dann schreit er los. Brüllend reißt er die Arme hoch und ballt die Hände zu Fäusten, bis er, unsichtbare Widersacher in der Luft boxend, weiterläuft.

„Jessus", flüstert Frau Piatek. Schon steht Reini im Vorgarten und schreit die Malvenstöcke an, er biegt um die Ecke und schreit hinter dem Haus herum. Wir schweigen. Reini schreit. Mit einem Ruck läuft Frau Piatek los. Was zu viel ist, ist zu viel. „Muss man sich noch mit so ejinem damligen Kerl ..." Sie setzt überraschend behend Schritt an Schritt und reißt das Gartentor auf.

„Komm bloß nicht hierhin!", ruft sie mit vor Wut bebender Stimme. So muss sie geklungen haben, wenn sie mit ihren Kindern stritt, als sie noch klein waren. „Setz dich da hin!", befiehlt sie. „Und komm nicht näher. Sonst geh beji der Jekosch – die wird dir geben. So was macht man nicht!"

Reinis Protest wird immer leiser, aus dem Schreien wird ein Brummen, ein Murmeln, ein Wispern und schließlich verebbt es ganz.

Frau Piatek schließt das Tor wieder hinter sich und kehrt zu ihrem Platz an der Bushaltestelle zurück.

„Da", sagt sie. Endlich kommt der Bus.

Ich sehe nur einen Punkt, der sich erst beim Nähern als Bus entpuppt.

Frau Piatek ergreift ungeduldig ihre Handtasche und schreitet dem Bus hoheitsvoll entgegen, vorbei an den ungläubigen Blicken von Frau Leszinski, die inmitten ihrer verschossenen Margeriten und verblühten Lupinen steht und ihren Augen nicht traut. Bevor Frau Piatek die Stufen zum Bus hochsteigt, blickt sie noch mal kurz und triumphierend über die Schulter zurück. Als sie sitzt, hält sie sich mit einer Hand am Haltegriff über dem Sitz fest, mit der anderen an ihrer Handtasche. Sie bedauert, dass niemand auf der Straße unterwegs ist, dem sie zuwinken könnte.

Schwer atmend streicht sie über ihr Kleid. Dass Reini ausgerechnet heute besoffen durch das Dorf laufen muss. Als würde er es mit Absicht tun, an diesem besonderen Tag, an dem sie sich entschlossen hat, ausnahmsweise das Dorf zu verlassen. Und welch einen schlechten Eindruck werde ich erst von Reußen wieder nach Hause mitnehmen? „Mann blejibt Mann", sagt sie entschuldigend. „Der denkt nicht! Der denkt nicht! Das war doch immer schon so", sagt sie. Wenn sie sich nur an ihre Hochzeit erinnert. Einer der Gäste war so betrunken, dass er eingesperrt werden musste. „Der lief so hinter den Frauen her, und mejin Onkel konnte das nicht ansehen, da hat er ihn in den Keller gesperrt. ‚Sitz da, bis du ausnichterst', hat er gesagt. Nachher war Ruhe, ja."

Getraut wurde sie in der Kirche von Groß Bertung. Damals wohnte sie auf dem Gut in Kellaren, die Feier fand zu Hause statt. Überall hatten sie Papiergirlanden aufgehängt, aus Wiesenblumen gewundene Kränze, die Möbel waren weggeräumt worden, sodass dreißig Gäste Platz fanden. Ihr Vater, der ihr die Erlaubnis zur Hochzeit nicht geben wollte und nicht zur Trauung in der Kirche erschienen war, hatte sich aus lauter Enttäuschung über den Schwiegersohn betrunken. Saß mit traurigem Blick da wie ein Hofhund, der zu alt zum Bellen war. Und die Gäste tanzten um ihn herum.

Als wir an dem Dorfladen vorbeifahren, schaut sie weg. Sie blickt in den Himmel, als würde sie ihn zum ersten Mal sehen. Den Himmel und die Landschaft um sich herum, die Hügel, die schillernden Seen dazwischen, die Silberpappeln, das Röhricht am Ufer der Alle, die Eiche, die ihre Krone über das Wegkreuz breitet. Und wie viele neue Häuser sind dazugekommen, seitdem sie das letzte Mal im Auto die Strecke langgefahren ist. Hier rechts das Fertighaus eines Zahnarztes aus Allenstein, dort links, kurz vor dem Haus des Bürgermeisters, das Haus der Schulz', die schon lange nach Deutschland ausgesiedelt sind, aber hier in Reußen gebaut haben, weil Heimat doch eben Heimat ist.

Jahrzehntelang wurde in Reußen kein Stein angerührt, und jetzt wird schneller gebaut, als man gucken kann.

Der Kirchturm von Groß Bertung taucht in der Ferne auf, und Frau Piatek sagt bereits: „Ah, neue Fenster!“, bevor wir die Kirche überhaupt wahrgenommen haben. Schließlich kommen wir an Leczkos Gasthaus an, das aus niedrigen, ineinander verschachtelten Holzhäusern besteht. Frau Piatek macht ein paar Schritte und bleibt dann mitten auf dem Parkplatz stehen, ganz so, als wolle sie die Eindrücke langsam auf sich wirken lassen. Anerkennend nimmt sie die vielen Autos zur Kenntnis, die auf dem Parkplatz stehen: „Macht er gutes Geschäft“, sagt sie, als würde der selige Leczko noch leben.

Die Hand am Treppengeländer haltend, zieht sie sich Schritt für Schritt die Stufen zum Restaurant hoch. Wählt den schwarzen Holztisch neben dem Eingang und nimmt Platz. Die Tischplatte reicht ihr bis zur Brust. Der Kellner bringt die Speisekarten und stellt Mineralwasserflaschen auf den Tisch. Frau Piatek blickt auf das Mineralwasser, als traute sie ihren Augen nicht. Sie nimmt die Flasche in die Hand, dreht sie, liest das Etikett und sieht fassungslos zu, wie ihr der Kellner Wasser ins Glas schenkt. „Neji“, sagt sie kopfschüttelnd. Als der Kellner uns den Rücken zuwendet, flüstert sie: „Missen wir zahlen fier das Wasser?“ Als ich nicke, blickt sie mich strafend an und sagt: „Hätten wir doch mitbringen kennen! Scheenes Wasser aus Jekoschs Brunnen!“ Dann nimmt sie die Speisekarte und beginnt zu lesen, wie immer ohne Brille. Ihre Augen wandern von der Hühnersuppe zu den geräucherten Forellen bis zur Rinderleber mit Zwiebeln. Empört legt sie die Speisekarte wieder weg. „Neji, neji, neji“, sagt sie, und: „Haben Sie Erbarmen!“, und will aufstehen und wieder gehen, weil alles so teuer ist. Widerwillig lässt sie sich überzeugen zu bleiben und bestellt sich ein Stück gebratene Rinderleber. Als ihr die Leber serviert wird, schaut sie auf den Teller, als könnte das alles nicht ganz ernst gemeint sein. So eine große Portion. Können die da überhaupt noch etwas verdienen, wenn sie den Gästen solch große Portionen servieren? Anscheinend doch, wie man sieht, denn das Lokal ist gut besucht. Langsam fängt sie an, sich wohl zu fühlen. Schon spottet sie über eine Familie am Nebentisch, die sich bei der Bestellung nicht einigen kann. Der Kellner reicht ihr einen kleinen Rote-Bete-Salat, und sie nimmt ihn so geschmeichelt lächelnd entgegen, als hätte er ihr dabei ein Kompliment zugeflüstert.

Sie nippt an ihrem Mineralwasser. Führt ein Stück Rote Bete zum Mund und kaut so lange darauf herum, bis der Rote-Bete-Saft ihre Lippen dunkel färbt. „Wir hatten ja Bohnen“, sagt sie kauend. „Bohnen hatten wir beji der Hochzeit. Und der Vater hatte ejin Schwejin geschlachtet!“ Und dann taucht alles wieder vor ihr auf, die Eltern, die Trauzeugen, ihre beste Freundin, mit der sie auf dem Gut arbeitete, die festlich gedeckten Tische, die Kränze aus Wiesenblumen. Ob ihre Hochzeit der schönste Moment in ihrem Leben war? Sie überlegt. Sie war doch jung, knapp zwanzig und dumm und verliebt. Schöne Momente! Die Frage klingt für sie wie: Besitzen Sie Juwelen? Schöne Momente, wer konnte sich denn schon so etwas leisten! Krieg und Vertreibung, vergewaltigt und vom Mann verlassen, sieben Kinder und kein Geld. Sie streicht mit einem Ruck über die Papierserviette, die neben ihrem Teller liegt, als wollte sie einen unsichtbaren Krümel beseitigen. Dann beugt sie sich vor, schaut nach rechts und links, schüttelt den Kopf und sagt vernehmlich: „Neji. Ich hab kejin scheenes Leben gehabt. War Schejiß-Leben. Nur Kinder. Ejins nach dem anderen. Nie von dem Dreck rausgekommen, bloß ejins nach dem anderen. Jetzt haben es die Leute doch gut. Na, was haben die jungen Frauen denn jetzt. Die haben doch heute herrliche Tage mit den Kindern.“

Schöne Momente. Sie schweigt und versinkt im Anblick der Rinderleber, die sie immer noch nicht angerührt hat. Sie atmet konzentriert. Kramt noch mal in ihrem Leben herum. Dreht und wendet. Plötzlich richtet sie sich wieder auf. Und befördert einen kleinen Brillanten ans Licht. Keinen lupenreinen, sondern einen mit gebrochenem Licht. „Wie wir gesungen haben, auf der Hochzejit“, sagt sie mit leuchtendem Gesicht. „Ich hab ja frieher gehejiratet als die Ania“, fügt sie erläuternd hinzu.

Jetzt lässt sie auch wieder den Betrunkenen frei, den der Onkel schon am frühen Abend ihrer Hochzeitsfeier in den Keller gesperrt hatte, weil er von den Frauen nicht lassen wollte. Sie hatten ihn fast schon vergessen, als er sich plötzlich durch Schreie bemerkbar machte. Um Mitternacht nahmen die Gäste ihr den Brautkranz ab, dann tanzten alle so lange unter ihrem Schleier, bis er zerriss. „Der scheene Schlejier“, sagt sie noch heute bedauernd angesichts der Verschwendung. Sie tanzten weiter, immer weiter – bis sich die Männer nicht mehr auf den Beinen halten konnten und der Morgen graute. „Bis zum friehen Morgen sangen wir! All die deutschen Lieder. ‚Es war ejinmal ein treuer Husar‘, und das ‚Ännchen von Tharau‘.“ Sie lacht, weil ihr mit einem Mal wieder Sätze und Melodien einfallen, die sie schon längst vergessen glaubte. *In einem kühlen Grunde / da geht ein Mühlenrad / meine Liebste ist verschwunden / die dort gewohnet hat.* Und: *Du, du liegst mir im Herzen! Du, du liegst mir im Sinn.* Sie schüttelt den Kopf, als fände sie den Text heute sehr albern. Mit einem Mal bricht sie ab.

Wir blicken der Sonne hinterher, die mit einem Mal durch das Fenster über dem Eingang an unseren Tisch dringt. Die Sonne streift den Tisch, Frau Piateks Hände, die mit der Papierserviette spielen, und lässt den Staub in der Luft tanzen.

„Hab ich ihn doch gemocht, den Kerl", sagt Frau Piatek.

ICH SEHE sie vor mir, wie sie tanzt. Ihr weißes Brautkleid schleift über den Boden, dann hebt sie es an, weil es sonst zu schmutzig würde, und die Männer blicken auf ihre Beine. Es ist, als würden die Beine meiner Großmutter wieder vor mir auftauchen, jene glatten und makellosen Beine, die eine versteckte Existenz unter ihren langen Röcken geführt hatten und die ich im Krankenhaus zum ersten Mal wahrgenommen hatte. Beine, die nun leblos dalagen und von niemandem mehr berührt wurden außer von der Krankenschwester. Ich wünschte in diesem Augenblick, meine Großmutter hätte Liebhaber gehabt. Männer, die diese ebenmäßigen Beine küssten, Zentimeter für Zentimeter. Schöne Momente. Meine Großmutter hätte gelacht. Hatte man für so etwas Zeit? „Man muss das Leben nehmen, wie es kommt, der Herr gibt, der Herr nimmt, schließlich sind wir alle nur auf Durchrejise."

Statt sich einen Liebhaber gewünscht zu haben, war sie gottfroh, dass die Plage eines Tages aufhörte, die Plage mit dem Kinderkriegen. Am Ende blieb es doch immer ihre Schuld, wenn sie wieder schwanger war. Als hätte sie es mit böser Absicht getan. Mein Großvater gab sich ein Leben lang unbeteiligt. Die Wechseljahre waren für sie eine Erlösung. Nie mehr zittern, nie mehr die überfälligen Tage zählen, hoffen, sich doch verrechnet zu haben, um ein paar Tage später feststellen zu müssen, dass ihre Rechnung doch stimmte. Verfluchte Fruchtbarkeit.

Aber als mein Großvater starb, bestand meine Großmutter darauf, ein Gesteck aus roten Rosen auf sein Grab zu legen. Meine Tanten versuchten ihr die roten Rosen auszureden, die einzig angemessene Farbe für eine Beerdigung sei Weiß, höchstens ein zartes Gelb noch. „Rote Rosen", beharrte meine Großmutter, „Rot oder gar nichts."

Nach dem Tod meines Großvaters wurden die Familienfeiern weniger, der ostpreußische Satzbau wurde normalisiert, und auch das Ostpreußenlied wurde seltener gesungen. Meine Tanten und Onkel strichen das gemeinsame Weihnachtsfest, weil es für meine Großmutter zu anstrengend sei. Nur sonntags, wenn wir Enkel sie besuchten, gab es noch einen Hauch von Ostpreußen.

Eines Tages fiel meine Großmutter um. Sie war bei Tante Ursel zu Besuch und putzte ihrem Urenkel den von Schokolade verklebten Mund ab, da fiel sie einfach um. Bewusstlos lag sie auf dem Teppich. Schlaganfall. Der Arzt hatte sie gewarnt, „der hohe Blutdruck, in Ihrem Alter“. Er hatte ihr Medikamente verschrieben. Sie hatte sie beiseite gelegt. Tabletten nahm sie nicht. „In Ostpreußen nahm auch kejiner Tabletten, und die Leute wurden alt“, sagte sie.

Von diesem Tage an bedeutete meine Großmutter: Innere II, dritter Stock, vierte Tür rechts nach dem Aufzug, Zimmer vier. Sie lebte noch, sie war zäh, sie ließ sich nicht von einem kleinen geronnenen Stückchen

Familienfeier in Reußen. Der Herr ganz links ist mein Großvater, die Dame zwei Plätze weiter meine Großmutter. Im Zentrum meine Urgroßmutter Reski

Bluts in ihrem Kopf kleinkriegen. Sie atmete seufzend mit geschlossenen Augen. Aber sie war nicht mehr da.

Niemand aus der Familie hatte geglaubt, dass meine Großmutter sterben könnte. Ihre Kinder nicht, ihre Enkel nicht. Sie war die Familie. Ich konnte mir nicht vorstellen, dass sie nie wieder „Schwarzbraun ist die Haselnuss“ singen würde, nie wieder zu früh zum Geburtstags-Kaffeetrinken erscheinen, nie wieder entrüstet sagen würde: „Ejin Schwejin ohne Blut!“, wenn sich einer besonders niederträchtig benommen hatte. Dass sie nie wieder ihre familiäre Geheimdiplomatie zwischen zerstrittenen Schwestern, Eheleuten, Enkelkindern betreiben würde – mit ihren Briefen halb in Sütterlin, die mit „Nun muss ich schließen, deine

Oma“ endeten, und ihren Telefonaten, die nie länger dauerten als fünf Minuten, länger brauchte sie nicht, um jemandem ihre Meinung zu sagen. Dass sie nie wieder nach dem Ostpreußenlied weinen würde. Sie war nie müde gewesen, nie krank. Sie war unsterblich.

Als es passierte, war Onkel Oskar bei ihr. Sie lag so unverändert da, wie sie in den ganzen Wochen dagelegen hatte, den Rücken leicht aufgestützt, die Arme an den Seiten ruhend, das weiße Haar, das sich in ihrem Nacken kräuselte, war verschwitzt. Ihr Herz blieb stehen wie eine Uhr, die nicht mehr aufgezogen worden war. So banal kam das Ende.

Erst das Kranzgebirge, die Predigt, der Pfarrer, der endlose Zug der Trauernden gaben ihrem Tod etwas Erhabenes. Die Beerdigung war ganz nach ihrem Geschmack. Und der Leichenschmaus. Wie immer beleuchtete das Neonlicht in der „Mühle“ die verheulten Augen und die roten Nasen so gnadenlos wie in einem Operationssaal. Wie immer servierte der Wirt der verfrorenen Trauergesellschaft Schnaps. Einen kurzen Schnaps zum Aufwärmen. Wie immer tranken alle den ersten Schnaps mit schmerzverzerrten Gesichtern, als entledigten sie sich einer unangenehmen Pflicht. Einen Schnaps auf die Tote. Auf die Mama, die es so und nicht anders gewollt hätte. Auch ich hatte einen Schnaps getrunken. Das Glas war eisgekühlt gewesen, sodass meine Finger daran festklebten. Es war wie immer gewesen. Ein letztes Mal.

„Und hejit läuft das Geschäft auch ohne den Leczko“, sagt Frau Piatek munter und isst ein winziges Stückchen von der Rinderleber. Wie immer isst sie wie ein Spatz. Sie nimmt eine Gabelspitze vom Kartoffelpüree zu sich und ist satt. Vielleicht ist es auch der Gedanke an Reini. Sie lässt sich die Leber für ihn einpacken, zusammen mit dem Salat und den gebräunten Zwiebeln und dem Kartoffelpüree, und ist glücklich.

Als wir über die Chaussee zurück nach Reußen fahren, kommen wir wieder an dem Haus meiner Urgroßeltern vorbei. Die Sonne scheint auf die leuchtend weiß gekalkten Wände. Frau Piatek sieht dem Haus nach wie einem Passanten, dessen Gesicht sie kennt, aber dessen Name ihr entfallen ist. „Ich wejiß gar nicht, wie alt die Frau Gapowski war, als sie starb“, sagt sie gedankenverloren.

Schweigend gedenkt sie meiner Urgroßmutter und hält ihre Handtasche fest, bis wir wieder in Reußen ankommen. Als sie aus dem Bus aussteigt, lächelt sie. Stolz und erleichtert zugleich. Stolz, mal wieder einen Schritt in die Welt draußen getan zu haben, und erleichtert, wieder wohlbehalten in ihre vertraute Welt zwischen Gartenbank und Kachelofen zurückgekehrt zu sein. Sie geht ins Haus, um das Essen für Reini in den Kühlschrank zu stellen. Als sie zurückkehrt, hat sie wieder ihre Fellpuschen an und das wollweiße Kleid gegen eine Kittelschürze vertauscht, über die sie ihre kornblumenblaue Strickjacke gezogen hat. Dann steht sie etwas gedankenverloren am Gartenzaun, sie schwankt leicht im Wind und sucht Halt an den verwitterten Zaunlatten. Sie blickt über die Schlaglöcher der Straße, die Pfützen, in denen sich der blassblaue Himmel spiegelt, sie schaut zum Gasthaus zur Ostpreußischen Schweiz, vor dem nun Norberts Auto mit Warschauer Nummer steht, holt tief Luft und sagt bestimmt: „Aber frieher waren doch bessere Leute."

Sie blickt umher, als suchte sie nach etwas. Zustimmung, Widerspruch oder einfach nur Kenntnisnahme.

„So … anständiger waren die Leute", sagt sie und macht eine lange Pause. „Ejiner hatte den anderen gerne. Und jetzt ziehen sie sich scheen an und denken sich: Ach, du hast ja nichts. Dann verachten sie da ejinen so. Und frieher hat ejiner den anderen so …" Sie hält inne und blickt kurz auf ihre Fellpuschen und die verschossenen Margeriten. Dann schaut sie wieder auf. „Frieher hat ejiner den anderen so mehr geliebt, sag ich. Ja. Mehr geliebt hat ejiner den anderen."

„Haben Sie sich schon von Brigittka verabschiedet?", fragt sie. Und fügt an: „War sie nervees?"

Ich nicke. Frau Jekosch war heute Morgen so nervös, dass sie sich sogar mit ihrem Leo in die Haare kriegte, wegen der Treppe, die er gerade fliest und die noch nicht fertig war, obwohl heute ihr Sohn Norbert mit der Schwiegertochter aus Warschau kommen sollte, zusammen mit den beiden Enkelkindern. Es war bereits elf Uhr, und die Aussicht, spätestens in drei Stunden ihren Sohn in die Arme schließen zu können, brachte Frau Jekosch schier um den Verstand. Mit Seifenlauge schrubbte sie noch mal die Holztreppe ab und den Treppenstein dazu, mit ihrer ganzen Kraft wusch sie den Küchenschrank ab, von innen und von außen, sie kontrollierte jeden Teller auf Sprünge und abgeschlagene Stellen, stärkte die Tischdecke, lüftete alle einundzwanzig Zimmer und fing schließlich an zu weinen. Aus Glück, wie sie beteuerte, weil endlich der Norbert aus Warschau kam. Sie nahm mich in den Arm und weinte noch ein bisschen mehr, als ich mich von ihr verabschiedete.

Herr Jekosch stand auf der Treppe, hielt einen Eimer in der Hand und rauchte eine Zigarette. Wie immer hielt er sie verschämt hinter dem Rücken, als gelte es, sie vor Frau Jekosch zu verstecken. Er machte mit seinem Arm eine ausladende Bewegung, schlug einen Bogen über seine ganze Heimat, einen Bogen, der so groß war, dass er vom Treppenstein des Gasthauses zur Ostpreußischen Schweiz über die Forellenzucht, die

Alle und die Mühle bis fast nach Masuren jenseits der Hügel reichte. „Sehen Sie", sagte er, „besser braucht schon nicht mehr sejin. Die Wälder, das Wasser, die Stille. Hier ist es scheen, wunderscheen."

Er klang wie ein Fremdenführer, der die Nostalgietouristen durch Ermland und Masuren führt. Als müsste er mich noch mal daran erinnern. „Gibt so ejin Lied", sagte er. Er stellte sich in Positur, räusperte sich und näherte sich summend einer Melodie. Dann deklamierte er halb singend, halb sprechend. *„Reußen ist ejin schönes Derflein / wejil es an der Alle liegt / darin gibt es schene Mädchen / aber kejine ist für mich …* Oder so ähnlich", sagte er verlegen.

„Leo!", rief Frau Jekosch von oben. „Nu, was? Bringst den Ejimer hoch oder nicht?"

„Na denn", sagte er und reichte mir seine Hand.

Isoschka war von den Vorbereitungen für ein größeres Mittagessen in Anspruch genommen. Sie hielt mich zum Abschied fest umarmt, ohne ihren Schweinebraten aus dem Auge zu verlieren. Frau Leszinski trank mit mir zum Abschied einen Wodka. Sie hatte Besuch aus Deutschland, ein dicker Herr, der in Bertung zur Schule gegangen war und heute in Remscheid wohnte. Alle saßen im Hof vor dem Haus, Frau Leszinski, ihr Mann und ihr Sohn und der Besucher aus Deutschland, sie aßen Schnittchen mit Tomaten und feierten schon seit Stunden ihr Wiedersehen. Als der dicke Mann aufgestanden war, hatte er so geschwankt, dass Frau Leszinski ihm unter die Arme greifen musste. Den Mann am Arm balancierend, grüßte sie mich eher beiläufig und sagte zu mir: „Sie kommen ja bald wieder!" Und ich nickte gehorsam.

Als ich wieder in den Bus steige, bleibt Frau Piatek am Gartentor stehen. Wie immer tritt sie zwischen die Zaunlatten, um größer zu sein und um mir über den Zaun hinweg winken zu können. Sie winkt dem Bus so lange nach, bis er aus ihrem Gesichtskreis verschwindet. Nach der ersten Kurve taucht sie noch mal auf. Immer noch winkend, bis sie sich in einen kleinen blauen Punkt in der Ferne verwandelt.

Epilog

Manchmal gehe ich an dem Haus meiner Großeltern vorbei und versuche mich an den Geruch zu erinnern. An den Geruch von Kartoffelschalen, abgestandener Luft und Orangenlimonade, der sie umgab. Ich weiß nicht, wer heute dort wohnt. Die Gardinen in der Küche sind dieselben geblieben. Das Rauschen der Autobahn wird man heute in ihrem

Wohnzimmer vielleicht nicht mehr hören, dafür sorgt eine Mauer aus grauem Kunststoff. An dem Abend, an dem mein Großvater starb, hatte meine Großmutter gebratene Hähnchen vom Imbiss geholt. Die Tüten mit den halben Hähnchen standen auf dem Tisch. Mein Großvater saß auf dem sandfarbenen Sofa und hatte noch nicht angefangen zu essen, weil er damit beschäftigt war, mit seiner üblichen Verachtung das Weltgeschehen zu kommentieren, das ihm die „Heute"-Nachrichten lieferten. Plötzlich verlangte er nach einem Glas Wasser. Irgendwie flehentlich. Also lief sie in die Küche, um das Wasser zu holen. Sie reichte ihm das Glas, das er mit zitternden Fingern zum Mund führte. Er nippte daran und fiel zur Seite. Als hätte er am Ende doch vergessen, Luft zu holen.

Der Krankenwagen kam sofort. Die Wiederbelebungsversuche blieben allerdings vergeblich. Mein Großvater war bereits tot. Der Notarzt packte wieder seinen Koffer, der Sanitäter ordnete die Injektionsnadeln, die Sauerstoffmaske, den Blutdruckmesser zurück an die richtige Stelle, sie wünschten herzliches Beileid und gingen. Mein Großvater lag auf dem Boden, mit bläulichem Gesicht. Sein Körper begann kalt zu werden.

Meine Großmutter stand neben ihm und konnte den Blick nicht von ihm lösen. Sie weinte nicht. Sie sagte nur: „Und er hat mich nie in den Arm genommen."

Dann stellte sie ihm rote Rosen aufs Grab.

ÜBER DIE AUTOREN

Der am 18. September 1971 im texanischen Plano geborene **Lance Armstrong** wuchs als Einzelkind bei seiner allein erziehenden Mutter auf. Nach Erfolgen als Jugendlicher im Triathlon wandte er sich dem Radsport zu. 1996 zählte er zu den Topfahrern unter den internationalen Rennprofis, doch im Oktober des gleichen Jahres wurde bei ihm Hodenkrebs diagnostiziert. An die operative Entfernung eines Hodens und zweier Gehirntumore schloss sich eine der schärfsten Formen der Chemotherapie an. Seither ist der Sportler geheilt und gründete die *Lance Armstrong Foundation,* eine Hilfsorganisation für Krebspatienten. Den krönenden Höhepunkt seines Comebacks feierte Armstrong mit dem Gesamtsieg bei der Tour de France 1999, den er 2000 verteidigte. Lance Armstrong und seine Frau Kristin haben seit Oktober 1999 einen Sohn, Luke.

Sally Jenkins ist Autorin und Koautorin mehrerer Bücher und langjährige Sportjournalistin.

Nach ihrem Studium der Kommunikationswissenschaft, Theologie und Markt- und Werbepsychologie durchlief die 1961 in München geborene **Sabine Rückert** eine Ausbildung zur Journalistin – unter anderem auch fast anderthalb Jahre bei der *Bild-Zeitung*. Anschließend arbeitete sie als Nachrichtenredakteurin bei der *taz* in Berlin, bevor sie 1992 zur Wochenzeitung *Die Zeit* wechselte, wo sie seitdem als Reporterin und Redakteurin für das Dossier tätig ist.

Für ihr erstes Buch *Tote haben keine Lobby*, das großes Medienecho hervorrief, recherchierte sie monatelang und sprach mit Richtern, Rechts- und Staatsanwälten, mit Rechtsmedizinern und Kriminologen, mit Tätern und Hinterbliebenen.

Nach dem Willen ihrer Eltern hätte **Linda Greenlaw**, Jahrgang 1961, eigentlich ein Jurastudium absolvieren sollen. Doch schon im Alter von zwölf Jahren spürte sie, „dass das Meer mir etwas zu erzählen hat“, und verbrachte fortan fast jeden Tag ein paar Stunden auf dem Wasser. Es wurde eine Leidenschaft fürs Leben. „Es ist schon ein komisches Gefühl, wenn du das Land am Horizont verschwinden siehst und weißt, jetzt bist du auf dich allein gestellt“, sagt Linda Greenlaw, bis heute die einzige Kapitänin eines Schwertfischfängers, mit leuchtenden Augen. Seit fünf Jahren allerdings hat sie die Hochseefischerei an den Nagel gehängt, ist zurück auf die Isle au Haut gezogen und fängt Hummer vor der Küste von Maine. Einmal hat die Hochseefischerei sie unlängst aber wieder eingeholt – für die Verfilmung von Sebastian Jungers Buch *Der Sturm* ließ sich Linda Greenlaw von Regisseur Wolfgang Petersen als Beraterin engagieren.

Die 1958 im Ruhrgebiet geborene **Petra Reski** war nach dem Studium und der Ausbildung zur Journalistin an der Henri-Nannen-Schule zunächst als Redakteurin für *Stern* und *Cosmopolitan* tätig, bevor sie 1991 nach Venedig zog und als freie Autorin für das *Zeitmagazin, Stern, Playboy, Cosmopolitan, Brigitte* und *Amica* zu arbeiten begann. Nach drei Sachbüchern legte Petra Reski mit *Palazzo Dario* im Frühjahr 1999 ihren ersten Roman vor. Die Buchidee zu *Ein Land so weit,* in dem sie die Geschichte der aus Ostpreußen stammenden Familie ihres Vaters erzählt, geht auf einen Artikel im *Stern* und ein einstündiges Hörspiel im MDR zurück, die beide große Resonanz beim Publikum fanden.

TOUR DES LEBENS. WIE ICH DEN KREBS BESIEGTE UND DIE TOUR DE FRANCE GEWANN
Titel der Originalausgabe: „It's Not About the Bike. My Journey Back to Life", erschienen bei Penguin Putnam Inc. Nach der Übersetzung von Peter A. Schmidt, Bringfried Schröder, Cornelia Stoll und Karlheinz Dürr.

DAS HUNGRIGE MEER. MEINE ABENTEUER ALS KAPITÄNIN EINES SCHWERTFISCHFÄNGERS
Titel der Originalausgabe: „The Hungry Ocean: A Swordboat Captain's Journey", erschienen bei Hyperion, New York. Nach der Übersetzung von Jutta Koch.

Umschlaggestaltung: Verlag Das Beste, Stuttgart, unter Verwendung je eines Fotos von dpa (oben und Mitte links), Tom Ring (Mitte rechts), Florian Werner/LOOK (unten).

Die ungekürzten Ausgaben von „Tour des Lebens", „Tote haben keine Lobby", „Das hungrige Meer" und „Ein Land so weit" sind im Buchhandel erhältlich.